DANIELLE STEEL
COLLECTION

Verlorene Spuren
Marielle Patterson glaubt das Glück ihres Lebens gefunden zu
haben. Malcolm ist ein einfühlsamer und beschützender Ehemann. Und beider Freude ist der kleine Teddy. Da taucht eines
Tages Charles Delauney, Marielles große Jugendliebe, wieder auf – am darauffolgenden Tag ist der kleine Teddy spurlos
verschwunden.
Marielle und Malcolm bangen um das Leben ihres Sohnes, der
offensichtlich enführt wurde. Ein nervenaufreibender Kampf
um Liebe und Vertrauen, gegen Mißgunst und falsche Anschuldigungen nimmt seinen Lauf. ...

Nie mehr allein
Die reiche Erbin Kezia Saint Martin ist erklärter Liebling des internationalen Jet-set, ihr Dasein wird von gesellschaftlichen Ereignissen bestimmt. Aber Kezia führt ein Doppelleben; sie arbeitet unter verschiedenen Pseudonymen als Journalistin und amüsiert sich im Künstlerviertel SoHo. Als sie den Ex-Sträfling Lucas Johns, einen dynamischen, zu jedem Risiko bereiten Mann,
zu einem Interview trifft, wird ihr plötzlich bewußt, daß sie ein
Leben voller Lügen nicht mehr ertragen kann ...

Autorin
Als Tochter eines deutschen Vaters in New York geboren, kam
Danielle Steel als junges Mädchen nach Frankreich. Sie besuchte
verschiedene europäische Schulen. An der Universität von New
York studierte sie französische Sprache und Literatur. Seit 1977
schreibt sie Romane, die in Amerika wie auch in Deutschland
Bestseller sind.

Danielle Steel

Verlorene Spuren

Nie mehr allein

Zwei Romane in einem Band

Goldmann Verlag

Umwelthinweis:
Alle bedruckten Materialien dieses Buches
sind chlorfrei und umweltschonend.

Der Goldmann Verlag
ist ein Unternehmen der Verlagsgruppe Bertelsmann

Neuausgabe August 1997
Verlorene Spuren
Titel der Originalausgabe: Vanished
Originalverlag: Delacorte Press, New York
Copyright © der Originalausgabe 1993 by Danielle Steel

Nie mehr allein
Titel der Originalausgabe: Passion's Promise
Originalverlag: Delacorte Press, New York
Copyright © 1976 der Originalausgabe by Danielle Steel

Copyright © dieser Ausgabe 1997
by Wilhelm Goldmann Verlag, München
Umschlaggestaltung: Design Team München
Satz: IBV Satz- und Datentechnik GmbH, Berlin
Druck: Graphischer Großbetrieb Pößneck
Verlagsnummer: 41617
AA · Herstellung: Sebastian Strohmaier
Made in Germany
ISBN 3-442-41617-5

1 3 5 7 9 10 8 6 4 2

Verlorene Spuren

Aus dem Amerikanischen
von Dr. Ingrid Rothmann

Für Nick

Für die Plage, eine Mutter zu haben, die einen nie in Frieden läßt, und für die Qual, über Jahre hinweg nicht das tun zu können, was man möchte, wenn man es möchte. Für das, was Du bist und noch sein wirst. Für den feinen Menschen, den guten Freund und – vielleicht einmal – großen Schriftsteller!

Mit all meiner Liebe, Mom

Und für John,

den besten Daddy, den besten Freund, die Größte Liebe, den liebsten Menschen, den allergrößten Segen in meinem Leben ... welch Glück für uns alle, Dich zu haben!

Mit all meiner Liebe aus ganzem Herzen immer

Olive

I

Charles Delauney schritt langsam die Stufen zur St.-Patricks-Kathedrale hinauf. Er hinkte kaum wahrnehmbar. Ein bitterkalter Wind fuhr ihm mit eisigen Fingern tief in den Kragen; es war zwei Wochen vor Weihnachten. Wie kalt New York im Dezember sein konnte, hatte er schon vergessen gehabt. Viele Jahre waren vergangen, seit er zuletzt hier gewesen war... viele Jahre, seit er seinen Vater gesehen hatte. Sein Vater war jetzt siebenundachtzig, seine Mutter schon lange tot. Sie war gestorben, als er dreizehn war, und alles, woran er sich erinnern konnte, waren ihre Schönheit und ihre Sanftmut. Da sein Vater krank und schwach war, senil und seit einiger Zeit bettlägerig, hatten die Anwälte Charles nahegelegt, wenigstens für ein paar Monate nach Hause zu kommen und die Familienangelegenheiten soweit als möglich zu ordnen. Geschwister hatte er keine, die gesamte Last der Vermögensregelung ruhte also auf seinen Schultern: gut gestreuter Immobilienbesitz, ein ausgedehnter Landsitz in der Nähe von Newburgh, New York, Industriebeteiligungen an Kohle, Öl und Stahl sowie hochkarätiger Grundbesitz mitten in Manhattan. Ein Vermögen, das nicht von Charles oder seinem Vater, sondern von seinen beiden Großvätern angehäuft worden war. Doch all das interessierte Charles nicht im geringsten.

Sein Gesicht war jung, wenn auch wettergegerbt, und von Leid und Kampf gezeichnet. Fast zwei Jahre hatte er in Spanien verbracht und für eine Sache gekämpft, die nicht die seine war, ihn aber im Innersten berührte. Sie gehörte zu den wenigen Dingen, an denen ihm etwas lag... er war regelrecht dafür entflammt. Im Februar 1937, vor knapp zwei Jahren, hatte er sich der Lincoln-Brigade angeschlossen, um gegen die Faschisten zu kämpfen, und seither hatte er die Kampfgebiete in Spanien nicht verlassen. Im

9

August hatte es ihn während der Schlacht am Ebro bei einem heftigen Gefecht erwischt. Es war nicht das erste Mal. Schon mit fünfzehn war er ausgerissen, hatte sich im letzten Jahr des großen Krieges zur Armee gemeldet und war bei Saint-Mihiel ins Bein geschossen worden. Damals hatte sein Vater vor Wut getobt. Nun aber war er vollkommen hilflos. Er hatte keine Ahnung von der Welt, von seinem Sohn oder dem Krieg in Spanien. Er erkannte Charles nicht einmal mehr, und dieser war, als er seinen Vater in dem riesigen Bett hatte dahindämmern sehen, zu der Einsicht gelangt, daß es so vielleicht besser war. Es hätte ohnehin nur Zank und Streit zwischen ihnen gegeben. Der Alte hätte zutiefst mißbilligt, was aus seinem Sohn geworden war, er hätte dessen Vorstellungen von persönlicher und politischer Freiheit und seinen Haß gegen die »Faschisten« abgelehnt. Sein Vater war immer schon dagegen gewesen, daß Charles im Ausland lebte. Er war erst sehr spät Vater geworden und empfand es als sinnlos, daß sein Sohn in Europa leben und an allen Konflikten dort teilhaben wollte. 1921 war Charles, achtzehnjährig, erneut nach Europa gegangen, seither hatte er siebzehn Jahre dort verbracht. Gelegentlich hatte er für Freunde gearbeitet, und in jüngeren Jahren hatte er hin und wieder eine Kurzgeschichte verkaufen können. In der letzten Zeit freilich hatte er überwiegend von seinen stattlichen, aus einem Treuhandvermögen stammenden Einkünften gelebt, wobei die Höhe seines Einkommens ihm immer ein wenig peinlich gewesen war. »Kein normaler Mensch braucht zum Leben so viel Geld«, hatte er einmal einem guten Freund anvertraut. Über viele Jahre hinweg hatte er den Großteil seines Geldes wohltätigen Zwecken zugeführt, während es ihn andererseits immer wieder freute, wenn er mit seinen Kurzgeschichten eine Kleinigkeit verdiente.

Er hatte zunächst in Oxford studiert, dann an der Sorbonne, und zum Schluß war er für kurze Zeit nach Florenz gegangen. Damals hatte er es ziemlich wild getrieben. Er hatte edlen Bordeaux getrunken, soviel er nur vertragen konnte, ab und zu auch einen Absinth, und er hatte sich mit einem faszinierenden Reigen von Frauen amüsiert. Mit einundzwanzig, nach drei zügellosen Jahren in Europa, hatte er sich für einen Mann von Welt gehalten. Er war Menschen begegnet, von denen andere nur in der Zeitung lasen, hatte Dinge getan, von denen die wenigsten auch nur träumten, und hatte Frauen kennengelernt, nach denen andere sich sehnten. Und dann ... dann war Marielle gekommen ... aber das war eine andere Geschichte. Eine Geschichte, die er zu vergessen trachtete. Die Erinnerung an Marielle war noch immer zu schmerzlich.

Manchmal stahl sie sich des Nachts in seine Träume, besonders dann, wenn er in Gefahr schwebte oder Angst hatte, irgendwo in einem Schützengraben, während ihm die Kugeln um die Ohren pfiffen ... Dann schlich sich die Erinnerung an sie ein ... an ihr Gesicht ... die unvergeßlichen Augen ... ihre Lippen ... Und an den unendlichen Kummer, der sie bei ihrer letzten Begegnung gezeichnet hatte wie eine Wunde. Seit damals hatte er sie nicht gesehen, sieben Jahre war das nun her. Sieben Jahre, ohne sie zu sehen, sie zu berühren ... sie festzuhalten ... Oder auch nur zu wissen, wo sie sich aufhielt ... Und ständig hatte er sich einreden müssen, daß es nicht mehr weh tat. Einmal, als er verwundet war und mit dem sicheren Tod rechnen mußte, hatte er sich ein Schwelgen in Erinnerungen gestattet, und die Sanitäter hatten ihn bewußtlos in einer Blutlache aufgefunden. Doch als er zu sich gekommen war, hätte er schwören mögen, daß er Marielle dicht hinter den Männern hatte stehen sehen.

Bei ihrer ersten Begegnung in Paris war sie gerade achtzehn gewesen, ihr Gesicht schön und lebendig wie ein eben erst vollendetes Gemälde. Er selbst war dreiundzwanzig gewesen und hatte sie erspäht, als er mit einem Freund in einem Café saß. Man mußte ihm wohl angesehen haben, daß er hingerissen war, denn als sie seinem Blick begegnete, hatte Schalk in ihren Augen aufgeblitzt. Damals war sie ihm entwischt, in ihr Hotel, doch er hatte sie bei einem Dinner in der Botschaft wiedergesehen. Sie waren einander in aller Form vorgestellt worden, und alles war höchst manierlich und wohlerzogen über die Bühne gegangen; nur hatten Marielles Augen ihn nie wieder so angelacht, daß es ihm die Rede verschlug. Die Begeisterung ihrer Eltern über diese Bekanntschaft hielt sich freilich in Grenzen. Ihr Vater, ein ernsthafter Mensch, der um vieles älter war als seine

Frau, wußte um Charles' Ruf. Er war genauso alt wie Charles' Vater und kannte ihn angeblich flüchtig. Marielles Mutter, Halbfranzösin, erschien Charles unglaublich bieder und langweilig. Marielle wurde geradezu lächerlich streng gehalten, und ihre Eltern erwarteten, daß sie ständig nach ihrer Pfeife tanzte. Sie hatten keine Ahnung, wie begehrenswert sie war und wie lustig sie sein konnte. Aber sie hatte auch eine ernste Seite, und Charles entdeckte sehr bald, daß er sich stundenlang mit ihr unterhalten konnte. Sie hatte es sehr amüsant gefunden, ihn auf der Botschaftsparty zu treffen, und konnte sich sehr wohl erinnern, ihn zuvor schon im Café gesehen zu haben; aber das gab sie erst sehr viel später zu, als er sie damit aufzog. Er war fasziniert von ihr und sie von ihm. Für Marielle war er ein sehr interessanter junger Mann, anders als alle, die ihr bislang begegnet waren. Alles wollte sie über ihn wissen, woher er kam, warum er hier war, wie es kam, daß er ein so gutes Französisch sprach. Und sie war von Anfang an von seinem Ehrgeiz und seinen Fähigkeiten als Autor beeindruckt. Daß sie sich als Malerin versuchte, gestand sie ihm nur widerwillig und ein wenig verschämt ein. Später, als sie einander besser kannten, zeigte sie ihm ein paar erstaunlich gute Zeichnungen. Aber an jenem ersten Abend war es weder die Literatur noch die bildende Kunst, was sie einander näherbrachte, es war vielmehr etwas in ihren Seelen, das sie unwiderstehlich zueinander zog. Das blieb selbst ihren Eltern nicht verborgen, und nachdem ihre Mutter sie eine Weile beim Plaudern beobachtet hatte, versuchte sie Marielle fortzuziehen und sie anderen jungen Leuten vorzustellen. Doch Charles folgte ihr überallhin – wie ein Gespenst, das ohne sie nicht sein konnte.

Am Nachmittag darauf trafen sie sich im Deux Magots und unternahmen anschließend einen langen Spaziergang an der Seine. Sie waren wie zwei ausgelassene Kinder, sie erzählte ihm alles über sich, über ihr Leben, ihre Träume, daß sie eines Tages Malerin sein würde und jemanden heiraten wollte, den sie liebte und von dem sie sich neun oder zehn Kinder wünschte. Das fand er weniger amüsant, und dennoch war er fasziniert von ihr. Das Mädchen war wie ein Hauch, zart und beinahe unwirklich, doch unter alldem spürte man Kraft, Widerstand und Lebendigkeit. Sie war wie Spitze, über exquisit behauenen weißen Marmor gebreitet. Selbst ihre Haut war von jener durchscheinenden Blässe, die er bei den Statuen in Florenz gesehen hatte, unmittelbar nachdem er aus den Staaten gekommen war. Und ihre Augen blitzten wie tiefblaue Saphire, als er ihr seine eigenen Träume vom Schreiben eingestand ... daß er hoffte, eines Tages eine Sammlung seiner Kurzgeschichten zu veröffentlichen. Sie hatte Verständnis für alles, nahm Anteil an allem, was für ihn wichtig war.

Marielle war mit ihren Eltern nach Deauville gefahren, und er war ihr dorthin gefolgt, sodann nach Rom ... Pompeji ... Capri ... London und schließlich zurück nach Paris. Wohin sie auch fahren mochte, er hatte überall Freunde und schaffte es, immer wieder ganz zwanglos aufzutauchen. So oft als möglich unternahm er lange Spaziergänge mit ihr, begleitete sie auf Bälle und verbrachte ungeheuer langweilige Abende mit ihren Eltern. Sie war für ihn wie eine Droge, und wo immer sie sein, wo immer er hingehen mochte, für ihn stand fest, daß er sie haben mußte ... Auch der Absinth hatte nicht annähernd eine solche Wirkung auf ihn gehabt wie dieses Mädchen. Und im August ... in Rom ... sprach, wenn sie ihn ansah, aus ihren Augen dieselbe ungezügelte Leidenschaft.

Ihre Eltern waren beunruhigt seinetwegen, aber andererseits war ihnen seine Familie ein Begriff, und Charles konnte als äußerst kultivierter und intelligenter junger Mann gelten. Zudem durfte man die Augen nicht vor der Tatsache verschließen, daß er einmal Alleinerbe eines großen Vermögens sein würde. Marielle bedeutete Geld gar nichts, denn ihre Eltern waren gut situiert, und sie verschwendete keinen Gedanken an diese Dinge. Sie dachte nur an Charles, an die Kraft seiner Hände, seiner Schultern, seiner Arme; an den wilden Blick in seinen Augen, wenn sie sich küßten; an den klassischen Schnitt seiner Züge, die an eine alte griechische Münze denken ließen; an die Sanftheit seiner Hände, wenn er ihren Körper berührte.

Gleich zu Beginn hatte er ihr erklärt, daß er nicht die Absicht hegte, jemals in die Staaten zurückzukehren. Er und sein Vater waren uneins, seit er mit fünfzehn in den Krieg gezogen war. Seine Rückkehr nach New York war zu einem Alptraum ausgeartet. Er hatte sich dort eingeengt gefühlt, gelangweilt, und dieses Gefühl war er nicht mehr losgeworden. Es wurde zuviel von ihm erwartet, Dinge, von denen er wußte, daß er sich nie mit ihnen befassen würde ... Verpflichtungen gesellschaftlicher und familiärer Natur, Kenntnisse auf dem Gebiet der Investitionen, der Anlagen und Treuhandvermögen, Wissen über alles, was sein Vater kaufte und verkaufte und was er einmal erben würde. Das Leben hat mehr zu bieten als das, hatte Charles Marielle erklärt, während er ihr mit seinen langen, sanften Fingern durch das weiche brünette Haar fuhr, das ihr lose auf die Schultern fiel. Obwohl sie relativ groß war, wirkte sie neben ihm klein, so daß sie sich in seiner Gesellschaft zart, zerbrechlich und zugleich wunderbar behütet vorkam.

Als er ihre Bekanntschaft machte, lebte er schon seit fünf Jahren in Paris, in der Stadt, die er liebte. Hier spielte sich sein wahres Leben ab, hier waren seine Freunde, seine Arbeit als Autor, seine Seele, seine Inspiration. Doch im September sollte Marielle auf der *Paris* die Heimreise antreten. Was sie erwartete, das war das für sie vorgesehene vornehme Leben, das waren die jungen Männer, die sie kennenlernen würde, die Mädchen, mit denen sie befreundet war, und das nicht sehr große, aber doch elegante Backsteinhaus an der East Sixty-second. Mit dem nur zehn Blocks weiter nördlich gelegenen Haus der Delauneys konnte es sich keinesfalls messen, aber es war zumindest passabel ... passabel ... und furchtbar langweilig. Mit Charles' Dachwohnung an der Rue du Bac – eine verarmte Aristokratin, der das gesamte *Hôtel particulier* darunter gehörte, hatte sie ihm vermietet – war es natürlich ebensowenig vergleichbar. Dort war es zwischen ihnen fast zum Äußersten gekommen, doch im letzten Moment hatte er sich besonnen und war kurz hinausgegangen, um wieder einen klaren Kopf zu bekommen. Dann kehrte er mit ernster Miene zurück und setzte sich neben sie aufs Bett, während sie, um Fassung ringend, ihr Kleid glattstrich.

»Tut mir leid ...« Sein dunkles Haar und die feurigen grünen Augen ließen ihn in diesem Augenblick noch dramatischer aussehen als sonst, doch hatte er auch etwas Gequältes an sich, das Marielle anrührte. Noch nie war sie jemandem begegnet, der auch nur annähernd so gewesen wäre wie er, niemandem, von dem sie sich so hätte hinreißen lassen. Sie wußte, daß sie im Begriff stand, den Kopf zu verlieren, und sie war machtlos dagegen.

»Liebling . . .«, sagte er leise. Marielles Gesicht war halb hinter dem weichen, rötlich schimmernden Haar verborgen. »So geht es nicht weiter . . . du treibst mich noch in den Wahnsinn.« Sie empfand ähnlich, und sie liebte dieses Gefühl. Keiner von beiden hatte je zuvor so etwas gefühlt.

Sie lächelte ihm scheinbar weise zu, als er sich über sie beugte und sie küßte. Ihre Nähe machte ihn schier trunken. Ich darf sie nicht verlieren, war sein einziger klarer Gedanke. Jetzt nicht, niemals. Und er wollte nicht ihretwegen nach New York fahren müssen, jetzt nicht und später nicht, auch nicht, um bei ihrem Vater um ihre Hand anzuhalten. Er wollte keine einzige Stunde länger warten. Er wollte sie jetzt. In diesem Raum, in diesem Haus. In Paris. Er wollte sie immer in seiner Nähe haben. »Marielle?« Er sah sie sehr ernst an, und ihre Augen verdunkelten sich.

»Ja?« Sie sagte es ganz leise. Sie war noch so jung, und doch liebte sie ihn so sehr; er kannte sie gut genug, um zu ahnen, wie tief sie empfand.

»Willst du mich heiraten?«

Erst schnappte sie hörbar nach Luft, dann lachte sie. »Ist das dein Ernst?«

»Ja . . . es ist weiß Gott mein Ernst . . . also, willst du?« Er stand Todesängste aus. Was, wenn sie nein sagte? Sein ganzes Leben schien von dem einen Wort abzuhängen, das sie im nächsten Moment sagen würde. Und wenn sie nicht wollte? Wenn sie doch mit ihren Eltern nach New York gehen wollte? Wenn er ihr nicht mehr bedeutete als ein Spiel? Doch ihr Blick sagte ihm, daß seine Befürchtungen töricht waren.

»Wann?« Sie kicherte vor Aufregung.

»Jetzt.« Er meinte es tatsächlich.

»Das kann nicht dein Ernst sein.«

»Doch.« Er stand auf und begann auf und ab zu laufen wie

ein unbändiger junger Löwe. Er fuhr sich immer wieder nervös durchs Haar, während er Pläne schmiedete und sie nicht aus den Augen ließ. »Es ist mein Ernst, Marielle.« Er hielt inne und sah sie wie elektrisiert an. »Du hast meine Frage noch immer nicht beantwortet.« Er lief zu ihr und nahm sie so fest in die Arme, daß sie lachen mußte über seine Tollheit.

»Du bist verrückt.«

»Ja, das bin ich. Und du genauso. Also, willst du?« Er hielt sie immer fester, bis sie einen Schmerzensschrei heuchelte. Da drückte er sie noch fester an sich, und sie mußte lachen; und dann küßte und neckte er sie, bis er ihren Lippen eine Antwort entlockt hatte.

»Ja ... ja ... ja ... ich will.« Atemlos stieß sie die Worte hervor. Beide lächelten. »Wann wirst du meinen Vater fragen?« Marielle lehnte sich mit beseligtem Ausdruck zurück, doch Charles' Miene verdüsterte sich.

»Er wird niemals sein Einverständnis geben. Und wenn doch, dann wird er darauf bestehen, daß wir in die Staaten zurückkehren und ein solides Leben anfangen, bei dem er uns im Auge behalten kann.« Erneut fing er an, wie ein gefangener Löwe den Raum abzuschreiten. »Ich kann dir jetzt schon sagen, daß ich das nie tun werde.«

»Meinen Vater fragen oder nach New York gehen?« fragte sie plötzlich besorgt, während sie ihre langen, schlanken Beine ausstreckte und er sich verzweifelt bemühte, nicht hinzusehen.

»Nach New York gehen ... und ...« Er hielt abrupt inne und sah sie durchdringend an. Sein dichtes schwarzes Haar gab ihm ein regelrecht wildes Aussehen. »Wie wär's, wenn wir einfach durchbrennen?«

»Hier?« Sie war wie vor den Kopf geschlagen. Er nickte. Es war ihm ernst damit; sie kannte ihn inzwischen gut genug, um das zu spüren. »Mein Gott, sie werden mich umbringen.«

»Das werde ich nicht zulassen.« Er setzte sich neben sie, und beide überlegten sie angestrengt. »Du wirst in zwei Wochen abreisen, wenn wir es also tun wollen, müssen wir schnell sein.« Sie nickte still, nachdenklich, wog alle Eventualitäten ab, obwohl sie wußte, daß sie keine Wahl hatte, daß die Würfel gefallen waren.

Sie wäre mit ihm ans Ende der Welt gegangen. Und als er sie wieder küßte, war sie sich ihrer Sache ganz sicher.

»Glaubst du, daß sie uns eines Tages verzeihen werden?« Sie machte sich Sorgen wegen ihrer Eltern. Wie Charles war sie ein Einzelkind und hatte einen betagten Vater. Ihre Eltern, insbesondere ihre Mutter, erwarteten so viel von ihr. Letzten Winter hatte Marielle in New York ihr gesellschaftliches Debüt gehabt, und jetzt, nach der großen Europareise, stand zu erwarten, daß sie in absehbarer Zeit einen passenden Ehemann finden würde. In gewisser Hinsicht war Charles sicher sehr passend, jedenfalls was seine Familie anging, andererseits stand unleugbar fest, daß sein momentaner Lebensstil ein wenig exzentrisch war. Aber mit der Zeit, so würde ihr Vater es ausdrücken, würde Charles schon etwas zur Vernunft kommen. Doch als sie an jenem Abend das Thema zur Sprache brachte, legte ihr Vater ihr nahe zu warten, bis Charles soweit sei.

»Warte ab, ob er dir noch gefällt, wenn er nach New York kommt, meine Liebe. Dort harren ganze Scharen stattlicher junger Männer deiner. Dich überstürzt an diesen einen zu binden, hast du wirklich nicht nötig.« Im Frühjahr hatte ein junger Vanderbilt ihr eine Zeitlang den Hof gemacht, anschließend hatte sich ein gutaussehender junger Astor, auf den ihre Mutter ein Auge geworfen hatte, um sie bemüht. Die beiden erschienen Marielle nun gänzlich uninteressant, sie waren eigentlich nie interessant gewesen. Und sie hatte nicht die Absicht zu warten, bis Charles zurück nach New York ging. Angesichts der Gefühle, die er für New York, die Vereinigten Staaten und ganz besonders für seinen Vater hegte, war sie sicher, daß er nie zurückkehren würde. Er war hier glücklich und hatte in den vergangenen fünf Jahren eine sehr positive Entwicklung durchgemacht. Paris war genau das richtige für ihn.

Drei Tage vor der geplanten Abreise ihrer Eltern machten sie sich aus dem Staub, nicht ohne ihnen im Crillon eine Nachricht zu hinterlassen. Marielle wurde von Schuldgefühlen geplagt, weil sie ihnen Kummer bereitete, andererseits kannte sie ihre Eltern gut genug, um zu wissen, daß diese letztlich erfreut sein würden zu erfahren, daß sie einen Delauney geheiratet hatte. In diesem

Punkt hatte sie sich allerdings getäuscht; der Ruf, den Charles genoß, trübte die elterliche Freude beträchtlich, doch ein wenig besänftigt waren sie immerhin. In ihrer Nachricht hatte Marielle ihre Eltern gedrängt, ihre Reisepläne nicht zu ändern, da sie und Charles ohnehin über Weihnachten auf einen Besuch nach New York kommen würden. Die alten Herrschaften aber teilten diese lockere Haltung nicht, ganz im Gegenteil, sie warteten geduldig und ziemlich erbost auf die Rückkehr der jungen Liebenden – in der Hoffnung, eine Annullierung der Ehe erreichen zu können und die ganze Affäre im Keim zu ersticken, ehe sie sich zu einem Skandal auswuchs. Der Botschafter war natürlich über alles informiert, sie hatten sich hilfesuchend an ihn gewandt, und er zog diskret Erkundigungen ein. Doch das einzige, was er erfuhr, war, daß die jungen Leute in Nizza getraut worden waren. Man durfte annehmen, daß sie kurz darauf die italienische Grenze passiert hatten.

Sie verlebten traumhafte Flitterwochen in Umbrien, in der Toskana, in Rom, Venedig, Florenz und am Lago di Como. Sie wagten sich sogar in die Schweiz und kehrten zwei Monate später, als der Oktober sich dem Ende zuneigte, gemächlich nach Paris zurück. Ihre Eltern wohnten noch immer im Crillon, und als die Jungvermählten eintrafen, fanden sie in Charles' Quartier einen Brief vor.

Marielle konnte es zunächst nicht fassen, daß ihre Eltern noch in Paris waren. Sie hatten also tatsächlich gewartet, das wunderte Marielle sehr. Und die zwei Monate Wartezeit hatten sie für die heimliche Heirat ihrer einzigen Tochter offenkundig nicht zu erwärmen vermocht. Als Marielle und Charles Hand in Hand im Hotel erschienen, glücklich und zufrieden, forderten die Eltern Charles auf, er solle unverzüglich verschwinden, die Annullierung dieser Ehe werde sofort in die Wege geleitet.

»An eurer Stelle würde ich das nicht tun«, sagte Marielle darauf leise. Charles lächelte insgeheim, weil sie so fest zu ihm stand. Erstaunlich, daß dieses schüchterne, stille Mädchen sich so behaupten konnte. Und es freute ihn besonders, daß sie es bei dieser Gelegenheit tat. Er freute sich, um im nächsten Moment zu erschrecken.

»Sag mir ja nicht, was ich zu tun habe!« brüllte ihr Vater sie an, und zugleich stimmte ihre Mutter ein Klagelied an über ihre Undankbarkeit und das gefahrvolle Leben, das ihr an Charles' Seite bevorstünde. Sie hätten immer nur ihr Glück gewollt, und jetzt sei alles ruiniert. Es hörte sich an wie der Chor aus der griechischen Tragödie; Marielle aber stand im Auge des Sturms und sah sie alle gelassen an. Mit achtzehn war sie plötzlich zur Frau geworden, zu einer Frau, die Charles sein Leben lang anbetungswürdig finden würde, wie er nun ganz sicher wußte.

»Papa, eine Annullierung ist ausgeschlossen.« Marielle sprach immer noch sehr leise. »Ich bekomme ein Kind.«

Diesmal war es an Charles, sie verdutzt anzustarren, und plötzlich fand er das Ganze sehr amüsant. Höchstwahrscheinlich war es eine Notlüge, doch es war die beste Möglichkeit, ihre Eltern von der Annullierung abzubringen. Kaum aber hatte sie diese Äußerung getan, da brach die Hölle los. Ihre Mutter heulte noch lauter, und ihr Vater ließ sich schwer atmend in einen Sessel fallen und behauptete, er hätte Schmerzen in der Brust. Daraufhin beschuldigte die Mutter Marielle, sie bringe ihren Vater durch ihr Verhalten um, und als der alte Herr, gestützt von seiner Frau, das Zimmer verließ, schlug Charles vor, sie sollten in die Rue du Bac zurückgehen und die Angelegenheit mit seinen Schwiegereltern später klären. Wenig später verließen sie das Hotel tatsächlich, und nachdem sie ein Stück gegangen waren, zog Charles sie sichtlich belustigt an sich und küßte sie.

»Eine brillante Idee. Eigentlich hätte ich selbst darauf kommen müssen.«

»Keine Rede von brillant.« Jetzt schien auch sie sich heimlich zu amüsieren. »Es stimmt nämlich.« Sie wirkte äußerst selbstzufrieden. Das kleine Mädchen, das sie wenige Augenblicke zuvor noch gewesen war, sollte Mutter werden. Charles war wie vor den Kopf geschlagen.

»Im Ernst?«

Sie nickte und sah ihn voller Liebe an.

»Wann ist es passiert?« Er schien eher erstaunt zu sein als besorgt.

»Ich weiß nicht ... in Rom ... oder vielleicht in Venedig ... ich war mir meiner Sache vorige Woche nicht sicher.«

»Du kleine Heimlichtuerin ...« Er drückte sie sichtlich erfreut an sich. »Und wann wird der Delauney-Erbe zur Welt kommen?«

»Im Juni, glaube ich. So ungefähr jedenfalls.«

An Vaterschaft hatte Charles nie auch nur einen einzigen Gedanken verschwendet, und es hätten sich nun bei ihm allerlei Befürchtungen regen müssen, was eventuelle Einschränkungen seines freien Lebens anging, doch in Wahrheit war er entzückt. Er rief ein Taxi, und sie fuhren nach Hause in die Rue du Bac. Sie küßten sich auf dem Rücksitz wie zwei ausgelassene Kinder und nicht wie werdende Eltern.

Am nächsten Tag waren ihre Eltern noch aufgebracht, aber nach einem zwei Wochen dauernden Hin und Her gaben sie sich schließlich geschlagen. Marielle war von ihrer Mutter zu einem amerikanischen Arzt an den Champs-Élysées geschleppt worden, und der hatte die Schwangerschaft zweifelsfrei bestätigt. Eine Annullierung der Ehe kam nun nicht mehr in Frage. Und ihre Tochter war glücklich. Ob es ihnen paßte oder nicht, sie mußten sich mit Charles Delauney abfinden. Vor ihrer endgültigen Abreise versprach er ihnen, eine geeignetere Wohnung zu beschaffen, dazu ein Hausmädchen, eine Hilfe für das Kind und ein Auto. Ihr Vater rang ihm sogar das Versprechen ab, ein »anständiger Mensch« zu werden. Anständig oder nicht, Tatsache war, daß die beiden überglücklich waren.

Kurz darauf traten Marielles Eltern auf der *France* die Überfahrt an, und nach all der Aufregung, dem Wirbel, der Anstrengung und der Erschöpfung waren Charles und Marielle sich einig, daß sie zu Weihnachten nicht nach New York fahren würden, ja, daß sie vielleicht niemals wieder hinüberfahren wollten. Sie waren glücklich in ihrer Dachwohnung am linken Seine-Ufer, glücklich mit ihrem gemeinsamen Leben und den Freunden. Auch war Charles mit seiner schriftstellerischen Arbeit noch nie so gut vorangekommen wie jetzt. 1926 in Paris – da war das Leben einen kurzen strahlenden Augenblick lang perfekt gewesen.

Charles öffnete das riesige schwere Portal der Kathedrale, und sofort spürte er die Kälte bis in die Knochen; in seinem Bein hämmerte es heftiger als sonst. In Europa war der Winter ebenso kalt gewesen. Wie lange es her war, daß er in New York gewesen war, wie lange, daß er eine Kirche betreten hatte ... Im Inneren richtete er den Blick sofort nach oben, zu der gewaltigen gewölbten Decke empor. In mancher Hinsicht bereute er, daß er überhaupt nach Hause gekommen war. Er fand es bedrückend, seinen Vater siech darniederliegen zu sehen, unempfänglich für seine Umgebung und die Menschen um ihn her. Einen Moment lang hatte es ausgesehen, als hätte er Charles erkannt, doch gleich darauf hatten die Augen wieder ausdruckslos gewirkt und sich geschlossen, als der alte Mann in seinen Kissen einnickte. Immer wenn er ihn ansah, wurde Charles von einem Gefühl der Einsamkeit überwältigt. Fast schien es, als wäre der ältere Delauney bereits verschieden. Viel fehlte in der Tat nicht mehr, und Charles hatte nun gar niemanden mehr. Alle waren sie dahin ... sogar die Freunde, mit denen er in Spanien gekämpft hatte. Es waren ihrer fast zu viele, für die er Gebete zu sprechen hatte.

Er blickte auf, als ein Priester in schwarzer Soutane seinen Weg kreuzte. Dann ging er langsam in den ruckwärtigen Teil der Kathedrale zu einem kleinen Altar. Zwei Nonnen beteten davor, die jüngere lächelte ihm zu, als er steif neben ihnen niederkniete.

Sein schwarzes Haar war grau meliert, aus seinen Augen aber strahlte noch immer jene Lebensfreude, die ihn mit fünfzehn beseelt hatte, und noch immer vermittelte er den Eindruck von Energie, Kraft und Macht. Sogar die junge Nonne spürte das. Aber in seinem Blick lag auch Kummer, als er den Kopf senkte und an all die Menschen dachte, die ihm viel bedeutet hatten. Doch er war nicht gekommen, um für sie zu beten. Er war gekommen, weil sich der schlimmste Tag seines Lebens jährte. Vor neun Jahren, zwei Wochen vor Weihnachten. Ein Tag, den er nie vergessen würde ... der Tag, an dem er sie fast umgebracht hatte. Er war von Sinnen gewesen vor Wut und Schmerz, er hatte es einfach nicht ertragen. Glied für Glied hätte er ihr ausreißen mögen, damit der Schmerz aufhörte; er hätte am liebsten die Uhr zurückgedreht, damit es nicht geschehen wäre ... wo er sie doch so sehr geliebt hatte ... sie beide ... selbst jetzt noch war es ihm unerträglich, daran zu denken, jetzt, als er den Kopf neigte, unfähig, für ihn oder für sie oder für sich zu beten oder für irgend jemanden, unfähig zu denken ... der Schmerz war noch zu groß, hatte kaum nachgelassen. Der einzige Unterschied war, daß er sich nun selten erlaubte, daran zu denken. Aber wenn er die Stelle in seinem Herzen berührte, wo sie noch immer lebten, raubte ihm der Schmerz nach wie vor den Atem. Eine Träne rollte langsam über seine Wange, während er leer geradeaus starrte, von der jungen Nonne stumm beobachtet. So kniete er lange vor dem Altar, sah nichts, dachte an sie und an das, was in einem nun nicht mehr existierenden Leben gewesen war, an einem Ort, an den zu denken er sich nur selten erlaubte. Aber heute hatte er hierherkommen wollen, nur um sich ihnen ein wenig näher zu fühlen. Daß das Datum so knapp vor Weihnachten lag, machte alles nur noch schlimmer.

In Spanien hätte er irgendwo eine Kirche gefunden, eine kleine Kapelle, einen Schuppen, und er hätte denselben Gedanken nachgehangen, hätte denselben quälenden Schmerz durchlitten, doch in der Schlichtheit seines dortigen Lebens hätte er Trost gefunden. Hier gab es nichts als Fremde in einer riesigen Kathedrale und kalten grauen Stein, ähnlich dem des riesigen Hauses, das er nun mit seinem sterbenden Vater teilte. Und als er sich langsam aufrichtete, wußte er, daß er nicht lange in den Staaten bleiben würde. Er wollte schleunigst nach Spanien zurückkehren. Dort wurde er gebraucht. In New York brauchte ihn niemand – außer einigen Anwälten und Bankern, und die waren ihm gleichgültig. Sie waren ihm immer schon gleichgültig gewesen, und jetzt waren sie ihm allenfalls noch gleichgültiger als vor Jahren. Er war nie der »anständige Mann« geworden, den sich sein Schwiegervater erträumt hatte. Die Erinnerung an seine Schwiegereltern entlockte ihm ein Lächeln. Auch sie waren inzwischen tot, alle waren tot. Mit fünfunddreißig hatte Charles Delauney das Gefühl, schon zehn Menschenleben hinter sich zu haben.

Lange stand er da, blickte zur Madonnenstatue mit dem Kind ... dachte an sie ... und ging schließlich langsam den Weg zurück, den er gekommen war. Doch er fühlte sich schlechter und nicht besser als zuvor. Er wollte André wieder fühlen, wollte seine Nähe spüren, die köstliche Wärme seines Körpers, die Weichheit seiner Wange, die winzige Hand, die die seine immer so fest gehalten hatte.

Von Tränen geblendet, ging Charles zurück zum Hauptportal. Das Bein schmerzte nun noch mehr, und eisiger Wind pfiff durch das Kirchenschiff, als ihm etwas passierte, das ihm schon lange nicht mehr passiert war. Früher war es ziemlich häufig vorgekommen, manchmal sogar auf dem Schlachtfeld – er hatte sich eingebildet, Marielle zu sehen.

Jetzt sah er sie von weitem; in Pelze gehüllt, schritt sie an ihm vorüber wie eine Geistererscheinung. Ohne ihn zu bemerken, steuerte sie auf etwas zu, das er nicht sehen konnte. Er stand lange da, beobachtete sie und sehnte sich nach ihr wie schon lange nicht mehr. Es war, als wäre eine Erinnerung wiederbelebt worden. Er starrte das Phänomen an, und plötzlich ging ihm auf, daß es kein Gespenst war, sondern eine Frau, die ihr ungemein ähnlich sah, groß und schlank und ernst und sehr schön. Ihr schlichtes schwarzes Kleid wurde weitgehend von einem fast bodenlangen Zobelmantel verhüllt, der ihr Gesicht weich umrahmte. Ein schräg aufgesetzter Hut verbarg ihr Gesicht und ließ nur ein Auge sehen, aber obwohl so wenig von ihr zu sehen war, meinte er sie zu spüren; ihre Art, sich zu bewegen, wie sie vor sich hin blickte, wie sie still einen schwarzen Handschuh abstreifte und dann vor einem anderen kleinen Altar niederkniete. Sie war so anmutig wie einst, so groß und schlank, nur kam sie ihm jetzt viel dünner vor. Sie bedeckte ihr Gesicht mit den schmalen Händen, und es sah aus, als betete sie lange. Er wußte, warum. Sie waren beide aus demselben Grund gekommen. Es war Marielle, das wurde ihm klar, während er sie unverwandt anstarrte. Er konnte es nicht fassen.

Eine Ewigkeit schien zu vergehen, ehe sie sich umdrehte und ihn anblickte, doch als sie es schließlich tat, war offenkundig, daß sie ihn nicht wahrnahm. Sie zündete vier Kerzen an und steckte ein paar Münzen in die Kollekte. Dann stand sie da und starrte den Altar an, und er sah Tränen auch auf ihren Wangen, ehe sie mit gesenktem Kopf den Pelzmantel enger um sich zog. Langsam schritt sie zwischen den Bankreihen hindurch, als schmerze ihr ganzer Körper und ihre Seele dazu. Sie war nur wenige Zoll von ihm entfernt, als er die Hand ausstreckte und sie aufhielt. Sie erschrak und blickte erstaunt zu ihm auf, als wäre sie aus einem tiefen Traum geweckt worden. Doch als sie in seine Augen sah, stockte ihr der Atem, und sie starrte ihn ungläubig an. Sie schlug die Hand vor den Mund, in ihren Augen schwammen noch die Tränen, die ihr vor dem Altar gekommen waren.

»O mein Gott . . .« Es konnte nicht sein. Und doch war es so. Fast sieben Jahre lang hatte sie ihn nicht gesehen. Es war nicht zu fassen.

Wortlos berührte er ihre Hand, und sie sank, ohne zu zögern, an seine Brust, ohne zu überlegen, ohne ein Wort. Er legte die Arme um sie. Es schien richtig so, daß sie beide gekommen waren, daß sie an diesem Tag zusammen waren, daß sie sich in der Kirche wie zwei Ertrinkende aneinanderklammerten. Es dauerte lange, bis sie sich von ihm löste und zu ihm aufblickte. Er war älter geworden, sah kampferprobter aus und müder. Sein Gesicht trug kleine Narben, die große an seinem Arm und die andere am Bein konnte sie nicht sehen. Sein Haar war grau durchsetzt, doch als sie ihn ansah, fühlte sie sich wie achtzehn, und ihr Herz klopfte wie damals in Paris, als sie ein junges Mädchen gewesen war. Sie wußte seit Jahren schon, daß ein Teil ihrer selbst nie von Charles Delauney lassen würde. Sie wußte es schon seit langem, und sie konnte damit leben. Es war etwas, das man akzeptieren mußte wie einen Schmerz, wie das Bein, das er zuweilen nachzog oder das ihn plagte, wenn das Wetter kalt oder feucht war. Es war ein Schmerz wie alle anderen, die zu ertragen sie gelernt hatte. »Ich weiß nicht, was ich sagen soll«, begann sie mit traurigem Lächeln und wischte sich die Tränen ab. »Nach dieser langen Zeit käme mir ›Wie geht es dir?‹ albern vor.« Es war in der Tat albern, aber was sonst hätte sie sagen sollen? Sie hatte hin und wieder etwas von ihm gehört, aber nun schon seit Jahren nicht mehr. Seit einiger Zeit wußte sie, daß sein Vater krank war. Ihre eigenen Eltern waren im Abstand von einigen Monaten gestorben, noch ehe sie aus Europa nach Hause zurückgekehrt war. Charles wußte davon.

»Du siehst unglaublich aus.« Er konnte den Blick nicht von ihr wenden. Mit dreißig war sie noch schöner als damals mit achtzehn. Es war, als hätte sich ihre Verheißung erfüllt, und doch blickten ihre Augen noch immer traurig. Es schmerzte ihn, wenn er sie nur ansah. »Geht es dir gut?« Er meinte es auf tausendfache Weise, und wie sie ihn immer verstanden hatte, so verstand sie auch jetzt. Sie waren wie ein Tanz, ein Lied, eine einzige Bewegung. Er dachte einen Gedanken zur Hälfte, und sie konnte ihn wortlos zu Ende denken. So gut kannten sie einander ... Es war, als wären sie die zusammengehörigen Hälften einer einzigen Person. Aber jetzt? Jetzt waren sie einfach nur zwei Hälften ... oder ergaben sie eins? Das fragte er sich, während er sie genau ansah. Sie war teuer gekleidet, ihr Zobelmantel war ein Gedicht. Der Hut war von Lily Daché eigens für sie angefertigt worden, und so, wie sie ihn trug, kam er fabelhaft zur Geltung. Sie war jedenfalls viel eleganter, als sie es als junges Mädchen gewesen war. In dieser Aufmachung hätte sie mich damals eingeschüchtert, dachte er lächelnd. Oder sie hätte ihn nicht auf dieselbe Weise angezogen. Nun aber schüchterte sie ihn nicht ein, sie bewegte viel mehr sein Herz wie seit Jahren schon. Warum war sie nur so verdammt eigensinnig gewesen, als er sie zum letzten Mal gesehen hatte?

»Du siehst so ernst aus, Marielle.« Seine Augen schienen sie durchdringen zu wollen und forderten Antworten auf unzählige Fragen.

Sie versuchte ein Lächeln und wandte sich kurz ab, ehe sie ihn erneut ansah. »Es ist ein schwerer Tag ... für uns beide.« Wenn es anders gewesen wäre, wären sie nicht hier gewesen. Ihr erschien es bemerkenswert, daß sie nach all den Jahren nun gemeinsam in der St.-Patricks-Kathedrale standen. »Bist du endgültig nach Hause zurückgekehrt?« Sie war neugierig. Er wirkte größer und stärker als früher, kraftvoller und so, als könne er Unsinn noch weniger akzeptieren. Und, so unmöglich das scheinen mochte, er war offensichtlich noch empfindsamer geworden.

Er schüttelte den Kopf und wünschte, sie könnten sich auf eine der Bänke setzen und den ganzen Tag reden. »Ich glaube, hier könnte ich es auf Dauer nicht aushalten. Seit drei Wochen bin ich zurück, und es juckt mich schon, wieder nach Spanien zu gehen.«

»Nach Spanien?« Sie zog eine Braue hoch. Sein Leben schien ihr so mit Paris und ihren Erinnerungen an die Zeit dort verwoben zu sein, daß sie ihn sich nur schwer anderswo vorstellen konnte.

»In den Krieg. Ich war zwei Jahre dabei.«

Da nickte sie. Das ergab einen Sinn. »Ich habe mich schon gefragt, ob du wohl dort kämpfst.« Das war seine Art Kampf. »Irgendwie sagte mir mein Gefühl, daß du dort bist und kämpfst.« Sie hatte recht, und er hatte keinen Grund, es nicht zu tun. Nichts zu verlieren. Nichts zu gewinnen. Nichts, was ihn zu Hause gehalten hätte.

»Und du?« Er sah sie eindringlich an. Es war mehr als sonderbar, wie sie einander ausfragten, doch jeder wollte wissen, was der andere gemacht hatte.

Es verging ein langer Augenblick, ehe sie leise zur Antwort gab: »Ich bin verheiratet.«

Er nickte und versuchte dreinzuschauen, als berühre ihn das nicht, auch wenn sie ihm mit dieser Mitteilung einen Dolch in eine seit langem schwärende Wunde gestoßen hatte. »Mit jemandem, den ich kenne?« Das war unwahrscheinlich, da er die letzten siebzehn Jahre im Ausland verbracht hatte, doch so, wie sie aussah, mußte sie mindestens mit einem Astor verheiratet sein.

»Ich weiß es nicht.« Doch sie wußte, daß ihr Mann ein Freund seines Vaters war. Ihr Mann war fünfundzwanzig Jahre älter als sie. »Mit Malcolm Patterson.« In ihren Augen lag keine Freude, als sie den Namen nannte, kein Stolz, und plötzlich verbarg der Hut ihren Gesichtsausdruck zur Gänze. Er spürte etwas, das ihm nicht gefallen wollte. Sie sah alles andere als glücklich aus. Das also hatte sie mit den letzten sieben Jahren angefangen. Beeindruckt war er nicht gerade. Eher verärgert. Sehr sogar.

»Den Namen kenne ich«, sagte Charles kühl. Er wartete darauf, ihr wieder in die Augen sehen zu können. »Und – bist du glücklich?« Hatte es sich gelohnt, daß sie eine Rückkehr zu ihm abgelehnt hatte? Es war offenkundig, daß es sich nicht gelohnt hatte.

Sie wußte nicht recht, was sie sagen sollte. Ihre Ehe hatte gewisse Aspekte, die sie sehr zu schätzen wußte. Malcolm hatte versprochen, sich ihrer anzunehmen – zu einer Zeit in ihrem Leben, als sie Hilfe verzweifelt nötig gehabt hatte –, und er hatte sein Versprechen gehalten. Niemals hatte er sie enttäuscht. Seine Güte war unerschütterlich. Aber sie hatte nicht geahnt, wie kühl er sein würde, wie unnahbar und wie beschäftigt. Und doch war er in gewisser Weise ein idealer Ehemann. Höflich, intelligent, ritterlich, charmant. Aber er war nicht Charles ... er war nicht die Flamme und Leidenschaft ihrer Jugend ... er war nicht das Gesicht, von dem sie geträumt hatte, als sie zwischen Leben und Tod schwebte ... nicht der Name, den sie rief ... und beide hatten sie gewußt, daß er es nie sein würde. »Charles, ich habe meinen Frieden gefunden. Das ist für mich schon sehr viel.« Bei Charles hatte es keinen Frieden gegeben ... nur Freude und Erregung und Liebe und Leidenschaft ... und schließlich Verzweiflung. So groß wie die Freude war auch der Kummer gewesen.

»Ich habe dich gesehen ... in Spanien ... als ich angeschossen wurde ...«, sagte er verträumt.

... und ich habe dich jahrelang fast jede Nacht gesehen ... wollte sie zu ihm sagen, doch sie wußte, daß sie es nicht konnte. Statt dessen lächelte sie nur. »Wir alle haben unsere Gespenster, Charles. Und manche waren eben quälender als andere.«

»So ist das also? Gespenster sind wir? Mehr nicht?«

»Vielleicht.« Es hatte sie zwei Jahre in einem Sanatorium gekostet, um zu begreifen, daß es vorbei war, daß sie den Schmerz aushalten mußte und daß sie trotz allem, was geschehen war, weiterleben konnte. Das durfte sie jetzt nicht aufs Spiel setzen, nicht einmal seinetwegen ... das schon gar nicht. Sie durfte keinen Schritt zurückgehen, mochte sie auch noch so sicher wissen, daß sie ihn noch immer liebte. Sie berührte seine Hand, dann seine Wange, und er beugte sich über sie, um sie zu küssen. Doch sie wandte den Kopf ein klein wenig, sein Kuß landete auf ihrer Wange, neben ihren Lippen, und sie schloß die Augen für den langen Moment, den er sie festhielt.

»Ich liebe dich ... ich werde dich immer lieben.« Als er es sagte, glühte in seinen Augen jene Leidenschaft, die sie so gut kannte. Diese Leidenschaft war nicht aus der Begierde geboren, sondern aus dem Glauben, aus einem Sehnen und einer Anteilnahme, so stark, daß sie einen zu töten vermochte. Charles' Gefühle waren immer schon von verzehrender Intensität gewesen und konnten auch für ihn lebensbedrohend werden. Sie selbst hatte diese Flamme nur knapp überlebt, und sie wußte jetzt, daß sie das Risiko nicht noch einmal eingehen konnte. Er hatte seine Narben abbekommen und sie die ihren, nicht weniger tief, auch wenn sie nicht die Folgen einer Schlacht waren.

»Ich liebe dich auch«, flüsterte sie, wohl wissend, daß sie diese Worte nicht hätte aussprechen sollen. Doch sie waren ein Raunen aus der Vergangenheit, ein Salut an alles, was gewesen und mit André gestorben war.

»Würdest du dich mit mir treffen, ehe ich wieder nach Spanien gehe?« Es sah ihm ähnlich, sie unter Druck zu setzen, an ihr Verantwortungsgefühl zu appellieren, indem er darauf hinwies, daß er wieder in den Krieg zog. Sie lächelte.

»Ich kann nicht, Charles. Ich bin verheiratet.«

»Weiß er von mir?« Langsam und mit schmerzlicher Miene schüttelte sie zur Antwort den Kopf.

»Nein, er weiß nichts. Er glaubt, ich hätte eines Sommers während unserer Europareise ein wenig verrückt gespielt und sei aus dem Ruder gelaufen, wie mein Vater sich in seinem Freundeskreis auszudrücken pflegte. Ich hätte eine ›kleine Romanze‹ gehabt, hat er damals verbreitet. Mehr weiß Malcolm nicht. Er hat nie zugelassen, daß das Thema berührt wurde. Malcolm hat keine Ahnung davon, daß wir jemals verheiratet waren.« Es war typisch für ihren Vater, die Sache so darzustellen. Er hatte ihr Leben mit Charles einfach totgeschwiegen, und da sie sich ständig in Europa aufgehalten hatten, war es ganz einfach gewesen. Äußerer Schein und gesellschaftliches Ansehen waren das wichtigste für ihn. Um seine Tochter zu schützen, hatte er überall herumerzählt, sie sei zum Studium in Europa geblieben. Es galt, um jeden Preis das Gesicht zu wahren, und er hatte auch Marielle vor ihrem »schrecklichen Irrtum bewahren« wollen, als sie Charles Delauney heiratete. Und jetzt glaubte Marielles Mann noch immer an diese Lüge, weil sie es zuließ.

Charles fand es unglaublich, daß sie ihrem Mann nie die Wahrheit gesagt hatte. Sie hatten einander seinerzeit alles gesagt, hatten all ihre Geheimnisse miteinander geteilt. Aber was hatte es mit achtzehn zu verbergen gegeben? Mit dreißig war das schon etwas ganz anderes.

»Er weiß nichts, Charles. Warum hätte ich es ihm sagen sollen?« Warum hätte sie Malcolm gestehen sollen, daß sie über zwei Jahre in einem Sanatorium zugebracht hatte, daß sie hatte sterben wollen ... daß sie sich die Pulsadern geöffnet hatte ... Tabletten genommen ... versucht, sich selbst in der Wanne zu ertränken ... Warum hätte sie ihm etwas davon sagen sollen? Charles wußte es, er hatte sämtliche Kosten übernommen ... und sie war wieder gesund geworden.

»Wirst du ihm von unserer heutigen Begegnung erzählen?« Er war neugierig zu erfahren, wie es um sie und ihren Mann stand. Was für eine Ehe war das, in der so vieles ungesagt blieb? Liebte sie Malcolm oder er sie? Nach all den Jahren war ihr das »Ich liebe dich« so leicht über die Lippen gekommen ... und Charles glaubte ihr. Aber nun schüttelte sie auf seine Frage hin den Kopf.

»Wie könnte ich ihm etwas von unsrer Begegnung sagen, wenn er nichts von deiner Existenz ahnt?« Ihr Blick war ruhig, ihr Gesicht zauberhaft. Sie schien wirklich ihren Frieden gefunden zu haben, und das war schon viel.

»Liebst du ihn?« Er glaubte es nicht, doch wollte er es von ihr selbst hören.

»Natürlich. Ich bin seine Frau.« In Wahrheit respektierte sie Malcolm, bewunderte ihn und fühlte sich ihm zu Dank verpflichtet. Sie hatte ihn nie geliebt, wie sie Charles geliebt hatte, und daran würde sich nichts ändern. Mehr noch, sie wollte es gar nicht. Eine solche Liebe brachte zuviel Schmerz mit sich, und das auf sich zu nehmen, besaß sie nicht mehr den Mut. Nach einem Blick auf ihre Uhr sah sie Charles an. »Ich muß gehen.«

»Warum? Was würde passieren, wenn du nicht nach Hause gingest, wenn du statt dessen mit mir kämest?« Er machte ein Gesicht, als wäre es ihm ernst.

»Verändert hast du dich kein bißchen. Du bist immer noch der Draufgänger, der mich in Paris überredet hat, mit ihm durchzubrennen.« Die Erinnerung entlockte ihr ein Lächeln, und auch er mußte lächeln.

»Damals war es leichter, dich zu überreden.«

»Alles war damals leichter, wir waren jung.«

»Du bist es noch immer.« Doch in ihrem Herzen wußte sie, daß sie es nicht mehr war.

Sie hüllte sich enger in ihren Mantel und zog den zweiten Handschuh an. Langsam geleitete er sie zum Hauptportal.

»Ich möchte dich wiedersehen, bevor ich fahre.«

Sie seufzte tief. Dann blieb sie stehen und blickte zu ihm auf.

»Charles, wie stellst du dir das vor?«

»Wenn du nicht kommst, dann komme ich und läute an deiner Tür.«

»Ja, das sähe dir ähnlich.« Trotz der traurigen Erinnerungen, die diesen Tag belasteten und Grund ihres Wiedersehens waren, lachte sie auf.

»Du würdest ganz schöne Schwierigkeiten haben, mein Erscheinen zu erklären.« Schon der Gedanke drohte ihr Kopfschmerzen zu bereiten. »Du weißt, wo ich wohne. Im Haus meines Vaters. Ruf mich dort an, denn sonst rufe ich dich an.«

Sieben Jahre waren vergangen, und er kam ihr wieder mit Drohungen ... und sah dabei so fabelhaft aus.

»Und wenn du mich nicht erreichst?«

»Ich werde dich zu finden wissen.«

»Ich möchte nicht gefunden werden.« Sie sagte es ganz ernst.

Nicht minder ernst gab er zurück: »Ich bin nicht sicher, ob ich das glauben soll. Nach all den Jahren können wir nicht einfach ... ich kann dich nicht gehen lassen, Marielle ... ich kann nicht. Es tut mir leid.« Er wirkte verloren, ja beinahe gebrochen.

»Ich weiß.« Marielle hakte sich bei ihm unter, und sie durchschritten das Portal just in dem Moment, als Malcolms Chauffeur durch einen Seiteneingang hinausstürzte. Seine Beobachtungen hatten ihm eine höchst interessante Stunde bereitet. Diese Seite hatte er an Marielle bislang nicht kennengelernt. Eigentlich kein Wunder, daß sie Heimlichkeiten hatte. Auch Malcolm führte sein eigenes Leben, und sie war eine schöne junge Frau. Schön und sehr furchtsam, wie er wußte. Von allen ließ sie sich einschüchtern, ganz besonders von ihrem Mann. Blieb nur die Frage, wer am Ende den höheren Preis für das bezahlen würde, was er eben beobachtet hatte ... Mrs. Patterson selbst? Oder ihr Mann?

Arm in Arm gingen Charles und Marielle langsam die Stufen hinunter, und als sie unten angelangt waren, drückte er sie fest an sich. »Ich möchte dich nicht bedrängen; du sollst nichts tun, was du nicht möchtest, aber ich würde dich zu gern vor meiner Abreise noch einmal sehen.« Es stand ihm ins Gesicht geschrieben, wie ernst es ihm war.

»Warum?« Sie sah ihn fordernd an, und er gab ihr die einzig mögliche Antwort.

»Weil ich dich liebe.«

Tränen stiegen ihr in die Augen, sie wandte den Blick ab. Sie wollte ihn nicht mehr lieben und wollte nicht von ihm geliebt werden, wollte keine Erinnerungen, keinen Schmerz, keine Qual. Sie sah ihn an. »Charles, ich kann dich nicht anrufen.«

»Du kannst alles, was du willst. Und was immer du tust, ich werde ... Ist es für dich auch so schwer?« Er warf einen Blick zurück zur Kirche und dachte an den Tag, der der Grund ihres Hierseins war. Dann blickte er unter Tränen auf sie nieder, und als Antwort kamen auch ihr die Tränen, und sie nickte.

»Ja, es ist furchtbar schwer. Und es wird auch nicht leichter.«

Es würde nie leichter werden. So viel war jetzt klar. Sie mußte damit leben wie mit einem chronischen Schmerz. Wieder schaute sie zu ihm auf. »Es tut mir so leid ...« Seit Jahren hatte sie ihm diese Worte sagen wollen, und jetzt hatte sie es getan, und nichts hatte sich geändert.

Er schüttelte den Kopf und zog sie noch einmal fest an sich, ehe er sie losließ. Und nach einem letzten Blick in ihre Augen ging er los, die Fifth Avenue hinunter, ohne ihr Lebewohl gesagt zu haben. Er hatte es nicht über sich gebracht. Sie sah ihm lange nach, ehe sie sich in Malcolms Wagen sinken ließ. Als der Chauffeur sie nach Hause brachte, war sie in Gedanken noch immer bei Charles ... bei einem vor langer Zeit verlorenen Leben, das sie nie wieder finden würde. Und bei André.

31

Patrick, der Chauffeur, fuhr Marielle nach Hause, die Fifth Avenue in nördlicher Richtung, aber Charles war nirgends mehr zu sehen. Schließlich fuhren sie zu dem Haus, das sie seit sechs Jahren zusammen mit Malcolm bewohnte. Zwischen der Madison und der Fifth unweit des Parks gelegen, war es ein wunderschöner Bau, doch sie hatte es nie als ihr Heim empfunden; es war Malcolms Haus geblieben. Von Anfang an hatte sie sich in dem aufwendigen, mit viel Personal bevölkerten Gemäuer fremd gefühlt. Schon Malcolms Eltern hatten hier gewohnt, und man wurde das Gefühl nicht los, Malcolm hätte es als eine Art Gedenkstätte für sie erhalten, angefüllt mit wertvollen Sammlungen, denen er im Laufe der Zeit alle möglichen Kunstwerke hinzufügte, die er von seinen Reisen mitbrachte oder von Museen erwarb. Zuweilen kam Marielle sich vor wie eine seiner Kostbarkeiten, ein Stück, das man gelegentlich zur Schau stellt, mit dem man sich aber nie wirklich befaßt. Wie eine Puppe, die man auf einem Bord bewundert, ohne je mit ihr zu spielen. Malcolms Dienstboten begegneten Marielle mit großer Zuvorkommenheit, hatten ihr aber sofort zu verstehen gegeben, daß sie nicht für sie, sondern für ihren Mann arbeiteten. Viele waren schon ewig im Haus, und nach den sechs Jahren, die sie hier lebte, hatte sie noch immer das Gefühl, sie kaum zu kennen. Zudem ermahnte Malcolm sie immer wieder, Distanz zu wahren. Er selbst hatte es stets so gehalten und das Personal ebenso. Die Hausangestellten begegneten ihr auf eine Art, der es selbst am kleinsten Funken Wärme fehlte. Hinzu kam, daß Malcolm ihr nicht gestattet hatte, irgendwelche Veränderungen vorzunehmen. Es war noch immer sein Zuhause, in dem sich alles nach ihm richtete. Wichen ihre Anordnungen von seinen ab, dann wurden sie höflich ignoriert und die Angelegenheit nie wieder erwähnt. Malcolm war es auch, der das überwiegend aus Iren, Engländern und Deutschen bestehende Personal einstellte. Deutschland und die Deutschen hatten es Malcolm besonders angetan; er hatte in jungen Jahren in Heidelberg studiert und beherrschte die Sprache perfekt.

Manchmal fragte Marielle sich, ob das Personal sie insgeheim ablehnte, weil sie selbst einmal für Malcolm gearbeitet hatte. 1932, nach ihrer Rückkehr aus Europa, war es ihr schier unmöglich gewesen, Arbeit zu bekommen. Die Depression hatte ihren Tiefpunkt erreicht, sogar College-Absolventen liefen arbeitslos herum, und sie hatte überhaupt keine Ausbildung. Sie hatte noch nie gearbeitet, und ihre Eltern hatten ihr nichts hinterlassen. Ihr Vater, der 1929 beim Börsenkrach alles verlor, hatte seinen Ruin nicht überlebt; er war zu alt gewesen für diese Belastung, zu alt für einen Neubeginn. Sein Herz hatte versagt, nachdem sein Verstand ihn im Stich gelassen hatte. Und als ihre Mutter ihm ein halbes Jahr darauf in den Tod folgte, bildeten ein paar hundert Dollar die gesamte Hinterlassenschaft. Damals hatte Marielle sich noch in Europa aufgehalten, und Charles hatte den Verkauf ihres Hauses abwickeln müssen, damit die Schulden getilgt werden konnten.

Sie war zu krank gewesen, um sich selbst darum zu kümmern, und als sie schließlich nach New York zurückkehrte, hatte sie mit leeren Händen und ohne ein Dach über dem Kopf dagestanden. Sie hatte sich in einem Hotel an der East Side eingemietet und sofort mit der Arbeitssuche begonnen. Alles, was sie besaß, waren zweitausend Dollar, von Charles geborgt. Mehr hatte sie nicht annehmen wollen. Damals stand sie mutterseelenallein auf der Welt. Und Malcolm hatte sie in vielfacher Hinsicht gerettet, wofür sie ihm noch immer dankbar war und wohl stets dankbar sein würde.

An einem winterlichen Februartag war sie in seinem Büro erschienen, und das Lächeln, mit dem er sie, hinter seinem Schreibtisch sitzend, empfing, war ihr vorgekommen wie ein wärmender Sonnenstrahl. Sie hatte ihn aufgesucht, weil er mit ihrem Vater befreundet gewesen war und weil sie hoffte, er würde von einem Job wissen oder jemanden kennen, der eine Gesellschafterin mit perfektem Französisch suchte. Es war das einzige, was sie neben ihrem Zeichentalent aufzuweisen hatte, und auch das hatte sie seit Jahren vernachlässigt. Sie besaß keinerlei Kenntnisse und Fähigkeiten für den Sekretärinnenberuf, doch nachdem er sich eine

Stunde lang mit ihr unterhalten hatte, stellte er sie ein. Er übernahm ihre Hotelrechnung, bis sie eine eigene Wohnung gefunden hatte. Später hatte sie versucht, ihm das Geld zurückzuzahlen, doch er wollte nichts davon hören. Er wußte, wie schlecht es ihr ging, und unterstützte sie gern.

Sie lernte rasch und leistete als Assistentin der Chefsekretärin – einer Engländerin, die Marielle trotz unverhohlener Mißbilligung immer höflich behandelte – sehr gute Arbeit. Es gab für niemanden einen Grund zur Verwunderung, als Malcolm anfing, mit ihr auszugehen; zunächst lud er sie zu unauffällig stillen Mittagessen ein, später zu romantischen Diners. Schließlich begleitete sie ihn sogar zu wichtigen gesellschaftlichen Anlässen. Oft sagte er ihr dann – doch immer taktvoll –, sie solle sich für diesen Anlaß ein neues Kleid kaufen, in einem Salon, in dem er bekannt war. Anfangs war das Marielle sehr unangenehm. Es lag ihr fern, ihn auszunutzen, und sie wollte vor allem peinliche Situationen vermeiden. Doch Malcolm war immer so nett zu ihr, so intelligent, so amüsant, so verständnisvoll. Nie drängte er sie, etwas über ihr bisheriges Leben preiszugeben; nie fragte er sie, warum sie sechs Jahre in Europa gelebt hatte oder weshalb sie zurückgekehrt war. Ihre Gespräche drehten sich ausschließlich um die Gegenwart. Er war überaus zuvorkommend, liebenswürdig und umgänglich. Alle ihre anfänglichen Vorbehalte gegen ihn schwanden bald, denn zu ihrer großen Verwunderung machte er nie ungehörige Annäherungsversuche. Er mochte ihre Gesellschaft und zeigte sich gern an der Seite einer schönen jungen Frau, die in teuren, von ihm bezahlten Kleidern erschien. Damals hatte sie noch unter großer Schüchternheit gelitten, und zuweilen überkam diese alte Unsicherheit sie auch jetzt noch. Doch das schien Malcolm gar nicht aufzufallen, und so fühlte sie sich bei ihm immer sicherer und stärker. Ihr altes Ich war zwar nicht zurückgekehrt, ihr neues aber war mittlerweile so, daß sie damit leben konnte. Niemand stellte ihr Fragen, wenn sie mit Malcolm zusammen war. Natürlich wollte man wissen, wer sie war, aber darüber hinaus fragte kein Mensch, wo sie gelebt hatte und warum sie eine so ernste Miene zur Schau trug. Ihr Begleiter und ihr Aussehen machten Eindruck, und manchmal fand sie das

Ganze sogar amüsant. Bei ihm fühlte sie sich sicher und behütet vor allen Fährnissen, und genau das war es, was er ihr dauerhaft in Aussicht stellte, als er ihr zu Thanksgiving einen Antrag machte. Er bot ihr an, sie zeit seines Lebens zu behüten und sich um sie zu kümmern, eine Zeitspanne, die allerdings kürzer sein würde als ihr Leben, denn er war um einiges älter als sie. Er tat gar nicht erst so, als liebte er sie, und doch hatte sie den Eindruck, daß bei ihm Liebe im Spiel war, er war so umsichtig und lieb, so fürsorglich und anständig. Tatsächlich wünschte sie sich nicht mehr von ihm. Sie hätte den Schmerz nicht ertragen, falls etwas schiefgegangen, falls etwas passiert wäre. Allein die Erinnerungen an Charles schmerzten, und alles übrige war etwas, worüber sie noch nicht sprechen konnte, auch nicht mit Malcolm. Sie hatte versucht, ehrlich zu sein, ihm zu sagen, daß es in ihrer Vergangenheit schmerzliche Dinge gegeben hatte, doch er wollte nichts davon hören.

»Wir alle haben eine Vergangenheit, meine Liebe.« Er lächelte verständnisvoll. »Aber ich könnte mir denken, daß die deine bei deinen vierundzwanzig Jahren noch relativ unversehrt ist.« Er war so tolerant, so großzügig. Sie konnte mit ihrer Vergangenheit, mit all ihrem Schmerz und ihren Wunden kommen und bei ihm Trost und Schutz finden. Das war es, was sie von ihm wollte, und nicht sein Haus, seine Juwelen oder sein Geld. Er war schon zweimal verheiratet gewesen, und der Klatsch hatte ihr zugetragen, daß seine Generosität legendär sei. Sie aber suchte einfach einen Hafen im Sturm, eine Zuflucht für den Rest ihres Lebens, und die hatte er ihr versprochen. Er spürte deutlich, wie verängstigt sie war, obwohl er nicht die leiseste Ahnung davon hatte, was alles sie mitgemacht hatte. Das einzige, was er von ihr forderte, war ein Kind, denn keine seiner beiden Exfrauen hatte ihm Kinder geschenkt. Mit seinen neunundvierzig Jahren wünschte er sich nichts sehnlicher als einen Erben für das Patterson-Imperium. Der Grundstock seines Vermögens war in der Stahlbranche gelegt worden, und von Vornehmheit und Klasse war in den Anfängen wenig zu spüren gewesen, doch als Malcolm geboren wurde, war der Name bereits hochangesehen, und er selbst hatte ihm zu noch mehr Glanz verholfen.

Marielle, die sich von seinem Antrag vollkommen überrumpelt fühlte, glaubte im ersten Augenblick, er erlaube sich einen Scherz. Sicher, sie waren häufig zusammen ausgegangen, und er war unglaublich großzügig gewesen, aber er hatte sie noch nicht einmal geküßt ...

»Ich ... ich weiß nicht, was ich sagen soll ... Ist das dein Ernst?«

Sein Lächeln war kühl, als er nach ihrer Hand faßte, von ihrem Erstaunen amüsiert. Sie kam ihm vor wie ein Kind. Sanft hob er ihre Hand an die Lippen und küßte ihre Finger.

»Natürlich ist es mein Ernst, Marielle.« Er hielt ihren Blick fest, und irgendwie hatte sie das Gefühl, einen Vater bekommen zu haben. Doch ebendeswegen gefiel er ihr, mehr noch, er war das, was sie am dringendsten brauchte. Inzwischen war sie ein knappes Jahr in den Vereinigten Staaten und hatte außer Malcolm niemanden auf der Welt. »Ich möchte, daß du meine Frau wirst. Du wirst es sehr gut bei mir haben, meine Liebe, das verspreche ich dir. Und so sich bei uns Kindersegen einstellen sollte, werde ich dir für den Rest meines Lebens zu großem Dank verpflichtet sein.« Es war ein sonderbares Angebot, das eher nach geschäftlicher Vereinbarung klang als nach Heiratsantrag. Er wollte Kinder von ihr, und sie wollte und brauchte seinen Schutz. Er hatte nicht von Liebe gesprochen, hatte ihr keine schmachtenden Blicke zugeworfen, und sie war auch nicht in ihn verliebt. Es war völlig anders als das, was sie mit Charles gehabt hatte, aber es entsprach genau ihren Wünschen. Nur die Vorstellung, Kinder zu haben, machte ihr angst. Sie war nicht sicher, ob sie dieses Risiko noch einmal eingehen wollte, doch darüber sprach sie lieber nicht.

»Und wenn keine Kinder kommen?« Ihr Blick suchte mit besorgtem Ausdruck den seinen, und er fragte sich, ob sie ihm womöglich etwas Wichtiges verschwieg. Bisher hatte er geglaubt, alles über sie zu wissen.

»Dann werden wir Freunde sein.« Er wirkte friedvoll und gelassen, als er diese Worte sprach, und das machte ihr Mut. Dennoch fand sie es noch immer unbegreiflich, daß er sie wollte; viele andere Frauen hätten alles gegeben, um ihn zu bekommen.

»Aber warum ausgerechnet ich? Es gibt so viele andere ... passendere ...« Sie errötete. Sie besaß weder Geld noch gesellschaftliche Stellung. Gewiß, ihre Eltern waren angesehene Leute gewesen, aber mit seiner Familie hatten sie sich nicht messen können; zudem hatten sie ihr keinen Penny hinterlassen. Doch gerade das machte sie für ihn anziehend. Sie war ein Mädchen ohne Bindungen, ohne Familie, ohne Verpflichtungen. Sie war in gewisser Weise »sein« – oder würde es sein, wenn sie ihn heiratete, und das war ganz in seinem Sinn. Malcolm Patterson war ein von Besitzdenken geradezu besessener Mensch. Seine Häuser, seine Autos, seine Gemälde, seine Fabergé-Sammlung, seine »Sachen« waren sein ein und alles ...

Marielle würde ein Objekt mehr sein ... ein bedeutender Besitz, wenn sie ihm Kinder gebar. Und außerdem gefiel ihm, daß sie ein so stilles, anspruchsloses Mädchen war. Sie würde eine seiner würdige, attraktive Ehefrau abgeben und vielleicht, mit etwas Glück, eines Tages eine besonders gute Mutter.

»Vielleicht sollte ich jetzt sagen, daß ich dich liebe«, sagte er sanft, doch beide wußten, daß es nicht der Fall war. »Aber ich bin nicht sicher, ob es für einen von uns wichtig ist ...« Er kannte sie gut, besser, als sie geahnt hatte. »Vielleicht spielt das überhaupt keine Rolle. Vielleicht ist es sogar besser so, und wir werden miteinander mit der Zeit liebenlernen, meinst du nicht?« Sie nickte, noch immer eingeschüchtert von seinem Antrag. Er sah sie gespannt an, als sei klar, was sie zu tun habe, und als warte er darauf, daß sie es endlich tue. »Hast du eine Antwort für mich?«

Sie zögerte nur ganz kurz. »Ich ...« Sie sah ihn ängstlich an. »Bist du sicher?« Sie hatte mehr Angst um ihn als um sich selbst. Was, wenn sie ihn enttäuschte? Was, wenn ... wenn sie wieder die Kontrolle über sich verlor? Das vergangene Jahr war für sie nicht leicht gewesen. Zwei Wochen nach ihrer Rückkehr war das Lindbergh-Baby gekidnappt worden, ein Ereignis, das sie zunächst schreckensstarr verfolgt hatte, und als im Mai die Welt erfuhr, daß der Kleine getötet worden war, hatte sie in ihrem Herzen einen Schmerz gespürt, von dem sie wußte, daß sie ihn nie vergessen konnte. Tagelang hatte sie im Bett gelegen, angeblich mit Grippe. In Wahrheit war sie nicht imstande gewesen, zur

Tagesordnung überzugehen. Schließlich hatte sie sich aufgerafft und ihren Arzt in der Schweiz angerufen, und er hatte sie beruhigen können. Was aber, wenn es wieder passierte? Was, wenn Malcolm erfuhr ... »Ich bin nicht sicher, ob es dir gegenüber fair wäre.« Marielle senkte den Blick, Tränen glänzten auf ihren Wimpern. Plötzlich verspürte er das Verlangen, sie in die Arme zu nehmen und zu lieben. Es war das erste Mal, daß sie Leidenschaft in ihm entfachte, und einen Augenblick fragte er sich, ob er sie eines Tages vielleicht wirklich lieben würde.

»Liebling ... bitte ... heirate mich ... ich werde alles für dich tun.« Es war die einzige Sprache, die ihm zu Gebote stand, doch sie blickte mit betrübtem Lächeln zu ihm auf und schüttelte den Kopf.

»Das ist nicht nötig. Du mußt nur lieb zu mir sein, aber das warst du ohnehin immer. Viel zu lieb. Ich verdiene das nicht.«

»Unsinn. Du verdienst mehr, als ich dir geben kann. Du verdienst einen hübschen jungen Ehemann, der so verrückt nach dir ist, daß er fast den Verstand verliert, und der dich jeden Abend zum Tanzen ausführt. Nicht einen alten Mann, den du später einmal im Rollstuhl schieben wirst, wenn du selbst erst vierzig bist.« Sie lachte, als er dieses Bild entwarf, denn Malcolm war kaum anders als vital und jugendlich vorstellbar. Er war ein kraftstrotzender, energiegeladener Mann, der trotz seiner zu früh weißgewordenen Haare zehn Jahre jünger wirkte, als er war. Das weiße Haar machte ihn nur imposanter, bedeutender. »So, nun habe ich dir gesagt, was die Zukunft für dich bereithält. Wirst du meinen Antrag annehmen?« Sein Blick hielt sie fest, und sie nickte fast unmerklich. Marielle stockte der Atem, als sie ihn ansah und er sie in die Arme nahm und an sich drückte. Tränen stiegen ihr in die Augen. Sie wollte so gut zu ihm sein wie er zu ihr, sie wollte ihm alles versprechen, und sie gelobte sich, ihn nie zu enttäuschen.

Die Hochzeit fand in kleinem Rahmen und absolut diskret statt. Sie wurden am Neujahrstag in Malcolms Haus von einem befreundeten Friedensrichter getraut, in Anwesenheit eines knappen Dutzend von Malcolms Freunden. Marielle hatte niemanden, den sie hätte einladen können – von ihren Bürokolleginnen abgesehen, die ihr neuerdings jedoch total ablehnend gegenüberstanden und sie keineswegs zu ihrem Aschenputtel-Aufstieg beglückwünschten. Sie hatte erreicht, was die anderen selbst insgeheim ersehnten, doch hatten die sich Malcolm aus ganz anderen Gründen angeln wollen. Sie waren hinter seinem Geld her, während Marielle nur seinen Schutz wollte.

Sie trug ein beigefarbenes Satinkostüm von Mainbocher mit einem darauf abgestimmten, von Sally Victor eigens entworfenen Hut. Nie hatte sie reizender ausgesehen als an jenem Tag – ihr dunkles Haar war zu einem eleganten Knoten zusammengefaßt, aus ihren tiefblauen Augen sprach inniges Gefühl. Als der Friedensrichter erklärte, nun seien sie Mann und Frau, war sie den Tränen nahe. Den ganzen Tag über blieb sie dicht bei Malcolm, als fürchte sie, ein böser Geist könne sich zwischen sie drängen.

Ihre Flitterwochen verbrachten sie in der Karibik, auf einer im Privatbesitz befindlichen Insel in der Nähe von Antigua. Sie gehörte einem Freund, der ihnen sein Traumhaus, seine Yacht und Scharen diskreten, gutausgebildeten britischen Personals zur Verfügung stellte. Alles war vollkommen, und Marielle entdeckte, daß ihre Zuneigung zu Malcolm rasch wuchs. Seine einfühlsame, sanfte Art berührte sie mehr, als sie es ihm gegenüber zum Ausdruck bringen konnte. Auch was die körperlichen Aspekte ihrer Beziehung betraf, bewies er Weisheit, Güte und große Behutsamkeit. Er sehnte sich nach einem Kind, aber nicht so blindlings, daß er deshalb je grob oder rücksichtslos mit ihr umgegangen wäre. Während der Flitterwochen befaßte er sich vor allem damit, in Erfahrung zu bringen, wie er ihre Leidenschaft erregen konnte. Da er ein erfahrener Mann war, verhalf ihr die mit ihm im Bett verbrachte Zeit zu viel Lust, doch es stand unleugbar fest, daß zwischen ihnen etwas Wichtiges fehlte. Dennoch genoß jeder die Gesellschaft des anderen, und als sie drei Wochen später nach New York zurückkehrten, waren sie gute Freunde, und sie betrat sein Haus mit so viel Selbstvertrauen und Elan, wie sie seit Jahren nicht mehr gespürt hatte. Kaum aber hatten sie sich häuslich niedergelassen, da traf sie die Realität ihres gemeinsamen Lebens wie ein Keulenschlag. Sie lebten in *seinem* Haus, besuchten *seine* Freunde, sie war Tag und Nacht von *seinen* Dienstboten umgeben und mußte alles tun, was *er* wollte. Das Personal, das in ihr schlicht eine Glücksjägerin sah, behandelte sie wie einen Eindringling. Daß Marielle vor der Ehe für Malcolm gearbeitet hatte, gesellte dem Haß der Leute noch Neid hinzu. Ihre Anordnungen wurden mißachtet, ihre Bitten heimlich ins Lächerliche gezogen, ihre Habseligkeiten verschwanden entweder oder wurden »zufällig« vernichtet, und als sie versuchte, sich bei Malcolm darüber zu beklagen, ging er amüsiert darüber hinweg, was sie noch mehr erbitterte. Er riet ihr, »seinen Leuten« Zeit zu geben. Nach und nach würden sie sie ebenso liebgewinnen wie er.

Zurück in New York, verbrachte er wieder sehr viel Zeit im Büro. Da er meist für sich war und sein eigenes Leben führte, wurde Marielle zunehmend einsam. Er genoß es noch immer, sich mit ihr sehen zu lassen, und war nach wie vor sehr nett zu ihr, doch zeigte sich bald, daß sie nicht sein ganzes Leben und auch nicht sein Schlafzimmer teilen würde. Er erklärte, er bliebe abends immer sehr lange auf, prüfe noch Unterlagen oder führe Überseegespräche und müsse dabei ungestört sein; andererseits wolle auch er sie nicht stören. Sie hatte vorgeschlagen, die Anordnung der Zimmer zu verändern und neben dem Schlafzimmer ein Büro einzurichten, in dem er abends arbeiten konnte, doch er hatte sich eisern gegen jede Änderung gestemmt. Also blieb alles, wie es war. Nach ihrer Hochzeit hatte sich in Malcolms Leben nicht das geringste geändert, nur gingen sie etwas öfter aus. Und trotz all seiner Güte hatte sie manchmal das Gefühl, noch immer eine seiner Angestellten zu sein.

Sie bekam eine Apanage, die am Ersten eines jeden Monats diskret auf ihr Konto überwiesen wurde, und er ermutigte sie, nach Herzenslust einzukaufen, wo immer sie wollte. Doch die Dienstboten waren noch immer die seinen, das Haus sah genauso aus wie vorher, die Menschen, mit denen sie sich trafen, waren durchweg seine Freunde, und seine Geschäftsreisen unternahm er noch immer allein. Vorher, als sie nur seine Sekretärin gewesen war, war Marielle mehr mit ihm gereist als jetzt. Sie hätte das der neuen Sekretärin, die nun ständig mit ihm unterwegs war, verübeln können, wäre diese nicht so nett gewesen. Brigitte war ein hübsches deutsches Mädchen aus Berlin mit einwandfreien Manieren und ebensolchem Ruf, das Marielle mit großem Respekt begegnete. Sie hatte hellblondes Haar und grellrote Fingernägel, trat sehr bestimmt auf und war äußerst tüchtig. Mehr noch, sie benahm sich Marielle gegenüber immer besonders nett, ja fast freundschaftlich. So, wie sie eifersüchtig auf Marielle gewesen waren, neideten die älteren Sekretärinnen nun Brigitte ihre Position, und Marielles Mitleid regte sich, als sie die pikiert hochgezogenen Brauen von Brigittes Kolleginnen bemerkte. Brigitte war stets hilfsbereit und zuvorkommend, wenn Marielle im Büro anrief. Und besonders freundlich zeigte sie sich, als Marielle schwanger wurde. Sie schickte ihr einige Male kleine, aber praktische Geschenke für das Baby und strickte sogar eine Decke und etliche Jäckchen – Grund genug für Malcolm, sehr gerührt zu sein. Während der übrigen Zeit schien er Brigittes Existenz kaum wahrzunehmen. Er hatte anderes im Kopf, wichtige geschäftliche Transaktionen und seine junge Frau und nicht zuletzt den Sohn, den er sich so sehnlich gewünscht hatte.

Marielle hatte damit gerechnet, rasch schwanger zu werden, denn damals war es sofort passiert. Um so erstaunter war sie, als sich nach den ersten Monaten ihrer Ehe noch immer nichts tat. Nach einem halben Jahr bestand Malcolm darauf, daß sie einen Spezialisten in Boston konsultierte. Er lieferte sie selbst in der Klinik ab, wo sie von einem Spezialistenteam untersucht wurde. Man fand nichts und riet ihr und Malcolm nur, es weiter zu versuchen. Es sei einfach eine Frage der Zeit, eine Diagnose, die von verschiedenen, ihr höchst peinlichen Ratschlägen begleitet wurde, welche Malcolm aber zu befolgen gedachte. Es sollte noch ein weiteres halbes Jahr vergehen, ohne daß das geholfen hätte, und schließlich regte sich bei beiden Besorgnis. Nun wandte sich Marielle an ihren eigenen Arzt. Auch er hatte ihr keine neuen Erkenntnisse zu bieten, machte ihr aber behutsam klar, daß manche Frauen einfach nicht zum Kinderkriegen geschaffen seien. Er kannte solche Fälle, gesunde junge Frauen, bei denen nie eine Empfängnis zustande kam. Es war niemandes Schuld, aber »manchmal läßt Gott es nicht zu«, wie der Arzt leise sagte. Sie war jeden Monat wieder einem hysterischen Anfall nahe, wenn sie sah, daß sie nicht schwanger war, und diese Anspannung löste unweigerlich eine ganze Kette von Migräneanfällen aus.

»Aber bei mir ist es schon passiert«, sagte sie leise, zu verängstigt, um den Arzt anzusehen. Es war etwas, das sie nicht einmal Malcolm anvertraut hatte und ihm jetzt, da sie unfähig war, ein Kind von ihm zu bekommen, schon gar nicht anvertrauen würde.

»Sie waren schon schwanger?« Die Neugierde des Arztes war entfacht. Er hatte sich bei einer Untersuchung schon einmal gewundert, doch sicher war er nicht gewesen. Von Fragen hatte er Abstand genommen, und von selbst war sie nicht damit herausgerückt. In Boston hatte man ihr diese Frage mehrfach gestellt, doch sie hatte geleugnet. Zu diesem Arzt hatte sie mehr Vertrauen, sie hoffte, daß er ihr Geheimnis für sich behalten würde. Sie hatte ihn sich selbst ausgesucht; er war einer der wenigen Menschen in ihrem Leben, die Malcolm nicht verpflichtet waren.

»Ja.« Sie nickte.

»Hatten Sie eine Abtreibung?« Das war ein Punkt, der ihm Sorgen machte. Seiner Erfahrung nach waren Frauen, die Abtreibungen in dunklen Seitenstraßen hinter sich hatten, nur selten fähig, noch einmal zu empfangen.

»Nein.«

»Ich verstehe ...« Sofort machte er einen viel mitfühlenderen Eindruck. »Sie haben es verloren.«

»Nein«, setzte sie an und zuckte dann wie unter körperlichem Schmerz zusammen. »Ich meine, ja ... ich habe ihn zur Welt gebracht, und er ist später gestorben ... viel später ...«

»Das tut mir leid.« Dann erzählte sie ihm die ganze Geschichte und konnte nicht aufhören zu weinen. Doch als sie zwei Stunden später seine Praxis verließ, war ihr leichter ums Herz. In gewisser Weise hatte sie das Gefühl, eine Bürde sei ihr von den Schultern genommen worden. Der Arzt hatte sie beruhigt, indem er sagte, sie würde eines Tages sicher schwanger werden. Es läge kein Grund vor, warum sie kein Kind bekommen sollte.

Und er sollte recht behalten. Zwei Monate später stellte sie erstaunt und entzückt fest, daß sie in anderen Umständen war.

Fast hatte sie sich schon damit abgefunden, daß es nie passieren würde, und war bereit, Malcolm die Scheidung anzubieten, falls er das wollte. Aber plötzlich war das Licht aufgeflammt, und Malcolm war vor Freude und Dankbarkeit außer sich. Er überschüttete sie mit Juwelen und Geschenken, kam mittags nach Hause, um nach ihr zu sehen, behandelte sie wie ein rohes Ei und war unentwegt damit beschäftigt, Pläne für das Kind zu schmieden. Daß er einen Sohn erwartete, war klar, aber er war ebenso bereit, sich über eine Tochter zu freuen. »Wenn es ein Mädchen ist, müssen wir eben noch mehr Kinder in die Welt setzen«, sagte er selig, und Marielle lachte. Inzwischen konnte sie ihre Füße kaum noch sehen, und seit Wochen hatte sie nicht mehr richtig geschlafen. Die Aussicht auf weitere Schwangerschaften erschien ihr also nicht eben verlockend. Andererseits war sie während dieser Schwangerschaft aufgeblüht; der Schmerz der vergangenen Jahre war durch das neue Leben in ihr gelindert worden. Sie konnte stundenlang dasitzen, die Bewegungen des Kindes verfolgen und sehnsüchtig auf die Stunde warten, da sie es endlich in den Armen halten würde. Es würde eine Leere füllen, die sie seit Jahren quälte und die nur durch ein Kind zu füllen war. Immer wieder mußte sie sich sagen, daß es nicht André sein würde, sondern ein anderes Kind . . . . André würde nie wiederkehren, und dennoch, wer immer dieses Kind sein würde, sie wollte ihn oder sie von ganzem Herzen willkommen heißen, und Malcolm empfand ebenso.

Das Personal hielt er an, Marielle minuziös zu überwachen, ihr jeden Wunsch zu erfüllen, sie praktisch stündlich zu füttern und dafür zu sorgen, daß sie nicht stürzte oder ermüdete, aber die Angestellten waren über die Schwangerschaft weit weniger erfreut als er. Im Gegenteil, die Leute nutzten diesen Umstand, um noch unfreundlicher zu sein, allen voran die Haushälterin, die schon zwanzig Jahre ihres Amtes waltete, zwei vorangegangene Ehefrauen überdauert hatte und Marielle noch immer als vorübergehenden Eindringling betrachtete. Die Aussicht auf einen Erben machte Marielle nun zu einer größeren Bedrohung, so daß die böswilligeren Angestellten eher empört waren, statt sich zu freuen. Die Haushälterin, die Mädchen, Patrick, der Chauffeur – ein Ire, den Marielle von Anfang an nicht hatte ausstehen können –, selbst die Köchin und ihre Hilfskräfte waren erbost, daß sie dazu verdonnert waren, Marielles ohnehin selten auftretende Launen zu ertragen, ihr etwa einen besonderen Tee zubereiten zu müssen, wenn sie ihre Migräne hatte. Ihre Kopfschmerzen galten ihnen als Zeichen von Schwäche, und es fielen oft rüde Äußerungen über ihre Unpäßlichkeit. Auch für die Säuglingsschwester, eine Britin, die Malcolm auf einer seiner Auslandsreisen eingestellt hatte, schien Marielle ein minderwertiges Geschöpf zu sein. Ihr Gesicht war steinern wie eine Mauer, und ihr Herz paßte dazu. Es war unvorstellbar, daß sie einem Neugeborenen Wärme oder Zärtlichkeit geben konnte. Und als sie einen Monat vor dem Geburtstermin eintraf, war Marielle entsetzt.

»Malcolm, sie sieht aus wie eine Gefängniswärterin. Wie können wir ihr unser Kind überlassen?« Aber Marielles eigentliche Frage war: Wozu brauchen wir sie überhaupt? Um André hatte sie sich selbst gekümmert, aber die Erinnerung daran war zu schmerzlich, und sie sah keine Möglichkeit, mit Malcolm offen darüber zu sprechen. »Ich kann das Baby selbst pflegen.« Doch er lachte sie aus und nannte sie töricht. Er bestand darauf, daß sie sich von allen verwöhnen ließe.

»Du wirst erschöpft sein, wenn das Baby da ist. Du wirst Ruhe brauchen. Miss Griffin ist die ideale Lösung. Sie verfügt über ausgezeichnete Referenzen und hat Krankenhauspraxis. Sie ist genau das, was du brauchst, auch wenn du es jetzt noch nicht einsiehst. Du wirst schon sehen. Babys sind gar nicht so einfach, wie man glaubt.« Sie ihrerseits wußte, daß sie einfacher waren, als er glaubte, doch das konnte sie ihm nicht sagen. Sie hatte mit achtzehn ihr eigenes Kind aufgezogen, ganz ohne die Hilfe dienstbarer Geister wie Miss Griffin.

Miss Griffin erklärte rasch, Marielles Migräneanfälle seien schädlich für das Kind und vermutlich Anzeichen einer gefährlichen Schwäche der Mutter. Fast war es, als wolle sie Marielle beschämen und ihr die Anfälle auf diesem Wege austreiben, aber sie waren so heftig, daß nur Bettruhe im verdunkelten Schlafzimmer helfen konnte. Tausend Dinge konnten diese Anfälle auslösen. Anspannung, Ärger, ein Zwist mit Malcolm, eine böse Bemerkung von einem der Hausmädchen, eine Erkältung, ein Virus, ein zu langer Abend, zuviel üppiges Essen, sogar ein Glas Wein. Die Kopfschmerzen waren eine Folter für Marielle, und sie entschuldigte sich stets dafür wie für einen schweren Charakterfehler, was sie in Miss Griffins Augen ja auch waren.

Einzig Haverford, der englische Butler, war nett zu ihr. Er hatte nie unziemliches Interesse an ihr gezeigt, war aber von unerschütterlicher Höflichkeit und Liebenswürdigkeit. Anders als Miss Griffin, die sich auf Malcolms Seite schlug, da er es war, der sie eingestellt hatte. Und wie alle anderen im Haus fing auch sie bald an, Marielle wie einen lästigen Eindringling zu behandeln. Sie tat so, als sei Marielle ein unangenehmes, aber notwendiges Vehikel, mit dem man sich abfinden mußte, um das Baby zu bekommen. Schließlich machten sich bei Marielle Angstzustände bemerkbar. Sie wollte mit Menschen zusammensein, die sie liebten, und sie sehnte sich nach den glücklichen Tagen mit Charles vor der Ankunft ihres Babys. Manchmal lag sie einfach auf dem Bett und weinte, und wenn Malcolm sie dabei ertappte, war er entsetzt.

»Du bist jetzt überempfindlich. Versuch doch, dir nicht alles zu Herzen zu nehmen«, bemühte er sich, sie aufzurichten. Aber nachdem er mit Miss Griffin darüber gesprochen hatte, kam Marielle ihm ziemlich töricht vor. Sie schien unaufhörlich zu weinen. Sogar wenn sie ins Büro kam und Brigitte sah, regte sie sich auf. Marielle fühlte sich neben ihr so dick und häßlich, daß sie sich drei Tage lang weigerte, mit Malcolm überhaupt irgendwohin zu gehen. Doch er legte eine unendliche Geduld an den Tag und versuchte, verständnisvoll zu sein, auch wenn ihm klar wurde, daß Marielle nun, am Ende ihrer Schwangerschaft, überfordert war. Sie schien permanent unter Angst zu leiden und kaum noch Kraft zu haben, doch er tat alles, um ihr zu helfen. Miss Griffin erklärte ihm, manche Frauen sähen der Entbindung mit derart großen Befürchtungen entgegen, daß sie darüber fast verrückt würden. Damit schien ihre Theorie Nahrung zu erhalten, daß Marielle schwach war, schlimmer noch, daß sie feige war.

Sie wollte das Kind zu Hause bekommen, ja, sie hatte von Anfang an darauf beharrt, aber Malcolm beharrte ebenso fest darauf, daß das Kind in einem Krankenhaus zur Welt kommen müsse, wo alle modernen Einrichtungen zur Hand seien, falls sich ein Problem einstelle. Marielle hatte das Gefühl, alles würde friedvoller verlaufen, wenn sie das Kind zu Hause bekäme, und außerdem hatte sie Angst vor einer Entführung, wie sie Malcolm gestand. Im September hatte man Bruno Richard Hauptmann als Entführer des Lindbergh-Babys festgenommen, und bei Marielle war die Angst vor einer Entführung zur Besessenheit geworden, aber Malcolm schrieb ihre übertriebene Nervosität dem Umstand zu, daß sie mitten im siebten Monat war. Daß diese Zeit so schwer für sie war, hatte Gründe, die niemandem erklärlich waren. Nur ihrem Arzt war klar, was sie durchmachte, und wenn sie ihn aufsuchte, versuchte er, sie mit der Versicherung zu beruhigen, diesmal würde alles anders sein.

Als das Kind sich ankündigte, waren sie zu Hause. Sie hielt sich in ihrem Zimmer auf und las, und Malcolm arbeitete, da setzten die ersten Wehen ein. Sie wartete eine Weile, ehe sie zu ihm ging, um es ihm zu sagen, und er stürzte an ihre Seite, kaum daß er sie sah. Patrick fuhr sie ins Krankenhaus, und Malcolm blieb so lange bei ihr, wie die Ärzte es nur zuließen. Dann wurde sie davongerollt, um ihr Kind zu bekommen. Inzwischen war sie schon benommen von dem schmerzstillenden Mittel, das man ihr verabreicht hatte, und murmelte Malcolm zu, in Paris sei alles ganz anders gewesen. Der Arzt lächelte Malcolm zu, und die zwei Männer wechselten verständnisvolle Blicke. Marielle befand sich offenbar schon in einer Traumwelt.

»Es wird problemlos ablaufen«, sagte der Arzt, als die Schwestern sie davonrollten. »Ich werde bald wieder bei Ihnen sein.« Er lächelte, und Malcolm ließ sich in einem Sessel der riesigen Privatsuite nieder. Es war Mitternacht, und Theodore Whitman Patterson sollte um vier Uhr dreiundzwanzig das Licht der Welt erblicken.

Marielle sah ihr Baby zunächst wie durch einen Nebel, als der Arzt es ihr in eine Decke gehüllt zeigte. Es sah sie aus seinem runden rosigen Gesichtchen unter dem blonden Haarschopf so erstaunt an, als hätte es jemanden anders erwartet; dann fing es laut zu brüllen an. Alle im Entbindungsraum lächelten, während

46

Marielle Tränen über die Wangen liefen. Sie hatte geglaubt, er sei dahin ... sie konnte sich so gut an ihn erinnern ... dieselben runden Bäckchen, die verwunderten Augen ... nur sein Haar war schwarz gewesen, schwarz wie Charles' Haar ... schimmerndes rabenschwarzes Haar ... das hier war nicht André, und doch sah er ihm so ähnlich. Sie schmiegte ihre Wange an die seine, erfüllt von einem urzeitlichen Seelenschmerz, zugleich aber auch von Freude, Zärtlichkeit und Glück. Man nahm ihn ihr wieder ab, um ihn zu baden und seinem Vater vorzustellen, während Marielle einnickte und die Ärzte noch ein paar kleine Eingriffe vornahmen.

Es war heller Morgen, als man sie in ihr Zimmer brachte, wo Malcolm, friedlich schlafend, ihre Rückkehr erwartete. Neben ihrem Bett stand in einem silbernen Kühler eine Flasche Champagner. Malcolm fuhr auf, als ihr Bett hereingeschoben wurde. Marielle war sehr viel wacher als Stunden zuvor, als man sie zur Entbindung geholt hatte. Wacher, mitgenommen und glücklicher als seit Jahren ... und sehr stolz. Endlich hatte sie Malcolms Traum wahr gemacht und ihre Vereinbarung erfüllt.

»Hast du ihn gesehen?« fragte sie, als Malcolm sich über sie beugte und ihr einen Kuß auf die Wange gab. Ihr Blick verriet Erschöpfung und Befriedigung.

»Ja.« Jetzt standen auch in Malcolms Augen Tränen. Sein innigster Wunsch war in Erfüllung gegangen. »Er ist bildhübsch und sieht dir ähnlich.«

»Nein, gar nicht.« Sie schüttelte den Kopf, von dem Verlangen erfüllt, das Verbotene auszusprechen, zu sagen, daß er André ähnlich sah ... »Er ist so süß ... wo ist er eigentlich?« Erschrocken sah sie die Schwester an. War er verschwunden, war ihm etwas zugestoßen? Wenn jemand ihn entführt hatte ...

»Gleich wird er gebracht. Er schläft im Säuglingszimmer.«

»Ich möchte ihn bei mir haben.« Marielle sah Malcolm nervös an, und er faßte nach ihrer Hand.

»Keine Angst, es geht ihm gut.«

»Ich weiß ... aber ich möchte ihn sehen ...« Sie würde ihn nie aus den Augen lassen, würde ihn nie loslassen, würde nicht zulassen, daß es noch einmal geschah ... niemals ... Mit wachsender Verzweiflung blickte sie suchend um sich, voller Angst, ihr Kopfschmerz würde sich wieder melden. Doch der Moment ging vorüber, und Malcolm schenkte ihr ein Glas Champagner ein, an dem sie allerdings nur zum Schein nippte. Nach allem, was hinter ihr lag, und nach der Narkose erschien ihr selbst der Cristal nicht sonderlich verlockend.

Endlich brachte man ihr das Baby, und sie hielt das schlafende Kleine fest; und als es erwachte, knöpfte sie ihr Nachthemd auf und gab ihm die Brust. Alles war wieder so einfach, so, als wäre nichts passiert, kein Kummer, kein Verlust, keine Tragödie... nichts... die ewige Mutterschaft war ihr wiedergeschenkt, und dieses winzige Baby hielt ihre Liebe mit seinen Händchen fest.

Malcolm sah fasziniert zu, wie sie das Kind stillte. Und dann nahm er das Baby in den Arm und betrachtete seinen Sohn in anbetendem Schweigen. Später, als er nach Hause ging und sich in seinem eigenen Schlafzimmer ausschlief, wußte er, daß sein Leben erfüllt, vollendet und nahezu perfekt war. Ungeachtet aller Zweifel, die ihn während der beiden vergangenen Jahre geplagt haben mochten, war er nun froh, daß er Marielle geheiratet hatte. Das Kind wog alles auf.

Die Flügel der massiven Eichentür schwangen schwerfällig auf, als Marielle leise das Haus betrat. Die Begegnung mit Charles nach so vielen Jahren hatte sie in anhaltend ernste Stimmung versetzt. Ihn zu sehen war ein Schock gewesen, hatte sie aber auch im Innersten berührt.

»Guten Tag, Madam.« Der Butler nahm ihr den Mantel ab, während eines der Hausmädchen abwartend daneben stand. Der Anblick der beiden entlockte Marielle ein Seufzen. Es war ein schwieriger Nachmittag, ein schwieriger Tag. Sie spürte noch die Kälte der Kirche in den Knochen, als sie die Handschuhe abstreifte und neben ihre schwarze Handtasche legte.

»Guten Tag, Haverford«, sprach sie den Butler, einen älteren Mann, an. »Ist Mr. Patterson zu Hause?«

»Ich glaube nicht.«

Sie nickte und eilte die Treppe hinauf, hin- und hergerissen, ob sie in ihr Zimmer oder in den zweiten Stock hinauflaufen sollte.

Oft genug, wenn sie ihren Sohn besuchen wollte, entschied sie sich, es doch nicht zu tun. Anfangs hatte sie Malcolms Kind sehr zu ihrer Verwunderung gemischte Gefühle entgegengebracht. Sie empfand eine so leidenschaftliche Liebe zu ihm, wie sie es nie erwartet hatte ... stärker noch als damals beim ersten Mal ... heftiger, als sie mit achtzehn hatte empfinden können ... stärker, als sie sich vorgestellt hatte, je ein menschliches Wesen lieben zu können. Und dennoch hielt sie sich äußerlich zurück, so daß die Liebe, die sie für den Jungen empfand, ein gutgehütetes Geheimnis blieb. Es war zu gefährlich, sich so viel Liebe zu gestatten. Sie wußte, daß es sie töten würde, wenn wieder etwas passierte. Deswegen zwang sie sich oft, sich von dem Kleinen fernzuhalten oder gar ein wenig gleichgültig zu erscheinen. Doch zuweilen war sie nicht imstande, diese Pose vorzutäuschen, und mußte einfach zu ihm. Da konnte es vorkommen, daß sie sich nachts barfuß zu ihm schlich und ihn im Schlaf betrachtete. Er war süßer als alle Kinder, die sie je gesehen hatte, wärmer, runder, niedlicher, reizender, vollkommener ... er war der Ausgleich für ihren Schmerz, ein Geschenk Gottes für alle Verluste. Er war alles, wofür sie lebte. Natürlich betete Malcolm ihn auch an, besonders seinen wachen Verstand und sein sonniges Wesen. Ihre Ängste, Beklemmungen und Sorgen hinsichtlich Teddys Sicherheit teilte er jedoch nicht. Der Kleine war für ihn ein unkompliziertes, glückliches Kind, ein Quell ungetrübter Freude für alle.

Eine Zeitlang hatte Teddy Malcolms Verlangen nach weiteren Kindern geweckt, so daß er im ersten Jahr nach der Geburt auf eine erneute Schwangerschaft Marielles hoffte. Aber wieder blieben ihre Bemühungen fruchtlos, und da er nun Teddy hatte, drängte Malcolm viel weniger und gab seine Bemühungen auf, noch ehe sie von Erfolg gekrönt waren. Von nun an beschränkten Marielle und er sich diskret auf ihre jeweils eigenen Räume, ein Umstand, der ihr nichts auszumachen schien. Beide waren mit dem Leben, das sie führten, zufrieden. Mit dreißig hatte Marielle ein Kind, das sie innig liebte, und einen Mann, der sie verwöhnte. Es war viel mehr, als den meisten Frauen vergönnt war. Und Malcolm hatte den lang ersehnten Erben bekommen. Das genügte beiden.

Und Marielle schien in mancher Hinsicht ruhiger geworden zu sein – es sei denn, es ging um Teddys Sicherheit. In diesem Punkt gebärdete sie sich wie eine um ihr Junges besorgte Löwin. Der Entführer des Lindbergh-Babys war zwei Jahre zuvor zum Tode verurteilt worden, sie aber benahm sich noch immer, als lauere an jeder Ecke ein potentieller Kidnapper.

Malcolms Dankbarkeit war grenzenlos. Sie war stets rührend um sein Kind besorgt, war eine gute Mutter, eine gute Ehefrau, und sie hatte ihm das vollkommene, niedliche blonde Baby seiner Träume geschenkt. Damit waren all seine Wünsche in Erfüllung gegangen.

Als Marielle langsam die Treppe hinaufschritt, focht sie einen inneren Kampf aus: Sollte sie weitergehen? Sie war nicht in der Stimmung, sich mit der Kinderschwester herumzuärgern, und sie wollte Teddy und Miss Griffin nicht stören. Aber plötzlich hörte sie ihn. Von weitem, aus dem oberen Korridor hörte sie sein fröhliches Lachen, und sie mußte unwillkürlich lächeln. Da sie ihn schon am Morgen gesehen hatte, war sie bemüht, sich nun Zurückhaltung aufzuerlegen. Sie mußte es tun, wenn sie nicht wollte, daß ihre Liebe zur alles verzehrenden Leidenschaft wurde. Es war ein Spiel, das sie unablässig mit sich selbst spielte; dabei gönnte sie sich nie genug, war nie so oft mit ihm zusammen, wie sie eigentlich wollte, denn sie wußte, daß sie, wenn sie ihrem Verlangen zu häufig nachgab, den Verstand verlieren würde, falls ihm je etwas zustieße. In Wahrheit aber war das Kind bereits mit jeder Faser ihrer Seele so eng verwoben, daß sie sich nie von ihm hätte losreißen können. Beschränkte sie jedoch die mit ihm verbrachte Zeit, konnte sie sich in dem Glauben wiegen, sie hielte Distanz und lebe in Freiheit. Als Folge davon verbrachte der Junge die übrige Zeit zu ihrem großen Bedauern in der ständigen Obhut der unbeugsamen Miss Griffin. Malcolm hatte darauf bestanden, daß sie blieb, aber Marielle konnte sie auch nach vier Jahren noch nicht ausstehen. Und Miss Griffin behandelte sie noch immer wie ein höchst unzulängliches Geschöpf. Ihre Migräneanfälle, ihre Nerven, ihre Angst vor Kidnappern, ihre kaum verhüllte und offensichtlich krankhafte Liebe zu dem Kind, die mit Perioden der Zurückhaltung wechselten, das alles waren nach Miss Griffins Ansicht Symptome, die auf eine gestörte Persönlichkeit hindeuteten, eine Ansicht, der sie ohne Scheu und ohne zu fragen, ob sie jemand überhaupt hören wollte, Ausdruck verlieh, wann immer sie in der Küche auftauchte. Malcolm war es, dem ihre Bewunderung und ihr Respekt galten, er war es, von dem sie insgeheim träumte. Er war nur vier Jahre älter als sie, und wäre das Schicksal ihr gewogen gewesen, hätte sie die Stelle dieser mitleiderregenden schwachen Person einnehmen können, die noch immer ständig vom kleinen Lindbergh faselte, wie schrecklich das alles gewesen sei und wo sie davon gehört habe. Natürlich war das eine höchst unangenehme Geschichte gewesen, doch lag sie nun sechs Jahre zurück, und die Lindberghs hatten inzwischen zwei Söhne bekommen.

Marielle stand lange im Flur und lauschte insgeheim lächelnd den kindlichen Lauten, um dann, wie von unsichtbaren Kräften angezogen, langsam die Marmorstufen zum zweiten Stock hinaufzusteigen. Ihre eleganten Pumps hallten im langen Korridor wider, als sie auf das Kinderzimmer zuging, durch dessen geschlossene Tür sie sein Kichern hörte. Sie hätte anklopfen sollen, um Miss Griffin nicht völlig zu überrumpeln, doch liebte sie die Überraschung. Vorsichtig drückte sie die Messingklinke hinunter, und die Tür schwang langsam auf. Sie war noch nicht ganz offen, da drehte sich das blondgelockte Kind mit den großen blauen Augen um, und sein Gesichtchen strahlte, als es sie erspähte.

»Mami!« Er rannte quer durchs Zimmer und warf sich ihr in die Arme, damit sie ihn an sich drücken konnte. Dann hob sie ihn hoch, und er schmiegte sein Gesicht an ihren Hals und atmete tief ihr Parfüm ein. »Du riechst so gut.« Immer fielen ihm solche Dinge auf ... wie sie roch und aussah, und ihr machte es Spaß, wenn sie ihm gefiel. Alle anderen Frauen in seiner Umgebung waren so unscheinbar – mit Ausnahme von Brigitte, Daddys Sekretärin, die ihn manchmal besuchte und ihm Bilderbücher und Naschereien aus Deutschland schenkte. Sie sagte dann immer, in Deutschland sei alles besser, aber Miss Griffin behauptete, das sei nicht wahr, vielmehr sei in England alles besser.

»Na, wie geht es dir heute, mein Prinzchen?« Unter den mißbilligenden Blicken der Gouvernante küßte sie ihn auf die Wange und stellte ihn wieder hin.

»Uns geht es sehr gut, danke, Mrs. Patterson. Wir wollten eben Tee trinken, als Sie kamen.« Marielle war dagegen, daß er Tee trank, aber für Miss Griffin war es ein geheiligtes Ritual, und Malcolm hatte zu diesen nachmittäglichen Tee-Sitzungen schon lange seine offizielle Zustimmung gegeben. Wie immer war Marielle überstimmt worden. Ihrer Meinung nach wären Milch und Plätzchen gesünder gewesen, und Teddy mochte sie eindeutig lieber.

»Guten Tag, Nanny.« Marielle bedachte Miss Griffin mit einem unsicheren Lächeln. Nie wußte sie, wie die strenge Frau ihr begegnen würde, so daß sie sich in ihrer Gesellschaft immer unbehaglich fühlte. Malcolm das klarzumachen hatte sie nie geschafft, und zuweilen sah es ganz so aus, als würde Miss Griffin ewig bleiben. Und mit vier Jahren war Teddy noch zu klein, als daß sie darauf hätte pochen können, daß er seine Nanny nicht mehr brauche.

Edith, das fürs Kinderzimmer zuständige Hausmädchen, eine Irin von unangenehmem Wesen, brachte ihnen den Tee. Marielle hatte das Mädchen nie leiden können, doch war sie von der Haushälterin eingestellt worden, und Miss Griffin hielt große Stücke auf sie. Auch der Chauffeur hatte sich mit Edith rasch angefreundet. Ihr rotes Haar war gefärbt, ihr Benehmen plumpvertraulich, aber immerhin waren Teddys und Miss Griffins Wäsche bei ihr in besten Händen. Und auf Marielles Garderobe hatte sie stets ein sehr aufmerksames Auge.

»Und was hast du heute unternommen?« fragte Marielle Teddy beim Tee im Verschwörerton, und er gab ernst zur Antwort:

»Ich habe mit Alexander Wilson gespielt. Er hat eine Eisenbahn«, sagte er mit wichtiger Miene und erklärte ihr, wie das Ding funktionierte und daß es dazu kleine Brücken und Dörfer gab und er sich wünschte, er hätte so etwas zum Geburtstag bekommen, der zwei Wochen zuvor gefeiert worden war. Der Dezember war für sie ein besonderer Monat, es gab viel Anlaß zur Freude, aber auch viel zu betrauern.

»Vielleicht wird dir der Weihnachtsmann eine Eisenbahn bringen.« Tatsächlich wußte sie, daß Malcolm bereits eine gekauft hatte und im Keller seit Wochen daran gearbeitet wurde, einen eigenen Eisenbahnraum einzurichten, komplett mit Bergen, Hügeln, Seen und mit jenen Dörfern, die Teddy bei den Wilsons gesehen und ihr eben geschildert hatte.

»Hoffentlich.« Er machte ein nachdenkliches Gesicht, doch dann sah er sie wieder lächelnd an und rückte unmerklich näher. Er liebte ihre Nähe, liebte es, ihr Parfüm zu schnuppern, ihr seidiges Haar zu spüren und sich von ihr küssen zu lassen wie zur Begrüßung. Sie war der aufregendste Mensch, den er kannte, und er liebte sie mehr als alles andere auf der Welt ... mehr noch als Eisenbahnen. »Hast du heute etwas Hübsches gemacht?« Das fragte er sie immer, so als interessiere es ihn wirklich, ebenso, wie er Malcolm und Brigitte fragte, was im Büro los gewesen sei. Auf diese Frage pflegte Malcolm mit einem Lächeln zu reagieren. Und jedesmal sagte Teddy, wie schön Brigitte sei, fast so schön wie seine Mami, ein Kompliment, über das die Berlinerin sich sehr freute. Sie fand ihn entzückend, und Marielle hatte ihr erlaubt, den Kleinen einige Male in den Zoo auszuführen; einmal hatte sie sogar mit ihm das Empire State Building besichtigt, das Aufregendste, was er je unternommen habe, erklärte er. Als er an jenem Tag nach Hause gekommen war, hatte er in seiner Begeisterung Brigitte eine Liebeserklärung gemacht.

»Ich war heute in der Kirche«, sagte Marielle leise, von Miss Griffin aufmerksam beobachtet. Teddy war erstaunt. Gewöhnlich begleitete er sie in die Kirche, heute aber nicht.

»Ist heute Sonntag?«

»Nein.« Sie lächelte, von der Frage bewegt, ob sie es ihm jemals sagen würde. Vielleicht, wenn er erwachsen war. Es stand zu vermuten, daß er eines Tages ein Mensch sein würde, mit dem man sich aussprechen konnte. »Aber ich bin trotzdem hingegangen.«

»War es schön?« Sie nickte. Es war »schön« gewesen ... und traurig ... und sie hatte nach all den Jahren Charles gesehen. Aber sie hatte nicht den Mut aufgebracht, ihm von Teddy zu erzählen. Es wäre ihr unfair erschienen. Er hatte in Spanien ge-

53

kämpft, sein Leben aufs Spiel gesetzt, vielleicht gehofft, den Tod zu finden, wie sie es einst gehofft hatte. Aber nun hatte sie dieses prächtige Kind, diesen Hoffnungsschimmer und Sonnenschein, der ihre Tage und ihr ganzes Leben ausfüllen würde. Gerade an diesem Tag des Jahres hatte sie es nicht über sich gebracht, Charles zu sagen, daß sie wieder ein Kind hatte. Sie hatte ihm lediglich gestanden, daß sie wieder verheiratet war. Und sie wußte, daß sie sich nicht noch einmal mit ihm treffen würde. Sie konnte es nicht ... es wäre nicht richtig gewesen ... er gehörte in ein anderes Leben.

»Ich war in der St.-Patricks-Kathedrale. Du weißt schon, die riesengroße Kirche. Wir waren letzte Ostern dort.«

Er nickte wie ein kleiner Weiser. »Ich weiß. Könnten wir vielleicht wieder einmal hingehen?« Er sah zu gern den Eisläufern im gegenüberliegenden Rockefeller Center zu.

Sie blieb lange bei ihm, plauderte mit ihm, hielt ihn in den Armen und las ihm eine Geschichte vor, bis Miss Griffin erklärte, es sei Zeit für sein Bad. Teddy wandte sich mit flehentlichem Blick an seine Mutter.

»Kannst du nicht noch bleiben? Bitte ...« Sie wollte es ja, wünschte es sich sehnlichst, wußte aber, daß eine Störung von Miss Griffins Routine ein Bruch der Etikette war, den die Frau ihr nicht so ohne weiteres verzeihen würde.

»Diesmal könnte ich ihn ja baden«, schlug sie zögernd vor, obwohl sie genau wußte, wie die Reaktion ausfallen würde. Miss Griffin haßte Einmischung.

»Nicht nötig, vielen Dank, Mrs. Patterson.« Forsch stand sie auf. »Theodore, gib deiner Mutter einen Gutenachtkuß und sag ihr, daß ihr euch morgen früh wiedersehen werdet.« Das war ein Wink mit dem Zaunpfahl, und Marielle verstand sofort.

»Aber ich möchte sie nicht erst morgen früh sehen. Ich möchte sie jetzt bei mir haben ...« Und ich dich bei mir, hätte sie am liebsten gesagt ... ich möchte dich baden, dein Abendbrot machen, dich in den Armen halten und wenn du schläfst, dir Augen, Wangen und Nase küssen. Aber das würde man ihr nie erlauben. Sie durfte ihn im Kinderzimmer besuchen, mit ihm Tee trinken und ihm vor dem Zubettgehen gute Nacht wünschen.

»Schätzchen, morgen gehen wir in den Park. Vielleicht sogar zum Bootsteich.«

»Morgen nachmittag findet bei den Oldenfields eine Geburtstagsparty statt, Mrs. Patterson.« Marielle kam mit dem, was sie vorgeschlagen hatte, dieser weitaus wichtigeren gesellschaftlichen Verpflichtung in die Quere.

»Dann gehen wir eben vormittags in den Park.« Sie sah Miss Griffin herausfordernd an, vergebens, wie sich zeigte. Miss Griffin blieb immer Siegerin, denn sie wußte, daß sie mit Malcolms Unterstützung rechnen konnte. Marielle fühlte sich ihr gegenüber immer wieder so machtlos und jeglicher Kontrolle beraubt, als gäbe es sie gar nicht, als hätte es sie nie gegeben. »Wir gehen morgen vormittag«, versuchte sie Teddy, dem bereits Tränen über die runden Backen liefen, zu beschwichtigen. Morgen war noch so weit weg, für beide, und er wußte es.

»Kannst du nicht bleiben?« Als Antwort schüttelte sie traurig den Kopf und hielt ihn einen Moment fest an sich gedrückt. Dann stand sie auf und bemühte sich um eine gelassene Miene, während er weinend ins Bad geführt wurde. Als er gegangen war, schloß Marielle leise die Tür hinter sich. Sie kam sich jedesmal grausam vor, wenn sie ihn verließ. Er wurde von Fremden und nicht von Freunden großgezogen, und Marielle wagte nicht, ihnen entgegenzutreten. Sie war in dieses Haus gebracht worden, um das Kind zu bekommen, und nachdem es auf die Welt gekommen war, schien sie ihren Zweck erfüllt zu haben. Es war hart, so zu leben, hart, sich nutzlos und unwillkommen zu fühlen. Und dennoch war sie dankbar für das Leben mit Malcolm, denn sie hatte das Kind ... Das war allerdings auch alles, was sie hatte – Grund genug, Teddy, der ihr unendlich kostbar war, mit verzweifelter Inbrunst zu lieben.

Sie ging in ihr Ankleidezimmer, in Gedanken noch immer bei ihrem Sohn, und zog einen langen, rosa Morgenmantel aus Satin an. Dann betrachtete sie sich im Spiegel, lange und unerbittlich. Die Jahre hatten es in mancher Hinsicht gut mit ihr gemeint. Ihre Figur war trotz zweier Entbindungen dieselbe geblieben, doch ihr Gesicht schien älter, ausgeprägter, reifer und weiser. Die Augen waren es, die sie preisgaben und verrieten, daß sie mehrere Leben hinter sich hatte. Und während sie so dasaß, dachte sie wieder an Charles, der nur ein paar Häuser weiter lebte, und einen irrwitzigen Augenblick lang verspürte sie den Wunsch, ihn anzurufen, aber sie wußte, daß sie das nicht tun konnte. Sie hatte ihm außer Anschuldigungen, Entschuldigungen und Äußerungen des Bedauerns nichts mehr zu sagen. Es gab keine Antworten auf ihre Fragen, und sie wußten beide, daß es immer so bleiben würde.

Malcolm kam wenig später nach Hause und eröffnete ihr, daß er abends zu einem Geschäftsessen müßte. Es hätte sich ganz überraschend ergeben, entschuldigte er sich und drückte ihr einen Kuß auf den Scheitel, ehe er eilig in seinem Zimmer verschwand. Sie ließ sich das Essen heraufbringen und versuchte zu lesen, immer wieder dieselbe Seite, doch sie erfaßte den Sinn nicht, sosehr sie sich auch bemühte. Ihre Gedanken waren weit weg.

Den ganzen Abend verfolgten sie Erinnerungen an Charles ... Charles in Paris, als er so beherzt, so wild, so jung gewesen war ... in Venedig ... in Rom während der Flitterwochen. Erinnerungen an den lachenden Charles ... der sie neckte ... in einem See schwamm ... über eine Wiese rannte ... und das letzte Mal ... in der Schweiz ... und heute. Sie legte den Kopf zurück und ließ ihren Tränen freien Lauf; sie hatte keine Kraft mehr, den Erinnerungen noch länger nachzuhängen. Und schließlich schlich sie sich spätabends, als es im Haus still geworden war, auf Zehenspitzen hinauf und betrachtete ihr schlafendes Kind. Sie kniete neben seinem Bettchen nieder und drückte einen Kuß auf seine samtene Stirn. Dann schlich sie ebenso verstohlen wieder hinunter in das Zimmer, in dem sie allein schlief. Und wenn sie sich noch so sehr danach sehnte, Charles anzurufen, sie brachte es nicht über sich, denn sie stand zu tief in Malcolms Schuld. Er hatte zuviel für sie getan. Sie konnte Charles nicht anrufen, egal, was ... egal, was sie noch empfinden mochte oder was er gesagt hatte. Sie wußte, daß ihre Zeit mit Charles Delauney endgültig vorüber war.

3

Am nächsten Morgen erschien Marielle zum Frühstück im Eßzimmer, eine Seltenheit, denn für gewöhnlich frühstückte sie in ihrem Zimmer. Heute war sie sehr zeitig aufgewacht, doch Malcolm war ihr zuvorgekommen und las bereits bei Kaffee und Eiern die Zeitung. Mussolini hatte von Frankreich die Rückgabe von Korsika und Tunesien gefordert.

»Guten Morgen, meine Liebe.« Wie immer war er zuvorkommend, liebenswürdig, erfreut, sie zu sehen, als wäre sie ein charmanter Hausgast, dem zu begegnen er um diese frühe Morgenstunde nicht erwartet hatte. »Hast du gut geschlafen?«

»Nicht sehr gut«, sagte sie aufrichtig, etwas, das sie sich selten leistete. Meist war es einfacher, das Erwartete zu sagen ... gut ... danke ... ausgezeichnet ... wunderbar ... doch heute lag eine mit Alpträumen verbrachte Nacht hinter ihr.

»Wieder Kopfschmerzen?« Er legte die Zeitung weg, um sie prüfend anzusehen, doch sie schien wohlauf. Eigentlich sieht sie so gut aus wie schon lange nicht mehr, fand er.

»Nein, es war nur eine lange Nacht. Wahrscheinlich habe ich nach dem Essen zuviel Kaffee getrunken.«

»Du solltest dich lieber an Wein und Champagner halten.« Er lächelte. »Dann wirst du besser einschlafen.«

Sie lächelte als Antwort. »Bist du heute abend zu Hause?«

»Ich glaube schon. Wir werden einen gemütlichen Abend am Kamin verbringen.« Kurz vor Weihnachten herrschte immer große Hektik. Vergangene Woche waren sie fünf Abende hintereinander ausgewesen, doch diese Woche war etwas ruhiger verlaufen. »Was hast du heute vor?«

»Vormittags will ich mit Teddy in den Park.« Sie führte ein nach Malcolms Geschmack viel zu zurückgezogenes Leben, ging selten aus, speiste nie mit Bekannten auswärts. Er hatte sie mit seinen sämtlichen Freunden bekannt gemacht, doch sie hielt sich auch nach all den Jahren abseits. Ja, Marielle war eine äußerst zurückhaltende junge Frau. Und wenn er sie hin und wieder drängte, etwas zu unternehmen, behauptete sie unweigerlich, sie hätte keine Zeit; doch die Wahrheit war, daß sie keinen Mut hatte. Und nur sie allein wußte, welch schreckliche Sünden sie verbergen zu müssen glaubte.

»Ich würde auch gern *Schneewittchen* mit ihm ansehen. Glaubst du, er ist noch zu klein dafür?« fragte Marielle. Der Film lief schon seit einiger Zeit mit großem Erfolg.

Malcolm legte kopfschüttelnd die Zeitung hin. »Aber ganz und gar nicht. Ich glaube sogar, er wird begeistert sein. Ach, da fällt mir ein ... ich werde mal im Eisenbahnzimmer nachsehen, wie weit alles gediehen ist. Die Leute dort unten sind wie die Heinzelmännchen am Werk.« Es waren noch zwölf Tage bis Weihnachten.

»Wird alles rechtzeitig fertig?« Sie wußte, daß es so sein würde, denn Malcolm hatte das Projekt geplant und duldete Terminüberschreitungen nicht.

»Das will ich hoffen. Ach übrigens, nächste Woche muß ich nach Washington. Möchtest du mitkommen?«

»Besuchst du wieder deine Freunde?« Er hatte bedeutende Freunde im Kriegsministerium und fuhr gern nach Washington, um sie zu treffen. Er nickte. »Es geht um einen wichtigen Abschluß. Und dann habe ich noch einen Termin beim deutschen Botschafter. Wir verhandeln über ein Projekt in Berlin.«

»Nun, das hört sich ja an, als wärest du sehr eingespannt.«

»Stimmt, aber es würde mich trotzdem sehr freuen, wenn du mitkämest.« Aber sie wußte genau, daß er für sie keine Zeit haben würde und daß sie trotz seiner freundlichen Aufforderung für ihn nur eine Last bedeuten würde. Und sie hatte vor Weihnachten noch so viel zu erledigen.

»Ich bleibe lieber zu Hause und sehe zu, daß alles fertig wird. Bist du sehr böse, wenn ich nicht mitkomme?«

»Natürlich nicht, meine Liebe. Es ist deine Entscheidung. Ich werde bald wieder dasein.«

»Vielleicht fahre ich nach Neujahr einmal mit«, sagte sie noch, wobei sie sich fragte, ob sie nun wieder versagt hatte und ob er ihr wohl grollte, weil sie ihn nicht begleiten wollte. Ständig hatte sie Angst, das Falsche zu tun, jemanden zu kränken oder zu enttäuschen, nicht zur Stelle zu sein oder etwas nicht zu tun, das sie hätte tun sollen. Aber wo sollte sie sein? Bei Malcolm in Washington oder hier bei Teddy? Entscheidungen dieser Art zu treffen war in den vergangenen Jahren für sie immer schwieriger geworden, denn eine falsche Entscheidung konnte einen um alles bringen, was man besaß. Diese Lektion hatte sie gelernt und teuer dafür bezahlt. »Ist es dir recht?« fragte sie nervös.

»Aber sehr.« Er war mit seinem Einverständnis sehr rasch zur Hand. Dann gab er ihr einen Abschiedskuß, und wenig später ging sie nach oben, um sich anzuziehen. Anschließend ging sie wie versprochen mit Teddy aus. Miss Griffin hatte versucht, sich anzuschließen, aber diesmal war Marielle fest geblieben und hatte eingewendet, sie und Teddy wollten den Vormittag allein verbringen. Er zeigte sich hellauf begeistert davon, und Miss Griffin war so erbost, daß Marielle und Teddy noch auf der Treppe hörten, wie die Kinderzimmertür laut zugeknallt wurde. Teddy lachte dazu, und Marielle konnte sich ein Lächeln nicht verkneifen, als sie ihm seinen Mantel anzog. Brigitte blieb kurz bei ihnen stehen, ehe sie hinauf zu Malcolm ging.

»Na, hast du heute etwas Aufregendes vor, Theodore?« fragte sie ihn mit ihrem kaum spürbaren deutschen Akzent. Marielle und sie tauschten ein warmes Lächeln. Marielle hatte immer das Gefühl gehabt, sie beide hätten Freundinnen werden können, wären die Umstände andere gewesen. Doch Malcolm hätte nie geduldet, daß Marielle mit einer seiner Angestellten freundschaftlichen Umgang pflegte.

»Wir gehen in den Park«, erklärte Teddy stolz. Aus seinem Blick sprach das Ausmaß seiner Zuneigung. Und als er das blaue Kleid bemerkte, das die Sekretärin seines Vaters trug, vollführte er eine kleine Verbeugung, die Brigitte ein Lächeln entlockte. »Briggy, dein Kleid gefällt mir. Du siehst sehr hübsch aus.«

Die junge Deutsche lachte hell und errötete leicht. »Ich bin gespannt, ob ich das in zwanzig Jahren noch einmal zu hören bekomme, junger Mann.« Teddy machte ein verdutztes Gesicht, und beide Frauen lächelten. »Ach, schon gut und vielen Dank. Du siehst auch sehr hübsch aus. Ist das ein neuer Mantel?« Sie meinte seinen marineblauen englischen Mantel mit passender Mütze, den Miss Griffin bestellt hatte und den er haßte.

»Nein.« Er schüttelte den Kopf. »Es ist mein alter.« Damit sah er zu seiner Mutter auf, die schon in ihren Pelz geschlüpft war. Beide waren ausgehbereit.

»Fertig?« Sie lächelte ihm zu, und er nickte, um sich dann auf die Zehenspitzen zu stellen und Brigitte einen Kuß auf die Wange zu geben. Dabei stieg ihm die leichte Moschusnote ihres Parfüms in die Nase.

»Viel Spaß, Theodore.« Sie winkte ihm nach, als er Hand in Hand mit seiner Mutter hinausging und sich noch einmal zu einem letzten Winken umdrehte.

Draußen herrschte Frost wie schon am Tag zuvor, deshalb ließen sie sich im Auto ein Stück die Fifth Avenue hinunter fahren, um bis zum Teich nicht so weit gehen zu müssen. Teddy plapperte in einem fort, und als sie durch den Central Park schlenderten, erzählte Marielle ihm von ihrer Zeit in Paris. Malcolm berichtete ihm immer ausführlich von seinen Reisen nach Berlin, und sie wußte, daß Miss Griffin ständig Loblieder auf England sang.

»Eines Tages werden wir eine Europareise unternehmen, auf einem großen Schiff wie der *Normandie*«, und dann erzählte sie ihm alles über das Schiff, und er hörte ihr mit großen Augen zu.

»Wird Daddy mitkommen?« Die Aussicht auf eine Schiffsreise versetzte ihn in Erregung.

»Natürlich, wir werden alle zusammen fahren.« Sie ging zu gern auf Reisen mit Teddy, vor allem, weil es ihr zuwider war, ihn zurücklassen zu müssen – einer der Gründe, weshalb sie Malcolm so ungern auf seinen Reisen begleitete und erleichtert war, daß er sie immer seltener dazu aufforderte.

Teddy machte ein nachdenkliches Gesicht, während sie Hand in Hand dahingingen und der Wind ihnen bitterkalt ins Gesicht schlug. Seine Nase war rot, und ihre Augen tränten, obwohl sie dick in ihre Mäntel vermummt waren und Hüte, Schals und Fäustlinge trugen. »Daddy wird vielleicht zu beschäftigt sein«, sagte er bedauernd, und Marielle versuchte ihn zu beruhigen.

»Nein, ich bin sicher, er wird mitkommen, wenn wir eine so große Reise machen.« Sie war bemüht, einen munteren Ton anzuschlagen. Aber Teddy hatte recht. Malcolm war immer überaus beschäftigt, in letzter Zeit besonders.

»Vielleicht könnten wir uns in Berlin mit ihm treffen, falls er keine Zeit hat, mit uns zu fahren«, sagte Teddy nun ganz sachlich. Er war sehr gescheit. Ihm entging nichts, auch nicht, daß Malcolm intensive geschäftliche Beziehungen zu den Deutschen unterhielt. Deshalb war Brigitte ihm unentbehrlich geworden und arbeitete nun schon das sechste Jahr für ihn. Sie war unglaublich tüchtig und sehr nett, und der Umfang seiner Geschäfte mit Deutschland schien sich während ihrer Ehe verdreifacht zu haben.

»Vielleicht könnten wir auch nach London fahren«, setzte Teddy hinzu, weil er Miss Griffin nicht zu kurz kommen lassen wollte. »Wir könnten Big Ben besichtigen und den Tower ... und Buckingham Palace ... und den König!« Miss Griffins Schilderungen schienen ihn ungemein beeindruckt zu haben. Marielle lächelte. So gingen sie immer weiter und erreichten schließlich den Bootsteich. Auf dem Wasser lag bereits eine dünne Eisschicht. Sie spürte, wie ein Schauer sie überlief. Unwillkürlich drückte Marielle das Kind an sich, als läge dort etwas Böses auf der Lauer, und zog den Kleinen rasch mit sich fort.

»Heute ist niemand da. Gehen wir lieber zum Karussell«, sagte sie. Trotz des kalten Windes war sie blaß geworden.

»Ich wollte doch die Boote sehen.« Teddy war enttäuscht.

»Es sind keine da.« Aus ihrer Miene sprach Angst, doch war er zu klein, um es zu erkennen. »Komm ... wir gehen weiter.«

»Kann man auf dem Eis spazierengehen?« fragte er, fasziniert von der dünnen Eisdecke, die den größten Teil der Wasserfläche bedeckte, sie aber zog ihn noch energischer mit sich. »Niemals, Teddy, laß dir das niemals einfallen, hörst du?« Er nickte, eingeschüchtert von ihrer heftigen Reaktion. In diesem Moment blickte sie übers Eis und glaubte ihn zu sehen. Aber diesmal hielt sie es für unmöglich. Ihre Vorstellungskraft mußte ihr einen Streich spielen. Vielleicht stand sie überhaupt im Begriff, den Verstand zu verlieren. Vielleicht war es zuviel für sie gewesen, heute hierherzukommen – zu dem Teich mit seinem dünnen Eisschleier. In der Hoffnung, dann wieder klarer zu sehen, schloß sie kurz die Augen und öffnete sie gleich darauf wieder.

»Wir gehen nach Hause.« Ihre Worte waren ein verschrecktes

Krächzen, während ihr Blick zwischen Teddy und dem Mann, den sie am anderen Ufer zu sehen glaubte, hin- und herschoß, als sei sie sich noch immer nicht im klaren über das, was sie da sah.

»Jetzt schon?« Teddy machte ein weinerliches Gesicht. »Wir sind doch eben erst gekommen. Ich will noch nicht nach Hause. Warum gehen wir nicht zum Karussell?«

»Es tut mir leid ... wir machen lieber eine Spazierfahrt ... zum Zoo ... dort können wir Tee trinken ... vielleicht den Eisläufern zusehen ...« Alles, nur um hier wegzukommen. Sie stand da und begann am ganzen Körper zu zittern. Doch als sie sich bemühte, das Kind mit sich fortzuziehen, kam der Mann, den sie gesehen hatte, um den See gelaufen, so schnell er konnte; direkt auf sie zu. Und als er sie erreicht hatte, zerzaust, mit wildem Blick, sah sie mit Entsetzen, daß sie sich nicht geirrt hatte. Als Teddy den Ausdruck im Gesicht seiner Mutter bemerkte, bekam auch er es mit der Angst zu tun. Seine Mutter hatte ihm immer schon eine unbestimmte Angst vor Fremden eingeflößt, und dieser Mann sah besonders beängstigend aus. Er war groß, seine Kleidung nachlässig, und er stürzte sich, obwohl völlig außer Atem, sogleich auf sie. Ohne Vorwarnung packte er Marielle bei den Schultern, sah ihr in die Augen und starrte dann auf Teddy hinunter. Jetzt wußte sie wenigstens, daß sie nicht verrückt geworden war. Sie hatte ihn sich nicht nur eingebildet. Es war tatsächlich Charles, und prompt fiel ihr ein, daß das Haus der Delauneys ganz in der Nähe lag. Er hatte eine lange Nacht hinter sich, viel Alkohol und kaum Schlaf, und war nur ausgegangen, um sich für ein Treffen mit den Anwälten seines Vaters auszunüchtern.

»Was machst du hier?« Er sah erst sie und dann den Jungen an. »Und wer ist das?« Im Gesicht des Kleinen war etwas von André, und doch war er ganz anders. Dieses Gesicht hatte fast etwas Engelhaftes, es war ein Gesicht, das man auf den ersten Blick hätte küssen mögen, mit Augen, die den Betrachter heiter werden ließen.

»Das ist Teddy«, sagte sie leise und mit noch immer bebender Stimme.

»Teddy was?« Er starrte sie anklagend an, und sie ahnte, daß er nicht ganz nüchtern war. »Das ist Teddy Patterson.« Sie schob entschlossen ihr Kinn vor und hielt Charles' Blick stand. Das konnte er ihr nicht antun, er konnte sie nicht dazu bringen, daß sie sich wieder schuldig fühlte, konnte ihr Leben nicht ruinieren ... oder doch? »Mein Sohn.« Teddy hielt ihre Hand fest umklammert. Wer dieser Mann wohl sein mochte? Richtig zum Fürchten sah er aus.

»Das hast du mir gestern nicht gesagt. Du hast nur von Malcolm gesprochen.« Sein Blick bohrte sich in den ihren, daß es fast schmerzte, und dennoch schaffte sie es. Sie war tapferer, als Malcolm dachte. Charles hatte es immer schon gewußt.

»Weder Zeitpunkt noch Ort schienen mir geeignet.«

»Warum nicht?« Wieder dieser anklagende Ton. Er war wütend auf sie. »Warum hast du es mir nicht gesagt?« Sie kannte seinen Zorn nur zu gut. Es war derselbe Zorn, der sie vor neun Jahren fast das Leben gekostet hatte.

»Gestern wäre es mir unfair vorgekommen.«

»Und jetzt?« Sein wilder Blick, sein Gesicht waren ihr ganz nahe. Teddy sah es zutiefst erschrocken. Noch ein paar Sekunden, und er würde laut schreien, nur um seine Mutter zu schützen. »Ist es jetzt nicht unfair?« fragte Charles noch lauter und alles andere als nüchtern. Sie aber blieb ruhig und beherrscht. Sie hatte Teddy bei sich, und sie würde nicht zulassen, daß Charles ihnen etwas antat. Gleichgültig, was früher geschehen war, er konnte ihr keine Angst mehr einjagen. Sie würde es nicht zulassen.

»Ich glaube nicht, daß wir das ausgerechnet jetzt besprechen sollten.« Sie zog Teddy an sich und berührte sanft sein Gesicht, um ihm jede Angst zu nehmen. Aber das schien Charles nur noch mehr aufzubringen. Er sah noch immer blendend aus, und ihre Knie drohten immer noch weich zu werden, wenn sie ihn ansah, aber im Augenblick schien er die Kontrolle über sich vollständig verloren zu haben.

»Warum hast du ein Kind?« Er schrie es ihr entgegen, und sie bemühte sich, nicht zusammenzuzucken, damit Teddy nicht erschrak. »Und was habe ich?«

»Ich weiß es nicht ... deine Kämpfe in Spanien ... deine

Grundsätze ... deine Freunde ... deine Arbeit als Autor ... und wenn du sonst nichts hast, dann ist das vielleicht deine eigene Entscheidung.« Es war ihr schrecklich, daß sich diese Debatte vor Teddy entspann, doch sie hatte Angst davor, einfach wegzugehen und Charles damit noch mehr zu reizen. Marielle hielt die Hand des Kindes ganz fest, bemüht, dem Jungen damit Mut zu machen.

»Das ist eine Entscheidung, die *du* getroffen hast, vor sieben Jahren, als du mich verlassen hast«, schleuderte Charles ihr entgegen. »Du hast diese Entscheidung für mich getroffen. Wir hätten weitere Kinder bekommen können.«

»Wir müssen jetzt gehen.« Sie brach in Tränen aus. Teddy starrte sie beide an und fragte sich, was das alles bedeuten mochte, als sie leise fortfuhr: »Was für ein Leben hätten wir denn geführt? Du hast mich gehaßt, und damals hattest du recht, ich habe mich ja selbst gehaßt ... vielleicht werde ich mich immer hassen ... aber ich hätte es nicht ausgehalten. Ich hätte dir nicht in die Augen sehen können, hätte es nicht ertragen zu wissen, was du für mich empfindest.« Das alles hatte sie ihm vor sieben Jahren schon einmal gesagt, als sie Europa den Rücken kehrte.

»Ich habe dir gesagt, daß ich dich zurückhaben wollte«, beharrte er eigensinnig.

»Es war zu spät.« Sie holte tief Atem und wischte sich, Teddy einen Moment vergessend, die Tränen ab. »Ich glaube, du hast immer mir die Schuld gegeben, so, wie ich mir selbst die Schuld gegeben habe.«

Sie hatte nie ganz aufgehört, ihn zu lieben, aber sie hätte nicht länger bei ihm bleiben können, nicht nach allem, was sich zugetragen hatte.

Charles blickte auf Teddy hinunter, als traue er seinen Augen noch immer nicht. Ein bildhübsches Kind, fast noch schöner als André. Und dann sah er wieder zu Marielle, von dem verzweifelten Wunsch beseelt, ihr weh zu tun. »Du verdienst es nicht«, sagte er heftig. Am liebsten hätte er sie ins Gesicht geschlagen. Warum hatte sie wieder geheiratet? Warum hatte sie dieses Kind? Warum hatte sie ihn verlassen? Aber sie kannten die Antwort beide. Wahrscheinlich hatte es so kommen müssen. »Du verdienst ihn nicht«, sagte er mit jener Grausamkeit, die ihr so deutlich im Gedächtnis geblieben war. Das war die andere Seite ihrer großen Liebe, die Seite, welche ihr großes Leid bereitet hatte, ehe sie ihn verließ.

»Du magst recht haben.«

»Du hättest mich nicht verlassen dürfen.«

»Ich hatte keine andere Wahl. Wäre ich geblieben, es hätte mich das Leben gekostet.« Und er wußte, daß es stimmte. Sie beide hatten sich wie Irre aufgeführt. Sie mit ihren Selbstmordversuchen, er mit seinem gewalttätigen Angriff gegen sie an dem Abend, als es passiert war. Und beide hatten von dem schrecklichen Geschehen tödliche Verletzungen davongetragen.

»Vielleicht wäre es für uns alle besser, tot zu sein ...« Jetzt standen auch ihm Tränen in den Augen, und Teddy drängte sich noch enger an seine Mutter.

»Schrecklich, so etwas zu sagen.«

»Für dich vielleicht ... du hast jetzt ein Leben ... einen Mann ... ein Kind. Und warum? Warum, verdammt, wo ich heute noch jeden Morgen als erstes an ihn denke ... und an dich ... und mir wünsche, ich wäre mit ihm gestorben. Denkst du jemals an ihn? Kannst du dich noch an ihn erinnern ... oder ist alles vergessen?« Doch als er diese Worte aussprach, flammte Wut in ihrem Blick auf. Wut, geboren aus Jahren des Schmerzes und der Qual, von denen Charles nichts ahnte.

»Wie kannst du es wagen ... es vergeht kein Tag, an dem ich mich nicht erinnere, an dem ich nicht an ihn denke ... an dem ich nicht sein Gesicht sehe, wenn ich die Augen schließe ... sogar dein Gesicht sehe ich ...« So, wie es ihr in der vergangenen Nacht ergangen war, als sie schlaflos dagelegen hatte, allein mit ihren Erinnerungen und ihrem Kampf gegen das Verlangen, ihn anzurufen. »Aber nichts wird ihn zurückbringen, auch wenn wir unser Leben zerstören, auch wenn wir einander vernichten. Er ist dahin ... er hat seinen Frieden ... vielleicht sollten auch wir unseren Frieden machen.«

»Ich werde niemals mit dir Frieden schließen«, tobte er und sah wieder ganz jung aus, und diesmal lächelte sie über ihn und schüttelte den Kopf. Obwohl älter geworden, kam er ihr in gewisser Weise noch kindischer vor als damals. Er war stehengeblieben, war nicht mehr gewachsen, hatte keinen Heilungsprozeß durchgemacht, war unverändert und tat dieselben verrückten Dinge, die er schon als Junge getan hatte, den Vaterlandslosen spielen ... anderer Leute Krieg ausfechten ... und sich verstecken, damit er nicht erwachsen werden mußte.

»Wie dumm, so etwas zu sagen. Du weißt ja gar nicht, wer ich heute bin. Vielleicht hast du auch nicht gewußt, wer ich damals war. Vielleicht wäre alles einen normalen Tod gestorben, wenn sich die Dinge anders entwickelt hätten.« Nun sah sie zu Teddy hinunter, lächelte ihm zu und zog ihn an sich. »Teddy, das ist ein alter Freund. Er heißt Charles, und manchmal benimmt er sich ein wenig verrückt, aber er ist ein netter Mensch. Möchtest du ihm nicht guten Tag sagen?« Teddy schüttelte mit Entschiedenheit den Kopf und versteckte sich in der Fülle ihres Pelzmantels. Sie hatten viel zu offen gesprochen, doch er war mit seinen vier Jahren zum Glück noch zu klein, um viel zu verstehen. Aber nicht der Ton, die Wut, die Leidenschaft ... allein die Geschichte war zu kompliziert, als daß er daraus hätte klug werden können.

»Es tut mir leid, wenn ich ihn erschreckt habe.« Bedauern zeichnete sich für einen Moment auf Charles' Zügen ab, aber er sah noch immer wie ein Verrückter aus. Er hatte sich seit dem Vortag nicht rasiert, und alles an ihm wirkte wild und zerrauft.

»Das sollte dir auch leid tun. Und wozu das alles? Du kannst mir doch die Sache nicht heute noch vorhalten?« Da sah er erst sie an und dann den Jungen, lange und eindringlich, und als er Marielle wieder ansah, war sein Blick nicht milder geworden. Er wirkte stark angetrunken. Zum ersten Mal seit langem verspürte sie echte Angst. Es war die Erinnerung an jene schlimmen Zeiten, da Charles für sie zum Fremden geworden war.

»Er sollte mir gehören. Alles was recht ist ... er sollte mein sein.« Er starrte auf den in ihrem Mantel versteckten Teddy.

»Aber er ist nicht dein, Charles«, entgegnete sie fest.

»Mit welchem Recht hast du weitergemacht ... hast ohne mich ein Kind in die Welt gesetzt?« Er steigerte sich immer mehr in seine Wut hinein.

»Du hast in die Scheidung eingewilligt. Ich hatte jedes Recht.«
Sie wollte sich nicht von ihm einschüchtern lassen.

»Du hast behauptet, es wäre dein Tod, wenn ich meine Einwilligung nicht gäbe.«

»Es hat mich fast das Leben gekostet.« Beide wußten, daß sie es ernst meinte.

»Mir wäre es lieber, du wärest tot, als daß du ohne mich dieses Kind hast.« Seine Blicke bohrten sich wie Dolche in ihr Herz, und sie wich zurück, voller Angst und Abscheu. Sie fragte sich allen Ernstes, wie sie ihn jemals hatte lieben können, und sie dachte daran, wie irrational er reagieren konnte und warum sie ihn verlassen hatte.

»Charles, hör auf!« Er aber packte sie am Arm, worauf Teddy einen kleinen Aufschrei hören ließ und sich hinter ihr verkroch. »Du erschreckst das Kind. Das ist nicht fair. Hör auf!«

»Mir egal, er gehört mir ... von Rechts wegen sollte er mir gehören.«

»Schluß jetzt!« Sie schleuderte ihm die Worte entgegen, frei von Angst vor ihm oder einem anderen, und riß sich los. Sie würde nicht zulassen, daß er ihr Leben ruinierte. »Er gehört nicht dir und ich ebensowenig ... auch André hat nicht uns gehört. Auf dieser Welt gehört einem niemand. Wir alle gehören Gott, wir sind einander nur geliehen ... und wenn die Leihfrist abgelaufen ist ... dann ist es schrecklich und es schmerzt sehr ... und manchmal kommt der Zeitpunkt viel zu früh. Aber er war nicht unser Besitz ... und ich war nicht dein Besitz und umgekehrt ... und auch Teddy ist nicht mein Besitz.«

»Du liebst ihn doch, oder?«

»Natürlich.«

»Und er liebt dich.«

»Ja.«

»Warum hast du ihn, und ich habe nichts?«

»Weil ich Glück hatte. Vielleicht, weil ich Malcolm leid tat ... oder weil es einfach so ist oder weil ich bereit bin, einen Preis zu zahlen, den du nicht zahlen willst.«

»Und welcher Preis ist das? Welchen Preis hast du bezahlt, als du ihn geheiratet hast?« Sie hatte einen Mann geheiratet, den sie nicht liebte und von dem sie nicht geliebt wurde, wie sie genau wußte. Das war nicht so einfach, wie es scheinen mochte. Aber es war etwas, das Charles auch nicht für einen Moment in Betracht gezogen hätte. »Was hast du schon für diese Ehe aufgegeben?«

Hoffnung ... Liebe ... Zärtlichkeit ... jene Art Liebe und Leidenschaft, die sie einst geteilt hatten ... jene Art Liebe, von der sie wußte, daß es sie gab. »Jeder gibt bei einer Heirat etwas auf.« Aus Loyalität Malcolm gegenüber hätte sie Charles nie die Wahrheit gesagt. »Vielleicht habe ich die Vergangenheit aufgegeben.«

»Dein Opfer beeindruckt mich zutiefst«, schnaubte er verächtlich und funkelte sie aus trunkenen Augen an.

»Und mich beeindruckt dein Benehmen zutiefst. Du führst dich auf wie eh und je.« Er hatte Teddy und sie in Angst und Schrecken versetzt, ohne dadurch sein Problem zu lösen. Es gab nichts mehr zu lösen. Es war vorbei. »Es gibt keinen Grund, mir oder dir so etwas anzutun. Was glaubst du denn, was du damit erreichst?« Doch er starrte wieder nur Teddy an, und die Art, wie er es tat, machte sie nervös. So war er immer, wenn er getrunken hatte, das war früher nicht anders gewesen. Damals hatte er auch getrunken, war die ganze Nacht hindurch aufgeblieben und hatte schließlich verrückt gespielt. Einmal hatte er ein ganzes Hotelzimmer demoliert sowie eine Bar und ein Restaurant, und um ein Haar hätte er zwei Männer umgebracht ... und sie, aber das war nur einmal vorgekommen. Nur einmal ... doch sie wußte, wozu er imstande war. Das konnte man schwerlich vergessen.

»Ich muß mich entschuldigen.« Er sah sie unglücklich an, doch seine Worte klangen aufrichtig. Dann blickte er zu Teddy, der hinter seiner Mutter hervorlugte. »Ich muß mich auch bei dir entschuldigen, junger Mann. Ich war sehr grob zu dir und deiner Mutter. Eine schlechte Angewohnheit, aber ich kenne deine Mutter schon sehr lange, fast seit unserer Kinderzeit.« In der Tat waren sie damals den Kinderschuhen kaum entwachsen gewesen. Achtzehn und dreiundzwanzig ... bei Gott, sie waren Kleinkinder gewesen. Charles sah Teddy ernst an. »Eines Tages möchte ich dich kennenlernen.« Teddy schien diese Gefühle nicht gerade zu erwidern, doch er nickte höflich. »Ich hatte auch einmal einen kleinen Jungen, er hieß André …« Charles' Augen füllten sich mit Tränen, als er Marielle ansah. »Tut mir leid … vielleicht ist das alles nur passiert, weil der gestrige Tag so schwierig war … und das Wiedersehen mit dir … verdammt..« Er wandte sich ab und atmete tief durch, um einen klaren Kopf zu bekommen. »Warum ist es immer noch da? Warum tut es so verdammt weh? Geht es dir auch so?« Er sah sie fragend an, schon viel ruhiger, und sie nickte.

Gestern, in der Kirche, hatte sie es ihm schon einmal gesagt, doch das war ihm entfallen. Er hatte angefangen zu trinken, kaum daß sie sich getrennt hatten.

»Wir sollten jetzt nach Hause gehen«, wiederholte sie. »Es ist schon spät.« Teddy mußte zu Mittag essen und dann mit Miss Griffin zu dieser Geburtstagsparty gehen. Alles in allem kein gelungener Vormittag, ganz im Gegenteil, es war schrecklich gewesen. Und das bedauerte sie um so mehr, als ihre Zeit mit Teddy so knapp bemessen war. »Es tut mir leid, daß wir auf diese Weise mit dir zusammengestoßen sind.« Gestern war es einfacher gewesen, da hatte er noch nichts von ihrem Sohn gewußt. Jetzt war er voller Wut und Ablehnung. Den ganzen Abend hatte er sich mit Alkohol und Selbstmitleid getränkt. Nun aber hatte er seine Gefühle mit den entzündlichen Dämpfen von Eifersucht und Jähzorn in Brand gesetzt.

»Nächste Woche reise ich ab. Seit gestern steht mein Entschluß fest. Werden wir uns vorher sehen?«

Sie schüttelte den Kopf und hielt Teddys Hand fest in der ihren.

»Warum nicht?«

»Du weißt, warum. Du bist ohnehin wütend auf mich; wenn wir einander wiedersehen, wird alles nur noch schlimmer. Warum sollen wir uns mit etwas quälen, das wir jetzt nicht haben können?«

»Wer sagt, daß wir es nicht haben können? Du bist nicht glücklich, das steht dir ins Gesicht geschrieben. Du bist nervös, angespannt wie eine überdehnte Feder. Dein ganzes Inneres ist verkrampft. Wir können alles, was wir wollen, haben, wenn wir nur den Mumm aufbringen, es uns zu nehmen.« Es wirkte bedrohlich, wie er das sagte.

»Das ist ja eine nette Einstellung, Charles.«

»Ich kann machen, was ich will.«

»Welch ein Glück für dich.«

»Ich will dich.«

»Sag das nicht.« In ihren Augen loderte es. »Und wenn schon? Wir ›nehmen es uns‹, wie du es nennst, dann verläßt du mich und gehst zurück nach Spanien. Und wo bleibe ich?« Sie versuchte es mit Vernunftgründen – bei dem Zustand, in dem er sich befand, kein einfaches Unterfangen.

»Vielleicht wärst du dann glücklicher, als du es heute bist. Vielleicht würdest du auch gern mit mir kommen.« Diese simple Antwort reizte sie zum Lachen. Nach sechs Jahren sollte sie Malcolm und ihr gemeinsames Kind einfach verlassen und mit Charles nach Europa zurückkehren, als sei nie etwas passiert. Er war wirklich mehr als verrückt. »Du könntest sogar den Jungen mitbringen.«

»Deine Gastfreundschaft ist einfach überwältigend. Und Malcolm? Was soll aus ihm werden?«

»Man gewinnt ... man verliert ... er verliert eben.«

»Charles, das ist ein lausiger Vorschlag, und das weißt du genau. Außerdem kennst du mich gut genug, um zu wissen, daß ich das nicht tun würde.«

»Vielleicht«, sagte er und umfaßte ihr Handgelenk mit seiner starken Hand. »Vielleicht ... könnte man dich zwingen ...«

»Charles, wir sind nicht in Spanien, und du kämpfst nicht um meine Freiheit. Das ist lächerlich.« Während sie das sagte, versuchte sie die Tatsache zu verbergen, daß sein Blick ihr angst machte.

»Wie lächerlich wäre es zum Beispiel, wenn ich mir etwas nehmen würde, das du dir sehr gewünscht hast ... oder etwas, das du sehr geliebt hast ... sehr ... Vielleicht könnte man dich dann bewegen, mich ... sagen wir mal ... zu begleiten?«

»Was willst du damit sagen?« Allein der Gedanke an das, worauf er anspielte, jagte ihr Entsetzen ein.

»Ich glaube, du verstehst mich sehr wohl.«

»So etwas würdest du nie tun.« Er sprach davon, Teddy zu kidnappen, um sie auf diesem Wege zu zwingen, mit ihm zu gehen; etwas, das er nie tun würde, und wenn er noch so sehr von Sinnen war. Oder würde er es tun? Sein Blick sagte ja. Seine Geschichte sagte nein. Oder doch ja?

»Es kommt darauf an, wie verzweifelt ich bin, meinst du nicht?« Unvermittelt lachte er auf und ließ sie los, sie sah ihn entsetzt an. Es würde eine große Erleichterung sein, mit Sicherheit zu wissen, daß er wieder weit weg war. Plötzlich bedauerte sie, daß sie ihm am Tag zuvor in der Kirche begegnet war. Wahrscheinlich trauerte er noch immer sehr um André, aber diese Trauer hatte einen Menschen aus ihm gemacht, den sie nicht mehr kannte und auch gar nicht kennen wollte.

»Nur für den Fall, daß du jemals so etwas tust: Du sollst wissen, daß du damit nichts erreichst. Ich würde dir nicht folgen, ich würde dich töten ... und mein Mann würde das gleiche tun.«

»Da machst du mir aber angst.« Er lachte trunken auf.

»Du verursachst mir Übelkeit. Wir hatten gemeinsam etwas Schönes, das ich zwölf Jahre lang in meinem Herzen bewahrt habe ... mit der Erinnerung an jemanden, der süß und rein war. Und du machst dir die Erinnerung auf diese gemeine Weise zunutze, um dich und alle um dich her zu vergiften. Dazu war er nicht da, und damals warst du auch nicht so.«

»Vermutlich habe ich mich geändert.« Sein Lächeln war böse. Doch ihrer beider eigentliche Tragödie lag darin, daß er sich eben nicht geändert hatte. Er liebte sie noch immer, sehnte sich noch immer nach ihrem gemeinsamen Kind und wünschte sich, sie würde zu ihm zurückkehren, damit sie eine lange zurückliegende und unvergessene Vergangenheit wieder aufleben lassen konnten.

»Leb wohl.« Sie sah ihn lange und bekümmert an, und als sie gingen, lächelte sie Teddy liebevoll zu. »Jetzt wollen wir nach Hause.« Es gab nichts, was sie Charles noch hätte sagen können. Er starrte ihnen nach, er bat sie nicht, ihn anzurufen. Er zürnte ihr, zürnte ihr mehr als je zuvor. Und sie spürte, als sie zum Wagen gingen, mehr Kälte als je zuvor. Teddy schwieg, bis sie beim Auto waren.

»Ich mag ihn nicht«, sagte er leise, als der Chauffeur die Türen des Pierce-Arrow schloß. Patrick war ihnen auf Anordnung

Malcolms hin in den Park gefolgt, um ihre Sicherheit zu ge-
währleisten. Er hatte Charles erkannt, von ihrer Unterhaltung
aber nichts mitbekommen. Da er den Mann von der Kirche her
kannte, wuchs seine Neugierde, und er hätte zu gern gewußt,
was Marielle vorhatte. Daß sie den Jungen mitgenommen hatte,
war merkwürdig, aber vielleicht hatte sie gerade beabsichtigt,
daß Teddy den Fremden kennenlernte.

»Er ist kein schlechter Mensch«, sagte Marielle traurig, während sie nach Hause fuhren. »Er ist nur sehr unglücklich. Wir
waren früher einmal gute Freunde.«

Um Verständnis bemüht, nickte Teddy. Dann sah er sie wieder
an und stellte ihr eine ganz unerwartete Frage. »Wer ist André?«
Ihr Atem stockte, und sie brauchte einen Moment, um zu antworten.

»André war sein kleiner Sohn. Er ist tot . . . schon lange . . . und
seitdem ist Charles sehr traurig. Deshalb benimmt er sich auch
so merkwürdig.« Daraufhin nickte Teddy, als sei ihm nun alles
ganz klar. Und wieder sah er seine Mutter an.

»Hast du André auch gekannt?« Sie kämpfte gegen die Tränen an, als sie nickte, und hielt Teddys Hand ganz fest. Sie hatte
ihm eines Tages alles erzählen wollen, aber nicht so, nicht, indem sie sich hinter Ausflüchten versteckte. Andererseits war er
noch zu klein, und es war zu rasch gekommen. Trotzdem mußte
sie versuchen, seine Frage zu beantworten.

»Ja, ich habe ihn auch gekannt«, gestand sie betrübt und
wischte sich eine Träne von der Wange.

»War er nett?« Das war für Teddy sehr wichtig, und Marielle
spürte ein Würgen in der Kehle, das sich in einem Schluchzen
Luft machen wollte, doch sie ließ es nicht zu.

»Er war entzückend . . . und er war noch ganz klein, als er
starb.« Nun liefen ihr Tränen über die Wangen, und sie wußte
nicht mehr, was sie Teddy noch sagen sollte. Es gab nichts mehr
zu sagen. Sie hielt ihn fest an sich gedrückt, dankbarer denn
je, daß sie ihn hatte. Aber Charles' Drohung, von der sie nicht
wußte, wie er sie gemeint hatte, ängstigte sie. Unaufhörlich
dachte sie darüber nach, wie ernst es ihm wirklich gewesen war.
Würde er den Jungen entführen, nur um sie zum Mitkommen

zu zwingen? Unvorstellbar. Sie wußte, daß das leere Drohungen waren. Niemals würde er etwas tun, das Teddy schadete. »Es tut mir leid, daß wir ihm heute begegnet sind. Ich dachte eigentlich, wir würden am Bootsteich unseren Spaß haben.«

»Schon gut.« Er hob lächelnd den Blick zu ihr. »Ich bin immer gern mit dir zusammen.« Immer wieder sagte er Dinge, die ihr Herz zum Schmelzen brachten und ihre Liebe beflügelten.

»Was hältst du davon, wenn wir uns morgen *Schneewittchen* anschauen?« Morgen war Sonntag, und Malcolm würde wie so oft zu Hause arbeiten, so daß sie frei über ihre Zeit verfügen konnte. Und am schönsten war, daß Miss Griffin frei hatte und demzufolge keine Einmischung ihrerseits zu erwarten war. Teddy würde den ganzen Tag bei ihr sein, und Betty konnte, wenn nötig, aushelfen und abends auf ihn aufpassen.

»Wow! Geht das wirklich? Du meinst, wir könnten uns *Schneewittchen* ansehen?«

»Aber sicher. Ich werde alles veranlassen.« Vor dem Haus angekommen, sprang Teddy aus dem Wagen und lief die Stufen zum Eingang hinauf, als Haverford auch schon öffnete. Auf seiner Miene zeichnete sich fast so etwas wie ein Lächeln ab, als er den Kleinen ins Haus stürmen sah.

Dabei stieß der Junge fast mit seinem Vater zusammen. In dem Augenblick fragte Marielle sich, ob er Malcolm von Charles erzählen würde, doch hatte er es so eilig, zum Lunch zu kommen und sich für die Party zurechtzumachen, und die Aussicht auf *Schneewittchen* hatte ihn in so große Erregung versetzt, daß er keinen Gedanken mehr an den sonderbaren Mann verschwendete, den sie im Central Park getroffen hatten. Teddy war schon fast im dritten Stock, als Marielle gerade ihren Mantel ausgezogen hatte.

»Na, wo wart ihr beide?« fragte Malcolm im Plauderton. Er war im Büro gewesen und schon wieder zurück. An Samstagen ging er gern ins Büro, und jetzt war er auf dem Weg in den Klub, wo er sich mit einem alten Freund, der aus Kalifornien gekommen war, zum Lunch treffen wollte. Das alles waren Rituale, die er sehr genoß und die ihm teuer waren.

»Wir waren am Bootsteich, aber er war zugefroren.«

»Es muß ja schrecklich kalt gewesen sein.« Sein Blick streifte sie, und sie nickte.

»Du gehst aus?« fragte sie. Wohin er wohl gehen mochte?

»Ja«, sagte er und gab ihr einen flüchtigen Kuß auf die Wange. »Aber vergiß nicht, daß wir heute abend bei den Whytes zum Dinner geladen sind.« Die Whytes gaben einen vorweihnachtlichen Tanzabend; für Marielle ein idealer Anlaß, um das Kleid anzuziehen, das Malcolm ihr in Paris bei Madame Grès gekauft hatte, ein in winzige Fältchen gelegtes Modell aus schimmerndem weißem Satin. Dazu würde sie ihren Diamantschmuck tragen, silberfarbene Schuhe und einen bodenlangen Hermelinmantel, den Malcolm ihr zum Geburtstag geschenkt hatte. Alles in allem eine tolle Aufmachung.

»Haben wir für den morgigen Abend auch etwas vor?« Im Augenblick wußte sie es wirklich nicht. Ihm aber fiel die Nachricht ein, die er ihr eben auf den Schreibtisch gelegt hatte.

»Ich fahre einen Tag eher nach Washington. Ich möchte schon morgen nachmittag fahren und abends mit dem Handelsminister essen, damit ich den ganzen Montag für die Gespräche mit dem Botschafter habe.« Diese Besprechung war von solcher Bedeutung für ihn, daß er beide Sekretärinnen mitnehmen wollte. »Ist dir das recht?« Sie wußten beide, daß es keine Rolle gespielt hätte, wenn es ihr nicht recht gewesen wäre, aber er war nun einmal gut im Fragen, und sie spielte mit und tat, als »erlaube« sie es ihm.

»Es ist mir recht. Ich habe eine Verabredung mit deinem Sohn. Wir wollen uns morgen nachmittag *Schneewittchen* anschauen und anschließend einen ruhigen Abend miteinander verbringen.« Sie lächelte ihrem Mann zu; sie empfand seine zuvorkommende Art als sehr erholsam, nachdem sie einen Charles erlebt hatte, der sich wie ein Irrer gebärdete.

»Bist du sicher, daß du nicht mitkommen möchtest?«

»Wir kommen hier tadellos zurecht.« Wieder lächelte sie, und er küßte sie auf die Stirn.

Er gab Patrick ein Zeichen, und der Fahrer ging hinaus zum Wagen, während Haverford Malcolm seinen Hut reichte. »Also bis später, meine Liebe. Mach dir einen schönen Nachmittag,

und ruhe dich für den Abend aus, damit du nicht wieder Kopfschmerzen bekommst.« Zuweilen hatte sie das Gefühl, von allen
wie ein Krüppel behandelt zu werden. Natürlich war die Begegnung mit Charles dazu angetan, Kopfschmerzen zu provozieren,
doch fühlte sie sich den ganzen Nachmittag über sehr wohl. Sie
sah Teddy, bevor er ausging, und auch, als er wieder da war,
dann ging sie noch einmal hinauf, um ihm einen Kuß zu geben,
ehe sie selbst das Haus verließ. Miss Griffin grollte zwar, denn sie
hatte das Gefühl, Marielle hätte den Kleinen heute schon genug
zu Gesicht bekommen, aber es machte ihr einfach Spaß, sich ihm
in ihrer Abendaufmachung zu zeigen – er reagierte immer begeistert. Alles, was sie trug, entlockte ihm bewundernde Aahs und
Oohs.

Das Grès-Modell wirkte sensationell an ihr, Engelsschwingen
gleich umschmeichelte es ihre Figur, und Malcolm stellte bewundernd fest, sie sähe göttlich darin aus. Auch die Aufmerksamkeit
der Dinnergäste bei den Whytes war ihr sicher. Alle waren hingerissen von ihrer Schönheit, und mehr oder weniger alle sagten
Malcolm, was für ein Glück er habe, mit einer Frau verheiratet
zu sein, die halb so alt sei wie er und wundervoll aussehe.

Auf der Heimfahrt war Marielle still und in sich gekehrt, auch
als Malcolm ihr wieder versicherte, wie schön sie sei. Sie lächelte
zum Dank, war aber in Gedanken bei Charles und den Drohungen, die er im Park ausgestoßen hatte. Dann aber gelangte sie zu
der Einsicht, daß Charles nur aus Zorn solche Dinge hatte sagen
können und daß er niemals imstande wäre, einem Kind etwas
anzutun, weder ihrem noch einem anderen. Er war einfach wütend gewesen, weil sie sich nicht mit ihm hatte treffen wollen,
und außer Drohungen war ihm kein Mittel eingefallen, sie zu einer Sinnesänderung zu bewegen. Aber sie war froh, daß sie sich
entschlossen hatte, ihn nicht wiederzusehen. Es hätte nur alte
Flammen von neuem auflodern lassen und sie beide unglücklich
gemacht. Hätten die Dinge zwischen ihnen anders gestanden, sie
hätte sich Malcolm anvertrauen können, so aber wußte sie, daß
es ausgeschlossen war. Ihr Mann hatte keine Ahnung, wie wichtig Charles für sie gewesen war, er wußte ja nicht einmal, daß
dieser Mann existierte, geschweige denn, daß sie verheiratet ge-

wesen waren und ein Kind gehabt hatten, das ums Leben gekommen war – ebensowenig wie er wissen konnte, aus welchem
Grund Charles Teddy ablehnend gegenüberstand.

»Du bist in Gedanken.« Natürlich hatte er ihre Versunkenheit
registriert, doch ihr verträumter Ausdruck ließ sie nur noch schöner aussehen, und zum ersten Mal seit langer Zeit stellte er fest,
daß er sie begehrte, eine Tatsache, die ihn nicht wenig erstaunte.

»Ach, ich habe nachgedacht.«

»Worüber?«

»Über nichts Besonderes.«

»Du siehst aber ganz besonders aus.« Wieder lächelte sie, noch
immer zerstreut, und aus ureigenen Gründen hielt Malcolm es
für besser, die Sache auf sich beruhen zu lassen.

Eines der Mädchen war aufgeblieben, um ihr beim Auskleiden
zu helfen, und Marielle ging zu Bett, nachdem sie ihren Schmuck
verwahrt hatte. Wieder dachte sie an Charles und an alles, was er
im Park gesagt hatte ... aber als sie einschlief, träumte sie nicht
von André ... sondern von Teddy.

4

Am Nachmittag des nächsten Tages besuchten Marielle
und Teddy eine Vorstellung von *Schneewittchen,* der Film lief
in der Radio City Music Hall. Anschließend gingen sie auf eine
heiße Schokolade zu Schrafft. Der Nachmittag hätte für beide
nicht vollkommener sein können. Teddy erklärte, Miss Griffins
freie Tage seien für ihn besonders schön, eine Äußerung, die in
Marielle mehr denn je den Wunsch weckte, die Frau würde endlich gehen. Sie nahm sich fest vor, das Thema noch einmal mit
Malcolm zu erörtern, der noch immer der Ansicht war, Miss
Griffin täte dem Jungen gut und brächte ihm Manieren bei, und
britische Gouvernanten seien nun einmal die besten. An diesem
Abend durfte Teddy zu seiner hellen Begeisterung in Marielles
großer Wanne baden. Sie benutzten Unmengen von Badeschaum,
verteilten ihn über das ganze Badezimmer. Edith, die rothaarige Irin, machte ein bitterböses Gesicht, als sie die Bescherung

76

sah. Sie sollte Teddy an diesem Abend beaufsichtigen, hatte aber mit Patrick etwas anderes geplant. Sie wollten einen weihnachtlichen Tanzabend in der Irish Dance Hall in der Bronx besuchen. Aus diesem Grund hatte sie Betty, das junge Küchenmädchen, überredet, heraufzukommen und den Jungen zu beaufsichtigen, solange sie selbst außer Haus war. Wenn sie heimkam, würde sie Betty fünf Dollar in die Hand drücken, sich in dem Zimmer neben der Kindersuite schlafen legen, und keine Menschenseele würde etwas merken. So machte die Unordnung im Badezimmer sie besonders unwillig, denn sie mußte sie beseitigen, ehe sie sich davonmachte – es sei denn, sie brachte jemanden vom Personal dazu, das für sie zu erledigen, was allerdings höchst unwahrscheinlich war.

An jenem Abend nahm Marielle das Abendbrot mit Teddy im Wohnzimmer der Kindersuite ein, und vor dem Zubettgehen las sie ihm eine Geschichte vor. Später sang sie ihm Weihnachtslieder vor und strich ihm übers Haar, bis er eingeschlafen war. Das war etwas ganz anderes als die üblichen hastigen, knappen Gutenachtküsse und die offenen Fenster und die eiskalte Luft, die ihm bei Miss Griffin blühten. Darauf bedacht, ihn nicht zu wecken, erhob sich Marielle lautlos von seinem Bett.

Während sie hinunter zu ihren Räumen ging, fragte sie sich, ob sie ihn wirklich verwöhnte, wie Miss Griffin behauptete, und wenn ja, ob es ihm schadete. Neuerdings verbrachte Marielle immer mehr Zeit mit ihm und brachte es kaum über sich, Distanz zu wahren. Ihre alten Ängste hinsichtlich zu großer Nähe schienen wie weggeblasen, und das Zusammensein mit ihm ließ sie förmlich aufblühen. Und wenn sie ihn wirklich zu sehr liebte, was konnte es ihm schaden? Was konnte es schon ausmachen? Sie wollte das Glück, ihn zu haben, ganz auskosten. Malcolm hatte recht, sie sorgte sich um zu viele Dinge. Höchste Zeit, daß sie damit aufhörte.

Sie ging mit einer Ausgabe von *Rebecca* zu Bett. Um zehn rief Malcolm sie aus Washington an. Er habe einen schönen Abend mit Harry Hopkins verbracht, der in den nächsten zwei Wochen Daniel Ropers als Handelsminister ablösen werde, was noch ein Geheimnis sei. Louis Howe, die rechte Hand Roosevelts, sei auch zugegen gewesen. Man hatte die Ansichten des Präsidenten über Europa eingehend erörtert. In Roosevelt wuchs die Befürchtung, daß ein Krieg drohte, aber er hegte die Hoffnung, daß dieser sich mit ein wenig Glück vermeiden ließe.

Der deutsche Botschafter wiederum hatte Malcolm eine Schilderung der Verhältnisse in Berlin geliefert. Vermehrte Aktivitäten der deutschen Armee waren zweifellos zu erwarten, doch hatte der Botschafter Malcolm versichert, daß seine Investitionen nicht gefährdet wären. Auf Malcolms Fragen hatte der Deutsche eingeräumt, daß die Ereignisse der Kristallnacht eine peinliche Panne darstellten, aber andererseits hatte er darauf verwiesen, daß die unter Hitler erzielten industriellen Erfolge Deutschlands wegweisend für weltweite positive Veränderungen seien. Malcolm war überglücklich, daran beteiligt zu sein, und er berichtete Marielle, wie interessant er es gefunden habe, die letzten Entwicklungen mit Howe und Ropers und den Leuten, die sie mitgebracht hatten, zu erörtern. Vor Deutschland und dessen Verbündeten liege eine große Zukunft, erklärte er. Marielle war gerührt, daß er sie angerufen hatte, um seine Euphorie mit ihr zu teilen.

Er plante für die nahe Zukunft einen weiteren Besuch in Deutschland, und wie immer war es ihre Absicht, mit Teddy zu Hause zu bleiben.

»Ach übrigens, wie war der Film?« Er hörte stets gern, was es von dem Jungen zu berichten gab. Die Liebe zu seinem kleinen Sohn stellte neben seiner Deutschlandverehrung seine größte Leidenschaft dar.

»Teddy war begeistert.«

»Das dachte ich mir. Der Film soll einmalig sein. Vielleicht könnten wir ihn uns zusammen noch einmal ansehen.« Obgleich er in letzter Zeit immer häufiger unterwegs war, unternahm er gern etwas mit ihnen gemeinsam. Marielle war so lieb zu dem Jungen, und sie war trotz ihrer zahlreichen Ängste unbestritten eine gute Mutter. Nun gähnte Malcolm, und Marielle lächelte. Es war ein langer Tag gewesen für ihn, nicht so entspannend wie der ihre mit Kinobesuch und anschließendem Schaumbad mit Teddy. Als sie sich gerade voneinander verabschiedeten, hörte sie ein sonderbares Geräusch im Flur, so als hätte sich jemand irgendwo gestoßen, und dann Schritte auf der Treppe. Sie lauschte kurz, doch es herrschte bereits wieder Stille. Vermutlich war gar nichts gewesen.

»Schlaf dich ordentlich aus«, sagte sie zu Malcolm. »Sicher liegt wieder ein anstrengender Tag vor dir. Wirst du morgen abend zurück sein?« Sie hatte beim Abschied vergessen, ihn danach zu fragen, so beschäftigt waren sie beide gewesen.

»Eher am Dienstag. Es könnte sein, daß ich mit dem deutschen Botschafter zu Abend esse, falls er frei ist. Morgen nachmittag haben wir Besprechungen, und anschließend wird man sehen. Auf jeden Fall erscheint es mir sinnvoller, wenn ich am Dienstag zurückkomme. Ich rufe dich morgen wieder an.«

»Dann sprechen wir uns also noch. Noch etwas, Malcolm... alles Gute für deine Besprechungen...« Plötzlich empfand sie tiefe Dankbarkeit ihm gegenüber. Er hatte ihr so viel gegeben und so wenig verlangt.

»Marielle, gib gut auf dich acht. Wenn ich nach Hause komme, machen wir uns einen schönen Abend.« Weihnachten stand kurz bevor. Für Teddy war es eine Zeit voll Zauber, und das zu erleben bedeutete ihnen beiden sehr viel. Malcolm, der keine Kinder gehabt hatte, empfand es wie ein ganz neues Leben. Er konnte es kaum erwarten, dem Jungen seine Eisenbahn zu schenken, ihm den Raum zu zeigen, der eigens für die Anlage hergerichtet worden war.

Nach dem Anruf aus Washington lag Marielle lange im Dunkeln da, in Gedanken bei Malcolm und seinen vielen Tugenden. Aber zwei Stunden später war sie noch immer wach. Sie konnte keinen Schlaf finden, denn sie dachte an Charles und an das, was er am Bootsteich gesagt hatte. Und sie betete darum, daß ihre Schlaflosigkeit kein Vorbote von Kopfschmerzen sein möge. Die beiden Begegnungen mit Charles in nur zwei Tagen waren für sie einschneidende Erlebnisse, und Einschlafschwierigkeiten konnten bedeuten, daß ihr am nächsten Morgen ein Migräneanfall bevorstand. Sie beschloß aufzustehen und schlich barfuß und mit einem kleinen Lächeln auf den Lippen die Treppe zum zweiten Stock hinauf. Sie wollte Teddy noch einen Kuß geben, sein Haar berühren und seinen Anblick genießen, ehe sie wieder zu Bett ging. Da bemerkte sie, daß jemand ein Handtuch auf der Treppe fallen gelassen hatte, eines der Hausmädchen vermutlich. Das mußte das Geräusch gewesen sein, das sie vorhin gehört hatte. Jemand war mit der Wäsche hinuntergegangen, war gegen etwas gestoßen und hatte ein Stück verloren. Sie hob das Handtuch auf und ging weiter, den Korridor im zweiten Stock entlang bis zur Kindersuite. Von Wohnzimmer und Flur der Suite zweigten drei Schlafzimmer ab. Eines gehörte Miss Griffin, eines stand leer – es war dem zweiten Kind zugedacht, das sich nie eingestellt hatte –, und das größte gehörte Teddy. Als sie lautlos das Wohnzimmer durchquerte, vernahm Marielle von irgendwoher ein Geräusch. Sie vermutete, daß es Edith war, die sich im leerstehenden Zimmer einquartiert hatte. Miss Griffin würde nach ihrem Ausgangstag längst schlafen. An Sonntagabenden hatte sie offiziell frei, und Edith übernahm ihre Stelle. Doch als Marielle einen Schritt auf Teddys Tür zumachte, stolperte sie über ein unerwartetes Hindernis und landete auf dem Boden. Nur mit Mühe unterdrückte sie einen Aufschrei, um Teddy nicht zu wecken. Sie war über etwas Großes, Weiches gefallen, und als irgend etwas ihr Bein berührte, stieß sie einen Angstschrei aus und versuchte mit einem Satz Abstand zu gewinnen, ehe sie noch einmal berührt werden konnte. Doch der Raum war stockfinster, sie konnte nichts sehen. Und plötzlich ertönte knapp neben ihr ein widerwärtiger animalischer Laut, der ihr entsetzliche Angst einjagte. Sich an der Wand entlangtastend, erreichte sie einen Tisch, von dem sie wußte, daß er dort stand, und machte Licht; gleichzeitig fragte sie sich, wie sie wohl reagieren würde, wenn sie einem Angreifer von Angesicht zu Angesicht gegenüberstünde. Keinesfalls gedachte sie davonzulaufen und ihr Kind schutzlos zurückzulassen. Doch was sie vor sich sah, als sie schließlich Licht gemacht hatte, erwies sich als große Überraschung. Betty, das zweite Küchenmädchen, lag zu einer Kugel zusammengerollt da, an Händen und Füßen mit einem Seil gefesselt. In ihrem Mund steckte ein Handtuch, das ebenfalls mit einer Schnur gesichert war. Ihr Gesicht war hochrot, die Wangen tränennaß. Als Marielle sie verdutzt anstarrte, brachte die Ärmste nur ein leises Stöhnen hervor.

»O mein Gott ... mein Gott ... was ist passiert?« In ihrer Angst vergaß sie beim Anblick des geknebelten und gefesselten Mädchens, ihren Ton zu dämpfen oder auch nur daran zu denken, daß sie Teddy nicht wecken wollte. Hatte ein Raubüberfall stattgefunden? Oder ein Kampf? War jemand ins Haus eingedrungen? Was war passiert? Und was machte dieses Mädchen hier? Sie arbeitete doch sonst in der Küche. Marielle erlöste sie von dem Knebel und bemühte sich, die Fesseln zu lösen, während sie in panischer Hast Fragen stellte. Doch die Knoten waren fest und die Schnüre stark, so daß sie schon erwog, sie durchzuschneiden, wogegen das hysterische Ding allerdings laut kreischend protestierte. Aber schließlich hatte Marielle es geschafft, Betty war ihre Fesseln los. »Was ist passiert?« fragte sie und schüttelte das Mädchen in ihrer Angst und Verzweiflung. »Wo ist Edith?« Und wo steckte Miss Griffin? Aber das Mädchen war zu aufgelöst, um sprechen zu können. Mit den Armen wild um sich schlagend, verfiel Betty in hemmungsloses Schluchzen. Marielle, die spürte, wie namenloses Entsetzen ihr Herz erfaßte, lief an ihr vorbei zu Teddys Zimmer und riß die Tür auf. Ihr schrecklichster Alptraum war Wirklichkeit geworden; ihr Sohn war verschwunden, das Bett leer. Nirgends war eine Spur von ihm zu entdecken, auch keine Nachricht auf seinem Kissen, keine Drohung, keine Lösegeldforderung. Er war einfach verschwunden. Das Bett war noch warm. Kaum hatte sie erfaßt, was geschehen war, da fing sie am ganzen Körper zu zittern an.

Sie lief zurück zu Betty, die sich unter Schluchzen Hände und Füße rieb und nach Luft schnappte. Wieder schüttelte Marielle sie.

»Was ist passiert? Du mußt es mir sagen!«

»Ich weiß nicht ... es war finster ... ich schlief auf der Couch, als sie mich packten. Ich weiß nur, daß ich Männerstimmen hörte.« Aber wo ist Teddy, dachte Marielle, vor Angst fast wahnsinnig ... Wo um Himmels willen war Teddy?

»Was hast du hier zu suchen?« schrie sie das Mädchen an. Betty, die so heftig weinte, daß sie kaum ein Wort herausbrachte, war klar, daß sie nun mit der Wahrheit herausrücken mußte.

»Edith ist ausgegangen ... zu einem Weihnachtsball ... sie hat mich gebeten, bei ihm zu bleiben ... bis sie zurückkommt ... ich weiß nicht, was passiert ist. Ich glaube, es waren mehrere. Sie drückten mir ein Kissen aufs Gesicht, ich roch etwas Ekelhaftes, und dann habe ich das Bewußtsein verloren, glaube ich. Als ich wieder zu mir kam, war ich gefesselt, und die Männer waren fort. Das ist alles, was ich weiß. Dann haben Sie mich gefunden.«

»Wo ist Miss Griffin?« Hatte sie das Kind geraubt? War sie dazu imstande? Marielle lief zum Zimmer der Gouvernante. Ihre Angst war so groß, daß sie kurz davor war, den Verstand zu verlieren. Ihr Baby war verschwunden ... jemand hatte Teddy geraubt ... und sie wußte nicht, wer, wußte nicht, wo er war ... doch im Hintergrund ihres Bewußtseins meldete sich eine Stimme im Flüsterton ... hatte er das, was er im Park gesagt hatte, wirklich gemeint? Konnte er so etwas tun? Aus Rache? Ihr war sterbenselend zumute, als sie Miss Griffins Tür aufriß und die Frau gefesselt und geknebelt mit einem Kissen auf dem Kopf vorfand. Es roch stark nach Chloroform, und als Marielle sie von dem Kissen befreite, sah die ältere Frau aus wie tot. Doch dann rührte sie sich, und Marielle ließ sie allein. Sie lief ans Telefon, wählte die Nummer der Vermittlung und betete darum, daß man Teddy bald finden würde. Mit einer Stimme, die ihr selbst fremd in den Ohren klang, meldete sie sich und verlangte mit der Polizei verbunden zu werden.

»Was haben Sie für ein Problem?« fragte die Frau in der Vermittlung.

Aus Angst vor der Presse zögerte sie einen Moment, doch dann ließ sie alle Vorsicht fahren. Sie hatte ein Kind verloren und wußte, daß sie den Verlust des zweiten nicht überleben würde. »Bitte ... bitte schicken Sie sofort die Polizei ...« Sie brachte die Worte kaum heraus, zwang sich aber zur Ruhe, als sie den Alptraum jeder Mutter in Worte faßte. »Hier spricht Mrs. Malcolm Patterson. Mein Sohn ist entführt worden.« Kurzes Schweigen am anderen Ende, dann wurde die Frau aktiv und notierte sich die Adresse. Marielle legte mit zitternden Händen auf und starrte Betty an, die verschüchtert auf dem Boden hockte, voller Angst vor dem, was auf sie zukommen würde, denn sie hatte das sichere Gefühl, das Verschwinden des Kleinen sei irgendwie ihre Schuld. Lange Zeit stand Marielle einfach nur da ... dachte an Teddy, sein kleines Gesichtchen, die weichen Locken, die sie noch gestreichelt hatte, als sie ihn vor wenigen Stunden in den Schlaf sang. Und nun, um Mitternacht, war er verschwunden.

Als ein Stöhnen aus Miss Griffins Zimmer drang, lief sie zu ihr. Sie entfernte den Knebel, und dann rief sie Betty, damit sie ihr beim Lösen der Fesseln helfe. Miss Griffin war noch benommen und mußte sich heftig übergeben, eine Nachwirkung des Chloroforms. Als sie endlich sprechen konnte, wußte sie über die Eindringlinge auch nicht mehr zu sagen als Betty. Sie hatten sie im Schlaf überrascht, und sie hatte geglaubt, die Stimmen zweier oder mehrerer Männer zu hören, doch waren nur wenige Worte gesprochen worden, und das Chloroform hatte rasch seine Wirkung getan.

Marielle war wie betäubt; sie hörte zu, als würde eine Geschichte erzählt, die jemandem anders passiert war. Was geschehen war, erschien ihr unbegreiflich. Dann hörte sie es an der Haustür schellen und lief, noch immer barfuß und im Nachthemd, die Marmortreppe hinunter wie ein Gespenst in einem Traum. Haverford, der im Morgenmantel erschien, machte ein erstauntes Gesicht. Er hatte geschlafen, war vom Eintreffen der Polizei überrascht worden und wollte den Leuten eben erklären, alles sei in bester Ordnung, es müsse sich um einen Irrtum handeln, man brauche sie nicht.

»Das muß ein Scherz oder ein Irrtum ...« Seine Stimme hatte einen tadelnden Unterton, so als hätten die Polizisten einen schrecklichen Fauxpas begangen. Doch als Marielle die Treppe herunterkam, bleich und mit gelöstem Haar, war klar, daß kein Irrtum vorlag. Die drei Polizeibeamten in der Eingangshalle und der Butler starrten ihr erstaunt entgegen.

»Es ist kein Irrtum.« Sie sah die Männer an, die sie sogleich umringten, und schauderte, so daß Haverford sich auf die Suche nach einem Mantel machte, in den sie sich hüllen konnte. »Mein Sohn ist gekidnappt worden.« Die Männer folgten ihr eilig hinauf ins Kinderzimmer, und auch Haverford blieb bei ihnen, ging aber kurz noch in Marielles Zimmer, um ihr Haus-schuhe und Hausmantel zu holen. Im Kinderzimmer angekommen, lauschte er entsetzt den Geschichten der beiden Frauen. Ein Irrtum war ausgeschlossen. Das Kind war verschwunden. Einer der Beamten machte sich Notizen, während die beiden anderen sich berieten und einer schließlich ans Telefon ging. Die Entführung eines Kindes fiel neuerdings nicht mehr in die Kompetenz der einzelnen Bundesstaaten, sondern war – seit der Entführung des Lindbergh-Babys – Bundessache; die Ermittlungen waren Sache des FBI.

Der Mann, der offenbar der Vorgesetzte war, sprach zuerst mit Marielle. Er ermahnte alle anderen, nichts anzurühren, damit eventuelle Fingerabdrücke erhalten blieben. Alle nickten, Betty hörte nicht auf zu weinen, und die Gouvernante sah noch immer elend aus, so daß Haverford den Arzt anrief.

»Hat man eine Lösegeldforderung gefunden? Oder irgendeine andere Nachricht?« Der Officer, ein Ire, Anfang Fünfzig, hatte selbst fünf Kinder, und der Gedanke, auch nur eines irgendwann einmal zu verlieren, erfüllte ihn mit Entsetzen. Er konnte sich nur zu gut vorstellen, wie Marielle zumute war, doch als er sie so vor sich sah, konnte er nur staunen, wie ruhig, kühl und gefaßt sie wirkte, auch wenn sie trotz des warmen Morgenmantels, den Haverford ihr gebracht hatte, am ganzen Körper zitterte. Ihre Füße waren noch immer bloß, ihr Haar offen, und in ihren Augen lag der Blick eines Menschen, der nicht ganz begreift, was sich zugetragen hat. Der Officer kannte diesen Blick, hatte ihn schon oft gesehen, bei Bränden, einmal nach einem Erdbeben, während des Krieges ... nach Morden ... es war eine Art Schock, der einsetzte, um Bewußtsein und Seele zu betäuben. Aber früher oder später würde es sie mit ganzer Wucht treffen, sie würde begreifen, daß ihr einziges Kind entführt worden war.

Sie erklärte, sie habe keine Nachricht, überhaupt keinerlei Botschaft vorgefunden, auch seien keine anderen Spuren zu sehen gewesen als das leere Bett und die beiden von den Eindringlingen geknebelten und gefesselten Frauen. Er nickte, machte sich Notizen, und die anderen telefonierten um Verstärkung. Eine halbe Stunde später war das ganze Haus hell erleuchtet, und zwei Dutzend Polizisten durchsuchten jeden Raum und die gesamte Umgebung nach Spuren aller Art. Doch es fanden sich keine.

Die Hausangestellten waren inzwischen auf den Beinen und hatten in Reih und Glied Aufstellung genommen, um sich von Sergeant O'Connor befragen zu lassen, aber niemand hatte etwas gesehen oder wußte etwas. Plötzlich fiel Marielle auf, daß Patrick und Edith fehlten. Sie hatte den beiden nie ganz über den Weg getraut und immer schon geargwöhnt, daß sie sie, aus welchen Gründen immer, haßten. Und jetzt mußte sie sich fragen, ob ihr Haß sie verleitet haben konnte, Teddy zu entführen. Es war eher unwahrscheinlich, aber möglich war alles, und alles war es wert, daß man es unter die Lupe nahm. Sie meldete der Polizei das Fehlen der beiden, worauf eine Personenbeschreibung der beiden sowie jene Teddys per Funk an die Polizeistreifen durchgegeben wurden.

»Je rascher wir ihn finden, desto besser«, erklärte Sergeant O'Connor. Ungesagt blieb, daß den Entführern auf diese Weise weniger Zeit blieb, ihm etwas anzutun, ihn weiter weg zu bringen oder gar ihn zu töten. Selbst in diesem Moment war Marielle bewußt, daß der kleine Lindbergh mit großer Wahrscheinlichkeit schon in der Nacht der Entführung getötet worden war.

Der Sergeant gab zu bedenken, daß eine Meldung per Polizeifunk die Presse mobilisieren würde, doch sie war gewillt, dieses Risiko einzugehen, wenn damit die Chance stieg, Teddy zu finden. Sie wußte auch, daß sie Malcolm anrufen mußte, ehe er es aus dem Radio oder beim Morgenkaffee aus der Zeitung erfuhr, doch im Haus wimmelte es bereits von Polizisten, und das FBI traf ein, noch ehe sie Zeit für einen Anruf gefunden hatte. Alles war wie in einem Alptraum oder in einem sehr schlechten Film. Polizisten rannten Treppen hinauf und hinunter, rissen Fenster auf, zogen Vorhänge zurück, verschoben Möbelstücke, hielten Passanten auf und befragten die Hausangestellten. Das Ganze wirkte so unwirklich, daß sie ständig das Gefühl hatte, es sei gar nichts passiert, das alles sei nur einer jener Alpträume, von denen ihre Migräneanfälle begleitet wurden.

»Mrs. Patterson.« Sergeant O'Connor stand plötzlich neben ihr, umringt von einem halben Dutzend Männern in dunklen Anzüge. Sie alle hatten Hüte auf, bis auf einen, der offenbar die Ermittlungen leitete. Anfang Vierzig, groß, schlank, ernst, mit braunem Haar und durchdringenden blauen Augen, die durch sie hindurchzublicken schienen. Er wirkte stahlhart, als er sie so anstarrte, er machte den Eindruck, als erreiche er immer, was er wollte. »Mrs. Patterson.« Sergeant O'Connor sprach sie so behutsam an, wie es in dem nun herrschenden Durcheinander nur möglich war. »Das ist Spezialagent Taylor. Er arbeitet für das Federal Bureau of Investigation und hat Ihren Fall übernommen.« Ihren Fall ... welchen Fall? Was war passiert? Wo war sie? Wo war Malcolm? Und wo war ihr Baby?

»Sehr erfreut.« Ausdruckslos reichte sie dem Mann die Hand, während er sie scharf beobachtete. Seine Augen waren kühl sie verrieten nichts, als er sich die spärlichen Einzelheiten anhörte, die Marielle ihm erzählen konnte. Er hatte auch beim Fall Lindbergh mitgearbeitet, war aber zu seinem Leidwesen zu spät hinzugezogen worden. Damals war, als das FBI eingeschaltet wurde, alles schon heillos verfahren gewesen, und am Ende hatte sich das Ganze ohnehin als zwecklos erwiesen. Entführungen waren seine Spezialität, und in diesem Fall konnten sie wenigstens von Anfang an dabeisein. Bislang gab es allerdings wenig, womit man etwas anfangen konnte. Chauffeur und Hausmädchen waren verschwunden und wurden polizeilich gesucht, aber das war auch schon alles. Keine Lösegeldforderung, keine Spuren, keine Fingerabdrücke, keine Täterbeschreibung. Nur der Tathergang war bekannt, die Anwendung von Chloroform und die Tatsache, daß das Kind verschwunden war. Das alles hatte er schon gehört, aber diese Frau reizte seine Neugierde. Aus ihrem Blick sprach unbeschreibliches Entsetzen, sie wirkte, als würde sie jeden Augenblick die Beherrschung verlieren. Von ihren zitternden Händen abgesehen war sie jedoch äußerlich völlig ruhig und gefaßt, und sie bediente sich einer geradezu schmerzhaft höflichen und wohlüberlegten Ausdrucksweise. Für einen Moment fürchtete er, sie würde durchdrehen und überschnappen. Er wußte, daß sie nahe daran war. Und ihre Angst war echt. Dennoch sah sie in ihrem Nachthemd und dem Hausmantel wie eine Königin im Ballsaal aus, ruhig, hoheitsvoll und unglaublich hübsch.

»Könnten wir uns nicht an einem ruhigeren Ort unterhalten?«
fragte er. Die Polizei war im Begriff, das Haus auseinanderzunehmen, während das Personal dastand und zuschaute.

»Ja.« Sie führte Taylor in Malcolms Arbeitszimmer, eigentlich
eine Bibliothek mit kostbaren Büchern, einer Sitzgarnitur aus Leder und einem großen Schreibtisch, an dem Malcolm arbeitete,
wenn er zu Hause war. An diesem Schreibtisch hatte er noch
am Morgen gesessen. Der Anblick des Zimmers erinnerte Taylor daran, daß er ihren Mann noch nicht gesehen hatte. Er fragte
nach ihm, als Marielle ihm gerade Platz anbot. Sie selbst ließ sich
fröstelnd auf einer Couch nieder.

»Er ist in Washington. Ich habe mit ihm gesprochen, etwa zwei
Stunden ehe ich entdeckte ... ehe ich hinaufging ...« Sie brachte
es nicht über sich, auszusprechen, daß Teddy entführt worden
war.

»Haben Sie ihn schon verständigt?« Sie schüttelte mit zutiefst
bekümmerter Miene den Kopf. Wie sollte sie es Malcolm nur
beibringen?

»Ich hatte noch keine Zeit«, sagte sie leise und hatte plötzlich
das Gefühl, alles sei ihre Schuld.

Er nickte, ohne sie aus den Augen zu lassen. Für ihn, der aus
einer anderen Welt kam, war sie faszinierend, er war noch nie
einer Frau wie ihr begegnet, so nobel, so höflich und zugleich so
warmherzig und sanft.

Er war in Queens aufgewachsen, kam aus einer in verzweifelter Armut lebenden Familie. Im großen Krieg hatte er bei den
Marines gedient; er hatte überlebt und war kurz darauf zum FBI
gegangen. Nun war er schon zwanzig Jahre dabei und hatte erst
kürzlich seinen zweiundvierzigsten Geburtstag gefeiert. Er hatte
eine Frau und zwei Kinder, die er über alles liebte, doch als er
Marielle gegenübersaß, bemüht, sich auf den Fall zu konzentrieren, mußte er sich eingestehen, daß er noch nie eine Frau wie sie
gesehen hatte. Selbst in dieser Aufmachung wirkte sie aristokratisch und vornehm. Ihr Gesicht war so unschuldig, ihre Augen so
voller Schmerz, daß er sich nichts sehnlicher wünschte, als seine
Arme um sie zu legen.

»Es tut mir leid, Mrs. Patterson.« Ihr zuliebe mußte er sich

87

zwingen, wieder an den Fall zu denken. »Berichten Sie mir alles noch einmal, den genauen Hergang.« Zunächst hörte er ihr mit geschlossenen Augen zu, dann sah er sie hin und wieder an und beobachtete sie, als wollte er sehen, ob es eine Diskrepanz gab, etwas Falsches, eine Unwahrheit, jene Art Lüge, für die er ein untrügliches Gespür hatte. Hier nahm er etwas anderes wahr, keine Lüge, statt dessen aber ein namenloses Entsetzen. Er wartete, bis sie fertig war, und fragte dann: »Gibt es sonst noch etwas? Etwas, das Sie gesehen haben, heute oder im Lauf der letzten Tage ... etwas, das Sie erschreckt hat oder das erst im Licht des heutigen Geschehens für Sie einen Sinn ergibt?« Doch wieder schüttelte sie den Kopf, nicht willens, ihre geheimsten Ängste mit einem Fremden zu teilen. »Gibt es etwas, das Sie mir zu sagen haben, etwas, das Sie mir anvertrauen möchten, ehe Ihr Mann und der Rest der Welt davon erfahren?« Bei anderen Gelegenheiten hatte er Frauen nach ihren Freunden, Liebhabern, Bekannten ausgefragt, doch das wäre ihm hier unpassend erschienen. Sie schien nicht zu jenen Frauen zu gehören ... im Gegenteil, in seinen Augen war sie die Frau, für die man bereit war, sein Leben zu opfern. »Gibt es jemanden in Ihrem Leben oder in Ihrer Vergangenheit, der Ihnen dies antun könnte ... fällt Ihnen jemand ein?«

Diesmal entstand eine lang anhaltende Stille, dann schüttelte sie erneut den Kopf, sichtlich schmerzlich berührt. »Das hoffe ich nicht.«

»Mrs. Patterson ... überlegen Sie genau ... das Leben Ihres Kindes könnte davon abhängen, was Sie mir sagen und was nicht.« Beim Gedanken an Charles drehte sich ihr das Herz im Leib um. War es möglich, daß sie noch immer gewillt war, ihn zu schützen? Konnte es sein, daß er es gewesen war? Aber sollte sie das Risiko eingehen und Taylor die Sache verschweigen? Ehe sie ein Wort sagen konnte, trat Sergeant O'Connor nach kurzem Klopfen ein und meldete, Chauffeur und Hausmädchen seien nach Hause gekommen ... ohne das Kind. »Wo sind sie?« Der FBI-Mann schien verärgert. Er hatte gespürt, daß sie mit sich kämpfte und kurz davorstand, ihm etwas Wichtiges anzuvertrauen.

»Sie sind im Wohnzimmer und, John . . .« Der Sergeant sah Taylor mit Verschwörermiene an und warf Marielle einen entschuldigenden Blick zu. »Stockbetrunken sind sie, alle beide, und sie trägt ein Prachtstück von Ballkleid.« Wieder galt sein Blick Marielle. »Ich verwette meinen letzten Dollar darauf, daß es ein Kleid von Ihnen ist, das sie unerlaubt trägt.« Aber das alles erschien Marielle vollkommen unwichtig. Die Frage lautete: Wo steckte ihr Sohn, und wer hatte ihn in seiner Gewalt?

»Bringen Sie die beiden in die Küche und flößen Sie ihnen so lange schwarzen Kaffee ein, bis sie nicht mehr können. Dann rufen Sie mich.« Der Polizist nickte und verschwand, so daß John Taylor seine Aufmerksamkeit wieder der Mutter des Kindes widmen konnte. Doch dann kam der Polizist noch einmal zurück, offenbar mit einer wichtigen Mitteilung für Marielle.

»Mrs. Patterson, wir haben Ihren Mann angerufen.« Sie war nicht sicher, ob sie sich bei ihm bedanken sollte. Eigentlich hatte sie ein schlechtes Gewissen, weil sie Malcolm nicht selbst verständigt hatte, gleichzeitig aber war sie erleichtert – auch wenn sie ihm den Schock, es von einem Fremden zu erfahren, hatte ersparen wollen. Jemandem eine Nachricht dieser Art behutsam beizubringen war so gut wie unmöglich, und sie sorgte sich um Malcolm, denn sie wußte, wie sehr er an Teddy hing.

»Was hat er gesagt?« John Taylor fiel auf, wie beklommen sie die Frage stellte.

»Er war außer sich.« Der Polizist warf John einen Blick zu. Daß der Mann am Telefon ungehemmt geweint hatte, sagte er nicht. Auch hatte Mr. Patterson nicht verlangt, mit seiner Frau zu sprechen. O'Connor kam das merkwürdig vor, aber bei solchen Leuten war eben so manches anders. Er hatte das alles oft genug miterlebt, von Kindesentführung bis Mord. »Er will am Morgen dasein.«

»Danke.« Sie nickte, als er ging, dann sah sie wieder den FBI-Agenten an, der genau wußte, daß es mehr gab als das, was sie ihm gesagt hatte. Er fragte sich, wie offen er mit ihr sein konnte, ob sie lügen würde, ob sie in Ohnmacht fallen oder ob sie versuchen würde, wütend den Raum zu verlassen, aber sie tat nichts dergleichen, sie hörte ihm einfach zu. Und sie beobachtete ihn. Er war ein kraftvoller, gewinnender, auf markante Weise sehr gut aussehender Mann, doch ihre Aufmerksamkeit galt nicht seinem Aussehen, sondern dem, was er sagte.

»Mrs. Patterson, es gibt manchmal Dinge, die Fremden anzuvertrauen wir uns scheuen. Dinge, die wir auch uns selbst oder den Menschen, die wir lieben, nicht eingestehen wollen ... aber in einem Fall wie diesem könnte es den entscheidenden Unterschied ausmachen. Ich brauche Ihnen nicht zu sagen, was hier auf dem Spiel steht. Sie wissen es ... alle wissen es. Würden Sie sich die Sache durch den Kopf gehen lassen und darüber nachdenken, ob es nicht doch noch etwas gibt, das Sie mir sagen möchten?« Doch ehe sie antworten konnte, ging er hinaus und versprach wiederzukommen, sobald er mit Patrick und Edith gesprochen hätte. Sie blieb in Malcolms Arbeitszimmer sitzen und fragte sich, wieviel sie ihm sagen konnte, obwohl ihr im Grunde klar war, daß sie ihm vertrauen mußte.

Patrick und Edith waren noch ziemlich angeheitert, als John Taylor eintrat, doch sie waren immerhin klar genug, um zu wissen, wo sie gewesen waren, was sie gemacht hatten und mit wem sie zusammengewesen waren. O'Connor notierte alles, während Taylor sie verhörte; Patrick empörte sich, weil man ihn polizeilich gesucht hatte. Das könne seinen Ruf ruinieren, erklärte er, was weder auf O'Connor noch auf Taylor Eindruck machte. Beide argwöhnten, daß er ebenso wie Edith schamlos lügen konnte, wenn die Situation es erforderte.

»Warum waren Sie heute mit ihm aus?« wandte Taylor sich an Edith, die prompt die Beine übereinanderschlug und sich in dem geklauten Kleid verführerisch in Positur warf. Es war das Kleid, das Marielle am vorangegangenen Abend bei den Whytes getragen hatte. Anschließend hatte sie Edith gebeten, es zur Reinigung zu bringen. Und diese hatte auch die Absicht, es reinigen zu lassen, sie wollte es nur zuvor einmal tragen, wie sie es mit so vielen anderen Kleidern gehalten hatte. Nur vom Hermelin hatte sie die Finger gelassen, sie wagte es nicht, sich das kostbare Stück »auszuleihen«. »Hätten Sie nicht zu Hause sein und auf den Jungen aufpassen sollen?«

»Na und?« ließ Patrick sich vernehmen. »Was spielt es schon

für eine Rolle, wer bei dem Kind sitzt? Wäre sie hiergeblieben, dann hätte man sie betäubt und zusammengeschnürt wie ein Huhn, und wofür? Für den lausigen Lohn, den man uns zahlt?« Er war noch immer zu alkoholisiert, um zu merken, daß seine Worte sie beide in Teufels Küche bringen konnten, aber Edith, die schneller nüchtern geworden war, ließ Nervosität erkennen.

»Ich wußte ja nicht ... ich hätte ... ich glaube ... ich dachte nur, weil bald Weihnachten ist.«

»Woher haben Sie das Kleid?«

»Es gehört mir.« Sie versuchte es mit Dreistigkeit. »Meine Schwester hat es genäht.« Taylor, der sich ihr gegenüber niederließ, gab ihr mit seinem verständnisinnigen Nicken zu verstehen, daß er Typen wie sie kannte und nicht daran dachte, ihr diese Geschichte abzunehmen.

»Wird Mrs. Patterson dies bestätigen, wenn ich sie hereinbitte, oder gehört das Kleid ihr?« Das Mädchen senkte den Kopf und fing zu heulen an, während Patrick immer angriffslustiger wurde.

»Ach, um Himmels willen, du Heulsuse, laß das ... was soll's ... du hast dir eben ihr Kleid geborgt. Du gibst die Sachen ja immer zurück. Scheiße, man möchte meinen, du arbeitest für die Heilige Jungfrau. Hören Sie«, er drohte John Taylor mit dem Zeigefinger, »nehmen Sie Mrs. Patterson ihr madonnenhaftes Getue bloß nicht ab. Zweimal habe ich sie letzte Woche mit ihrem Freund ertappt. Einmal hat sie sogar den Jungen mitgenommen, also sparen Sie sich diese Anspielungen, wir hätten den Kleinen entführt. Reden Sie mit ihr und fragen Sie sie nach dem Burschen, den sie am Freitag in der Kirche und gestern – im Beisein Teddys – im Park geküßt hat.« O'Connor notierte sich die Sache, verzog jedoch keine Miene, und John Taylor starrte Patrick mit stummem Interesse an. Er wußte, daß noch mehr kommen würde, wenn er jetzt den Mund hielt, und er sollte recht behalten. Es kam mehr, eine knappe Minute später. »Der Kerl sah aus wie ein Irrer, wenn Sie mich fragen, tobte und brüllte und bedrohte sie, und dann versuchte er, sie zu küssen. Armer Teddy ... der hat Todesängste ausgestanden. Dieser Dreckskerl hatte wohl nicht alle Tassen im Schrank.«

»Warum sagen Sie, er sei ihr Freund?« Der Ton war kühl, der

Blick eisig. »Haben Sie ihn vorher schon einmal mit ihr zusammen gesehen?«

Patrick überlegte und schüttelte den Kopf. »Nein ... nur vorgestern in der Kirche und gestern im Central Park. Aber sie kann sich sonstwo mit ihm getroffen haben ... er schien sie gut zu kennen. Sie läßt sich nicht immer von mir fahren.«

»Fährt sie selbst?«

»Ab und zu.« Er überlegte wieder. »Und manchmal geht sie spazieren. Aber sie geht eher selten aus. Ich glaube, die tut sich selbst sehr leid. Hat oft Kopfschmerzen.« Ein sehr interessantes Bild, das hier entworfen wurde. Irgendwie hatte John Taylor den Eindruck gehabt, sie sei stabiler.

»Haben Sie sie jemals mit anderen Männern gesehen?« Patrick schien zu bedauern, daß er, abgesehen von diesem einen Mal, nichts dergleichen beobachtet hatte. Und dann brachte Taylor ihn mit einer Frage, die er nicht beantworten wollte, aus dem Tritt. »Haben Sie Mr. Patterson schon mit anderen Frauen gesehen?«

Eine lange, bedeutungsschwere Pause trat ein. Patrick blickte die noch immer schluchzende Edith an. Sie war sicher, daß sie wegen des Kleides ihre Stelle verlieren würde, und das bereitete ihr viel größere Sorgen als das Verschwinden des kleinen Jungen, der ihrer Obhut anvertraut gewesen war.

John Taylor wiederholte die Frage – für den Fall, daß Patrick eine Gedächtnishilfe benötigte. »Haben Sie Ihren Chef mit einer anderen Frau gesehen?«

»Nicht daß ich wüßte ...« Und dann: » ... bis auf seine Sekretärinnen.« Aber das waren Informationen, die er sich später beschaffen konnte. Die Sache mit dem Freund hingegen reizte Taylors Neugierde. Die Frau schien ihm zu kühl für so etwas, zu klug, zu sauber und zu anständig. Aber man wußte ja nie, und jetzt mußte er sie danach fragen. Er haßte diese Dinge ... Antworten erzwingen, Schmerz bereiten. Aber die Situation war ohnehin schmerzlich, und wenn er mithelfen konnte, den Jungen zu finden, dann war das den Schmerz wert.

Er stand auf und musterte den Chauffeur, den er vom ersten Moment an als schäbig eingestuft hatte. Ein sauberes Pärchen.

Aber sein Instinkt sagte ihm auch, daß eine Beteiligung dieses Zwiegespanns an der Entführung sehr unwahrscheinlich war. Gut möglich, daß sie bestechlich waren und für hundert Kröten irgendeine Tür offengelassen hatten, aber nicht einmal das war sicher. Sie hatten ihre Arbeitgeber betrogen, indem sie sich – sie in einem gestohlenen Kleid – mit einem geborgten Wagen einen schönen Abend machten und an dem Kind pflichtvergessen handelten, doch er bezweifelte, daß sie mehr getan hatten. Ein Glück für sie, denn er hätte sie nur zu gern festgenagelt.

Nachdem er O'Connor angewiesen hatte, sie freizulassen, ging er zurück in die Bibliothek. Später wollte er sie sich noch einmal vornehmen. Beide hatten bereits behauptet, sie hätten am Abend und an den Tagen davor nichts Ungewöhnliches bemerkt. Das einzig Ungewöhnliche sei Marielles Treffen mit ihrem »Freund« gewesen, wie Patrick wiederholte.

»Was soll man davon halten?« fragte O'Connor halblaut, ehe Taylor die Küche verließ.

»Wahrscheinlich lauter Lügen, aber ich werde Mrs. Patterson danach fragen.«

»Sie sieht mir nicht danach aus.« O'Connor schüttelte den Kopf. Vielleicht hatte der Freund das Kind entführt. Das war immerhin eine Möglichkeit – falls sie denn eine außereheliche Beziehung hatte, was nicht ganz auszuschließen war. Immer waren es die Stillen, die einen überraschten.

»Nein, sie sieht nicht danach aus«, gab Taylor ihm in beinahe traurigem Ton recht. Aber falls es stimmte, dann war es um so dringender, daß er noch vor der Rückkehr ihres Mannes mit ihr sprach. Als er die Bibliothek betrat, sah er sie dasitzen, als hätte sie sich die ganze Zeit über nicht gerührt. Nur ihr Zittern schien stärker geworden zu sein, obwohl es warm war im Haus. Sie stand eindeutig unter Schockeinwirkung, und sein Mitleid regte sich erneut.

»Möchten Sie einen Drink oder eine Tasse Tee?«

»Nein, danke«, gab sie bedrückt zurück. »Wußten die beiden etwas?« fragte sie hoffnungsvoll, er aber schüttelte den Kopf.

»Halten Sie es für möglich, daß die zwei ihn mitgenommen und irgendwo zurückgelassen haben und dann zurückkamen?« Es war ein Gedanke, der ihr gekommen war, während er mit den beiden gesprochen hatte.

»Möglich, aber nicht wahrscheinlich. Morgen werde ich mir die beiden noch einmal vornehmen. Aber ich glaube, sie haben sich einfach einen schönen Abend machen wollen, mit Tanzen und Trinken.« Wie sie war er enttäuscht. Es wäre so einfach gewesen, wenn die zwei den Jungen gehabt hätten.

»Keiner der beiden kann mich sonderlich gut leiden.« Das traf auf die meisten Angestellten in Malcolms Haus zu, ein Eingeständnis, das ihr unangenehm war. Für das Personal war Malcolm der Boß, und sonst niemand. Mochte sie auch noch so nett zu allen sein, man begegnete ihr mit Kälte, Unhöflichkeit und Überheblichkeit und kränkte sie damit mehr, als man ahnte.

Die Ehe mit Malcolm hatte ihr entgegen allem Anschein nicht immer ein leichtes Leben beschert. Es hatte viele lange Nächte voller Kummer und Einsamkeit gegeben. Mittlerweile waren viele Jahre vergangen, und trotz allem war sie ihm treu geblieben, war anständig, redlich und Teddy eine gute Mutter. Aber kein Mensch dankte es ihr. Nicht einmal Malcolm, wie sie manchmal zu spüren glaubte.

Taylor, der ihr Mienenspiel beobachtete, fragte: »Warum glauben Sie, daß die beiden Sie nicht mögen?« Er versuchte erst gar nicht, ihr zu widersprechen, denn der Haß in Patricks Blick war ihm nicht entgangen, ebensowenig Ediths Gesichtsausdruck, als über Marielles Kleider gesprochen wurde.

»Ich glaube, sie sind eifersüchtig. Die meisten waren ja schon im Haus, ehe ich heiratete. Für sie war ich nichts als ein Eindringling. Sie hatten sich mit meinem Mann gut arrangiert, und plötzlich tauchte ich als Störenfried auf. In einem Haus wie diesem kommt bei jedem ein anderer Aspekt ins Spiel – etwas, das jemand tut, etwas, das jemand will, etwas, das jemand nicht hätte tun sollen, aber getan hat und vor dessen Aufdeckung er zittert. Ich bin für sie alle ein lästiges Übel, und deshalb begegnen sie mir mit Abneigung.« Da fielen ihm ihre Kopfschmerzen ein. Merkwürdig, aber im Lichte dessen, was der Chauffeur gesagt hatte, drängte sich ihm unwillkürlich die Frage auf, ob sie und Malcolm eine glückliche Ehe führten.

»Vielleicht haben Sie recht.« Er schlug einen unbeteiligten Ton an. »Und wie steht es mit der Frage, die ich Ihnen stellte, ehe ich hinausging?«

»Mir fällt dazu nichts ein.« Sie kämpfte noch immer mit ihrem Gewissen, mit ihren Ängsten und mit ihrem Unvermögen zu glauben, daß Charles Teddy entführt haben könnte, ungeachtet dessen, was er in seiner Erregung gesagt hatte. Er konnte das nicht wirklich gemeint haben.

»Sind Sie sicher?« Als zwei Uniformierte den Raum durchquerten, hielt Taylor sie mit einer Handbewegung auf und bat sie, falls es sich irgendwie einrichten ließe, Marielle Tee und ihm selbst Kaffee zu besorgen. Es war drei Uhr morgens, und der Anblick der zitternden Marielle genügte, ihn Kälte und Müdigkeit empfinden zu lassen.

»Gibt es denn etwas Neues?« Sie kämpfte mit den Tränen, und er schüttelte den Kopf. Sie konnte noch immer nicht fassen, daß sie Teddy nicht mehr vorfinden würde, wenn sie hinaufging. Er mußte da sein . . . doch im Herzen wußte sie, daß es nicht so war.

»Mrs. Patterson . . .«, setzte Taylor gemessen an, nachdem die Getränke serviert worden waren. Der Polizist, der sie gebracht hatte, war wieder gegangen und hatte die Tür nur angelehnt. Taylor stand auf und schloß sie. »Ich möchte Ihnen sagen, was Ihr Chauffeur ausgesagt hat. Ich möchte es selbst mit Ihnen besprechen. Denn wenn die Presse davon Wind bekommt, wird sie eine mörderische Story daraus basteln.« Noch ehe er fortfuhr, wußte sie, was diese Story bringen würde, und in gewisser Weise spürte sie, daß es eine Erleichterung bedeutete, mit ihm darüber zu sprechen. »Mr. Reilly sagt aus, daß Sie einen ›Freund‹ haben.« Er sprach das Wort ohne besondere Betonung aus, und Marielle reagierte mit einem Lächeln. Es war so absurd, daß sie lächeln mußte, aber andererseits wußte sie, wie gemein Patrick war, und konnte sich seine Geschichte gut vorstellen.

»Eine interessante Bezeichnung«, lautete ihre Antwort.

»Ist sie zutreffend?« Sie spürte, wie er sie unter Druck setzte. Er wollte alles über sie wissen, immerhin ging es um das Leben ihres Kindes. Wenn es sein mußte, würde er auch mit Rücksichtslosigkeit vorgehen, mochte sie ihm auch noch so gut gefallen.

Sie blickte ihn an und seufzte. »Nein, sie ist nicht zutreffend.« Charles als ihren »Freund« zu bezeichnen grenzte an Ironie. »Er ist mein Exmann. Ich hatte ihn fast sieben Jahre nicht gesehen – bis vor zwei Tagen. Wir sind einander in der St.-Patricks-Kathedrale begegnet.«

»Zufällig?«

Sie bejahte ernst, und so, wie sie ihn ansah, glaubte er ihr. Aus ihrem Blick sprach tiefe Kümmernis, und er meinte dahinter alten Schmerz zu spüren.

»Unsere Begegnung war absolut zufällig. Er lebt in Spanien ... kämpft gegen Franco.«

»O Gott, so einer ist er.« Taylor nahm einen großen Schluck Kaffee. Die Nacht war lang und würde noch länger werden, und er mußte frisch bleiben. Er wollte das Gespräch mit ihr zu Ende führen und ihre Geschichte hören, ehe ihr Mann eintraf. »Ist er Kommunist?«

Wieder lächelte sie. Auch diese Bezeichnung klang auf Charles angewendet komisch, obwohl in der momentanen Situation nichts wirklich komisch sein konnte. Mit Teddys Verschwinden würde niemals wieder etwas komisch sein ... oder unbeschwert ... oder nett ... oder gar wert, daß man dafür lebte. Doch er würde zurückkommen. Diesmal würde es anders sein. Es mußte anders sein. Die Story würde ein Happy-End haben. »Ich glaube nicht, daß seine Teilnahme an diesem Kampf Ausdruck einer politischen Gesinnung ist. Es ist nur so, daß der Kampf gegen Windmühlen Sinn seines Lebens ist. Er ist ein Idealist und Träumer, und er ist Schriftsteller. Er ist nach Pamplona gegangen, um mit den Stieren um die Wette zu laufen. Nicht umsonst zählt Hemingway zu seinen Freunden. Ich glaube, als es in Spanien losging, konnte er gar nicht anders als mitmachen. Genau weiß ich es nicht ... ich habe ihn seit Jahren nicht mehr gesehen. Seit 1929 war ich nicht mehr richtig mit ihm zusammen ... und seit 1932, als ich in die Staaten zurückkehrte und Malcolm heiratete, hatte ich überhaupt keinen Kontakt mehr mit ihm.«

»Und warum jetzt? Warum ist er plötzlich aufgetaucht? Um Sie zu sehen?«

»Nein.« Sie schüttelte den Kopf. »Der Grund sind familiäre Verpflichtungen. Sein hochbetagter Vater hat vermutlich nicht mehr lange zu leben.«

»Hat er Sie angerufen oder Ihnen geschrieben, als er nach Hause kam?« Sie schüttelte den Kopf. »Glauben Sie, er könnte Ihnen gefolgt sein? Mißbilligt er Ihre zweite Ehe?«

Sie seufzte und sah den Inspektor lange und eindringlich an. »Ich weiß nicht, ob er mir gefolgt ist. Angerufen hat er nicht ... ja ... ich glaube, er ist sehr aufgebracht wegen meiner Heirat ... und Teddys wegen ... von ihm wußte er nichts. Am Freitag sagte ich ihm, daß ich geheiratet habe, aber Teddy ... habe ich nicht erwähnt. Er hat ihn erst gestern gesehen.«

»Gestern?« John Taylors Neugierde wuchs.

»Im Central Park. Ich wollte mit Teddy zum Bootsteich, aber der war zugefroren.« Taylor nickte. Diese zweite Begegnung schien ihm von besonderem Interesse zu sein.

»Hatten Sie sich mit dem Mann verabredet?«

»Es war wieder nur purer Zufall. Er wohnt direkt am Park, etwa auf der Höhe des Teiches.«

»Wollten Sie ihn dort treffen?«

»Ich habe keinen Gedanken daran verschwendet.« Sie sah Taylor offen an, noch immer vor Aufregung zitternd.

»Haben Sie an ihn gedacht?«

Sie nickte mit einem Blick, der ihn zu durchbohren schien. Seit ihrer Begegnung in der Kirche hatte sie fast ununterbrochen an ihn gedacht.

»Meinen Sie nicht auch, daß zwei zufällige Begegnungen nach sieben Jahren die Bereitschaft, Ihnen zu glauben, arg strapazieren? Sie sehen ihn sieben Jahre lang nicht, und dann ist er plötzlich zweimal in zwei Tagen zur Stelle. Denken Sie nicht, daß sei nerseits Absicht dahinterstecken könnte?«

»Vielleicht.« Möglich war es immerhin. Sie hatte sich diese Fragen schon selbst gestellt.

»Hat er etwas von Ihnen gewollt?« Taylor ließ sie nicht aus den Augen.

Sie nickte nach einigem Zögern. »Ja ... er wollte mich unbedingt wiedersehen.«

»Warum?«

»Ich weiß es nicht sicher ... um mit mir zu reden ... über Dinge, die nicht mehr wichtig sind. Jetzt ist alles vorüber ... es ist vorbei ... schon seit langem. Ich bin mit Malcolm verheiratet, seit sechs Jahren schon ...« Sie sprach nicht weiter und sah John Taylor bekümmert an. Er war zu einem so schrecklichen Zeitpunkt in ihr Leben getreten, daß sie ihn kaum bewußt wahrnahm. Sie sah zwar sein Gesicht und hörte seine Stimme, doch wußte sie nicht, wer er war ... sie wußte gar nichts. An Teddy zu denken machte sie benommen und starr vor Angst.

»Wann haben Sie Charles geheiratet?« Seine Stimme drang sanft, aber eindringlich an ihr Ohr.

»1926 ... mit achtzehn ...« Sie sah ihn fest an, plötzlich entschlossen, die Wahrheit zu sagen. »Inspektor, mein Mann hat davon keine Ahnung. Er glaubt, ich hätte nur ein wenig ›über die Stränge geschlagen‹, als ich in Europa war. Mein Vater hat damals unter seinen Bekannten Andeutungen fallengelassen, ich hätte ›einen ernsthaften Flirt mit einem unpassenden Bewerber‹ gehabt. Mehr nicht. Er war ein Träumer. Dabei wußte er natürlich, daß ich fünf Jahre verheiratet war und mit meinem Mann in Europa lebte. Als Malcolm mich bat, seine Frau zu werden, wollte ich ihm das alles sagen, doch er wollte es nicht hören. Er sagte, wir alle hätten eine Vergangenheit und es sei besser, wenn sie unberührt und unbesprochen bliebe. Was er gehört hatte, war die Geschichte, die mein Vater verbreitete, um sich Peinlichkeiten zu ersparen. Ich glaube nicht, daß Vater auch nur einem seiner Freunde meine Ehe mit Charles gestanden hat. Wir lebten in Frankreich ...« In ihre Augen trat ein entrückter Blick. »Und wir waren sehr glücklich.« Als sie das sagte, sah sie noch schöner aus.

»Und was hat dieses Glück gestört?« Seine Stimme klang plötzlich tief und rauh, und Taylor gab sich alle Mühe, sich nicht von Marielle ablenken zu lassen.

»Etliche Dinge.« Sie wich ihm aus, das spürte er sofort. Nur eine einzige Sache hatte den Traum zerstört, eine einzige. Ein grauenhafter Nachmittag, von dem sie sich nie wieder erholt hatten.

»Mrs. Patterson ... Marielle ... ich muß wissen, was passiert ist ... um Ihretwillen ... um Teddys willen.« Seine Worte gingen ihr so zu Herzen, daß ihr Tränen in den Augen standen, als sie Taylor ansah.

»Ich kann jetzt nicht darüber sprechen. Ich habe noch nie ...« Außer mit ihrem Arzt in der Klinik.

»Sie müssen.« Er drängte sie mit Entschlossenheit und Kraft, sie aber leistete beharrlich Widerstand.

»Ich kann nicht.« Sie stand auf, ging auf und ab und blieb schließlich lange am Fenster stehen, um hinauszusehen. Draußen war es finster, und irgendwo in der Finsternis befand sich Teddy. Da drehte sie sich um und sah den FBI-Agenten an. Noch nie hatte er einen so schmerzlichen Blick gesehen. Mehr noch als zuvor spürte er das Verlangen, die Hände ausstrecken und diese Frau berühren zu können.

»Es tut mir leid. Ich tue Ihnen das höchst ungern an.« Das hatte er noch nie zu jemandem gesagt, doch hatte er auch noch nie so für eine Frau empfunden. In ihr waren Reinheit und Sanftheit und dazu eine besorgniserregende Zerbrechlichkeit. »Marielle.«

Er nahm sich heraus, sie mit ihrem Vornamen anzureden, ohne sie um Erlaubnis gebeten zu haben, aber er durfte nichts unversucht lassen, um persönliche Nähe herzustellen. »Sie müssen es mir sagen.«

»Meinem Mann habe ich es nie gesagt ... wenn er es gewußt hätte ...« Vielleicht wäre es nie zu dieser Ehe gekommen, und dann hätte es auch keinen Teddy gegeben.

»Mir können Sie es sagen.« Er kämpfte um ihr Vertrauen.

»Und was dann? Werden Sie es an die Presse weitergeben?« Ihr Blick ging ihm durch und durch, und er schüttelte den Kopf.

»Versprechen kann ich Ihnen gar nichts. Aber ich gebe Ihnen mein Wort, daß ich alles tun werde, um Ihr Geheimnis zu wahren, es sei denn, Teddys Sicherheit stünde auf dem Spiel. Na, ist das ein Angebot?«

Sie nickte und sah wieder hinaus in den Garten. »Wir hatten einen Sohn, Charles und ich ... einen kleinen Jungen, er hieß André ...« Ihre Kehle war wie zugeschnürt, als sie den Namen aussprach. »Er kam elf Monate nach unserer Hochzeit zur Welt ... mit glänzendem schwarzem Haar und großen blauen Augen ... ein richtiger kleiner Engel ... ein kleiner rundlicher Putto. Er war unser ein und alles, und wir nahmen ihn überallhin mit.« Sie wandte sich John wieder zu. Plötzlich konnte sie gar nicht mehr anders, sie mußte ihm die ganze Geschichte erzählen. »Er war bildhübsch und immer fröhlich. Wo immer wir mit ihm hinkamen, fiel er den Menschen auf.« John ließ sie nicht aus den Augen, während sie weitersprach. Ihr Blick und die ganze Art, wie sie erzählte, wollten ihm nicht gefallen. »Charles liebte ihn über alles ... und ich auch ... und dann kam das Jahr, in dem wir Weihnachten in der Schweiz verbrachten. André war damals zweieinhalb, und es war herrlich, mit ihm im Schnee zu spielen. Wir haben sogar einen Schneemann gebaut.« Tränen liefen ihr über die Wangen, Tränen des Schmerzes, doch John hütete sich, sie zu unterbrechen. »Eines Tages wollte Charles zum Skilaufen ins Gebirge, und ich zog es vor, in Genf zu bleiben. André und ich unternahmen einen Spaziergang am Seeufer, wir schwatzten und spielten miteinander. Der See war zugefroren, und als wir auf eine Gruppe von Frauen und Kindern trafen, blieben wir stehen und plauderten. Ich unterhielt mich mit einer der Frauen, wir sprachen über kleine Jungen in Andrés Alter ...« Sie konnte kaum weitersprechen, doch sie zwang sich dazu, bei jedem Wort um Atem ringend. »Sie wissen ja, wie Frauen sind, sie reden gern von ihren Kindern. Wir sprachen darüber, was für Streiche Zweijährige aushecken können, und während wir uns unterhielten ... während wir miteinander sprachen ...« Sie berührte ihre Augen mit einer fahrigen Handbewegung, und ohne zu überlegen, streckte er seine Hand nach ihr aus, wie um ihr weiterzuhelfen – und sie hielt seine Finger fest. » ...während wir redeten, lief er mit ein paar anderen hinaus aufs Eis, und dann, ganz plötzlich, gab es dieses gräßliche ... gräßliche ...« Nun konnte sie nicht mehr, im Raum wurde die Luft knapp. Aber John drückte ihre Hand ganz fest, und schließlich fuhr sie doch fort, ohne allerdings ihr Gegenüber richtig wahrzunehmen, verloren in einer Zeit, die sie fast das Leben gekostet hätte. »Es gab ein gräßliches knackendes Geräusch ... dumpf wie Donner ... und das Eis brach. Drei Kinder fielen ins Wasser ... eines davon war André. Ich lief mit den anderen Frauen hinaus, irgendwo schrien Leute. Ich erreichte das Loch als erste ... die zwei Mädchen konnte ich herausholen. Ich erwischte sie«, schluchzte sie, »ich bekam sie zu fassen ... aber ihn nicht ... ich versuchte es ... ich versuchte es mit aller Kraft ... aber ich konnte ihn nicht festhalten ... sosehr ich es versuchte ... ich versuchte buchstäblich alles ... ich tauchte sogar unter, doch er war schon unters Eis geglitten. Und dann fand ich ihn ...« Ihre Stimme war entstellt vor Schmerz, und John Taylor, der wie gebannt zugehört hatte, kamen die Tränen ... »Er war blau angelaufen, als er winzig und kalt und reglos in meinen Armen lag ... ich habe wieder alles versucht ... ich habe versucht, ihn zu beatmen, ihn zu erwärmen ... dann kam der Krankenwagen, und er wurde ins Krankenhaus gebracht, aber ...« Als sie jetzt zu John aufschaute, nahm sie ihn auch bewußt wahr, und sie weinten beide um den kleinen Jungen, der unter dem Eis des Genfer Sees ums Leben gekommen war. »Er war nicht zu retten. Später hieß es, er sei in meinen Armen gestorben, in dem Augenblick, da ich ihn herauszog ... aber da war er schon leblos und ohne Atem gewesen ... woher hat man also wissen können, wann er starb?« Und was machte es schon aus? »Es war allein meine Schuld ... ich hätte ihn im Auge behalten sollen und habe es nicht getan. Ich unterhielt mich mit diesen verdammten Frauenzimmern ... über ihn ... und dann war er plötzlich fort ... ein einziger Moment der Unachtsamkeit hat ihn das Leben gekostet ...«

»Und Charles?« Er stellte die Kardinalfrage, obwohl er vom eben Gehörten noch aufgewühlt war, doch verriet ihm ihr von der Qual des Erinnerns gezeichnetes Gesicht, daß das noch nicht alles war.

»Natürlich gab er mir die Schuld. Man hat mich im Krankenhaus behalten, das wollte ich selbst ... ich wollte bei André bleiben ... Ich durfte ihn sehr lange in den Armen halten. Ich hielt ihn ganz fest und dachte immerzu: Wenn ich ihn doch nur wieder erwärmen könnte ...« Sie hörte sich an, als sei sie am Rande des Wahnsinns.

»Was hat Charles getan, als er ins Krankenhaus kam?« fragte

er sanft. Es war eine wichtige Frage, und als sie sie beantwortete, schien sie wieder durch John Taylor hindurchzusehen.

»Er hat mich geschlagen ... heftig ... immer wieder ... und dann hieß es ... ich dachte ... ach, einerlei. Man sagte, bei dem Sprung ins Wasser ...«

»Was hat er Ihnen angetan, Marielle?«

»Er versuchte, mich zu schlagen ... er sagte, ich hätte André getötet, es sei alles meine Schuld. Er schlug mich, aber ich hatte es ja verdient ... und ...« Sie verschluckte sich fast an ihrem Schluchzen, und der Ton, den sie von sich gab, glich eher dem Klagelaut eines Tieres als einem menschlichen Laut. » ... ich verlor das Baby ...« Wieder blickte sie zu ihm auf, und diesmal legte er einen Arm um sie und zog sie an sich, damit sie sich an seiner Schulter ausweinen konnte. Er hielt sie an sich gedrückt und strich ihr übers Haar, immer wieder.

»O mein Gott.« Nun verstand er. »Sie waren schwanger.«

»Im fünften Monat ... ein kleines Mädchen ... es starb abends, am selben Tag wie André.« Dann blieb sie eine Weile schweigend sitzen, weinte nur still vor sich hin, während John Taylor sie umfangen hielt.

»Es tut mir so leid ... Was Ihnen zugestoßen ist, tut mir unendlich leid ... und es tut mir leid, daß ich Sie nun mit alldem quälen muß.« Er hatte keine andere Wahl gehabt. Er hatte herausfinden müssen, was sie verschwieg. Er hatte an ihren Augen gesehen, daß da etwas war, aber er hatte nicht geahnt, daß es so schlimm sein würde.

»Mir geht es gut«, sagte sie leise, und in gewisser Weise stimmte es, in anderer wieder nicht. Unvermittelt war ihr eingefallen, daß Teddy verschwunden war ... und das war vor dem Hintergrund all der anderen Verluste zuviel für sie. Deswegen mußte John Taylor ihn finden. »Damals ging es mir allerdings gar nicht gut. Sehr lange nicht. Ich glaube ... ich glaube, man könnte es einen nervösen Zusammenbruch nennen oder schlimmer noch. Ich glaube, Charles war damals so gut wie von Sinnen. An jenem Abend mußte man ihn mit Gewalt von mir trennen, und bei der Beerdigung soll er zusammengebrochen sein. Ich weiß es nicht ... man erlaubte mir nicht hinzugehen. Ich wurde in eine Privatklinik in Villars gebracht, und dort blieb ich sechsundzwanzig Monate. Charles übernahm die Kosten, zu Gesicht bekam ich ihn nicht. Schließlich durfte er mich vor der Entlassung besuchen, und er bat mich, zu ihm zurückzukommen, doch ich konnte es nicht. Ich weiß, daß wir beide der Meinung waren, ich hätte André, wenn nicht gar beide Kinder auf dem Gewissen: Ich hatte nicht nur André ertrinken lassen, sondern war auch in das kalte Wasser gesprungen und hatte damit das Baby getötet.«

»Was hätten Sie denn anderes tun sollen? Den Kleinen ertrinken lassen?«

»Nein, ich habe getan, was ich tun mußte, doch ich brauchte zwei Jahre, um mir das klarzumachen, und weitere sechs Jahre habe ich gebraucht, bis ich gelernt hatte, damit zu leben.« Sie fing wieder zu weinen an. »Ich glaube, erst Teddys Geburt gab mir das Gefühl, Gott habe mir vergeben. Ich hatte große Schwierigkeiten, wieder schwanger zu werden, und das faßte ich als Strafe auf.«

»Das ist doch Wahnsinn. Sie sind schon genug bestraft worden. Womit sollten Sie denn das alles verdient haben?«

Sie lächelte dem Mann, den sie eben an ihrem Leben hatte teilnehmen lassen, traurig zu. »Den Großteil meines Lebens habe ich damit zugebracht, eine Antwort auf diese Frage zu suchen.« Da faßte er wieder nach ihrer Hand und goß ihr etwas Brandy in den Tee. Er hatte sich selbst aus einer von Malcolms Karaffen bedient. Noch immer fand er es unglaublich, daß ihr Mann von alldem nichts ahnte. Wie einsam sie mit dieser schweren Bürde gelebt hatte ... kein Wunder, daß sie oft an Migräne litt.

»Und die Begegnung in der Kirche?« Aber er hatte sich bereits einen Reim darauf gemacht.

»Es war der Jahrestag ... der Todestag unserer Kinder. Ich gehe an diesem Tag immer in die Kirche und zünde Kerzen für sie und meine Eltern an. Und ganz plötzlich war Charles da, wie eine Vision.« Blieb die Frage, ob ihr diese Vision willkommen gewesen war. Taylor fand Marielle immer faszinierender. Nicht zu fassen, was hinter ihr lag und wieviel sie ausgestanden hatte. Sie besaß mehr Kraft und Tiefe, als ihr anzusehen war.

»Lieben Sie ihn noch immer?« Er wollte es unbedingt wissen.

»Ja, ich glaube, ein Teil meines Wesens wird ihn immer lieben.« Das sagte sie so offen und ehrlich, daß an ihrer Fairneß kein Zweifel bestehen konnte. Die Anschuldigung des Chauffeurs, sie habe einen »Freund«, empfand er nun als um so empörender. »Aber dieser Teil meines Lebens ist vorbei.« Auch das klang aufrichtig.

»Und er? Wollte er, daß Sie zu ihm zurückkommen?«

»Ich weiß es nicht. In der Kirche sah ich ihn nur kurz, und wir waren beide erregt. Er wiederholte mehrfach, es sei nicht meine Schuld, aber ich weiß, daß er mich immer als die Schuldige betrachtet hat. Damals hat er mich angeklagt, unseren Sohn getötet zu haben, nachlässig gewesen zu sein ...« Wieder wandte sie den Blick ab, und diesmal zwang John sie, einen Schluck Brandy zu nehmen. »Die Wahrheit ist, daß ich nachlässig war. Ich war ein Mädchen von einundzwanzig Jahren, das einen folgenschweren Fehler begangen hat. Nur für einen Moment habe ich mich von der Frau ablenken lassen, und schon war er fort ... mich wundert nur, daß Charles gewillt ist, mir überhaupt zu vergeben, wenn man bedenkt, welche Einstellung er damals mir gegenüber hatte.«

»Sind Sie sicher, daß er Ihnen vergeben hat?«

Sie sah ihn offen an. Das war die große Frage. »Ich weiß es nicht. Am Freitag in der Kathedrale hatte ich den Eindruck. Als ich ihm sagte, daß ich wieder geheiratet hätte, wirkte er erstaunt, allenfalls nicht eben erbaut, aber er schien es zu akzeptieren. Doch am nächsten Tag, bei der Begegnung im Park ... da geriet er Teddys wegen außer sich ... er raste förmlich vor Wut, weil ich wieder ein Kind habe und er nicht. Er hielt mir sogar vor, ich hätte das nicht verdient, und ich empfand, was er sagte, als Drohung. Aber jetzt glaube ich, daß es nur Worte waren. Er sagte, er könnte mir das Kind wegnehmen, um mich zum Mitkommen zu zwingen.« Genau das hatte John Taylor hören wollen. Er war so gut wie sicher, daß sie auf die richtige Spur gestoßen waren. Jetzt brauchte man den Mann nur noch zu fassen. Gottlob hatte sie sich ihm rechtzeitig anvertraut. Mit etwas Glück würden sie den Jungen bald finden, konnten ihren Exmann hinter Gitter bringen, und der Fall war erledigt. So leid Marielle ihm nach allem, was sie durchgemacht hatte, tat, für Charles empfand Taylor alles andere als Mitgefühl. Der Kerl hatte sie damals im Krankenhaus geschlagen, obwohl sie schwanger war, statt ihr Trost zu spenden, hatte er sie beschuldigt, ihre gemeinsamen Kinder getötet zu haben. Zwei Jahre hatte er sie in einem Sanatorium allein gelassen und ihr für den Rest ihres Lebens die Bürde aufgeladen, sie sei schuld am Tod ihres Sohnes. Für John Taylor stand außer Frage, daß dem Mann eine Strafe gebührte.

»Glauben Sie, daß es ihm mit seinen Drohungen ernst war?«

»Da bin ich nicht sicher. Ich weiß es einfach nicht. Ich kann mir nicht vorstellen, daß er jemandem etwas zuleide tut, am allerwenigsten einem Kind. Aber ich bin mir nicht sicher, ob sich sein Jähzorn inzwischen gelegt hat. Eigentlich wollte ich Ihnen gar nicht sagen, was passiert ist.« Die gemeinen Behauptungen, die der Chauffeur aufgestellt hatte, erwiesen sich zu guter Letzt als wahrer Segen für Marielle.

Inzwischen war es sechs Uhr morgens, und es gab noch immer nichts Neues, keine Spur von Teddy. Aber die Informationen, die Marielle ihm geliefert hatte, würden sie weiterbringen. Taylor notierte sich sorgfältig Charles' Namen und Adresse und versprach ihr, sich in ein paar Stunden mit ihm diskret zu unterhalten. Fand er sein Alibi ausreichend und seine Aussage glaubwürdig, dann würde die Akte Charles Delauney wieder geschlossen, und man brauchte kein Wort mehr darüber zu verlieren. Andernfalls würde sein weiteres Vorgehen von dem abhängen, was er herausfand. Insgeheim hoffte er inständig, irgend etwas zu finden. Wenn schon sonst nichts passiert war, so hatte der Mann sich wie ein Narr benommen und Marielle eindeutig bedroht. Es war gut möglich, daß er den Jungen entführt hatte, quasi als Vergeltung für die ums Leben gekommenen Kinder und weil er Marielle noch immer für deren Tod verantwortlich machte, – oder aber, weil er sie auf diese völlig irre Art und Weise zurückgewinnen wollte. John Taylor wollte sein Versprechen halten und Presse, FBI und Malcolm erst einweihen, wenn er mit Charles Delauney gesprochen hatte. Mehr konnte er nicht für sie tun, und sie wußte seine Bemühungen zu schätzen.

105

Als sie die Bibliothek verließen, war es kurz vor sieben. Es war noch dunkel, als sie in der Halle stehenblieben und miteinander redeten. Wie gern hätte er ihr versprochen, Teddy zu finden. Sie hätte es verdient gehabt, denn was ihre Ehe mit Malcolm Patterson betraf, so hatte er das Gefühl, daß sie nicht mehr war als ein Arrangement. Teddy war alles, was sie hatte, und nun war er verschwunden. Taylor spürte, wie sehr sie an dem Jungen hing. Daß sie niemals zu Charles zurückkehren würde, war klar und in Taylors Augen sehr vernünftig, doch hatte sie niemanden, der ihr beistand. Es war unbegreiflich, wie der Junge mitten in der Nacht hatte verschwinden können ... ohne einen Laut, ohne Spuren. Er war in seinem roten Schlafanzug einfach aus dem Bett geholt worden ... und verschwunden.

5

Nach ihrem ausführlichen Gespräch mit John Taylor wandelte Marielle wie ein Geist durchs Haus. Zunächst ging sie in ihr Zimmer, hielt es dort aber nicht aus, da die Wände sie so einzuengen schienen, daß sie mit Atemnot zu kämpfen hatte. Wie zufällig gelangte sie wieder auf die Treppe und fand sich in Teddys Zimmer wieder, ehe sie wußte, wie ihr geschah. Es war der einzige Ort, wo sie sein mochte, der einzige Raum, in dem sie sich ihm nahe fühlte. Es war nicht zu fassen ... völlig unbegreiflich. Wer konnte so etwas tun und aus welchem Grund? Für sie war klar, daß es nur um Geld gehen konnte. Man hatte schon zusätzliche Telefonleitungen ins Haus verlegt, und die Polizei war in Erwartung eines Anrufs oder einer Lösegeldforderung allgegenwärtig. Am Morgen würden die Zeitungen bereits nach eventuellen Nachrichten der Entführer durchforstet. Alle üblichen Methoden wurden eingesetzt. Und vom FBI waren weitere Leute gekommen, die nun auf Malcolm warteten. Marielle kam sich vollkommen nutzlos vor. Es gab für sie nichts zu tun. Sie konnte nur beten, daß ihr Sohn noch am Leben war. An seinem Bett kniete sie nieder und legte ihren Kopf auf sein Kissen; sie rief sich ins Gedächtnis, wie er sich angefühlt hatte, als sie ihn nur

Stunden zuvor in seinem roten Schlafanzug mit dem bestickten blauen Krägelchen ins Bett gebracht hatte. Miss Griffin hatte ihm den Anzug genäht, und Marielle quälte sich nun mit der Frage, ob er fror, ob er Angst hatte ... ob man gut zu ihm war und ob man ihm zu essen gegeben hatte. Nicht zu wissen, wo er sich befand, war so schrecklich, daß Marielle vor dem Bett kniend um Atem rang. Als sie ein Geräusch im Raum wahrnahm, drehte sie sich erschrocken um. Hinter ihr stand Miss Griffin, noch immer bleich, aber in ihrer gewohnten Gouvernantentracht, und zum ersten Mal seit Jahren sah sie Marielle mit weicherem Ausdruck an. Sie hatte das Gefühl, ihr etwas sagen zu müssen, und wie Marielle hatte sie Mühe, die Worte herauszubringen.

»Es ...« Ihre Lippen zuckten, und sie wandte den Blick ab. Der Anblick des Schmerzes im Gesicht der jungen Frau war ihr unerträglich. Er spiegelte genau das wider, was sie selbst empfand. »Es tut mir leid ... ich hätte ... ich hätte hören müssen ...« Sie brach in Tränen aus. »Ich hätte sie daran hindern müssen.«

»Sie haben es nicht wissen können ... und es waren zu viele.« Mit Stricken, Chloroform und vielleicht auch mit Waffen waren die Männer für ihren Zweck gut gerüstet gewesen. »Sie dürfen sich keine Vorwürfe machen.« Langsam richtete Marielle sich auf, voller Würde und Güte, um wortlos die Arme um Miss Griffin zu legen. Auch sie vergoß Tränen, doch sie stand da und hielt Teddys untröstliche Nanny wie ein Kind und versuchte, sie zu trösten. Dabei fühlte Miss Griffin sich noch elender, denn nun kam ihr zu Bewußtsein, wie hart sie immer zu Marielle gewesen war. Aber sie hatte sie nun einmal für weich, lax und töricht gehalten. Jetzt erst nahm sie etwas wahr, von dem sie nicht gewußt hatte, daß es vorhanden war: eine stille Kraft, von der nicht nur Marielle selbst, sondern auch ihre Umgebung zehrte.

Die zwei Frauen standen lange so da und spendeten einander wortlos Kraft, dann ging Marielle wieder hinunter. Auf der Treppe hörte sie von unten Unruhe und Stimmengewirr und wußte sofort, daß dort draußen Reporter auf der Lauer lagen, die sich an der Polizei vorbei ins Haus zu drängen suchten, als die Tür geöffnet wurde.

»Er ist da!« hörte sie einen Polizisten rufen und fragte sich, wer gekommen sein mochte – voller Hoffnung, daß es jemand sein möge, der eine Wende bewirken würde. Und als sie übers Geländer spähte, sah sie, daß es Malcolm war. Da stand er, vornehm und bleich. Mantel und Anzug schwarz, auf dem Kopf einen Homburg. Wie für eine Beerdigung gekleidet, ging es ihr durch den Sinn, als sie ihn die Treppe heraufkommen sah und ihm entgegenging, noch immer barfuß und im Morgenmantel. Er breitete die Arme aus, und lange Zeit stand er nur da und hielt sie fest. Dann gingen sie gemeinsam hinauf. Erst als sie in ihrem Zimmer angelangt waren, fing er an zu sprechen.

»Marielle, wie konnte das passieren? Wie konnten sie sich Zutritt verschaffen und ungehindert zu Werke gehen? Wo war Haverford? Wo waren die Hausmädchen? Wo war Miss Griffin?« Es war, als hätte er von ihr erwartet, daß sie ihr Kind und ihr Heim beschützte, und als hätte sie versagt. Sie las Vorwurf und Schmerz in seinen Augen, sein Blick traf sie bis ins Innerste. Es gab keine Entschuldigung, keine Erklärung. Sie konnte es sich selbst nicht erklären, ja, sie konnte selbst noch kaum begreifen, was geschehen war.

»Ich weiß es nicht ... ich verstehe es auch nicht ... ich hörte ein Geräusch, während wir telefonierten, dachte mir aber nichts dabei ... nie wäre mir der Gedanke gekommen, daß jemand im Haus sein könnte, vom Personal abgesehen, meine ich ... ich wußte gar nicht, daß Edith ausgegangen war ...« Das Kleid hatte sie inzwischen zurückbekommen, verschmutzt, fleckig, mit Lippenstiftspuren, nach Zigarettenrauch und billigem Whisky riechend. Doch das Kleid kümmerte sie nicht. Marielles einzige Sorge galt ihrem Kind.

»Ich hätte Leibwächter engagieren sollen«, sagte Malcolm, der sie wie in Agonie anblickte. »Nie hätte ich gedacht ... deine Hysterie hinsichtlich des Lindbergh-Falles kam mir immer so töricht vor ... wer hätte denn wissen können, daß du recht behalten würdest?« Er starrte sie an, ein gebrochener Mensch, dessen einziges Kind verschwunden war und mit ihm Hoffnung, Glück und Wohlbefinden. Malcolm sah plötzlich stark gealtert aus, beinahe war es, als hätte die Sache seinen Lebensnerv getroffen. Marielle bekam das Gefühl, ihn durch ihre Achtlosigkeit ruiniert zu haben. Und doch war es nicht ihre Schuld ... oder doch? Alles war so verwirrend, genau wie seinerzeit, vor vielen Jahren. So verwirrend in bezug auf die Schuldfrage. War er ertrunken, weil er hinaus aufs Eis gelaufen war, und wieso hatte sie die zwei kleinen Mädchen erreichen können, nicht aber ihr eigenes Kind? Hatte sie das Ungeborene getötet, weil sie André nachgesprungen war ... oder war es umgekommen, weil Charles sie geschlagen hatte? Und jetzt dies ... war es ihre Schuld ... oder seine ... oder die eines anderen? Sie sah verwirrt aus mit ihrem zerrauften Haar, durch das sie sich geistesabwesend immer wieder strich, und Malcolm, der sie scharf beobachtete, fand, daß sie plötzlich wie eine Irre aussah.

»Du solltest dich anziehen«, sagte er leise und ließ sich schwer in einen Sessel fallen. »Überall sind Polizisten, und draußen wartet die Presse. In den nächsten Tagen gehen wir besser durch den Garten, wenn wir das Haus verlassen.« Sein Blick wurde noch ernster. »Die Polizei sagt, es hätte keine Lösegeldforderung gegeben. Ich habe bereits die Bank angerufen. Man hält dort gekennzeichnete Scheine bereit, für den Fall, daß doch ein Anruf oder ein Brief kommen sollte.« Mehr konnte man nicht tun, nun hieß es warten, und plötzlich war Marielle erleichtert, daß er zu Hause war. Er würde die Verantwortung übernehmen, er würde dafür sorgen, daß das Richtige geschah. Er würde die Entführer zwingen, Teddy nach Hause zu bringen. Sie blickte zu ihm auf, von dem Gefühl erfüllt, ihn im Stich gelassen zu haben, ihn, der sie nie im Stich gelassen hatte. Niemals. Kein einziges Mal in all den Jahren ihrer Ehe.

»Malcolm, es tut mir so furchtbar leid ... ich weiß gar nicht, was ich sagen soll ...« Er nickte nur, sagte nicht, daß es nicht ihre Schuld sei. Da wußte Marielle, daß er ihr die Schuld gab. Er stand langsam auf und wollte gehen, und als er stehenblieb und in den Garten blickte, wo Teddy immer gespielt hatte, sah sie, daß er weinte. Sie hatte Scheu, ihn zu trösten, etwas zu sagen, um ihm in seinem Schmerz beizustehen. Wenn er sie insgeheim beschuldigte, Teddy nicht angemessen behütet zu haben, welche Trostworte hätte sie finden können? Während sie dastand und ihn hilflos beobachtete, spürte sie, wie der wohlbekannte dumpfe

Druck ihren Kopf fast bersten ließ; sie war einer Ohnmacht nahe, solche Schmerzen hatte sie. Da drehte er sich um, sah sie an und erkannte die Symptome. Sie sah schrecklich aus, was kein Wunder war. Auch er fühlte sich schrecklich.

»Marielle, du bist ganz blaß. Hast du Kopfschmerzen?«

»Nein«, log sie. Sie wollte nicht zulassen, daß jemand sah, wie schwach sie jetzt war, wie verängstigt, wie verletzlich, wie gebrochen. Sie mußte stark sein – für ihn, für das Kind, für alle. Sie versuchte, ihr Gleichgewicht zu bewahren, während sie gegen ihr Unwohlsein ankämpfte. »Mir geht es gut. Ich werde mich anziehen.« Sie hätte zu Bett gehen sollen, wußte aber, daß sie keinen Schlaf finden würde. Und Alpträume hätte sie schon gar nicht ertragen.

»Ich werde mit den FBI-Leuten sprechen.« Malcolm hatte seine Beziehungen zu Washington spielen lassen, und man hatte ihm versprochen, J. Edgar Hoover zu verständigen. Der Chef des FBI hatte dafür gesorgt, daß Malcolm mit einer Polizeieskorte so schnell nach Hause fahren konnte, wie sein Franklin Twelve es nur zuließ. Der deutsche Botschafter hatte ebenfalls angerufen und Entsetzen und Besorgnis über das Geschehene zum Ausdruck gebracht.

»Sie waren alle sehr nett«, sagte Marielle in einem kaum vernehmbaren Flüsterton, nicht ohne sich zu fragen, ob Agent Taylor Malcolm von Charles erzählen würde. Aber wenn damit die Suche nach Teddy erleichtert wurde, dann war sie gewillt, es durchzustehen. Taylor hatte ihr versprochen, ihre Geheimnisse nach Möglichkeit zu wahren, nicht aber, wenn es dem Kind schaden konnte, und sie hatte bereitwillig zugestimmt. Sie war entschlossen, sich selbst, ihre Ehe, ihr Leben für Teddy zu opfern.

Malcolm sah sie lange und eindringlich an und empfand kurz so etwas wie Schuldbewußtsein. »Marielle, nicht, daß ich dir die Schuld geben möchte ... ich weiß, daß du nichts dafür kannst. Ich verstehe nur nicht, wie es passieren konnte.« Er sah verzweifelt aus wie ein Todgeweihter. Er hatte die Liebe seines Lebens verloren, genauso wie sie. Und doch konnte sie ihm nicht helfen.

»Ich verstehe es ja auch nicht«, sagte sie halblaut. Dann ging er hinaus, und sie zog ein graues Kaschmirkleid an, graue Seidenstrümpfe und schwarze Krokoschuhe. Sie bürstete ihr Haar und wusch ihr Gesicht. Und die ganze Zeit betete sie darum, daß es ihr gelingen möge, ihren Kopfschmerz im Zaum zu halten.

Als sie fertig war, ging sie in die Küche, um der Köchin Anweisung zu geben, sie solle für die im Haus diensttuenden Polizisten und die FBI-Leute einen Imbiß zurechtmachen, doch es stellte sich heraus, daß Haverford bereits dafür gesorgt hatte. Tabletts mit belegten Broten und Teller mit Obst wurden aus der Küche nach oben geschickt, dazu Kuchen und Kaffee. Als sie wieder hinaufging, entdeckte sie, daß im Speisezimmer ein Büffet bereitstand, das jedoch unberührt geblieben war; die Leute waren so beschäftigt, daß sie zum Essen kaum Zeit hatten.

»Kann ich etwas für Sie tun?« fragte sie den diensthabenden Sergeant. O'Connor war schon vor Stunden nach Hause gegangen, die ganze Mannschaft war abgelöst worden. Sie erkannte keinen der Männer, die das Haus aufs neue nach Fingerabdrücken absuchten, auf einen Anruf mit einer Lösegeldforderung warteten, wieder. Sie war die einzige, die nicht schlafen gegangen war. Als sie an der Bibliothek vorüberging, sah sie, daß Malcolm in ein Gespräch mit zwei FBI-Leuten vertieft war. Er streifte Marielle mit einem flüchtigen Blick und sah dann wieder weg, und sie fragte sich, ob über sie gesprochen wurde. Die Männer sahen sie so merkwürdig an. Sie ging rasch weiter. Was konnten sie gesagt haben? Was gab es zu sagen? Es war nicht ihre Schuld, daß Teddy verschwunden war ... oder doch? Suchte man Charles' wegen die Schuld bei ihr? Hatten sie recht? Standen sie im Begriff, es Malcolm zu sagen?

Als sie zurück in die Halle kam, wurde sie durch einen Riesentumult aus ihren Gedanken gerissen. Von draußen hörte man laute Stimmen, und als die Haustür sich einen Spalt öffnete, sah sie sich plötzlich von einem halben Dutzend schreiender fremder Leute umgeben, Blitzlichter flammten vor ihrem Gesicht auf, und dann umgab sie endlich eine schützende Phalanx von Polizisten und drängte die Leute hinaus. Nur eine kleine Rothaarige entschlüpfte ihnen. Sie war jung und hübsch und sehr zierlich, trug einen lächerlichen schwarzen Hut und war auffallend geschmacklos gekleidet. Sie stand da und sah Marielle an, als kenne sie sie, und ehe Marielle wußte, wie ihr geschah, feuerte die kleine Rothaarige Fragen auf sie ab.

»Mrs. Patterson, wie fühlen Sie sich? Wie ist Ihnen zumute? Gibt es etwas Neues? Haben Sie schon etwas vom kleinen Teddy gehört? Was für ein Gefühl ist das? Haben Sie Angst? Glauben Sie, daß er womöglich schon tot ist?« Und die ganze Zeit über flammten die Blitzlichter, blendeten sie mit ihrer Helligkeit und Schmerz, fast als wären sie Begleiterscheinungen ihrer Migräne. Und gerade als sie sich losmachen wollte, vernahm sie eine dröhnende Männerstimme neben sich und wurde von starken Händen an den Schultern gepackt. John Taylor.

»Schafft das Frauenzimmer hinaus!« Und plötzlich war die Rothaarige verschwunden, die Haustür fiel ins Schloß, der Lärm kam aus weiter, weiter Ferne. Sie nahm wahr, daß John Taylor ihren Arm stützte und sie zu einem Stuhl führte. Als er das Haus wieder betreten hatte, war es den Presseleuten geglückt, sich hinter ihm hereinzudrängen. »Verdammte Meute. Nächstesmal komme ich durch die Küche.« Er sah sie besorgt an und wirkte sehr müde. Sie aber sah noch schlimmer aus, und als er ihr ein Glas Wasser reichte, das er sich von einem seiner Männer hatte bringen lassen, trank sie ein Schlückchen und versuchte ein Lächeln. Doch diesmal schaffte sie es nicht, die Tränen zurückzuhalten, der Kopfschmerz war zu stark, und dazu kamen Malcolms Zorn, ihre Angst um Teddy und pure Erschöpfung. Und die Rothaarige hatte so schreckliche Fragen gestellt. Was, wenn er tot war? Was, wenn man ihn getötet hatte? Ja, sie hatte Angst. Schreckliche Angst. Und Malcolm hatte bei seiner Heimkehr so gebrochen gewirkt, so voller hilfloser Wut. Als sie John Taylor ansah, seufzte sie. Es war ihr peinlich, ihre Fassung verloren zu haben.

»Es tut mir leid.«

»Was denn? Daß Sie ein menschliches Wesen sind? Dieses Pack macht mich ganz krank.« Er sah sie an und überlegte. Er kam direkt von Charles Delauney und fragte nun in gedämpftem Ton: »Können wir uns irgendwo ungestört unterhalten? In der Bibliothek etwa?«

Sie schüttelte den Kopf. »Dort ist mein Mann. Er spricht mit zwei von Ihren Leuten.« Sie überlegte kurz. »Ich weiß etwas anderes.« Sie führte ihn in ein kleines, sehr selten benutztes Musikzimmer, das mit alten Büchern und Instrumenten angefüllt war und in dem auch ein Teil von Malcolms Bürounterlagen aufbewahrt wurde. Hin und wieder benutzte Brigitte den Raum, wenn sie im Haus arbeitete. Ein Schreibtisch, zwei Stühle und ein kleiner Diwan bildeten die Einrichtung. Marielle ließ sich auf dem Diwan nieder, während John sich einen der Stühle heranzog. Er schaute Marielle an. Er kannte sie erst seit ein paar Stunden, war aber gewillt, jedes ihrer Worte zu glauben und seinen Ruf darauf zu verwetten. Einem Menschen wie ihr war er noch nie begegnet. Sie kam ihm vor wie eine Figur aus einem Buch oder aus einem Traum, sie besaß jene Art innerer Stärke und jene Ideale, die wirkliche Menschen nicht hatten, zumindest jene nicht, die er kannte. Und zugleich war sie eine attraktive junge Frau von bezwingender Wirkung. Dennoch hatte sie mit ihren zwei Männern, von denen ihm keiner sonderlich zusagte, nicht das große Los gezogen. Delauney war in seinen Augen ein verwöhnter reicher Knabe, trunksüchtig, nur auf sich bedacht, in seine politischen Ideale versponnen; ein Mensch, der sich noch immer wegen eines Unglücks bemitleidete, das ihn vor fast zehn Jahren getroffen hatte, und es beklagte, daß Marielle sich geweigert hatte, zu ihm zurückzukehren, nachdem er sie um ein Haar getötet hatte. Taylor wurde das Gefühl nicht los, daß Delauney hemmungslos und verrückt reagieren, daß er möglicherweise sogar gefährlich werden konnte. Es war daher nicht auszuschließen, daß er aus Rache zum Entführer geworden war. Aber Malcolm gefiel Taylor ebensowenig. Obwohl er ihn bisher nur aus der Presse kannte, hielt er ihn für eiskalt und arrogant.

»Ist etwas passiert?« Noch mehr, als ohnehin schon passiert war? War das überhaupt möglich? »Haben Sie etwas gehört?« Angsterfüllt sah sie ihn aus weit aufgerissenen Augen an. Er schüttelte den Kopf und beruhigte sie sofort.

»Nichts von Teddy.« Er hatte das Gefühl, sie hätten in der vorangegangenen Nacht die Geheimnisse eines ganzen Lebens miteinander geteilt. Und jetzt wollte er alles in seiner Macht Stehende tun, um sie zu beschützen, denn sie hatte schon genug durchgemacht. Und sie hatte ihm Vertrauen geschenkt, das er nicht enttäuschen wollte. Gleichzeitig aber wollte er das Kind nicht gefährden, und John Taylor glaubte Anlaß zu Besorgnis zu haben. »Eben habe ich drei Stunden mit Charles Delauney zugebracht.« Marielle sah ihn benommen an. Was mochte Charles ihm erzählt haben?

»Haben Sie ihm gesagt, daß ich Ihnen alles berichtet habe?«

»Ja. Er fühlt sich schuldig oder behauptet es zumindest, und er gibt zu, daß er seinerzeit nach dem Unglück den Verstand verlor und sehr schlimm reagierte. Er behauptet auch, daß er, als er Sie mit Teddy im Park sah, noch betrunken war. Was im einzelnen er gesagt hat, weiß er nicht mehr genau, aber er ist bereit einzugestehen, daß es höchst unpassend war. Er beteuert aber, daß er es nicht böse gemeint hat und daß er Teddy nie etwas antun könnte.«

»Glauben Sie ihm?« Sie suchte seinen Blick, weil sie die Wahrheit wissen mußte und gewillt war, ihm zu glauben. Sie vertraute ihm. Er hatte etwas an sich, das auf angeborene Fairneß schließen ließ, und sie spürte ganz richtig, daß er sie nie hintergehen würde. Auch dachte sie daran, wie er in der Nacht ihre Hand gehalten und sie in die Arme genommen hatte, als sie um André Tränen vergoß.

»Das ist das Problem.« Er erwiderte ihren Blick, ehe er sich kopfschüttelnd zurücklehnte. »Ich glaube ihm nicht. Zwar glaube ich nicht, daß er dem Kind etwas antun könnte, wie es etwa im Fall Lindbergh geschehen ist. Aber ich halte ihn für einen sehr verwöhnten jungen Mann, der vor nichts zurückschreckt, wenn es darum geht, seine Wünsche durchzusetzen – auch nicht vor Drohungen, vor Zwang, vor noch Schlimmerem. Möglich, daß er Teddy in seine Gewalt bringen würde, um Sie an sich zu fesseln. Ebenso möglich, daß er es für eine gerechtfertigte Methode hält. Ich bin meiner Sache noch nicht sicher. Ich weiß nicht mal, was ich denken soll. Aber ich kann Ihnen sagen, daß ich ihm nicht glaube. Seine Behauptung, betrunken gewesen zu sein, und sein Versuch, die Drohungen damit zu entschuldigen, haben bei mir nicht verfangen.« Charles hatte mit wilden Blicken um sich geworfen; ungekämmt, unrasiert, nach

Fusel riechend hatte er wie ein irrer, aus der Bahn geworfener Typ gewirkt, vermutlich zu schrecklichen Dingen fähig – im Namen der Gerechtigkeit. Immerhin hatte er in einem Krieg mitgekämpft, der nicht der seine war, nur aus Freude am Töten – zumindest sah John Taylor das so. Politische Beweggründe waren ihm unverständlich, ebenso wie edle Kriege oder der Stierkampf in Spanien oder die Tatsache, daß dieser Mann seine schwangere Frau verprügelt hatte, nachdem sie ihr Söhnchen verloren hatten. Er verstand alle diese Menschen nicht. Die einzige, die er verstand und an der ihm, Gott wußte, warum, lag, war Marielle, und er wollte ihr helfen.

»Sie sollen wissen, daß er mir nicht gefällt. Das bedeutet, daß wir ihn beobachten müssen. Außerdem möchte ich sein Haus durchsuchen lassen. Es bedeutet aber auch, daß ich Ihr Geheimnis nicht werde wahren können, und das sollten Sie wissen, damit Sie mit Ihrem Mann sprechen können, ehe er aus anderen Quellen davon erfährt.«

Sie nickte, dankbar für die Warnung. Wenigstens ermöglichte er ihr damit, es Malcolm selbst zu sagen. Er war genauso anständig, wie sie vermutet hatte. Sie versuchte, sich ein Lächeln abzuringen, doch ihr Kopf schmerzte so heftig, daß es mißglückte. Sie zuckte nur zusammen, und das entging ihm nicht. »Fühlen Sie sich nicht wohl?«

»Doch, es geht mir gut.« Es waren Worte, die nichts mehr bedeuteten, doch sie wurden von ihr erwartet.

»Sie sollten versuchen zu schlafen, damit Sie nicht dann zusammenbrechen, wenn wir Sie wirklich brauchen.« Sie nickte, doch konnte sie sich nicht vorstellen, jemals wieder zu schlafen ... ehe Teddy nicht wieder im Haus war. Wie sollte sie ohne ihn leben? Sie konnte ihn nicht berühren oder festhalten, und sie wußte nicht, wo er war, ob er sich in Sicherheit befand, ob man ihn anständig versorgte ... Und plötzlich sehnte sie sich nach dem Pudergeruch seines Nackens, nach seinem Haar ... seinem Lachen ... den runden Ärmchen um ihren Hals, nach der Art, wie er sie ansah und ihr damit sagte, wie lieb er sie hatte. Wie sollte sie ohne ihn weiterleben, bis man ihn gefunden hatte? Es waren Gedanken, die sie einer Ohnmacht nahe brachten, doch da spürte sie schon eine feste Hand an ihrem Arm. Es war, als wollte er sie von den eigenen Ängsten zurückreißen. »Marielle, nicht aufgeben ... wir werden ihn finden.« Sie nickte. Ihr stand eine schwierige Aussprache mit Malcolm bevor.

»Werden Sie meinem Mann etwas von Charles sagen?« Sie schien besorgt, aber nicht verzweifelt. Wenn es sein mußte, würde sie Malcolm alles sagen. So einfach war das. Jetzt war nicht der Augenblick, etwas zu verbergen, wenn es Teddy schaden konnte.

»Ich werde ihm sagen, daß Charles Delauney zum jetzigen Zeitpunkt neben vielen anderen ein möglicher Verdächtiger ist. Ob er tatsächlich etwas getan hat, kann ich nicht mit Sicherheit sagen, aber ich kann Ihnen sagen, daß er mir nicht gefällt. Mir gefallen seine Drohungen nicht und ebensowenig die Tatsache, daß er so aufgebracht reagiert, weil Sie ein Kind haben und er nicht. Ich glaube, daß er Sie auf seine verdrehte Art noch immer liebt. Er sagt, daß er Sie zurückhaben möchte. Und seiner Auffassung nach müßte sein Wunsch genügen, um Sie zur Rückkehr zu bewegen.« Er verschwieg ihr, wie Charles sich über ihre Ehe mit Malcolm geäußert hatte ... daß alles nur Lug und Trug sei, daß die ganze Stadt von Malcolms Affären wisse, daß sie dagegen wie eine Nonne lebe und Malcolm sich nichts aus ihr mache. Charles Delauney schien zu glauben, dies seien für sie Gründe genug, ihren Mann zu verlassen. Er hatte auch gesagt, er glaube nicht, daß Marielle Malcolm liebe. Sie hätte ihn aus den falschen Gründen geheiratet, zu einem Zeitpunkt ihres Lebens, als sie mutterseelenallein dastand und nach der Entlassung aus der Schweizer Klinik verängstigt und unsicher war. Sie hätte einen Vater und keinen Ehemann gesucht. Wenn man aber Delauney mit seinem wilden Aussehen und seinem irren Gebaren sah, dann konnte man ihre Beweggründe gut verstehen. Taylor war klar, was sie an einem Mann wie Malcolm Patterson anziehend fand, aber er konnte sich auch vorstellen, daß eine Achtzehnjährige sich zu Delauney hingezogen gefühlt hatte. Er war aufregend, hübsch, wild und romantisch, aber Männer seines Schlages waren auch gefährlich ... es waren Männer, die Dummheiten machten ... die beispielsweise ihre Frauen schlugen ... oder schreckliche Drohungen und Anschuldigungen ausstießen. Aber entführten sie auch anderer Leute Kinder? Gehörte das dazu? Das war die Frage, und Taylor wußte keine Antwort darauf. Eines stand allerdings fest: Wenn Delauney es getan hatte, dann war nicht Geld die treibende Kraft. Vielleicht war deshalb bislang keine Lösegeldforderung eingetroffen. Wenn es so war, dann hatte er Leute angeheuert, die den Jungen entführten und versteckten. Aber was hatte er mit ihm vor?

Taylor stand auf und geleitete Marielle hinaus. Sie dankte ihm dafür, daß er sie gewarnt und ihr gesagt hatte, daß er Malcolm von Charles erzählen mußte. Dann drehte sie sich um und sah John Taylor ein letztes Mal an. Auf ihrer Stirn standen sorgenvolle Falten. Alles war so verwirrend. »Glauben Sie wirklich, er würde so etwas tun? Charles, meine ich.« Es war absolut unwahrscheinlich. Er war immer wild und ungezügelt gewesen, aber so nicht ... sie konnte nicht glauben, daß er Teddy entführt hatte. Haßte er sie so sehr? Das konnte sie sich einfach nicht vorstellen.

»Ich weiß es nicht.« Taylor war aufrichtig. »Ich wünschte, ich wüßte die Antwort.«

Sie nickte, und beide kehrten in das Chaos des großen Salons zurück. Malcolm stand mit finsterer Miene da, flankiert von zwei FBI-Leuten. Sie machte ihn mit John Taylor bekannt.

»Ich habe schon auf Sie gewartet«, knurrte Malcolm, der von Taylor nicht beeindruckt schien.

»Ich war außer Haus, um mit ein paar Leuten über den Fall zu reden.« Taylor vermied es, Marielle anzusehen. Es wäre nicht angebracht gewesen. Je länger er Malcolm beobachtete, desto mehr mußte er Delauney recht geben. Malcolm Patterson brachte Marielle keine Herzlichkeit entgegen und war ihr keine sichtbare Stütze. Für ihn galt nur der eigene Kummer, der Schmerz, den er über den Verlust seines einzigen Sohnes empfand. Statt John um Hilfe zu bitten, hatte er ihn barsch aufgefordert, den Jungen herbeizuschaffen. »Wir sind auf eine Lösegeldforderung gefaßt, Sir«, antwortete John Taylor mit einem Respekt, den er nicht empfand. Für ihn stand fest, daß er Patterson nicht mochte.

»Ich auch«, sagte Malcolm. »Das Schatzamt wird uns noch heute markierte Scheine schicken.«

»Wir müssen mit größter Vorsicht vorgehen.« Im Fall Lindbergh war es zur Katastrophe gekommen, diesmal durfte nichts schiefgehen. »Ich würde gern heute nachmittag mit Ihnen sprechen, falls Sie die Zeit erübrigen können.« John wollte wissen, ob Patterson jemanden verdächtigte oder ob er etwas zu fürchten hatte. Wie mit Marielle, so wollte er auch mit ihm allein sprechen, und nicht zuletzt wollte er ihr Zeit geben, ihrem Mann Charles Delauney zu gestehen.

»Wir können jetzt miteinander sprechen«, erwiderte Malcolm stirnrunzelnd. Er hatte auf der Fahrt von Washington im Auto geschlafen und war ausgeruhter als Marielle oder John Taylor.

»Leider habe ich noch einige andere Dinge zu erledigen.« Vor allem wollte er zurück ins Büro, sich duschen und rasieren, starken Kaffee trinken und sich die weiteren Schritte überlegen. In Wahrheit hatten sie nämlich keinerlei Spuren. Sie hatten nur Charles und die Tatsache, daß der Chauffeur am Morgen zugegeben hatte, jemand hätte ihn vor ein paar Wochen angerufen und ihm hundert Dollar geboten, wenn er an diesem speziellen Abend mit Edith ausginge. Er habe das als Scherz aufgefaßt, da sie schon lange geplant hätten, an diesem Tag den irischen Weihnachtsball in der Bronx zu besuchen, deshalb habe es ihn auch keine Mühe gekostet. Aber die hundert Dollar seien vergangene Woche in einem einfachen Umschlag an der Hintertür abgegeben worden; er habe den Umschlag weggeworfen, das Geld verbraucht und keinen Gedanken mehr darauf verwendet. Er sagte, er habe die Stimme am Telefon nicht erkannt, er habe nur herausgehört, daß sie einen Akzent hatte, welchen, das vermochte er nicht zu sagen – britisch oder vielleicht auch deutsch. Er könne sich nicht erinnern, beteuerte er. Aber Delauney hätte das Kind ohnehin nicht eigenhändig entführt. Und in der vergangenen Woche war er Marielle noch nicht begegnet und hatte demzufolge auch nicht gewußt, daß sie ein Kind hatte ... oder doch? War das Ganze raffiniert ausgeklügelt und geplant? Hatte er sie am Ende schon seit Wochen beobachtet? Oder seit Monaten? Hatte er von Europa aus alles Wichtige über sie in Erfahrung gebracht? Hatte er diesen Racheakt seit Jahren geplant? Es war schwierig, sich einen Reim auf alles zu machen, man hatte so wenig in der Hand, und es war noch immer zu früh. Aber warum war dem Chauffeur der Anruf nicht verdächtig vorgekommen? Immerhin hätte ein Raubüberfall oder ein Angriff auf Malcolm oder Marielle die Folge sein können. Für John Taylor stand fest, daß dem Chauffeur das Wohl seiner Arbeitgeber völlig gleichgültig war.

Malcolm schien verärgert darüber, daß Taylor für ein sofortiges Gespräch nicht zu haben war. Nur um ihm zu verstehen zu geben, mit wem er es zu tun habe, erwähnte er seinen Aufenthalt in Washington ein zweites Mal. Doch Taylor hatte schon kapiert. Die Botschaft lautete: Mach es richtig, mach es rasch, mach es so, wie ich es will, andernfalls wirst du es bereuen. Das Problem bestand jedoch darin, daß Taylor nicht darauf ansprang. Er war nicht gewillt, sich von Malcolm unter Druck setzen zu lassen.

»Wir sprechen uns heute nachmittag, Sir. Wäre Ihnen vier Uhr genehm?«

»Ausgezeichnet. Ich nehme an, Ihre Leute wissen, wo Sie zu finden sind, falls vorher ein Anruf kommt?« Das war ein sanfter Schlag ins Gesicht, die Unterstellung, er wolle sich »aus dem Staub machen«.

»Natürlich.«

»Sehr gut. Ach übrigens ... könnten Sie nicht etwas gegen diese Aasgeier vor unserer Haustür unternehmen?«

»Leider nein. Sie alle sind der Meinung, sie träten mit ihrer Anwesenheit hier für den ersten Verfassungszusatz ein. Aber wir können sie ein Stück zurückdrängen. Ich werde veranlassen, daß meine Leute sich darum kümmern.«

»Ja, tun Sie das«, sagte Malcolm mit strengem Blick, statt sich zu bedanken. Taylor empfahl sich, und Malcolm blickte auf seine Frau hinunter und murmelte: »Er gefällt mir nicht.«

»Er ist ein netter Mensch. Letzte Nacht war er sehr zuvorkommend.« Wie sehr, das sagte sie nicht, doch es hatte bleibenden Eindruck auf sie hinterlassen.

»Ich wäre viel mehr beeindruckt, wenn er deinen Sohn fände. Das solltest du dir vor Augen halten, Marielle.« Als ob sie das hätte vergessen können. Sie fragte sich, warum er so grausam war. Als einzige Entschuldigung fiel ihr seine Erregung ein – und dazu der Umstand, daß er ihr die Schuld an der Katastrophe gab. Oder bildete sie sich das nur ein? Fühlte sie sich wieder verantwortlich wie damals für André und das Ungeborene? Würde immer alles ihre Schuld sein? Das war es, was ihre Kopfschmerzen auslöste, dies und die schreckliche Hilflosigkeit, die sie stets überkam, wenn etwas schiefging und sie nichts daran ändern konnte. Aber daran durfte sie jetzt nicht denken, ebensowenig, wie sie an das denken durfte, was Teddy möglicherweise zustoßen konnte. Sie mußte stark sein. Und sie wußte, daß sie Malcolm alles sagen mußte, ehe John Taylor wiederkäme.

»Könnten wir wohl für einen Moment hinaufgehen?« Sie sah ihren Mann nervös an, und er reagierte mit einer Miene, als hätte sie einen derart ungebührlichen Vorschlag gemacht, daß er seinen Ohren kaum trauen konnte. »Ich muß mit dir reden.«

»Jetzt ist nicht die Zeit dafür.« Er versuchte sie abzuwimmeln, weil er den Anruf des deutschen Botschafters, der ihn ungemein bewegt hatte, erwidern wollte.

»Doch, es ist die Zeit, Malcolm. Es ist wichtig.«

»Kann das nicht warten?« Ihr Blick aber sagte ihm, daß es ihr ernst war. Damit überraschte sie ihn. Für eine Frau, die weiche Knie bekam, wenn sich ihr auch nur die kleinste Schwierigkeit in den Weg stellte, schien sie sich in dieser Krisensituation erstaunlich gut zu halten. Natürlich sah sie müde aus und war bleich, doch sie machte einen ruhigen und vernünftigen Eindruck, und bis auf die mitleiderregenden bebenden Hände, die ihm sofort aufgefallen waren, schien sie ihre Gefühle unter Kontrolle zu haben. Was er nicht gesehen hatte, war die schreckliche Szene am Morgen im Kinderzimmer, als sie bitterlich geweint und Teddys Plüschbären an sich gedrückt hatte, weil Angst ihr die Kehle zuschnürte, wenn sie an ihren Sohn dachte. Doch sie kämpfte gegen ihre Angst an, weil sie wußte, daß sie es mußte. Tat sie es nicht, würde sie, von Panik überwältigt, vollends zusammenbrechen.

»Malcolm, würdest du mit mir hinaufkommen?« Sie ließ nicht locker.

»Schon gut, schon gut. Ich komme gleich.« Sie erwartete ihn in ihrem Ankleidezimmer, weil sie nicht wußte, wo sonst. Unruhig ging sie auf und ab. Sie wußte nicht, wo anfangen, was sagen, und sie wünschte, sie hätte ihn gezwungen, ihr zuzuhören, ehe sie ihn heiratete, aber damals hatte er nicht hören wollen. Also mußte er jetzt hören.

Eine halbe Stunde später kam er herauf, eben als sie sich auf der Suche nach ihm wieder nach unten begeben wollte. Aber nun war er da und wirkte übergroß in dem kleinen Raum, als er sich setzte und sie mit unverhohlenem Ärger ansah.

»Na schön, Marielle, ich weiß ja nicht, worüber du sprechen möchtest. Ich hoffe nur, es ist wichtig und hat mit Teddy zu tun.«

»Möglich. Aber ich hoffe, es ist nicht der Fall«, sagte sie leise und setzte sich ihm gegenüber auf eine Polsterbank. Merkwürdig, wie fern sie sich ihm fühlte, wie distanziert sie auch in dieser Krise miteinander umgingen. Tatsächlich kam es ihr schlimmer vor als je zuvor. »Es hat mit mir zu tun. Und ich glaube, daß es wichtig ist. Vor Jahren, als wir heirateten, sagte ich dir, daß es in meinem Leben Dinge gibt, die dir vielleicht nicht gefallen würden, und du sagtest, jeder hätte eine Vergangenheit und es sei nicht wichtig. Du hattest das Gefühl, sie bliebe am besten unberührt, während ich das Gefühl hatte, ich wäre es dir schuldig, dir alles zu sagen.« Sie atmete tief durch. Es fiel ihr so schwer, daß sie regelrechte Beklemmungen hatte. Aber sie mußte es ihm sagen. Und diesmal mußte er ihr zuhören. »Weißt du noch?« fragte sie leise, und für einen Moment wurde sein Blick milder. Vielleicht leidet er schrecklich, sagte sie sich. Vielleicht war der Schock für ihn so groß, daß er ihr keinen Trost spenden konnte, so wie Charles und sie vor neun Jahren nicht imstande gewesen waren, einander zu trösten. War der gemeinsame Schmerz zu groß, mußte jeder für sich allein dagegen ankämpfen. Vielleicht war das die Ursache ihrer Fremdheit, vielleicht lastete er ihr gar nicht die Verantwortung an. Aber jetzt mußte sie weitersprechen.

»Ich weiß es«, sagte er. »Aber was hat das mit den Ereignissen von heute zu tun? Oder mit Teddy?« Marielle zwang sich, seine anklagende Miene nicht zu beachten.

»Ich weiß es nicht. Ich bin nicht sicher. Aber ich muß es dir sagen.« Als sie noch einmal tief durchatmete und fortfuhr, war sie schöner denn je. »Mein Vater verbreitete in seinem Bekanntenkreis, ich hätte mit achtzehn in Europa einen großen Flirt gehabt und darüber ein wenig den Kopf verloren. Darüber hinaus erzählte er, ich hätte mich entschlossen, in Paris zu bleiben und dort zu studieren. Das alles stimmte nur ungefähr. Es war viel mehr als ein Flirt. Ich brannte mit Charles Delauney durch. Sicher kennst du seinen Vater.« Malcolm nickte. Er hatte ihn gekannt, besser, als er Marielles Vater gekannt hatte. Ein knorriger alter Mann, sehr klug und mit einem Riesenvermögen gesegnet. Den Sohn hatte er nie kennengelernt. Es hieß, er sei ein Renegat der schlimmsten Sorte, ein Schriftsteller. Mit vierzehn oder fünfzehn war er auf und davon, in den Krieg, und anschließend war er in Europa hängengeblieben. Der alte Delauney hatte ihn selbst als Tunichtgut bezeichnet. Darüber hinaus hatte er jedoch nichts gehört, und jetzt hörte er Marielles Geständnis und war wie vor den Kopf geschlagen. »Ich habe ihn mit achtzehn geheiratet, und als wir aus den Flitterwochen zurückkamen und meine Eltern eine Annullierung der Ehe verlangten, war ich schwanger. Deshalb fuhren sie nach Hause, und ich blieb. Die Ehe wurde nicht annulliert, und wir bekamen einen kleinen Jungen ...« Sie kämpfte mit aller Macht gegen ihre Tränen an. Nach all diesen Jahren die Geschichte an einem Tag zweimal erzählen zu müssen war nahezu unerträglich. Aber sie mußte Malcolm alles sagen. »Er hieß André«, sagte sie schluckend, »und er sah aus wie Teddy, nur daß er schwarzes Haar hatte und nicht blond war wie du.« Sie versuchte ein Lächeln, aber Malcolm sagte kein Wort. Er fand das Gehörte nicht amüsant, und das wußte sie. Für Malcolm mußte sie sich an die Fakten halten. Er brauchte nicht zu wissen, wie sehr sie Teddy liebte oder wie verzweifelt sie Charles geliebt hatte und wie schrecklich Andrés Tod gewesen war. Er brauchte nur zu erfahren, daß André umgekommen war und daß Charles bei Teddys Anblick fast durchgedreht hatte. Er mußte es von ihr erfahren, damit er nicht auf den Gedanken kam, sie wolle Charles schützen. Der einzige, den sie schützen wollte, war Teddy. Malcolm mußte alles hören, damit die Chancen stiegen, Teddy zu finden.

»Er starb mit zwei Jahren ... in der Schweiz. Ich war zum zweiten Mal schwanger, und auch dieses Kind starb.

Malcolm schaute für einen Moment höchst unbehaglich drein.

»Wie ist er ums Leben gekommen?«

»André ist ertrunken.« Sie schloß die Augen ganz fest und rang um Fassung, aber anders als John Taylor in der Nacht zuvor kam Malcolm ihr nicht entgegen. »Er lief hinaus auf den See ... der zugefroren war ... und er brach ein ... mit zwei kleinen Mädchen ... die ich retten konnte.« Mit monotoner Stimme sprach sie weiter, bemüht, Andrés Gesicht nicht zu sehen, es nicht an ihrem zu spüren, wie damals, als sie ihm Leben einzuatmen versuchte, bemüht, nicht seinen nach Puder duftenden Kinderkörper zu riechen, den sie so geliebt hatte ... so wie Teddy ... Wenn auch Teddy ums Leben gekommen war ... wie sollte sie das überleben? Sie strengte sich an weiterzusprechen, und Malcolm beobachtete sie. »Ich konnte ihn nicht erreichen. Er war schon unter das Eis geraten.« Es kam als atemloses Flüstern, dann aber gewann ihre Stimme wieder an Kraft. Darüber zu sprechen war für sie wie eine Bergbesteigung, bei der die Luft immer dünner wurde. »Charles hat mir die Verantwortung angelastet. Er war der Meinung, es sei meine Schuld, weil ich den Kleinen aus den Augen gelassen hatte. Das stimmte auch, aber ich habe mit jemandem gesprochen ... mit der Mutter der zwei Mädchen ... sie sagte, es sei nicht meine Schuld gewesen, ich selbst allerdings hielt mich auch für schuldig. Charles war an jenem Tag Ski laufen gegangen, und als er zurückkam, war er drauf und dran, mich umzubringen ... vielleicht auch nicht ... jedenfalls verlor er vor Schmerz den Verstand ... und ich verlor das Baby. Ich hätte es vermutlich ohnehin verloren nach dem vielen kalten Wasser. Ich war hineingesprungen, um André besser fassen zu können.« Malcolm nickte, totenbleich und wie gebannt von dem Schrecken, der in ihren Worten lag. »Charles hatte immer das Gefühl, ich hätte alle beide auf dem Gewissen ... der Verlust sei allein meine Schuld. Und ich ... ich ...« Ihre Stimme bebte so heftig, daß sie nicht weitersprechen konnte. Von unten herauf sah sie ihren Mann an; den Schmerz und das Entsetzen in ihrem Blick würde er nie ermessen, ebensowenig wie irgend jemand sonst. »Ich glaube, man könnte sagen, daß ich einen nervösen Zusammenbruch erlitt. Ich mußte behandelt werden ...

in einer Klinik ... einem Sanatorium ... über zwei Jahre. Als es passierte, war ich einundzwanzig, und ich habe mehrfach versucht, mich zu töten.« Sie war entschlossen, ihm wirklich alles zu sagen. Er hatte jetzt ein Recht darauf, es zu wissen, Geheimnisse durfte es nun keine mehr geben. »Ich wollte ohne Charles und meine Kinder nicht mehr leben und unternahm alles, nur um zu sterben; und die anderen unternahmen alles, um mich zu retten. In dieser Zeit bekam ich Charles nicht zu Gesicht ... im ersten Jahr sah ich ihn tatsächlich nur einmal. Er kam, um mir mitzuteilen, daß mein Vater gestorben war, ein paar Monate nach André. Der Schock des großen Börsenkrachs soll ihn umgebracht haben, vermutlich stimmt es ... daß meine Mutter ein halbes Jahr später Selbstmord beging, wurde mir verschwiegen. Ohne Daddy und mich war sie vermutlich ...« Sie ließ den Satz unvollendet, aber Malcolm verstand, was sie sagen wollte. »Ein ganzes Jahr lang wurde es mir verschwiegen, bis mein Zustand sich gebessert hatte. Schließlich hieß es, ich könne gehen, hinaus in die Welt, und mit dem leben, was geschehen war. Es sei nicht meine Schuld, ich trüge nicht die Verantwortung dafür, und falls Charles noch immer dieser Ansicht sei, dann sei das sein Problem.« Wieder atmete sie tief durch, aber sie schien sich ein wenig beruhigt zu haben und sah mit leerem Blick aus dem Fenster. »Einmal kam er und besuchte mich, kurz bevor ich entlassen wurde; er sagte, es tue ihm leid, er sei vor Schmerz außer sich gewesen, es sei nicht meine Schuld und er habe es nicht so gemeint. Aber in seinem Blick las ich, daß er es sehr wohl so gemeint hatte und daß er noch immer glaubte, ich hätte seine Kinder getötet. Ich liebte ihn noch.« Sie sah Malcolm nun offen an. »Ich habe ihn immer geliebt, aber ich wußte, ich würde nicht aufhören, mich schuldig zu fühlen, wenn ich bei ihm bliebe. Es würde immer zwischen uns stehen. Ich konnte nicht zu ihm zurück. Ich mußte allein sein. Deshalb verließ ich das Sanatorium und kehrte in die Staaten zurück. Es war das letzte Mal, daß ich ihn sah. Und dann lernte ich dich kennen.« Sie seufzte. »Und du warst so gut zu mir. Du hast mir Arbeit gegeben und viel für mich getan. Du hast dich meiner angenommen und mich gut behandelt. Und dann haben wir geheiratet. Ich wollte eigentlich keine zweite Ehe, weil ich das einem Partner gegenüber nicht für fair hielt, mein Gewissen war so schwer belastet. Aber dir schien es nichts auszumachen ... und ...« Plötzlich meldeten sich ihre Schuldgefühle wieder. »Ich hatte niemanden ... und manchmal stand ich große Ängste aus. Du hast mir Sicherheit gegeben ... ich dachte, ich könnte auch gut zu dir sein ... und dich vielleicht glücklich machen.« Sie senkte den Blick, als sie an die Zeit nach Teddys Geburt dachte, und wieder liefen ihr Tränen über die Wangen. Sie hatte ihm so viel gesagt und war nun vollkommen erschöpft. »Ich war so glücklich, als Teddy geboren wurde.«

»Ich auch.« Seine Stimme war ein rauhes Krächzen. »Er ist mein Lebensinhalt. Ich muß gestehen, daß ich zwar immer den Eindruck hatte, deine Vergangenheit berge ein kleines Geheimnis, aber nie hätte ich für möglich gehalten, daß es etwas so Schreckliches sein könnte.« Marielle hörte schamerfüllt zu.

»Ich weiß.« Sie nickte. »Und deshalb fand ich, du solltest es wissen. Ich wollte es dir schon vor unserer Heirat sagen, aber du wolltest nichts hören.« Auf sein Nicken hin fuhr sie fort: »Nachdem ich in die Staaten gekommen war, sah ich Charles nicht wieder – bis letzten Freitag. Ich bin ihm zufällig in der St.-Patricks-Kathedrale begegnet. Ich wollte für meine Kinder und meine Eltern Kerzen anzünden. Es war der Todestag der Kinder.« Sie zwang sich, die Worte auszusprechen. »Und er war auch da. Er sei zu Besuch bei seinem Vater, sagte er.«

»Und was hat er noch gesagt?« An diesem Teil der Geschichte war Malcolm mehr interessiert.

»Er wollte mich wiedersehen, aber ich sagte, das sei ganz ausgeschlossen.«

»Warum?« Er tastete sich mit dieser Frage weiter vor, und sie war gekränkt, daß er sie ihr überhaupt stellte.

»Weil ich dich liebe, weil wir verheiratet sind. Teddys wegen.«

»Und war er verärgert?« Fast sah es aus, als mache Malcolm ein hoffnungsvolles Gesicht.

»Nein, an dem Tag nicht ... wir waren beide ziemlich aus der Fassung. Es ist jedes Jahr wieder ein schrecklicher Tag.«

»Hat er dich angerufen?«

»Nein. Aber am nächsten Tag bin ich ihm mit Teddy am Bootsteich begegnet. Ich glaube, er hatte getrunken oder war von der Nacht her noch nicht nüchtern. Er wirkte ziemlich wüst und war regelrecht schockiert, als er sah, daß wir ein Kind haben ... einen kleinen Jungen. Ja, und das hat ihn sehr aufgebracht«, mußte sie gestehen. Dies war der springende Punkt der ganzen Geschichte.

»Was hat er gesagt? Hat er dem Kind etwas getan?« Malcolm war höchst erschrocken.

»Natürlich nicht. Ich glaube, dazu wäre er nicht imstande, und außerdem hätte ich es nie zugelassen.« Sie holte Luft. »Aber aufgebracht war er schon. Man könnte sagen, daß er mich bedrohte. Er sagte, ich hätte diese zweite Chance nicht verdient. Und«, sie machte eine kurze Pause, ehe sie sagte: »Er redete Unsinn ... sagte etwas davon, daß er mir Teddy wegnehmen würde, um mich zu zwingen, zu ihm zurückzukehren. Ich bin sicher, es war nicht ernst gemeint. Trotzdem sollst du es wissen. Die Polizei hat mich gefragt, ob jemand mich bedroht hätte oder Grund hätte, mich zu hassen; Teddy zuliebe habe ich es ihnen erzählt.« Malcolm staunte, daß sie keinen Wert darauf gelegt hatte, Charles Delauney zu schützen, denn ihr Blick hatte ihm verraten, daß dieser Mann ihr nicht gleichgültig war.

»Du hast alles der Polizei gesagt? Alles?«

»Ja.« Sie nickte langsam. Sie schämte sich nicht mehr. Es war schmerzlich, aber es war nicht ihre Schuld. Endlich war sie soweit, sich damit abzufinden.

»Eine schöne Geschichte ist das. Für die Presse ein gefundenes Fressen.«

»Mr. Taylor hat mir zugesagt, er würde alles tun, damit die Sache vertraulich behandelt wird. Aber er hat Charles bereits aufgesucht.«

»Du scheinst ja über die Ermittlungen gut informiert zu sein.«

Darauf gab sie ihm zunächst keine Antwort. »Ich wollte es dir selbst sagen. Du hast ein Recht, es zu wissen.« Er nickte und stand auf, noch immer zutiefst verstört. Dann sah er sie an, und sie fragte sich, ob er wohl sehr ungehalten war.

»Marielle, es sieht aus, als hätte dein Kontakt mit Delauney unser Kind in Gefahr gebracht. Hast du daran gedacht?« Wieder Schuldgefühl ... und Verantwortung ... warum war immer alles ihre Schuld? Warum mußten ihr Leben oder ihre Fehlleistungen oder ihre Dummheit den anderen immer Schmerz bereiten?

»Das habe ich. Aber die Begegnung war nicht beabsichtigt. Sie hat sich einfach ergeben.«

»Bist du da ganz sicher? Bist du sicher, daß Delauney dir nicht gefolgt ist und dir in der Kirche auflauerte?«

»Er war ebenso überrascht wie ich. Und der Bootsteich liegt seinem Elternhaus gegenüber im Park.«

»Dann hättest du nicht hingehen dürfen.« Malcolm sagte es streng und anklagend. Es war klar, daß er ihr Vorwürfe machte. »Du hättest nichts tun dürfen, was meinen Sohn gefährdet.«

Nicht *ihr* gemeinsames Kind, sondern *sein* Sohn. »Und in Anbetracht deiner Lebensgeschichte muß ich mich sehr wundern, daß du ihn überhaupt zum Teich geführt hast, noch dazu bei diesem Wetter.« Etwas Grausameres hätte er nicht sagen können. Es hatte Jahre gedauert, bis sie wieder dazu imstande gewesen war, und sie hatte Teddy nicht in die Nähe des Wassers gelassen.

»Wie kannst du das sagen?« Sie war schockiert. Seine Worte hatten sie wie ein Schlag getroffen, doch das kümmerte ihn nicht. Seine Besorgnis war zu groß.

Er fing an, erregt den Raum zu durchmessen. »Wie kannst du mir diese Geschichte erzählen und erwarten, daß ich dir verzeihe? Du läßt dich wieder mit diesem gräßlichen Menschen ein, der dich, wie du selbst eingestehst, umbringen wollte und vielleicht dein ungeborenes Kind auf dem Gewissen hat. Du setzt meinen Sohn diesem Kerl aus, du gibst zu, daß er dich bedroht hat, daß er damit drohte, Teddy mitzunehmen, aus was für Gründen auch immer ... Was erwartest du von mir, Marielle? Mitleid für deine toten Kinder? Oder für mein entführtes Kind? Du hast zugelassen, daß dieser Mann in mein Leben eindringt, bis vor meine Tür, du hast meinen Sohn in den Park geführt, wo sich die beiden begegnen konnten, du hast ihm Teddy praktisch ausgeliefert, und du hast diesen Irren provoziert, bis er unser Kind entführte. Und du erwartest nun von mir ... *Vergebung?*« In seinen Augen standen Tränen, aus seiner Stimme sprach Zorn. Marielle stand vor ihm, von hilflosem Schluchzen geschüttelt.

»Wir wissen nicht, ob er ihn entführt hat«, sagte sie. Alles hatte sie ihm erzählt, und jetzt wußte sie, daß er ihr nie verzeihen würde. »Wir wissen gar nichts.«

»Ich weiß, daß du im Laufe deines Lebens mit Menschen zu tun hattest, die mich um mein einziges Kind bringen könnten ... und dich um dein letztes.«

»Malcolm, wie kannst du nur so reden?« Einer Ohnmacht nahe, schloß sie die Augen.

»Weil es wahr ist«, brüllte er sie an, »weil Teddy inzwischen tot sein könnte, irgendwo verscharrt, wo wir ihn nie finden werden, und selbst wenn er noch lebt, kann er jeden Moment tot sein. Du wirst dein Kind vielleicht nie wiedersehen.« Mit seiner dröhnenden Stimme und den schrecklichen Anschuldigungen überfiel er sie wie ein Alptraum. »Du mußt dir das einfach klarmachen, du hast ihm Teddy zugeführt ... du hast diesen Menschen provoziert ... du hast Charles Delauney wieder in dein Leben hineingezogen ... du bist es, Marielle, die es getan hat.« Der Schmerz, den er ihr zufügte, ließ sie nach Luft schnappen, doch konnte sie ihm nicht sagen, daß er sich irrte. Vielleicht hatte sie all das wirklich getan. Vielleicht war wieder alles ihre Schuld. Während sie Malcolm zuhörte, sank sie auf einen Sessel, und ein unerträglicher Schmerz durchzuckte ihren Kopf. Sie hörte alle die Stimmen wieder, spürte den vertrauten Schmerz, und so wie früher hörte sie das Geräusch des gurgelnden Wassers unter dem Eis. Als Malcolm hinausging, war sie kaum noch bei Bewußtsein.

Stunden schienen vergangen zu sein, bis sie wieder ein Geräusch hörte. Sie schrak auf und sah das Mädchen, das von den Kidnappern geknebelt und gefesselt worden war. Es war Betty, die ihr die Wäsche brachte. Um das häusliche Leben aufrechtzuerhalten, hatte Mr. Patterson alle wieder an die Arbeit geschickt, mit Ausnahme von Edith und Patrick, die ermahnt worden waren, die Stadt nicht zu verlassen. Das FBI zeigte noch immer allergrößtes Interesse an ihnen.

»Mrs. Patterson, ist Ihnen nicht wohl?« Betty war sofort an ihrer Seite, denn Marielle war halb aus dem Sessel gerutscht und sah aus, als hätte sie das Bewußtsein verloren. Diese Worte bewirkten, daß sie wieder zu sich kam und um sich blickte, durch blendenden Schmerz hindurch. Allzu rasch kam ihr zu Bewußtsein, was geschehen war und was Malcolm gesagt hatte ... Es war alles ihre Schuld ... sie hatte den Kontakt mit Charles aufgenommen ... und er hatte Teddy entführt ... aber hatte er das? Und warum? Haßte er sie wirklich so sehr? Haßten sie alle? Und hatten sie recht damit? Plötzlich wünschte sie, sie wäre schon vor Jahren gestorben, damals, als sie hätte sterben sollen ... vielleicht sogar mit ihren Kindern unterm Eis.

»Mrs. Patterson ...«

»Es geht schon ...«, murmelte Marielle, die sich auf die Beine kämpfte und ihr Kleid glattzustreichen und ihr Haar in Ordnung zu bringen versuchte, während das erschrockene junge Mädchen sie beobachtete. Gespenstisch bleich und krank aussehend, kämpfte Marielle mühsam um ihr Gleichgewicht. »Ich fühle mich nicht besonders ... Kopfschmerzen ... kein Grund zur Besorgnis ...« Gefolgt von Betty, ging sie langsam ins Schlafzimmer. Das Mädchen hatte in der Nacht auch einiges auszustehen gehabt, doch die Polizei hatte ihr versichert, daß es nicht ihre Schuld sei, daß sie nichts hätte tun können, um die Entführer an ihrem Tun zu hindern. Hätte sie es versucht, dann hätte sie wahrscheinlich mit dem Leben dafür bezahlt. Deshalb fühlte sie sich nicht mehr schuldig, sondern nur noch glücklich. Anders als Marielle, die sich in den letzten neun Jahren für alles in ihrem Leben schuldig gefühlt hatte. Es war eine furchterregende Last.

»Möchten Sie ein kaltes Tuch auf die Stirn?«

»Nein ... nein ... danke ... ich werde mich kurz hinlegen.« Aber kaum hatte sie sich hingelegt, da begann der Raum sich um sie zu drehen, und sie mußte gegen Brechreiz ankämpfen. Es war ähnlich wie im Zustand der Trunkenheit, nur schlimmer, denn es war sehr schmerzhaft. »Gibt es etwas Neues?« Sie hob kurz den Kopf, aber Betty verneinte und zog die Rollos herunter, und als sie kurz darauf ging, hielt Marielle die Augen geschlossen, ohne allerdings zu schlafen.

Im Erdgeschoß stieß Betty mit John Taylor zusammen, der sie nach Mrs. Patterson fragte und nun erfuhr, daß Marielle sich mit Kopfschmerzen hingelegt hatte.

»Lassen Sie sie ruhen«, sagte er. Er hatte sich nur vergewissern wollen, ob sie Malcolm von Charles erzählt hatte, doch kaum hatte er die Bibliothek betreten, da wußte er es. Malcolm Patterson begrüßte John Taylor mit seiner finstersten Miene.

»Meine Frau hat mir von Charles Delauney erzählt«, empfing ihn Patterson. John vermutete, daß sie ihm auch alles übrige gebeichtet hatte, doch das schien ihren Mann nicht milder gestimmt zu haben. »Eine schockierende Geschichte. Glauben Sie, daß er unser Mann ist?« Er war in größter Sorge um seinen Sohn und gedachte, jeder Spur nachzugehen ohne Rücksicht auf Skandale.

»Möglich. Wir haben aber keinen Beweis, nichts Handfestes. Für letzte Nacht hat er ein Alibi, zwar kein großartiges, doch er beharrt darauf, und es hat unserer Überprüfung standgehalten. Er hat in einer Bar in der Third Avenue getrunken. Und vorher war er mit Freunden im 21. Aber ich könnte mir denken, daß er es ohnehin nicht selbst getan hätte. Er hätte Leute angeheuert, die die Sache für ihn erledigen.«

Malcolm hatte sich alles gründlich durch den Kopf gehen lassen, nachdem sie ihm die Geschichte gestanden hatte. »Falls es ein Racheakt war, dann wird auch keine Lösegeldforderung kommen. Und bis zu diesem Augenblick liegt keine vor«, sagte er voller Ingrimm.

»Das stimmt. Aber der Junge ist noch keinen ganzen Tag verschwunden. In den nächsten Stunden kann sich sehr viel tun.«

»Delauney soll festgenommen werden«, brüllte Malcolm. »Jetzt gleich! Verstehen Sie?«

»Ja, Sir, ich verstehe«, sagte John Taylor gepreßt. »Aber wir brauchen dazu eine Handhabe, und es gibt keine. Es gibt absolut nichts bis auf die Tatsache, daß er betrunken war und Drohungen ausstieß, die vielleicht gar nichts bedeutet haben. Und daß er einmal mit Ihrer Frau verheiratet war.« Malcolm funkelte ihn an. Der Grundton des Gesprächs war ihm nicht genehm.

»*Mister* Taylor, dann würde ich es für angebracht halten, daß Sie sich unverzüglich auf die Suche nach Beweisen machen.«

»Wollen Sie damit andeuten, ich solle Beweise zurechtbasteln?« Nicht zu fassen. Mochte der Bursche auch noch so mächtig, wichtig, intelligent oder vorgeblich charmant sein, John Taylor argwöhnte, daß Malcolm Patterson nichts weiter war als ein ganz gemeiner Schuft.

»Ich deute nichts dergleichen an. Ich sage nur, Sie sollen Beweise finden.«

»Wenn es sie gibt, werde ich sie finden.«

»Gut.« Malcolm stand auf und gab damit zu verstehen, daß die Unterredung beendet war. Wäre der Mann ihm nicht so unsympathisch gewesen, Taylor hätte es komisch gefunden. Und einen Moment fragte er sich, ob seine eigene Feindseligkeit in seiner Eifersucht gründete. Patterson hatte alles: Geld, Macht und eine Frau, für die Taylor seinen rechten Arm gegeben hätte. Und er spürte, daß sie für Malcolm dasjenige seiner Besitztümer war, das er am geringsten schätzte.

»Ich muß Ihnen leider noch einige Fragen stellen.«

»Aber sicher.« Als Malcolm sich wieder setzte, drückte seine Miene förmliche Hilfsbereitschaft aus. Er wollte alles tun, um seinen Sohn zurückzubekommen.

»Gibt es jemanden, der Ihnen feindlich gesinnt ist? Jemanden, der, sagen wir mal, im Lauf des letzten Jahres Drohungen gegen Sie ausgestoßen hat, seien es auch dumme; Dinge, die Ihnen damals nicht wichtig erschienen, Ihnen aber im Lichte der gestrigen Ereignisse wieder in den Sinn kommen?«

»Ich wüßte nicht. Auf der Fahrt von Washington hierher habe ich mir schon Gedanken darüber gemacht, aber ich wüßte niemanden, der mir schaden wollte.«

»Gibt es sensible politische Verbindungen? Oder unzufriedene ehemalige Angestellte?« Wieder schüttelte Malcolm den Kopf. »Frauen, zu denen Sie Beziehungen hatten? Was Sie mir sagen, wird natürlich vertraulich behandelt.« Das hatte er auch Marielle versprochen. »Aber es könnte sehr wichtig sein.«

»Das weiß ich zu schätzen«, lautete die kühle Antwort. »Aber diese Notwendigkeit besteht nicht. Ich habe mich nicht mit Frauen eingelassen.« Er schien außer sich, daß diese Möglichkeit auch nur in Erwägung gezogen wurde.

»Exehefrauen, deren Neid erwacht, weil Sie mit einer anderen ein Kind haben?«

»Wohl kaum. Meine erste Frau ist heute mit einem der hervorragendsten Konzertpianisten der Welt verheiratet und lebt in Palm Beach, die zweite ist mit einem Bankpräsidenten verheiratet. Sie wohnt in Chicago.« Und dann holte er zu einem Schlag aus, den John für einen billigen Effekt hielt. Deshalb verkniff er sich eine Reaktion. »Anders als der Exmann meiner Frau, stellen meine ehemaligen Partnerinnen keine Gefahr dar.«

»Vielleicht stellt auch Charles Delauney keine Gefahr dar.« Er hatte das Gefühl, etwas zu Marielles Verteidigung vorbringen zu müssen.

»Es kümmert mich nicht, wer es ist, Inspektor. Ich möchte nur mein Kind zurückhaben.« Bis Weihnachten waren es elf Tage.

»Das kann ich verstehen, Mr. Patterson. Das wollen wir alle. Und wir werden alles in unserer Macht Stehende tun, damit Sie Teddy wiederbekommen.«

»Gehen Sie und knöpfen Sie sich Delauney noch einmal vor.« Taylor nahm höchst ungern Anweisungen von Zivilisten entgegen, doch er nickte und dankte Malcolm für seine Geduld. Ihm fiel auf, daß Malcolm müde und abgespannt aussah, doch für einen Mann seines Alters wirkte er in Anbetracht der Ereignisse immer noch gesund und gefaßt. Als Taylor sich vor dem Verlassen des Hauses nach Marielle erkundigte, erfuhr er, daß sie an Migräne litt.

In ihrem Zimmer hörte sie das Zuschlagen der Haustür, als er ging, und die lauten Zurufe von Presseleuten, als er sich seinen Weg durch ihre Mitte bahnte. Wenig später bildete die Polizei einen Kordon, um die Meute auf Distanz zu halten. Marielle hörte sie immer noch, aber für sie war es einfach nur Lärm. Sie lag in dem dunklen Raum, von bohrenden Kopfschmerzen geplagt, und sprach ein Gebet nach dem anderen für Teddy.

6

Am nächsten Tag kam Taylor wieder. Von Teddy hatte man noch immer nichts gehört. Die Kidnapper hatten sich nicht gemeldet, weder telefonisch noch per Post, eine Lösegeldforderung lag immer noch nicht vor. Und die Presse hatte ihren großen Tag, sämtliche Blätter präsentierten alte Fotos von Malcolm und Marielle. Patrick, der Chauffeur, hatte in einem Interview durchblicken lassen, daß Marielle eine Beziehung zu einem anderen Mann unterhalte. Auf einem Foto von ihm und Edith, das am Abend der Entführung bei dem irischen Weihnachtsball aufgenommen worden war, trug das Mädchen das weiße Madame-Grès-Modell. Die beiden sahen auf dem Bild geradezu großartig aus. Und in der Nachmittagsausgabe des Vortages waren Fotos von Marielle erschienen, eines, das sie völlig perplex und ratlos zeigte, als die Presseleute das Haus gestürmt hatten, und ein zweites, auf dem sie im Nachthemd war, durch die Fenster der Bibliothek aufgenommen. Trotz Patricks Andeutungen, es gäbe einen Mann in ihrem Leben, wurde Charles Delauney nicht namentlich erwähnt.

»Sehr hübsch liest sich das«, bemerkte Malcolm am nächsten Morgen ätzend. »Meinst du, es gefällt mir, wenn ich aus der Zeitung erfahre, daß meine Frau sich mit anderen Männern abgibt?« Er hatte sie seit dem Vortag, als er sie ihren Kopfschmerzen überlassen hatte, nicht mehr gesehen, und sie sah auch jetzt noch mitgenommen aus, behauptete aber, es ginge ihr besser.

»Ich habe dir gesagt, was sich zugetragen hat.« Seine barsche Äußerung hatte sie tief getroffen.

»Vielleicht hättest du das auch Patrick erklären sollen.«

Da blickte sie mit einem Ruck zu ihm auf. Für einen Moment sah es aus, als wäre es um ihre Fassung geschehen. Und ihr Kopfschmerz lag im Hintergrund auf der Lauer. »Deine Spione sollten dir exakter Bericht erstatten, Malcolm.«

»Wie meinst du das?« Aus seinem Blick sprach Eiseskälte.

»So, wie ich es sage. Du weißt genau, daß seit dem Tag meiner Ankunft in diesem Haus keiner deiner Dienstboten sich mir gegenüber so betragen hat, wie es sich gehört.«

»Das mag daran liegen, daß du es nicht verstehst, Menschen zu führen. Oder vielleicht wissen die Dienstboten etwas, das ich nicht weiß.«

»Wie kannst du es wagen...« Immer war sie ihm treu gewesen, immer loyal und anständig. Und jetzt gab er ihr nur wegen

Charles die ganze Schuld. Malcolm hatte sich über Nacht völlig verändert. Es war so ungerecht, daß sie mit Tränen in den Augen das Eßzimmer verließ. Draußen stieß sie mit John Taylor zusammen.

»Guten Morgen, Mrs. Patterson.« Ein Blick in ihr Gesicht zeigte ihm, daß die übergroße Belastung, der sie ausgesetzt war, ihren Tribut forderte. Er hatte Delauney ein zweites Mal aufgesucht und ihn ermahnt, die Stadt nicht zu verlassen, doch hatte er noch immer keinen Beweis gegen ihn in der Hand. Zumal sein Alibi hieb- und stichfest war. Verbindungen zu eventuellen Komplizen, die Teddy in seinem Auftrag entführt haben konnten, waren ihm nicht nachzuweisen. Das FBI, das verzweifelt nach Beweisen suchte, ging von der Annahme aus, Teddy könnte auch über die Grenze des Bundesstaates nach New Jersey gebracht worden sein. Und bis jetzt war Charles Delauney ihr Hauptverdächtiger, denn die Leute, die Patrick hundert Dollar geschickt hatten, damit er den Abend außer Haus verbringe, waren spurlos verschwunden. Auf andere Fährten waren sie noch nicht gestoßen. Betty und Miss Griffin, die nichts gesehen und gehört hatten, konnten ihnen am allerwenigsten weiterhelfen.

»Na, geht es heute besser?« fragte Taylor ruhig.

Sie nickte. Um wieviel besser konnte sie sich fühlen, solange Teddy verschwunden blieb? »Gibt es etwas Neues?«

»Noch nicht, aber wir sind ständig in Aktion. Jetzt heißt es abwarten, früher oder später muß ja eine Lösegeldforderung eintreffen, und dann haben wir endlich etwas in der Hand. Heute möchte ich noch einmal mit einigen Ihrer Angestellten sprechen, um festzustellen, ob jemandem etwas eingefallen ist, das er in der ersten Aufregung vergessen hat.« Sie nickte. Das hörte sich vernünftig an. Darüber hinaus wollte er mit Malcolm sprechen.

Marielle, die nun hinauf ins Kinderzimmer ging, stieß dort zu ihrer Verwunderung mit ihrem Mann zusammen. Er stand in Teddys Zimmer, faßte dies und jenes von den Spielsachen an und strich mit beklommener Miene über das Kissen. Als sie das sah, kamen ihr die Tränen. Wiederum überfielen sie Schuldgefühle, weil es vorhin beim Frühstück zu diesem erregten Wortwechsel gekommen war. Sie beide standen unter großer Belastung. Und als sie sich im Zimmer umblickte, brach ihr fast das Herz. Sie dachte daran, wie sie Teddys Wange gestreichelt hatte, wie er in seinem roten Schlafanzug dagelegen hatte. Der kleine Kragen war in Miss Griffins exakten Stichen mit winzig blauen Eisenbahnwägelchen bestickt.

»Unglaublich, daß ein Kind sich einfach in Luft auflösen kann«, sagte Malcolm bedrückt, und sie nickte. Er sah sie bekümmert an und schien milder gestimmt zu sein als noch vor einer Stunde. Hier, in diesem Zimmer, konnte er traurig, aber nicht zornig sein. Er ließ sich langsam in den Schaukelstuhl neben dem Bett fallen und starrte dorthin, wo sein Sohn gelegen hatte, ehe er entführt worden war. »Ich muß ständig an die Eisenbahn denken, die unten auf ihn wartet.« Er sagte es mit Tränen in den Augen, und Marielle wandte sich ab, damit er die ihren nicht sah. Und dann streckte er die Hand nach ihr aus. »Es tut mir leid wegen vorhin. Ich habe wohl die Fassung verloren. So wie gestern auch ... das alles ist ein schrecklicher Alptraum, Marielle. Was sollen wir nur tun?« Es war das erste Mal, daß sie ihn ratlos erlebte, und plötzlich empfand sie Mitleid mit ihm. Er schien völlig gebrochen.

»Wir müssen beten, daß er bald zu uns zurückkehrt.« Sie bemühte sich um einen ruhigen Tonfall und drückte Malcolms Hand. Und gleich darauf erschien Haverford, der Malcolm gesucht hatte, um ihm zu melden, daß Brigitte ihn im Arbeitszimmer erwartete. Er war noch immer bemüht, sein übliches Arbeitspensum zu bewältigen, und Brigitte hatte sich ungeheuer hilfsbereit und mitfühlend gezeigt. Sie hatte stundenlang geweint, als sie von der Entführung hörte, und konnte es noch immer nicht wirklich glauben.

Marielle begleitete ihn nach unten und ging, als er das Haus verlassen hatte, um ins Büro zu fahren, sofort zurück in ihr Schlafzimmer, erleichtert, daß sie mit Malcolm Frieden geschlossen hatte. Mit Brigitte hatte sie kurz ein paar Worte gewechselt, ehe diese mit Malcolm ins Büro fuhr. Tränen waren geflossen, dann hatten sie sich mit einer stummen Umarmung getrennt. Daß Brigitte Teddy ins Herz geschlossen hatte, war immer schon spürbar gewesen.

Es war später Nachmittag, als John Taylor die zweite Vernehmung der Hausangestellten beendete und um eine Unterredung mit Malcolm bat. Was er zu hören bekommen hatte, wunderte ihn nicht, denn Marielle hatte ihn darauf vorbereitet, aber es mißfiel ihm trotzdem. Alle hatten das Bild einer Frau gezeichnet, die ganz anders war als jene, die er in der Nacht der Entführung kennengelernt hatte. Die Dienstboten stellten sie als schwache, nachgiebige und verängstigte Person dar, die sich ständig in ihrem Zimmer verkroch. Miss Griffin hatte gesagt, das Ausmaß von Mrs. Pattersons Nervosität und Reizbarkeit habe sich auf den Jungen nicht eben günstig ausgewirkt. Mitunter sei sie so nervös gewesen, daß sie ihn gar nicht habe sehen wollen, und es habe sehr lange gedauert, bis sie eine Beziehung zu dem Kind entwickelt hatte. Ihr Interesse an Teddy sei so gering gewesen, daß man habe vermuten können, sie hätte ihn sich gar nicht gewünscht. Erst in letzter Zeit habe sie sich mehr mit ihm abgegeben, »in den Pausen zwischen ihren Kopfschmerzen«.

Und Edith hatte Marielle als verwöhntes Biest bezeichnet und angedeutet, sie habe noch so manche Schlechtigkeit auf Lager. Sie verschleudere so viel Geld für Kleider, daß es ein wahres Wunder sei, daß ihr Mann noch nicht vor dem Bankrott stünde. Die ganze Zeit über liege sie nur herum und ruhe sich aus. Um den Haushalt kümmere sie sich überhaupt nicht, was allerdings sein Gutes habe, da ohnehin niemand auf sie hören würde. Sie alle arbeiteten für *Mister* Patterson, wie sie betonte, und das hätten sie schon getan, ehe *sie* ins Haus gekommen sei. Den Verlust ihrer Stellung lastete sie natürlich auch Marielle und nicht Malcolm an.

Die Haushälterin sagte so gut wie nichts. Sie wisse über Mrs. Pattersons Gewohnheiten kaum Bescheid. Aber auch sie gab ihm deutlich zu verstehen, daß Mrs. Patterson völlig nebensächlich sei. Allein *Mister* Patterson habe im Haus zu bestimmen.

Betty war die einzige, die etwas Nettes über Marielle zu sagen wußte. Und Haverford schien Mitleid für sie zu empfinden, obwohl er den Grund nicht nennen wollte und sich überhaupt sehr zugeknöpft zeigte. Patrick, der Chauffeur, war natürlich bestrebt, die Geschichte mit dem »Freund« beim zweiten Verhör auszuspinnen, worauf Taylor ihm riet, gefälligst vorsichtiger zu sein, denn hinter der Sache stecke mehr, als er ahne, und er könne womöglich als wichtiger Zeuge belangt werden. Das erschreckte Patrick vorerst so gründlich, daß er den Mund hielt.

Doch das Bild, das sich Taylor aufgrund dieser Aussagen bot, war das einer Frau, die aus Gründen, die er nicht ausloten konnte, allgemein unbeliebt war. Es stimmte, was sie gesagt hatte ... sie war eine Ausgestoßene im eigenen Haus. Nur wenige der Menschen, die angeblich für sie arbeiteten, schienen sie zu kennen oder zu mögen. Er bekam den Eindruck, daß sie sich von allen zurückgezogen hatte, und er vermutete ganz richtig, daß sie sehr einsam sein mußte. In Gedanken war er noch immer bei diesem Problem, als er zu der Unterredung mit Malcolm die Bibliothek betrat, und er schnitt das Thema entschlossen an, nachdem Haverford ihnen Kaffee serviert hatte.

»Wie kommt es, daß so viele Ihrer Angestellten Ihre Frau nicht mögen?« fragte er ohne Umschweife. Er nahm einen Löffel Zucker, trank den Kaffee aber schwarz. Er spürte, daß Haverford ihn beobachtete, doch sagte der alte Mann kein Wort.

Malcolm stieß einen gedehnten Seufzer aus und starrte aus dem Fenster. »Sie ist keine starke Persönlichkeit, müssen Sie wissen ... sie ist schwach und ängstlich, und das spüren die Leute vielleicht. Sie hatte«, er schien zu zögern, »hm ... sagen wir mal, Probleme mentaler Art ... vor einigen Jahren ... und sie leidet noch immer an schrecklichen Kopfschmerzen.«

»Das ist doch kein Grund, sie abzulehnen.« Marielle hatte im Haus nicht die geringste Bedeutung, es war, als zähle sie nicht, als existiere sie nicht, als seien alle ausschließlich dem Hausherrn verpflichtet – eine Haltung, die alle Hausangestellten deutlich demonstrierten. John Taylor drängte sich unwillkürlich die Frage auf, ob Malcolm Patterson es absichtlich darauf angelegt hatte, die Stellung Marielles im Haus zu untergraben. Sie schien sich bei niemandem durchsetzen zu können, nicht bei ihrem Kind, nicht beim Personal und bei ihrem Mann schon gar nicht. Sogar Miss Griffin hatte zugegeben, daß sie sich niemals nach Mrs. Patterson gerichtet hatte. Sie nahm ihre Anweisungen, wie sie sich ausdrückte, nur vom Vater des Jungen entgegen. Doch auf die

Frage nach dem Grund wußte sie keine Erklärung und wiederholte nur, Marielle sei schwach und von labilem Wesen. Das war in Taylors Augen keine plausible Erklärung. Bei seinen Gesprächen mit Marielle hatte er nicht den Eindruck gewonnen, sie sei schwach und labil. Im Gegenteil, sie war ihm vernünftig, intelligent und entgegenkommend erschienen, und selbst ihre häufig auftretenden Kopfschmerzen deuteten keineswegs auf geistige Zerrüttung hin, obwohl es ihm allmählich so vorkam, als wolle man sie zur Irren stempeln. Alle deuteten an, sie sei ein wenig »konfus« und man könne ihrem Verstand und Urteilsvermögen nicht trauen. Und damit stellte sich die Frage, was die Leute zu dieser Ansicht gebracht hatte.

»Ich glaube nicht, daß irgend jemand hier Marielle haßt. Das ist eine schreckliche Behauptung.« Malcolms wohlwollendes Lächeln wurde von einem bedauernden Blick begleitet. »Sie ist keine starke Frau und hat große Probleme. Wer weiß, ob sie diesem Schock standhält? Er könnte womöglich das Faß zum Überlaufen bringen.«

»Ach, dieser Meinung sind Sie also?« Taylor spürte, daß sich da etwas auftat, doch wußte er noch nicht, was. Er hatte noch eine andere Frage auf dem Herzen, doch die sparte er sich für später auf. »Wollen Sie damit sagen, daß sie verrückt ist?«

»Aber nein, natürlich nicht.« Malcolm schien entrüstet. »Ich sage nur, daß sie überaus zartbesaitet ist.«

»Ist das nicht dasselbe? Wollen Sie damit nicht sagen, sie könnte nach Teddys Entführung zusammenbrechen? Hat dies hier seit Jahren im Raum gestanden, die Behauptung, daß sie ›zartbesaitet‹ ist, wie Sie sich ausdrücken, daß sie ein Mensch ist, den man nicht ernst nehmen kann? Haben Sie das den Leuten ausdrücklich gesagt, oder vermuten sie es bloß?«

»Ich habe ihnen gesagt, sie sollen sich an mich wenden und sie in Ruhe lassen.« Malcolm schien ärgerlich. »Aber ich sehe absolut keinen Zusammenhang zwischen diesem Problem und der Entführung meines Sohnes«, fügte er scharf hinzu.

»Manchmal ist das Gesamtbild außerordentlich wichtig.«

»Das Gesamtbild besagt, daß sie ein zartes Geschöpf ist und eine schreckliche Vergangenheit hat, wie Sie wissen und wie ich selbst eben erst erfuhr. Zwei Jahre in einer Nervenheilanstalt und neun Jahre lang eingebildete Kopfschmerzen.« Das war ein hartes Urteil, es gefiel Taylor gar nicht. Das hörte sich an, als versuche Malcolm, sie als Mensch abzuwerten, eine Haltung, die er auch auf das Personal übertragen hatte. Taylor argwöhnte, daß Haverford als einziger anders von ihr dachte.

»Wollen Sie sagen, sie bilde sich die Kopfschmerzen nur ein?«

»Ich will sagen, daß sie eine Neurotikerin ist.« Er war weiter vorgeprescht, als ihm lieb war. Seine Verärgerung über John Taylor wuchs.

»So neurotisch, daß sie in Komplizenschaft mit Charles Delauney die Entführung des eigenen Kindes inszeniert?«

Malcolm schien geschockt und ließ sich mit der Antwort lange Zeit. »Daran habe ich nicht gedacht. Aber möglich ist es immerhin. Alles ist möglich. Ich weiß es nicht. Haben Sie sie gefragt?«

»Ich frage Sie. Glauben Sie, Ihre Frau wäre dazu imstande? Glauben Sie, daß sie noch immer in Delauney verliebt ist?« Taylor wollte wissen, wie weit Malcolm in der Verdammung seiner eigenen Frau gehen würde, und wieder bekam er eine Antwort, die ihm nicht gefallen wollte.

»Ich habe keine Ahnung, Inspektor. Das müssen Sie schon selbst herausfinden.«

John Taylor nickte. »Und Sie, Mr. Patterson, wie steht es mit Ihrer Beziehung zu Miss Brigitte Sanders?« Diese Frage hatte er sich als Höhepunkt aufgespart, und nun wartete er gespannt auf Malcolms Reaktion. Er wurde nicht enttäuscht, Malcolms Gesichtsausdruck war der reinste Genuß.

»Wie bitte?« Malcolm schien entrüstet. »Miss Sanders ist seit sechs Jahren meine Sekretärin, wie Sie sicher wissen, und es ist nicht meine Gewohnheit, mich mit meinen Sekretärinnen einzulassen.«

»Ich glaube, Ihre letzte haben Sie geheiratet«, gab John Taylor offensichtlich amüsiert zurück.

Malcolm lief puterrot an. »Miss Sanders' charakterliche Qualitäten sind über jeden Zweifel erhaben.«

»Sehr lobenswert.« Taylor zeigte sich ungerührt, obwohl er die Situation gründlich auskostete. »Aber Sie unternehmen zu zweit große Reisen, sogar nach Europa. Ich habe festgestellt, daß Ihre Schiffskabinen immer nebeneinanderlagen.« Er hatte sehr sorgfältig recherchiert und sogar Detailpläne der Passagierschiffe zu Rate gezogen.

»Das ist völlig normal, schließlich erwarte ich, daß sie für mich arbeitet. Da Sie so präzise Nachforschungen angestellt haben, ist Ihnen sicher nicht entgangen, daß ich Mrs. Higgins, meine zweite Sekretärin, ebenfalls häufig mitnehme. Sie ist Ende Fünfzig und würde Ihre Andeutungen gewiß als Kompliment auffassen.« Aber es war nicht die Fünfzigjährige, die John interessierte, sondern Brigitte. Und er wußte auch, daß Mrs. Higgins seit über zwei Jahren nicht mehr mit ihm gereist war, aber damit rückte er nicht heraus.

»Ich muß mich entschuldigen, falls die Fragen Ihnen aufdringlich vorkommen. Aber so wie wir die Vergangenheit Ihrer Frau aufrollen mußten, müssen wir auch die Ihre durchleuchten. Enttäuschte Geliebte sind zu sehr häßlichen Dingen imstande.«

»Miss Sanders ist weder enttäuscht noch meine Geliebte.« Malcolms Gesicht war noch immer hochrot. Das Gespräch drehte sich im weiteren Verlauf um Malcolms Geschäfte mit Deutschland und um seine verschiedenen Aktivitäten in den Staaten, aber auch darum, ob er sich unter seinen Geschäftspartnern eventuell Feinde geschaffen hatte. Doch es kam nichts dabei heraus. Am Ende gelangte Taylor zu dem Schluß, daß als Motive für Teddys Entführung nur Rache oder Geldforderungen in Frage kamen. Wenn es um Geld ging, würden sie bald etwas hören. War es ein Racheakt, dann mußte Charles dahinterstecken, und John betete, daß Delauney dem Jungen nichts antun möge.

Dann kam die Rede erneut auf Delauney, und Taylor wiederholte, daß es keine Beweise gegen ihn gebe und sich keine Verbindung zum Kind oder zur Tat herstellen lasse – wenn man von den dummen, Marielle gegenüber geäußerten Drohungen absehe. Und wegen Dummheit könne man einen Menschen nicht hinter Gitter bringen. Delauney besaß ein Alibi, Beweise waren nicht vorhanden, und selbst wenn man ihm ein Motiv unterstellen konnte, würde es eine sehr wacklige Angelegenheit sein.

»Ich glaube trotzdem, daß er unser Mann ist«, sagte Malcolm gemessen, als er John nach draußen begleitete. Der FBI-Mann nickte.

»Leider glaube ich das auch. Und wenn er es ist, dann wollen wir hoffen, daß wir ihn zu fassen bekommen.«

Malcolm brachte ihn an die Haustür, und Taylor bahnte sich seinen Weg durch die dichtgedrängte Schar der Presseleute. Zwei Stunden später, als Malcolm und Marielle sich im Eßzimmer zum Abendessen setzten, kam der Anruf.

Zwei Polizeibeamte, die sich als Hausangestellte ausgaben, nahmen das Gespräch entgegen, das Tonband lief sofort mit, und als Malcolm scheinbar arglos den Hörer aufnahm, setzte sich die Maschinerie in Bewegung.

Der Anrufer hatte in einem Akzent, der nach South Bronx oder East Jersey klang, nach ihm verlangt. »Ja, hier Patterson.« Vier Polizisten und Marielle hörten über verschiedene Nebenanschlüsse mit. »Wer spricht?«

»Ich habe hier einen kleinen Freund ... ein Kerlchen im roten Schlafanzug.« Marielle wurde von einem Schwindelgefühl erfaßt. Teddy war vor genau sechsunddreißig Stunden entführt worden, und sie weinte um ihn, den Hörer in der zitternden Hand, wobei sie die Muschel mit der Hand zudeckte.

»Wie geht es ihm?« Malcolm schloß die Augen.

»Tadellos. Vielleicht friert er ein bißchen. Wir brauchen Geld, damit wir dem Kleinen eine Decke besorgen können.«

»Kann ich ihn sprechen?« sagte Malcolm ruhig, doch der Polizist, der ihn beobachtete, sah, daß seine Hand zitterte.

»Nö ... jetzt pennt er. Reden wir erst mal übers Geld.«

»Wieviel brauchen Sie?«

»Ach ... für zweihunderttausend Dollar kann man schon eine hübsche Decke kaufen, würde ich sagen.« Es war das Vierfache von dem, was die Lindberghs gezahlt hatten, aber darum ging es nicht. »In unmarkierten Scheinen, Mr. Superschlau. In einem Schließfach an der Grand Central Station. Sie hinterlegen es dort. Keine Bullen. Keine markierten Scheine. Keine sonstigen Mätzchen. Sie lassen die Moneten so lange dort, bis wir sie uns geholt haben. Danach kriegen Sie Ihren Junior zurück.«

»Wie soll ich wissen, daß es ihm gutgeht?«

»Gar nicht.« Die Stimme klang hart und häßlich. »Aber wenn Sie mich reinlegen wollen, wenn Sie die Bullen reinziehen, wenn Sie irgendwas in der Art tun ... dann ist er dran.« Marielle spürte, wie der Raum sich um sie zu drehen begann, und Malcolms Gesicht glänzte vor Schweiß, als er auflegte. Er hatte sich alle Anweisungen notiert, obgleich der Anruf ohnehin aufgezeichnet worden war.

Als noch vor Ablauf einer halben Stunde John Taylor im Haus eintraf, war Malcolm noch immer grau im Gesicht, und Marielle zitterte wie Espenlaub. Da sie nicht mit dem Kind hatten sprechen dürfen, gab Taylor zu bedenken, daß man nicht wissen konnte, ob der Anruf echt war oder von einem Verrückten stammte oder von jemandem, der schnelles Geld machen wollte. Die Menschen waren grausam, und es gab viele Wichtigtuer, die sich bei einer so aufregenden Sache hervortun wollten. Aber es war immerhin ein Hoffnungsschimmer, etwas, an das man sich halten konnte, und als Taylor hinausging, schlug Malcolm die Hände vors Gesicht und schluchzte. Es war ihre einzige Hoffnung, Teddy jemals wiederzusehen.

Das Geld stand um Mitternacht zur Verfügung. Die Geheimabteilung des Schatzamtes hatte schon am Vortag eine halbe Million in markierten Scheinen auf Malcolms Konto überwiesen, und Taylor rief nun beim Präsidenten der Bank an und bat ihn, zweihunderttausend lockerzumachen. Sie wurden in eine kleine schwarze Krokotasche gepackt, und um zwei Uhr befand sich alles in einem Schließfach an der Grand Central Station. Sobald die Tasche an Ort und Stelle war, sollten sie eine Anzeige im *Daily Mirror* aufgeben, was auch geschah. Am nächsten Morgen erschien die Anzeige an der geforderten Stelle, und Hunderte von Beamten in Zivil schwärmten in der Grand Central Station aus, gingen auf und ab, schliefen auf Bänken, taten sich an Hot dogs gütlich, lasen Zeitung, sahen aus wie alle anderen und warteten, daß jemand käme und das Lösegeld holte. Doch nach drei Tagen war ziemlich klar, daß niemand kommen würde. Der Anruf war ein grausamer Scherz gewesen, und mit dem Schwinden jeder Hoffnung konnte Marielle sich nicht einmal mehr überwinden, ihr Bett zu verlassen. Am Samstag sah sie nur noch elend aus, und Malcolm war ein Schatten seiner selbst. Die Anspannung hatte beide gezeichnet, und die Tatsache, daß es bis Weihnachten nur mehr sechs Tage waren, machte alles noch viel schlimmer. Die Aussicht, das Fest ohne Teddy verbringen zu müssen, bedeutete einen zusätzlichen Schmerz. Über das unberührte Abendessen hinweg starrte Malcolm Marielle an.

»Warum? Warum ist das Geld nicht abgeholt worden?« Der Anruf verfolgte Marielle noch immer, vor allem die Drohung, daß Teddy getötet würde, falls etwas nicht klappen sollte. Was, wenn sie ihn schon umgebracht hatten? Wenn sie, in Panik geraten, Hand an ihn gelegt hatten?

»Taylor sagt, es hätte sich um einen Scherz gehandelt. Das weißt du doch.« Er verfiel wieder in seinen scharfen Ton, weil er der Anspannung kaum mehr gewachsen war. »Ich bin noch immer der Meinung, daß es Delauney war.«

»Warum findet man dann keinen Beweis? Warum findet man nicht heraus, wer es wirklich getan hat?« Sie hielt es plötzlich bei Tisch nicht mehr aus und lief hinauf in ihr Zimmer. Nicht einmal der vertraute Anblick John Taylors bedeutete ihr Trost, und am nächsten Tag bat Malcolm ihn, das Haus Delauneys noch einmal zu durchsuchen. Taylor versprach es ihm.

Es war Sonntag nachmittag, fast genau eine Woche nach der Entführung, als sie ihren Fund machten, im Haus der Delauneys, im Weinkeller, hinter ein paar alten Kisten versteckt. Einer der Polizisten stieß darauf und hielt es auf den ersten Blick für ein Bündel alter Lumpen. Doch als er die Kiste beiseite schob, sah er es deutlicher, hob es verwundert auf und wußte sofort, daß er das Gesuchte gefunden hatte, einen roten Kinderschlafanzug mit blauer Stickerei. Rasch lief er die Treppe hinauf, verlangte, mit Inspektor Taylor zu sprechen, und zeigte ihm seinen Fund. Taylor stand da, in die Betrachtung des Kinderschlafanzugs vertieft, und fragte sich, wohin der Junge verschwunden sein mochte, was Delauney wohl mit ihm gemacht hatte. Jetzt war rasches Handeln angesagt. Er ging sofort zu Delauney und konfrontierte ihn mit diesem Beweis, worauf Charles den Kopf in die Hände stützte und schwor, er habe es nicht getan.

»Mein eigener Sohn ist vor Jahren umgekommen.« Er blickte flehentlich zu John auf. »Ich weiß, wie das ist ... warum sollte ich es einem anderen antun?« Es ergab keinen Sinn, und John hoffte im stillen, Charles hätte es wirklich nicht getan.

Wenig später wurde Charles Delauney unter dem Verdacht der Kindesentführung in Handschellen abgeführt und in Untersuchungshaft genommen, und der rote Schlafanzug landete als Beweisstück in einem versiegelten Umschlag.

John teilte den Pattersons die Neuigkeit telefonisch mit, und Marielle verfiel in einen Weinkrampf, als sie hörte, daß Teddys Schlafanzug gefunden worden war.

»Aber wo ist Teddy?« Es war das einzige, was zählte.

»Das wissen wir noch nicht. Erst müssen wir Delauney verhören. Ich habe ihn dazu eigens ins Polizeipräsidium überstellen lassen, weil wir dort schärfer mit ihm umspringen können.« Kein Zweifel, John Taylor wollte Ergebnisse sehen. »Ich rufe Sie an, sobald ich mehr weiß.« Damit war erklärt, warum keine echte Lösegeldforderung gekommen war. Charles hatte es aus Rache oder aus Wut getan oder um Marielle wiederzugewinnen. Geld hatte er nicht nötig. Der Junge war das einzige, woran ihm gelegen war. Doch die eigentliche Frage war: Was hatte er mit Teddy gemacht, nachdem er ihn in seine Gewalt gebracht hatte? Und wo war Teddy jetzt? Und am dringendsten ... war er noch am Leben?

Marielle war am Boden zerstört, als John Taylor auflegte. Was in Malcolm vorging, konnte sie nicht einmal ahnen. Ohne sie auch nur eines Wortes zu würdigen, ging er hinauf und schloß die Tür zu seinem Zimmer.

7

Als die Nachricht von Charles Delauneys Verhaftung an die Öffentlichkeit gelangte, spielte die Presse verrückt, so daß sich am nächsten Morgen vor dem Haus der Pattersons das Vielfache an Reportern drängte. Malcolm konnte das Haus nur unter schwerem Polizeischutz verlassen. Inzwischen hatten sich die

Journalisten auch an John Taylors Fersen geheftet und bombardierten ihn und den Polizeichef mit Fragen. Es war eine riesige Sensation, und sie wollten unbedingt die ganze Story. Der Erbe eines der bedeutendsten Vermögen des ganzen Landes war unter dem Verdacht der Kindesentführung festgenommen worden ... mehr noch, es handelte sich um ein Verbrechen aus Leidenschaft, eine Rachesaga ... Der Verdächtige war mit der Frau eines anderen reichen Erben verheiratet gewesen und lastete ihr die Schuld am Tod des gemeinsamen Kindes an. Trotz aller Bemühungen Johns waren die Einzelheiten an die Öffentlichkeit gedrungen, und als Weihnachten kam, war der Skandal Thema Nummer eins und geriet vollends außer Kontrolle. Mittlerweile befand Charles sich seit fünf Tagen in Untersuchungshaft. Delauney schwor Stein und Bein, er wisse nicht, wo das Kind sei, er habe nichts mit der Sache zu tun; eine Aussage, die John Taylor befürchten ließ, Delauney habe Teddy getötet. Auch wenn es ihm schwerfiel, weihte er Marielle und Malcolm am Heiligen Abend in seine Befürchtungen ein. Er hatte nun das sichere Gefühl, Delauneys hartnäckiges Abstreiten deute auf einen Racheakt hin, und er hielt es für mehr als wahrscheinlich, daß Charles den Jungen getötet hatte.

»O mein Gott ...« Malcolm geriet buchstäblich ins Schwanken, als Taylor es ihm sagte, doch Marielle blieb diesmal fest und legte ihrem Mann einen Arm um die Schulter, als wolle sie ihn beruhigen. Sie hatte seit Tagen keine Kopfschmerzen gehabt, ihr ganzes Leben schien sich einzig und allein um das Warten auf eine Nachricht von Teddy zu drehen.

»Ich kann es nicht glauben«, sagte sie leise als Antwort auf Taylors Eröffnung. »Ich kann nicht glauben, daß wir ihn nie wiedersehen werden. Egal, was Charles getan haben mag, ich kann nicht glauben, daß er ihn getötet hat.«

»Komm endlich zur Vernunft!« herrschte Malcolm sie vor John Taylor an. »Wann wirst du endlich begreifen, daß der Kerl Teddy als Vergeltung für den Tod des eigenen Kindes entführt hat? Nun ist auch mein Kind tot ...« Sein Ton gab ihr unmißverständlich zu verstehen, daß er ihr die Verantwortung anlastete. John Taylor entging das nicht, doch gab es nichts, was er hätte sagen können, um ihr zu helfen. Wie gern hätte er ihr tröstlich zugeflüstert: Bleiben Sie stark, oder sie kurz in den Arm genommen. Doch er konnte es nicht. So drückte er ihr nur unmerklich fester die Hand, ehe er sie mit Malcolm allein ließ.

In diesem Jahr gab es für sie kein Weihnachten. Es gab keine Geschenke, keine innigen Gedanken oder Gefühle. Es gab keine Weihnachtsdekoration, und Teddys Zimmer war für alle wie eine kleine Andachtsstätte, eine Erinnerung an alles, was sie verloren hatten. Beide betraten das Zimmer immer wieder, um ihrer Hoffnung und ihrer Stimmung neuen Auftrieb zu geben. Marielle konnte einfach nicht glauben, daß sie ihr Kind nie wieder in den Armen halten würde, konnte nicht glauben, daß Teddy verschwunden war ... Es war unmöglich ... das konnte Charles nicht getan haben.

Sie lag die ganze Nacht wach. Und dann wußte sie, was sie zu tun hatte. Nachdem Malcolm am nächsten Tag aus dem Haus gegangen war, um irgendwelche geschäftlichen Dinge zu erledigen, ließ sie ihren Wagen kommen und bat einen der Polizisten, sie ins Präsidium zu fahren. Erst zeigte man sich zurückhaltend, aber nachdem der diensthabende Sergeant konsultiert worden war, bekam sie ihren Willen. In einem schwarzen Kleid, in den alten Pelz ihrer Mutter gehüllt, auf dem Kopf einen schwarzen Hut, so wurde sie durch den Personaleingang hinausgeschmuggelt. Gleich darauf pflügte der Wagen mit der zitternd zwischen zwei Polizisten im Fond sitzenden Marielle durch die Reporterschar vor dem Haus und raste stadteinwärts. Seit der Entführung hatte Marielle das Haus nicht mehr verlassen, und es war schrecklich, sich den Weg durch eine Menschenmenge bahnen zu müssen und mit einer Eskorte von vier Polizisten zum Untersuchungsgefängnis gefahren zu werden. Aber sie wußte, daß sie es tun mußte. Gleichgültig, was man sagen mochte, sie mußte ihn sprechen.

Die formelle Anklage gegen Charles war sofort nach seiner Festnahme erhoben worden – sie lautete auf Kindesentführung. Taylor hoffte immer noch, ihm ein Geständnis abringen zu können oder wenigstens zu erfahren, wo sich das Kind befand. Aber bislang hatte Charles nichts zugegeben.

Als sie eintrafen, wartete schon eine Handvoll Reporter auf den Eingangsstufen, sie spielten verrückt, als sie Marielle erkannten, doch die Eskorte bahnte ihr den Weg, und Augenblicke später fand sie sich atemlos und zitternd im Polizeigebäude wieder. Als sie angab, wen sie besuchen wollte, folgten eine geflüsterte Beratung und erregtes Gemurmel. Es war kein Besuchstag, die ganze Sache war höchst irregulär, doch sie erklärte, wer sie sei und daß sie Charles unbedingt sehen müsse.

Schließlich begleitete einer der Beamten sie in einen kleinen kahlen Raum und ließ sie dort allein. Zehn Minuten später wurde Charles hereingeführt. Er trug eine Drillichhose, eines seiner eigenen Hemden und an den Füßen Schuhe, die wie Armeestiefel aussahen. Sein Bart war eine Woche alt, und in seinen Augen lag ein Ausdruck, wie sie ihn seit Jahren nicht mehr gesehen hatte, ein Ausdruck von Schmerz und Kummer, der ihr sagte, was sie wissen wollte, noch ehe sie ihm die erste Frage stellte. Er fing an zu weinen, als er sie sah, und als der Wärter sie allein ließ, nahm er sie in die Arme und hielt sie fest.

»Ich habe es nicht getan, Marielle ... das schwöre ich ... so etwas würde ich nie tun ... ich war verrückt ... ich war betrunken an jenem Tag ... ich weiß nicht ... dich mit ihm zu sehen war zuviel für mich ... es erinnerte mich an André ...«

»Ich weiß ... ich weiß ... sei ruhig ... ich mußte mit dir sprechen.« Sie trat zurück, damit sie ihn besser sehen konnte, und war froh, hergekommen zu sein. Sie hatte von ihm selbst hören müssen, was passiert war. Langsam setzte er sich, und sie ließ sich ihm gegenüber nieder und schaute ihn an. Wie weit war es mit ihnen gekommen, und wieviel Schmerz stand noch zwischen ihnen ... »Was ist passiert?«

»Ich weiß es nicht. Es heißt, man hatte seinen Schlafanzug im Keller meines Hauses gefunden. Mein Gott, Marielle ... sag mir, daß du nicht glaubst, daß es wahr ist.«

»Wie ist der Schlafanzug dorthin gekommen?«

»Ich weiß es nicht. Ich schwöre zu Gott, daß ich es nicht weiß ... ich bin ein Idiot ... ich war schrecklich zu dir ... es war ein Fehler ... ich war verrückt damals. Aber ich habe den Rest meines Lebens damit verbracht, es wiedergutzumachen, ich habe niemandem etwas getan … ich habe für meine Freunde gekämpft und war bereit, für ihre Sache zu sterben, weil ich nichts mehr zu verlieren hatte. Warum hätte ich ihm etwas tun sollen? Oder dir? Ich habe dir schon genug angetan, und bei Gott …« Er schluchzte, und sie faßte nach seinen Händen. »Ich liebe dich noch immer.«

»Ich weiß«, flüsterte sie. Auch sie liebte ihn noch immer. Aber Teddy liebte sie noch mehr. Er war ihr Baby. »Aber wo ist er?«

»Ich schwöre, daß ich es nicht weiß.« Da blickte er zu ihr auf, mit klarem, tiefem und aufrichtigem Blick, und sie glaubte ihm. »Ich schwöre es, Marielle, auch wenn man mich tötet. Ich versichere dir, daß ich von der Entführung nichts weiß. Ich hoffe dir zuliebe inständig, daß man den Kleinen findet. Trotz allem, was ich in meiner Torheit gesagt habe – du verdienst es, daß man ihn wohlbehalten findet.«

Sie nickte. »Danke.« Wie waren sie in diese schreckliche Sache hineingeraten? Wie hatte es dazu kommen können?

Da kehrte der Wärter zurück und forderte Marielle auf zu gehen. Sie nickte und stand auf. Charles sah sie lange und eindringlich an, ehe er abgeführt wurde.

»Glaub mir.« Mehr sagte er nicht, und sie nickte. Es klang nach Wahrheit. Aber wenn er den Jungen nicht entführt hatte, wer dann? Sie wußte es ebensowenig wie vorher. Aber sie wußte jetzt, daß Charles Delauney es nicht getan hatte. Und als sie den winzigen Raum verließ, erlebte sie eine Schrecksekunde, denn sie sah John Taylor auf sich zukommen. Er war vom FBI und nicht von der Polizei und hatte hier eigentlich nichts zu suchen, wenngleich anzunehmen war, daß er zu Charles wollte. Er machte ein sehr ernstes Gesicht, als er sie in einen Büroraum führte.

»Was machen Sie hier?« Er schien aufgebracht, beinahe so, wie Malcolm es gewesen war. Trotzdem war sie froh, daß sie gekommen war. Es hatte sich gelohnt.

»Ich mußte ihn sehen.«

»Sie sind ganz schön dumm.«

Sie schüttelte den Kopf. Es war nicht dumm gewesen. »Er sagt, daß er es nicht war, und ich glaube ihm.« Sie hatte es wissen müssen, hatte fragen müssen, hatte ihn sehen müssen.

»Was haben Sie denn erwartet? Daß er sagen würde, er habe ihn umgebracht?« Sie zuckte unter seinen Worten zusammen. Er machte keinen Hehl daraus, wie sehr ihn ihr Besuch bei Charles erboste. »Er wird Ihnen doch nicht die Wahrheit sagen. Immerhin steckt sein Hals in der Schlinge, und er wird alles tun, um ihn zu retten.«

»Warum sollte er mich belügen?«

»Warum sollte er Ihnen die Wahrheit sagen? Für ihn steht zuviel auf dem Spiel. Marielle, hören Sie auf mich und kommen Sie nicht mehr her. Halten Sie sich von ihm fern. Wir werden alles unternehmen, um Ihren Sohn zu finden, dieser Mann aber kann gar nichts für Sie tun. Er hat Ihnen nur Schmerz bereitet ... vergessen Sie ihn.« Es stand ihm zwar nicht zu, dies zu sagen, doch er wußte, daß Charles sie belog. Er hatte mittlerweile zuviel über Delauney herausgefunden. Das wilde Leben in Spanien, die Anfälle von Raserei, die ihn von Zeit zu Zeit erfaßten, die Trinkorgien, sein Jähzorn ... die Tatsache, daß er sie geschlagen hatte ... die Tatsache, daß er sie noch immer liebte. Nicht einmal die Frage nach seiner Zurechnungsfähigkeit war eindeutig geklärt. Dies war ein Punkt, der einer genaueren Untersuchung bedurfte. Aber er wollte nicht, daß Marielle noch mehr verletzt würde. Und wenn die Presse davon Wind bekäme, würde wieder die Hölle los sein. »Kommen Sie, ich bringe Sie nach Hause.« Sie nickte. Es hielt sie nichts mehr hier. »Und wenn Sie nächstesmal so etwas planen, dann rufen Sie mich an.«

»Und was werden Sie sagen?« Sie ließ es lächelnd geschehen, daß er sie hinausgeleitete. Schon vor dem Verlassen des Gebäudes gab er Anweisung, den Wagen zu starten, so daß sie sich, wenn auch unter Blitzlichtgewitter, mit einem Satz in Sicherheit bringen und davonrasen konnten. Am nächsten Tag zeigte ein Pressefoto Marielle bei ihrem Sprung in den Wagen, dicht gefolgt von John. »Was hätten Sie gesagt, wenn ich verlangt hätte, daß Sie mich zu ihm bringen?« fragte sie, als sie sich zurechtgesetzt hatten.

»Ich hätte abgelehnt.« Ganz ohne Wenn und Aber.

»Deshalb habe ich Sie nicht angerufen.« Sie lächelte, von einem Gefühl großer Erleichterung erfüllt, denn sie glaubte

Charles. Vielleicht war es doch nicht ihre Schuld. John Taylor saß da und beobachtete ihr Mienenspiel. Eine einmalige Frau, die ihm sehr gefiel, wie er sich eingestehen mußte. Viel mehr, als sie ihm gefallen durfte.

»Damit Sie nicht noch einmal auf solche Ideen kommen, mache ich jetzt eine Ausfahrt mit Ihnen und halte Ihnen eine hübsche Standpauke«, sagte er, als gelte es, ein Kind auszuschelten.

»Das hatte ich befürchtet«, sagte sie leise, um dann für den Rest der Heimfahrt zu verstummen.

Und er, der sie nicht aus den Augen ließ, empfand Mitleid mit ihr, denn er wußte, wie verzweifelt sie sich wünschte, daß das Kind gefunden wurde. Allmählich bezweifelte er, daß ihnen das glücken würde. Auch im Fall Lindbergh hatte ihn dieses Gefühl übermannt, obwohl er sich inständig gewünscht hatte, er würde sich irren. Doch war es anders gekommen.

Nachdem sie durch die Küche ins Haus gelangt waren, bedankte sie sich sehr herzlich bei John Taylor. Bei Malcolm hingegen war am nächsten Morgen keine Rede von Dankbarkeit. Die Zeitungen überschlugen sich mit ausführlichen Berichten über Marielles Besuch bei Charles, dazu gab es jede Menge Fotos, darunter eines, das zeigte, wie John beim Einsteigen in den Wagen seinen Arm um sie legte.

Malcolm war außer sich, als er nach Hause kam.

»Marielle, was soll das?«

»Er hat mich vor der Presse abgeschirmt«, sagte sie leise. Und er hatte recht behalten. Für die Fotoreporter war ihr Ausflug eine kleine Sensation gewesen.

»Er hat es sichtlich genossen. War es seine Idee, dich zu Delauney zu bringen?«

»Nein, meine. Ich bin ihm erst dort begegnet. Und Malcolm ... es tut mir leid. Aber ich mußte ihn sehen ... ich wollte hören, was er zu sagen hat.«

»Nun ... hat er dir gesagt, wie er deinen Sohn tötete? Hat er dir das gesagt? Oder hat er wieder einmal seinen eigenen Sohn beweint?« tobte Malcolm.

»Malcolm, bitte ...«

»Bitte, was ...? Dein Geliebter ... oder dein Exmann, wie im-

mer du ihn nennen willst, entführt meinen Sohn, und ich soll
Mitleid mit ihm haben? Hast du etwa welches? Hast du ihm gesagt, wie leid er dir tut? Weißt du, wer mir leid tut? Teddy tut
mir leid ... unser kleiner Junge, der vermutlich irgendwo ermordet liegt, den man getreten oder erstochen oder sonstwie gepei-
nigt hat ...« Er schrie es ihr entgegen, und sie hörte es, die Hände
gegen die Ohren gepreßt, weil sie es nicht länger ertragen konnte.

»Hör auf! Hör auf!« Schreiend lief sie aus dem Eßzimmer und
hinauf in ihre Räume. Es war unerträglich. Es war zu viel passiert. Und alle gaben ihr die Schuld. Ihre Schuld war es, daß sie
Charles kannte, daß sie ihn geheiratet hatte, daß sie nicht imstande gewesen war, ihr eigenes Kind zu retten, und jetzt gab
Malcolm ihr die Schuld an Teddys Entführung.

Am Nachmittag kam John Taylor wieder, um nach ihr zu sehen. Er war so nett, das Aufsehen in der Presse unerwähnt zu
lassen, aber an Neuigkeiten hatte er nichts zu berichten. Man
wollte das Haus der Delauneys für alle Fälle noch einmal durchsuchen. Und bei dieser zweiten Durchsuchung fand man eines
von Teddys Spielzeugen, einen kleinen Plüschbären, in Charles'
Schlafzimmer versteckt. Nun war jeder Zweifel ausgeschlossen,
und diesmal ließ sich sogar Marielle überzeugen.

8

Mitte Januar waren die Vorbereitungen für den Prozeß in
vollem Gange. Von Teddy gab es noch immer keine Spur, obwohl
seit seinem Verschwinden dreieinhalb Wochen vergangen waren.
Malcolm war für einige Tage nach Washington gefahren, um einer gemeinsamen Geheimsitzung der Militärausschüsse beider
Häuser des Senates beizuwohnen und um sich mit Hugh Wilson,
dem amerikanischen Botschafter in Deutschland, zu treffen, der
auf Kurzbesuch in der Heimat weilte.

Marielle war, umgeben von Bewachern, allein in New York
geblieben. John Taylor hatte sie fast eine ganze Woche nicht zu
Gesicht bekommen.

Eines Nachmittags ging sie ein paar Zeitungen durch, in dem

Bemühen, nicht an Teddy zu denken und nicht immer wieder in sein Zimmer zu laufen. Das Radio war ihr schon lange unerträglich, da die Berichte über den bevorstehenden Prozeß sie zu sehr erschütterten und Teddys Lieblingssendungen wie *The Lone Ranger* sie zum Weinen brachten und noch mehr deprimierten. Sogar der Anblick Shirley Temples war ihr inzwischen verhaßt, weil ihr Lockenkopf sie an Teddy erinnerte. Miss Griffin war auf Urlaub zu ihrer Schwester in New Jersey geschickt worden, denn auch sie war mittlerweile der Hysterie nahe. Es war eine wahre Erleichterung, sie nicht ständig um sich zu haben. Jetzt konnte Marielle allein in seinem Zimmer sein, bei seinen Kleidern, seinen Spielsachen, seiner Haarbürste und anderen kleinen Dingen, die er benutzt hatte. Stundenlang konnte sie dastehen, die Sachen berühren, in seinem Lieblingssessel sitzen oder auf seinem Bett liegen, und immer versuchte sie, nicht an seine letzte Nacht in diesem Zimmer zu denken.

An jenem Tag erschien Haverford just in dem Moment in der Bibliothek, als sie die letzte Zeitung weglegte. Aus seinem Blick sprachen Sanftheit und Güte. Sie tat ihm unendlich leid, auch wenn er das nie ausgesprochen hätte.

»Jemand möchte Sie sprechen. Eine Miss Ritter. Sie sagt, sie hätte einen Termin bei Ihnen.«

»Ich kenne niemanden dieses Namens.«

»Doch, Sie kennen mich.« Auf diese Worte hin drehte Marielle sich um und sah eine junge Frau eintreten, klein und rothaarig. Anfang Dreißig. Irgendwie kam sie ihr bekannt vor, doch konnte sie die Frau nicht einordnen. Einen Augenblick lang betete sie, es möge sich um eine Drohung oder eine Erpressung handeln und die Frau würde sie zu Teddy führen können, aber Hoffnungen dieser Art waren mittlerweile so gut wie geschwunden. Das Lösegeld, das nie abgeholt worden war, befand sich noch immer in dem Schließfach an der Grand Central Station.

»Wer sind Sie?« fragte Marielle erstaunt, und Haverford hielt sich zur Verteidigung bereit. Und plötzlich fiel es Marielle ein. Sie erkannte die Reporterin wieder, die sich am ersten Tag ins Haus gedrängt hatte. Miss Ritter sah den Butler mit ängstlichem Blick an.

»Könnte ich Sie allein sprechen?« bat sie Marielle.

»Nein ... es tut mir leid ... das geht nicht.« Marielle klang viel tapferer, als sie sich fühlte. In Gegenwart dieser kühn und selbstsicher wirkenden Person hielt sie Vorsicht für angebracht.

»Es ist wichtig, bitte ...«, flehte die junge Frau, die auch diesmal in unmöglicher Aufmachung erschienen war.

»Das glaube ich weniger. Wie sind Sie ins Haus gekommen?«

»Wir sind für heute verabredet.« Sie versuchte es mit Frechheit, aber Marielle wußte es besser. Sie hatte seit über einem Monat keine Verabredung mehr getroffen, es sei denn mit Ermittlern und Polizisten.

»Tut mir leid, Miss ...«

»Ritter. Beatrice Ritter.« Sie lächelte in der Hoffnung, in Marielle etwas anzurühren, ein Interesse zu wecken, nur damit sie sie zum Bleiben aufforderte, aber Marielle ließ sich nicht umstimmen.

»Sie müssen gehen ...« Die junge Frau wirkte sehr enttäuscht, aber dann nickte sie.

»Ich verstehe. Ich wollte nur mit Ihnen über Charles Delauney sprechen.« Der Name wirkte geradezu elektrisierend auf Marielle, die ihre Besucherin überrascht anstarrte.

»Warum?«

»Weil er Sie braucht.« Das war nun wirklich viel zu komplex, um es in Gegenwart eines Außenstehenden zu besprechen.

»Madam?« Haverford sah sie fragend an. Ohne sich über ihre Beweggründe im klaren zu sein, entschied sie sich, die Frau zum Bleiben aufzufordern, wenigstens für kurz. Auf ihr Nicken hin ging er hinaus, doch sagte er zwei Polizisten Bescheid, und Marielle sah, wie sie in Türnähe Aufstellung nahmen.

»Ich verstehe nicht, warum Sie gekommen sind. Hat Charles Sie geschickt?« Seit ihrem Besuch im Gefängnis hatte sie nichts mehr von ihm gehört, nicht, seitdem man den Plüschbaren gefunden hatte, der sie schließlich von seiner Schuld überzeugt hatte.

Aber Bea Ritter wollte bei der Wahrheit bleiben, denn sie wußte, daß sie schnell sein mußte. Charles hatte ihr gesagt, Marielle würde sie nie empfangen. »Ich arbeite für AP. Und ich glaube nicht, daß er es getan hat. Ich versuche nun herauszufinden, wer der Täter war, und möchte wissen, ob Sie bereit wären, mir dabei zu helfen.« Klarer und knapper ging es nicht.

»Ich fürchte, ich bin da anderer Meinung, Miss Ritter.« Sie suchte nach dem Namen. »Ich habe zunächst auch nicht geglaubt, daß er es war, aber es wurden zwei Gegenstände gefunden, die ihn unbestreitbar mit meinem Sohn in Verbindung bringen, der Schlafanzug, den Teddy anhatte, als er verschwand, und sein liebster Plüschbär. Und es hat sich bislang niemand zu der Entführung bekannt.« Marielles Zweifel waren so gut wie ausgeräumt.

»Vielleicht haben die tatsächlichen Entführer es mit der Angst zu tun bekommen, oder sie haben gute Gründe, sich nicht zu melden. Irgendeinen Grund muß es geben.« Sie war von Charles' Unschuld überzeugt. Nachdem sie viele Stunden mit ihm verbracht hatte, hielt sie ihn dieses Verbrechens nicht für fähig. Aber Marielle konnte nicht mehr an seine Unschuld glauben. Sie stand auf. Es war an der Zeit, daß die junge Frau ging.

»Leider kann ich Ihnen nicht helfen.« Sie empfand zu viel Schmerz, ihr Herz war zu schwer. Sie wollte sich nicht länger anhören, wie diese Person sich für Charles einsetzte. Sie wollte nur ihren Sohn zurückhaben.

»Glauben Sie, er wäre dazu imstande?« Bea wollte es unbedingt wissen. Sie wollte wissen, ob Marielle ihm glaubte. Aber Marielle hatte Angst vor dem, was dieses Mädchen in die Zeitungen bringen würde.

»Ich glaube, er wäre dazu imstande. Eine andere Antwort gibt es nicht, und er hat mit der Tat gedroht.« Sie selbst war überzeugt davon, und wenn die junge Frau noch so sehr an ihn glaubte. Nach all den Jahren hatte sich ihr Herz gegen Charles Delauney verhärtet.

»Er war betrunken.« Es war klar, daß sie mit ihm gesprochen hatte, und in Marielle regte sich Ärger über ihre Beharrlichkeit. Miss Ritter war intelligent, stark und strahlte eine unglaubliche Entschlossenheit aus. Ihr Haar war kurzgeschnitten und lockig, der marineblaue Mantel und das gleichfarbige Kleid wirkten billig, ihr Hut mit der roten Blume lächerlich. Dennoch war sie auf sonderbare, vorwitzige Weise hübsch.

»Trunkenheit ist keine Entschuldigung. Tut mir leid ...« Sie ging an die Tür. Bea Ritter rührte sich nicht von der Stelle.

»Mrs. Patterson, er liebt Sie ...« Die Worte ließen Marielle innehalten. Sie drehte sich um und starrte das Mädchen zornbebend an.

»Hat er das gesagt?«

»Das ist doch klar.«

»Für mich ist das seit Jahren nicht mehr klar, und ich will nichts davon hören.« Sie konnte ihre Wut nicht länger unterdrücken, seine Tat schmerzte wie eine tödliche Wunde. Aber Bea Ritter teilte ihren Standpunkt keineswegs.

»Er ist unschuldig.« Sie war entschlossen, so sicher, daß Marielle drauf und dran war, sich wieder für Charles einnehmen zu lassen, obwohl sie es nicht wollte. Er hatte ihr Kind entführt.

»Wie können Sie behaupten, er sei unschuldig! Wenn er es ist ... wo ist dann mein Sohn?«

»Das weiß er nicht. Er schwört es.« Ihr Blick ließ Marielle nicht los. »Wenn Charles es wüßte, er würde es uns sagen.«

»Sie kennen ihn doch gar nicht.« Aber Bea kannte ihn besser, als Marielle wußte. Sie war stundenlang bei ihm im Gefängnis gewesen, nachdem sie zwei Polizisten bestochen hatte. Zuerst hatte sie nur die Story haben wollen, ein Interview, doch aus irgendeinem sonderbaren Grund schenkte sie ihm Glauben. Sie war sicher, daß er die Wahrheit sagte, und sie hatte sich gelobt, daß sie alles tun würde, um ihm zu helfen. Tatsächlich war sie auf seinen Wunsch hin zu Tom Armour gegangen und hatte ihn gebeten, die Verteidigung zu übernehmen. Die beiden waren alte Bekannte, aber bis dahin hatte Armour auf Charles' Anrufe und Briefe nicht reagiert. Bea war es, die den Umschwung herbeigeführt hatte, sie hatte seine Sache vor Armour vertreten und den jungen Anwalt schließlich überzeugen können, daß Charles unschuldig war, mochten die Beweise auch gegen ihn sprechen. Und sie hatte Tom vorgehalten, daß Charles, einem Unschuldigen, das Todesurteil drohte, wenn er den Fall nicht übernahm. Sie behauptete steif und fest, Tom könne das Ruder herumreißen. Dank Bea Ritter hatte Tom Armour sich schließlich bereit erklärt, Charles zu vertreten.

»Werden Sie mir helfen?« Bea sah sie flehend an, und Marielle wollte nichts davon hören, wie Tom Armour nichts davon hatte hören wollen, dann aber doch nachgegeben hatte. Bea Ritter konnte einen geradezu unangenehm überzeugenden Einfluß ausüben.

»Finden Sie meinen Sohn, und ich werde Ihnen glauben«, gab Marielle kühl von sich.

»Ich will es versuchen.« Endlich stand Bea Ritter auf. »Darf ich Sie anrufen, wenn sich etwas ergeben sollte?« Marielle zögerte zunächst, um dann wider Willen zu nicken. »Danke.« Bea blieb stehen und sah Marielle an, als könne sie es kaum fassen, dann dankte sie ihr noch einmal und ging, verfolgt von Marielles Blick.

Marielle saß noch immer an ihrem Schreibtisch und dachte an Bea Ritter, als John Taylor sie in Begleitung des Bundesstaatsanwaltes aufsuchte. Der große, hagere, ein wenig furchteinflößende Mann war felsenfest davon überzeugt, daß Charles Delauney ihr Kind entführt hatte; mehr noch, er war sicher, daß er Teddy getötet hatte. Marielle zuckte unter seinen Worten zusammen, und John Taylor sah es mit schmerzlichem Mitgefühl. Dieser Besuch war das genaue Gegenteil von Bea Ritters flehentlicher Bitte, Charles zu helfen.

Der Staatsanwalt eröffnete ihr, daß er den Prozeß für März anberaumt habe, und erklärte ihr, daß er mit einem Schuldspruch rechne und jede erdenkliche Unterstützung ihrerseits und von seiten ihres Mannes erwarte.

»Was heißt das, Mr. Palmer?«

»Das heißt, daß ich mit Ihrer persönlichen Anwesenheit rechne. Sie sollen dasitzen und bewirken, daß die Geschworenen sich gefühlsmäßig engagieren. Sie sollen wissen, was der Verlust Ihres Jungen für Sie bedeutet, damit sie Mr. Delauney schuldig sprechen. Und wenn wir Glück haben und beweisen oder auch nur voraussetzen können, daß er mit dem Jungen die Grenze des Bundesstaates überschritten hat, dann kriegen wir die Todesstrafe, Mrs. Patterson, und nichts weniger!« Seine Worte ließen sie schaudern. Zudem weckte er in ihr das Gefühl, daß er versuchen würde, Charles aufgrund gefühlsmäßiger Argumente und nicht aufgrund von Beweisen verurteilen zu lassen. Auch hatte sie große Bedenken, während des Prozesses »zur Schau« gestellt zu werden. Auch Taylor gefiel das nicht, aber er brachte zumindest Verständnis für diese Vorgangsweise auf. William Palmer war als öffentlicher Anklagevertreter hoch angesehen, an menschlichen Qualitäten aber schien es ihm zu mangeln. »Wenn wir bis dahin Ihren Sohn gefunden haben sollten, werden wir auch ihn dem Gericht vorführen, aber nur kurz.« Marielle wäre nichts lieber gewesen, als daß man ihn gefunden und dem Gericht vorgeführt hätte.

»Noch etwas?« Sie verhielt sich abweisend, weil ihr das, was er sagte, so schrecklich war, doch er schien nichts bemerkt zu haben. Er erhob sich und wandte sich zum Gehen.

»Wir werden Sie verständigen.« Er rückte seine Brille zurecht, starrte sie an, als müsse er abschätzen, ob sie sich als Zeugin gut machen würde, und griff nach seinem Aktenkoffer. »Bestellen Sie Ihrem Mann von mir, daß ich ihn nach seiner Rückkehr aus Washington gern gesprochen hätte.«

»Ich werde es ausrichten.« Er ging, und Taylor blieb. Marielle seufzte tief, als sie sich mit ihm auf der Couch niederließ. Hinter ihnen lag ein endloser Monat, eine schreckliche Zeit, und was aus Teddy geworden war, wußten sie noch immer nicht. Es hatte keine Anrufe gegeben, nur ein paar falsche Spuren und eine Handvoll angeblicher Augenzeugen.

»Ein reizender Mensch.«

Taylor, der sich gerade eine Zigarette anzündete, lachte kurz auf. Marielle konnte also auch austeilen.

»Im Gerichtssaal ist er besser als im Salon.«

»Was für ein Glück für ihn.« Dann sah sie John fragend an. Sie waren auf merkwürdige Weise Freunde geworden. Zuweilen hatte sie sogar das Gefühl, er sei ihr einziger Verbündeter. »Ich kann mir vorstellen, wie gräßlich der Prozeß wird.«

»Ja, es wird hart. Und man wird Dinge aufs Tapet bringen, die Ihnen nicht gefallen werden ... der Verteidiger zumindest. Vielleicht wird Ihre Zeit in der Nervenheilanstalt zur Sprache kommen. Man wird mit allen Mitteln versuchen, Ihre Glaubwürdigkeit zu erschüttern.«

»Warum? Ich bin es doch nicht, die Charles anklagt.« Obwohl sie von seiner Schuld nahezu überzeugt war. Nur ab und zu regten sich noch Zweifel. Nun berichtete sie John von Bea Ritter.

»Halten Sie sich da heraus«, riet er ihr sofort.»Sie können dabei nur verlieren. Was immer die Presse in die Finger bekommt, dreht und wendet sie nach Belieben und benutzt es, um Ihnen ein Messer in den Rücken zu jagen.« Sie mußte ihm recht geben. Aber wenn das Mädchen mit den ulkigen Hüten recht hatte? Miss Ritter hatte einen klugen Eindruck gemacht. »Manchmal weiß ich wirklich nicht, was ich denken soll«, gestand sie verzagt. »Und was macht es schon aus? Teddy ist fort. Alles andere ist unwichtig.« Ihre Augen waren groß und traurig. Sie hatte in einem kurzen Leben drei Kinder verloren.

»Für Charles ist es nicht unwichtig. Immerhin steht sein Leben auf dem Spiel. Um seinen Kopf zu retten, wird er sich auch an Strohhalme klammern.«

»Wer ist sein Verteidiger?«

»Er hat sich einen guten Mann ausgesucht, einen gewissen Tom Armour. Klug, jung, er kann brutal sein vor Gericht, aber wenn jemand Delauneys Kopf retten kann, ist er es.«

»Ich weiß nicht, ob ich darüber froh sein soll oder nicht. Ich weiß nicht mehr, was ich glaube. Malcolm sagt, Charles hätte es getan. Und als der Bär gefunden wurde ...« Ihre Augen füllten sich mit Tränen. »Ich weiß nicht ... als ich Charles besuchte, glaubte ich ihm seine Beteuerungen. Aber wenn er es nicht getan hat, wo ist dann Teddy?« Das war die Frage, die niemand beantworten konnte, und als er sie ansah, fühlte John sich so heftig zu ihr hingezogen, daß er ihre Fragen kaum noch registrierte. Noch nie hatte er so für jemanden empfunden, auch nicht für seine Frau, und ganz gewiß nicht für die Frauen, mit denen er ansonsten bei seinen Ermittlungen zu tun hatte. An ihr war etwas, das ihn sehr irritierte, etwas so Verletzliches und Weiches, daß er in ihrer Nähe stets von dem Verlangen beherrscht wurde, die Hand nach ihr auszustrecken und sie zu berühren.

»Ich wünschte, ich wüßte die Antwort darauf«, sagte er schließlich, doch seine Augen liebkosten sie. Sie saßen in der Dämmerung nebeneinander auf dem Sofa. Es war ein kalter

Abend, und sie war wie immer allein. Malcolm war fort, und das Haus wirkte trotz der allgegenwärtigen Polizei leer und verlassen. Er wünschte sich, sie zum Dinner ausführen zu können, irgendwohin, wo es geräuschvoll war, wo es Gelächter und Rauch und Musik gab. Er wünschte, er könnte sie von alldem befreien, von Männern, die sie schlugen und ihr das Herz brachen, und anderen, die sie kühl ignorierten. Mittlerweile wußte er über Malcolm Patterson mehr, als ihm lieb war, und eines wußte er mit Sicherheit, daß nämlich Marielle von allen Menschen weniger zurückbekam, als sie verdiente. John Taylor wünschte nichts mehr, als das ändern zu können. »Ich wünschte, ich könnte Ihnen diese Last abnehmen, Marielle.« Es war eine höchst unprofessionelle Äußerung, aber eine, die sie berührte.

»Wie lieb von Ihnen. Auch ich wünschte, ich wäre den Druck los. Ich war immer der Meinung, Schwierigkeiten passierten einem nicht grundlos. Ich bin nicht sicher, ob ich das noch glaube. Mir ist schon zu viel zugestoßen.« Es war nicht zu fassen, daß die Frau durch völlig unvorhersehbare und grauenvolle Umstände drei Kinder verloren hatte. »Haben Sie Kinder?« Sie wußte so wenig von ihm, und doch war ihr schon seit einem Monat klar, daß sie ihn mochte.

»Zwei. Ein Mädchen von vierzehn und einen elfjährigen Jungen.« Sofort bedauerte er, daß er es gesagt hatte, doch sie nickte gelassen.

»André wäre jetzt auch elf.« Und das kleine Mädchen acht, das Baby, das gestorben war, ohne einen Atemzug getan zu haben, namenlos ... nur Delauney, weiblich.

»Jennifer und Matthew.« Er wollte sie ablenken.

»Sehen sie Ihnen ähnlich?« Sie lächelte. Es war schön, mit ihm über normale Dinge zu plaudern, nicht über Entführung und Mord.

»Ich weiß nicht. Angeblich kommt er nach mir. Schwer zu sagen. Und was ist mit Ihnen? Was möchten Sie machen, wenn das Leben wieder in normaleren Bahnen verläuft?«

Auf diese Frage hin lächelte sie. »Ich möchte schwimmen, lange Spaziergänge machen und reiten ... ich höre gern Musik ... vor Jahren habe ich gemalt, aber das ist lange her ...« Das war vor der Nervenheilanstalt gewesen, aber das sagte sie nicht. »Ich möchte all die einfachen Dinge tun, die ich mit Teddy gemacht habe.« Immer endete alles damit, es war alles, woran sie denken konnte. »Wir haben uns *Schneewittchen* angesehen, an dem Tag, als . . .«

»Ich weiß«, sagte er leise. Es war ihm im Gedächtnis geblieben. Da nickte sie traurig, und er legte seine Hand auf die ihre. Ihr Blick fragte, warum er so teilnahmsvoll und nett war, und sie empfand Dankbarkeit, weil er da war. Immer schien er zur Stelle zu sein, wenn sie ihn brauchte. »Marielle . . .« Er sprach ihren Namen ganz leise aus, und der Raum zwischen ihnen schien zur Reglosigkeit erstarrt. Dann beugte er sich wortlos vor und küßte sie. Sie spürte, wie sie dahinschmolz, als er sie in die Arme nahm und festhielt. Seine Kraft, seine Leidenschaft und seine Güte erfüllten ihre Gedanken und Sinne. Als er sich losmachte, wußte sie nicht, was sie sagen sollte. Beide wirkten etwas erstaunt, doch ihr war anzusehen, daß sie glücklich war.

»Ich weiß nicht, was ich sagen soll . . . ich weiß nur, daß du mir viel bedeutest . . . und daß ich dies alles ohne dich nicht durchgestanden hätte.«

»Ich möchte für dich dasein . . .« Er wollte ihr mehr als das geben, wußte aber nicht, wie er es ausdrücken sollte. Er lehnte sich zurück. Was er getan hatte und warum, begriff er selbst nicht, er wußte nur, daß er es hatte tun müssen. Niemals würde er ihr das zurückgeben können, was sie verloren hatte. Er konnte ihr nur das geben, was sie nicht hatte, wie er wußte, und zwar schon seit Jahren nicht mehr: Liebe. Und eines stand für ihn fest: Malcolm Patterson verdiente sie nicht. Sie sah John ruhig an und wirkte dabei friedvoller als seit langem. Dann faßte sie nach seiner Hand und küßte sie.

»Liebst du deine Frau?« Sie fragte eher aus Neugierde als aus irgendeinem anderen Grund. Sie wollte ihn besser kennenlernen. Und er konnte nichts weniger als unaufrichtig sein. Nach einigem Zögern nickte er.

»Sie darf sich glücklich schätzen.« Aber er wollte mit ihr nicht über seine Frau sprechen.

»Ich muß an dich denken, seit wir uns zum ersten Mal begegnet sind. Schon in jener Nacht wünschte ich mir sehnlichst, dich in den Armen zu halten.« Sie wechselten einen langen, tiefen Blick, und jeder wußte, was der andere empfand. Sie brauchten keine Worte, sie brauchten nur einander. Und beide wußten, daß John deshalb seinen Posten verlieren konnte ... und seine Frau ... doch das kümmerte ihn jetzt nicht. Er wollte nur mit Marielle zusammensein, sich ihrer annehmen und sie beschützen, wie es noch niemand getan hatte. Auch Marielle fühlte sich zu ihm hingezogen, doch sie wußte nicht, wo das hinführen sollte. Beide waren sie verheiratet, ob nun glücklich oder nicht, und mochte Malcolm ihr noch so zürnen, sie konnte ihn nicht verlassen, nachdem sie Teddy verloren hatten.

»Was soll aus uns werden?« fragte sie leise.

»Was wünschst du dir, Marielle?« Seine Stimme war tief und sanft.

»Ich weiß nicht recht ...« Sie schien besorgt. Sie wollte niemandem weh tun, weder John noch seiner Frau, nicht einmal Malcolm.

John berührte ihr seidiges rötliches Haar. Insgeheim spürte er, daß er bereit gewesen wäre, ihretwegen Debbie zu verlassen, doch er wußte, daß Marielle erschrecken würde, wenn er das sagte. Und es würden sich sofort neue Schuldgefühle in ihr regen. Er wollte keine Versprechungen machen, die er nicht halten konnte, und doch begehrte er sie so sehr. Er wollte mit ihr zusammensein, ihr helfen, sie halten, ihr alles geben, was sie nie zuvor gehabt hatte. Und er wollte alles von ihr ... ihre Seele ... ihr Leben ... und ihren Körper ...

»Du bist vom Glück nicht eben verwöhnt worden, meine Liebe«, sagte er mit wehmütigem Lächeln. Aus seinem Blick sprach so viel Güte, daß sie das Gefühl hatte, ihr Leben lang davon zehren zu können.

»Ja, das könnte stimmen ... aber Teddy war einer der seltenen Glücksfälle in meinem Leben ... und jetzt du. Vielleicht gibt es nicht mehr, vielleicht hat man nur ein paar Jahre, ein paar Tage, ein paar Augenblicke ...« André hatte sie knappe zwei Jahre gehabt, Charles drei Jahre, Teddy vier. Vielleicht war es das ... vielleicht war das alles ... vielleicht gab es kein Immer.

»Du verlangst nicht viel.«

»Was bleibt mir anderes übrig?« Sie sah ihm in die Augen, und er beugte sich vor und küßte sie von neuem. Diesmal raubte es ihr den Atem, und er war nicht mehr sicher, ob er sich würde zurückhalten können.

»Ich möchte, daß du glücklich bist...«, flüsterte er voller Glut, doch sie sah ihn traurig an. Das Glück dieser wenigen kostbaren Augenblicke genügte ihr, und sie wollte, daß er das wußte. Im Moment hatte sie nur einen Wunsch, sie wollte, daß Teddy endlich gefunden wurde.

»Es war eine schreckliche Zeit«, sagte sie leise.

»Ich weiß.« Er nahm ihre Hand, von dem Wunsch beseelt, alle ihre Probleme lösen zu können. Vielleicht mit der Zeit... Doch ihm schauderte, wenn er daran dachte, was passieren würde, wenn man den Jungen nie fand... oder wenn man nur seinen Leichnam fand. »Marielle, du mußt sehr stark sein.« Er wußte, daß sie es ohnehin war. »Ich bin da, um dir zu helfen.« Und dann kam ihm ein Gedanke, eigentlich nur, weil sie so wenig von ihm forderte. »Warum erwartest du so wenig von den Menschen? Warum bist du immer so bescheiden?« Er wußte, daß er den Schlüssel gefunden hatte, den Grund, weshalb alle sie haßten. Weil sie nichts von ihnen erwartete, weil sie gab, ohne eine Gegenleistung zu fordern, erweckte sie in allen das Gefühl um so größerer Unzulänglichkeit. Sie war zu gut, zu rein und zu sehr bereit, den Schmerz zu erdulden, den man ihr zumutete. »Sei nicht so gut... auch nicht zu mir, Marielle...« Wieder küßte er sie, und diesmal erwiderte sie seinen Kuß ganz fest. Dann entzog sie sich ihm mit einem kleinen Lächeln, daß sich ihm das Herz im Leib umdrehte. Bei all ihrer Würde und Sanftheit war sie von einer Aura der Leidenschaft umgeben, die ihn fast wahnsinnig machte.

»Wenn wir nicht bald damit Schluß machen, werden wir noch ein ernstes Problem bekommen.« Sie sagte es mit wissendem Blick.

»Ich weiß nicht, ob es nicht genau das ist, was ich möchte«, antwortete er heiser. Und sie war sicher, daß es das war, was sie wollte. Seit drei Jahren hatte sie die Liebe entbehren müssen, und sie empfand seinen sehnigen Körper, der unter dem Hemd zu ahnen war, als ungeheuer anziehend. Aber beiden war klar, daß sie im Moment alles andere als zusätzliche Komplikationen brauchen konnten.

»Wenn das alles vorüber ist, Mrs. Patterson, werden Sie und ich uns ernsthaft unterhalten müssen. Ich weiß nicht, was sich tun wird, aber ich weiß, daß ich Sie nicht einfach so laufenlassen werde.« Noch nie hatte er für jemanden so empfunden, und er war nicht gewillt, dieses Gefühl aufzugeben. Schon bei der ersten Begegnung mit Marielle hatte er gewußt, daß sein Leben sich für immer ändern würde. Doch er wußte auch, daß er es ihr zunächst einmal schuldig war, ihren Sohn zu finden, und wenn er das nicht schaffte, mußte er ihr wenigstens über die Leidenszeit hinweghelfen und dafür sorgen, daß Charles Delauney verurteilt wurde.

»Möchtest du etwas essen, ehe du gehst?« fragte sie, doch er schüttelte den Kopf.

»Ich muß zurück ins Büro.« Es widerstrebte ihm, sie zu verlassen. Vor zehn Uhr kam er nur selten nach Hause. Weil er es nicht wollte. Er hatte Marielle gesagt, daß er seine Frau liebte, und er liebte sie wirklich ... hatte sie geliebt ... so war es jedenfalls einmal gewesen. In Wahrheit liebte er mehr seine Kinder ... und die Kinder und die Religion waren es, die ihn und seine Frau verbanden. »Ich rufe morgen an«, flüsterte er Marielle zu. Ob sie bedauerte, was sie getan und gesagt hatten? Ob es ihr peinlich war? Doch aus ihrem Blick sprach Befriedigung, als sie aufstand und ihn ansah.

»Ich weiß, daß ich ein schlechtes Gewissen haben sollte, aber ich habe keins. Ich fühle mich ganz friedlich.« Als ob etwas ganz Besonderes passiert wäre. Und auch er spürte es. Etwas Richtiges. Etwas Gutes. Etwas, das sie beide brauchten und wollten. Aber würde es ihnen je gewährt werden? Es war zu früh, um diese Frage beantworten zu können.

»Gute Nacht, Mrs. Patterson«, sagte er verhalten und streifte ihre Lippen mit einem flüchtigen Kuß, ehe sie hinausgingen und wieder den kritischen Blicken der Polizisten ausgesetzt waren, die noch immer Tag und Nacht das Haus überwachten. »Gute

Nacht, Marielle ...dots«, setzte er im Flüsterton hinzu. Sie lächelte, als sie ihn an die Tür brachte, und gleich darauf ging sie leise hinauf in ihr Zimmer. Es war das erste Mal seit einem Monat, daß sie lächelte, aber es war einfach schön, sich geliebt und begehrt zu fühlen, wenn auch nur für einen kurzen Augenblick.

9

Während Staatsanwalt William Palmer den Fall vorbereitete, wurde er zum häufigen Besucher in ihrem Haus. Jedesmal zog er sich für längere Zeit mit Malcolm zur Beratung zurück. Er befragte etliche Hausangestellte und führte auch mehrere Gespräche mit Edith und Patrick, die nicht mehr im Haus beschäftigt waren. Und schließlich sprach er Anfang März noch einmal mit Marielle, diesmal allein, ohne daß John Taylor oder ihr Mann zugegen gewesen wäre.

»Ehe Sie in den Zeugenstand treten, Mrs. Patterson, müssen Sie sich völlig im klaren darüber sein, was Ihrer Meinung nach geschah. Sie verstehen mich doch?« Sie verstand ihn sehr gut, denn seine Art, sich auszudrücken, war unmißverständlich. Er gehörte zu den Menschen, die wenig Liebenswertes an sich haben. Sein Haar glänzte pomadisiert, sein Gesicht war bleich. Er mochte etwa in John Taylors Alter sein, also Anfang Vierzig, erschien immer in Nadelstreifenanzügen mit dunklen Krawatten, trug eine Hornbrille und zeigte sich von Malcolm sichtlich beeindruckt.

»Ich verstehe vollkommen«, antwortete sie leise. Zu sagen hatte sie ihm nicht viel. Sie hatte spätabends ein Geräusch gehört, und um Mitternacht war sie hinaufgegangen, um nach Teddy zu sehen – nur um ihm einen Kuß zu geben, erklärte sie zum hundertsten Mal, doch der Staatsanwalt zeigte sich davon unbeeindruckt. Ihm lag einzig daran, Delauney der Tat zu überführen. Männer wie ihn haßte er. In seinen Augen war er nichts weiter als ein Salonsozialist, ein verwöhnter Playboy, der glaubte, er könne sich alles erlauben. »Ich fand Betty und Miss Griffin gefesselt und geknebelt vor. Miss Griffin hatte zusätzlich ein Kissen über dem Kopf. Sie war mit Chloroform betäubt worden. Und Teddy war verschwunden ... mehr war nicht ... er war verschwunden.« Und seither hatte sich nichts ergeben, abgesehen von dem falschen Alarm mit dem Lösegeld in der Grand Central Station. Es war nie abgeholt worden, und der Anrufer hatte sich niemals wieder gemeldet, ein Umstand, der Polizei und FBI zu der Überzeugung gelangen ließ, es habe sich um den Anruf eines Spinners gehandelt.

»Und der Schlafanzug, den man in Delauneys Haus fand ... gehörte der Ihrem Sohn?« Sie hatte das Gefühl, bereits im Zeugenstand zu stehen, so wie er sie beobachtete und vor ihr auf und ab lief.

»Ich glaube schon«, lautete ihre leise Antwort.

»Sie sind nicht sicher.« Er blieb stehen und starrte sie an, als hätte sie seinen Zorn erregt.

»Ich bin sicher, aber ...«

»Aber was, Mrs. Patterson?« Malcolm hatte ihn darauf vorbereitet, daß sie nie sicher war, nie Gewißheit hatte, nie beherzt genug war, um für sich einzustehen oder eigene Meinungen zu äußern.

»Ich weiß nicht, wie er dorthin geraten sein könnte.« Malcolm hatte unfairerweise gesagt, man könne ihren Gefühlen nicht wirklich trauen.

»Natürlich hat Delauney den Anzug dort versteckt. Wie sonst hätte er zusammen mit dem Plüschbären des Jungen dorthin geraten können? Glauben Sie denn nicht, daß Charles Delauney Ihren Sohn entführt hat?« Nun trat Schweigen ein, während sie überlegte. Während der vergangenen zweieinhalb Monate hatte sie sich diese Frage selbst ungezählte Male gestellt, und sie war zu der Ansicht gelangt, er müsse der Täter sein, denn die Beweise sprachen dafür. Aber manchmal wurde sie unsicher, dann nämlich, wenn sie an den Menschen Charles dachte. Und alle sagten, er beteuere noch immer seine Unschuld. Doch die Beweise ... die Beweise ... der Schlafanzug ... der Bär ...

»Ja, ich glaube es.« Sie sagte es mit schmerzlicher Miene.

»Aber Sie sind nicht sicher?« Er stieß jedes einzelne Wort her vor, als bereite es ihm Schmerzen. »Gibt es sonst noch jemanden, der Ihr Kind entführt haben könnte?« Marielle, die das Gefühl hatte, regelrecht zu schrumpfen, während sie ihm zuhörte, schüttelte den Kopf. »Ich weiß nicht. Und ich glaube nicht, daß jemand das weiß, ansonsten hätten wir ihn gefunden.«

William Palmer schien schockiert. »Wollen Sie denn keine Gerechtigkeit, Mrs. Patterson? Möchten Sie nicht, daß der Mann bestraft wird, der Ihren Sohn entführt hat? Ihr Mann will es. Und Sie?« Es hörte sich an, als verstieße sie gegen ihre Bürgerpflicht, wenn sie Charles nicht hingerichtet sehen wollte. In Wahrheit wollte sie das auch nicht.

»Ich möchte, daß mein Sohn nach Hause kommt.«

»Haben Sie sich mit der Möglichkeit abgefunden, daß er ihn womöglich getötet hat?« Sie nickte mit geschlossenen Augen, um sie gleich darauf zu öffnen. Wie sie das Verfahren überstehen sollte, war ihr ein Rätsel. Schon die vergangenen zweieinhalb Monate waren ein wahrer Alptraum gewesen. Tag und Nacht war sie von der Presse gehetzt worden, nahezu täglich waren Fotos von ihnen erschienen, immer wieder Teddy oder Charles auf den Titelseiten. Sie konnte nicht einmal mehr Radio hören, ohne Berichte über sich, Charles oder Malcolm zu hören, Berichte, von denen die meisten erlogen waren und frei erfundene skandalöse Einzelheiten präsentierten. Man habe Marielle weiß Gott wo in Gesellschaft gesichtet, Malcolm habe die Scheidung eingereicht, Charles sei entflohen, Teddy sei irgendwo gesehen worden. Und William Palmer war Bestandteil dieses Alptraums. »Ihnen ist klar, daß dieser Mann Ihren Sohn getötet haben kann, und doch sind Sie nicht sicher, ob Sie ihn für schuldig halten. Ist das richtig?«

»Ja«, schleuderte sie ihm schließlich entgegen. »Ja, das ist richtig ... nein ...« Sie änderte ihre Meinung wieder. »Ich glaube, daß er es getan hat.« Palmer schien ihre Äußerung zutiefst zu mißbilligen. Sie wandte sich ab, stand auf und durchquerte, mit ihren Gefühlen kämpfend, den Raum. »Ich bin nicht ganz sicher, daß Charles Delauney meinen Sohn entführt oder gar getötet hat, halte es aber für möglich, weil die zwei Beweisstücke bei ihm gefunden wurden.«

Er bedachte sie mit einem frostigen Lächeln. »Überlassen Sie es doch mir, Sie zu überzeugen. Warum vertrauen Sie mir nicht, Mrs. Patterson? Ihr Mann hält Mr. Delauney eindeutig für schuldig«, versuchte er sie zu beschwichtigen. Aber sie wußte, was Malcolm glaubte und warum. Er glaubte auch, daß es allein ihre Schuld sei, und das stimmte ebensowenig.

»Er kennt ihn nicht so gut wie ich.«

»Vermutlich nicht. Aber Mr. Delauney hat Sie geschlagen, als Sie schwanger waren, oder nicht?«

Sie ließ sich Zeit mit der Antwort, starrte hinaus in den Garten und wünschte sich, ihren Sohn dort draußen zu sehen. »Mehr oder weniger. Ich weiß nicht, ob ich es heute noch so nennen würde. Er hat mich geschlagen ... aber er war außer sich vor Kummer.«

»Und hat er infolgedessen nicht Ihr ungeborenes Kind getötet?«

»Ich weiß es nicht. Er steht nicht vor Gericht, weil er mein Baby getötet hat.«

»Nein, aber vielleicht wegen des Mordes an Ihrem Sohn. Und wenn er einmal dazu imstande war, dann hat er es möglicherweise auch ein zweites Mal getan.«

»Das ist lächerlich. Die beiden Fälle sind völlig unterschiedlich gelagert.«

»Verteidigen Sie ihn, Mrs. Patterson? Werden Sie ihn auch vor Gericht verteidigen?« Das war es, was er wissen wollte. Er wollte wissen, wo sie stand. Er wollte verhindern, daß sie ihm seinen Fall vermasselte, und er vermutete, Grund zur Besorgnis zu haben.

»Das ist nicht meine Aufgabe, Mr. Palmer. Ich bin nicht da, um irgend jemand zu verteidigen. Es geht mir einzig und allein um meinen Sohn.«

»Und mir geht es einzig und allein um Gerechtigkeit.«

»Dann wird der Gerechtigkeit Genüge getan.« Sie sah ihn lange und fest an. Als er ging, war er sehr ernst und alles andere als zufrieden. Patterson hatte ganz recht, sie war unberechenbar, unverläßlich und ihren Emotionen unterworfen, und er begann sich zu fragen, ob an der Aussage des Chauffeurs nicht doch etwas Wahres war. Gut möglich, daß sie Charles Delauney noch

immer liebte. Vielleicht hatten sie wirklich eine Affäre miteinander. Vielleicht steckte mehr dahinter, als auf den ersten Blick
ersichtlich war. Doch seine Ermittlungen hatten absolut nichts
Anstößiges über sie zutage gefördert. Schlimmstenfalls hätte
man ihr anlasten können, daß sie zuviel Geld für Garderobe
ausgab, doch das schien Patterson nicht zu stören.

Kurz nachdem Palmer an jenem Nachmittag gegangen war,
kam John Taylor. Die Besuche bei ihr waren ihm zur täglichen
Routine geworden. Er genoß es, mit ihr zu plaudern, und manchmal saßen sie nur ruhig beisammen und tranken eine Tasse Kaffee. Er war gern in ihrer Nähe. Mitunter hielt er sich stundenlang
unter dem Vorwand, seine Leute im Auge behalten zu müssen, im
Haus auf, nur um nicht den Augenblick zu verpassen, in dem sie
herunterkam. Er fühlte sich wieder wie ein Kind, wenn sie einander zulächelten, verstohlen Blicke tauschten oder wenn sie ihm
ein Sandwich brachte und er die Hand ausstreckte, um sie zu berühren. Er liebte ihren Duft und ihre weiche Haut, und wenn er
Glück hatte und niemand in der Nähe war, ergab sich zuweilen
sogar die Chance für einen Kuß. Er verzehrte sich danach, mit
ihr auszugehen, lange Frühlingsspaziergänge mit ihr zu unternehmen oder einfach mit ihr ins Kino zu gehen und Popcorn zu essen.
Aber sie konnten nirgendshin. Kaum öffnete man die Haustür,
war es, als werfe man einen Brocken Fleisch in ein Bassin voller Haie. Sie mußten im Haus bleiben, sich verborgen halten und
sich darauf beschränken, miteinander zu reden. Und immer wieder fiel ihm auf, wie selten Malcolm sich zu Hause aufhielt. Der
Mann war praktisch nie da, ein Umstand, der John Taylor nur
zu gut ins Konzept paßte.

»Wie geht's?« flüsterte er, als er den Mantel ablegte. Er hatte
William Palmer eben in einem Taxi davonfahren sehen. »Hat Palmer dich anständig behandelt?«

»Ich glaube, er ist enttäuscht, weil ich nicht möchte, daß
Charles auf dem elektrischen Stuhl landet. Er findet, daß diese
Vorstellung nicht genügend Begeisterung in mir entfacht.«

»Das macht mir auch Sorgen«, sagte John und faßte nach ihrem Arm, als sie zur Bibliothek gingen. »Was kann ich nur vorbringen, um dich von seiner Schuld zu überzeugen?«

»Liefere mir Beweise ... zeig mir mein Kind ...«

»Ich wünschte, das könnte ich. Aber bist du wirklich von seiner Unschuld überzeugt?«

»Nein«, gestand sie ein. »Das Schlimme ist nur, daß ich auch nicht tausendprozentig von seiner Schuld überzeugt bin. Ich glaube, daß er es getan hat, bin mir aber nicht ganz sicher.« Manchmal litt sie heftig unter dieser Unsicherheit und war froh, daß sie nicht als Geschworene auftreten mußte.

»Als wir den Schlafanzug gefunden hatten, war die Sache klar, und das weißt du.« Aber er wußte auch, daß sie nicht an den Tod des Kindes glauben wollte, obwohl die Tatsache, daß man es nicht gefunden hatte, erfahrungsgemäß darauf hindeutete. Vielleicht war für sie das Leugnen von Charles' Schuld gleichbedeutend mit der Hoffnung, daß Teddy noch am Leben war. Vielleicht konnte sie es sich nicht erlauben, die Wahrheit zu akzeptieren. Manchmal fragte sich John, ob man Teddy je finden würde. Es war schrecklich gewesen, als man das Lindbergh-Baby gefunden hatte, schrecklich, als man es den Eltern beibringen mußte, schrecklich, was das für sie bedeutet hatte. Da er selbst Kinder hatte, scheute er jeden Gedanken daran. Und jetzt würde unter Umständen auch Marielle dieser Tatsache ins Auge sehen müssen. Er konnte ihr zuliebe nur hoffen, daß es rasch und schmerzlos gegangen war.

»Der Prozeß wird sicher scheußlich werden, nicht wahr, John?« Sie saßen bei einem Kaffee, den Haverford ihnen gebracht hatte. Sogar der alte Butler hatte John Taylor ins Herz geschlossen. Er war nett zu Marielle, und es war tröstlich, ihn in der Nähe zu haben. Alle fühlten sich sicherer, wenn er da war. Nur einige unter den Polizisten argwöhnten, daß sein Interesse an Marielle nicht rein beruflicher Natur war. Doch sie waren klug genug, den Mund zu halten. Soweit war also ihr Geheimnis sicher, doch die Gefühle, die sie füreinander hegten, schienen zu wachsen. Sie versuchten noch immer, von einem Tag zum anderen zu leben, nur auf Teddy und den Prozeß konzentriert, doch es war ihnen klar, daß der Zeitpunkt kommen würde, da sie sich und ihrer Zukunft ins Auge sehen mußten. Im Moment aber hatte noch keiner eine Entscheidung getroffen, der bevorstehende Prozeß erforderte ihre ungeteilte Aufmerksamkeit.

»Ehrlich gesagt, ich vermute, daß es ziemlich hart wird. Man wird manches ans Licht der Öffentlichkeit zerren, das sehr schmerzlich sein könnte«, sagte John leise.

»Ich kann es kaum erwarten.« Sie wußte, was er meinte, wußte auch, daß Malcolm sie seit Charles Delauneys Verhaftung wie eine Verbrecherin behandelte. Fast schien es, als glaube er, sie stecke mit Charles unter einer Decke oder hätte ihn irgendwie provoziert, Teddy zu entführen. Es gab keine Möglichkeit mehr, Malcolm näherzukommen, an sein Herz zu rühren. Er hatte sie allein in einem Meer aus Einsamkeit und Angst ausgesetzt.

»Hast du eigentlich mal wieder etwas von Bea Ritter gehört?« Er meinte die energische junge Frau mit den roten Haaren, die Charles' Sache zu ihrer eigenen gemacht hatte und sie alle fast zum Wahnsinn trieb, denn sie hatte in der Presse einen Feldzug zu Charles' Verteidigung eröffnet. Alle paar Tage rief sie John Taylor, Charles' Anwalt, die Ermittler und den Staatsanwalt an, und Marielle wußte, daß Bea auch etliche Male versucht hatte, mit ihr zu sprechen. Doch sie nahm die Anrufe nicht mehr entgegen, sie hatte der Frau nichts mehr zu sagen, und es machte sie nur nervös, mit ihr zu sprechen.

»Ich glaube, sie hat gestern wieder angerufen.« Und dann setzte sie mit einem amüsierten Blick auf John hinzu: »Ob sie in ihn verliebt ist?« Bea war eigentlich ein hübsches Mädchen, und sie verfügte über soviel Energie und Kampfgeist wie zehn Männer. John fand sie allerdings ziemlich ermüdend.

»Offen gestanden habe ich mich das auch schon gefragt. Aber es gibt viele verrückte Frauenzimmer, die bei Burschen wie ihm den Kopf verlieren, bei Typen, die grauenhafte Verbrechen begangen haben. Diese Frauen treten meist mit wahrer Besessenheit für die Unschuld des Angeklagten ein. Entweder gehört sie zu dieser Sorte, oder sie ist einfach eine findige Reporterin, die ihre Nase überall hineinsteckt.«

»Sein Schicksal scheint ihr jedenfalls sehr am Herzen zu liegen. Jedesmal, wenn ich mit ihr sprach, setzte sie ihre ganze Überzeugungskraft ein.«

»Ich weiß.« John schüttelte den Kopf und trank seinen Kaffee aus. »Aber für Charles ist sie ein Glücksfall. Er braucht jede erdenkliche Hilfe, und ein wenig positive Presseresonanz kann nicht schaden. Ich hoffe nur, daß sie uns nicht schaden wird, Marielle.« Er sah sie, schon im Aufstehen, ernst an. »Achte darauf, daß du nicht ungewollt der Verteidigung in die Hände spielst. Egal, was du glaubst oder nicht glaubst, es kann nicht deine Absicht sein, ihr zu helfen.« Sie wollte ihn fragen, warum, wußte aber die Antwort ohnehin. Ihnen lag in erster Linie an der Wahrheit über Teddys Schicksal. Kurz darauf verabschiedete er sich, und sie war wieder allein. Sie ging hinauf in Teddys Zimmer, um seine Sachen zu berühren, einige seiner Kleidungsstücke zum ungezählten Mal zusammenzulegen und seine Stofftiere neu zu ordnen. Nie schaffte sie es, sein Zimmer lange zu meiden. Malcolm, der Ärmste, ertrug es nicht mehr heraufzukommen.

Am nächsten Tag kam kurz nach zwölf Thomas Armour, der Verteidiger. Er hatte sie am Morgen angerufen und um eine Unterredung gebeten. Daraufhin hatte sie John angerufen und ihn gefragt, ob sie Armour empfangen dürfe, und er hatte ihr offen geantwortet, er halte es für unklug, aber es verstoße nicht gegen das Gesetz. Marielle hatte sich aus Neugierde bereit erklärt, Armour zu empfangen, nicht zuletzt, weil sie sich auf die Gerichtsverhandlung einstimmen wollte.

Malcolm war für einige Tage nach Boston gefahren, und so war Marielle allein, als Armour kam. Sie hatte ein schwarzes Kleid gewählt, wie neuerdings fast immer, so als ob sie schon in Trauer sei. Armour trug einen dunkelblauen Anzug. Sein dunkelblondes Haar sah aus, als sei es früher einmal heller gewesen. Er hatte warme braune Augen, die auf den ersten Blick sanft wirkten. Doch in seinem Ton lag keine Spur von Sanftheit. Er war höflich und bestimmt, kam aber ohne Umschweife zur Sache. Und seine Augen schienen sie auf der Suche nach Antworten zu durchbohren.

Haverford hatte Armour in die Bibliothek geführt, und nach dem üblichen Austausch von Förmlichkeiten sah er sie offen an und stellte ihr eine sehr gezielte Frage: »Ehe das Verfahren eröffnet wird, möchte ich mir einen ungefähren Eindruck von dem verschaffen, was Sie über meinen Klienten aussagen werden.« Er hatte diesen Fall nicht übernehmen wollen, weil er in Charles anfangs nur den typischen verwöhnten Sohn aus reichem Haus gesehen hatte. Allmählich aber waren seine Sympathien für ihn erwacht, und seit er sich endgültig für den Fall entschieden hatte, stand er voll und ganz hinter seinem Mandanten.

»Was meinen Sie damit, Mr. Armour?« Aus Zeitungsberichten wußte sie, daß er Harvard absolviert hatte, der jüngste Teilhaber einer sehr angesehenen Anwaltssozietät und etwa Ende Dreißig war. Charles hatte sich den besten Mann genommen, das war sein gutes Recht. Aber wichtiger als sein Ruf waren die Ruhe und die Überzeugungskraft, die von ihm ausgingen. Sein gutes Aussehen registrierte Marielle nur am Rande. Viel beeindruckender fand sie die Intelligenz seines Ausdrucks und die Aura der Entschlossenheit, die ihn umgab.

»Mr. Delauney hat mir angedeutet, was passiert ist . . . damals. Ich glaube, wir wissen, wovon die Rede ist.« Er meinte den Tod Andrés, und sie wußte zu schätzen, daß er es bei einer Andeutung beließ. »Er gibt zu, daß er sich abscheulich benommen hat und daß sein Verhalten jetzt falsch gedeutet werden kann. Sie sind der einzige Mensch, der bezeugen kann, was er damals getan hat und aus welchem Grund. Wie sehen Sie die Sache?«

»Ich glaube, daß er vor Kummer den Verstand verloren hat. Und mir ging es ebenso. Wir beide haben Dummheiten gemacht. Das liegt lange zurück.« Er registrierte ihren bekümmerten Ausdruck. Sie war bildschön und hatte die traurigsten Augen, die man sich vorstellen konnte. Sein Interesse wuchs. Ihm war klar, daß Charles Delauney sie noch immer liebte, und er hätte zu gern gewußt, inwieweit diese Gefühle erwidert wurden, aber Delauney hatte steif und fest behauptet, sie hätten vor der Entführung nichts miteinander gehabt. Malcolms wegen hätte sie sich sogar geweigert, ihn zu treffen. Das hatte Tom Armour ein wenig beeindruckt, aber um ihn ernsthaft zu beeindrucken, brauchte es einiges mehr.

»Halten Sie meinen Mandanten für einen gefährlichen Menschen?« Es war eine Frage von großer Tragweite, über die sie sich selbst schon lange Gedanken gemacht hatte.

»Nein. Ich halte ihn für närrisch. Für ungestüm. Manchmal sogar für dumm.« Sie lächelte, doch Tom Armour erwiderte ihr Lächeln nicht. »Aber für gefährlich halte ich ihn nicht.«

»Glauben Sie, daß er Ihr Kind entführt hat?«

Sie zögerte lange, sehr lange, um eine wahrheitsgemäße Antwort bemüht. »Ich weiß es nicht.« Sie sah ihm direkt in die Augen, und was sie darin las, gefiel ihr. Er sah aus wie ein anständiger Mensch, wie jemand, dem man vertrauen konnte. Sie wußte, daß er ihr gefallen hätte, wären sie einander unter anderen Umständen begegnet. Und ihr zweiter Gedanke war, daß Charles sich glücklich schätzen konnte, ihn als Verteidiger zu haben. »Ich weiß es nicht. Ich glaube, daß er es getan hat. Die Beweise liegen vor. Aber wenn ich mir ihn vorstelle, wie er war ... wie ich ihn kannte ... dann verstehe ich nicht, wie er es getan haben kann.«

»Glauben Sie, daß er Ihrem Kind etwas hätte antun können, falls er es entführt hätte?«

»Irgendwie ...«, sie überlegte, ehe sie ihn wieder anschaute, » ... irgendwie kann ich nicht zulassen, daß ich es glaube.« Denn wenn sie es zuließ ... würde es sie vernichten.

»Was meinen Sie ... aus welchem Grund könnte er Ihren Sohn entführt haben? Als Vergeltung für das verlorene gemeinsame Kind? Aus Wut, weil Sie sich nicht mit ihm treffen wollten? Weil er Sie noch immer liebt?«

»Ich bin meiner Sache nicht sicher.« Sie wünschte, sie hätte diese Fragen beantworten können.

»Meinen Sie, daß jemand ihm die Tat anhängt, ihn als Täter hinstellt?« So hatte es Charles ihm gegenüber von Anfang an dargestellt. Und Tom Armour war schließlich zu derselben Meinung gelangt.

»Möglich. Aber wer sollte das sein? Und wie sind Teddys Schlafanzug und sein Bär in Charles' Haus gelangt, wenn er Teddy nicht entführt hat?« Die Verteidigung hatte sich dieselben Fragen gestellt. Es war eine sehr vage Vermutung, daß die tatsächlichen Entführer Charles als Sündenbock benutzten. Woher sollten sie ihn überhaupt kennen? Das war der Schwachpunkt dieser Argumentation. Ein Pluspunkt hingegen war, daß die Mutter des Kindes selbst nicht völlig von Charles Delauneys Schuld überzeugt war. Armour hatte das Gefühl, daß sie in beide Richtungen bewegt werden konnte, ein Umstand, der sich für Charles allerdings auch gefährlich auswirken konnte.

Er stellte ihr einige weitere Fragen, machte sich Notizen und bedankte sich, daß sie Zeit für ihn erübrigt hatte. Dann ließ er seinen Aktenkoffer zuschnappen. Als er aufstand, sah sie ihn noch einmal an und entschied sich, ganz aufrichtig zu sein.

»Man sagte mir, ich sollte besser nicht mit Ihnen sprechen. Es sei ›unklug, wenn auch nicht ungesetzlich‹.« Sie zitierte John, wohl wissend, daß auch Malcolm und der Staatsanwalt außer sich gewesen wären.

»Warum haben Sie es dann getan?« Er war fasziniert von ihr. Weniger von ihrem Äußeren als von ihrem stillen Wesen und ihrer inneren Ruhe. Sie wirkte nicht wie eine Frau, die in einer Nervenheilanstalt gewesen war oder den Verstand verloren hatte. Vielleicht hatte sie sich einfach aufgegeben und nur sterben wollen, wie Charles es erklärt hatte. Jetzt aber war sie wieder ganz da und ließ unter ihrer kühlen Fassade viel Feuer und einen scharfen Verstand erahnen. Das Gespräch mit ihr hatte ihm viel gegeben.

»Mr. Armour, ich möchte die Wahrheit. Mehr nicht. An der Wahrheit liegt mir mehr als an der Gerechtigkeit. Wenn Teddy tot ist, möchte ich es wissen ... natürlich, ich will auch wissen, wer ihn getötet hat und warum ... aber wenn Teddy lebt, dann will ich, daß er gefunden wird ... ich will wissen, wo er ist, damit er nach Hause kommen kann.«

Tom Armour nickte. Er hatte verstanden. Er wollte dasselbe, wenn auch aus anderen Gründen. »Ich hoffe, wir werden die Wahrheit finden, Mrs. Patterson ... Teddys wegen, Ihretwegen ... und Mr. Delauneys wegen.«

»Danke.«

Haverford begleitete Armour hinaus, und Marielle blickte ihm nach, als er die Treppe hinunterging. Er sah aus wie ein Mensch, der alles beherrscht, was er anfaßt. Um dieses Selbstvertrauen beneidete sie ihn. Aber darunter war mehr zu spüren gewesen. Wärme, Kraft und Anteilnahme. Und als sie zurück in die Bibliothek ging, dachte sie wieder, daß Charles sich glücklich schätzen konnte, ihn als Anwalt zu haben.

10

Das Verfahren wurde an einem rauhen winterlichen Nachmittag im März eröffnet. Bei bitterkaltem Wind und eisigem Regen drängten Geschworene, Publikum und Presse in den Gerichtssaal. Es war die Woche, in der Hitler in Prag einmarschierte und der Welt verkündete, er habe die Tschechoslowakei seinem Machtbereich eingegliedert. Aber selbst Malcolm zeigte für die Weltnachrichten weniger Interesse als sonst. Für sie alle gab es ab sofort nur noch das Verfahren *Vereinigte Staaten gegen Charles Delauney*.

Der Prozeß fand im Gebäude des US District Court statt. Pünktlich um eins trafen Malcolm und Marielle in der von zwei Polizisten gefahrenen Pierce-Arrow-Limousine ein – in Begleitung von vier FBI-Leuten, unter ihnen John Taylor. Er war froh, dabeisein und ihr Kraft spenden zu können, und sie spürte seine Nähe ganz bewußt, ein Gefühl, das ihr Mut machte. Seit sie das Haus verlassen hatten, war Malcolm sehr schweigsam. Seine stumme Anklage hatte sie in den vergangenen Monaten zunehmend belastet, und sie war fahl wie ihr graues Kleid, als sie aus dem Wagen stiegen. Malcolm half ihr wortlos die Stufen zum Gerichtsgebäude hinauf. Sie trug einen hellgrauen Mantel mit passendem Hut, den ihr der Wind vom Kopf zu reißen drohte. Die Pressemeute brandete gegen sie an, und die Leute vom FBI mußten ihnen den Weg ins Gebäude regelrecht freikämpfen. Kaum hatten sie den Gerichtssaal betreten, als Marielle wieder bewußt wurde, wie schmerzlich das Ganze sein würde ... und wie sinnlos. Am Ende würden sie Teddy ja doch nicht zurückbekommen. Welchen Zweck hatte das alles überhaupt? Er war fort, und nach drei Monaten waren ihre Hoffnungen, ihn wohlbehalten zurückzubekommen, minimal. Was hier stattfinden würde, war eine Übung in Anklage, weiter nichts.

Die Pattersons nahmen ihre Plätze in der ersten Reihe hinter dem Anklagevertreter ein. John Taylor saß neben Marielle, einer seiner Mitarbeiter neben Malcolm. Hinter ihnen hatten zwei zusätzliche FBI-Leute Platz genommen, und je zwei Polizisten in

Uniform saßen beidseits von ihnen und genau vor ihnen, so daß sie von allen Seiten ausreichend geschützt waren. Brigitte befand sich bereits im Gerichtssaal und erwartete ihr Eintreffen. Sie bedachte Marielle mit einem warmen Blick und nickte Malcolm höflich zu. Gleich darauf erschien der Gerichtsdiener und forderte die Anwesenden auf, sich zu erheben. Da trat auch schon der Richter in seiner schwarzen Robe ein und ließ seinen Blick durch den Raum schweifen. Hochgewachsen, mit zerfurchtem Gesicht und dichtem weißem Haar, war er Malcolm nicht unähnlich. Die beiden waren sogar entfernte Bekannte, doch hatte Malcolm keinen Einwand erhoben, als die Wahl auf diesen als hart bekannten Richter gefallen war.

Richter Abraham Morrison nahm den Vorsitz ein und schaute finster ins Publikum. Es trat lang anhaltende Stille ein, und die Leute fingen an, auf ihren Sitzen hin- und herzurutschen, allen voran die Journalisten, die der Richter besonders kritisch zu mustern schien. Dann sah er zu den Geschworenen, zu den Pattersons, zum Angeklagten sowie zu Staatsanwalt und Verteidiger.

»Mein Name ist Abraham Morrison.« Er hatte eine sonore Stimme. »Und ich werde in diesem Gerichtssaal keinen Unfug dulden. Sollte sich jemand danebenbenehmen, wird er sich so rasch vor der Tür wiederfinden, daß er nicht weiß, wie ihm geschieht. Jede Mißachtung des Gerichts wird mit Haft geahndet. Spielt jemand von der Presse verrückt, wird er unwiderruflich ausgeschlossen. Wer versucht, einen Geschworenen unter Druck zu setzen, unziemlich zu beeinflussen oder gar mit ihm zu sprechen, wird von mir mit einer Strafe belegt. Ist das allen hier Anwesenden klar?« Nickende Köpfe, Gemurmel. »Wir sind wegen einer sehr ernsten Sache hier versammelt. Es geht um ein Kapitalverbrechen. Das Leben eines Menschen steht auf dem Spiel, und ein Kind könnte ums Leben gekommen sein. Das sind keine Dinge, die ich auf die leichte Schulter nehme.« Sein Blick ruhte unverwandt auf den Presseleuten. »Und falls Sie es sich einfallen lassen sollten, Jagd auf die Geschworenen, den Angeklagten oder die Zeugen«, er warf einen Blick zu den Pattersons hin, »zu machen, werden Sie umgehend hinausbefördert. Sind die Spielregeln klar?« Wieder anhaltende, von einer gewissen Ehrfurcht getragene Stille. »Nun?« dröhnte seine Stimme, worauf es im Chor »Ja, Sir« ertönte. »Gut. Dann können wir beginnen. Ich werde in meinem Verfahren keinen Zirkus dulden, das sei ein für allemal gesagt.« Als Antwort erfolgte allgemeines Nicken, worauf er sich die Brille aufsetzte und einige Papiere überflog. Marielle gestattete sich nun einen Blick zum Angeklagten hin, und ihr fiel auf, daß Charles dünn und blaß wirkte und daß seine Schläfen grauer waren als bei ihrer letzten Begegnung. Er war in einem dunkelblauen Anzug erschienen, mit weißem Hemd und dunkler Krawatte. Darin sah er respektabler aus als die meisten der Anwesenden, doch darum ging es nicht. Auch Tom Armour wirkte sehr seriös in seinem korrekten Nadelstreifen mit Weste. Heute sah er jünger aus als bei seinem Besuch in ihrem Haus, von dem Malcolm noch immer nichts wußte.

Richter Morrison schaute auf und ließ seinen Blick erneut durch den Saal wandern. »Ich glaube, wir alle wissen, weshalb wir heute hier sind. Es handelt sich um einen Fall von Kindesentführung. Um die Entführung von Theodore Whitman Patterson, einem vierjährigen Jungen. Seine Eltern sind anwesend.« Er ließ eine vage Handbewegung in Marielles und Malcolms Richtung folgen, und sie spürte, wie ihr Herz heftiger schlug. Es erschien ihr unglaublich, daß es nach drei Monaten intensiven Pressetrommelfeuers noch einen Menschen geben konnte, der nicht wußte, wer sie waren. Vermutlich wollte Richter Morrison sie damit vorstellen. Ihm lagen Anstand und Respekt am Herzen, zugleich aber legte er auf eine gewisse persönliche Note im Gerichtssaal großen Wert.

»Der Angeklagte ist ein Mann namens Charles Delauney. Und theoretisch, meine Damen und Herren, und hier richte ich mich an die künftigen Geschworenen, ist Mr. Delauney unschuldig, bis seine Schuld erwiesen ist. Die Beweisführung ist Sache der Anklage. Mr. William Palmer, der Staatsanwalt«, es folgte eine entsprechende Handbewegung, »muß Sie von Mr. Delauneys Schuld überzeugen, und zwar so, daß alle Zweifel beseitigt sind. Es liegt an Mr. Armour«, er wies auf Tom, »Sie zu überzeugen, daß er unschuldig ist. Gelingt es Mr. Palmer nicht, Sie zu überzeugen, werden Sie also nicht überzeugt und glauben Sie nicht zweifelsfrei, daß Mr. Delauney dieses Kind entführt hat, dann müssen Sie ihn freisprechen. Ihre Pflicht ist es, sehr genau zuzuhören und Ihre Verantwortung sehr ernst zu nehmen. Ich werde die Geschworenen streng abschirmen. Sie werden für die Dauer des Verfahrens auf Staatskosten in einem Hotel in Klausur wohnen und dürfen mit niemandem außer den anderen Geschworenen sprechen. Sie können weder Ihre Kinder anrufen noch mit Ihrem Ehepartner plaudern, Freunde besuchen oder ins Kino gehen. Sie müssen im Hotel zusammen bleiben, bis Sie Ihrer Pflicht vorurteilsfrei und unbeeinflußt nachgekommen sind. Die Presse wird es Ihnen nicht leichtmachen. Zeitungen, Radio, das alles sind große Versuchungen, die ein hohes Maß an Verwirrung stiften können. Sie müssen sich während des Prozesses von alldem unberührt halten. Falls unter den Geschworenen jemand ist, für den die Klausur in den kommenden Wochen aus gesundheitlichen oder familiären Gründen eine unangemessene Härte darstellt, möge er das sagen, wenn er namentlich aufgerufen wird. Wir benötigen zwölf Geschworene und zwei Ersatzpersonen. Meine Damen und Herren, wir danken Ihnen für Ihre Hilfe.« Damit wandte er sich an den Gerichtsdiener und ersuchte ihn, die Namen der vorgesehenen Geschworenen aufzurufen.

Die erste Frau war so verängstigt, daß sie auf dem Weg zu ihrem Sitz fast stolperte. Marielle konnte ihr Zittern deutlich sehen.

Auch der zweite Geschworene war eine Frau, eine ältere Farbige, die sich nur mühsam zu ihrem Sitz durchkämpfte, so alt und gichtgeplagt war sie. Dann kamen zwei Männer, beide in mittleren Jahren, ein Beinamputierter um die Vierzig, eine junge Chinesin mit unglaublich langen Zöpfen, ein gutaussehender junger Farbiger, zwei hübsche junge Mädchen und eine Frau in mittleren Jahren, die Malcolm und Marielle unausgesetzt anstarrte; schließlich zwei weitere Männer und als Ersatzleute zwei unauffällige Frauen.

Kaum hatten sie ihre Plätze eingenommen, als Richter Morrison den Anwesenden auch schon Staatsanwalt William Palmer vorstellte. Dieser drehte sich um, ließ den Blick durch den Gerichtssaal wandern und wandte sich dann mit einem Lächeln an die Geschworenen. »Mein Name ist William Palmer. Ich fungiere in diesem Fall als Anwalt der Regierung und bin hier, um das Volk zu vertreten. Ich vertrete in diesem Fall *Sie* und werde Ihre Hilfe brauchen, um diesen Mann«, er deutete vage in Charles' Richtung, »von dem wir annehmen, daß er den vierjährigen Teddy Patterson zwölf Tage vor Weihnachten entführt hat, zu verurteilen.« Es war, als ob das Datum die Sache noch schlimmer machte, und die Eltern empfanden es in der Tat so. »Sollte einer von Ihnen diesen Mann, mich, den Verteidiger Mr. Armour, den Richter oder jemanden, der mit uns irgendwie in Verbindung steht, kennen, möge er sich wegen Befangenheit melden, damit er von seiner Pflicht entbunden werden kann. Sagen Sie es dem Richter, wenn er Sie aufruft und Sie nach Namen und Beruf fragt.« Damit setzte er sich abrupt, und Tom Armour stand auf und stellte sich vor ... Marielle sah sofort, daß seine Art, mit den Geschworenen umzugehen, viel gewinnender war, er behandelte sie nicht von oben herab wie Palmer, und sein Auftreten war dezent, nicht aggressiv wie das des Staatsanwalts. Er erklärte, das Verfahren gegen Mr. Delauney werde allein auf der Grundlage von Indizien geführt und es gäbe zwei Gegenstände, die seinen Mandanten mit dem Fall in Zusammenhang brächten. Ein Beweis dafür, daß er das Kind tatsächlich entführt habe oder überhaupt in die Sache verwickelt sei, liege jedoch nicht vor. Während er dies vorbrachte, sah Marielle einige der Geschworenen nicken. Der Verteidiger setzte sich wieder, nachdem er sich bei den Geschworenen bedankt hatte – mit einem warmherzigen Lächeln, das die beiden jungen Mädchen zum Kichern brachte, worauf der Richter mit einem finsteren Stirnrunzeln reagierte.

»Darf ich die Damen daran erinnern«, schnarrte er, »daß es sich hier weder um ein gesellschaftliches Ereignis noch um eine amüsante Sache handelt. Also«, er sah die anderen an, »hat hier jemand ein gesundheitliches Problem, das es ihm nicht gestattet, in Klausur zu gehen?« Die ältere Schwarze hob die Hand, worauf Morrison sie mit herzlichem Lächeln ansah. »Ja? Ihren Namen bitte?«

»Ruby Freeman.«

»Ja, Mrs. Freeman?«

»Es sind meine Beine. Ich hab' schrecklich Arthritis. Dauernd habe ich Schmerzen.« Sie blickte bekümmert zu ihm auf.

»Das sehe ich.« Er nickte voller Mitgefühl.

»An manchen Abenden kann ich mich kaum rühren. Und meine Tochter . . . sie kümmert sich um mich . . . ich passe auf das Baby auf, während sie arbeitet . . .« Die Frau brach in Tränen aus. »Wenn ich nicht bei ihr bin, kann sie nicht arbeiten gehen . . . dann gibt es nichts zu essen. Ihr Mann ist bei einem Unfall in der Fabrik umgekommen . . .« Die Saga der Verzweiflung schien kein Ende nehmen zu wollen.

»Hm, wir verstehen. Möglicherweise könnte Ihre Tochter jemanden finden, der ihr vorübergehend hilft, aber Sie selbst, Mrs. Freeman, haben Sie das Gefühl, es wurde für Sie zuviel an Schmerzen bedeuten, wenn Sie dem Verfahren Genüge tun?«

»Ich glaube schon, Euer Ehren. Arthritis ist wirklich etwas Schlimmes. Ich bin jetzt zweiundachtzig und leide seit zwanzig Jahren darunter. Sie hat mich fast umgebracht.«

»Es tut mir leid, das zu hören. Sie werden also von Ihrer Verpflichtung entbunden. Wir danken Ihnen, daß Sie heute gekommen sind«, setzte er noch höflich hinzu. Niemand hob die Hand, deshalb fuhr er in der Prozedur fort. Doch die erste Geschworene war so nervös, daß auch sie bat, von der Verpflichtung entbunden zu werden. Sie habe Gallensteine, entschuldigte sie sich, und ihr Englisch sei nicht gut genug, außerdem sei ihr Mann sehr krank und brauche sie. Sie und ihr Mann seien amerikanische Staatsbürger deutscher Herkunft. Und ehe sie weiterreden konnte, entließ Richter Morrison sie. Die Chinesin mit den Zöpfen sprach kein Wort Englisch, also durfte auch sie gehen. Die zwei jungen Mädchen, die nicht aufhörten zu kichern, handelten sich einen erneuten Verweis des Richters ein. Dann stand Palmer auf und fing mit der Befragung der Geschworenen an, und nach ihm kam Tom, und die Geschworenenbank lichtete sich sehr rasch.

Die zwei Männer in mittleren Jahren, beide Geschäftsleute, blieben. Beide waren verheiratet und hatten Enkel, die ungefähr so alt waren wie Teddy. Der Einbeinige sagte, er sei zweiundvierzig und habe sein Bein im Krieg verloren. Jetzt arbeite er als Versicherungsvertreter. Der junge Farbige arbeitete tagsüber bei der Post und spielte an den Abenden Posaune im Small's Paradise. Zum Heiraten habe er keine Zeit – diese Äußerung löste allgemeines Gelächter aus. Die beiden jungen Mädchen wurden nach Hause geschickt, weil dem Richter ihr Benehmen mißfiel. Beide waren zweiundzwanzig, unverheiratet und schienen alles nur als Jux anzusehen. Ihre Entlassung sollte den anderen als Warnung dienen. Die nicht mehr ganz junge Frau, die Malcolm und Marielle unausgesetzt anstarrte, war Sekretärin, ebenfalls unverheiratet und lebte in Queens. Ob sie für Charles Sympathien hegte oder nicht, war ihr nicht anzusehen. Sie tat nichts anderes, als die Pattersons anzustarren, so daß der Richter sie ermahnen mußte, sie möge ihre Aufmerksamkeit gefälligst dem Prozeßverlauf widmen. Als Folge davon entband die Verteidigung sie sowie die zwei Männer, die nach ihr kamen. Aber beide Seiten hielten an den zwei Ersatzfrauen fest. Blieben also acht Plätze leer, und es dauerte vier Tage, sie zu besetzen. Schließlich hatte man sich auf eine sehr interessant gemischte Geschworenenbank geeinigt. Die zwei Männer mit den kleinen Enkelkindern gehörten noch dazu, obwohl Marielle sicher war, daß Tom sie gern losgeworden wäre, weil ihre Sympathien vielleicht eher der Anklagevertretung zuneigten. Die Reaktion von Verteidigung und Anklage vorauszusehen war ein faszinierendes Spiel. Hätte es sich um ein anderes Verfahren gehandelt, Marielle hätte es voller Spannung verfolgt. Sowohl der einbeinige Veteran als auch der junge schwarze Musiker wurden akzeptiert. Und der letzte Mann war chinesischer Herkunft und hatte einen Lehrstuhl für Wirtschaftswissenschaften an der Columbia University. Alle übrigen Geschworenen sowie die Ersatzleute waren Frauen.

Die jüngste war älter als Marielle und hatte drei Kinder, allesamt erheblich älter als Teddy. Eine der Frauen war eine ehemalige Nonne, die nach dreißig Jahren ihrem Gelübde entsagt hatte, um nach Hause zu gehen und sich um ihre todkranke Mutter zu kümmern. Nach dem Tod ihrer Mutter hatte sie sich entschlossen, nicht wieder ins Kloster zu gehen, aber verheiratet war sie nicht. Außerdem gab es zwei Frauen, die befreundet waren und durch Zufall für dasselbe Verfahren als Geschworene benannt worden waren, beide waren Lehrerinnen an derselben Schule und unverheiratet. Schließlich waren drei weitere Frauen dabei, unauffällig, verheiratet, kinderlos, entweder Sekretärinnen oder Angestellte großer Firmen. Eine hatte kurze Zeit bei einem Anwalt gearbeitet, gab aber an, sie habe keine besonderen juristischen Kenntnisse. Anklage und Verteidigung legten keinen Einspruch ein. Es waren in jeder Hinsicht Geschworene, die Charles entsprachen, eine Gruppe vermutlich normaler, anständiger, fairer Menschen.

Inzwischen war es Freitag kurz vor Mittag, und das Gericht forderte die Geschworenen auf, nach Hause zu gehen, ihre Angelegenheiten zu ordnen und ihr letztes Wochenende zu genießen, weil sie ab Montag in Klausur gehen würden. Der Richter ermahnte sie, keine Zeitungsartikel über den Fall zu lesen und nicht Radio zu hören.

Sodann wurde die Sitzung auf Montag vertagt, und Marielle staunte, wie erschöpft sie schon nach fünf Tagen war, an denen es lediglich um die Auswahl der Geschworenen gegangen war. Die Lebensgeschichten der Menschen und die Entscheidungsfindung des Gerichts, ob sie entlassen oder behalten werden sollten, waren ihr endlos erschienen. Sie und Malcolm erhoben sich, und Charles wurde wieder in seine Zelle gebracht, wo er ein weiteres Wochenende verbringen mußte, und als Tom Armour an ihr vorüberging, tat er es ohne ein Zeichen des Erkennens.

Die FBI-Männer brachten sie nach Hause, und William Palmer suchte Malcolm nachmittags auf. Die beiden Männer verbrachten lange Zeit in der Bibliothek, ohne Marielle hereinzubitten, so daß sie den Kaffee mit John Taylor im Salon einnahm. Er hatte nichts Neues zu berichten, doch nach der schwierigen Woche, die hinter ihr lag, war es schon eine Erleichterung, mit jemandem zu sprechen, der mit ihr fühlte. Jedesmal, wenn Marielle auch nur kurz aus dem Gerichtssaal gegangen war, hatte Bea Ritter sich auf sie gestürzt und sie um eine Unterredung gebeten. Auch an diesem Nachmittag rief sie an, doch Marielle nahm das Gespräch nicht entgegen. Sie war zu ausgelaugt, um sich mit dieser

Frau abzugeben und sich ihre Appelle anzuhören. Sie hatte nicht die Absicht, ihr zu helfen.

»Ein tolles Mädchen«, bemerkte Taylor. »Sie muß ja ganz verrückt nach ihm sein.«

»Ja, manche Menschen bringen Charles solche Gefühle entgegen.« Marielle lächelte. Vor John hatte sie keine Geheimnisse. »Ich habe auch einmal zu ihnen gehört. Aber ich war auch erst achtzehn.«

»Und jetzt?« John Taylor schien besorgt, allerdings nicht wegen des Falles. Marielle lächelte.

»Jetzt bin ich um vieles klüger.« Das bedeutete aber nicht, daß sie Charles die Todesstrafe wünschte, wenn er sie nicht verdiente. Die Sache machte ihr noch immer schwer zu schaffen. Das FBI hatte Anfang der Woche in Connecticut einen Jungen gesichtet, der angeblich aussah wie Teddy, aber wie alle anderen Spuren hatte auch diese sich als falsch erwiesen, als man der Sache nachgegangen war.

»Du siehst müde aus«, sagte Taylor leise, als sie ihm eine zweite Tasse Kaffee eingoß.

»Die Woche war hart.«

»Nicht so hart, wie die nächste und die übernächste sein werden.« Er wußte, was auf sie zukam, denn er kannte die Beteiligten. Der Staatsanwalt war ein beinharter Bursche und unbedingt darauf aus, den Fall zu gewinnen. Er wußte, daß alle Welt den Prozeß verfolgte, selbst Präsident Roosevelt, und er würde nicht zulassen, daß die Verteidigung den Sieg davontrug, koste es, was es wollte. Auch Armour war hart, wenn auch auf sauberere und forschere Weise. Er zielte direkt und traf tödlich. Und die Dinge, die man ans Tageslicht zerren und ihr in Erinnerung rufen würde, waren alles andere als angenehm.

»Bist du dafür bereit?« Er machte sich trotz ihres Stehvermögens Sorgen um sie, denn ihre Kräfte waren nicht unerschöpflich und die Belastung sehr groß. Ihm war deutlich in Erinnerung, wie stark es sie mitgenommen hatte, ihm von André zu erzählen. Doch in Anbetracht der Tatsache, daß sie nun schon drei Monate ohne Teddy hatte auskommen müssen, hielt sie sich tapfer. »Was immer auch geschehen mag«, versuchte er sie zu warnen, »laß dir ja keine Angst einjagen ... laß nicht zu, daß sie dir Schuldgefühle suggerieren.« Er wußte, daß dies das Gespenst war, das ihr am meisten zu schaffen machte, seit Jahren schon. »Du weißt, daß dich keine Schuld trifft«, machte er ihr Mut.

»Ich wünschte, Malcolm würde es auch so sehen. Er gibt mir noch immer an allem die Schuld ... weil ich zuließ, daß Charles in unser Leben trat, und weil es uns Teddy kostete.«

»Das hast du nicht mehr gewollt als er.« Was für ein Narr dieser Mann doch war. Und Johns Abneigung steigerte sich gewaltig, als er kurz darauf in der Halle mit einem seiner Leute sprach und Patterson, Palmer neben sich, auf ihn zueilte und ihn mit einem Fingerschnalzen zu sich winkte wie einen Hund. So durfte man John Taylor nicht kommen.

»Der Staatsanwalt braucht Ihre Hilfe, Mr. Taylor«, sagte Malcolm, der von Taylor wenig hielt, weil er bei der Suche nach Teddy wenig Erfolg aufzuweisen hatte. »Wir brauchen einige zusätzliche Informationen.«

»Über Delauney?«

Palmer nickte. »Gehen wir doch irgendwohin, wo wir in Ruhe sprechen können«, schlug der Staatsanwalt vor, und als sie schließlich saßen, bekam Taylor einiges zu hören, was ihm gar nicht gefiel. Es handelte sich um eine Schmutzkampagne übelster Sorte, um häßliche Dinge aus der Vergangenheit, die mit Teddy nichts zu tun hatten, und Taylor widersetzte sich dem Ansinnen. Der Staatsanwalt wollte, daß er mithelfe, Tatsachen über Marielle und Charles auszugraben, Dinge, die schmerzlich für sie gewesen wären.

»Was hat das mit dem Fall zu tun?«

»Mann, das gehört zum Gesamtbild. Jetzt werden Sie nur nicht zimperlich ... es geht ums Gewinnen.«

»Gewinnen? Was wollen Sie gewinnen? Die Verurteilung eines Unschuldigen? Oder wollen Sie den tatsächlich Schuldigen festnageln? Wenn Delauney schuldig wäre, würden Sie diesen Mist nicht brauchen, Palmer.«

»Wenn Sie mir das Zeug nicht beschaffen, wird es ein anderer tun.«

»Geht es darum in diesem Fall? Sie wollen ihn um jeden Preis überführen? Und was ist mit ihr? Was tun Sie ihr damit an?« Es ging um Andrés Tod in Genf und um ihre Zeit in der Nervenheilanstalt, und Taylor wußte so gut wie Palmer, daß das alles keine Rolle spielte, wenn Charles wirklich schuldig war.

»Mrs. Patterson ist nicht mein Problem, Taylor. Ihr eigener Mann möchte es. Sehen Sie, wenn uns das Material nichts nützen sollte, dann verwenden wir es gar nicht.«

»Wie nett«, sagte Taylor sarkastisch. Ihm war Tom Armours Taktik bei weitem sympathischer, denn der Verteidiger kam ohne schmutzige Tricks aus. Und daß Patterson bereit war, Marielle zu opfern, nur um Delauney festzunageln, fand er unglaublich. Aber Malcolm war überzeugt, daß Delauney seinen Sohn entführt und getötet hatte, und er war entschlossen, alles zu tun, damit Charles verurteilt wurde. In gewisser Weise kann man es ihm gar nicht verübeln, dachte Taylor, als er sich daranmachte, die entsprechenden Anrufe zu erledigen. Beschaffte er die Informationen selbst, konnte er wenigstens Palmers nächsten Schritt voraussehen und Marielle vor dem warnen, was auf sie zukommen würde. Er wußte freilich nicht, daß auch Malcolm eifrig telefonierte – auf der Jagd nach dem ganz großen Knüller.

Das Wochenende verging für Marielle viel zu rasch. Und am Montagmorgen waren sie wieder bei Gericht, und mit dem Prozeß wurde es ernst.

11

Die Eröffnungsplädoyers der folgenden Woche wirkten im Vergleich zu dem vorangegangenen freundlichen Geplauder mit den Geschworenen staubtrocken. Aber einige der häßlichen Dinge, die von den Vertretern der Anklage und der Verteidigung vorgebracht wurden, erwiesen sich als äußerst wirksam.

In seiner Eröffnungsrede versicherte der Staatsanwalt den Geschworenen und den Anwesenden im allgemeinen, daß sie es mit hoher Wahrscheinlichkeit mit einem Kidnapper, vielleicht sogar mit einem Kindesmörder zu tun hätten, mit einem Mann, der in der Vergangenheit Frauen angegriffen habe, der ohne mit der Wimper zu zucken Männer getötet habe, mit einem Lügner, einem Kommunisten, einer Bedrohung für alle Amerikaner. Er schilderte, wie der kleine Teddy Patterson mitten in finsterer Nacht aus seinem Elternhaus geraubt worden war, während die Menschen, die ihn beaufsichtigten, betäubt, geknebelt und gefesselt in Lebensgefahr schwebten. Dann sei das Kind spurlos verschwunden und mit großer Wahrscheinlichkeit getötet und irgendwo verscharrt worden, in einem Graben, auf einem Feld, für die, die ihn liebten, für immer verloren.

Marielle umklammerte ihren Stuhl, als sie das alles hörte. Stunde um Stunde schien die Stimme monoton herunterzuleiern, was für ein schlechter Mensch Charles immer gewesen sei, was für ein fabelhafter Mensch aus Teddy geworden wäre und wie alle unter dem Verlust dieses Kindes litten. Und wenn das stimmte, wenn Teddy wirklich nie zurückkehren sollte, dann mußte Marielle dem Staatsanwalt recht geben. Aber daran zu glauben, daß er für immer aus ihrem Leben verschwunden war, wäre für sie zu schmerzlich gewesen.

Tom Armours Erklärung war nur um weniges beruhigender. Er schilderte Charles Delauney als anständigen, ehrenhaften, in mancher Hinsicht zutiefst verstörten Mann, der vor neun Jahren seinen Sohn und seine ungeborene Tochter, seine ganze Familie, verloren hatte. Da er den Schmerz eines solchen Verlustes aus eigener Erfahrung kannte, sei er nie imstande gewesen, einem Kind etwas zuleide zu tun oder es zu entführen. Im Weltkrieg und in Spanien habe er tapfer gekämpft. Ein Kommunist sei er nicht. Er sei vielmehr ein Mensch, der an die Freiheit glaube. Gebildet, intelligent, anständig, durch die Zerstörung seiner Jugendträume aber zutiefst verstört, hatte er sich in Benehmen und Äußerungen zur Hemmungslosigkeit hinreißen lassen, doch sei er deshalb noch kein Mensch, der das Kind eines anderen entführen könne. Und die Verteidigung würde beweisen, daß er es nicht getan hatte. Außerdem rufe er allen in Erinnerung, daß Mr. Delauney hier wegen Kindesentführung vor Gericht stünde und nicht wegen Mordes. Er sei sicher, die Geschworenen würden ihn freisprechen, wenn sie der Beweisführung aufmerksam folgten. Während er so argumentierte, trat Tom Armour gemessenen

Schrittes vor die Geschworenen, sah jedem einzelnen in die Augen, sprach ihn direkt an, nicht herablassend, sondern als Ebenbürtiger, als Freund, der verstanden werden möchte, der möchte, daß man ihm glaubt. Ihn zu beobachten war faszinierend, so meisterhaft agierte er. Er erklärte ihnen auch, der Staatsanwalt werde den Fall als erster präsentieren, vom Anfang bis zum Ende, und er, Tom Armour, werde die Zeugen natürlich ins Kreuzverhör nehmen, den Fall aus seiner Sicht aber erst präsentieren können, wenn die Anklage zu einem Ende gelangt sei. Und er rief ihnen abermals ins Gedächtnis, daß es Aufgabe der Anklage sei, zweifelsfrei zu beweisen, daß Charles Delauney den kleinen Patterson entführt habe. Gelänge es der Anklage nicht, sie von der Schuld des Angeklagten zu überzeugen, müßten sie ihn freisprechen, ob sie Charles menschlich sympathisch fänden oder nicht. Aber Tom versicherte ihnen, ihnen werde, wenn er die Verteidigung zu Ende geführt habe, klar sein, daß Charles zu Unrecht beschuldigt worden sei.

Nachdem beide ihre Eröffnungsplädoyers gehalten hatten, trat Schweigen ein, und Richter Morrison wies den Staatsanwalt an, den ersten Zeugen aufzurufen. Wie durch einen Nebel hörte Marielle ihren Namen. Sie hatte keine Ahnung gehabt, daß er beabsichtigte, sie als erste Zeugin zu vernehmen. Als sie an John vorüberging, zog sie eine Braue hoch, und er bemühte sich um eine beruhigende Miene, obwohl er in Sorge war, was Palmer wohl mit diesem Vorgehen bezweckte. Er wußte, daß die von ihm getätigten Anrufe kein Material gebracht hatten, das ihr nennenswert schaden konnte. Was aber Palmer und Malcolm ohne seine Hilfe zutage gefördert hatten, wußte er nicht.

Sie trat in den Zeugenstand und strich ihr schlichtes schwarzes Kleid glatt, als sie sich setzte. Nach einem Blick durch den Raum schlug sie nervös die Beine übereinander, um sie sogleich wieder nebeneinander zu stellen. Und die ganze Zeit über stolzierte William Palmer auf und ab und beobachtete sie. Er beobachtete sie, als hafte ihr etwas Sonderbares an, als stünde sie unter Verdacht, und mehr als einmal ließ er den Blick von ihr zum Angeklagten wandern, als gäbe es etwas an ihnen, das er nicht verstünde. Fast war es, als versuche er den Geschworenen etwas Unangenehmes oder Unziemliches zu verstehen zu geben. Und Marielle wurde immer nervöser. Sie sah zum Richter hin, dann zu Malcolm, der ihrem Blick auswich, und zu John, der ein ernstes Gesicht machte. Und die ganze Zeit über wartete sie auf Palmers erste Frage.

»Ihren Namen, bitte.«

»Marielle Patterson.«

»Ihren vollen Namen, bitte.«

»Marielle Johnson Patterson. Marielle Anne Johnson Patterson.« Sie bedachte ihn mit einem Lächeln, das unerwidert blieb.

»Gibt es noch weitere Namen?«

»Nein, Sir.« Zwei weibliche Geschworene lächelten, und Marielle fühlte sich sofort besser. Nur das Zittern ihrer Hände hatte sie noch immer nicht unter Kontrolle, und so ließ sie sie gefaltet im Schoß, wo niemand sie sehen konnte.

»Hatten Sie jemals einen anderen Namen, Mrs. Patterson?« Nun wußte sie, wonach er fragte.

»Ja.« Warum machte er das? Was brachte es? Sie verstand es nicht.

»Würden Sie uns den Namen wohl nennen?« Er ließ die Worte dröhnend erschallen, wie um sie zu erschrecken. Und es gelang Marielle nicht, Malcolm in die Augen zu sehen.

»Delauney«, gab sie leise zurück.

»Könnten Sie es lauter sagen, damit die Geschworenen Sie hören?«

Sie wurde feuerrot und sagte es so laut, daß alle es hören konnten, während Charles sie mitleidig ansah. »Delauney.« Plötzlich empfand er Mitleid mit ihr. Mehr Mitleid noch als John Taylor, denn er ahnte, was nun kommen würde. Palmer war gerissener, als sie geahnt hatten. Er wollte ihre Glaubwürdigkeit von Anfang an untergraben, damit alles, was sie später sagte, wertlos wurde. Er würde nicht das Risiko eingehen, daß sie Charles' Schuld öffentlich in Frage stellte und seine Anklage vor den Geschworenen schwächte.

»Sind Sie mit dem Angeklagten irgendwie verwandt?«

»Ich war mit ihm verheiratet.«

»Wann war das?«

»1926, in Paris. Ich war achtzehn.«

»Und was für eine Heirat war das?« Er gab sich freundlich, lächelte sogar. Aber sie wußte jetzt, daß er im Begriff war, sie zu vernichten. »War es eine große Hochzeit? Oder eine kleine?«

»Wir sind durchgebrannt.«

»Ich verstehe ...« Seine Miene drückte Besorgnis aus, als hätte sie zu seinem großen Bedauern etwas falsch gemacht. »Und wie lange waren Sie verheiratet?«

»Fünf Jahre. Bis 1931.«

»Und wie endete die Ehe? Mit einer Scheidung?«

»Ja, das ist richtig.« Auf ihrer Stirn lag eine dünne Schweißschicht, und sie betete darum, nicht in Ohnmacht zu fallen.

»Macht es Ihnen etwas aus, uns zu erzählen, Mrs. Delauney ... pardon, Patterson ...« Er tat, als hätte er sich versprochen, aber sie wußte, daß es Absicht gewesen war, nur um zu betonen, daß sie mit Charles verheiratet gewesen war, und ja, es machte ihr etwas aus, aber sie hatte keine andere Wahl. »Also, was war der Scheidungsgrund?«

»Ich ... wir ... wir verloren unseren Sohn. Und wir beide erholten uns nie von dem Schock.« Das sagte sie ganz leise und ruhig. John Taylor war stolz auf sie und Charles ebenso. Beiden zerriß Marielles Anblick das Herz, doch das wußte sie nicht. »Ich glaube, man könnte sagen, daß dies die Ehe zerstörte.«

»War dies der einzige Scheidungsgrund?«

»Ja. Davor waren wir sehr glücklich.«

»Ich verstehe.« Wieder nickte er mitfühlend, und in ihr regte sich Haß. »Und wo befanden Sie sich, als die Scheidung ausgesprochen wurde?«

Anders als Taylor mißverstand sie seine Frage. »In der Schweiz.«

»Waren Sie aus einem besonderen Grund dort?« Da ging ihr ein Licht auf. Er versuchte, ihre Glaubwürdigkeit vollends zu erschüttern. Doch das würde ihm nicht gelingen. Wenn der Verlust dreier Kinder nicht vermocht hatte, sie umzubringen, dann gab es nichts, was sie umbringen würde. Nicht dieser Mann, nicht dieses Gericht und nicht dieses Verfahren. Hocherhobenen Hauptes sah sie ihn an.

»Ja, ich war dort in einem Sanatorium.«

»Sie waren krank?« Sie war nicht gewillt, ihm mehr zu geben als unbedingt nötig. Und er wußte genau, was er wollte und warum, aber das wußte sie auch.

»Nach dem Tod unseres Sohnes hatte ich einen Nervenzusammenbruch erlitten.«

»Gab es dafür einen besonderen Grund? War sein Tod von ungewöhnlich traumatischen Umständen begleitet? Einem langen Leiden ... einer schrecklichen Krankheit?« Tränen stiegen ihr in die Augen, doch sie wollte ihnen keinen freien Lauf lassen. Sie wischte sie ab und antwortete mit zitternden Lippen, während alle im Saal gespannt lauschten.

»Er ist ertrunken.« Das war es. Mehr brauchte sie nicht zu sagen. Das war es, was auf dem Totenschein stand. André Charles Delauney, zwei Jahre, fünf Monate, Tod durch Ertrinken.

»Waren Sie verantwortlich für diesen ... *Unfall*...« Er betonte das Wort so, daß es klang, als hätte sie den Unfall geplant, und Charles flüsterte Tom hastig etwas zu, worauf dieser sofort aufsprang und Einspruch erhob.

»Einspruch, Euer Ehren. Die Anklage stellt Suggestivfragen und versucht den Eindruck zu erwecken, daß der Tod des Kindes Schuld der Zeugin war. Darüber haben wir hier nicht zu befinden. Nicht Mrs. Patterson steht unter Anklage, sondern mein Mandant.«

Richter Morrison sah beide Männer mit hochgezogenen Brauen an, erstaunt über Tom Armours freundliche Geste. »Einspruch stattgegeben. Der Anklagevertreter möge sich in seinem Eifer zügeln.«

»Verzeihung, Euer Ehren. Ich will also meine Frage neu formulieren. Hatten Sie das Gefühl, für den Tod des Kindes verantwortlich zu sein?« Das war noch schlimmer, denn so würde niemand erfahren, ob es tatsächlich ihre Schuld gewesen war oder nicht, und es gab keine Möglichkeit, die Situation zu retten.

»Ja, das Gefühl hatte ich.«

»Und deshalb bekamen Sie den Nervenzusammenbruch?«

»Ich glaube ja.«

»Sie waren in einer Nervenheilanstalt?«

»Ja.« Ihre Stimme wurde leiser, und Charles verspürte Ekel. John Taylor erging es ebenso. Malcolm Patterson dagegen blickte mit undeutbarem Ausdruck starr vor sich hin.

»Sie waren tatsächlich nervenkrank, ist das richtig?«

»Ich denke schon. Ich war vollkommen durcheinander.«

»Längere Zeit?«

»Ja.«

»Wie lange waren Sie dort?«

»Zwei Jahre.«

»Mehr als zwei Jahre?«

»Ein wenig länger.« Aber Tom Armour war schon wieder auf den Beinen.

»Darf ich das Gericht daran erinnern, daß Mrs. Patterson nicht unter Anklage steht.«

»Stattgegeben. Mr. Palmer, was soll das? Wir brauchen ein halbes Jahr, wenn wir jeden Zeugen so vernehmen.«

»Euer Ehren, wenn Sie mich nur kurz gewähren lassen, werde ich Ihnen zeigen, worauf es mir ankommt.«

»Also gut, die Anklage soll sich beeilen.«

»Ja, Sir. Mrs. Patterson«, er wandte sich wieder Marielle zu, »Sie befanden sich über zwei Jahre in einer Nervenheilanstalt. Ist das richtig?«

»Richtig.«

Palmer nickte und sah fast so aus, als sei er glücklich über sie. »Haben Sie während dieser Zeit jemals einen Selbstmordversuch unternommen?«

Einen Augenblick lang sah es aus, als würde ihr übel werden. »Ja.«

»Mehr als einmal?«

»Ja.«

»Wie oft?«

Sie überlegte und warf unwillkürlich einen Blick auf ihr linkes Handgelenk, aber dank eines sehr geschickten Schönheitschirurgen war nichts mehr zu sehen. »Sieben- oder achtmal.« Diesmal hielt sie den Blick gesenkt. Es war nichts, worauf sie stolz war. Und sie hätte ebensogut antworten können, es sei ihr entfallen.

»Weil Sie sich für den Tod des Kindes verantwortlich fühlten?«

»Ja.« Fast schrie sie es hinaus.

»Und Mr. Delauney ... wo war er unterdessen?«

»Ich weiß es nicht. Ich habe ihn damals einige Jahre nicht gesehen.«

»War er ebenso durcheinander wie Sie?«

Tom Armour erhob wieder Einspruch, doch auch er konnte sie nicht retten. »Sie fordern die Zeugin auf, über den Geisteszustand meines Mandanten zu urteilen. Warum sparen Sie sich das nicht für später auf?«

»Stattgegeben. Der Staatsanwalt sei gewarnt.« Morrison schien verärgert, und Palmer entschuldigte sich erneut, doch sah man ihm an, daß es ihm nicht leid tat.

»War Mr. Delauney zur Stelle, als das Kind ertrank?«

»Nein, ich war allein mit ihm.« Charles war Ski laufen gegangen.

»Hat er Ihnen die Schuld am Tod des Kindes gegeben?«

»Einspruch!« rief Tom. »Sie stellen schon wieder Vermutungen über den Geisteszustand meines Mandanten an.«

»Abgelehnt, Mr. Armour«, ließ sich der Richter vernehmen. »Das könnte wichtig sein. Einspruch abgelehnt.«

»Ich wiederhole, Mrs. Patterson«, diesmal benutzte er ihren richtigen Namen: »Hat der Angeklagte Ihnen die Schuld am Tod des Kindes gegeben?«

»Damals war ich dieser Meinung ... wir waren beide am Boden zerstört.«

»War er sehr aufgebracht?«

»Ja.«

»Wie aufgebracht? Hat er Sie geschlagen?« Sie zögerte, diese Frage zu beantworten. »Hat er Sie geschlagen?«

»Ich ...«

»Mrs. Patterson, Sie stehen unter Eid. Bitte beantworten Sie die Frage. Hat er Sie geschlagen?«

»Ich glaube, er hat mir einen Schlag versetzt.«

»Euer Ehren.« William Palmer streckte dem Richter ein Telegramm entgegen und reichte es sodann an Tom Armour weiter, zur Überprüfung. »Dieses Telegramm kommt von der Verwaltung des Sainte-Vierge-Hospitals in Genf, die anhand ihrer Unterlagen bestätigt, daß Mrs. Marielle Delauney an dem Tag, als ihr Kind gestorben war, auf dem Krankenhausgelände von ihrem Mann ›geschlagen‹ wurde. Es wird das Wort *battue* benutzt, was ›geschlagen‹ heißt. Sie erlitt zahlreiche Verletzungen, und im Verlauf des Abends hatte sie eine Fehlgeburt.« Es folgte ein allgemeines Luftschnappen im Gerichtssaal, dann wandte Palmer sich wieder Marielle zu, die immer blasser wurde. »Würden Sie sagen, daß dieser Bericht korrekt ist, Mrs. Patterson?«

»Ja.« Sie brachte das Wort kaum heraus.

»Hat Mr. Delauney Sie auch bei anderen Gelegenheiten geschlagen?«

»Nein, das hat er nicht.«

»Und haben Sie vor dem Tod Ihres Sohnes je an einem Nervenleiden gelitten?«

»Nein.«

»Würden Sie sagen, daß Sie wieder völlig hergestellt sind?«

»Ja.«

Als Palmer in seinen Unterlagen nachsah, entstand eine kurze Pause. Dann fuhr er fort: »Mrs. Patterson, leiden Sie unter starken Kopfschmerzen?«

»Ja.«

»Und wann haben diese Schmerzen eingesetzt?«

»Während ... nach ... während meines Aufenthaltes in der Schweiz.«

»Und Sie leiden seither unter diesen Schmerzen?«

»Ja.«

»Auch in letzter Zeit?«

»Ja.«

»Wann genau?«

Fast mußte sie lächeln, aber sie konnte es nicht. »Dieses Wochenende.«

»Wie oft hatten Sie im vergangenen Monat Kopfschmerzen?«

»Etwa drei- bis viermal pro Woche.«

»Leiden Sie noch unter anderen Problemen aus der Vergangenheit, Mrs. Patterson? Sind Sie ungewöhnlich scheu oder zurückhaltend, haben Sie zuweilen Angst vor Menschen? Scheuen Sie Verantwortung ... damit man Ihnen keine Schuld geben kann?«

Wieder stand Tom Armour auf, um zu verhindern, was zu einem Gemetzel auszuarten drohte. »Mein Kollege ist kein Psychiater. Falls er das Gefühl hat, einen zu brauchen, möge er einen Sachverständigen zu Rate ziehen.«

»Euer Ehren.« William Palmer näherte sich dem Richter und schwenkte dann wieder ein Stück Papier vor Tom Armours Nase. »Dieses Telegramm stammt von Mrs. Pattersons Arzt an der Clinique Verbeuf in Villars. Er bestätigt, daß sie tatsächlich dort festgehalten wurde.«

»Einspruch!« rief Tom wutentbrannt, obwohl sie gar nicht seine Mandantin war. »Mrs. Patterson war nicht im Gefängnis!«

»Einspruch stattgegeben. Mr. Palmer, achten Sie auf Ihre Wortwahl!«

»Verzeihung, Euer Ehren. Sie war zwei Jahre und zwei Monate wegen eines Nervenzusammenbruchs und schwerer Depressionen als Patientin dort. Sie hat mehrere Selbstmordversuche unternommen und unter schweren Migräneanfällen gelitten. So lautet die offizielle Diagnose. Dr. Verbeuf fügt ergänzend hinzu, er wisse, daß sie noch immer an Migräne leide und daß bei großen Belastungen wie der momentanen ihr psychisches Gleichgewicht äußerst gefährdet ist.« Ohne es zu wollen, hatte der Arzt sie mit dieser Diagnose erledigt. Was immer sie jetzt sagen mochte, sie würde als geistig zerrüttet gelten und als unglaubwürdige Zeugin dastehen. Aber Palmer war noch nicht fertig.

Nachdem das Telegramm als Beweismittel B zugelassen worden war, fuhr er mit seiner Befragung fort. »Haben Sie mit dem Angeklagten seit Ihrer Scheidung eine Affäre gehabt?«

»Nein.«

»Haben Sie ihn in den letzten Monaten, besser gesagt, ehe Ihr Sohn entführt wurde, gesehen?«

»Ja, ich bin ihm zufällig in der Kirche begegnet, an dem Tag, als der Tod unseres Sohnes sich jährte. Und am Tag darauf noch einmal im Park.«

»War Ihr Sohn bei einer dieser Begegnungen zugegen?«

»Ja, beim zweiten Mal.«

»Und wie reagierte Mr. Delauney auf ihn? War er erfreut, ihn kennenzulernen?«

»Nein.« Sie senkte den Blick, damit sie ihn nicht ansehen mußte. »Er war sehr aufgebracht.«

»Könnte man sagen, daß er wütend war?«

Nach kurzem Zögern nickte sie. »Ja.«

»Hat er Sie auf irgendeine Weise bedroht?«

»Ja, aber ich weiß nicht, ob er es ernst gemeint hat.«

»Und wann wurde Ihr Sohn entführt, Mrs. Patterson?« Er stellte sie als reichlich beschränkt hin, wenn er nicht noch viel Schlimmeres beabsichtigte.

»Am nächsten Tag.«

»Glauben Sie, daß zwischen Mr. Delauneys Drohungen und dem Verschwinden Ihres Sohnes ein Zusammenhang besteht?«

»Ich weiß es nicht.«

Dann wechselte er erneut das Thema. »Haben Sie Mr. Delauney seit der Scheidung geküßt, Mrs. Patterson?« Sie zögerte und nickte dann. »Bitte, beantworten Sie meine Frage.«

»Ja.«

»Und wann war das?«

»Als ich ihm in der Kirche begegnete. Ich hatte ihn seit sieben Jahren nicht gesehen, und er küßte mich.«

»War es nur ein flüchtiger Kuß auf die Wange oder einer auf den Mund, ein Kuß wie im Kino?« Die Zuschauer kicherten, aber Marielle ließ nicht das kleinste Lächeln sehen. Und John Taylor wußte, daß Palmer mit dem Chauffeur gesprochen hatte, der den Unsinn über ihren angeblichen Freund verbreitet hatte.

»Es war ein Kuß auf den Mund.«

»Haben Sie ihn in der Haft besucht?«

»Ja. Einmal.«

»Mrs. Patterson, sind Sie noch immer in Mr. Delauney verliebt?« Von nun an würde alles, was sie über ihn sagte, wertlos sein.

Wieder zögerte sie, um dann den Kopf zu schütteln. »Ich glaube nicht.«

»Glauben Sie, daß er Ihr Kind entführt hat?«

»Ich weiß es nicht. Vielleicht. Ich bin nicht sicher.«

»Fühlen Sie sich für die Entführung auf irgendeine Weise verantwortlich?«

»Ich bin nicht sicher ...« Die Stimme versagte ihr den Dienst, und alle Anwesenden dachten an die Diagnose des Schweizer Arztes, der gesagt hatte, daß ihre psychische Verfassung extremer Belastung nicht gewachsen sei. Palmer hatte genau das erreicht, was er wollte. Er hatte sie absolut unglaubwürdig gemacht. Was sie sagte, hörte sich konfus an, sie zeigte Unsicherheit in bezug auf Delauneys Schuld oder ihre eigene, sie war eine Frau, die mehrfach Selbstmordversuche begangen hatte und vermutlich am Ertrinkungstod ihres ersten Kindes schuld war. Wenn die Verteidigung Marielle jetzt befragen würde, dann würde sie Charles' Sache wenig nützen, und das wußte Palmer. Es war genau das, was er bezweckt hatte, und er hatte sich nicht gescheut, sie praktisch zu mißbrauchen. John Taylor konnte sich denken, wer ihm dabei geholfen hatte. Malcolm. Taylor selbst bereute jeden Anruf, den er selbst gemacht hatte, obgleich das, was er erfragt hatte, vergleichsweise harmlos gewesen war.

»Danke, Mrs. Patterson«, sagte Palmer kühl, um sich dann an Tom Armour zu wenden. »Die Zeugin gehört Ihnen.«

»Die Verteidigung zieht es vor, Mrs. Patterson zu einem späteren Zeitpunkt zu befragen, Euer Ehren.« Er wollte allen Zeit lassen, sich abzukühlen, besonders aber Marielle, die totenblaß den Zeugenstand verließ. Der Richter unterbrach die Sitzung bis zwei Uhr nachmittags. Doch als sie mit Malcolm und den FBI-Leuten den Gerichtssaal verlassen wollte, wurde Marielle von der Presse gestellt. Charles hatte versucht, Blickkontakt mit ihr aufzunehmen, als sie hinausging, doch ihr war zu elend zumute, um ihn auch nur anzusehen, und die Pressemeute versuchte ihr nun buchstäblich die Kleider vom Leib zu reißen, bombardierte sie mit Fragen, während sie fluchtartig das Gebäude verließ.

»Erzählen Sie uns vom Sanatorium ... von den Selbstmordversuchen ... von Ihrem kleinen Jungen ... sagen Sie uns alles ... kommen Sie, Marielle, rücken Sie damit heraus!« Die Stimmen klangen ihr noch in den Ohren, als sie stadtauswärts fuhren und John Taylor mit steinerner Miene aus dem Fenster blickte. Nur Malcolm wagte es, sie anzusprechen, im Flüsterton, und was er sagte, erschreckte sie zutiefst.

»Das war widerwärtig.« Sie sah ihn an, unsicher, was er

meinte. Sie vermutete, er meine die Art, wie Palmer mit ihr umgesprungen war, doch seine Miene sagte ihr, daß er das meinte,
was er über sie gehört hatte. Er sagte kein weiteres Wort. Mit
Tränen in den Augen fuhr sie nach Hause. In der Bibliothek, allein mit ihm, fragte sie ihn endlich, was er gemeint habe, doch
er sah sie nur voller Verachtung an.

»Marielle, wie konntest du nur?«

»Wie konnte ich was? Ihm die Wahrheit sagen? Was blieb mir
denn anderes übrig? Er wußte es ohnehin. Du hast gehört, was
in den Briefen der Ärzte stand.«

»Mein Gott ... die Selbstmordversuche ... die Migräneanfälle ... zwei Jahre in der Nervenheilanstalt ...«

»Das alles habe ich dir schon im Dezember gesagt.« Unmittelbar nach Teddys Entführung, am Morgen danach.

»Damals hat es sich noch anders angehört.« Er machte einen
ehrlich entsetzten Eindruck, und plötzlich war ihr die Situation
zutiefst peinlich. Sie starrte den Mann an, den sie zu kennen geglaubt hatte, und lief hinauf in ihr Zimmer, um sich einzuschlie-
ßen. Kurz darauf bemerkte sie, daß ein Blatt Papier unter ihrer Tür hindurchgeschoben wurde. »Ruf deinen Arzt an«, stand
darauf, mehr nicht. Zunächst dachte sie, es sei etwas Bösarti-
ges, doch dann erkannte sie John Taylors Schrift und fragte sich,
warum er wollte, daß sie ihren Arzt anrief. Und dann wußte sie
es. Irgendwo tief in ihrem Innern wußte sie, warum. Sie holte
eilig ihr Adreßbuch, griff zum Telefonhörer und ließ sich mit
der Nummer verbinden. In Villars war es neun Uhr, doch sie
wußte, daß er rund um die Uhr zu erreichen war, weil er dort
wohnte. Natürlich war er da, und er erschrak sehr über ihren
Anruf.

»Was geht da vor?«

Sie berichtete ihm von der Entführung, obwohl sie annehmen
durfte, daß er informiert war, und er sagte ihr, daß er bereits
viele Fragen beantwortet hätte. Sie verschwieg ihm, was er mit
seinem Telegramm angerichtet hatte, weil sie wußte, wie sehr es
ihn erbittern würde, daß man seine Auskunft mißbraucht hatte.
Ihm hatte sie es immerhin zu verdanken, daß sie seinerzeit am
Leben geblieben war.

»Geht es Ihnen gut?« fragte er aufs höchste besorgt.

»Ich denke schon.«

»*Les migraines?*«

»Manchmal geht es besser. Aber nicht jetzt. Es ist schwer, Teddy ist fort ... und Malcolm ... mein Mann ... ich mußte ihm von Charles und André erzählen ... und von meinem Klinikaufenthalt. Bevor wir heirateten, wollte er mich nicht anhören.«

»Aber er war über alles im Bilde.« Docteur Verbeuf zeigte sich erstaunt, daß sie das nicht wußte. »Er hat mich angerufen, ehe Sie geheiratet haben, wann war das ... ach ja ... 1932. Ja. Es war in dem Jahr, in dem Sie hier entlassen wurden. Sie sind im Februar gegangen, und er muß im Oktober angerufen haben.« Drei Monate später, im Januar, am Neujahrstag, hatten sie geheiratet.

»Er hat Sie angerufen?« Sie wußte nicht aus noch ein. »Aber warum?«

»Er wollte wissen, ob er etwas für Sie tun könne ... gegen die Migräne ... um Ihr Leben glücklicher zu machen ... ich sagte ihm, Sie sollten viele Kinder bekommen.« Der Arzt bekundete sein Mitgefühl. Er habe sie gemocht und bedaure es unendlich, daß die Tragödie sie wieder eingeholt habe. »Weiß man schon etwas Neues von Ihrem Kind?«

»Noch nicht.«

»Rufen Sie mich an, wenn sich etwas ergeben sollte.«

»Ja.« Sie fragte sich, ob er wußte, zu welchem Zweck sein Telegramm benutzt worden war, und als sie auflegte, rätselte sie, was hinter Malcolms Verhalten stecken mochte. Er hatte es all die Jahre gewußt und hatte sich doch schockiert gezeigt, als sie es ihm gesagt hatte. Er hatte sogar zugelassen, daß William Palmer sich dieser Informationen bediente.

Doch auf der Fahrt zum Gerichtsgebäude war keine Zeit für Fragen. Und zu John sagte sie den ganzen Nachmittag über kein Wort. Sie war tief in Gedanken, zu viele Fragen bedrängten sie.

Am Nachmittag wurde Patrick Reilly von der Anklage in den Zeugenstand gerufen, und er beschrieb, was er in der Kirche beobachtet hatte und wie Delauney sich am Tag darauf im Park aufgeführt hatte. Er sei außer sich geraten, habe Marielle gepackt und sie geschüttelt.

Stunden schienen zu vergehen, ehe Marielle Malcolm endlich stellen konnte. Wieder waren sie schweigend nach Hause gefahren, aber dann waren sie endlich allein, und sie konnte in seinem Ankleidezimmer mit ihm sprechen, während er sich für ein stilles Dinner im Klub umzog. Er müsse hinaus und einen klaren Kopf bekommen, hatte er als Begründung angegeben.

»Du hast mich belogen.«

»Wobei?« Desinteressiert drehte er sich zu ihr um.

»Du hast mich nach Teddys Verschwinden die ganze Geschichte beichten lassen, obwohl du alles gewußt hast. Einfach alles ... von André ... von Charles ... vom Sanatorium. Warum hast du mir das nicht gesagt?«

»Hast du wirklich geglaubt, ich würde dich heiraten, ohne eine Ahnung zu haben, woher du kommst?« Aus seinem Blick sprach Verachtung. Sie hatte sich im Zeugenstand zur Närrin gemacht ... und sie hatte ihn zum Narren gemacht ... Charles in der Kirche zu küssen ... widerlich.

»Du hast mich belogen.«

»Und du hast meinen Sohn in Gefahr gebracht. Du hast diesen Schuft wieder in dein Leben gelassen, und deinetwegen hat er ihn entführt.« Ihre angeblich angegriffene Psyche schien ihn im Moment nicht zu kümmern, denn sie hatte ihn um alles gebracht, was ihm lieb und teuer war. »Und was ich von dir wußte, geht dich nichts an. Das ist allein meine Sache.«

»Wie konntest du nur William Palmer davon erzählen?«

»Wenn Palmer deine Glaubwürdigkeit nicht in Zweifel gezogen hätte, wärest du womöglich imstande gewesen, diesem Narren, mit dem du verheiratet warst, zu helfen ... diesem Dreckskerl ... diesem Mörder. Aber du mit deinem weichen Herz bist noch immer nicht sicher, ob er schuld ist.«

»Deswegen also hast du es getan? Damit ich ihm nicht helfen kann?« Sie verstand ihn nicht mehr und begann sich zu fragen, ob sie ihn je richtig verstanden hatte.

»Wenn er für Teddys Tod auf dem elektrischen Stuhl landet, ist das immer noch zu gut für ihn.«

»Darum geht es also? Es ist ein Vergeltungsspiel zwischen euch beiden? Er nimmt Teddy, und du tötest ihn dafür? Was ist nur mit euch los?« Plötzlich war ihr Malcolms Anblick widerwärtig.

»Verlaß mein Zimmer, Marielle. Ich habe dir nichts mehr zu sagen.«

Ungläubig starrte sie ihn an. Um Charles zu vernichten, hatte er sie geopfert. »Ich weiß nicht mehr, wer du bist.«

»Das spielt keine Rolle mehr.«

»Was sagst du da?« Ihr Ton wurde unangenehm schrill, doch hinter ihr lag ein grauenvoller Tag, und sie konnte nicht länger an sich halten.

»Ich glaube, du verstehst mich sehr gut.«

»Es ist also vorbei, das ist es doch, oder?« Falls es je existiert hatte. Was hatten sie denn außer Teddy je gemeinsam gehabt?

»Es war schon aus und vorbei, als Delauney meinen Sohn entführte. Wenn alles ausgestanden ist, kannst du zu ihm gehen, und ihr könnt zusammen beweinen, was ihr getan habt. Eines sage ich dir: Ich werde dir nie verzeihen.« Und sie wußte, daß es ihm ernst war.

»Möchtest du, daß ich jetzt gehe, Malcolm?« Sie war bereit. Wenn er es gewollt hätte, wäre sie über Nacht in ein Hotel gegangen.

»Bist du so sehr auf einen weiteren Skandal erpicht? Du könntest wenigstens soviel Anstand haben und warten, bis wir nach dem Prozeß nicht mehr im Scheinwerferlicht stehen.«

Sie nickte und ging sofort in ihr Zimmer. Nun konnte sie nichts mehr überraschen. Sie war mit einem Fremden verheiratet, mit einem Mann, der sie haßte, weil ihr gemeinsamer Sohn verschwunden war. Noch ein verlorenes Kind. Das Leben war grausam mit ihr umgesprungen. Und was immer als nächstes passieren würde, ob man Teddy finden würde oder nicht, sie wußte, daß ihre Ehe beendet war.

Am nächsten Morgen nahm Marielle das Frühstück in ihrem Zimmer ein, eine Tasse Tee und eine Scheibe Toast. Dazu las sie die Zeitung. Alles wurde breitgetreten, der ganze Horror des vergangenen Tages, das ganze Ausmaß ihrer Demütigung und Vernichtung durch William Palmer, das sie hatte hinnehmen müssen. Im ersten Artikel, den sie las, stand, sie habe jahrelang in einer Nervenheilanstalt gelebt und man habe sie aus dem Zeugenstand entfernen müssen, weil sie geschrien habe. Es war so unfair, was man ihr antat, und sie konnte noch immer nicht glauben, daß Malcolm daran mitschuldig war. Auf der letzten Seite stieß sie auf einen von Bea Ritter verfaßten Artikel. Zunächst wollte sie ihn gar nicht lesen, doch als ihr Blick die Seite überflog, hielt sie inne und fing noch einmal an. Und als sie gründlicher las, kamen ihr die Tränen.

»Vornehm, elegant und würdig trat Marielle gestern in den Zeugenstand. Nicht ein einziges Mal verlor sie ihre Haltung, während die Anklage sie stundenlang unter Druck setzte und ihre Glaubwürdigkeit zu untergraben versuchte – ohne Erfolg, und alle, die es miterlebten, waren voller Bewunderung. Sie nahm die Qual auf sich, über die Umstände zu berichten, unter denen vor fast zehn Jahren ihre beiden Kinder durch einen Unfall ums Leben kamen, eine Schilderung, die allen Anwesenden den Atem stocken ließ. Und sie erklärte die Gründe, die zu ihrer Scheidung von Charles Delauney geführt hatten. Was sie in einem Schweizer Sanatorium erlebt hatte, wurde von der Anklage nicht mit Mitleid oder Verständnis aufgenommen, sondern ins Lächerliche gezogen und dazu benutzt, ihre Glaubwürdigkeit als Zeugin zu erschüttern ...« Der Artikel ging noch über eine halbe Seite so weiter und schloß mit den Worten: »Eines jedenfalls steht fest, nachdem man die Mutter des Opfers im Zeugenstand sehen konnte: Marielle Patterson ist durch und durch Dame. Hocherhobenen Hauptes ging sie aus dem Gerichtssaal, obwohl ihr dabei das Herz gebrochen sein muß, wie jede Mutter nachempfinden kann.« Unter dem Artikel stand Bea Ritters Name.

Marielle wischte sich über die Augen, erhob sich und setzte ihren Hut auf. Bea Ritters Worte waren gut gemeint, änderten jedoch nichts an der Tatsache, daß ihr eigener Mann und der Staatsanwalt es darauf angelegt hatten, sie zu vernichten, damit sie Charles Delauney mit ihrer Aussage nicht helfen konnte. Sie hatte ohnehin nicht die Absicht gehabt, sich für ihn einzusetzen, aber ihre Unsicherheit hinsichtlich seiner Schuld hatte die beiden derart beunruhigt, daß sie vor nichts zurückschreckten.

Als sie hinunterkam, warteten John Taylor und die anderen bereits im Wagen. Marielle hatte sich wieder für einen schwarzen Hut und ein schwarzes Kleid entschieden. Dazu trug sie einen dunklen Bibermantel. Während der Fahrt ins Zentrum fiel kein einziges Wort, und Malcolm starrte die ganze Zeit aus dem Fenster. Auch John war schweigsam. Er berührte ihre Hand ganz kurz, als sie sich setzten, mehr wagte er nicht. Sosehr er sich wünschte, ihr helfen zu können, so schwierig oder unmöglich war dies im Gerichtssaal.

Richter Morrison ermahnte die Anwesenden erneut, sich dem Anlaß entsprechend zu benehmen. Mit einem bösen Blick zur Presse rügte er, es sei unverantwortlich, Dinge zu berichten, die sich nicht zugetragen hätten. Die Behauptung, man habe Marielle aus dem Gerichtssaal tragen müssen, hatte ihn sichtlich verärgert.

Danach fand das Gemetzel vom Vortag seine Fortsetzung. William Palmer war offenbar der Ansicht, Marielles eigene Aussage sei nicht ausreichend und es müßten noch andere in den Zeugenstand, um sie in Mißkredit zu bringen. War erst einmal jedes Mitgefühl für die Mutter des Kindes erloschen, sollte Malcolms Aussage den endgültigen Ausschlag geben, und Malcolm hatte keine Sekunde an Delauneys Schuld gezweifelt.

Patrick Reilly, der Chauffeur, wurde noch einmal in den Zeugenstand gerufen, sodann Edith und sogar Miss Griffin. Gemeinsam entwarfen sie mit Bill Palmers Hilfe das Bild einer nervösen, hysterischen, labilen Frau, die unfähig war, ihr Haus zu führen, sich um ihr Kind zu kümmern oder ihrem Mann von echtem Nutzen zu sein.

»Könnte man sagen, daß Mrs. Patterson eine Frau mit Verantwortungsgefühl ist?« fragte Palmer die Gouvernante, und schon sprang Tom Armour auf, zum tausendsten Mal, wie es schien, und erhob Einspruch.

»Diese Frau ist keine Sachverständige. Und Mrs. Pattersons Kompetenz steht hier nicht zur Debatte. Wenn Sie eine derartige Aussage wollen, müssen Sie einen Sachverständigen befragen und nicht eine Hausangestellte!«

»Mr. Armour, wenn Sie Ihre Zunge nicht hüten, lasse ich Sie wegen Mißachtung des Gerichtes maßregeln!« brüllte der Richter.

»Verzeihung!«

»Einspruch abgelehnt.« Und das Gemetzel nahm seinen Lauf, ohne daß irgend jemand Marielle zu Hilfe gekommen wäre. John Taylor und Charles Delauney wußten, daß das alles nicht stimmte, doch es gab keine Möglichkeit, ein Wort zu ihren Gunsten zu äußern. Ihnen waren die Hände gebunden. Der eigene Ehemann hatte gegen sie Position bezogen.

»Könnte man sagen, daß sie eine gute Mutter war?« fragte William Palmer schließlich Miss Griffin, und die kleine Frau zögerte nur kurz. Aber immer noch lange genug, um Marielle tief zu kränken.

»Eigentlich nicht.« Alles hielt die Luft an, und Marielle fiel fast in Ohnmacht. Als sie auf ihrem Sitz zusammenzusacken drohte, stützte John Taylor sie mit fester Hand, ehe die Reporter etwas merkten.

»Würden Sie uns sagen, warum nicht?«

»Sie ist zu kränklich, um für jemanden wirklich von Nutzen zu sein. Außerdem ist sie viel zu nervös. Kinder brauchen eine stabile Umgebung, Menschen, die stark sind. Wie Mr. Patterson.« Sie war offenbar sehr stolz auf sich, und Marielle fragte sich erneut, womit sie den Haß all dieser Menschen erregt hatte.

»Euer Ehren.« Thomas Armour erhob sich mit gelangweilter Miene. »Es geht hier nicht um ein Sorgerechtsverfahren. Mrs. Pattersons mütterliche Fähigkeiten stehen nicht zur Debatte. Hier handelt es sich um einen Fall von Kindesentführung, und bislang ist noch kein Wort über meinen Mandanten gefallen. All die Menschen hier im Saal kennen ihn überhaupt nicht.« Sie kannten ja auch Marielle kaum, aber Palmer hatte sicherstellen wollen, daß Marielles Ansehen gründlich ruiniert war, ehe er weitermachte. Er hatte sie so sehr in Mißkredit bringen wollen, daß die Aussage, die sie später für die Verteidigung machen würde, vollkommen wertlos sein würde. Wer würde auf eine Frau hören, die zwei Jahre in einer Nervenheilanstalt zugebracht hatte und der von den eigenen Angestellten die mütterlichen Qualitäten abgesprochen wurden? Palmer hatte ganze Arbeit geleistet. Und an diesem Nachmittag legte er letzte Hand an.

Gleich nach der Mittagspause trat Malcolm Patterson für die Anklage in den Zeugenstand.

»War Ihnen die Vorgeschichte Ihrer Frau bekannt, Mr. Patterson?«

»Nein.« Malcolms kalte blaue Augen waren strikt geradeaus auf William Palmer gerichtet, so daß Marielle keine Sekunde in sein Blickfeld geriet.

»Sie hatten also keine Ahnung davon, daß sie sich längere Zeit in einer Nervenheilanstalt aufgehalten hatte? Ist das richtig?«

»Ja, ansonsten hätte ich sie nicht geheiratet.« Marielle wußte, daß das eine Lüge war. Sie wußte nur nicht, was Malcolm mit dieser Taktik bezweckte. Kerzengerade dasitzend, richtete sie den Blick auf eine Stelle an der Wand oberhalb von Malcolm, in Gedanken bei glücklicheren Augenblicken ... mit dem kleinen Teddy. Sie war völlig hilflos ... nicht imstande, sich zu verteidigen oder Malcolms Betrug zu enthüllen. Und genau das war seine Absicht.

»Wußten Sie, daß sie mit Charles Delauney verheiratet gewesen war?«

»Nein, das wußte ich nicht. Sie hat mir nie etwas davon gesagt. Ich wußte nur, daß sie wohl in jungen Jahren ein kurzes Intermezzo hatte. Sie habe als Mädchen in Paris eine Romanze gehabt, das war mir zu Ohren gekommen, aber nicht mehr. Die Ehe hat sie vor mir geheimgehalten.« Mit einem bekümmerten Nicken bekundete Palmer sein Mitgefühl angesichts der Tatsache, daß sein Zeuge von dieser Frau hinters Licht geführt worden war.

»Wissen Sie etwas über Mr. Delauney, Sir?«

»Sein Ruf ist mir bekannt. Sein Vater hat ihn jahrelang außer Landes gehalten.«

»Einspruch!« Tom war wieder auf den Beinen. »Um das zu verifizieren, müßten wir Mr. Delauney senior in den Zeugenstand rufen. Es liegt kein wie auch immer gearteter Beweis dafür vor, daß die Familie meines Mandanten ihn außer Landes sehen wollte. Das Gegenteil war der Fall. Man wollte, daß er nach Hause kam.«

»Einspruch stattgegeben. Nichts als Gerüchte. Fahren Sie fort, Mr. Palmer.«

»Haben Sie Mr. Delauney jemals gesehen?«

»Erst hier vor Gericht.«

»Hat er Sie jemals angerufen, Sie bedroht, Sie oder ein Mitglied der engeren Familie belästigt?«

»Einspruch!«

»Einspruch abgelehnt!«

Malcolm fuhr fort. »Er hat meine Frau und meinen Sohn bedroht. Er drohte ihr mit der Entführung des Kindes, falls sie nicht zu ihm zurückkäme.«

»Wann war das?«

Malcolm antwortete mit gesenktem Kopf, den Blick in den Saal richtend. »Am Tag vor der Entführung.«

»Haben Sie Ihren Sohn seither gesehen?«

Unfähig, etwas zu sagen, schüttelte Malcolm den Kopf.

»Würden Sie für das Protokoll wohl lauter sprechen, Sir?« bat Palmer mit jener Sanftheit, die er Marielle gegenüber vollständig hatte vermissen lassen.

»Tut mir leid ... nein ... ich habe ihn nicht mehr gesehen ...«

»Und wie lange ist das her?«

»Fast auf den Tag genau drei Monate. Mein kleiner Junge wurde am elften Dezember entführt ... kurz nach seinem vierten Geburtstag.«

»Hat es Anrufe gegeben ... oder Lösegeldforderungen?«

»Nur eine, und die entpuppte sich als fingiert. Das Geld ist nie abgeholt worden.« Was damit gesagt werden sollte, war klar. Delauney hatte kein Lösegeld gefordert, weil es ihm um Vergeltung ging; Geld brauchte er nicht.

»Glauben Sie, daß Ihr Sohn noch am Leben ist?«

Wieder schüttelte Malcolm den Kopf, zwang sich jetzt aber zum Sprechen. »Nein, das glaube ich nicht. Wenn er noch am Leben wäre, hätte man ihn uns inzwischen zurückgebracht. Das FBI hat im ganzen Land nach ihm gefahndet. Man hätte ihn sicher gefunden, wenn er noch lebte.«

»Glauben Sie, daß Mr. Delauney der Kidnapper ist?«

»Ich glaube, daß er die Leute bezahlte, die mein Kind entführten und wahrscheinlich töteten.«

»Und wie sind Sie zu dieser Überzeugung gelangt?«

»Man hat den Schlafanzug Teddys ... meines Sohnes ... in seinem Haus gefunden ... und einen Plüschbären, den der Kleine liebte. Es war der Schlafanzug, den er trug, als er entführt wurde.« Gegen seinen Willen fing er zu weinen an, und es war förmlich zu spüren, wie ihm das Mitgefühl des gesamten Saales entgegenschlug. Der Staatsanwalt wartete rücksichtsvoll, bis Malcolm seine Fassung wiedererlangt hatte. Brigitte betupfte ihre Augen dezent mit einem Spitzentaschentuch.

»Glauben Sie, daß Ihre Frau noch immer in Charles Delauney verliebt ist?« Eigentlich hatte er fragen wollen, ob Malcolm glaube, daß die beiden ein Verhältnis hätten, aber seine Ermittler hatten absolut nichts zutage fördern können, was darauf hingedeutet hätte. Und er zog es vor, auf Nummer Sicher zu gehen und nichts vorzubringen, was später entkräftet werden konnte.

»Ja, das glaube ich. Von meinem Chauffeur weiß ich, daß sie sich zwei Tage vor der Entführung in einer Kirche trafen und daß sie ihn wiederholt küßte. Ich nehme an, daß sie während der gesamten Zeit unserer Ehe in ihn verliebt war. Vielleicht war sie deshalb immer leidend.« Das hörte sich an, als sei Marielle eine Invalidin und nicht eine junge Frau, der das Leben übel mitgespielt hatte und die häufig unter Kopfschmerzen litt – eine Frau, die eine Tragödie erlebt und es geschafft hatte, sie zu überstehen.

»Glauben Sie, es war die Schuld Ihrer Frau, daß Ihr Sohn entführt wurde?« Palmer stellte die Frage so, als erwarte er einen Urteilsspruch, und Malcolm zögerte mit der Antwort gerade so lange, daß alle annehmen mußten, er werde einen fällen.

»Ich glaube, es ist ihre Schuld, daß Charles Delauney Teddy

entführte. Es ist ihre Schuld, daß er ihr die Verantwortung für den Tod seines eigenen Sohnes anlastet und sich an meinem rächen wollte. Es ist ihre Schuld, daß sie ihn in unser Leben eindringen ließ.« Er blickte mit schmerzlicher Miene in den Saal und zu Marielle, doch sie erwiderte seinen Blick nicht.

»Mr. Patterson, könnten Sie sich vorstellen, in irgendeiner Form Rache zu üben – wo Sie doch das Gefühl haben, daß Mrs. Patterson bis zu einem gewissen Grad für diese ... Tragödie verantwortlich ist? Könnten Sie sich vorstellen, sie zu strafen oder jemandem weh zu tun, der ihr nahesteht? Oder ihr selbst weh zu tun?« Das hatte er bereits, wie Marielle nur zu gut wußte. Mit allem, was er in den vergangenen Tagen getan hatte, mit seinem gesamten Verhalten seit Teddys Verschwinden und mit allem, was er im Zeugenstand ausgesagt hatte. Schlimm genug, daß sie ihr Kind verloren hatte ... und jetzt diese Angriffe ihres Mannes ... sie kämpfte mit aller Kraft darum, sich nicht in die Knie zwingen zu lassen. »Könnten Sie sich vorstellen, sich an ihr oder jemand anderem zu rächen?« wiederholte William Palmer, und Malcolm sagte ein einziges Wort. Seine Stimme hallte durch den Saal, als wäre er Gott persönlich.

»Niemals.«

»Danke, Mr. Patterson.« Palmer wandte sich an Tom. »Mr. Armour, Sie sind an der Reihe.«

Tom erhob sich, ließ jedoch einige Zeit verstreichen, ehe er etwas sagte. Er ging stumm vor der Geschworenenbank auf und ab und lächelte diesem oder jenem von ihnen zu, als wollte er eine entspanntere Atmosphäre schaffen, ehe er schließlich vor Malcolm hintrat. Nun war sein Lächeln erloschen.

»Guten Tag, Mr. Patterson.«

»Guten Tag, Mr. Armour.« Malcolm wirkte ungewöhnlich ernst, Tom Armour dagegen schien völlig locker, obwohl aller Augen auf ihm ruhten. Es war eine bestechende Taktik.

»Könnte man sagen ...«, er sprach die Worte übertrieben gedehnt aus, » ... daß Ihre Ehe mit Mrs. Patterson glücklich war?«

»Ja, das könnte man sagen.«

»Trotz ihrer Krankheit ... ihrer schwankenden Gemütslage ... ihrer Kopfschmerzen?«

Für einen Moment war Malcolm unsicher, aber er fing sich rasch. »Das alles hat uns das Leben nicht eben leichter gemacht, aber ich glaube doch, daß wir glücklich waren.«

»Sehr glücklich?«

»Sehr glücklich.« Malcolm schien verärgert. Ihm war nicht klar, worauf der Verteidiger hinauswollte.

»Waren Sie zuvor schon einmal verheiratet?«

Malcolm knurrte unwillig und schob sein Kinn vor. »Ja, zweimal. Das ist allgemein bekannt.«

»War dies Mrs. Patterson bekannt?«

»Natürlich.«

»Könnte man sagen, daß es Ihre jetzige Ehe in irgendeiner Weise ungünstig beeinflußt hat?«

»Natürlich nicht.«

»Hätte es Sie gestört, wenn Sie gewußt hätten, daß Mrs. Patterson schon einmal verheiratet war?«

Diesmal zögerte er. »Wahrscheinlich nicht. Aber ich hätte es vorgezogen, wenn sie mir gegenüber aufrichtig gewesen wäre.«

»Natürlich.« Tom gab ihm bereitwillig recht. »Mr. Patterson, haben Sie noch andere Kinder?«

»Nein. Theodore ist ... war ... mein einziges Kind.«

»Sie sagen ... war ... Sie glauben nicht, daß er noch am Leben ist?« Tom schien erstaunt.

»Nein ... ich glaube nicht, daß er noch lebt. Ich glaube, daß Mr. Delauney ihn getötet hat.« Das sagte er, um Tom in Rage zu bringen – umsonst, wie es sich zeigte.

»Das verstehe ich. Aber wenn er tot ist – und wir alle hoffen, daß es nicht der Fall sein möge –, also wenn er tot wäre ... wie würden Sie dieses Ereignis in Ihrem Leben beschreiben?«

»Entschuldigen Sie ... ich verstehe nicht.«

Tom Armour trat näher an ihn heran und sah ihm direkt in die Augen. »Wenn Ihr Sohn tot ist, Mr. Patterson, wie werden Sie sich fühlen? Was wird aus Ihrem Leben?« Toms Ton war erbarmungslos.

Malcolm erwiderte Toms Blick und gab zurück: »Es wäre das Ende für mich ... mein Leben würde nie wieder dasselbe sein.«

»Könnte man sagen, daß es Sie vernichten würde?«

Malcolm ließ den Kopf hängen und nickte, ehe er Tom wieder ansah. »Natürlich ... er ist mein einziger Sohn.«

Tom nickte voller Mitgefühl und kam noch näher. »Es würde Sie also vernichten ... Warum sind Sie dann so schockiert, daß Mrs. Patterson vom Tod ihrer beiden ersten Kinder tatsächlich fast vernichtet wurde? Warum hätte es bei ihr anders sein sollen?«

»Nein, ich ...« Ihm war sichtlich unbehaglich zumute, und John Taylor preßte die Lippen zusammen, während Marielle sich zwang, nicht zuzuhören. »Ich könnte mir vorstellen, daß es sehr schwierig für sie war.«

»Sie war damals einundzwanzig ... und im fünften Monat schwanger. Da stirbt ihr kleiner Junge, ihr Vater stirbt wenige Monate später, ihre Mutter begeht ein halbes Jahr darauf Selbstmord, ihr Mann wendet sich gegen sie, von der Trauer über den Tod seines Kindes völlig verstört. Was würden Sie tun, Mr. Patterson? Wie würden Sie sich fühlen? Wie würden Sie sich halten?«

»Ich ... ich ...« Er brachte keine Antwort heraus. Die Geschworenen folgten Toms Fragen mit größtem Interesse.

»Ist Mrs. Patterson heute anwesend?«

»Ja ... natürlich ...«

»Würden Sie sie mir zeigen?«

»Euer Ehren.« William Palmer erhob sich, zum Einspruch bereit. »Ist diese Scharade nötig?«

»Geduld, Mr. Palmer! Mr. Armour, fahren Sie fort, aber nicht zu viel Unsinn, wenn ich bitten darf, wir haben noch viele Zeugen zu hören, und unsere Freunde auf der Geschworenenbank möchten nicht ewig auf Kosten der Steuerzahler im Hotel wohnen.« Vereinzelt lachten Zuhörer, und Tom Armour lächelte. Marielle stellte fest, daß Tom Armour plötzlich erstaunlich locker und gelassen wirkte. Doch dieser Eindruck trog. In Wahrheit war er wie eine gespannte Feder, kontrolliert und beherrscht.

»Mr. Patterson, würden Sie uns wohl Ihre Frau zeigen.« Malcolm kam der Aufforderung nach. »Sie ist heute also da, und es kann gestern für sie nicht einfach gewesen sein ... vom Tod der Kinder zu sprechen, von der Entführung ihres Sohnes, von ihrer in der Nervenheilanstalt verbrachten Zeit ... von ihrer Ehe mit Mr. Delauney ... Aber sie ist da. Sie scheint mir völlig normal zu sein, und sie wirkt beherrscht.« Marielle, die neben John Taylor saß, wirkte in der Tat sehr ruhig. Malcolm, der immer wütender wurde, wahrte nur mühsam die Fassung. Sie kommt mir und wahrscheinlich allen anderen völlig normal vor. Könnte man sagen, daß sie sich trotz allem gut hält?«

»Ich denke schon«, mußte er halbherzig eingestehen.

»Könnte man sagen, ihre früheren Probleme gehören der Vergangenheit an?«

»Ich weiß es nicht«, stieß Malcolm hervor. »Ich bin kein Arzt.«

»Wie lange sind Sie verheiratet?«

»Über sechs Jahre.«

»War sie während dieser Zeit jemals wegen psychischer Probleme in einem Krankenhaus?«

»Nein.«

»Würden Sie sagen, daß sie jemals etwas getan hat, das Ihr Kind in Gefahr gebracht hätte?«

»Ja.« Das schrie er Tom fast entgegen, und diesmal schien der Verteidiger zu erschrecken. Er mußte die Sache zu Ende bringen, ehe Malcolm noch größeren Schaden anrichten konnte. Diese Reaktion hatte ihn überrumpelt.

»Wie hat sie das Kind gefährdet?«

»Sie hat sich mit Charles Delauney abgegeben. Sie hat Teddy sogar in den Park mitgenommen und ihn diesem Mann ausgesetzt! Und dann hat er Teddy entführt!« schrie er und fuchtelte dazu mit den Händen. Tom war erleichtert.

»Mrs. Patterson sagt, die Begegnung sei nicht geplant gewesen, sie habe Mr. Delauney zufällig getroffen.«

»Ich glaube ihr nicht.«

»Hat sie Sie je zuvor angelogen?«

»Ja, in bezug auf ihre Gemütskrankheit und ihre Ehe mit Delauney.« Tom wußte zwar, daß das gelogen war, wollte ihn aber im Moment nicht noch mehr reizen.

»Wenn das stimmt, Mr. Patterson, hat sie Sie dann auch bei anderen Gelegenheiten belogen?«

»Ich weiß es nicht.«

»Nun gut ... von diesem Treffen im Park am Tag vor Teddys Entführung einmal abgesehen, hat sie etwas getan, um das Kind zu gefährden? Es irgendwelchen Gefahren ausgesetzt, es unbeaufsichtigt gelassen ... etwa allein in der Badewanne?«

»Ich weiß es nicht.«

»Würden Sie sich nicht erinnern, falls sie Ihr Kind in Gefahr gebracht hätte?«

»Doch, natürlich!« Malcolm schaufelte sich langsam, aber sicher sein Grab, und John Taylor registrierte es höchst befriedigt.

»Glauben Sie, daß Ihre Frau Ihnen treu war, Sir?«

»Ich weiß es nicht.«

»Hatten Sie jemals Grund, an ihrer Treue zu zweifeln?«

»Nicht wirklich.« Sein Achselzucken erweckte den Eindruck, als sei es ihm gleichgültig.

»Sie sind viel auf Reisen, so ist es doch, Sir?«

»Ich muß viel reisen. Geschäftlich.«

»Natürlich. Und was macht Mrs. Patterson, wenn Sie auf Reisen sind?«

»Sie bleibt zu Hause.« Wutentbrannt setzte er hinzu: »Mit Kopfschmerzen.« Ein paar Zuhörer lachten, doch die Geschworenen blieben ernst. Sie verfolgten aufmerksam jede seiner Aussagen.

»Begleitet sie Sie manchmal, Mr. Patterson?«

»Kaum.«

»Und warum nicht? Ist es Ihnen lieber, wenn sie nicht mitkommt?«

»Nein. Sie zog es in der Regel vor, bei unserem Sohn zu bleiben.«

»Ich verstehe.« Das Porträt der schlechten Mutter löste sich unter Toms Händen allmählich auf, und John Taylor war um Marielles willen erleichtert, obwohl er als FBI-Agent auf der Seite der Anklage stand. »Und Sie, Mr. Patterson, reisen Sie allein?«

»Natürlich.«

»Sie nehmen niemanden mit?«

»Natürlich nicht.« Er schien verärgert ob dieser Unverschämtheit.

»Nicht einmal eine Sekretärin?«

»Natürlich reise ich mit Sekretärin. Allein kann ich nicht arbeiten.«

»Ich verstehe. Nehmen Sie immer dieselbe mit, oder wechselt das immer mal?«

»Manchmal nehme ich beide Sekretärinnen mit.«

»Und wenn Sie nur eine mitnehmen, geben Sie dann einer den Vorzug?«

»Ich nehme sehr oft Miss Sanders mit. Sie arbeitet seit Jahren für mich.« So, wie er es sagte, hörte es sich an, als sei sie in mittleren Jahren, aber Tom Armour hatte seine Hausaufgaben gemacht und wußte es besser.

»Wie lange ist sie schon bei Ihnen?«

»Sechseinhalb Jahre.«

»Haben Sie ein Verhältnis mit ihr, Mr. Patterson?«

»Natürlich nicht!« brüllte Malcolm. »Ich lasse mich nie mit meinen Sekretärinnen ein!«

»Und wer war Ihre letzte Sekretärin vor Miss Sanders?« Malcolm wußte, daß er erledigt war.

»Meine Frau.«

»Mrs. Patterson war Ihre Sekretärin?« Tom Armours Augen wurden groß vor Staunen, als hätte er das nicht gewußt, und den Richter schien die Frage zu amüsieren.

»Nur für einige Monate, ehe wir heirateten.«

»Haben Sie sie auf diese Weise kennengelernt?«

»Ich denke schon, obwohl ich auch ihren Vater entfernt kannte.«

»Kennen Sie auch Miss Sanders' Vater, Mr. Patterson?«

»Wohl kaum.« Er sah Tom Armour herablassend an. »Er ist Bäcker in Frankfurt.«

»Ich verstehe. Und wo lebt Miss Sanders?«

»Keine Ahnung.« Jetzt war auch Marielles Interesse erwacht.

»Sie waren nie in ihrer Wohnung?«

»Vielleicht einige Male ... zu Besprechungen.«

»Und Sie wissen nicht mehr, wo sie wohnt?«

»Schon gut, schon gut, ich weiß es. An der Ecke Fifty-fourth und Central Park.«

»Eine hübsche Wohngegend. Ist die Wohnung auch hübsch?«

»Sehr hübsch.«

»Ist sie groß?«

»Ausreichend.«

»Verfügt sie über acht Räume – ein Eßzimmer, ein Büro für Sie, zwei Schlafzimmer, zwei Ankleidezimmer, zwei Bäder, ein großes Wohnzimmer und eine Terrasse?«

»Wahrscheinlich. Ich weiß es nicht.« Aber sein Gesicht war hochrot angelaufen, wie Marielle erstaunt bemerkte.

»Zahlen Sie die Miete für Miss Sanders' Wohnung, Mr. Patterson?« Marielle hörte es und war fassungslos. Naiv, wie sie war, hatte sie nie den geringsten Argwohn geschöpft. Brigitte war immer so nett zu ihr gewesen, so freundlich, und Teddy gegenüber so großzügig. Jetzt war Marielle auf einmal alles klar, und sie wurde von kalter Wut gepackt. Sie hatte sich von Brigitte und Malcolm für dumm verkaufen lassen.

»Ich komme nicht für Miss Sanders' Wohnung auf«, sagte Malcolm tadelnd.

»Wieviel verdient Miss Sanders?«

»Vierzig Dollar pro Woche.«

»Ein vernünftiges Gehalt. Aber nicht ausreichend, um eine Wohnung zu unterhalten, die sechshundert im Monat kostet. Was meinen Sie, wie sie die Miete bezahlt, Mr. Patterson?«

»Das geht mich nichts an.«

»Sie sagten, ihr Vater sei Bäcker.«

»Euer Ehren.« William Palmer stand Überdruß heuchelnd auf. »Wohin führt das alles?«

»Das führt dazu«, sagte der nun gar nicht mehr amüsierte Tom Armour, »daß aufgezeigt wird, wie Mr. Patterson trotz seines schwachen Erinnerungsvermögens diese Wohnung bezahlt. Es geht aus seinen Kontoauszügen, seinen Schecks und allen anderen Unterlagen hervor.«

»Selbst wenn es wahr wäre, na und?«

»Seamus O'Flannerty, der Portier des Hauses, wird in den Zeugenstand treten und uns erzählen, daß Mr. Patterson allabendlich nach dem Büro vorbeikommt und sehr oft die Nacht dort verbringt. Und wenn die beiden reisen, dann teilen sie sich oft ein Schlafzimmer. Miss Sanders kommt im Nerzmantel ins Büro, und letzte Weihnachten, zwei Wochen nach der Entführung seines Sohnes, hat Mr. Patterson ihr ein Diamantcollier von Cartier geschenkt. Für mich steht außer Frage, Euer Ehren, daß Mr. Patterson gelogen hat.«

»Einspruch abgelehnt, Mr. Palmer«, sagte der Richter leise. Er ahnte, was von Malcolm zu halten war. »Ich möchte Sie noch einmal daran erinnern, daß Sie unter Eid stehen, Mr. Patterson. Vielleicht wäre Mr. Armour geneigt, die Frage neu zu formulieren.«

»Aber gewiß, Euer Ehren.« Tom kam der Aufforderung gern nach. »Mr. Patterson, gestatten Sie mir noch einmal die Frage, ob Sie mit Brigitte Sanders ein Verhältnis haben oder nicht?« Augenblicklich wurde es mucksmäuschenstill im Gerichtssaal.

Aber noch ehe Malcolm antworten konnte, war der Staatsanwalt schon wieder auf den Beinen. »Das ist für diesen Fall nicht relevant, Euer Ehren.«

»Da bin ich anderer Meinung«, stellte Tom Armour kühl fest. »Die Anklage hat Mrs. Patterson als Zeugin diskreditiert und behauptet, sie habe eine Affäre mit meinem Mandanten, was nicht der Fall ist. Mein Mandant war bis kurz vor der Entführung achtzehn Jahre lang im Ausland. Es sollte der Eindruck geschaffen werden, Mr. Delauney hätte als abgewiesener Liebhaber oder gekränkter Exgatte Rache geübt. Falls Mr. Patterson tatsächlich eine langjährige Beziehung zu Miss Sanders unterhält, ist es ebensogut denkbar, daß sie sich gerächt haben könnte.«

»Wegen eines Diamantcolliers?« fragte Palmer, und diesmal brüllten alle vor Lachen.

»Beantworten Sie die Frage, Mr. Patterson«, forderte der Richter ihn bedauernd auf. »Haben Sie eine Affäre mit Miss Sanders?«

»Vielleicht«, kam leise die Antwort.

»Könnten Sie ein wenig lauter sprechen«, bat Tom höflich.

»Ja, ja ... ich habe ein Verhältnis mit ihr ... aber sie hat meinen Sohn nicht entführt.« Brigitte war unter Marielles unverwandtem Blick erblichen.

»Woher wissen Sie das?« fragte Tom Armour als nächstes.

»Das würde sie nie tun.« Er schien empört.

»Mein Mandant auch nicht. Haben Sie die Absicht, Miss Sanders zu heiraten, Sir?«

»Natürlich nicht.«

Tom zog eine Braue hoch. »Schenken Sie allen Ihren Sekretärinnen Nerzmäntel und Diamantcolliers?«

»Bestimmt nicht.«

»Würde Miss Sanders Sie gern heiraten?«

»Ich habe keine Ahnung. Die Frage hat sich nie gestellt.«

»Danke, Mr. Patterson. Sie sind aus dem Zeugenstand entlassen.« Aber Bill Palmer wollte noch eine Frage anbringen.

»Mr. Patterson, hat Miss Sanders Sie jemals bedroht, hat sie gedroht, Ihrem Sohn etwas anzutun oder ihn zu entführen?«

»Gewiß nicht.« Er machte ein entsetztes Gesicht. »Sie ist eine sehr rücksichtsvolle, freundliche junge Dame.« Mit tollen Beinen und einigen Talenten, von denen Marielle nichts geahnt hatte.

»Danke. Keine weiteren Fragen.«

Malcolm kehrte mit rotem Kopf zu seinem Platz zurück. Wenig später erhob sich Brigitte und ging. Sie wurde von der Presse belagert, kaum daß sie den Saal verlassen hatte, und als sie schließlich heulend in ein Taxi stieg, hing ihr das Kleid in Fetzen vom Leibe.

Anschließend rief der Staatsanwalt eine Reihe von Sachverständigen in den Zeugenstand; sie sollten darlegen, daß Plüschbär und Schlafanzug tatsächlich Teddy gehörten. Die letzte Aussage des Tages lieferte ein Mann, der mit Charles Delauney zur Schule gegangen war und nun zu Protokoll gab, Charles habe ihn im Alter von vierzehn Jahren einmal bedroht. Der Zeuge, ein nervös wirkender Anwalt aus Boston, der seine Aussage freiwillig angeboten hatte, gab zu Protokoll, er habe Charles immer für leicht verdreht gehalten. Tom Armour erhob Einspruch, dem stattgegeben wurde, und unter den Geschworenen machte sich Langeweile breit, hinter ihnen lag ein langer Tag. Endlich war für diesen Tag Schluß, und alle empfanden Erleichterung. John und Marielle wechselten einen langen Blick, als sie gingen, und Malcolm blieb die ganze Heimfahrt über stumm. Zu Hause angekommen ging er direkt in die Bibliothek, schloß die Tür und tätigte mehrere Anrufe. Ohne ein Wort zu Marielle zu sagen, verließ er eine halbe Stunde später das Haus; er knallte die Tür hinter sich zu, und John Taylor und eine Handvoll FBI-Leute taten, als sähen sie es nicht. Alle wußten, was sich an diesem Tag im Gerichtssaal zugetragen hatte.

John ging sofort zu ihr, nachdem Malcolm das Haus verlassen hatte. Sie saßen da und unterhielten sich ruhig. »Warst du sehr erstaunt?« fragte er. Er meinte Brigitte.

Für Marielle, die sich fühlte wie ein Ballon, aus dem man die Luft herausgelassen hatte, war es wieder ein sehr anstrengender Nachmittag gewesen und in mancher Hinsicht ein sehr trauriger.

»Ja, das war ich. Vermutlich bin ich unglaublich dumm, aber ich fand sie immer sehr sympathisch. Sie ist ein nettes Mädchen, und sie war immer reizend zu Teddy.« Sie machte ein nachdenkliches Gesicht, als sie die kleinen Geschenke Revue passieren ließ, die Sachen, die Brigitte angefertigt hatte, die Süßigkeiten, das Spielzeug, die Jäckchen ... Marielle hatte das Gefühl, eine vollkommene Idiotin gewesen zu sein. Wie lange die Sache wohl schon gehen mochte? Vermutlich von Anfang an, und als sie an die vergangenen sechseinhalb Jahre dachte, kam sie sich noch idiotischer vor. Wie dumm sie doch gewesen war, und wie die beiden sie hintergangen hatten ...

»Sie hat wahrscheinlich versucht, sich mit Teddy anzufreunden, um bei deinem Mann Eindruck zu machen.«

»Vielleicht«, sagte Marielle bedrückt. »Ich glaube, das ist jetzt unwichtig.« Malcolm hatte seine Bedürfnisse zwangsläufig woanders befriedigen müssen, denn sie hatten seit Jahren nicht mehr miteinander geschlafen, und er war in diesem Punkt sehr anspruchsvoll. Aber auf Brigitte wäre sie nie gekommen ... einmal, an einem Tag, als die junge Deutsche besonders hübsch ausgesehen hatte, da war ihr der Gedanke gekommen, und als die gemeinsamen Reisen mit Malcolm anfingen, war sie ein wenig eifersüchtig gewesen, aber danach hatte sie keinen Gedanken mehr daran verschwendet. Und jetzt wußte sie, daß er täglich nach dem Büro Brigittes Wohnung aufsuchte, oft über Nacht blieb und sogar die Miete bezahlte. Er war mehr mit Brigitte verheiratet als mit ihr, zumindest kam es Marielle so vor. Sie hatte keine

Bindung mehr an ihn. Keine Beziehung, keine Zärtlichkeit, keine Loyalität, keine Treue ... nicht einmal Teddy.

John beobachtete sie, während ihr dies alles durch den Kopf ging, und er dachte an seine eigene Frau und an das, was nach dem Prozeß womöglich bevorstand. Daß sie nicht ewig so weitermachen konnten, wußte er. Aber trotz der Gefühle, die sie einander entgegenbrachten, war Marielle einem Gespräch über ihre Zukunft ausgewichen. Ihr Leben war momentan so ausgefüllt und dramatisch, daß sie nur an den Prozeß und Teddys Wiederkehr denken konnte.

»Fast tut Malcolm mir leid«, sagte sie später, als sie John an die Tür brachte. Er ging immer nur höchst ungern, die gemeinsamen Stunden waren ihm teuer. »Es muß schlimm für ihn gewesen sein, derart bloßgestellt zu werden.« Er hatte im Zeugenstand sehr wütend gewirkt, und Brigitte war der Panik nahe gewesen.

»Nicht so schlimm, wie es gestern für dich war.« Wie konnte sie nur Mitleid mit ihm haben? Sie war wirklich ein erstaunlicher Mensch. »Er hat die meiste Zeit nur gelogen.« Aber schließlich hatten sie ihn doch gestellt. Nicht zugegeben hatte er allerdings, daß er immer schon von ihrer Ehe mit Charles und von ihrem Klinikaufenthalt gewußt hatte. Das war den Geschworenen nicht bekannt, aber sie wußten nun, daß er ein Betrüger und wahrscheinlich ein Lügner war. »Er hat es verdient. Für das, was er dir angetan hat, hätte er noch mehr verdient. Seine und Palmers Vorgehensweise war mehr als schäbig.«

»Sie haben es aber getan. Jetzt brauchen sie sich keine Sorgen mehr zu machen, daß ich aus Mitleid mit Charles die Position der Anklage schwächen könnte. Meine weiteren Aussagen sind völlig bedeutungslos.« Sie wünschte, sie müßte überhaupt nicht mehr in den Gerichtssaal gehen, denn es war unendlich schmerzlich für sie.

»Bringst du noch immer Mitgefühl für ihn auf, Marielle?«

Sie war sich ihrer Sache nicht sicher. Seit Monaten nicht mehr. »Ich weiß es nicht. Ich weiß nicht, was ich glauben soll ... die Beweise liegen vor, und doch habe ich das Gefühl, ihn nach all den Jahren besser zu kennen. Was er auch gesagt hat, ich habe ihm nicht geglaubt, als er im Park diese Dinge äußerte ... und dann

verschwand Teddy. Ich weiß nicht, was ich davon halten soll.«
Sie ertrug es nicht mehr, an ihn zu denken ... an das leere Bett,
das noch warm gewesen war, als sie es berührte. Drei Monate
waren nun vergangen, seit sie ihn zuletzt gesehen hatte, drei Monate, seit sie ihren kleinen Jungen in den Armen gehalten hatte
... den kleinen Jungen, den zu hegen und zu pflegen sie angeblich zu schwach und ungefestigt war.

»Wenn er unschuldig ist ... wenn wir Teddy fänden«, und er
hoffte noch immer, es würde der Fall sein, zweifelte aber daran,
weil zuviel Zeit vergangen war und die Dinge sich allmählich
wie im Fall Lindbergh entwickelten, »würdest du zu Charles zurückkehren?« Das hatte er sie schon seit Tagen fragen wollen. Er
wollte es wissen, weil er im tiefsten Herzen wußte, daß sie diesen
Mann noch immer liebte.

»Ich weiß es nicht«, sagte sie offen. »Ich glaube nicht. Ich
könnte es nicht. Zwischen uns steht zuviel Schmerz. Man denke,
was wir empfinden würden, wenn wir einander am Morgen
ansähen. Wenn er unschuldig ist und Teddy wiederkommt ...
Charles wird es mir nie verzeihen ...« Sie blickte zu ihm auf,
und John hatte schon wieder Grund, sich zu ärgern.

»Was in der Welt an schlimmen Dingen passiert, ist nicht unweigerlich deine Schuld. Nicht du hast im Park die Drohungen
ausgestoßen, sondern er. Er ist der verdammte Narr, der entweder schuldig ist oder sich mit seinen unbedachten Äußerungen in
Teufels Küche gebracht hat. Du hast nicht mehr getan, als mit
deinem Sohn in den Park zu gehen. Es ist nicht deine Schuld,
um Himmels willen, ebensowenig wie Teddys Entführung deine
Schuld ist ... oder der Ertrinkungstod deines ersten Sohnes! Hör
endlich auf, den Unsinn zu glauben, den diese Unmenschen dir
auftischen.« Sie lächelte ihn an. Sie liebte ihn, weil er ihr glaubte,
sie beschützte, sich um sie kümmerte und sich bemühte, Teddy
zu finden. Aber sie fragte sich auch, was ihnen für später bleiben
würde. Sehr wenig vermutlich. Sie würden Freunde sein, aber
sie waren einander zu einer Zeit begegnet, die für sie persönlich immer mit schmerzlichen Erinnerungen belastet sein würde.
Er hatte andere Sorgen, seit er die Zeugenaussagen der letzten
Tage gehört hatte. Er glaubte zu wissen, was Patterson im Schilde

führte. Falls man den Jungen fand, würde Patterson die Scheidung einreichen und ihr unter dem Vorwand, sie sei als Mutter ungeeignet, das Sorgerecht streitig machen. Darum ging es eigentlich bei diesem Unsinn von wegen psychischer Instabilität, bei den Zeugenaussagen von Gouvernante und Hausmädchen. John Taylor konnte absehen, was Patterson beabsichtigte, wollte Marielle aber damit nicht ängstigen. Und vielleicht würde es ja auch niemals dazu kommen. Vielleicht würde man Teddy nie finden.

»Gib schön acht auf dich«, flüsterte er, als er kurz darauf die Stufen hinunterlief, von dem Wunsch erfüllt, Marielle küssen zu können. Und als Marielle in ihr Zimmer ging, nahm sie ganz richtig an, daß Malcolm mit Brigitte zusammen war.

Er machte sich nicht die Mühe, an diesem Abend nach Hause zu kommen oder anzurufen. Die Zeit der Ausflüchte war vorüber. Sie fragte sich, wo die beiden sich jetzt aufhalten mochten, um den Reportern zu entgehen, die wie Bluthunde hinter der Story her waren. Und sie fragte sich, wie oft seine Anrufe aus Brigittes Wohnung gekommen sein mochten. Erstaunlich, wie wenig sie über ihren Mann gewußt hatte. Sie hatte ihn für anständig, für gütig und lieb gehalten, und statt dessen hatte er seit Jahren einen Fall gegen sie aufgebaut, hatte immer schon von dem Sanatorium und von Charles gewußt und sie jahrelang mit Brigitte betrogen. Kein schönes Bild. Und sie dachte noch immer daran, als sie um zehn Uhr wach in der Dunkelheit lag und das Telefon läuten hörte. Zunächst wollte sie gar nicht abnehmen, weil sie glaubte, es sei Malcolm. Aber es bestand bei jedem Anruf die Möglichkeit, daß es um Teddy ging. Sie wußte, daß die Polizei, die noch immer im Haus war, den Anruf entgegennehmen würde, aber sie wollte zumindest mithören. Um so mehr erschrak sie, als sie Bea Ritter hörte, die den Polizisten bat, mit Marielle verbunden zu werden. Der Beamte weigerte sich hartnäckig.

»Schon gut, Jack. Ich bin dran. Hallo?«

»Mrs. Patterson?«

»Ja.«

»Hier Bea Ritter.« Sogar ihre Stimme klang nervös und energiegeladen. Sie war ein einziges Energiebündel, lebenssprühend und einer großen Story auf der Spur. Marielle hatte sich ohnehin bei ihr für den bemerkenswert anständigen Artikel über ihren Auftritt vor Gericht bedanken wollen, und das tat sie nun. Der kleine Rotschopf schien verlegen. »Man hat Sie erbärmlich behandelt. Mir wurde übel, als ich es sah.«

»Wenigstens hat man mich nicht hinaustragen müssen, wie einige andere behaupteten.«

»Das ist ein Haufen mieser Typen. Wenn etwas sich nicht so abspielt, wie sie es haben wollen, dann machen sie es sich zurecht. Ich tue das nicht.« Eine Pause trat ein. Halb hatte sie erwartet, gar nicht mit Marielle verbunden zu werden, und jetzt unterhielten sie sich wie alte Freundinnen. Und sie war ein wenig gehemmt, denn sie hatte ein wichtiges Anliegen. »Ich muß mich entschuldigen, weil ich so spät anrufe. Ich war nicht sicher, ob ich verbunden werde. Mrs. Patterson, könnten wir uns kurz sehen?«

»Warum?«

»Ich muß mit Ihnen reden. Am Telefon kann ich es nicht sagen, aber es ist dringend.«

»Hat es mit meinem Sohn zu tun?« Gab es einen Hinweis? Eine Chance, eine Hoffnung ... ihr Herz drohte stillzustehen.

»Nein, nicht direkt. Es hat mit Charles Delauney zu tun.«

»Bitte, verlangen Sie das nicht von mir. Bitte ... Sie haben gesehen, wie man gestern mit mir umgesprungen ist. Ich kann ihm nicht helfen.«

»Sie sollen mich nur anhören. Ich möchte den Entführer Ihres Sohnes finden, und Charles ist es nicht. Davon bin ich überzeugt.«

»Weiß er von Ihrem Anruf?«

Bea verneinte. »Er kennt mich ja kaum. Ich habe ihn nur einige Male besucht, und er hört mir gar nicht richtig zu. Aber ich halte ihn für unschuldig und möchte ihm helfen.«

»Ich möchte meinen Sohn finden. Mehr will ich nicht«, sagte Marielle bekümmert.

»Ich weiß ... ich auch ... Sie würden es verdienen ... bitte, empfangen Sie mich, nur für ein paar Minuten.«

220

»Wann?« Eine Zusammenkunft dieser Art konnte einen Sturm in der Presse entfachen, wahrscheinlich sogar einen Skandal. Und sie hatten seit der Enthüllung von Malcolms Affäre mit Brigitte schon genug Skandal um die Ohren.

»Könnte ich gleich jetzt kommen? Ich meine, ich weiß, es ist eine große Zumutung.« Sie stand Todesängste aus, aber sie mußte Marielle sehen.

»Ich ... ich glaube nicht ...«

»Bitte ...« Das Mädchen war den Tränen nahe, und so gab Marielle schließlich nach.

»Also gut. Kommen Sie.«

»Jetzt?«

»Ja. Können Sie in einer halben Stunde hier sein?« Bea wäre gern in einer halben Minute zur Stelle gewesen.

Als Bea Ritter eintraf, war Marielle angezogen und erwartete die junge Reporterin, die einen ziemlich verängstigten Eindruck machte. Trotz ihrer achtundzwanzig Jahre wirkte sie beinahe kindlich, ihre kühne, selbstbewußte Art war wie weggeblasen. Sie war ein zierliches Mädchen, viel kleiner als Marielle, und trug zu einer schwarzen Hose einen dicken Pullover und einen Regenmantel.

»Vielen Dank, daß Sie mich empfangen«, sagte sie in bangem Ton, als Marielle sie in die Bibliothek führte und die Tür schloß. Sie selbst hatte rasch eine schwarze Hose und einen schwarzen Kaschmirpullover angezogen. Ihr Haar war zurückgekämmt, und da sie kein Make-up trug, wirkte sie sehr rein und adrett, Eigenschaften, in die John Taylor sich verliebt hatte.

»Ich weiß nicht, was Sie von mir erwarten«, sagte Marielle leise, als sie sich setzten. »Ich sagte Ihnen schon am Telefon, daß ich nichts tun kann, um Ihnen zu helfen.«

»Ich will gar keine Hilfe von Ihnen«, gestand Bea Ritter mit nachdenklichem Blick. Seit Wochen hatte sie sich gewünscht, diese Frau wiederzusehen, und nun war sie da, und es war sonderbar, einander gegenüberzusitzen wie zwei Freundinnen, zwei Frauen, die aus verschiedenen Gründen dasselbe wollten. Bea wollte, daß der Junge gefunden würde, damit Charles von diesem Verdacht reingewaschen wurde, und Marielle wollte nur ihren Sohn zurück. »Ich wollte nur mit Ihnen sprechen, wollte wissen ... was Sie denken ... nur so ... nicht für die Presse oder fürs Gericht. Sie glauben nicht, daß er es getan hat, oder?«

»Ich war gestern vor Gericht ehrlich«, sagte Marielle mit einem Seufzer. Schon begann sie sich zu fragen, warum sie sich auf diese Begegnung eingelassen hatte. Bea stand derart unter Hochspannung, daß es sie nervös machte, doch hatte sie das Gefühl gehabt, sie sei es ihr schuldig. Aber was brachte es, wenn sie mit ihr alles von neuem durchging? »Ist es für die Presse?« Bea schüttelte den Kopf, und Marielle sah ihr an, daß sie es ehrlich meinte.

»Nein, es ist für mich. Ich muß es wissen. Weil ich auch nicht glaube, daß er es getan hat.« Sie tat so, als teile Marielle ihre Meinung. Auch wenn diese es abstritt, spürte Bea es.

»Warum?«

»Vielleicht bin ich verrückt, aber ich glaube ihm. Ich vertraue ihm. Ich bewundere alles, wofür er einsteht. Ich halte ihn zwar für einen verdammten Dummkopf, er hat einige sehr törichte Dinge getan, vor allem hätte er damals im Park nicht jene Äußerungen tun dürfen, aber wenn er die Absicht gehabt hätte, den Jungen zu entführen, dann hätte er so etwas nie gesagt.«

»Das dachte ich mir auch ... bis man den Schlafanzug des Babys fand ...« Komisch, daß sie Teddy immer noch so sah ... als Baby ... er war vier ... als Baby, das sie vielleicht nie mehr wiedersehen würde. Plötzlich kämpfte sie mit den Tränen. »Wie ist der Schlafanzug dorthin gekommen, wenn er nicht der Entführer ist?«

»Mrs. Patterson ... Marielle ... ich darf Sie doch so nennen?« Sie stammten aus verschiedenen Leben, aus zwei verschiedenen Welten, aber für eine kurze Zeitspanne waren sie Freundinnen mit einem gemeinsamen Ziel, nämlich Teddy zu finden. Und Marielle nickte als Antwort. »Er schwört, daß ihm die Sachen untergeschoben wurden, daß jemand bestochen wurde, damit er sie in sein Haus schmuggelte ... vielleicht war es sogar jemand von hier, aus Ihrem Haus.«

»Aber es war der Schlafanzug, den Teddy trug. Ich habe es gesehen. Der Kragen war mit einer kleinen Eisenbahn bestickt.«

»Hat er noch andere Schlafanzüge in dieser Art?«

»Nicht genau solche.«

Die junge Reporterin schüttelte verzweifelt den Kopf. Sie wünschte so sehr, sie könnte Charles helfen.

Marielle drängte es, ihr eine Frage zu stellen. »Warum setzen Sie sich so ein? Geht es Ihnen um die Story oder um den Mann?« Sie sah ihr Gegenüber eindringlich an, und Bea hielt ihrem Blick stand.

»Es geht mir um ihn.« Leiser setzte sie hinzu: »Sie lieben ihn noch immer, stimmt's?«

Marielle zögerte lange. Sie fragte sich, wieweit sie Bea vertrauen konnte, aber aus irgendeinem Grund hielt sie die junge Frau für redlich. Sie wußte, sie würde sie nicht enttäuschen.

»Ich habe ihn immer geliebt. Vermutlich wird sich das auch in Zukunft nicht ändern, denn er ist Teil meiner Vergangenheit.« Marielle war sich darüber allmählich, Schritt für Schritt, klargeworden.

»Das hat Charles auch gesagt, als ich mit ihm darüber sprach. Auch er liebt Sie. Ich glaube, er ist jetzt nicht mehr so überspannt. Das alles hat ihn wohl zur Vernunft gebracht.«

»Ein wenig zu spät.« Marielle lächelte traurig.

»Er glaubt, der Junge sei am Leben, irgendwo.« Sie wollte ihr Hoffnung geben, wenn sie ihr schon keine Antworten geben konnte.

»Ich wünschte, es wäre wahr. Das FBI ist der Meinung, es sei schon zuviel Zeit verstrichen. Man befürchtet . . .« Sie brachte die Worte nicht über die Lippen und wandte sich ab; Tränen standen in ihren Augen. Alles erschien so sinnlos. Welchen Zweck hatte der Prozeß? Was immer man mit Charles machte, es würde ihr Teddy nicht wiederbringen.

»Das glaube ich nicht.« Bea Ritter rührte sich nicht, als Marielle sie ansah. Dann streckte sie ihre kleine, feste Hand aus und umfaßte Marielles Finger. »Und ich werde alles in meiner Macht Stehende tun, um mitzuhelfen, daß er gefunden wird. Was immer die Presse erreichen kann, was immer ich an Fäden ziehen kann, werde ich einsetzen.« Sie erklärte, daß sie über einige nicht ganz einwandfreie Verbindungen zur Unterwelt verfüge. Sie hatte mit einer Artikelserie an das Herz des lokalen Gangsterbosses gerührt, indem sie ihn zu einem Helden besonderer Art hoch-stilisiert hatte. Daraufhin hatte er ihr das Versprechen gegeben, ihr wenn nötig zur Verfügung zu stehen, und nachdem sie mit Charles gesprochen hatte, war sie wegen einer Unterredung an ihn herangetreten.

»Was wollen Sie von mir?« fragte Marielle müde. Das Mäd-chen war ihr sympathisch, aber es war schon spät, und ihr erschien sowieso alles hoffnungslos. »Warum sind Sie gekom-men?«

»Ich wollte Ihnen in die Augen sehen, um zu erkennen, was Sie glauben. Ich glaube, Sie wissen es nicht ... aber Sie sind auch nicht sicher, daß er es getan hat.«

»Das stimmt.«

»Eine faire Haltung. Vielleicht würde ich an Ihrer Stelle ebenso empfinden. Er muß ziemlich schlimm mit Ihnen umgesprungen sein, als ...« Beide wußten, daß sie Andrés Tod meinte.

»Damals war er nicht bei sich.« Sie lächelte traurig. »Vielleicht ist er es jetzt auch nicht.«

»Das stimmt sicher bis zu einem gewissen Grad.« Bea lä-chelte. »Aber er muß ja von Sinnen sein, wenn er in Spanien gekämpft hat.« Doch gerade deswegen bewunderte sie ihn, und seine schriftstellerische Arbeit bewunderte sie noch viel mehr. Er hatte ihr einige seiner Sachen gezeigt. Stundenlang hatten sie im Gefängnis miteinander gesprochen, und er hatte unter Trä-nen beteuert, mit der Entführung nichts zu tun zu haben. Sie hatte ihm geglaubt. Damals hatte sie sich gelobt, ihm zu hel-fen, und Marielle war ein wichtiger Schlüssel. Und wenn man ihr noch so übel mitspielte, sie war es vor allem, die ihm hel-fen konnte. »Die Sache mit Ihrem Mann tut mir leid«, sagte sie vorsichtig.

»Mir auch. Morgen wird sich das alles in der Presse nicht ge-rade gut machen.«

»Nein, sicher nicht.« Bea hatte bereits einen Blick auf die Frühausgabe einiger Sensationsblätter werfen können. »Aber dadurch werden Sie Sympathien gewinnen. Gestern hat man Sie wirklich durch die Mangel gedreht. Das hat mich ganz krank gemacht, und deswegen habe ich den Artikel geschrieben.« Sie war eine Art weiblicher Robin Hood, immer bereit, für die Unterdrückten, die Geschlagenen, die Armen und die Besiegten einzutreten. Sie und Charles hatten sehr viel gemeinsam.

»Warum Charles?« fragte Marielle leise. »Warum er? Warum setzen Sie sich so energisch für ihn ein?«

»Ich kann nicht mit ansehen, daß er für nichts hingerichtet wird. Ich habe auch nie ganz geglaubt, daß Bruno Hauptmann schuldig ist. Ich weiß zwar, daß es einige Beweise gegeben hat, aber so vieles beruhte ausschließlich auf Indizien. Und die von der Presse geschürte Hysterie war gewaltig. Es war meine erste Story, ich war einundzwanzig und hatte ständig das Gefühl, ich könnte etwas daran ändern. Aber ich habe nichts daran geändert. Vielleicht gelingt es mir diesmal. Ich versuche es zumindest auf Teufel komm raus.«

Marielle wagte nicht, weiter in das Mädchen zu dringen, doch in Beas Augen lag mehr. Nach einer längeren Pause entschloß sie sich zu der Frage: »Sind Sie in ihn verliebt?« Es war keine Eifersucht herauszuhören, nichts Besitzheischendes. Es war nur eine Frage.

Bea Ritter sah sie lange an, ehe sie antwortete. »Ich weiß es nicht. Ich möchte es nicht. Darum geht es nicht.« Doch es war der Grund für ihr Interesse und ihre Hilfsbereitschaft, und Marielle wußte das.

Sie lächelte die junge Frau an. »Weiß er es, oder ist er immer noch so dumm?« Er konnte regelrecht begriffsstutzig sein, wenn er wollte. Und zur Zeit hatte er natürlich andere Sorgen.

Aber Bea lachte. »Vielleicht ist er so dumm wie früher, vielleicht aber auch zu abgelenkt.« Der Mann kämpfte immerhin um sein Leben. Und plötzlich schlich sich Besorgnis in Beas Miene. »Würden Sie jemals zu ihm zurückkehren?« Aber Marielle schüttelte ohne zu zögern den Kopf. Zuviel Schmerz, zuviel Zeit, zuviel Kummer lagen hinter ihnen. Sie liebte ihn und würde ihn auch künftig lieben, aber er war für sie auf immer dahin. Marielle gewann immer mehr den Eindruck, daß dieses kleine rothaarige Persönchen geradezu ideal für ihn sein mußte, sollte je die Zeit kommen und er freigesprochen werden. Er verdankte ihr sehr viel, wußte es aber laut Beas eigenen Worten nicht einmal.

225

»Und was haben Sie als nächstes vor, Bea?«

»Ich weiß nicht ... ich werde ein paar Leute anrufen, die in meiner Schuld stehen ... mit ein paar alten Freunden reden ... mich mit ein paar Privatdetektiven treffen ...« Und vielleicht mit Tom Armour sprechen, falls sie Geld brauchte. Vielleicht würde er für besondere Tips oder Gefälligkeiten zahlen. Sie war entschlossen, alles zu tun, jedermann anzurufen, überallhin zu gehen und jeden zu bezahlen, den sie bezahlen mußte. »Gut möglich, daß wir nichts finden, aber dann haben wir es wenigstens versucht ... und es könnte uns zu Teddy führen.«

»Sie lassen es mich wissen, wenn Sie etwas erfahren, ja?«

»Sofort.« Die zwei Frauen standen auf, und Marielle brachte Bea zur Tür. Sie wußte, daß sie nie Freundinnen sein konnten. Trotzdem gefiel sie ihr. Bea war ein ungewöhnliches Mädchen, und ein kluges obendrein. Charles hatte mehr Glück, als er ahnte, daß er sie gefunden hatte.

Bea Ritter verschwand in der Nacht, und als Marielle hinaufging, war es weit nach Mitternacht. Als sie das Licht gelöscht hatte, lag sie lange wach und dachte an Malcolm, der nun vermutlich in einer Wohnung an der Park Avenue war ... und an ihren kleinen Jungen. Sie betete darum, daß er irgendwo in einem Bett liegen möge, wenn auch bei Fremden.

13

Der Prozeß schleppte sich über Wochen dahin und war auch noch im Gange, als Hitler das Memelland an der Ostsee besetzte. Das Verfahren schien die Weltnachrichten ohnehin von den Titelseiten der New Yorker Presse verdrängt zu haben. Aber Großbritannien und Frankreich hatten ihre Bereitschaft signalisiert, Polen zu Hilfe zu eilen, und Ende März wurde nach der Eroberung Madrids durch General Franco der Bürgerkrieg in Spanien beendet. Charles hörte es mit großer Betroffenheit, andererseits war die Zahl der Toten unterdessen auf über eine Million angewachsen. Innerhalb von drei Jahren war ein ganzes Volk gefallen. Für Charles war es ebenso eine Tragödie wie für seine

Freunde in Europa. Der Kampf war vorüber, der Krieg verloren. Aber Charles Delauney hatte seinen eigenen Krieg auszufechten, den Kampf um sein Überleben.

Nach jenem spätabendlichen Besuch sollte Marielle nichts mehr von Bea Ritter hören. Ihre sehr einfühlsam geschriebenen Artikel, die sie regelmäßig las, rührten jedoch stets an ihr Herz.

Wie vorauszusehen gewesen war, hatte Malcolms Affäre mit Brigitte der Presse wochenlang Stoff für Sensationsartikel geliefert, aber ungeachtet der ständigen Nachfragen hatte Marielle Zurückhaltung gewahrt und sich nicht zu Kommentaren irgendwelcher Art herabgelassen. Sie und Malcolm hatten seit Wochen kaum ein Wort miteinander gesprochen, und Brigitte hatte sie seit damals nur einmal gesehen. Das Mädchen hatte sein schlechtes Gewissen überspielt, indem es Marielle hochmütig anstarrte und sich an Malcolm drückte, wie um zu beweisen, daß sie die Siegerin war. Marielle hielt dies für eine höchst armselige Verteidigung. Sie beneidete Brigitte nicht um ihre peinliche Position. Sie selbst fühlte sich durch die Lügen der beiden und durch Brigittes falsche Freundlichkeit hintergangen, empfand aber kaum Wut oder gar Eifersucht. Malcolm hatte ihr seit langem nicht mehr gehört, aber die Falschheit, mit der er sie über Jahre hinweg hintergangen hatte, stellte trotzdem eine tiefe Kränkung für sie dar. Ihr einziger Versuch, die Sache mit ihm zu besprechen, war abgeschmettert worden, und Malcolm hatte getan, als sei er »außer sich«. Nachdem sie sich mit Charles so aufgeführt habe, schulde er ihr keinerlei Erklärungen, ein Argument, das ihr absolut nichts sagte und seine ohnehin schon feststehende Schuld nur noch einmal bestätigte.

Sie erinnerte ihn kühl daran, daß die Presse fortgesetzt Jagd auf ihn machen würde, falls er weiterhin bei dem Mädchen in der Wohnung bliebe. Danach fiel ihr auf, daß er wieder häufiger zu Hause blieb und Brigitte mied. Trotzdem bekam sie ihn kaum zu Gesicht.

Die Spannung zwischen ihnen war unerträglich, und der Prozeß wurde ebenso anstrengend, als eine Reihe von Sachverständigen, Detektiven und völlig irrelevanten Leuten als Zeugen aufgerufen wurden und Charles' Schuld bestätigten, worauf sie einer nach dem anderen von Tom Armour angegriffen wurden.

Es dauerte drei volle Wochen, bis die Verteidigung endlich ihre Chance bekam und Tom Armour Marielle als seine erste Zeugin aufrief. Zunächst geleitete er sie vorsichtig über das bekannte Terrain und baute sie auf, wo William Palmer sie vernichtet hatte. Und das Bild, das unter seinen Händen entstand, war ganz anders als jenes, das Malcolm und Palmer gezeichnet hatten. Anstelle einer seelisch verwirrten Kranken, einer Frau, der man das eigene Kind nicht anvertrauen konnte, zeigte Tom deutlich, was sich damals tatsächlich zugetragen hatte, wie der Tod ihres Sohnes und der Verlust des Ungeborenen sie und ihren Mann erschüttert hatten. Tom Armour gestand offen ein, daß Charles in seiner übergroßen Verzweiflung mit Marielle sehr schlimm umgesprungen war. Beide seien sie vor Kummer außer sich gewesen, erklärte er, und im ganzen Gerichtssaal blieb kein Auge trocken, als er Marielle bat, allen zu schildern, wie sie im Eis des Genfer Sees nach André gesucht hatte. Sie erklärte, wie es gekommen war, daß sie die zwei kleinen Mädchen hatte retten können, nicht aber ihr eigenes Söhnchen, weil dieses weiter unter die Eisschicht geglitten sei. Und sie beschrieb, wie André leblos und grau in ihren Armen lag, nachdem sie ihn endlich gefunden hatte. Marielle mußte mehrmals innehalten, als sie diese Szene schilderte, anschließend all das, was im Krankenhaus passiert war, und als letztes die Fehlgeburt. Auf einen Schlag hatten sie ihre Familie verloren, eine Katastrophe, der sie nicht gewachsen waren. Charles noch viel weniger als sie. Dann hatte sie die Nerven verloren, und monatelang hatte sie sich nichts anderes gewünscht, als zu sterben und bei ihren Kindern zu sein.

»Ist das jetzt auch noch der Fall?« fragte Tom sie leise, während einige der Geschworenen mit Taschentüchern hantierten.

»Nein«, sagte sie traurig.

»Glauben Sie, daß Teddy noch am Leben ist?«

Wieder stiegen ihr Tränen in die Augen, und dennoch fuhr sie fort: »Ich weiß es nicht ... ich hoffe es ... ich hoffe es inständig ...« Ihr Blick wanderte zur Pressebank und dann in den Gerichtssaal. » ...falls jemand wissen sollte, wo er ist ... bitte, bitte, bringen Sie ihn nach Hause ... Wir werden jede Forderung erfüllen, aber tun Sie ihm bitte nichts an ...« Ein Fotoreporter stürzte herbei, und eine Kamera schien vor ihrem Gesicht zu explodieren, während sie diese Bitte formulierte. Sofort gab der Richter Anordnung, der Gerichtsdiener möge den Reporter hinauswerfen.

»Sollte es jemandem einfallen, so etwas noch einmal zu tun, wandert er hinter Gitter, ist das klar?« dröhnte Richter Morrisons Stimme durch den Raum, während Marielle sich faßte. Er entschuldigte sich bei ihr, und sie wartete auf Toms nächste Frage.

»Glauben Sie, daß Charles Delauney Ihren Sohn entführt hat?«

Eine brisante Frage, doch wollte er, daß die Welt erfuhr, wie Marielle darüber dachte, weil er glaubte, daß sie von seiner Schuld nicht überzeugt war.

»Ich bin meiner Sache nicht sicher.«

»Glauben Sie, er wäre dazu imstande? Sie kennen ihn besser als alle hier Anwesenden. Er hat Sie geliebt, er hat Ihnen weh getan und Sie schlecht behandelt, er hat mit Ihnen geweint ... er hat Sie sogar geschlagen ... wahrscheinlich hat er Ihnen übler mitgespielt als irgend jemandem sonst.« Charles hatte dies Tom selbst gestanden, und doch wußte er nach allem, was Marielle ihm gesagt hatte, daß sie nicht an seine Schuld glaubte. »Mrs. Patterson, glauben Sie nach allem, was Sie von ihm wissen, daß er Teddy entführt hat?«

Ihr Zögern schien eine ganze Ewigkeit zu dauern, aber dann schüttelte sie den Kopf und begrub ihr Gesicht in den Händen. Tom Armour ließ sich Zeit.

»Lieben Sie diesen Mann noch immer, Mrs. Patterson?« fragte er schließlich.

Sie blickte Charles mit traurigem Ernst an. Was für schreckliche Dinge ihnen zugestoßen waren! Wieviel Kummer hatten sie geteilt, und doch waren sie vor langer Zeit so glücklich gewesen. »Nein«, sagte sie leise. »Er ist mir nicht gleichgültig. Vermutlich wird sich das nie ändern. Er war der Vater meiner Kinder. Als ich jung war, da habe ich ihn sehr geliebt ... aber jetzt ... jetzt empfinde ich um seinetwillen nur Trauer. Falls er diese schreckliche Tat begangen hat, hoffe ich, daß er mir meinen Sohn unversehrt wiedergibt. Ich liebe ihn nicht mehr. Wir haben einander zu lange zu viel Schmerz zugefügt.« Tom Armour nickte. Er respektierte sie mehr, als sie ahnte. Für ihn war sie eine großartige Frau. Sie hatte sich im Verhör wacker gehalten, hatte Mut bewiesen und ihr Leben und ihre Seele preisgegeben. Das Schicksal hatte ihr zwei Kinder geraubt und jetzt noch ein drittes, und dennoch war sie ungebrochen. Seine Bewunderung war grenzenlos, doch seine Miene verriet davon nichts, als er in seiner Befragung fortfuhr.

»Hatten Sie während Ihrer Ehe mit Mr. Patterson ein Verhältnis mit Mr. Delauney?«

»Nein«, gab sie gelassen zurück.

»Hatten Sie überhaupt eine Affäre? Waren Sie Ihrem Mann jemals untreu?« Er sah ihr direkt in die Augen, und als sie seinem Blick begegnete, hielt sie ihm unverwandt stand.

»Nein, niemals.« Es stimmte. Sie hatte John Taylor geküßt, aber das war auch schon alles, und jetzt war es mit ihrer Ehe vorbei.

»Danke, Mrs. Patterson, Sie können sich setzen. Ich habe keine weiteren Fragen.« Er half ihr aus dem Zeugenstand, und als sie zu ihrem Sitz ging, fühlte sie sich ausgelaugt, hatte aber nicht das Gefühl, Prügel bezogen zu haben, wie es ihr nach dem Verhör durch William Palmer ergangen war.

Als nächstes rief Tom Haverford, ihren Butler, in den Zeugenstand. Er schilderte sie als anständig, fair und intelligent, als eine integre Persönlichkeit, eine echte Dame, wie er stolz schloß. Es war eine Aussage, die sie rührte. Er sagte auch, daß sie zu ihrem Sohn sehr lieb gewesen sei und er selbst sich insgeheim immer darüber empört habe, daß die anderen Dienstboten sie so schlecht behandelt und so getan hatten, als seien sie allein Mr. Patterson verpflichtet. Haverford selbst hatte das Gefühl gehabt, Mr. Patterson habe nie wirklich hinter seiner Frau gestanden, habe sie behandelt, als hätte sie im Haus nichts zu sagen und sei nur ein Gast, ein Standpunkt, den die anderen übernommen hatten. Er sagte auch aus, daß Miss Griffin sich ihr gegenüber scheußlich benommen habe und die Haushälterin noch viel schlimmer, und daß Edith ständig ihre Kleider getragen habe und alle, Mr. Patterson eingeschlossen, es gewußt hätten. Schließlich sagte er noch aus, alle Dienstboten hätten sich in der Küche über Marielle lustig gemacht.

»Könnte man sagen, daß Mrs. Patterson in ihrem eigenen Haus nicht respektiert wurde?« drang Tom Armour in ihn, um sicherzustellen, daß die Geschworenen es richtig verstanden.

»Ja, Sir«, sagte Haverford, der in seinem in London für ihn angefertigten dunklen Anzug sehr würdig aussah.

»Könnte man sagen, daß Mrs. Patterson durch ihr Verhalten diese Einstellung selbst provoziert hat, Mr. Haverford? Ist sie, wie vor kurzem in diesem Gerichtssaal angedeutet wurde, eine verantwortungslose, schwache und im Grunde wertlose Person?« In dem betagten Butler, der glaubte, Tom hätte ihn mißverstanden, sträubte sich sichtlich alles gegen diese Unterstellung.

»Sir, ich habe gesagt, daß sie zu den feinsten Menschen gehört, denen ich je begegnet bin. Sie ist klug, gütig, fair und anständig, und nach allem, was sie durchgemacht hat, ist mir unbegreiflich, wie man sie als schwache Frau bezeichnen kann.« Miss Griffin sei es vielmehr, die Schwächeanfälle und Ohnmachten erlitten habe und seit der Entführung in ärztlicher Behandlung sei und Medikamente schlucken müsse.

»Warum wurde sie Ihrer Meinung nach im Haus von niemandem respektiert? Gab es einen logischen Grund dafür?« William Palmer wollte Einspruch erheben, nahm dann aber Abstand davon, weil es sich nicht lohnte. Der alte Mann war harmlos.

Haverford nickte, nur zu bereit, die Geschworenen darüber zu informieren. »Mr. Patterson hat uns schon ganz zu Anfang dahingehend instruiert, daß sie«, er war bemüht, sich an den genauen Wortlaut zu erinnern, schaffte es aber nicht, »daß sie nicht ganz bei Trost sei, nun, er drückte sich etwas anders aus. Er sagte uns, sie sei sehr zart und nervös. Und er gab uns zu verstehen, daß wir ihren Anordnungen zwar höflich unser Ohr leihen, ihnen aber nicht nachkommen sollten. Er sagte auch, sie habe keine Ahnung, wie man ein Haus führt, und später behauptete er, sie könne nicht mit Kindern umgehen. Daraus konnten wir uns ein Bild machen, wie sie mit Mr. Malcolm stand.« Und als Marielle das hörte, konnte auch sie sich ein Bild machen. Trotzdem stand sie vor einem Rätsel. Warum hatte er das getan? Vom ersten Tage an hatte er sie zu einem Gegenstand der Verachtung und des Spottes gestempelt. Vielleicht hatte er nur sicherstellen wollen, daß er auch weiterhin das Heft in der Hand behielt. In seinem Haus hatte sie überhaupt keine Rolle gespielt, denn auch in ihrer Mutterrolle hatte sie sich nicht bewähren dürfen.

»Wußten Sie von Mr. Pattersons Affäre mit Miss Sanders?« lautete Toms nächste Frage.

»Ja ... besser gesagt, ich vermutete es«, erwiderte Haverford mit einer Miene, aus der frostige Mißbilligung sprach.

»Haben Sie je zu Mrs. Patterson über Ihren Argwohn gesprochen?«

»Gewiß nicht, Sir.«

»Danke, Mr. Haverford.« Tom gab seinen Zeugen nun für Fragen des Anklagevertreters frei, doch Palmer verzichtete auf eine Befragung. Er hielt Haverford nach wie vor für bedeutungslos. Aber Marielle hatte seine Aussage mit Rührung vernommen, und den Geschworenen ging es ähnlich.

Nach allem, was er gesagt hatte, fühlte sie sich irgendwie rehabilitiert, obwohl es ihr sehr peinlich war, daß alles so deutlich ausgesprochen wurde. Zugleich aber empfand sie es als tröstlich, daß sie sich in ihren Gefühlen und Empfindungen nicht getäuscht hatte. Es war ihr nur unbegreiflich, warum Malcolm ihre Stellung dermaßen unterminiert hatte. Es mußte doch irgendeinen Grund dafür geben. Oder war er von Anfang an in Brigitte verliebt gewesen? Hatte er versucht, Marielle loszuwerden? Hatte er gehofft, sie würde davonlaufen oder einfach aufgeben und ihm Teddy überlassen? Eher wäre sie gestorben. Aber warum hatte er sie gedemütigt, sie belogen und betrogen? Und warum hatte er sich überhaupt die Mühe gemacht, sie zu heiraten? War alles von Anbeginn an nichts als Lüge gewesen? Wenn sie an ihre schöne Anfangszeit dachte, konnte sie das nicht glauben.

Als nächstes rief Tom Brigitte Sanders in den Zeugenstand. Als sie vortrat, kam beträchtliche Unruhe unter den Anwesenden auf. Kein Zweifel, sie war ein schönes Mädchen mit verführerischer Ausstrahlung, spürbarer, als es Marielle je aufgefallen war. Vielleicht, weil sie nun nichts mehr zu verbergen hatte. Ihr Geheimnis war aufgedeckt worden, und Brigitte schien es mit Stolz zu tragen. Ihr weiches schwarzes Kleid sah sehr teuer aus, das fiel Marielle auf. Ihr Haar fiel ihr in der gewohnten Wellenfrisur locker ins Gesicht, Lippen und Nägel leuchteten im üblichen knalligen Rot. Alle waren sich einig, daß sie toll aussah. Neben ihr kam Marielle sich wie eine graue Maus vor. Was ihr gar nicht bewußt wurde, war die Kälte, die Berechnung, die von Brigitte auszugehen schien – ebenso wie ihr nicht klar war, daß das Publikum Brigitte im Vergleich zu ihr als sehr hart empfand. Tom Armour empfand ihr Auftreten und Gebaren als geradezu unerträglich deutsch. Und der Ton, in dem sie seine Fragen beantwortete, hatte etwas Unverschämtes an sich. Es war eine Art, die Marielle an ihr nicht kannte, und sie fragte sich, ob Brigitte sich nun, da ihr Geheimnis offenbar war und sie vor der ganzen Welt als Malcolms Geliebte dastand, in die Defensive gedrängt fühlte.

Brigitte gab zu, daß Malcolm die meisten Abende und auch viele Nächte bei ihr verbracht hatte. Mit seiner Frau sei er nie glücklich gewesen. Er hätte sie nur geheiratet, um Nachwuchs zu bekommen. Was sie da sagte, versetzte Marielle einen Stich. Ob das die Wahrheit war? Und wenn ja ... war es dann auch der Grund für alles andere?

»Nicht einmal das ist ihr leichtgefallen«, bemerkte Brigitte geringschätzig. Dahin all die Warmherzigkeit, die Anteilnahme, die Freundlichkeit, die sie Marielle und Teddy gegenüber an den Tag gelegt hatte. Sie war bereit, alles zu sagen. Malcolm, der sie beobachtete, wirkte dagegen ziemlich gestreßt.

»Würden Sie uns diese letzte Äußerung wohl erklären, Miss Sanders?« fragte Tom höflich.

»Sie brauchte sehr lange, bis sie schwanger wurde.« Tom Armour verkniff sich die Bemerkung, daß Mr. Patterson vielleicht zu viele Nächte in Miss Sanders' Wohnung verbracht habe. »Tatsächlich hatte er das Warten so satt, daß er an Scheidung dachte ... etwa um die Zeit, als sie dann doch noch schwanger wurde.« Raunen im Publikum, und Marielle senkte den Blick, als der Richter

Ruhe fordernd mit seinem Hammer klopfte. Sie spürte, wie sie errötete. John Taylor, der neben ihr saß, rührte sich nicht und sagte auch nichts, so leid er ihm auch tat. Da er wußte, wie zurückhaltend und diskret sie war, mußten diese Enthüllungen sie schwer treffen.

»Waren Sie damals schon mit Mr. Patterson intim?« fragte Tom Armour Brigitte, die sich mit dieser Antwort recht lange Zeit ließ. »Soll ich die Frage wiederholen? Darf ich Sie daran erinnern, daß Sie unter Eid stehen?«

»Ja, ich war mit ihm intim«, sagte sie schließlich etwas weniger forsch.

»Wann hat Ihr Verhältnis begonnen?« Marielle hielt den Atem an. Wie alle anderen erwartete sie die Antwort voller Neugierde.

»Zwei Monate nach der Hochzeit. Im Februar.« Marielle glaubte zu wissen, wann das gewesen war. Damals war er zum ersten Mal ohne sie auf eine Geschäftsreise gegangen. Lange hatte er also nicht gewartet. Dies war auch der Zeitpunkt gewesen, als er ihr gegenüber besonders frostig geworden war. Eine Zeitlang hatte sie geglaubt, es sei die Enttäuschung darüber, daß sie noch nicht schwanger war, aber in Wahrheit hatte er bereits unter Brigittes Bann gestanden, und daran hatte sich all die Jahre hindurch nichts geändert.

»Waren Sie nicht sehr enttäuscht, daß er nicht Sie geheiratet hatte?«

»Nein, ich ...« Sie schien ein wenig peinlich berührt von seiner Frage. »Ich wußte, daß er ein Kind wollte ... und er ... Malcolm ... Mr. Patterson ... war immer sehr großzügig zu mir.« Das wußte man bereits. Tom drang nicht weiter in sie, fragte nicht, wieso Malcolm mit Marielle ein Baby wollte und nicht mit ihr. Statt dessen fragte er sie, ob Malcolm ihr versprochen habe, sie nach seiner Scheidung von Marielle zu heiraten, und sie wich aus, indem sie sagte, das sei nie zur Sprache gekommen, was Tom jedoch für höchst unwahrscheinlich hielt. Es war sonnenklar, daß irgend etwas besprochen worden war, denn der Blick, den sie Malcolm zuwarf, sprach Bände.

Sie erklärte, sie machten grundsätzlich alle Reisen zusammen, wichtig seien vor allem jene nach Deutschland, wo Mr. Patterson geschäftlich sehr engagiert sei. Sie sagte auch, daß es ihr gar nicht peinlich sei, seine Geliebte zu sein. Doch sie sagte es in trotzigem Ton, und Tom Armour hatte seine Zweifel an dem, was sie da behauptete.

Sie sagte, sie habe das Kind sehr gern und Malcolm sei geradezu vernarrt in den Kleinen, die Entführung habe ihn fast umgebracht. Sie sagte auch, Marielle habe sie kaum mit dem Kind gesehen. »Sie lag ständig mit Kopfschmerzen im Bett.« Sie bediente sich desselben unangenehmen, respektlosen Tons, in dem auch die Dienstboten über Marielle gesprochen hatten. Mit Ausnahme von Haverford hatte kein einziger etwas Gutes von ihr zu sagen gewußt.

Brigitte verließ den Zeugenstand mit viel Hüftschwung und nicht ohne reichlich Bein zu zeigen. Als sie an Malcolm vorbeiging, wandte er den Blick ab und tat, als bemerke er es nicht. Danach verlief der Prozeß fast eine Woche lang in ruhigen Bahnen. Weitere Sachverständige und Detektive wurden angehört. Am Tatort waren keine Fingerabdrücke gefunden worden, es gab keine Beweise, die auf Charles hindeuteten, nur den Schlafanzug und den Plüschbären, die man in seinem Haus gefunden hatte und von denen Tom Armour sagte, sie könnten eingeschmuggelt worden sein. Im Hause der Delauneys hatte niemand den Jungen gesehen, und Charles besaß für den Zeitpunkt der Entführung ein hieb- und stichfestes Alibi. Es war schwierig, ihn festzunageln, und als er schließlich am Ende der vierten Woche in den Zeugenstand trat, hätte man im Gerichtssaal eine Stecknadel zu Boden fallen gehört.

Charles Delauney wirkte ernst und feierlich, als er den Eid ablegte und gelobte, die Wahrheit zu sagen. Dann blickte er nervös zur Geschworenenbank. Tom Armour hatte ihn auf alle Fragen vorbereitet und versucht, ihn vor jeder möglichen Fußangel zu warnen.

Tom fragte ihn, wo er die letzten achtzehn Jahre in Europa verbracht habe. Charles erklärte, er habe jahrelang in Frankreich gelebt, die letzten Jahre aber in Spanien, wo er gegen Franco gekämpft habe.

»Waren Sie auch als Soldat im Weltkrieg, Mr. Delauney?«

fragte Tom, und Charles bejahte. Er sah sehr gut aus, bleich und viel älter als an dem Tag, da Marielle und er einander in der Kirche begegnet waren. Seither hatte er in der Haft höllische vier Monate durchlebt, und um seine Probleme noch zu vergrößern, hatte ihm sein Anwalt eben mitgeteilt, daß es mit seinem Vater rapide bergab ging. »Wie alt waren Sie, als Sie sich freiwillig meldeten?«

»Ich war fünfzehn.«

Tom nickte zustimmend. »Und wurden Sie verwundet, als Sie Ihrem Land dienten?«

»Ja, bei Saint-Mihiel. Anschließend kehrte ich zurück und besuchte hier drei Jahre lang die Schule. Aber 1921 ging ich wieder nach Europa. Ich lebte eine Weile in Oxford und in Italien, und dann ging ich nach Paris.«

»Haben Sie dort Ihre Frau, die gegenwärtige Mrs. Patterson, kennengelernt?«

»Ja.« Er sah Marielle an und lächelte wider Willen. Sie aber wirkte besorgter denn je. Sie wußte nicht, was sie sich wünschen sollte. Sie wollte Gerechtigkeit für ihn und ihren Jungen, und sie war sich nicht sicher, wem von den beiden Gerechtigkeit widerfahren würde. »Ich lernte sie 1926 kennen, als sie achtzehn war. Ende des Sommers haben wir geheiratet.«

»Haben Sie sie geliebt, Mr. Delauney?« Tom sah ihn an, als sei dies eine ungeheuer wichtige Frage. »Haben Sie Ihre Frau geliebt?«

»Ja ... ich habe sie sehr geliebt ... sie war so jung ... sie war wundervoll.. ein beinahe überirdisch helles, bezauberndes Wesen. Alles war für sie neu und aufregend ...« Seine Gedanken schweiften ab, dann sah er Tom entschuldigend an und sagte leise: »Wir waren sehr glücklich.«

»Und Sie bekamen ein Kind?«

Charles nickte. »Einen Jungen ... André ... wir waren fast ein Jahr verheiratet, als er zur Welt kam. Er war etwas ganz Besonderes.« Alle Kinder sind etwas Besonderes, dachte Marielle, auch Teddy, alle ...

»Würden Sie sagen, daß Sie ein besonders enges Verhältnis zu dem Kind hatten?«

236

»Ja.«

»Ungewöhnlich eng?«

»Vielleicht. Wir drei waren immer zusammen. Wir reisten viel, und zu Hause habe ich geschrieben. Marielle war eine wunderbare Mutter. Sie hat sich ganz allein um ihn gekümmert.«

»Ohne Kindermädchen?« unterbrach Tom ihn.

»Sie wollte keine Hilfe.« Die Erinnerung entlockte Marielle ein Lächeln. Das Leben war ohne Menschen wie Miss Griffin viel einfacher gewesen.

»Sie drei hatten also ein sehr enges Verhältnis. Ungewöhnlich eng?«

»Ja, das könnte man sagen.«

»Glauben Sie, daß dadurch der Schock des Verlustes noch traumatischer wurde?«

»So muß es wohl gewesen sein. Wir waren ja beide noch sehr jung ... wir fielen einfach auseinander. Ich gab ihr die Schuld und sie mir ... und es änderte nichts an den Tatsachen.«

»Sie gab Ihnen die Schuld?«

»Nicht wirklich ... ich meine das ungeborene Baby ... aber in Wahrheit war es so, daß Marielle sich selbst die Schuld gab und daß ich brutal zu ihr war.« Seine Worte kamen stockend und voller Schuldbewußtsein, und er sah ihr dabei quer durch den ganzen Raum in die Augen. »Ich hatte mich geirrt. Das wurde mir hinterher klar. Aber damals durfte ich nicht zu ihr ... sie wollte mich nicht sehen. Und die Ärzte glaubten ... sie glaubten, es würde sie zu sehr aufregen, wenn ich sie im Sanatorium besuchte.«

Tom wollte den Stier bei den Hörnern packen, damit es vor den Geschworenen keine Geheimnisse gäbe. »Haben Sie sie nach dem Tod Ihres Sohnes geschlagen, Mr. Delauney?« Das sagte er in drohendem Ton, und Charles nickte beklommen.

»Ja. Damals war ich wie von Sinnen ... ich hatte den Kleinen kurz zuvor gesehen, und ich konnte es nicht fassen, daß sie das zugelassen hatte. Ich wollte etwas zerbrechen ... wollte sterben ... ich schlug sie ...« Die Erinnerung und das dazugehörige Geräusch würden ihn sein Leben lang verfolgen.

»Hat sie als Folge davon das Kind verloren?«

»Nein.« Sein Kopfschütteln wurde von einem gequälten Blick zu Marielle hin begleitet. »Der Arzt sagte, das Baby sei schon tot gewesen, als sie in der Klinik eintraf. Das kalte Wasser hätte den Fötus getötet. Aber das hat man ihr nicht gesagt.« Marielle erstickte fast an einem Schluchzen. Sie hatte bis eben nicht gewußt, daß das Baby schon tot gewesen war. Sie hatte nur gewußt, daß sie es im Verlauf des entsetzlichen Geschehens verloren hatte.

»Haben Sie ihr die Verantwortung am Verlust beider Kinder zugeschoben?« drang Tom erbarmungslos in seinen Mandanten, und Bea Ritter zuckte unwillkürlich zusammen, doch sie wußte, daß alles offen dargelegt werden mußte, wenn sie ihn retten wollten. Wie eine gräßliche Wunde ausgebrannt und gereinigt werden mußte, wenn der Patient am Leben bleiben sollte.

»Ja«, flüsterte Charles Delauney. »Ja ... und ich habe mich geirrt. Es war nicht ihr Fehler. Aber als mir das klar war, da war es zu spät.«

»Hätten Sie sie an jenem Abend getötet, wenn es Ihnen möglich gewesen wäre?«

»Nein!« Charles schien entsetzt. »Ich wollte ihr nie wirklich weh tun, ich war einfach selbst zutiefst verletzt.«

»Mußte man Sie gewaltsam von ihr losreißen, als Sie sie schlugen, oder haben Sie von selbst aufgehört?«

»Ich habe von selbst aufgehört. Danach ließ ich sie allein, ich ging außer Haus und betrank mich. Und als ich am Morgen zurückkam und ihr sagen wollte, wie leid es mir täte, da war sie im Krankenhaus. Sie hatte das Baby verloren. Danach hat sie sich nie mehr erholt. Ich sah sie kein einziges Mal mehr, konnte nicht mit ihr sprechen, ihr vernünftig etwas sagen.« Charles liefen Tränen über die Wangen, und Marielle ging es nicht besser.

»Nahmen Sie an der Beerdigung Ihres Sohnes teil?«

»Ja.«

»Und Ihre Frau?«

Er schüttelte den Kopf. Einen Augenblick lang brachte er kein Wort heraus. »Nein. Es ging ihr zu schlecht. Sie lag noch immer hilflos im Krankenhaus in Genf.« Welches sich von der Clinique Verbeuf in Villars, die inzwischen jedermann kannte, erheblich unterschied.

»Haben Sie sich jemals noch weitere Kinder gewünscht?« fragte Tom, und Charles beeilte sich, den Kopf zu schütteln.

»Nein, ich möchte keine Kinder mehr, das ist einer der Gründe, weshalb ich unverheiratet geblieben bin. Ich habe das Gefühl, daß ich meinen Sohn hatte und daß er uns genommen wurde. Ich habe mir andere Ziele gesetzt, ich schreibe über Dinge, die mir wichtig erscheinen, und kämpfe für Dinge, an die ich glaube, kämpfe, weil ich weniger zu verlieren habe als andere. Werde ich getötet, dann wird mich niemand betrauern. Ich habe mich frei ausgelebt. Mit einer Familie hätte ich das nie tun können.«

»Beneiden Sie Menschen, die Familie haben?«

»Nein.« Charles sagte das ganz ruhig. »Das war nie der Fall. Ich habe meine Entscheidung getroffen und entsprechend gelebt.«

»Haben Sie sich jemals gewünscht, zu Ihrer Frau zurückzukehren?«

»Ja«, gestand er leise. »Ehe sie aus dem Krankenhaus entlassen wurde, bat ich sie, zu mir zurückzukommen, aber sie wollte nicht. Sie sagte, sie würde sich immer für das schreckliche Geschehen verantwortlich fühlen, und sie glaubte nicht daran, daß ich aufgehört hatte, sie zu beschuldigen.«

»Haben Sie sie damals geliebt, Mr. Delauney?«

»Ja.« Er schämte sich nicht, es einzugestehen.

»Und Ihre Frau ... hat sie Sie damals noch geliebt ... was meinen Sie?«

»Ich glaube schon.«

»Lieben Sie sie auch heute noch?«

»Ja«, sagte er verhalten. »Vielleicht werde ich sie immer lieben. Aber ich verstehe, warum unser beider Leben in unterschiedlichen Richtungen verlaufen ist. Ich glaube, wir würden heute nicht mehr zueinander passen.« Er bedachte sie mit einem Lächeln. »Sie ist nicht die Frau, die freudig irgendwo ihr Lager aufschlägt, während ihr Mann im Schützengraben kämpft.« Einige der Anwesenden lächelten. Es gab nur wenige Frauen, die dazu bereit gewesen wären, aber eine gab es, die ihm auf der Stelle überallhin gefolgt wäre.

»Wie lange hatten Sie Ihre frühere Frau nicht mehr gesehen, als Sie ihr vergangenen Dezember zufällig in der St.-Patricks-Kathedrale begegneten?«

»Fast sieben Jahre.«

»Hat Sie diese Begegnung sehr aufgewühlt?«

»Sehr. Es war der Todestag unseres Sohnes. Das Wiedersehen mit ihr war von großer Bedeutung für mich.«

»War sie glücklich, Sie zu sehen?«

»Ich glaube schon.«

»Hat sie Ihnen das Gefühl vermittelt, ihr sei an einem nochmaligen Wiedersehen gelegen?«

»Nein.« Er schüttelte entschieden den Kopf. »Sie sagte, das sei wegen ihres Mannes völlig ausgeschlossen.« Das stand in krassem Gegensatz zu Malcolms Bekenntnis, daß er mit Brigitte ein Liebesnest teilte. »Was das angeht, blieb sie eisern.«

»Waren Sie deshalb ungehalten?«

»Nein, ich habe es einfach bedauert. Ich mußte ständig an die Vergangenheit denken, an das, was wir gehabt hatten. Und ich wollte sie sehen.«

»Hat sie Ihnen gesagt, daß sie einen Sohn hat?«

»Nein, das hat sie nicht, und als ich ihn am nächsten Tag sah, war das ein Schock für mich. Ich litt noch unter den Nachwirkungen der Nacht, war noch nicht wieder nüchtern, dazu kam mein Zorn darüber, daß sie mir ihren Sohn verschwiegen hatte. Ein niedlicher kleiner Junge... Ich redete viel Unsinn, sagte zum Beispiel, sie hätte ihn nicht verdient. Ich glaube, in meinem Rausch habe ich überwiegend von mir gesprochen, aber auf jeden Fall habe ich mich sehr schlecht benommen.«

»Haben Sie sie bedroht?«

»Vermutlich«, sagte er ganz aufrichtig.

»War es Ihnen ernst damit?«

»Nein.«

»Haben Sie sie angerufen und die Drohungen wiederholt, oder hatten Sie sie schon vorher angerufen?«

»Weder – noch.«

»Haben Sie jemals im Leben einem Menschen Gewalt angedroht und Ihre Drohung auch wahr gemacht?«

»Niemals.«

»Und war es diesmal anders? Haben Sie die Drohungen wahr gemacht, Mr. Delauney?« Toms Stimme war lauter geworden.

»Nein, ich habe diese Drohungen nicht wahr gemacht. Ich hätte ihr oder dem Jungen nie etwas zuleide tun können.«

»Haben Sie Theodore Whitman Patterson, den Sohn der Pattersons, in der Nacht des elften Dezembers letzten Jahres aus seinem Elternhaus entführt, oder haben Sie jemanden dazu angestiftet oder sich mit jemandem zusammengetan?«

»Das habe ich nicht.«

»Wissen Sie, wo der Junge sich befindet?«

»Nein ... ich bedaure sehr, daß ich es nicht weiß ... ich wünschte, ich wüßte es ...«

»Hat man eine Woche später seinen Schlafanzug und ein Spielzeug des Jungen in Ihrem Haus gefunden?«

»Ja.«

»Haben Sie eine Ahnung, wie diese Dinge dorthin gelangt sein könnten?«

»Nein, ich habe keine Ahnung.«

»Und was vermuten Sie, Mr. Delauney?«

»Ich weiß es nicht. Aber ich bin der Meinung, daß jemand sie eigens dorthin gebracht haben muß.«

»Und warum sollte Ihrer Meinung nach jemand so etwas tun?«

»Damit ich für das Verbrechen büße, das andere begangen haben. Das ist der einzige Grund, der mir einfallen will.«

»Haben Sie eine Ahnung, wer das sein könnte?«

»Nein.«

»Haben Sie Feinde, jemanden, der Ihnen Rache geschworen hat?«

»Nein ... General Franco vielleicht ...« Allgemeines Lächeln.

»Sind Sie Kommunist, Mr. Delauney?«

»Nein.« Er lächelte. »Ich bin Republikaner ... oder war es zumindest. Aber im Grunde halte ich mich am ehesten für einen freien Geist.«

»Sind Sie Mitglied der kommunistischen Partei?«

»Nein.«

»Hegen Sie Groll gegen Mrs. Delauney, die jetzige Mrs. Patterson, weil sie Sie verlassen hat? Oder gegen Mr. Patterson, weil er ihr Mann ist?«

Charles sah Malcolm an, Mann gegen Mann. Am liebsten hätte er ihn angespuckt, doch er zügelte sich und wandte sich an das Gericht. »Nach allem, was hier zur Sprache gekommen ist, weiß ich, daß er sie nicht verdient. Aber ich hege weder gegen ihn noch gegen Marielle Groll. Sie hat im Leben schon genug ertragen müssen. Sie verdient etwas Besseres als uns beide, und vor allem verdient sie es, ihr Kind zurückzubekommen.« Ihr stiegen Tränen in die Augen. Charles war ein anständiger Mensch, war es immer gewesen. Sie konnte nicht länger glauben, daß er Teddy entführt hatte. Tom Armour betete darum, daß die Geschworenen ähnlich empfänden.

»Sind Sie des Verbrechens schuldig, dessen Sie angeklagt sind, Mr. Delauney? Überlegen Sie sich die Antwort ganz genau, und denken Sie daran, daß Sie unter Eid stehen. Haben Sie bei der Entführung des fraglichen Kindes mitgewirkt?«

Charles sah ihn ernst an und schüttelte langsam den Kopf. »Ich schwöre, daß ich nichts damit zu tun habe.«

Da wandte Tom Armour sich an den Staatsanwalt. »Ihr Zeuge, Mr. Palmer.«

Die Anklage versuchte nun mit allen Mitteln, Charles durch den Wolf zu drehen, ihn zu einem Geständnis zu bringen, ihn noch schlechter aussehen zu lassen, weil er Marielle nach dem Unfalltod ihres Sohnes geschlagen hatte. Aber jetzt lag alles offen zutage, es gab keine dunklen Geheimnisse mehr, und er hielt beharrlich an seiner Geschichte fest. Charles wiederholte immer wieder, er habe mit der Entführung nichts zu tun und wisse nicht, wie der Schlafanzug in seinen Keller geraten sei. Spuren des Kindes, die vor Gericht als Beweis hätten dienen können, waren nicht gefunden worden, keine Haut, keine Nägel, keine Haare, keine weiteren Kleidungsstücke, kurzum, kein Anzeichen dafür, daß der Junge auch nur in die Nähe Charles Delauneys gekommen war.

Die Befragung dauerte ermüdende zwei Tage, und am Ende war das Rätsel ungelöst, aber Charles war bis zum Schluß eisern geblieben. Er war unschuldig. Die einzige offene Frage war: Hatte er die Geschworenen überzeugt?

Malcolm verließ das Gericht an diesem Tag allein, und Marielle machte auf dem Heimweg in einer Kirche halt. Sie wollte für einen gnädigen Ausgang des Verfahrens beten, wie immer dieser aussehen mochte, und für ihren Sohn. Ostern war gekommen und vergangen, andere Kinder hatten Ostereier gesucht und mit Küken gespielt, und Teddys Kinderzimmer war leer geblieben. Es zerriß ihr das Herz, wenn sie den Raum betrat, und doch fand sie täglich irgendeinen Grund. Sie suchte etwas, sie räumte etwas fort oder faltete etwas zusammen. Miss Griffin war schon lange nicht mehr im Haus, sie hielt sich noch immer bei ihrer Schwester in New Jersey auf. Die Haushälterin hatte Marielle vor kurzem eröffnet, daß Miss Griffin bald eine Stelle in Palm Beach antreten würde, bei einem neuen Baby. Was für ein Glück für sie, dachte Marielle ... was für ein Glück, wenn es ein neues Baby gab, das man einfach übernehmen konnte. Für sie gab es keine neuen Babys, und sie wollte auch nur ihren kleinen Teddy. Das Herz tat ihr weh, wenn sie an sein seidiges Haar dachte, an die pralle kleine Wange, die weichen Lippen, die sie küßten. Und jetzt war er fort ... verschwunden ... wahrscheinlich für immer. Tag für Tag versuchte sie aufs neue, sich damit abzufinden. Neben diesem Kummer erschien ihr Malcolms Betrug als völlig belanglos.

Lange kniete sie vor dem Altar der St.-Vincent-Ferrer-Kirche, und irgendwann kam John Taylor und kniete neben ihr nieder. Er war im Gerichtssaal täglich an ihrer Seite und hatte dennoch nur so wenig tun können. Seit dem Auftauchen von Schlafanzug und Plüschbär bei Charles Delauney hatten sich keine neuen Tatsachen ergeben.

Für den darauffolgenden Tag waren die Abschlußplädoyers anberaumt, Grund für ihn, sich noch hilfloser zu fühlen. Seiner Meinung nach hatte Delauney sich in den letzten zwei Tagen im Zeugenstand gut gehalten, hatte sogar gewisse Zweifel in ihm selbst geweckt, aber trotzdem hielt Taylor ihn nach wie vor für schuldig.

Er legte leicht eine Hand auf Marielles Arm. Sie war in letzter Zeit noch dünner geworden und sah sehr blaß aus, aber ihre Kopfschmerzen traten viel seltener auf. »Was ist ... fahren wir nach Hause?« Sie seufzte und nickte dann. Manchmal wünschte sie sich, hier zu bleiben, auf den Knien, damit sie IHN bitten konnte, ihr Teddy wohlbehalten wiederzugeben. Sie betete schon seit Monaten darum.

Auf der Heimfahrt war sie still und in sich gekehrt. Die Journalisten belagerten noch immer ihre Tür, aber Taylor hatte großes Geschick darin entwickelt, der Meute zu entgehen und Marielle durch die Küche ins Haus zu schleusen. Eigenartig, daß der Prozeß bald zu Ende sein würde. Die Polizei würde noch eine Weile im Haus bleiben, und das FBI würde gewiß von Zeit zu Zeit nach dem Rechten sehen, doch hatte es keine Spuren gegeben, keine Anrufe, nicht einmal irgendwelche Spinner, die mitten in der Nacht anriefen. Es gab keinen Grund, noch länger zu bleiben. Es war vorbei. Nun blieb nur noch abzuwarten, was die Geschworenen mit Charles Delauney machen würden. Er fragte sich, ob dieses Problem ihr jetzt zu schaffen machte, denn er wußte, daß sie noch immer an Delauney hing, wahrscheinlich mehr, als sie es sich selbst eingestand.

»Möchtest du allein sein?« fragte er leise, als sie zu Hause angekommen waren, und sie blickte mit dankbarem Nicken zu ihm auf. Am Ende würde sie ganz allein sein. Sie und Malcolm waren miteinander fertig, Teddy war fort ... und wenn Charles hingerichtet wurde, dann würde es niemanden mehr geben auf der Welt, der sie je geliebt hatte. Manchmal stockte ihr der Atem, wenn sie daran dachte, und Taylor wußte, daß sie eine schwere Zeit durchmachte. Er berührte sanft ihren Arm und dann ihre Wange. »Laß dich nur nicht unterkriegen ... es ist nicht so schlimm, wie es manchmal den Anschein hat.« Aber beide wußten sie, daß es so schlimm war wie nur irgend möglich. Er sah ihr nach, als sie langsam die Treppe hinaufschritt, den Kopf gesenkt, und plötzlich erwachte Besorgnis in ihm. Was, wenn sie wieder diese Verrücktheiten machte wie vor Jahren? Sollte er ihr nach oben folgen? Aber einer der Polizisten sagte ihm, daß Malcolm zu Hause sei. Deshalb bat Taylor den Mann nur, ein Auge auf sie zu haben, und ging zurück in sein Büro.

Als sie sich von John getrennt hatte, ging Marielle hinauf in Teddys Zimmer. Sie ließ sich in dem Schaukelstuhl nieder. Am Himmel standen ein paar Sterne, die sie durch die Gardinen sehen konnte. Sie dachte an die Kinderreime, die sie immer aufgesagt hatten, und an die Lieder, die sie ihm vorgesungen hatte, als sie ihn am letzten Abend zu Bett brachte. Sie weinte. Da vernahm sie ein Geräusch und drehte sich um. Ihr Mann war eingetreten.

»Was machst du hier?« fragte er kalt.

»Ich bin gekommen, um Teddy näher zu sein.«

»Das wird dir nichts nützen«, sagte er tonlos. »Er ist tot. Dank deinem Exmann.«

»Warum bist du so grausam?« Diesmal wagte sie diese Frage. »Und wie kannst du so sicher sein, daß er tot ist? Woher willst du wissen, daß er nicht schon bald zu uns zurückkommen wird?«

Malcolm Patterson stand da und sah sie kalt an. Seit Beginn des Prozesses hatte er seine Maske fallen gelassen, er gab sich keine Mühe mehr. Er wollte ohnehin die Scheidung. »Wenn er zurückkommen sollte, Marielle, dann wird er nicht zu ›uns‹ oder zu dir kommen, denn du bist nicht imstande, seine Mutter zu sein.« Genau das hatte Tom Armour vorausgesehen. Er hatte sich über die Sache Vanderbilt gründlich informiert und wußte, wie diese Fälle aufgebaut wurden. Die Aussage der Kinderschwester und des Hausmädchens, das Telegramm der Nervenheilanstalt, dies alles sollte als Beweis dafür dienen, daß Marielle unfähig war ... für den Fall, daß der Kleine wieder auftauchte.

»Wer bist du, daß du darüber zu befinden hast?« fragte Marielle traurig. »Und warum haßt du mich so sehr?«

»Ich hasse dich nicht. Ich habe für dich nur Verachtung übrig. Du bist schwach ... und du läßt es zu, daß dieser Kommunist in unser Leben eindringt und unseren Sohn raubt und tötet ...«

»Du weißt, daß das nicht wahr ist.« Sie hatte sich nicht aus dem Schaukelstuhl gerührt, während Malcolm immer näher gekommen war.

»Du bist eine Verrückte, Marielle. Eine Verrückte und eine Lügnerin.« In seinen Augen loderte es und in den ihren ebenso. »Wie kannst du erwarten, daß jemand dir mit Achtung begegnet?«

»Und Brigitte?« sagte sie leise. »Ist sie um so viel besser?« Der Affront schmerzte noch immer. Ihr war längst klar, daß er ihre Position all die Jahre bewußt unterminiert hatte. Aber warum? Warum haßte er sie? Hatte er das alles für sich oder für Brigitte getan?

»Sie hat nichts damit zu tun. Wir hätten nie heiraten sollen.«

»Warum haben wir es dann getan?« Sie wußte es nicht mehr. Sie verstand ihn überhaupt nicht mehr.

»Wäre ich Brigitte früher begegnet, dann wäre es vielleicht nicht dazu gekommen. Aber ich hatte dich zuerst kennengelernt. Und ich habe mir so verzweifelt Kinder gewünscht.« Nach zwei kinderlosen Ehen war ihm Marielle als Erfüllung seiner Wünsche erschienen, so jung und hilflos, wie sie war. Und ihm hatte die Tatsache zugesagt, daß sie alleine auf der Welt stand. So würde es leicht sein, sie zu beherrschen, und das gefiel ihm. In Wahrheit hatte ihn ihre Krankengeschichte nicht gestört, im Gegenteil, denn dadurch war sie nur noch abhängiger von ihm.

»Ging es dir nur um Kinder? Um einen Sohn?«

»Vielleicht.«

Sie war benutzt worden. Mehr war es nicht. Als Werkzeug, um ihm ein Kind zu schenken. Aber es war noch mehr dahinter gewesen, das wußte sie, und auch er wußte es, ob er es nun zugab oder nicht. Ganz am Anfang, ganz kurz war sie sicher gewesen, daß er sie liebte. Und dann ... dann war Brigitte gekommen. Jetzt war ihr alles klar.

»Und was wirst du nun tun? Wirst du Brigitte heiraten und noch mehr Kinder in die Welt setzen?«

Er verschwieg ihr, daß Brigitte keine Kinder bekommen konnte und daß zwischen ihnen echte Leidenschaft war.

»Was ich vorhabe, geht dich nichts an, Marielle.«

»Ich werde ausziehen, sobald der Prozeß vorbei ist«, sagte sie ruhig.

Aber Teddys Sachen würde sie mitnehmen ... sie mußte sie mitnehmen ... falls er wiederkäme ... zum ersten Mal seit Jahren überkam sie dieselbe Verwirrung, unter der sie in der Klinik in Villars gelitten hatte ... sie konnte an nichts anderes denken als an Teddy.

»Wohin willst du gehen?« Sein Blick schien ihre Energie förmlich aufzusaugen.

»Das ist unwichtig. Ich werde dem FBI meine Adresse mitteilen, damit man mich verständigt ... wenn ... wenn man ihn findet.«

Er sah sie verächtlich an. Sie würde wieder den Verstand verlieren. Er sah es ihr förmlich an. Auf den Gedanken, daß er sie soweit gebracht hatte, wäre er allerdings nie gekommen.

»Marielle, man wird ihn nicht finden. Niemals. Verstehst du das nicht?«

»Ich werde in einem Hotel wohnen.« Sie ignorierte, was er gesagt hatte, und wich seinem Blick aus. Er hatte seinem Anwalt bereits eröffnet, wieviel Geld er ihr zu geben gewillt war. Er wollte sich loskaufen, bevor sie im Irrenhaus landete. Wenn er selbst fort war, Charles zum Tode verurteilt wurde und sie endlich begriff, daß sie das Kind nie wiedersehen sollte – das würde sie wahrscheinlich nicht überleben.

»Ich gehe ohnehin auf Reisen. Inzwischen kannst du alles arrangieren, wie du möchtest.«

»Wohin willst du?« Ihre Stimme war ganz matt, so als müßte sie sich mühsam konzentrieren, und ihre Hände zitterten.

»Das geht dich nichts an.«

Und während sie ihm zuhörte, spürte sie, wie Panik von ihr Besitz ergriff. Wer würde sich um sie kümmern, wenn er fort war? Wer würde ihr helfen, Teddy großzuziehen?

Aber plötzlich wußte sie, daß sie niemanden brauchte. Sie brauchte nur Zeit, um sich von alldem zu erholen. Ihr ging auf, was mit ihr los war, und sie kämpfte mit aller Kraft gegen die Dämonen an. Sie unternahm den übermenschlichen Versuch, ruhig aufzustehen, und ging hinunter in ihr Zimmer. Mochte er tun, was er wollte. Er konnte ihr die Erinnerungen an das Kind nicht nehmen. Und dieses Wissen verlieh ihr die Kraft zum Überleben.

An jenem Abend rief John Taylor sie an. Er sorgte sich um sie, denn er wußte, welch hohen Tribut der Prozeß ihr abverlangte. »Alles in Ordnung?«

»Ja. Der Tag war ziemlich hart.« Und Malcolm war noch härter gewesen. Sie war vollkommen erschöpft, als sie mit Taylor sprach, aber auch glücklich, ihn zu hören.

»Die nächsten Tage werden noch schlimmer. Die Schlußplädoyers und das Urteil werden Zerreißproben für deine Nerven sein. Du mußt einfach Ruhe bewahren, Marielle.« Und er würde bei ihr sein.

»Ich weiß ... mir geht es schon besser ... John, es gibt nichts Neues ... oder ... ich meine, von Teddy?«

»Nein«, sagte er leise. »Nichts.« Er wußte, daß sie jetzt einigermaßen damit zurechtkam. Nach vier Monaten gab es fast keine Chance mehr. »Ich würde es dir sofort sagen, wenn es etwas gäbe.«

»Ich weiß.«

»Marielle ...« Er wußte, daß die Anschlüsse abgehört wurden, doch es verlangte ihn danach, ihr zu sagen, wie sehr er sie liebte.

»Ich weiß ... es ist schon gut.« Ihre Stimme war so leise und verzagt, und er verzehrte sich danach, sie in den Armen zu halten. Doch sie saß allein in ihrem Zimmer und weinte Tränen der Erschöpfung und der Sorge.

»Jetzt heißt es noch ein paar Tage stark sein, Marielle. Vielleicht bleibt uns danach noch ein wenig Zeit für uns allein.«

Er wußte, wie dringend sie es nötig hatte, von hier wegzukommen. Ständig lebte er in Angst vor einem neuerlichen Zusammenbruch Marielles, und an jenem Abend war sie tatsächlich nahe daran gewesen. »Wir sehen uns morgen«, sagte er leise.

»Gute Nacht«, flüsterte sie, und dann legte sie auf. Und während Marielle langsam in den Schlaf glitt, überlegte Bea Ritter, ob sie Tom Armour anrufen sollte.

14

Tom Armour hatte seit dem Spätnachmittag zu Hause an seinem Schlußplädoyer gefeilt, so lange, bis es endlich zu seiner Zufriedenheit ausgefallen war. Er streckte sich, gähnte, las alles noch einmal durch, dann noch ein zweites Mal und beschloß dann, sich ein Sandwich zurechtzumachen. In seiner Wohnung sah es aus, als hätten sich überall Ratten eingenistet, und als er den Kühlschrank öffnete, fiel ihm ein, daß er leer war. Vom Hunger geplagt, überlegte er stirnrunzelnd, als das Telefon schrillte und er mit sich kämpfte, ob er abheben sollte oder nicht. Aller Wahrscheinlichkeit nach waren es wieder diese verdammten Reporter, aber andererseits konnte es auch etwas Wichtiges sein.

»Ja?« sagte er geistesabwesend, weil er sich noch immer nicht entschieden hatte, ob es sich noch lohnte, sich etwas Eßbares zu holen, oder ob er besser dran war, wenn er sofort zu Bett ging und sich ausschlief, damit er am Morgen richtig ausgeruht war. Ausgeruht, aber hungrig. Er hatte heute auch den Lunch ausgelassen und hörte seinen Magen knurren, als er den Hörer ans Ohr hielt, neugierig, wer ihn zu so später Stunde anrufen mochte. Die einzige interessante Frau in seinem Leben hatte kurz vor Weihnachten angekündigt, daß sie einen anderen zu heiraten gedenke. Sie behauptete, er sei mit seiner Arbeit verheiratet, und sagte, sie habe es satt, immer nur von seinen Fällen zu hören. Aber er durfte sich auch mit seinen sechsunddreißig Jahren zu den prominentesten Strafverteidigern der Stadt zählen.

»Ist Mr. Armour da?« Eine weibliche Stimme, die er nicht erkannte, die sich aber sehr angenehm anhörte.

»Wer soll um diese Zeit schon dasein? Der Butler etwa?« Plötzlich fragte er sich, ob es sich um einen verrückten, mit dem Fall Charles Delauney in Zusammenhang stehenden Anruf handelte. So interessant dieser Fall auch war, er hatte ihm anfangs auch jede Menge Anrufe von Spinnern und Drohbriefe eingetragen – »Wie können Sie nur ein solches Ungeheuer verteidigen« und ähnliches. »Wer spricht?« fragte er verwundert. Seit Wochen, nein, seit Monaten hatte ihn niemand mehr zu Hause angerufen, geschweige denn eine attraktiv klingende Frau.

»Hier Beatrice Ritter. Sind Sie es, Tom?«

»So ist es.« Jetzt wußte er, wer sie war. Sie gefiel ihm. Er hatte schon Gefallen an ihr gefunden, als sie zu ihm gekommen war und ihn inständig gebeten hatte, Charles' Fall zu übernehmen. Und ebenso gefielen ihm die Artikel, die sie seither über Marielle, über Charles und den Prozeß geschrieben hatte. Daß sie zu seinem Team gehörte, konnte er sich leicht ausrechnen.

»Ich muß Sie sprechen.« Das hörte sich sehr ernst und erregt an.

»Heraus damit. Ich bin ganz Ohr.« Mit knurrendem Magen, einem leeren Kühlschrank und nichts zu tun bis zum Morgen.

»Könnten wir uns irgendwo treffen?«

Ein Blick auf die Uhr, und er zuckte zusammen. Er war ein sehr ansehnlicher Mann, der jetzt in seinem weißen Hemd, das er bei Gericht getragen hatte, und in Hose und Hosenträgern dastand und seit vierzehn Stunden nur Unmengen schwarzen Kaffees zu sich genommen hatte. »Es ist fast elf. Hat das nicht Zeit bis morgen?«

»Nein, hat es nicht.« Sie klang verzweifelt.

»Ist etwas nicht in Ordnung?«

»Ich muß Sie sprechen.«

»Haben Sie jemanden umgebracht?«

»Es ist mir ernst ... bitte ... vertrauen Sie mir ... es kann nicht bis morgen warten.«

»Ich nehme an, daß es irgendwie mit meinem Mandanten zu tun hat?« Sie war aus ihm unverständlichen Gründen in diesem Fall eine Mitkämpferin geworden, und er war entschlossen, sich diesen Umstand zunutze zu machen, wenn es seinem Mandanten nützte.

»Ja, sehr sogar.«

»Und es kann nicht warten?«

»Das glaube ich nicht.« Das hörte sich bitterernst an.

»Wären Sie bereit, in meine Wohnung zu kommen?« Die meisten Mädchen hätten es abgelehnt, einen Mann zu dieser nächtlichen Stunde zu besuchen, sie aber war eben nicht irgendein Mädchen. Sie war Reporterin. Sie war es gewohnt, Dinge zu tun, die kein normaler Mensch getan hätte, und er bewunderte ihre beherzte Art. Eine zierliche Person mit enormem Unternehmungsgeist. Und sie gefiel ihm. Eines Tages würden sie vielleicht sogar Freunde sein können, aber im Moment noch nicht.

»Ich komme ...«, sagte sie aufgeregt. »Sagen Sie jetzt bloß nicht, Sie wohnen in New Jersey.«

»Ist die Fifty-ninth, zwischen der Lexington und der Third, genehm?« Er wohnte in einem ruhig gelegenen Backsteinhaus.

»Das nenne ich Glück. Ich wohne an der Forty-seventh. Mit dem Taxi bin ich in fünf Minuten bei Ihnen.«

»Tun Sie mir einen Gefallen?«

»Aber sicher.«

»Könnten Sie mir ein Roastbeefsandwich besorgen? Ich habe seit heute morgen nichts gegessen.«

»Mit Senf oder Mayo?«

»Beides. Alles. Ich würde auch die Tüte vertilgen. Ich bin am Verhungern.«

»Keine Angst, Sie kriegen was.«

Zwanzig Minuten später klingelte es an seiner Tür, und sie stand vor ihm, in dunkelblauen Hosen und hellblauer Jacke, mit einem Bier, zwei Pickles und seinem Sandwich.

»Sie sind ein Engel.« Was sie ihm zu sagen hatte, war ihm jetzt einerlei. Er war einfach dankbar, daß sie ihm sein Abendessen gebracht hatte. »Teilen wir uns das Bier?«

»Nein, danke.« Sie schüttelte den Kopf und ließ sich auf einen Küchenstuhl sinken. Fast war es, als seien sie alte Freunde. Sie hatte immerhin den Prozeß von Anfang an verfolgt, so daß sie den Kampf indirekt zusammen durchgestanden hatten.

»Was glauben Sie ... wie wird es ausgehen?«

»Schwer zu sagen. Die Geschworenen sind nicht leicht einzuschätzen. Manchmal glaube ich, daß er bei den Männern mehr Anklang findet als bei den Frauen, und manchmal ... bin ich mir dessen gar nicht sicher. Wenigstens haben Sie Marielle Patterson wieder zu einem gewissen Ausmaß an Glaubwürdigkeit verholfen. Als was für ein gemeiner Kerl Patterson sich entpuppt hat ...« Er nickte, wobei ihm bewußt war, daß sie Reporterin war und dies alles nur ein Trick sein konnte. »Sie haben für Charles Delauney ganze Arbeit geleistet.«

»Danke. Heute hat er sich im Zeugenstand gut gemacht, zumindest hatte ich diesen Eindruck.«

»Ich auch«, gab sie leise zurück. Sie hatte es geschafft, seinen Blick festzuhalten, als er den Zeugenstand verließ, und er hatte mit einem Lächeln reagiert, als sie den Daumen nach oben hielt. Ihr Interesse und ihr Glaube an ihn hatten ihn gerührt, dazu erregte ihr Eifer seine Neugierde, und sie gefiel ihm. Nicht annähernd so, wie er ihr gefiel, aber in Beas Augen war es ein Anfang ... es sei denn ... aber das lag an Tom Armour ... und an den Geschworenen.

»Also, was gibt es? Was führt Sie um diese Zeit mit einem Roastbeefsandwich hierher? Ich nehme an, Sie sind nicht gekommen, um mir zu sagen, daß Sie meinen Stil als Verteidiger bewundern.«

»Nein.« Sie lächelte verschmitzt. »Aber Sie sind sehr gut. Besser als die meisten, die ich erlebt habe.« Ihr Blick wurde sofort wieder ernst. Sie hatte ihm eine wichtige Mitteilung zu machen. Und beide wußten, daß für Charles Delauney die Zeit knapp wurde. Am nächsten Tag waren die Schlußplädoyers der gegnerischen Parteien vorgesehen, und danach hing alles von den Geschworenen ab. »Ich habe etwas sehr Merkwürdiges getan«, gestand sie ihm, nachdem sie von den Pickles genommen hatte. »Ich habe jemanden angerufen, über den ich vor einiger Zeit ... letztes Jahr ... eine Story verbrochen habe. Sie kennen ihn sicher ... es ist Tony Caproni.«

»Der Gangsterboß aus Queens?« Tom Armour war nicht wenig überrascht. »Miss Ritter, Sie geben sich ja mit feinen Leuten ab.«

»Ich habe nett über ihn geschrieben, und er war begeistert. Damals hat er gesagt, falls er mir je einen Gefallen tun könne, solle ich ihn anrufen. Und das habe ich getan.«

»Sie haben Caproni angerufen? Warum?« Wieder setzte ihr Mut ihn in Erstaunen. Tony Caproni war einer der gefährlichsten Männer von New York, aber auch einer der mächtigsten unter seinesgleichen.

»Ich wollte wissen, ob er etwas gehört hat, ob er jemanden kennt, der jemanden kennt ... Vielleicht jemanden in der Unterwelt, der weiß, wer das Kind tatsächlich entführt hat oder ... ach, ich weiß nicht, jedenfalls dachte ich mir, daß es sich lohnen könnte.«

»Und? Ich nehme an, daß er nichts wußte. Das FBI hat es auf dieselbe Tour versucht. Man hat sämtliche Informanten angezapft, alle Unterweltkontakte, und gebracht hat es gar nichts.«

»Auch Tony hat nichts gewußt, als er mich das erste Mal anrief.« Sie faßte nach Toms Arm. »Aber heute hat er mich wieder angerufen. Er hat mir einen Namen und eine Telefonnummer gegeben und gesagt, ich solle den Burschen anrufen.«

Tom hielt im Kauen inne. »Na, und wußte er etwas?«

»Jemand ... er weiß nicht, wer ... hat ihm fünfzigtausend Dollar dafür gegeben, daß er das Spielzeug und den Schlafanzug in Delauneys Haus schmuggelte. Aussagen will er nicht, aber wenn wir ihm Straffreiheit zusichern, überlegt er es sich vielleicht. Tom, der Kerl steht Todesangst aus, aber Charles tut ihm leid. Er sagt auch, er glaube, daß der Kleine noch lebt, und er möchte damit herausrücken, bevor etwas passiert.«

»Heilige Scheiße, mein Gott, geben Sie mir seine Nummer!« Sie zog einen Zettel aus der Handtasche, und er griff nach dem Hörer, um plötzlich innezuhalten und sie anzusehen. »Das ist doch keine Falle, oder? Wenn Sie in Ihrem Blatt darüber schreiben, dann bringe ich Sie glatt um.«

»Ich schwöre, daß es die Wahrheit ist.« Und aus ihm selbst unerfindlichen Gründen glaubte er ihr.

15

Um Punkt zehn Uhr fünfzehn am darauffolgenden Morgen klopfte Richter Abraham Morrison mit seinem Hammer auf den Tisch und rief das Gericht zur Ordnung. Tom Armour, der in einem dunkelblauen Anzug mit gestärktem Hemd erschienen war, wirkte an diesem Morgen besonders ausgeruht. Tatsächlich war er eine ganze Viertelstunde eher aufgestanden, um seine Schuhe auf Hochglanz zu bringen. Am Ende eines Prozesses, wenn es darauf ankam, sah er gern gut aus. Und Charles machte in Banker-Grau und mit einer Krawatte seines Vaters einen sehr ernsten und würdigen Eindruck.

»Heute bekommen wir die Abschlußplädoyers zu hören, meine Damen und Herren«, erklärte der Richter den Geschworenen, die den ganzen vergangenen Monat im Chelsea Hotel gewohnt hatten und es dort kaum mehr aushielten. Einige sahen schon ganz spitz aus.

Doch als der Richter gesprochen hatte, erhob sich Tom Armour und näherte sich zusammen mit William Palmer dem Vorsitzenden. »Was gibt es, Mr. Armour?« fragte der Richter ihn halblaut und mit gerunzelter Stirn.

»Neue Beweise, Euer Ehren, und ein kleines Problem. Darf ich Sie unter vier Augen sprechen?« Der Richter wirkte alles andere als beglückt. Sie standen im Begriff, den Sack zuzumachen, und jetzt war auf einmal die Rede von einer neuen Beweislage. Was zum Teufel sollte das nun wieder heißen?

»Schon gut, schon gut.« Er winkte die beiden in einen Nebenraum, und dort blieben sie bis halb zwölf und stritten miteinander und mit dem Richter. Er war damit einverstanden, den Mann aussagen zu lassen, war aber nicht bereit, ihm Straffreiheit zuzusichern. Wenn er die Wahrheit gesagt und tatsächlich den Schlafanzug in Charles Delauneys Haus geschmuggelt hatte, dann handelte es sich um ein Verbrechen, und zusätzlich stand zu vermuten, daß er mehr von der Entführung wußte, die zu tarnen er mitgeholfen hatte.

»Ich würde sagen, man sollte ihn festnehmen«, sagte Palmer, der die Hände herabhängen ließ.

»Ich kann meine Quelle nicht gefährden«, wandte Armour ein.

»Und wenn er lügt?«

»Und wenn nicht? Wenn er den Schlafanzug und den Plüschbären ins Haus geschmuggelt hat, ist Delauney unschuldig.«

»Um Himmels willen ... wer ist der Kerl denn nur?« Palmer schrie es fast heraus.

»Das kann ich nicht sagen, solange wir uns nicht geeinigt haben.«

Als der Richter sich beide Meinungen angehört hatte, war ihm nicht sehr wohl zumute, und man sah ihm an, daß er mit der Übereinkunft, die sie getroffen hatten, alles andere als glücklich war.

»Ich gebe Ihnen achtundvierzig Stunden, um die Sache zu überprüfen und herauszufinden, ob es eine Finte ist oder nicht. Schalten Sie das FBI ein, die Marines, meinetwegen die ganze Armee. Es kümmert mich keinen Deut, was Sie anstellen, aber sorgen Sie dafür, daß Sie mir mehr auf den Tisch legen als dies hier. Versprechen kann ich dem Mann gar nichts. Und wenn Sie mir nicht binnen achtundvierzig Stunden Beweise liefern, ziehe ich Sie wegen Mißachtung des Gerichtes zur Rechenschaft, und Ihr heißer Tip landet im Knast. Verstanden?«

»Ja, Sir. Vielen Dank.« Tom Armour strahlte. Ihm blieben zwei Tage, um Wunder zu wirken, aber vielleicht konnte Beas Bekannter ihm helfen.

»Sind Sie mit einer zweitägigen Vertagung einverstanden, Mr. Palmer?« fragte der Richter.

»Habe ich denn eine andere Wahl?« Palmer schien ungehalten, fand sich aber mit der Vertagung ab.

»Eigentlich nicht.« Der Richter bedachte ihn mit einem Lächeln, und Tom lachte laut.

»Dann gebe ich also mein Einverständnis. Aber tun Sie Ihr Bestes, damit es gut läuft. Ich persönlich halte das alles für ausgemachten Unsinn. Delauney ist so schuldig wie der Teufel, dieser lausige Erzkommunist.«

»Sprechen Sie nicht so über meinen Mandanten«, forderte Tom Armour streng.

»Geben Sie sich lieber nicht zur Verteidigung solcher Typen her.«

Die drei betraten nun den Gerichtssaal, wo der Richter verkündete, daß neues Beweismaterial aufgetaucht sei und das Gericht nach zweitägigen Ermittlungen das Verfahren am Freitag wiederaufnehmen werde. Er bedankte sich bei allen für ihr Kommen, worauf das Gericht sich zurückzog und Tom Charles im Flüsterton erklärte, was sich zugetragen hatte. Kaum war er wieder aufgestanden, als er John Taylor zu sich winkte.

»Könnte ich Sie kurz sprechen? Wir brauchen Hilfe.«

»Sicher.« Offiziell war John nach Lage der Dinge zur Unterstützung des Anklagevertreters da. In Wahrheit zielten seine Bemühungen aber darauf, allen zu helfen, indem er Teddy fand.

»Könnten wir uns irgendwo in aller Ruhe unterhalten?« Charles wurde bereits abgeführt, und Armour folgte Taylor in einen leeren Büroraum.

»Was haben Sie an neuen Beweisen?«

»Ich bin meiner Sache noch nicht sicher, aber ich glaube, wir sind fündig geworden.« Er erklärte ihm, aus welcher Quelle das Material stammte und was der Mann behauptet hatte. »Er ist halb verrückt vor Angst. Er hat das Geld vom großen Unbekannten genommen und sich damit der Mittäterschaft oder zumindest einer Behinderung des Gerichtes schuldig gemacht. Sein Vorstrafenregister ist ellenlang, er ist auf Bewährung auf freiem Fuß und wagt es natürlich nicht, vor Gericht auszusagen.«

»Na, wenigstens ist er nicht auf den Kopf gefallen. Wer ist es? Vielleicht kenne ich ihn.«

»Das wäre möglich. Aber Sie müssen mir für ihn Straffreiheit garantieren, wenn ich Ihnen den Namen nennen soll.«

»Armour, ich kann Ihnen überhaupt keine Garantie geben ... außer der einen, daß ich Ihnen einen derben Tritt verpasse, wenn Sie mir nicht sagen, was Sie in der Hand haben. Es gilt hier nicht nur die Haut Ihres Mandanten zu retten. Wir suchen einen Vierjährigen, der inzwischen tot sein kann, und wenn nicht, schwebt er jedenfalls in großer Gefahr.«

»Das weiß ich, verdammt. Aber meine Quelle können Sie nicht hochgehen lassen. Der Mann ist auch der Meinung, daß der Junge noch am Leben ist. Sie müssen mir schon zusichern, daß Sie nicht einfach zuschlagen und ihn festnageln.«

»Ich werde ihn nicht festnageln. Sie können ja mitkommen. Wo ist er?« Armour war noch immer in Sorge, daß er seinen Informanten in Schwierigkeiten bringen würde.

»Er heißt Louie Polanski«, sagte er schließlich zögernd.

»Louie? Louie der Frauenheld? Menschenskind, Louie und ich kennen uns seit Jahren. Vor fünfzehn Jahren, als ich selbst noch grün hinter den Ohren war, schickte ich ihn in den Knast ... und rettete ihm damit das Leben. Damals hatten es seine Kumpels auf ihn abgesehen, und wir boten ihm eine hübsche, behagliche Zelle und fünf Jahre lang Schutz. Er liebt mich.« John Taylor grinste vor sich hin.

»Im Ernst?« Tom war von dieser Geschichte nicht sehr erbaut.

»Er wird mit mir reden. Das schwöre ich.« Und als Tom Louie wieder anrief, war dieser sofort einverstanden, sich mit Tom Armour und John Taylor zu treffen.

Sie trafen sich um eins in einem italienischen Restaurant in

Greenwich Village, das der Unterwelt gehörte und seinerzeit als Flüsterkneipe gedient hatte. Taylor kannte das Lokal gut, für Tom war es neu. Der Mann, mit dem sie sich trafen, war klein, fettleibig, kahl und schwitzte stark. Als er zu reden anfing, zeigte es sich, daß er ein nervöses Wrack war und es bereute, sich auf die Sache eingelassen zu haben, doch das Wiedersehen mit John Taylor freute ihn aufrichtig.

»Ich hätte mich nie reinziehen lassen sollen. Der reinste Wahnsinn. Aber es war so verdammt viel Geld, und es hörte sich so leicht an.« Und leicht war es auch gewesen. Bis jetzt.

Taylor sah Tom an. »Wer könnte ihm so viel Geld gegeben haben, damit er Delauney belastet? Jemand will Ihren Mandanten fertigmachen.«

»Ich wünschte weiß Gott, ich wüßte es«, gab Tom mürrisch zurück.

»Es heißt, daß der Kleine noch am Leben sein soll, aber ich weiß weder, wo er steckt, noch wer ihn hat«, gab Louie im Flüsterton und nach einem verstohlenen Blick über die Schulter von sich.

»Wieso heißt es das? Könnten Sie das herausbekommen?« Taylor war plötzlich ganz sachlich.

»Ich kann ja mal fragen. Aber ich glaube, da hält jemand ganz fest die Hand drauf. Viel Geld hat den Besitzer gewechselt, und der große Unbekannte muß gute Leute angeheuert haben; die halten alle eisern dicht.« Bis auf Louie, Gott sei Dank. Taylor hoffte inständig, daß Louies Freunde recht hatten und Teddy noch am Leben war.

»Haben Sie eine Ahnung, wo er sein könnte? Gibt es irgendeinen Hinweis? Eine Spur? Irgend etwas, womit sich etwas anfangen läßt?«

»Vielleicht ist er schon außer Landes.« Daran hatte man natürlich auch gedacht. Seit Monaten schon wurden Häfen und Flughäfen und sogar die Grenzen nach Kanada und Mexiko aufmerksam beobachtet. Bis vor kurzem waren die Kontrollen sogar sehr streng gewesen. Inzwischen aber rechnete man damit, daß Teddy entweder tot war oder niemand mehr versuchte, ihn außer Landes zu schaffen. Doch das machte John stutzig. Die

Kontrolle der Häfen war erst in der Woche zuvor gelockert worden. Ein zweiter Blick würde sich vielleicht lohnen. Er sah Louie interessiert an.

»Louie, Sie haben mich eben auf eine Idee gebracht. Ich liebe Sie.«

»Ach ja? Na, was werden Sie also für mich tun? Hören Sie ... das Geld werde ich zurückgeben ... Ich hab' erst zehn Riesen verbraten. Die anderen vierzig sind noch da. Geben Sie es dem FBI, geben Sie es meinetwegen dem Richter. Verdammt und zugenäht, ich möchte für einen lausigen Kinderschlafanzug nicht wieder in den Bau.«

»Ich will Ihnen was sagen.« Taylor sah ihn ernst an. »Wenn wir fündig werden, handle ich für Sie etwas aus, weil Sie uns geholfen haben. Finden wir den Kleinen aber nicht, dann könnten Sie bis oben im Schlamassel stecken. Aber ich werde mein möglichstes tun. Ich rufe Sie an.«

»Ja ... lassen Sie es mich wissen ...« Louie der Frauenheld sah Tom nervös an, und John Taylor ging telefonieren.

»Danke, daß Sie mit uns gesprochen haben«, sagte Tom leise. »Es könnte das Leben meines Mandanten retten.«

»Ja«, Louie lächelte nervös, »und mich meinen Hintern kosten ... aber ... ich mag es nicht, wenn einem Kind was angetan wird. Das stinkt mir. Sie wissen, was ich meine. Wie der Fall Lindbergh. Ich war damals im Knast und habe 'nen kleinen Bankraub abgesessen. Solche Typen machen mich krank ... ein Baby zu töten.«

»Glauben Sie, die könnten ihn getötet haben?« Der Gedanke bereitete ihm Übelkeit, aber nicht nur aus Sorge um seinen Mandanten. Im Verlauf des Verfahrens hatte er Marielle bewundern gelernt, und der Gedanke an das, was sie im Fall von Teddys Tod durchmachen mußte, war ihm unerträglich, zumal sie schon zwei Kinder verloren hatte und ihr mit Malcolm noch allerhand Schwierigkeiten bevorstanden.

»Schwer zu sagen«, meinte Louie daraufhin ernst. »Wenn viel Geld im Spiel ist, kann es so oder so ausgehen. Und was man so hört, handelt es sich um ein ganz großes Ding.«

»Ich wünschte, ich wüßte, wer es getan hat.« Daß es nicht Charles Delauney war, wußte er mit Sicherheit. Er hatte ihm

258

schon zuvor geglaubt, nun aber waren alle seine Zweifel ausgeräumt. Aber die Professionalität, mit der offenbar alles gelaufen war, ließ befürchten, daß man den Täter nie fassen würde. Oder daß der arme Teddy unauffindbar blieb.

Als Taylor wiederkam, machte er ein finsteres Gesicht.

»Was gibt es?« fragte Tom.

»Ich weiß es nicht. Vielleicht ist es blinder Alarm, aber wir werden in den nächsten Tagen den ganzen Hafen auseinandernehmen. Man weiß nie, auf was man dort stößt. Wie ich höre, heißt das, daß wir zehn Frachter und sechs Passagierschiffe durchsuchen müssen. Das wird uns einige Zeit kosten. Und Sie, Louie, leisten Ihren Anteil und hören sich um.« Und wenn schon sonst nichts, dann konnten sie von ihm die Aussage bekommen, daß er den Bären und den Schlafanzug in Delauneys Haus geschmuggelt hatte. Aber Taylor wußte auch, daß es am Ende womöglich gar nicht so einfach sein würde, ihn zu schützen. »Ich rufe Sie an.«

»Danke für den Lunch.« Louie sah die beiden an. Er bereute es nicht, daß er gekommen war. Wenn sie das Kind fanden, hatte es sich vielleicht ausgezahlt. Ab und zu mußte ein Mann etwas tun, das ihm ein gutes Gefühl verlieh, auch wenn es ihn etwas kostete.

Nach dem Verlassen des Restaurants schlüpfte Taylor in eine Telefonzelle und tätigte noch einen Anruf. Er rief Marielle an. Vorher hatte er vermeiden wollen, daß jemand zufällig mithörte. »Hallo, ich bin's.« Er wußte, daß sie seine Stimme erkannte. »Könnten wir uns in der Kirche treffen, in der wir gestern waren ... sagen wir, in zwanzig Minuten?«

»Sicher.« Sie schien erstaunt. Und sie kam allein in die Kirche. Sie war durch die Hintertür aus dem Haus geflüchtet und, noch ehe jemand etwas bemerkte, ganz normal die Straße entlanggegangen, mit Kopftuch, Wolljacke und dunkler Brille.

»Ist etwas?« Sie schien besorgt, und er lächelte ihr beruhigend zu.

»Nein, aber ich werde in den nächsten Tagen sehr beschäftigt sein. Mach dir keine Sorgen, wenn ich mich nicht melde.«

»Hat es mit den neuen Beweisen zu tun, von denen heute bei

Gericht die Rede war?« Sie schien erstaunt. Seit der Nacht der Entführung hatte sie ihn buchstäblich jeden Tag gesehen. Er war jetzt ihre einzige Stütze.

»Ja, es hat damit zu tun.«

»Ist es ... hat es mit Teddy zu tun?« Hatte man ihn gefunden ... oder schlimmer, hatte man seinen Leichnam gefunden? Aber das wagte sie nicht zu fragen.

»Ich glaube nicht, daß es irgendeine Bedeutung hat, aber wir gehen der Sache nach. Keine Angst, ich verständige dich unverzüglich, wenn sich etwas ergeben sollte«, beruhigte er sie. Er wollte ihr keine Hoffnungen machen, das wäre nicht fair gewesen. »Aber ich möchte dir erst eine Frage stellen. Heute morgen ist in meinem Büro zufällig etwas aufgetaucht.« Das war es auch, was ihn auf den Gedanken mit dem Hafen gebracht hatte, dies und etwas, das Louie der Frauenheld gesagt hatte. Beides zusammen hatte in seinem Kopf eine Alarmglocke schrillen lassen. Davor hatte er einfach geglaubt, es sei ein Irrtum oder sie habe vergessen, es zu erwähnen. »Hast du mit Malcolm innerhalb der nächsten beiden Wochen eine Reise vor?«

»Malcolm? Er hat seit Wochen kein Wort mit mir gesprochen, und gestern hat er mir angekündigt, daß er die Scheidung einreichen wird.« Sehr aufgewühlt wirkte sie nicht. In Anbetracht dessen, was hinter ihr lag, nahm sie es gefaßt auf.

»Ein reizender Mensch. Du planst also keine Reise mit ihm?« Er hatte schon angenommen, daß sie keine diesbezüglichen Pläne hatte, aber nachprüfen mußte er es immerhin.

»Nein. Warum?« Sie machte ein erstauntes Gesicht.

»Du glaubst nicht, daß er eine kleine Hochzeitsreise plant, sozusagen, um die Sache wieder zusammenzuflicken?«

»Nicht mit mir jedenfalls. Er hat mir nur eröffnet, sein Anwalt würde mich anrufen.«

»Wann war das?«

»Gestern abend, nach der Kirche.« Aber plötzlich fiel ihr ein, was er in Teddys Zimmer gesagt hatte. »Er hat gesagt, er würde verreisen. Ist es das, was du meinst?«

»Möglich.« Er sagte ihr nicht, daß Mr. und Mrs. Patterson auf der *Europa* zwei Plätze gebucht hatten. Es war anzunehmen,

260

daß Malcolm Brigitte mitnehmen und sie als seine Frau ausgeben wollte. Das war schon vorgekommen, und auf einer Schiffsreise neigten die Menschen dazu, Diskretion walten zu lassen. Da hatte er also eine hübsche Reise geplant, während Marielle auf den Anruf des Anwalts wartete. Was für ein gemeiner Schuft.

»Nun ja, ich hatte mich gewundert, aber ich dachte mir schon, daß es sich um einen Irrtum handelt.«

»Glaubst du, ich hätte geplant, klammheimlich aus der Stadt zu verschwinden?« Sie lächelte, doch blieben ihre Augen in letzter Zeit ernst, auch wenn sie lächelte. Im Lauf der letzten vier Monate hatte sie zu viel mitgemacht. Er hätte sie gern in die Arme genommen, doch war es weder die richtige Zeit noch der richtige Ort. Außerdem hatte er alle Hände voll zu tun.

»Mrs. Patterson, wenn Sie die Stadt verlassen, wird sich das FBI an Ihre Fersen heften.«

»Na, das hört sich ja sehr verlockend an.« Sie lächelte, als sie aus der Kirche traten. »Wann werde ich dich wiedersehen?«

»Sobald ich mich freimachen kann. Ich komme zu dir nach Hause oder rufe dich an. Oder aber wir sehen uns am Freitag vor Gericht.« Er lächelte liebevoll und legte einen Arm um ihre Schultern.

»Gib acht auf dich.« Er wußte, daß er sich jeden Moment um sie sorgen würde, wenn er nicht beschäftigt war. Er folgte ihr den Großteil des Heimweges und sah ihr nach, als sie die Straße entlang zum Haus der Pattersons ging. Dann fuhr er mit dem Taxi in sein Büro.

In den folgenden beiden Tagen war Marielle völlig isoliert. Malcolm fuhr nach Washington, um den deutschen Botschafter aufzusuchen, und Brigitte begleitete ihn. Tom Armour war vollauf damit beschäftigt, sein Schlußplädoyer auszufeilen und Charles zu beruhigen. Als Tom ihm zumindest einen Teil von Louies Geschichte anvertraute, verlor er vollends die Nerven. Hätte er alles gewußt, er hätte restlos durchgedreht. Jetzt wußte er, daß Louie Bär und Schlafanzug in seinen Keller geschmuggelt hatte. Was er nicht wußte, war, daß Louie sich weigerte, auszusagen, falls das FBI ihm nicht Straffreiheit und persönlichen Schutz garantierte.

»Aber das beweist doch, daß ich unschuldig bin.« Er schrie es Tom förmlich entgegen.

»Ich weiß. Aber der Kerl müßte auch gewillt sein, als Zeuge aufzutreten.«

»Wie heißt er?« Als ob das eine Rolle gespielt hätte. Tom Armour lächelte.

»Louie der Frauenheld.«

»Großartig. Genau der Typ, den ich brauche.«

»Hören Sie, Freund, wenn er den Schlafanzug in Ihr Haus geschmuggelt hat und dies vor Gericht bezeugt, dann ist er in der Tat genau der Mann, den Sie brauchen.«

»Wie sind Sie denn an den geraten?« Hoffnung keimte in ihm auf, obwohl er wußte, daß er noch lange nicht aus dem Schneider war. Ehe man ihn freisprach, mußte noch einiges passieren, und wenn Louie der Schwätzer oder wie immer der Bursche hieß, sich einfallen ließ zu verschwinden, dann war Charles so gut wie tot, und das wußte er.

»Tja, ich habe mitten in der Nacht einen heißen Tip von einer Ihrer Freundinnen oder Bewunderinnen bekommen.«

»Von wem denn?« Charles' Neugierde war erwacht.

»Von Beatrice Ritter«, sagte Tom beiläufig.

»Ein tolles Mädchen, finden Sie nicht auch? So voller Leben und Tatkraft ...« Charles machte ein nachdenkliches Gesicht. »Zuweilen erinnert sie mich an Marielle in ihrer Jugend. Damals war sie ein Energiebündel, lebensfroh, immer für Spaß und Unfug zu haben. Ich glaube, das Leben hat ihr später alle diese Eigenschaften ausgetrieben.« Er sah bekümmert drein. »Oder vielleicht war ich es.« Jetzt war sie so ernst, so schön, so sanft und so still. Und doch gab es eine Seite an ihr, die lachen und Spaß haben, die wieder glücklich sein wollte. Tom Armour spürte es, wenn er mit ihr sprach. »Glauben Sie, Marielle wird sich jemals von alldem erholen?« Er stellte Tom die Frage, so als kenne dieser Marielle, aber Charles hatte begriffen, daß sein Anwalt ein guter Menschenkenner war.

»Ich glaube schon. Sie wird zwar nie wieder das sorglose Mädchen ihrer Jugend sein, das Sie schildern, aber mit dreißig sind das die wenigsten. Sie wird darüber hinwegkommen,

aber es wird immer vorhanden sein, und sie wird weitermachen, weil sie stark ist.« Er seufzte, denn er fand, Marielle hätte
ein besseres Schicksal verdient.

»Wie kommt es, daß Sie die meiste Zeit so vergnügt sind?«
zog Charles ihn auf. In den vergangenen vier Monaten waren sie
Freunde geworden. Charles respektierte Tom, und Tom mochte
ihn gern.

»Reine Dummheit, schätze ich.« Doch auch er war von Schick-
salsschlägen nicht verschont geblieben. Das hatte er Charles ganz
zu Beginn anvertraut, als dieser ihm von André erzählt hatte.
Tom hatte kurz nach Abschluß seines Jurastudiums seine Frau
und seine kleine Tochter bei einem Autounfall verloren. Merk-
würdigerweise im gleichen Jahr, als Charles André verloren
hatte. Und auch er hatte nicht wieder geheiratet. Aber er ging in
seiner Arbeit auf und konnte sich vorstellen, eines Tages, wenn
er Zeit hatte ... wenn er nicht Verrückte wie Charles Delauney
verteidigen mußte ... wenn er wieder den Mut hatte, jemanden
zu lieben ... Aber noch war dieser Zeitpunkt nicht gekommen.

Tom tat sich verdammt schwer, Charles zwei Tage lang abzulenken, während dieser ihn ständig mit Fragen plagte, ob es
Neues von John Taylor gäbe. Tom konnte es selbst kaum erwarten, von Taylor zu hören, doch hatte er sich nur ein einziges Mal
anzurufen getraut und sogar das Glück gehabt, ihn im Büro an-
zutreffen. Taylor hörte sich ziemlich erschöpft an.

»Menschenskind, haben Sie eine Ahnung, was es heißt, sechzehn Schiffe praktisch in alle Bestandteile zu zerlegen? Wir haben
im ganzen verdammten Hafen das Unterste zuoberst gekehrt,
was meinen Sie also mit ›Beeilen Sie sich‹?« Die Zusammenar-
beit mit den Hafenbehörden von New Jersey war einfacher, denn
dort lagen im Moment nur Tanker. Aber in Manhattan war die
Hölle los, und die ausländischen Schiffe waren über die gründ-
liche Durchsuchung äußerst ungehalten, bis sie hörten, um was
es ging, worauf sie sich ein wenig hilfsbereiter zeigten. Da Teddys Entführung Schnee von gestern war, zeigte sich die Öffentlichkeit trotz des Prozesses geneigt, den Fall zu vergessen und
ihre Anteilnahme zu drosseln. Und die Unannehmlichkeiten einer gründlichen Durchsuchung mit allem Drum und Dran wa-

ren gewaltig. Sogar die *Europa,* das Schiff, auf dem Malcolm für später Plätze gebucht hatte, wurde durchsucht, ohne Erfolg. Die Deutschen waren besonders verärgert darüber, daß man ihr Schiff behelligte.

»Ich sagte schon, daß ich Sie anrufen werde, falls wir auf etwas stoßen. Ich war seit dem gestrigen Abend nicht mehr in meinem Büro und bin nur zum Duschen nach Hause gegangen, weil ich mich selbst nicht mehr aushalten konnte. Irgendwelche Beschwerden, Mr. Armour?« Taylor war ungewohnt scharf, aber Tom wußte, daß er es nicht böse meinte und nur müde war.

»Keine Beschwerden, nur ein nervöser Mandant.«

»Sagen Sie ihm, er soll nicht aus den Socken kippen. Wir tun unser Bestes. Ach ... würden Sie mir einen Gefallen tun?« Seine Frage kam nach kurzem Zögern.

»Aber sicher. Schießen Sie los. Um was geht es? Soll ich Louie den Frauenhelden anrufen?« Er lächelte, und Taylor lachte.

»Nein, aber Marielle Patterson. Sie muß ja fix und fertig sein ... nicht zu wissen, was vorgeht. Ich habe ihr nicht gesagt, daß Louie fünfzig Riesen dafür bekommen hat, den Schlafanzug in Charles' Haus zu bugsieren. Ich habe ihr lediglich gesagt, wir hätten eine neue Spur. Ich wollte nicht, daß sie sich aufregt.«

»Klar doch. Was soll ich ihr sagen?«

»Ich weiß nicht ...« Taylor zauderte, und Tom ertappte sich bei der Frage, was für ein Interesse der FBI-Mann an ihr hatte, dann aber sagte er sich, daß er zu argwöhnisch war und sich zu einem regelrechten Ekel mauserte. »Sorgen Sie dafür, daß sie ein wenig aufgemuntert wird. Dieser Patterson macht ihr schwer zu schaffen. Er drängt jetzt auf die Scheidung.«

»Ein richtig fieser Kerl.« Tom war angewidert, aber nicht verwundert.

»Genau meine Meinung. Er weiß gar nicht, wieviel Glück er hat. Aber ich glaube, mit Miss Krautland bekommt er, was ihm gebührt. Unter dem schönen blonden Haar scheint sie ein beinhartes Biest zu sein.«

»Darf ich Sie zitieren, Sonderagent Taylor?« Tom lachte, und Taylor mußte gleichfalls lachen.

»Jederzeit, Herr Verteidiger.«

»Aber Sie müssen zugeben, daß die kleine Deutsche sich im Zeugenstand ganz reizend machte.« Beide lachten, und Taylor machte sich wieder an die Arbeit und teilte seine Agenten neu ein. Sie hatten bereits zwölf Schiffe auseinandergenommen und mußten bis morgen vier weitere erledigen.

Tom schaffte es wie versprochen, Marielle anzurufen.

»Mr. Armour, tut sich etwas Besonderes?« Marielle klang zutiefst beunruhigt. »Ich muß dauernd daran denken, daß man Informationen über ... über ...« Sie hatte Angst, es auszusprechen. »Ich frage mich, ob man Teddys Leichnam finden wird. Ich denke, wir sollten wissen, wenn ... ich weiß nicht, was schlimmer ist, das Nichtwissen oder das Wissen, daß es vorbei ist.«

Für Tom hörten sich beide Möglichkeiten ziemlich schrecklich an. Er wußte noch zu gut, wie er vom Tod von Frau und Kind erfahren hatte. Es war schier unerträglich gewesen. Aber diese Sache hier zog sich schon so lange hin, daß es vielleicht eine Erleichterung sein würde zu erfahren, daß er tot war, leichter jedenfalls, als damit leben zu müssen, daß er sich einfach in Luft aufgelöst hatte. Um das Lindbergh-Baby zu finden, hatte man zwei Monate gebraucht.

»Hoffentlich haben wir bald gute Nachrichten für Sie.«

»Wissen Sie eigentlich, was vor sich geht?«

Er wollte ihr nicht sagen, daß sie auf der Suche nach Teddy den Hafen auf den Kopf stellten. »Ich glaube, man sucht vor dem Abschluß des Verfahrens noch nach eventuellem Beweismaterial. Morgen ist alles gelaufen.«

»Wie nimmt Charles das auf?«

»Nun ja ...« Tom lehnte sich lächelnd in seinem Schreibtischstuhl zurück. Mit Marielle zu plaudern machte ihm Spaß. Ihm gefiel alles, was er im Laufe des Verfahrens von ihr zu sehen bekommen hatte, aber er hatte sich nicht gestattet, an sie zu denken, es sei denn im Zusammenhang mit seinem Mandanten. »Also ... er macht mich wahnsinnig, um ganz ehrlich zu sein.«

»Das ist typisch Charles.« Dann wurde sie wieder ernst. »Macht er sich große Sorgen?«

»So große, wie es in seinem Fall eben angebracht ist. Aber das neue Beweismaterial könnte ihm sehr helfen. Wir hoffen es zumindest. Das FBI geht der Sache für uns nach. Wenn wir etwas erfahren sollten, lassen wir es Sie wissen.«

»Danke.« Sie hätte gar nicht auf Charles' Seite stehen sollen, aber Seiten schien es in diesem Fall gar nicht mehr zu geben. Alle suchten nur nach der Wahrheit ... und nach Teddy.

Die nächsten zwei Tage erschienen ihr endlos, da Malcolm fort war und John Taylor bei den Ermittlungen gebraucht wurde. Plötzlich hatte sie niemanden, mit dem sie sich aussprechen konnte, und da Malcolm nicht da war, kam ihr das Haus ungewöhnlich still vor. Dies brachte sie dazu, darüber nachzudenken, was sie tun würde, wenn sie auszog. Sie wußte nicht, wohin sie sollte, sie hatte nichts zu tun und keine Familie, an die sie sich wenden konnte. In gewisser Weise machte es ihr angst, aber sie war längst nicht mehr so verängstigt wie Jahre zuvor in der gleichen Situation. Malcolm jagte ihr keine Angst mehr ein. Plötzlich war er ihr völlig gleichgültig. Er hatte nichts anderes getan, als ihr Schmerz zuzufügen.

Am zweiten Tag der Prozeßpause rief auch Bea Ritter sie einmal an, sagte ihr aber nicht, um was es bei den Ermittlungen ging. Sie tat, als wüßte sie es nicht, und sie verschwieg ihr auch, daß sie es war, die Tom Armour diesen Tip gegeben hatte. Sie rief nur an, um sich zu melden und zu hören, ob es neue Spuren hinsichtlich Teddy gab.

»Nein, nichts. Haben Sie Charles wiedergesehen?«

»Vor ein paar Tagen. Er steht unter unglaublicher Anspannung, nun, da die Geschworenen bald über sein Schicksal entscheiden werden.« Sie betete darum, daß das gar nicht nötig sein würde.

Aber bis Mitternacht hatte sich nichts Neues ergeben. Noch zwei Schiffe waren zu durchsuchen, und eines verweigerte seine Zustimmung. Es war ein deutsches Schiff, dessen Kapitän behauptete, er müsse dieser Aufforderung nicht nachkommen. Um einen gerichtlichen Durchsuchungsbefehl beizubringen, benötigten sie weitere acht Stunden. Und um zehn Uhr am nächsten Morgen, als Richter Morrison die Sitzung eröffnete, ging John Taylor in Begleitung von Leuten der Küstenwache, Beamten der Hafenbehörde und dem FBI an Bord des letzten Schiffes, überzeugt, auch hier nichts zu finden. Aber er mußte es Marielle zuliebe tun, selbst wenn nichts dabei herauskam. Er rief Tom Armour vom Dock aus an, just als dieser sich wieder auf den Weg zum Gericht machen wollte.

»Nun?«

»Wir haben nichts gefunden. Wir stehen mit leeren Händen da. Kein Teddy, keine weiteren Hinweise, niemand will etwas sagen, niemand weiß etwas. Keiner unserer Informanten hat etwas geliefert. Nichts. Und Louie der Frauenheld geht nicht ans Telefon. Ich glaube, er hat Angst vor der eigenen Courage bekommen. Möglich, daß er uns überhaupt entwischt ist.« Taylor hatte außer schlechten Nachrichten nichts zu bieten.

»Mist. Was soll ich jetzt machen?«

»Sie schließen den Fall ab, so wie Sie es vorhatten.«

»Aber er hat es nicht getan, verdammt. Sie haben den Mann gehört. Jemand hat ihm fünfzigtausend gegeben, damit er den Schlafanzug des Jungen in Delauneys Haus schmuggelt.«

»Ja, ich weiß. Aber wer wird das bezeugen? Sie oder ich? Zum Teufel, ohne Zeugen ist das alles wertlos.«

»Das können Sie mir nicht antun!« Tom war den Tränen nahe, aber Taylor war zu müde, als daß es ihn berührt hätte. Ihm stand noch die Durchsuchung eines Schiffes bevor, und er war so erschöpft, daß er dazu kaum mehr imstande war.

»Verdammt und zugenäht, Mann, ich habe seit zwei Tagen kein Auge zugetan und war auf jedem verdammten verrotteten Schiff in diesem Hafen«, und auch auf ein paar luxuriösen, aber inzwischen sahen sie für ihn alle gleich aus, »und gefunden habe ich einen großen Dreck. Ich vermute, daß Ihr Mandant es nicht getan hat, aber ich kann Ihnen keine Beweise liefern, mit denen Sie ihn loseisen könnten. Und das Kind haben wir auch nicht. Was soll ich Ihnen noch sagen?«

»Ich werde Antrag auf Vertagung aufgrund von Verfahrensfehlern stellen.« Toms Stimme bebte vor Erregung. Aber Taylor war ähnlich durcheinander. Egal, wieviel Druck sie ausübten, es wollte niemand den Mund aufmachen.

»Wie wollen Sie den Antrag begründen?« fragte Taylor müde, während seine Leute schon an Bord des deutschen Schiffes gin-

gen, um sich dort umzusehen, obwohl ihr Eifer merklich nachgelassen hatte. Sie wußten, daß sie den Jungen nicht finden würden. Entweder war er verschwunden, so gut versteckt, daß man
ihn nie finden würde, oder aber er war tot und irgendwo verscharrt und würde jahrelang nicht entdeckt werden. »Wie zum
Teufel wollen Sie so einen Antrag durchbringen?« wiederholte
Taylor, als Tom keine Antwort gab.

»Ich weiß es nicht ... lassen Sie mir Zeit ... können Sie mir
einen Grund nennen, der eine weitere Vertagung rechtfertigt?«

»Nein. Und wenn Louie nicht bald auftaucht, wird der Richter
seine Wut an uns beiden auslassen.«

»Ja, das weiß ich.«

»Sobald wir mit diesem Schiff fertig sind, lasse ich Ihnen durch
einen meiner Leute eine Nachricht zukommen, aber machen Sie
sich keine großen Hoffnungen.« Toms Hoffnungen lagen ohnehin darnieder, und er fürchtete sich davor, Charles von Louies
Verschwinden zu unterrichten.

»Er ist *was*?« schrie Charles auf, als Tom es ihm sagte.

»Er ist verschwunden«, flüsterte Tom heiser, als sie den Gerichtssaal betraten.

»Dieser Schweinehund. Wie konnten diese Arschlöcher so etwas zulassen?«

»Leise bitte.« Der Richter klopfte mit seinem Hämmerchen.

»Er hatte viel zu verlieren. Er hätte für das, was er getan hat,
hinter Gittern landen können. Und außerdem ist er nur auf Bewährung auf freiem Fuß und hat ein ellenlanges Vorstrafenregister. Was er gemacht hat, ist eine Gemeinheit, aber wirklich
verübeln können Sie es ihm nicht.«

»Den Teufel kann ich nicht. Mich wird man dafür hängen.«
Toms Augen waren steinhart, und in der Magengrube verspürte
er einen Schmerz.

»Ich werde es nicht zulassen.« Tom versuchte, Zuversicht in
seine Worte zu legen, doch war davon wenig zu spüren, als der
Richter ihn und William Palmer mit argwöhnischem Blick vor-
zutreten bat.

»Nun, Mr. Armour? Wie steht es mit dem neuen Beweismaterial? Haben wir einen Zeugen?«

»Nein, Sir, den haben wir nicht«, erklärte Tom Armour grimmig. »Das FBI ist dieser und einigen anderen Spuren zwei Tage lang nachgegangen und hat bislang nichts gefunden.« Der Staatsanwalt quittierte diese brutale Offenheit mit zufriedener Miene.

»Und Ihr Informant?« fragte der Richter, dem der Ärger über Tom deutlich ins Gesicht geschrieben stand.

»Er ist verschwunden, Euer Ehren. Im Moment.«

»Ich kann nicht glauben, daß Sie zwei Tage der Zeit des Gerichts und der Steuerzahler vergeudet haben, Mr. Armour.« Der Richter wechselte von Mißbilligung zu Zorn.

»Wir mußten der Sache nachgehen, Sir. Ich hatte gehofft, Antrag auf eine weitere Vertagung stellen zu können, aber ...«

»Das schlagen Sie sich aus dem Kopf.« Er funkelte sie beide unwillig an und bedeutete ihnen, sich wieder an ihre Plätze zu begeben. Bill Palmer sah hochbeglückt in Malcolms Richtung. Dieser saß stocksteif neben der reglosen Marielle. Sie wechselten kein Wort miteinander, wenn sie im Gerichtssaal saßen. Der Richter klopfte und forderte William Palmer auf, sein Schlußplädoyer zu halten.

Tom Armour fand es unfaßbar, daß es so weit gekommen war. Fast hatten sie schon den Schlüssel in Händen gehalten, und nun war er ihnen entglitten. Charles schien den Tränen nahe, und Bea Ritter fragte sich verzweifelt, was passiert sein mochte, aber es war niemand da, der sie hätte aufklären können.

Sämtliche Argumente in Palmers Plädoyer waren vorauszusehen gewesen, und sie waren gemein. Er rief den Geschworenen jede einzelne garstige Sache in Erinnerung, die Charles jemals begangen hatte, jede Dummheit, jede Schwäche, jede Drohung, jedes Besäufnis, jede geringfügige oder schwerwiegende Gewalttat. Seinen Angriff auf Marielle, die Tatsache, daß er mit neunzehn in Paris die Einrichtung einer Kneipe demoliert hatte. Laut William Palmer waren dies alles frühe Anzeichen eines Mangels an Beherrschung, Zeichen von Hemmungslosigkeit und einer Neigung zur Gewalttätigkeit, die ihn schließlich dazu gebracht hatten, den kleinen Teddy zu entführen und zu töten. Seine Gewalttätigkeit im Krieg, seine Blutrünstigkeit, die ihn mit fünfzehn zur Armee getrieben hatte ... Seine Sympathie für den Kommunismus, die ihn nach Spanien geführt hatte ... und die Drohungen, die er im Central Park ausgestoßen hatte und die er nur kurze sechsunddreißig Stunden später in die Tat umgesetzt hatte. Und der rote Kinderschlafanzug, der im Keller seines Hauses gefunden worden war ... ein Beweis dafür, daß er Teddy entführt hatte.

Der Mann sei ein Kidnapper, tobte der Staatsanwalt durch den Gerichtssaal, und er habe mit großer Sicherheit dieses hilflose Baby getötet. Und als er diese Worte aussprach, dabei die Geschworenen ansah und dann den Blick durch den Saal wandern ließ, vernahm man kurz Unruhe und dann einen dumpfen Aufprall. Nach allem, was sich zugetragen hatte, war es ihr zuviel geworden. Marielle Patterson war in Ohnmacht gefallen.

16

Als sie zu sich kam, war um sie her lärmiges Treiben, über sich nahm sie verschwommene Lichter wahr, dazu kam das Gefühl von etwas Kaltem und Feuchtem auf ihrer Stirn. Sie schlug die Augen auf, und gleich darauf wurde ihr klar, daß man sie in die Räumlichkeiten des Richters geschafft hatte. Seine Sekretärin stand mit einem feuchten Tuch über sie gebeugt, ein Arzt war gerufen worden und behauptete nun steif und fest, ihr fehle nichts. Sie versuchte sich aufzusetzen, fühlte sich aber sehr schwach, und dann sah sie, daß auch Staatsanwalt und Verteidiger zugegen waren ... und ihr Mann. Jemand drückte etwas Kühles an die Innenseite ihrer Handgelenke, ein anderer reichte ihr ein Glas Wasser. Es war Bea Ritter. Sie hatte die Mauer der Fotoreporter überwunden, indem sie buchstäblich über sie hinweggestiegen war, um zu Marielle zu gelangen. Es war Bea gewesen, die Hilfe angefordert hatte, als sie sich neben sie auf den Boden kniete, und nicht Malcolm. Er wirkte nur verärgert und betreten und ganz und gar nicht mitfühlend.

»Mrs. Patterson?« fragte der Richter behutsam. »Möchten Sie, daß man Sie nach Hause bringt?« In ihrem Kopf dröhnte es.

In Wahrheit wäre sie nur zu gern nach Hause gefahren, doch es wäre ihr feige erschienen, nicht bis zum Schluß auszuharren.

Sie hatte das Gefühl, sie sei es Charles oder Malcolm oder irgend jemandem schuldig. Sie war nicht sicher, wem, aber sie glaubte, bleiben zu müssen. Vielleicht auch nur, um der Welt zu beweisen, daß sie kein Schwächling war. Aber alle zeigten so viel Mitgefühl, daß es ihr peinlich war.

»Mir geht es schon wieder gut. Wenn es Ihnen nichts ausmacht ... vielleicht könnte ich ein paar Minuten hierbleiben.« Zumindest so lange, bis sie ihre Fassung wiedererlangt hatte.

»Mr. Palmer, haben Sie Ihr Abschlußplädoyer beendet?« Der Richter sah den Staatsanwalt vom anderen Ende des Raumes her an, und William Palmer nickte. Er hatte nicht erwartet, daß dieses zusätzliche kleine Drama seine Ausführungen untermalen würde, aber geschadet hatte es nicht. Eigentlich war es ihm sehr gelegen gekommen.

»Ja, Euer Ehren. Soeben.«

»Warum legen wir dann nicht gleich die Mittagspause ein? Mr. Armour kann sein Plädoyer anschließend halten. Sind Sie einverstanden, Mr. Armour?« Es war bereits halb zwölf, und eine Unterbrechung seiner Rede wäre ihm nicht recht gewesen, deshalb zeigte er sich mit einem besorgten Blick zu Marielle einverstanden. Sie war totenblaß und sah schrecklich aus. Auch der Richter hatte es gesehen. »Ich glaube, Mrs. Patterson sollte nach Hause fahren und sich in der Pause ausruhen«, schlug er an den ganzen Raum gewendet vor.

»Danke, Euer Ehren«, flüsterte sie, und Tom brach es fast das Herz. Bea Ritter drückte mitfühlend ihre Hand.

Malcolm zog eine Schau ab, indem er ihr zum Wagen half, nur um sie zu Hause wieder sich selbst zu überlassen. Marielle legte sich in ihrem Zimmer hin, in absoluter Dunkelheit, einen feuchten Umschlag auf der Stirn. Sie versuchte es auch mit Tee, doch dafür war es zu spät. Die Migräne hatte sie bereits fest im Griff. Sie wußte, daß sie um halb zwei wieder im Gerichtssaal sein mußte, egal, wie elend sie sich fühlte und wie quälend ihre Schmerzen sein würden. Aber plötzlich war sie kaum mehr imstande, sich zum Gehen zu zwingen. Es war, als hätte sie etwas erwartet, von dem sie erst heute morgen begriffen hatte, daß es nicht passieren würde. In gewisser Weise hatte sie geglaubt, alles sei ein schreckliches Spiel ... und wenn sie gewännen ... würde sie am Ende ihr Kind zurückbekommen. Jemand würde geste hen, was er mit ihm gemacht hatte, oder sagen, es täte ihm leid. Es würde ein vernünftiges Ende geben, den Preis für den großen Schmerz, ein vernünftiges Ende, nur wußte sie jetzt, daß es nicht so kommen würde. Es gab nichts. Es gab nur Worte und Menschen und Akteure ... und Lügen ... und am Ende würde jemand sagen, schuldig oder unschuldig, und man würde Charles entweder hinrichten oder auf freien Fuß setzen, aber kein Mensch würde ihr Teddy zurückbringen. Das war nie Teil des Abkommens gewesen. Und als sie so dalag und darüber nachdachte, hatte sie das Gefühl, von einem verwirrenden Nebel umgeben zu sein.

»Kommst du?« Um Viertel nach eins trat Malcolm mit einem verächtlichen Blick zu Marielle ins Schlafzimmer. Sie fühlte sich so elend, daß sie sich kaum rühren konnte. Wieder zum Gericht zu fahren erschien ihr schier unmöglich.

»Ich glaube nicht, daß ich es schaffe«, sagte sie matt. Sie schaffte es weder, die Augen zu öffnen, noch sich aufzusetzen.

»Unsinn«, herrschte er sie an. »Du *mußt*. Möchtest du, daß die anderen glauben, du hättest Angst?« Er sagte das, als handele es sich bei Angst um eine Todsünde. War denn Angst so schrecklich? Die zweite Todsünde. Angst. Die erste war Schwäche. Und wie stand es mit der Liebe? War auch sie eine Sünde? Hatte sie gesündigt, weil sie Charles geliebt hatte ... und André ... und das kleine Mädchen ... oder sogar Teddy? Welchen Wert hatte »Liebe« in Malcolms Vokabular? Oder existierte das Wort darin gar nicht? Kannte er nur Verantwortung und Pflichterfüllung? In ihrem Kopf drehte sich alles. Oder war Liebe etwas, das er allein für Brigitte aufsparte?

»Wenn du nicht kommst, Marielle, dann wird man glauben, du hättest mit Delauney gemeinsame Sache gemacht und erträgst es nun nicht, ihn verurteilt zu sehen. Möchtest du das? Möchtest du, daß sich die Presse damit ihre Blätter vollschmiert? Ich möchte es nicht. Steh auf, um Himmels willen, und stell dich der Situation.« Er schrie in der Dunkelheit auf sie ein, und sie spürte, wie sie am ganzen Körper zu zittern begann. Aber von irgendwoher bezog sie Kraft, aus Reserven, von deren Vorhandensein sie nichts geahnt hatte. Sie setzte sich still auf und nahm mit einem Blick zu ihrem Mann das feuchte Tuch von der Stirn. »Malcolm, ich habe mich mein Leben lang Situationen gestellt, denen du dich auch jetzt nie stellen würdest. Also sag mir nicht, daß ich aufstehen und mich stellen soll.« Diese Worte schleuderte sie ihm in einem Ton entgegen, den anzuschlagen sie ihm gegenüber bisher nie gewagt hatte. Aber seit Teddys Entführung war er zu ihr abscheulich gewesen, und sie konnte sich nicht noch mehr gefallen lassen. Es war nicht ihre Schuld, auch nicht die seine und wahrscheinlich auch nicht Charles' Schuld.

Vermutlich war es die Tat irgendeines geistesgestörten Unbekannten. Es war geschehen, und es war vorbei. Warum schob er ihr unaufhörlich die Schuld in die Schuhe?

»Du siehst schrecklich aus«, sagte er, während er sie beobachtete, wie sie im Ankleidezimmer ihr Haar zurückkämmte und zu einem Knoten zusammensteckte. Dann ging sie ins Bad, wusch ihr Gesicht und trug etwas Lippenstift auf. Trotzdem wirkte sie sehr ernst und streng, als sie ihm mit dunkler Brille zum Wagen folgte, in Gedanken bei John Taylor, den sie lange nicht mehr gesehen hatte.

Wortlos saß sie mit Bewachern und Polizisten neben Malcolm im Auto, und wie immer kämpften sie sich durch Massen von Schaulustigen zum Gerichtssaal durch, wichen Händen aus, die nach ihnen fassen wollten, Fragen, die ihnen gestellt wurden, ständig bemüht, der Presse zu entkommen und ihre Gesichter vor den Fotografen abzuschirmen. Weil sie solche Kopfschmerzen hatte, empfand Marielle das alles diesmal als ganz besonders quälend. Aber schließlich hatten sie es zu ihren Plätzen geschafft, und sie nahm ihre dunkle Brille ab.

Zum ersten Mal seit Beginn des Verfahrens verspätete sich der Richter um zehn Minuten, und Tom brütete über seinen Notizen, während Charles mit geschlossenen Augen und finsterer Miene dasaß. Seine Hoffnung war zu einem Nichts geschrumpft, und das trotz Toms geschickter Verteidigungsstrategie. Er war nun sicher, daß man ihn ohne die Aussage des Informanten, der Teddys Sachen in sein Haus geschafft hatte, schuldig sprechen würde.

Der Richter hatte Tom eben aufgefordert, mit seinem Schluß-plädoyer zu beginnen, und dieser war gerade aufgestanden, als John Taylor den Raum betrat. Er hielt einen Moment inne und warf dem Richter, der ihn gut kannte, einen Blick zu. Anklä-ger und Verteidiger sahen ihn in gespannter Erwartung an. Alle Anwesenden fragten sich, wieso der ansonsten so makellose FBI-Agent so schmutzig und abgerissen daherkam. Er trug Arbeitsho-sen und eine derbe Strickjacke und strotzte vor Öl- und Schmutz-flecken. Alles in allem bot er ein Bild, das vor Gericht fehl am Platz wirkte, als er, von allen neugierig beobachtet, zu Marielle ging und ihr mit einem entschuldigenden Blick zum Richter zu-flüsterte, sie solle mit ihm kommen. Wortlos und ohne Malcolm etwas zu sagen, folgte sie ihm aus dem Gerichtssaal. Alle blick-ten ihnen nach, Köpfe wurden gewendet, Geflüster wurde hör-bar, bis schließlich der Richter zu seinem Hammer griff und sich Gehör verschaffte.

»Darf ich Sie erinnern, meine Damen und Herren«, rief er, so energisch er konnte, »daß Mr. Armour sein Abschlußplädoyer hält.« Tom versuchte sich nun auf seine Rede zu konzentrie-ren und nicht darüber nachzudenken, warum John Taylor wohl Marielle aus dem Gerichtssaal geholt hatte. Er hatte das schreck-liche Gefühl, daß man Teddys Leichnam gefunden hatte und daß Taylor es ihr als erster beibringen wollte. Aber hätte er in die-sem Fall nicht auch Malcolm geholt, oder war es besser so? Tom versuchte, sich auf den Einbeinigen zu konzentrieren ... auf die Exnonne ... und den jungen schwarzen Musiker. Er bemühte sich, ihnen vor Augen zu führen, was für ein guter Mensch Charles war, wie man ihn zu Unrecht beschuldigt hatte und daß es dem Ankläger nicht gelungen war, seine Schuld zwei-felsfrei nachzuweisen. Daß sie, wenn sie ihr Gewissen prüften, diesen Mann unmöglich wegen der Dinge, die er im Zustand der Volltrunkenheit gesagt und nie gemeint hatte, auf den elek-trischen Stuhl schicken konnten. Das alles klang ihm selbst wie eine eintönige Litanei in den Ohren, während ihn ununterbro-chen die Frage quälte, weshalb Marielle gegangen war. Es war die Frage, um die sich seine und die Gedanken aller drehten. Einzig Malcolm war von unerschütterlicher Gelassenheit.

Und als sie mit John in den Wagen stieg, sah sie ihn voller Angst an. »Was ist passiert?« fragte sie. »Was geht da vor?«

»Ich möchte, daß du mir vertraust. Ich muß dich an einen bestimmten Ort bringen. Geht es dir einigermaßen?« Er sah sie besorgt an. Sie hatte einen Moment leicht geschwankt, und kein Mensch hatte ihm gesagt, daß sie am Morgen in Ohnmacht gefallen war.

»Mir geht es gut. Ich habe nur schreckliche Kopfschmerzen.« Wieder zuckte sie zusammen, folgte ihm aber ohne zu zaudern ins Auto.

»Es tut mir leid, daß ich dir das zumute. Es wird nicht so schlimm, wie du denkst, und ich werde es dir nach Möglichkeit erleichtern ... aber ich muß dich mitnehmen.« Er startete den Wagen, und sie fuhren in Richtung West Side los. Marielle bekam es mit der Angst zu tun.

»Nimmst du mich fest?« War das möglich? War er von Sinnen? Glaubte er am Ende, sie hätte doch mit Charles gemeinsame Sache gemacht? Hatte Malcolm ihm dies eingeredet? Sozusagen als letzten Racheakt an ihr? Während sie westwärts fuhren, wuchs ihre Angst.

»Natürlich nicht.« Er strich ihr zärtlich über die Hand und zog ironisch eine Braue hoch. »Sollte ich das?«

»Ich weiß es nicht.« Sie war sehr nervös. »Ich weiß nicht, wohin wir fahren. Sollte Malcolm nicht mit dabeisein?« Wie Tom befürchtete sie plötzlich, man würde sie auffordern, Teddys Leichnam zu identifizieren. Sie wußte, daß sie das nicht ertragen würde, aber John glaubte vielleicht, er tue ihr einen Gefallen, indem er sie allein hinbrächte. Doch auf ihre Frage schüttelte er den Kopf.

»Dir wird bei mir nichts passieren, Marielle. Vertrau mir. Es geschieht dir nichts. Es wird nicht so schwierig, wie du denkst.« Er sah sie liebevoll an, von dem Wunsch erfüllt, sie zu küssen. Aber im Moment lag eine ernste Sache vor ihnen.

»Kannst du mir nicht wenigstens sagen, um was es geht?« Sie war den Tränen nahe. Im Gerichtssaal hatte er nur zu ihr gesagt: »Mrs. Patterson, ich muß Sie bitten, mit mir zu kommen.« Malcolm war offenkundig nicht weniger erschrocken als sie.

»Marielle, es tut mir leid, aber ich kann es dir nicht sagen. Im Moment ist es noch Amtsgeheimnis.« Als er ihre Hand tätschelte, hinterließ er eine Schmutzspur auf ihren Fingern.

Sie nickte und bemühte sich, tapfer zu sein, obwohl ihr Kopfschmerz so stark war, daß sie es kaum aushalten konnte. Er redete ununterbrochen auf sie ein, obwohl man ihm anmerkte, daß er mit seinen Gedanken woanders war. Und als ihr bewußt wurde, wie schmutzig er war, drängte sich ihr die Frage nach dem Grund auf. John war so zerstreut, daß ihm ihr Schweigen gar nicht auffiel.

Nach wenigen Minuten trafen sie am Hafen ein, und er fuhr direkt zu den Docks, wo bereits ein halbes Dutzend FBI-Fahrzeuge wartete. Alle musterten sie genau, als sie ausstieg. John half ihr.

»Ich fasse dich nur ungern an, weil ich so schmutzig bin.« Er lächelte, und allein die Sanftheit seines Blickes genügte, um ihr zu helfen.

Dann führte er sie an Bord des Schiffes, eines kleinen Frachters, der unter deutscher Flagge fuhr. Es war nicht besonders schön oder ordentlich, und der gräßliche Kohlgeruch, der in der Luft lag, trug nicht dazu bei, ihren Kopfschmerz zu lindern. Es war ein Frachter, der auch Passagiere beförderte, und der Kapitän erwartete sie mit ernster Miene im kleinen Speisesaal. Taylor stellte Marielle vor, ein halbes Dutzend FBI-Leute waren zugegen, von denen sie nicht wußte, ob sie sie, den Kapitän oder John Taylor bewachten. Aber der Kapitän kam rasch auf sie zu.

»Mrs. Patterson. Es tut mir ja so leid. Für mein Land ist das ein trauriger Anlaß«, sagte er ernst mit einer linkischen Verbeugung und dem Versuch, ihr die Hand zu küssen, doch als er die Worte aussprach, begann der Raum sich um sie zu drehen. Aus dem, was er sagte, entnahm sie, daß man Teddys Leichnam gefunden haben mußte. Sie wandte sich verzweifelt John Taylor zu, klammerte sich an ihn, flehte ihn mit Blicken an, ihr beizustehen. Er zog einen Stuhl heran und half ihr, sich zu setzen. Dann gab er einem seiner Leute ein Zeichen, ihr ein Glas Wasser zu bringen. Und als es gebracht wurde, hielt er es ihr an die Lippen und ließ zu, daß sie sich an ihn lehnte, während er liebevoll und beschwichtigend auf sie einredete wie eine Mutter auf ihr krankes

Kind. Immer wieder bat er sie, stark zu sein und sich von ihm helfen zu lassen. Doch sie konnte nur den Kopf schütteln und die Augen schließen. Wieder überfiel sie das heftige Verlangen nach dem Tod. Sie wußte, daß sie das alles nicht durchstehen würde.

»Schon gut, Marielle ... es wird alles wieder gut ...« Sie lauschte seiner Stimme, während sie die Augen schloß und sogleich wieder öffnete. »Nur ein paar Minuten ... ich möchte, daß du dir ein paar Leute ansiehst ... das ist alles. Du sollst sie ansehen und mir sagen, ob du sie kennst.«

»Sind sie tot?« Sie wimmerte wie ein Kind, und er strich ihr sanft mit einer Hand übers Haar, während er mit der anderen ihre Schulter umfangen hielt.

»Nein, sie leben. Es wird dir nichts geschehen. Du brauchst sie nur anzusehen und ja oder nein zu sagen.«

»Also gut.« Angst schnürte ihr die Kehle zu, so daß sie kaum Luft bekam, und sie war dankbar für den Stuhl, weil sie wußte, daß sie es stehend und von allen beobachtet nicht geschafft hätte. Gleich darauf wurde ein Mann von zwei FBI-Leuten hereingeführt. Er war groß, blond und sehr mager und hatte ein hartes, haßerfülltes Gesicht, das er vor Marielle abzuwenden versuchte, doch seine zwei Bewacher versetzten ihm einen unsanften Stoß, so daß er sie ansehen mußte. Er stand etwa eineinhalb Meter von ihr entfernt, und sie wich zurück, auf John zu. Aber seine Agenten hielten den Mann fest, so daß er gar nicht erst versuchte zu entkommen.

»Kennen Sie diesen Mann, Marielle? Haben Sie ihn schon irgendwo gesehen? Sehen Sie ihn sich sorgfältig an.« Sie schüttelte den Kopf und verneinte. Sie hatte keine Ahnung, warum sie hier war, und hatte Angst, ihn nach dem Grund zu fragen. Sie wußte nur, daß es auf schreckliche Weise mit ihrem Kind zu tun haben mußte, aber wenn Teddy getötet worden war, dann wollte sie es nicht wissen.

Der erste Mann wurde abgeführt, und fünf Minuten später wurde der zweite hereingebracht. Dieser war dunkel an Haut und Haaren und hatte eine häßliche Narbe, die quer über sein Gesicht und wieder zurück zum Kinn verlief, und er sah Marielle an, als würde er sie am liebsten umbringen. Er sagte etwas zu ihr, auf deutsch, in einem zornig-kehligen Ton, und sie wich wieder zurück, aber John beruhigte sie sofort.

»Marielle, niemand wird Ihnen etwas zuleide tun. Das lasse ich nicht zu.« Sie nickte wieder wie ein Kind, voller Angst vor dem, was die beiden getan haben mochten. Als nächstes wurde eine Frau vorgeführt, blond, schwergliedrig, um die Dreißig. Sie fing sofort an, auf deutsch auf den Kapitän einzureden, bis der sie anherrschte, sie solle den Mund halten, worauf die Frau Marielle flehend ansah, als erwarte sie Hilfe von ihr.

»Was sagt sie?« fragte Marielle.

»Sie sagt, daß sie niemandem etwas getan hat«, erklärte der Kapitän. Daraufhin redete die Frau weiter, und der Kapitän donnerte sie an, sie solle endlich still sein.

»Wer sind diese Menschen?« fragte Marielle John.

»Das wollte ich erst von Ihnen wissen. Sie kennen also niemanden? Sind Sie sicher?«

»Keinen. Ich habe sie noch nie gesehen.«

»Sie haben nie in Ihrem Haus gearbeitet, auch nicht kurz ... oder nur für Malcolm?«

»Ich weiß es nicht. Ich habe sie nie gesehen«, wiederholte sie. Sie war ihrer Sache ganz sicher. John nickte seinen Leuten ausdruckslos zu und gab Zeichen, man solle die drei Deutschen entfernen. Und als sie draußen waren, nickte er seinen Männern erneut zu, um sich dann zu Marielle hinunterzubeugen und ihr ernst etwas zuzuflüstern.

»Ich möchte, daß du jetzt ganz stark bist ... ich möchte, daß du stark bist, Marielle ... gib mir deine Hand ... wir werden dir jemanden zeigen ... und du sollst uns sagen, ob du ihn kennst.« Kaum hatte er die Worte ausgesprochen, als sie wieder von heftiger Angst erfaßt wurde. Sie hatte nicht den Mut, ihr totes Kind anzusehen. Sie hatte André gesehen, nachdem er ertrunken war, hatte ihn in den Armen gehalten, ihn ans Herz gedrückt. Sie würde es nicht noch einmal fertigbringen, das wußte sie genau. Sie brach in Tränen aus und wandte sich ab, bemüht, sich aus Johns Griff zu befreien.

»Ich kann nicht ...«, rief sie. »Ich kann es nicht ... bitte ... das kann niemand von mir verlangen ...«

»Vielleicht ist er es gar nicht . . . Sie müssen uns helfen . . . bitte, Marielle . . .« Er war selbst den Tränen nahe, denn er haßte nichts mehr, als ihr weh zu tun. Aber das Kind, das sie gefunden hatten, schien taubstumm zu sein und sie nicht zu verstehen. Sie waren nicht sicher, ob es unter der Wirkung von Betäubungsmitteln stand oder zu verängstigt war, um zu reden, oder ob es einfach die Sprache nicht verstand. Der Kapitän konnte sich nicht erinnern, den Kleinen zuvor gesehen zu haben, obwohl die Gruppe sich schon seit Tagen an Bord befand. Das Kind sah anders aus als der kleine Patterson, doch an den Augen war etwas, das Johns Aufmerksamkeit erregt hatte. Die Haarfarbe war anders, und er war viel dünner als auf den Fotos, die er von Teddy gesehen hatte. Außerdem war er älter, aber trotzdem . . . er mußte Marielle fragen. Er konnte das Schiff nicht auslaufen lassen, ohne eine Gegenüberstellung zu arrangieren. Und sein sechster Sinn sagte ihm, daß an diesen Menschen etwas faul war. Doch Marielle klammerte sich an ihn und weigerte sich lange, ihn anzusehen.

»Sie müssen, Marielle . . . Teddy zuliebe . . .« Er hielt ihre Hand fest, und sie drehte langsam den Kopf und starrte das Kind an, das hereingebracht wurde. Alles schien für einen endlosen Augenblick stillzustehen. Sie stand auf und starrte das Kind an, als traue sie ihren Augen nicht. Man hatte ihm das Haar geschnitten, er hatte kurzes dunkelbraunes Haar, das aber an den Wurzeln hell schimmerte, und wenn man genauer hinschaute, dann sah man, daß es gefärbt war.

Und während sie den Kleinen anstarrte, hob er den Blick, aus dem Fassungslosigkeit sprach, daß sie endlich gekommen war, um ihn zu retten. Da stieß sie einen herzzerreißenden Schrei aus, war mit zwei großen Schritten bei ihm und drückte ihn an sich. Und langsam, als hätte er das Weinen verlernt, fing das Kind zu schluchzen an. Zuerst wimmerte es, dann kamen laute, verzweifelte Schreie, während es sich an die Mutter klammerte, die es für immer verloren zu haben glaubte. Der Kapitän weinte, und auch John Taylor liefen die Tränen über die Wangen.

Lange Zeit sah Marielle niemanden. Was sie sah, was sie wußte, was sie fühlte, war das Kind in ihren Armen, das Kind, das sie auf ewig verloren gewähnt hatte.

»Mein Liebling ... ach, mein Schatz ...« Sie hielt Teddy fest, als wollte sie ihn nie wieder loslassen, und schließlich half ihnen der Kapitän von Bord, und die drei Deutschen wurden in Handschellen und Fußeisen von FBI-Leuten abgeführt. Der Kapitän entschuldigte sich noch einmal wortreich, und John teilte ihm mit, daß das Schiff für weitere Ermittlungen im Hafen festgehalten würde. Zwei Dutzend Mann blieben als Bewacher zurück, und John half Marielle und Teddy ins Auto. Er mußte sie schleunigst zurück zur Gerichtsverhandlung bringen und dem Richter Mitteilung von den Ereignissen machen. Zu diesem Zweck hatte er zusätzlich Leute angefordert, denn er wußte, er würde im Gerichtsgebäude eine ganze Armee von Bewachern brauchen.

Er sah das auf dem Schoß seiner Mutter sitzende Kind lange und eindringlich an. Der Junge hatte nicht einmal gelächelt und klammerte sich an sie, als habe er Angst, sie wieder zu verlieren. John berührte die kleinen Finger, die Marielles Finger umklammerten.

»Hallo, kleiner Mann! Nach dir haben wir lange gesucht.«

Teddy starrte ihn an, ratlos, ob er ihm trauen konnte oder nicht.

»Sie haben gesagt, du seist tot«, flüsterte er, während er seine Mutter ansah ... »und dann haben sie mich in eine Kiste gesteckt ... mit Löchern ... und sie haben mir Keks zu essen gegeben.«

»Reizende Menschen, diese Deutschen«, sagte John gepreßt. »Die waren mir schon immer so sympathisch.« Die drei würden einiges zu erzählen haben. Sie hatten vom Moment ihrer Festnahme an behauptet, der Vater des Jungen habe sie bezahlt, damit sie den Jungen nach Deutschland brächten, in »Sicherheit«, aber den Namen des Kindesvaters wollten sie nicht preisgeben. Sie sagten nur, die Eltern des Jungen seien Deutsche. Einer hatte allerdings eine Visitenkarte mit Malcolms Namen bei sich gehabt und eine Telefonnummer, die John als die von Brigitte Sanders erkannte. Davon aber sagte er Marielle nichts. Es würde interessant sein, was die Deutschen sonst noch zu sagen hatten, wenn sie richtig zu reden anfingen.

»Ich weiß nicht, was ich sagen soll«, flüsterte Marielle John leise zu, während sie Teddy auf ihrem Schoß umfangen hielt und sie auf schnellstem Weg zum Gerichtsgebäude fuhren. »Ich hätte nie gedacht, daß wir ihn jemals finden würden ... und ich hatte so große Angst ... ich dachte, du hättest mich hingeführt, damit ich ...« Sie brachte die Worte nicht über die Lippen, und plötzlich merkte sie, daß ihr Kopfschmerz wie weggeblasen war. Ihre Gedanken galten jetzt einzig Teddy, den sie an sich gedrückt hielt, in dem dahinsausenden Auto sitzend, neben dem Mann, der ihr Kind gefunden hatte.

»Ich weiß, was du dachtest«, sagte er verhalten. »Aber das hätte ich dir nicht zugemutet ... wenn es darum gegangen wäre, hätte ich Malcolm mitgenommen. Aber ich wollte, daß du die drei zuerst siehst. Sie haben ausgesagt, sie seien von den Eltern des Kindes gedungen worden.«

»Malcolm wird ja so erleichtert sein.« Sie lächelte, weil sie sich für ihn freute. Er hatte es nicht verdient, seinen Sohn zu verlieren. John Taylor schwieg dazu.

Bei ihrer Ankunft vor dem Gerichtsgebäude wurden sie von zwanzig FBI-Leuten erwartet, und John ordnete an, daß sie sich wie eine lebende Mauer um Marielle und das Kind scharten. Der Kleine ließ es mit verängstigter Miene über sich ergehen, während seine Mutter ihn nicht losließ und ihm zuraunte, daß alles gut werden würde. Gleich würden sie Daddy sehen.

Und als John Taylor, umgeben von seinen Leuten, den Saal betrat, verstummte alles, als spürten die Anwesenden, daß etwas Wichtiges bevorstand. Der Richter blickte zu ihnen auf. Und Tom Armour hielt mitten im Satz inne. Die sonderbare Gruppe durchschritt den Raum, und erst unmittelbar vor dem Richtertisch traten die Männer auf Taylors Anweisung zurück, und man sah in ihrer Mitte die zuvor vollkommen verborgene Marielle, die einen kleinen schmutzigen Jungen mit dunklem Haar an sich gedrückt hielt. Der Richter erhob sich mit fassungsloser Miene.

»Ist das ...?« Er sah Marielle an, die unter Tränen lächelnd zu ihm aufblickte. Dann wanderte sein Blick zu Taylor und schließlich voller Ratlosigkeit über den ganzen Saal, als plötzlich eine Frau aufschrie, die begriffen hatte, was los war. Und dann versuchten Zuhörer und Presse, die kleine Gruppe zu stürmen, doch die Polizei gebot dem wilden Drängen Einhalt. Man hatte die Polizisten vorgewarnt, als Marielle und Teddy eingetreten waren. »Mein Gott ... es ist der Junge!« rief jemand aus. »Er lebt. Es ist Teddy!«

Der Richter ließ sich auf seinen Sitz fallen, und sein Hammer trat in Aktion, ehe er die Räumung des Saales durch die Polizei anordnete. Aber es war vor allem Malcolms Reaktion, die John faszinierte. Als er den Jungen erblickte, tat er nicht, was Marielle getan hatte. Er stand auf, setzte sich wieder und blickte um sich, als suche er jemanden anders. Dann erst stürzte er sich unvermittelt auf das Kind, was nun aber schon wie ein nachträglicher Einfall wirkte. Seine erste Reaktion war es nicht gewesen, auf den Kleinen zuzulaufen und ihn in die Arme zu nehmen. Er ließ auch nichts von einem Gefühlssturm erkennen, wie Taylor ihn an Marielle beobachtet hatte; erst ihre gräßliche Angst, das Kind könnte womöglich tot sein, und dann der herzzerreißende Aufschrei, als sie Teddy erkannte. Es war Charles, der beim Anblick des Jungen weinte und die ebenfalls in Tränen aufgelöste Marielle über den Kopf des Kindes hinweg mit einem tiefen Blick ansah. Er dachte an jenes andere Mal, an einen anderen Tag, und er freute sich für sie, daß es diesmal anders ausgegangen war.

»Gottlob, er lebt«, flüsterte er Tom Armour zu, der dazu nur nickte; er hatte mit seinen eigenen Gefühlen zu kämpfen, während er seinem Mandanten unter Tränen zulächelte. Er wußte, was es hieß, ein Kind zu verlieren, und auch er war dankbar, daß es in diesem Fall nicht passiert war. Charles dachte in diesem Moment nicht an sich, er freute sich nur für Marielle.

Malcolm sah überaus ernüchtert aus, als er zu Marielle und John und Teddy trat. »Gott sei Dank, daß Sie den Jungen gefunden haben«, tönte er fast fromm, doch seine Augen blieben trocken, und Taylor sah ihm an, daß er wütend war. Er versuchte, den Jungen von Marielle wegzudrängen, dieser aber ließ seine Mutter nicht los.

»Sie haben gesagt, Mami sei tot«, stieß der Kleine, noch immer außer sich vor Angst, hervor.

»Das müssen schreckliche Menschen gewesen sein«, entgegnete Malcolm mit merkwürdiger Miene. Und in diesem Moment bat Taylor Malcolm, ihn in das Büro des Richters zu begleiten.

Inzwischen war der Saal geräumt worden. Nur Staatsanwalt und Verteidiger, der Angeklagte, Marielle, das Kind, die Geschworenen und die zahlreichen FBI-Männer waren geblieben. Der Richter hatte sich mit Malcolm und John Taylor zurückgezogen. Marielle hatte keine Ahnung, was sich zwischen ihnen abspielte. Sie saß da und unterhielt sich leise mit Charles und Tom. Im Raum herrschte eine Atmosphäre der Ruhe und des Behagens, wie sie sie lange nicht erlebt hatte. Zwei FBI-Leute waren hinausgegangen, um Teddy eine Eistüte zu besorgen, und nun saß er selig an seine Mutter geschmiegt und schleckte Eis. Marielle saß da, hielt ihn fest und hatte das Gefühl, er sei nie fort gewesen. Die letzten Monate wichen zurück, lösten sich in den Dunstschwaden des Alptraums auf, aus dem sie gekommen waren. Teddy war wohlbehalten und unversehrt zurückgekehrt. Dank der Gnade Gottes, dank John Taylor und vielleicht auch dank Louies des Frauenhelden war Teddy wieder bei seiner Mutter.

Es dauerte lange, bis Malcolm, der Richter und John Taylor wieder zum Vorschein kamen, und als sie aus dem Büro des Richters traten, war Malcolms Mund zu einem schmalen Strich zusammengekniffen. John hatte zwei interessante Anrufe seiner Dienststelle bekommen. Es waren noch etliche Punkte unklar, aber man wußte jetzt mit Sicherheit, daß die Entführer oder zumindest die drei Personen, die Teddy auf dem Schiff festgehalten hatten, von Malcolm bezahlt worden waren.

Sie hatten sogar Papiere bei sich, die es bewiesen, und dazu einen gefälschten Paß für den Jungen, ein Dokument, das erwiesenermaßen von Malcolm besorgt worden war. Der Name des Kleinen war darin mit Theodore Sanders angegeben.

»Das ist absurd«, hatte er sich Augenblicke, nachdem der Anruf gekommen war, zur Wehr gesetzt. »Man versucht mir hier etwas anzuhängen, womit ich absolut nichts zu tun habe.« Er geriet außer sich und berief sich vor Taylor auf seine weitreichenden Verbindungen.

»Die Leute haben Ihren Namen genannt, Mr. Patterson«, sagte John ruhig. »Und keinen anderen. Sie werden Gelegenheit bekommen, die Leute zu identifizieren und sich zu verteidigen. Darüber werden wir uns später unterhalten. In meinem Büro. Sehr viel Geld ist von Hand zu Hand gegangen, sehr viele Menschen, die auf Ihrer Lohnliste stehen, haben Verbrechen begangen. Und wenn man Ihnen sonst nichts nachweisen kann, so können Sie meiner Meinung nach mit einer Anklage wegen Konspiration und Erpressung rechnen. Ganz zu schweigen von dem zivilrechtlichen Verfahren, das von seiten Mr. Delauneys auf Sie zukommen könnte.« Taylor machte ein sehr ernstes Gesicht und Malcolm ebenso.

Der Richter aber war zutiefst geschockt. Unfaßbar, daß der Mann seinen eigenen Sohn entführt oder Verbrecher gedungen haben sollte, die die Tat ausführten. Und warum hatte er das getan? Nun, es war Sache des FBI, dies herauszufinden. Er mußte jetzt die Geschworenen entlassen und einen Unschuldigen auf freien Fuß setzen. Zumindest nahm er an, daß der Angeklagte unschuldig war. Nichts deutete auf Delauney als Entführer hin, und das Kind war wohlbehalten zurückgekehrt. Mit Sicherheit ein Schritt in die richtige Richtung.

»Meine Damen und Herren«, richtete der Richter ernst das Wort an die völlig verwirrten Geschworenen. »Mir scheint, daß wir es hier mit einem Fall von Rechtsbeugung zu tun haben. Oder zumindest hätten wir es damit zu tun gehabt, wenn das Verfahren seinen Fortgang genommen hätte. Es sieht nun so aus, als sei Charles Delauney des Verbrechens, dessen er angeklagt war, nicht schuldig. Unter Vorbehalt späterer Ermittlungen setze ich ihn hiermit auf freien Fuß und entlasse Sie, meine Damen und Herren Geschworenen, nach Hause zu Ihren Familien. Wir ersuchen Mr. Delauney, die Stadt nicht zu verlassen, und wir werden Sie davon in Kenntnis setzen, ob dieser Fall tatsächlich abgeschlossen wird, wovon ich jedoch überzeugt bin. Wir danken Ihnen für alles, was Sie hier geleistet haben, für Ihren guten Glauben und Ihre Zeit.« Er nickte, und sie erhoben sich mit einem Ausdruck, als hätten sie den Gerichtssaal am liebsten im Laufschritt verlassen. Aber alle lächelten Marielle zu, und einige wünschten Charles viel Glück. Eine der Frauen blieb stehen und gab Teddy einen Kuß.

»Ich setze Sie, Mr. Delauney, ohne Kaution auf freien Fuß –

mit der Auflage, daß Sie New York nicht vor dem endgültigen Abschluß der Angelegenheit verlassen. Ist das klar?«

»Ja, Sir.« Charles sah aus, als sei ihm die Last der Welt von den Schultern genommen worden.

»Ich rechne damit, bald von Ihnen zu hören, Mr. Taylor«, sagte der Richter zu John, während Malcolm in Handschellen abgeführt wurde. Malcolm würdigte Marielle keines einzigen Wortes, als er ging, und er hatte auch mit Teddy kaum gesprochen. John blieb, um Marielle und Teddy nach Hause zu bringen, und Tom lächelte seinem Mandanten zu.

»Sie sind ein freier Mann. Soll ich Sie nach Hause bringen?«

»Ja, das wäre sehr nett«, antwortete Charles. »Ich freue mich, daß er gefunden wurde«, fügte er leise zu Marielle gewandt hinzu: »Ich hätte es nicht ertragen, wenn du auch ihn verloren hättest. Das verdienst du nicht.« Er gab ihr einen sanften Kuß auf die Wange, und dann tauschten sie einen langen Blick ... »Ich werde dich immer lieben«, sagte er, worauf Teddy ihn anstarrte und Marielle nickte. Auch sie würde ihn immer lieben, doch hatte sie nichts mehr, was sie ihm geben konnte. Sie hatte es ihm vor langer Zeit gegeben, und was geblieben war, gehörte Teddy.

»Kommen Sie, ich fahre Sie nach Hause«, sagte John leise und legte ihr einen Arm um die Schulter. Langsam gingen sie hinaus, lange verfolgt von Charles' Blick. Tom brachte ihn kurz danach nach Hause, und Bea Ritter wartete schon auf den Stufen des Gerichtsgebäudes. Als sie Marielle, flankiert von FBI-Leuten, hatte hineingehen sehen, war ihr klar gewesen, daß sich etwas Unglaubliches zugetragen haben mußte. Sie hatte auf den Stufen gesessen, geweint und gewartet.

»Ich stehe tief in Ihrer Schuld«, sagte Charles nun fast ein wenig schüchtern zu Bea. »Sie und Tom waren die einzigen, die an mich glaubten. Und es hat eine ganze Weile ziemlich schlecht für mich ausgesehen.« Sie nickte dankbar, und er umarmte sie herzlich, ehe er mit Tom nach Hause fuhr. Der alte Butler, der schon fast vierzig Jahre im Haus war, fiel beinahe in Ohnmacht, als er Charles sah. Die Abendausgaben der Zeitungen überschlugen sich mit Meldungen, Teddy sei, angeblich unter Einsatz von

Maschinenpistolen, von FBI-Agenten auf einem deutschen Schiff gefunden worden.

Und am nächsten Morgen war Charles Delauney ein freier Mann. Um acht Uhr morgens hatte Richter Morrison das Verfahren gegen Charles Delauney offiziell eingestellt. Aufgrund der am Abend zuvor aufgetauchten Beweise hatte Tom Armour den Richter zu Hause angerufen und ihn gebeten, seine Unterschrift unter das Dokument zu setzen. Inzwischen hatte John Taylor ausreichend Beweismaterial beisammen, um Malcolm ein Grab zu schaufeln. Es war eine höchst komplizierte Geschichte, und seine Mitstreiter würden sie unglaublich finden, doch Malcolm hatte die Spitzen der Unterwelt zur Entführung seines eigenen Sohnes angeheuert und dafür ein Vermögen bezahlt. Über eine Million Dollar hatte den Besitzer gewechselt, damit der Junge versteckt blieb, bis das Aufsehen sich gelegt hatte und er außer Landes gebracht werden konnte. Und zum Schluß war ein deutsches Team eingeschaltet worden, handverlesen und sorgfältig ausgesucht, das Teddy in jenes Land bringen sollte, in dem Malcolm sich mit Brigitte hatte niederlassen wollen.

Er hatte alles von langer Hand geplant, fast vom Zeitpunkt der Geburt des Kindes an. Schon damals hatte er nämlich gewußt, daß es ein Fehler war, Marielle und nicht Brigitte zu heiraten. Marielle war vornehm, gebildet, anständig und gut und in vielfacher Hinsicht die ideale Frau. Aber es war Brigitte, nach der er sich verzehrte. Brigitte, die seine Sinne erregte, Brigitte, mit der er sein Leben verbringen wollte, wäre da nicht der Umstand gewesen, daß sie keine Kinder bekommen konnte.

Die Idee hatte ganz allmählich Gestalt angenommen, nachdem sie zunächst nur an eine Scheidung gedacht hatten. Marielle war für ihn zu sanft, zu verschreckt, zu sehr gezeichnet von der Vergangenheit. Zum Zeitpunkt ihrer Heirat hatte ihm die Tatsache zugesagt, daß sie keine anderen Bindungen hatte, doch mit der Zeit empfand er die Tatsache, daß sie abhängig von ihm war, als Last. Brigitte hingegen war alles, was Marielle nicht war, sie war schärfer, härter, anspruchsvoller und absolut unabhängig. Sie stellte Forderungen an Malcolm, die ihn entsetzten, besonders, wenn sie ihn zu verlassen drohte. Er aber hatte die Scheidung hinausgezögert, weil er Teddy nicht aufgeben wollte. Zunächst hatte er erwogen, Marielle das Sorgerecht streitig zu machen, doch das war kompliziert und mit Unsicherheiten behaftet. Schließlich hatte Brigitte vorgeschlagen, sie sollten einfach nach Deutschland ziehen und den Jungen mitnehmen. Malcolm hatte dann den Plan ein paar Schritte weiter entwickelt. Wurde der Junge erst für tot gehalten, würde man – sogar seine Mutter – die Suche nach ihm irgendwann einstellen.

Und wenn er dann in Deutschland seine Sekretärin heiratete und deren Kind adoptierte, würde kein Hahn mehr danach krähen. Wer würde Fragen stellen? Es wäre nur natürlich, wenn er versuchte, den Schmerz seines Verlustes zu lindern. Und wer würde vermuten, daß es sich um Teddy handelte? Nachdem er ein oder zwei Jahre in Deutschland gut versteckt gehalten worden war, würde man ihn für ein deutsches Kind halten. Es war ein genialer Plan, der es ihm ermöglichte, Marielle für immer loszuwerden. Aber um ihn in die Tat umzusetzen, hatte es vieler Menschen bedurft ... Charles', Marielles, des Kindes, der Leute, die den Jungen entführt hatten, und jener, die ihn versteckt gehalten hatten. Viele hatten leiden müssen und würden wegen Malcolm auch jetzt noch leiden. Dem Richter wurde fast übel, als er die Geschichte hörte. Und John Taylor verspürte Mordgelüste.

Es war ein wundervoll ausgeklügelter Plan. Malcolm hatte bereits begonnen, große Teile seines Vermögens nach Europa zu transferieren, und es war niemandem aufgefallen, da er dort schon immer viel investiert hatte. Noch vor Ablauf des Jahres hatte er mit Brigitte nach Deutschland übersiedeln wollen.

Brigitte war für ihre Mittäterschaft fürstlich bezahlt worden. Eine halbe Million Dollar war für sie nach Berlin überwiesen worden. Auch seine anderen Handlanger hatte er großzügig entlohnt. Alles in allem hatte der Plan ihn ein Vermögen gekostet. Aber für Malcolm war es gut angelegtes Geld. Er wollte Marielle loswerden, den Jungen für sich allein haben und ihn in Deutschland aufwachsen lassen. Er hatte Amerika satt, wie er sagte. Hitler sei der künftige Beherrscher der Welt, Hitler sei der einzige, der es verstehe, ein Land zu regieren. Alle seine Anstrengungen, Interessen und Gedanken, ja sogar sein Vermögen waren Hitler gewidmet. In seinen Augen war es das größte Geschenk, das er seinem Kind machen konnte, wenn er es in Deutschland aufwachsen ließ.

Es war eine Geschichte von unglaublicher Bösartigkeit. John Taylor konnte sie wie die anderen kaum glauben. Und – sonderbar genug – es hatten alle dichtgehalten, von Louie dem Frauenhelden abgesehen, doch als das Kartenhaus zusammenfiel, machten die gedungenen Entführer endlich den Mund auf, um ihre Haut zu retten und nicht für Malcolm ihre Köpfe hinzuhalten. Es war eine Sache von wenigen Tagen, und John Taylor hatte mehr Zeugen, als er brauchen konnte. Wegen Entführung konnte man Malcolm nicht anklagen, da Teddy sein Sohn war. Aber man konnte jene festnageln, die den Jungen tatsächlich entführt hatten. Und Malcolm wurde wegen Konspiration, Irreführung der Justiz und Komplizenschaft mit Kriminellen angeklagt.

Und was am merkwürdigsten war ... Charles Delauney war ganz zufällig ins Spiel geraten, als Fügung des Schicksals, die sich zum idealen Zeitpunkt ergeben hatte. Nach allem, was Patrick ihm nach der Begegnung Marielles mit Charles in der Kirche berichtet hatte, war er Malcolm als der ideale Sündenbock erschienen, auf den sich alles abwälzen ließ. Und das Timing hätte nicht perfekter sein können. Es bedurfte nur weiterer fünfzigtausend Dollar, um den Schlafanzug und den Plüschbären im Haus Delauneys zu plazieren und Charles' Schicksal durch diese handfesten Beweise zu besiegeln. Malcolm hatte leichten Zugriff auf den Schlafanzug, da er den Jungen in New Jersey gut versteckt hielt. Dort hatte er ihn vier Monate lang verborgen und gewartet, bis die Häfen wieder ungehindert passierbar sein würden. Und im Mai wollten er und Brigitte Teddy auf der *Europa* folgen – nachdem er Marielle beschuldigt hatte, den Jungen gefährdet und die Entführung begünstigt zu haben. Malcolm wollte vor der Welt als geschädigte Partei dastehen, um schließlich in den Armen der hingebungsvollen Miss Sanders Trost zu finden. Alles war perfekt geplant und wäre problemlos gelaufen, hätte John Taylor nicht alles zunichte gemacht, indem er Teddy im letzten Moment auf dem kleinen deutschen Frachter entdeckte. Zwei Tage später wäre das Schiff ausgelaufen. Der Gedanke ließ alle schaudern.

Und nach Malcolms Auffassung war das Ganze sogar ein ehrenhafter Plan, denn Teddy war sein eigener Sohn, und er hatte eigentlich nur gewollt, daß Marielle ausgeschaltet und der Junge in Deutschland erzogen würde. Für Malcolm hätte das bedeutet, den Rest seines Lebens in Deutschland zu verbringen, aber er fühlte sich dort ohnehin sehr wohl. Wohler als im eigenen Land.

Doch vorerst würde er nirgends hingehen. Er war gegen Kaution auf freiem Fuß, in Erwartung des Verfahrens, das Ende Juli stattfinden sollte, und Brigitte hielt sich irgendwo im Staat New York versteckt. Auch sie war wegen Konspiration angeklagt, und es drohte ihr die Ausweisung.

Marielle wollte nur fort aus der Stadt und mit Teddy ein paar ruhige Tage verbringen. Sie wollte nichts von Malcolm und Brigitte sehen und fürchtete schon das neue Verfahren, doch sie wußte, daß sie als Zeugin der Anklage anwesend sein mußte. Bis dahin aber wollte sie für drei Monate nach Vermont gehen, nicht ohne vorher noch eine Menge Dinge zu erledigen, wie zum Beispiel einen Anwalt aufsuchen und die Scheidung von Malcolm einreichen.

Das versuchte sie John zu erklären, als er kam, um mit ihr zu sprechen, ehe sie sich endgültig entschloß, mit Teddy in Urlaub zu fahren. Er war seit Tagen sehr beschäftigt, hatte aber versucht, möglichst täglich bei ihr vorbeizusehen. Seine Agenten waren nicht mehr im Haus, auch nicht die Polizei. Der Großteil des Personals war ebenfalls fort. Marielle suchte für sich und Teddy eine Wohnung.

»Ich dachte, wir würden miteinander sprechen, ehe du ernsthafte Schritte unternimmst.« Seit dem Prozeß war er ständig Gegenstand von Zeitungsartikeln und wurde als der Held gefeiert, der das Patterson-Baby gefunden hatte. Außerdem hatte er alle Hände voll damit zu tun, den Prozeß gegen Malcolm, Brigitte und deren Komplizen vorzubereiten. Alles in allem waren zweiundzwanzig Personen beteiligt, die nun wegen verschiedener Verbrechen angeklagt wurden. »Und was soll das ... dieser Plan mit Vermont?« Er schien besorgt und gekränkt. Die Vorstellung, daß sie ging, und sei es nur für ein paar Monate, war ihm nicht geheuer.

»Ich dachte mir, wir könnten Landluft gebrauchen.« Zumal sie sich wieder einem Verfahren würde stellen müssen, das einen Monat dauerte. Aber diesmal war sie darauf vorbereitet, und John würde wieder an ihrer Seite sein. Sie sah ihn wachsam an; es gab noch so manches zu besprechen, doch der richtige Zeitpunkt war noch nicht gekommen.

»Willst du wirklich umziehen?« Er sah sie hoffnungsvoll an. In gewisser Weise hatten sich die Dinge besser entwickelt als geplant. Sie hatte ihren Jungen wieder und war Malcolm los. Die Frage war nun, was sollte er tun? Sein Blick begegnete dem ihren, als er sie fragte, ob sie wirklich aus dem Haus der Pattersons ausziehen wollte. Sie nickte langsam. Es würde ihr nicht leid tun, dieses Haus zu verlassen. Die einzigen glücklichen Erinnerungen, die sie mit den Räumen verband, waren jene an Teddy, und ihn würde sie mitnehmen. »Das Haus gehört Malcolm.« Ihre Blicke trafen aufeinander, und er hätte tausend Fragen auf dem Herzen gehabt. »Wir brauchen nur eine kleine Wohnung«, sagte sie leise.

»Und was sonst? Was möchtest du jetzt von mir?« Er wußte, daß er sie das fragen mußte. Er wußte auch, was er wollte, doch fürchtete er, es nicht zu bekommen. Er wollte sie. Für immer.

»Deine Freundschaft« ... deine Liebe ... dein Leben. Aber sie wußte, daß sie kein Recht hatte, dies zu sagen.

»Ist das alles?« Er fragte es mit traurigen Augen. Seit Wochen hatte er dieses Gespräch vor sich hergeschoben, weil er fürchtete, zu wissen, wie ihre Antwort auf seine Liebeserklärung lauten würde. Sie hatten einander versprochen, sie würden bis nach dem Prozeß warten, ehe sie überhaupt Überlegungen darüber anstellten, was sie voneinander wollten. Nun war der Augenblick gekommen, und sie hatte ihre Entscheidung getroffen. Die Verantwortung für die Zerstörung seiner Ehe wollte sie nicht auf sich nehmen. »Was wünschst du dir von mir, Marielle?« wiederholte er. »Was soll ich dir geben?«

»Das Geschenk deiner Zeit. Zeit, um zu gesunden und meinen Sohn zu genießen. Aber ich schulde dir mehr als das, John ... ich schulde dir alles ...« Marielle lächelte ihm zu. Sie war ihm noch mehr schuldig, und das wußten beide, oder zumindest sie wußte es. »Ich bin es dir schuldig, daß ich dir nicht alles nehme, nicht zerstöre, was du hast ... daß ich dir nicht dein Heim raube, deine Frau, deine Kinder. Was hättest du denn wirklich davon, wenn du sie verließest?« Ihre Augen waren groß und traurig, als sie diese Frage stellte. Da wußte er, daß sie viel weiser war als er.

»Ich hätte dich und Teddy ...«, sagte er leise.

»Und dazu Schuldgefühle und Reue ... und eines Tages würdest du mich vielleicht deswegen hassen.«

»Ich könnte dich niemals hassen.«

Malcolm hatte sie schließlich gehaßt und Charles eine Zeitlang. Sie wußte, wie es war. Und sie schätzte John Taylor zu hoch, als daß sie ihn hätte verlieren wollen. Sie liebte ihn mehr, als er ahnte, mehr, als sie ihm gegenüber je eingestehen würde.

»Du läßt also nicht zu, daß ich mit dir durchbrenne?« Er sah sie traurig an, berührte ihre Hand und wollte sie küssen. Das war einer der Gründe, weshalb sie fortwollte, um von ihm loszukommen, von ihrer Liebe, aber das sagte sie ihm nicht. Sie wußte, daß sie ihn zu sehr liebte, um ihm nahe sein zu können, ohne sich mit ihm einzulassen, und es lag ihr viel zuviel an ihm, als daß sie sich in seine Ehe oder zwischen ihn und seine Kinder gedrängt hätte.

Als er sie in die Arme nahm, flüsterte sie ihm leise zu: »Du brauchst sie. Und sie brauchen dich.« Aber sie brauchte ihn ebenso, und außer Teddy hatte sie niemanden.

»Ich brauche auch dich«, sagte er in drängendem Ton. Er hatte nie eine Frau wie sie gekannt, und einen verrückten Augenblick lang hatte er sich eingeredet, er würde sie überreden können, mit ihm fortzugehen. Wenn es sein mußte, konnte er sie dazu zwingen, doch als er sie ansah, wußte er, daß er es nicht über sich brachte.

Sie hatte ein Recht darauf, zu tun, was sie wollte. Sie brauchte eine Phase der Einsamkeit, des Friedens und der Gesundung. Und vielleicht hatte sie im Hinblick auf Debbie sogar recht. »Ich möchte dich nicht verlieren, Marielle.« Und auch nicht das, was sie gehabt hatten, die Verheißung von viel mehr. Jetzt hatte diese Verheißung ein Ende gefunden.

»Du wirst mich nicht verlieren. Ich werde immer dasein.« Ihre Augen quälten ihn mit ihrer Zärtlichkeit und Weisheit.

»Und wenn du nicht mehr da bist? Wenn du einem anderen gehörst?« entgegnete er traurig, weil er besser wußte als sie, daß dieser Tag kommen würde. Weil sie es mehr verdiente als jeder andere Mensch, mehr vor allem als er.

»Wir werden dennoch Freunde sein. Wie ich schon sagte . . . du wirst mich nie verlieren.« Und dann hatte sie ihr Lächeln wiedergefunden. »Es sei denn, du willst es.« Sie küßte ihn leicht auf die Lippen, und er hielt sie fest. Sie sprachen noch lange miteinander, und schließlich ging er, sehr widerstrebend zwar, und fragte sich, ob sie sehr klug oder sehr töricht war. Es würden Jahre vergehen, ehe sie es erkennen würden. Und doch hatte er immer gewußt, daß sie aus zu unterschiedlichen Welten kamen. Es war ein Punkt, den sie nie zur Kenntnis genommen hatte, von dem er aber wußte, daß er wichtig war.

Tagelang fühlte er sich einsam ohne sie, und zuweilen ließ er die Verdächtigen im Fall Patterson seinen Frust spüren. Aber auch sie fühlte sich einsam ohne ihn. Sie hätte ihn anrufen können, hielt sich aber ihm zuliebe zurück. Und die Vorbereitungen für den Aufenthalt in Vermont lenkten sie hinreichend ab. Ohne es gesehen zu haben, hatten sie endlich ein Haus gemietet, samt Kühen, Hühnern und einem Schäferhund. Teddy hatte sich erholt und sah beinahe schon wieder aus wie früher. Er hatte zugenommen und wirkte gesund, glücklich und gepflegt. Von ein paar Stellen abgesehen, war die braune Farbe aus seinem Haar herausgewachsen, doch litt er nachts noch unter Angstzuständen und Alpträumen. Er schlief in Marielles Bett, und sie kümmerte sich selbst um ihn. Haverford war der einzige Angestellte, der noch im Haus war, und auch er würde in wenigen Tagen für immer gehen. Bis dahin half er ihr gern, Teddy zu versorgen.

Haverford hatte Teddy eben eine Schüssel mit Eiskrem gebracht, als Charles kam, um ihr und Teddy Lebwohl zu sagen.

Er wollte am nächsten Morgen die Überfahrt nach Europa antreten.

»Wieder nach Spanien?« fragte sie, als er ihr in die Küche folgte.

»Jetzt nicht mehr.« Er erwog, nach England zu gehen und sich dort zur Armee zu melden, doch nach allem, was passiert war, fühlte er sich dazu noch nicht bereit und wollte zunächst zurück nach Paris, ehe er wieder in den Krieg zog. »Wir wollen den Sommer über nach Südfrankreich.« Er errötete, als sei es ihm peinlich, daß er sich diesen Luxus gönnte, aber beide wußten, daß er es sich verdient hatte. Etwas, das er gesagt hatte, amüsierte Marielle, und sie konnte es sich nicht verkneifen, ihn damit aufzuziehen, als Teddy ihm aus seiner Riesenschüssel Schokoladeneis anbot. Er und der Junge hatten sich schon angefreundet, obwohl Teddy sich noch immer keinen Reim darauf machen konnte, woher Charles seine Mutter kannte.

»Wir?« fragte sie absichtlich direkt. »Fährst du in Gesellschaft?« Sie hatte so ihre Vermutung, da sie die beiden mehr als einmal zusammen spazierengehen gesehen hatte. Marielle freute sich darüber. Die beiden verdienten es über alle Maßen.

»Schon gut, schon gut«, sagte er lachend. Er wußte, daß sie es ahnte. Er wußte, wie klug sie war, und was das merkwürdigste war: Er liebte sie noch immer.

»Jemand, den ich kenne?« Nach so vielen getrennt verbrachten Jahren war es sonderbar, wieder so freundschaftlich miteinander umzugehen. Nur wußte sie jetzt, daß sie nie wieder wirklich getrennt sein würden. Plötzlich war alles ganz anders.

»Ich werde Bea mit nach Paris nehmen.«

»Das solltest du. Das bist du ihr wenigstens schuldig«, zog Marielle ihn auf, und er lachte.

»Sie war während des Prozesses unbeschreiblich gut zu mir.« Und seither noch besser. Er blieb noch eine Weile, und Marielle küßte ihn zum Abschied. Es war für sie mit diesem Abschied kein Schmerz verbunden, ihre guten Wünsche begleiteten Charles. Sie war frei von ihm, aber sie liebte ihn noch immer.

Malcolm war es, den sie nicht mehr liebte. Sie hatte Angst vor dem, was nach dem bevorstehenden Verfahren kommen würde. Falls es überhaupt zu einer Verurteilung käme, würde sie aufgrund seiner Beziehungen sehr milde ausfallen, das hatte sie irgendwie im Gefühl, und deshalb wollte sie dann möglichst weit weg sein. Sie wollte nicht, daß er in Teddys Nähe kam. John Taylor hatte ihr unbegrenzten Schutz versprochen, und zugleich wußte sie, daß sie nicht ewig davonlaufen konnte. An einem gewissen Punkt würde sie innehalten und sich Malcolm stellen müssen. Aber das FBI hatte geschworen, daß Malcolm Teddy nie wiederbekommen würde. Er hatte sie so lange drangsaliert, war so grausam gewesen und hatte sich bei den abscheulichen Dingen, die er getan hatte, so kaltherzig benommen, daß man ihm nicht einmal das Besuchsrecht einräumen würde.

Zuweilen fragte sie sich, ob sie jemals wieder einem anderen als Teddy Liebe und Vertrauen würde schenken können. Er war das einzige, was für sie zählte. Er war die Freude, das Leben und die Erfüllung für sie.

Sie packte ihre restlichen Sachen. Sie konnte es kaum erwarten, Malcolms Haus zu verlassen. Sie beide wollten alles mitnehmen, was ihnen gehörte. Malcolm hatte sie mitgeteilt, das Haus würde leer sein, wenn er mit Brigitte zurückkäme. Marielle war es sehr recht, mit Teddy im Hotel zu wohnen. Für sie war dies ein von Gespenstern heimgesuchtes Haus, in dem sie nicht länger wohnen wollte.

Es war nicht einfach gewesen, es Teddy beizubringen. Er wußte noch immer nicht, daß es sein Vater gewesen war, der ihn entführt hatte. Zwar hatte er instinktiv gespürt, daß etwas nicht stimmte, und er hatte auch da und dort Gemunkel aufgeschnappt, aber er war noch zu klein, um es zu verstehen. Marielle hatte ihm gesagt, Malcolm sei für lange Zeit fort, und es sei unwahrscheinlich, daß sie ihn wiedersehen würden. Teddy war erstaunt, aber nicht traurig; vielmehr schien er glücklich und zufrieden, mit seiner Mutter zusammensein zu können.

Am Tag ihrer Abreise nach Vermont klingelte es an der Tür, und Haverford meldete ihr, daß Tom Armour gekommen sei. Sie staunte nicht schlecht über diesen Besuch. Charles war schon abgereist, und sie hatte Tom seit dem Prozeß nicht gesehen, er aber hatte von John Taylor gehört, daß sie im Begriff stünde, die Stadt zu verlassen.

Langsam ging sie die Treppe hinunter, um ihn zu begrüßen. Als sie ihn so dastehen sah, fand sie, daß er sehr gut aussah, sehr jung und ein wenig verlegen. Marielle begrüßte ihn freundlich und warmherzig, ganz so, als sei sein Besuch nicht unerwartet.

»Heute hörte ich ein Gerücht, daß Sie fortgehen«, sagte er

verlegen, als sie einen Händedruck wechselten und Haverford verschwand, um Kaffee zu kochen. Tom hatte schon eine ganze Weile kommen und nach ihr sehen wollen, doch hatte er es immer aufgeschoben und nun endlich seinen ganzen Mut zusammengenommen. Er wollte ihr persönlich Lebwohl sagen. Schon seit dem Ende des Prozesses hatte er ihr etwas sagen wollen, doch es hatte sich nie die Gelegenheit dazu ergeben. »Sie gehen nach Vermont?« Mehr hatte Taylor ihm nicht gesagt, aber seine Augen hatten eine eigene Geschichte verraten, und Tom hatte sich gefragt, was passiert sein mochte.

Sie nickte mit einem Lächeln, als sie sich in der Bibliothek setzten, jenem Raum, in dem sich während der vergangenen Monate so viel abgespielt hatte. Sie hatte keine Ahnung, aus welchem Grund er gekommen war, freute sich aber sehr, ihn zu sehen. Er hatte für Charles gute Arbeit geleistet, und er hatte ihr immer schon gefallen. Bei ihrer Zeugenaussage hatte er sie anständig behandelt, und sein Benehmen hatte Kraft und angeborene Güte verraten.

»Teddy und ich müssen hier weg«, erklärte sie, als Haverford mit dem Kaffee erschien und rasch wieder verschwand.

»Wie geht es ihm jetzt?« erkundigte er sich nach dem Jungen, während er den Blick wandern ließ. Es war ein prachtvolles Haus, und er fragte sich automatisch, ob sie es wohl mit Bedauern verließ. Doch sie lächelte, als sie seine Miene sah. Sie wußte, was er dachte. Nein, sie empfand kein Bedauern, im Gegenteil, sie konnte es kaum noch erwarten, hier herauszukommen.

»Es geht ihm gut. Manchmal hat er noch Alpträume. Und er spricht nur ungern von dem, was passiert ist.«

»Verständlich.« Beide wußten, daß es ihn für immer zeichnen würde.

Marielle hoffte sehr, sie würde noch viele Jahre vor ihm verborgen halten können, daß die Entführung von seinem Vater geplant worden war. Tom fand das hochanständig, aber in Anbetracht dessen, was er im Verlauf des Verfahrens von ihr kennengelernt hatte, nicht weiter verwunderlich. Sie kam ihm jetzt sehr friedlich vor, ruhig und in sich gekehrt. Ihre Augen blickten ernst, doch sah sie auf stille Weise sehr glücklich aus.

»Und Sie?« fragte er leise, ohne sie aus den Augen zu lassen. »Wie geht es Ihnen? Keine Kopfschmerzen mehr?«

Ihre Antwort war ein Lächeln. Seit dem Prozeß war sie schmerzfrei. Zum ersten Mal seit Jahren fühlte sie sich absolut gesund. Es war, als hätte sie eine schreckliche Prüfung überstanden und ihre eigene Kraft sei gewachsen, seit sämtliche Gespenster sie in Ruhe ließen. »Es geht mir gut.« Sie wollte ihm für seine Güte während des Prozesses danken, war aber nicht sicher, wie sie ihre Dankbarkeit zum Ausdruck bringen sollte. Dabei versuchte sie zu übersehen, wie gut er aussah, in Blazer und mit roter Krawatte und weißer Hose; er war immer schon ein auffälliger Mann gewesen. Errötend wandte sie sich ab und schob ein Buch auf dem Tisch zurecht.

»Marielle ...« Er wußte, daß es von ihm kommen mußte. Er wollte nicht, daß sie die Stadt verließ, bevor er mit ihr gesprochen hatte. »Ich ... ich möchte Sie in Vermont anrufen dürfen ...« Sie sah ihn mit großen Augen an, erstaunt, daß er das sagte, und sie fragte sich, ob er Malcolm vertrat. Doch er bemerkte ihren Blick und berührte sanft ihre Hand, um sie zu beruhigen. »Ich habe mich wohl nicht klar ausgedrückt ... ach, ich vermassele wieder mal alles.« Plötzlich sah er verlegen und jungenhaft aus, und beide fühlten sich wie Kinder. »Es ist lange her, daß ich so etwas probiert habe.« Es war auch lange her, daß er jemanden getroffen hatte, der ihr auch nur annähernd glich. Sie erinnerte ihn an seine verstorbene Frau und war dennoch auch anders. Marielle besaß mehr Integrität als jede andere Frau, die er gekannt hatte, mehr Kraft, mehr Mut und vermutlich mehr Herzensgüte. In den letzten zehn Jahren war das Glück ihr nicht sehr geneigt gewesen. Er hoffte dies nach ihrer Rückkehr aus Vermont ändern zu können. »Haben Sie in Vermont ein Telefon?« Er tastete sich weiter vor und versuchte mit ihr über die Zukunft zu sprechen. Marielle mußte unvermittelt lachen. Sie glaubte zu verstehen, doch war es so schwer zu glauben. Er hatte sich immer so geschäftsmäßig gegeben, so kühl, und trotz seines seriösen Gebarens war er offensichtlich zu starken Emotionen fähig.

»Ich glaube, wir haben dort einen Teilanschluß.«

»Sehr gut. Dann werden wir Ihren Nachbarn Grund zur Aufregung liefern«, meinte er lachend. »Bei jedem Anruf werde ich mir Mühe geben, Sie mit richtig saftigen Neuigkeiten zu versorgen.« Aber beide wußten, daß es davon in den vergangenen Monaten mehr als genug gegeben hatte. Sie hoffte sehr, daß ihr Leben nun in normalen Bahnen verlaufen würde, und sie verlieh dieser Hoffnung auch Ausdruck, als sie sich nun angeregt mit Tom über ihr Leben auf dem Lande unterhielt. Sie wollte dort nur die Zeit bis zu Malcolms Prozeß überbrücken. Im Anschluß daran mußte sie zurückkommen und für sich und Teddy eine Wohnung suchen. Haverford wollte gehen, nachdem sie zu ihrem Abenteuer in Vermont aufgebrochen waren. Bei ihrer Rückkehr würde ihr Leben völlig verändert sein, was für sie allerdings kein Grund zum Bedauern war.

»Wäre es vorschnell, wenn . . .« Er arbeitete sich vorsichtig weiter vor, verlegener als ein Schuljunge: » . . . wenn ich nach Ihrer Rückkehr . . .« Nicht zu fassen, wie schwierig das war. Seit Wochen schon war sie ihm nicht aus dem Sinn gegangen, und er hatte auf eine Weise an sie gedacht wie seit Jahren an niemanden mehr – in der Meinung, es würde nichts dabei herauskommen, und jetzt fand er sich nicht in der Lage, es ihr zu sagen. Schließlich atmete er tief durch und faßte mit ernster Miene nach ihrer Hand. »Marielle . . . Sie sind eine ungewöhnliche Frau. Ich würde mir sehr wünschen, Sie näher kennenzulernen.« So. Endlich war es heraus, und seine Erleichterung war gewaltig. Auch wenn sie jetzt sagte, daß sie ihn nie wiedersehen wollte, wußte sie wenigstens ungefähr, wie sehr er sie mochte. »Seit dem ersten Augenblick, als ich Sie sah, habe ich Sie bewundert.«

Wieder errötete sie und kam sich sonderbar verletzlich und sehr jung vor. Und als sie ihn anschaute, sah er in ihren Augen etwas, das ihn fast dahinschmelzen ließ.

»Eigentlich sehr verwunderlich, daß sich aus so viel Schmerz . . . aus einem so schrecklichen Ereignis . . . so viele gute Dinge ergeben können«, sagte sie leise, voller Dankbarkeit für die Segnungen, die sie empfangen hatte. Und als sie Tom ansah, von dem Wunsch erfüllt, ihm noch viel mehr zu sagen, ertönte ein Geräusch an der Tür zur Bibliothek, und ihr größter Segen erschien in einem blauen Schlafanzug.

»Was treibst du denn da?« rief sie mit einem Lächeln aus, und Teddy stürzte mit lausbübischem Blick in den Raum.

»Ohne dich konnte ich nicht schlafen.« Er kletterte auf ihren Schoß, nicht ohne Tom höchst interessiert unter die Lupe zu nehmen.

»Doch, konntest du. Als ich ging, hast du schon geschnarcht.«

»Nein, habe ich nicht«, widersprach er heftig, und Marielle stellte Tom Teddy vor, ohne zu erklären, woher sie ihn kannte. »Ich habe mich nur schlafend gestellt«, verkündete Teddy. Dabei gähnte er genüßlich und lehnte sich besitzergreifend an seine Mutter.

»Wie ich hörte, gehst du nach Vermont«, sagte Tom im Plauderton. Er liebte Kinder, und nach allem, was sie Teddys wegen durchgemacht hatten, war ihm der Junge besonders ans Herz gewachsen.

»Ja«, erwiderte Teddy stolz. »Wir werden dort Kühe und Pferde und Hühner haben. Mami sagt, dort gibt es für mich ein Pony zum Reiten.«

»In deinem Alter war ich im Sommer auch oft in Vermont.« Tom lächelte Teddy zu und dann über dessen Kopf hinweg seiner Mutter. Er hatte genug gesagt. Egal, wie unbeholfen formuliert, sie hatte seine Absichten verstanden und gebilligt. Sie tauschten über den Kopf des Kindes hinweg noch einen vertraulichen Blick, der sie einander plötzlich näherbrachte.

»Hast du auch ein Pony gehabt?« erkundigte Teddy sich, da seine Neugierde erwacht war. Er hatte seinen Daddy schon lange nicht mehr gesehen, und zuweilen fehlte er ihm. Mami hatte gesagt, er sei auf einer sehr langen Reise. Wahrscheinlich war er irgendwo in Afrika oder auf einem Schiff und nicht einmal telefonisch zu erreichen.

»Ja, ich hatte ein Pony. Und ich hatte auch eine Kuh, die ich ganz allein melken mußte. Wenn ich dich in Vermont besuche, werde ich dir zeigen, wie das geht.«

»Ach, du kommst auch nach Vermont?« Teddy war nun ernsthaft interessiert, und seine Mutter auch, wie sie sich ehrlich eingestand.

»Eigentlich hatte ich nicht die Absicht«, er hatte auf ihre Rückkehr warten wollen, »aber es ist keine schlechte Idee.« Er sah Marielle fragend an, und wieder tauschten sie ein Lächeln. Jetzt war er froh, daß er den Mut gefunden hatte, sie vor ihrer Abfahrt zu besuchen. Andernfalls hätte er sich vielleicht monatelang gequält. »Vielleicht könnte ich einmal übers Wochenende kommen.« Er kannte ein bezauberndes Hotel unweit des Ortes, in den sie fuhren, und die Idee erschien ihm plötzlich ungemein reizvoll, während er den Jungen mit seiner Mutter beobachtete.

»Kannst du noch reiten?« fragte Teddy ihn ernst.

»Ich glaube schon.« Tom lachte.

»Wenn nicht, dann bringe ich es dir bei«, bot Teddy ihm gönnerhaft an. Alle drei lachten herzlich, und dann gingen sie in die Küche, um für Teddy etwas zum Naschen zu suchen. Haverford, der selbst noch packen mußte, hatte sich schon in sein Zimmer zurückgezogen. Marielle wußte, wie leid es ihm tat, das Haus zu verlassen. Aber er hatte nicht länger in Malcolms Diensten bleiben wollen, und Marielle konnte sich ihn nicht leisten. Sie hatte sich mit dem bescheidenen Unterhalt, den Malcolm ihr zugedacht hatte, zufriedengegeben, mehr wollte sie nicht. Teddy würde ohnehin alles erben, wenn er erwachsen war.

Tom goß ihm ein Glas Milch ein, und Marielle entdeckte einen Rest Schokoplätzchen, und am Ende saßen sie zu dritt lachend und schwatzend da und naschten, bis Teddys Schlafenszeit längst überschritten war. Es war fast elf, als Tom schließlich ging. Er half ihr noch, Teddy zu Bett zu bringen, und dann brachte sie ihn nach unten, um sich von ihm zu verabschieden. Er blieb in der Haustür stehen und sah sie einen langen, sehnsüchtigen Moment an.

»Ich danke Ihnen, daß ich heute ein wenig Zeit bei Ihnen verbringen durfte«, sagte er, während er das Verlangen verspürte, ihr Haar zu berühren, ihre Wange, ihren Nacken, doch das wäre zu früh gewesen.

»Ich bin froh, daß Sie gekommen sind.« Sie hatte gar nicht erwartet, ihn noch einmal wiederzusehen, und hatte das sehr bedauert. Und jetzt hatte sein Besuch einen völlig neuen Horizont aufgetan. John Taylor fehlte ihr noch immer, doch sie wußte, daß sie ihm zuliebe die richtige Entscheidung getroffen hatte. Daß sie mit Tom einige Zeit zusammensein durfte, war wie ein unerwartetes Geschenk, das sie dankbar annahm. »Ich wollte Ihnen immer schon sagen, wie sehr ich Sie bei Gericht bewundert habe«, sagte sie leise. Er aber wollte nicht, daß sie noch daran dachte. Er wollte, daß sie nur an Vermont dachte, an glückliche Dinge und an den Sommer auf dem Land mit Teddy. Und wenn sie zu Malcolms Prozeß kommen würde, wollte er ihr zur Seite stehen, damit sie nicht alles allein durchmachen mußte. Er wollte nicht, daß sie jemals wieder Schwierigkeiten allein bewältigen mußte. Sie sollte nur Glück und friedliche Dinge erleben.

»Daran sollen Sie nicht denken.« Er konnte nicht umhin, die Hand auszustrecken und Marielle an sich zu ziehen. »Vergessen Sie es.« Die Vergangenheit war abgeschlossen. Die ihre ebenso wie die seine. Sie barg zu viel Schmerz, und er wollte diese Türen fest hinter ihnen schließen. »Denken Sie nur an Teddy und sein Pony.« Beide lächelten, und dann wurde sein Blick wieder ernst. Sie standen nun ganz dicht beieinander. »Du wirst mir fehlen, wenn du in Vermont bist.« Das Verrückte war, daß er es ernst meinte. Sie kannten einander kaum und kannten einander doch.

Er kannte sie besser als die meisten seiner guten Freunde, besser als die Frauen, mit denen er ausgegangen war. Und er liebte alles, was er über sie wußte.

»Du wirst mir auch fehlen.« Sie sagte es lächelnd und spürte zum ersten Mal seit Jahren Hoffnung. Bei ihm fühlte sie sich völlig unbeschwert. »Wir werden dich von unserem Teilanschluß aus anrufen.«

»Ich rufe zuerst an«, flüsterte er. Die Nummer hatte er sich bereits notiert. »Gib schön acht unterwegs.« Er zog sie noch näher an sich, und sie schloß die Augen, als er sie küßte. »Gute Nacht, Marielle ... wir sehen uns bald ...« Er sah sie ein letztes Mal an, dann war er fort, und sie schloß die Tür. Merkwürdig, wie das Leben spielte, nie wußte man, was passieren würde. Sie hatte an so vieles geglaubt, das sich irgendwann als falsch erwiesen hatte ... sie hatte geglaubt, sie und Charles würden für immer zusammenbleiben und ihr Leben würde glücklich und aufregend und mit vielen Kindern gesegnet sein ... und Malcolms Achtung und sein Schutz seien ihr immer sicher ... daß ihnen nichts

Schlimmes passieren konnte, weil er so anständig und solide war ... und dann hatte sie gefürchtet, Teddy würde niemals mehr zurückkommen. Und in allem hatte sie sich geirrt, ganz besonders und Gott sei Dank im Falle Teddys. Er war wieder bei ihr. Er war das einzige, was wirklich zählte. Er war der schimmernde Hoffnungsstern, für den sie lebte. Aber jetzt gab es noch etwas zusätzlich. Die anderen waren fort. Die Alpträume lagen hinter ihr. Die Träume hatten sich in Nebel aufgelöst. Sie und Teddy waren allein mit ihren schlechten und guten Erinnerungen und dem ganzen Leben, das vor ihnen lag. Sie wußte, daß die Kümmernisse ihnen Kraft verliehen hatten. Und die Zeit in Vermont würde ihnen guttun ... und nach ihrer Rückkehr würden sie ein neues Leben beginnen ... und Tom Armour würde sie erwarten, mit aller Anständigkeit und Herzenswärme, die er zu bieten hatte. Vielleicht würden ihre Träume wahr werden, vielleicht aber auch nicht. Sie hoffte auf Erfüllung, und Tom tat es auch, als er nach Hause ging. Sie hoffte, die Alpträume würden nie wiederkehren, für keinen von ihnen. Sie hoffte so vieles, und der Großteil ihrer Hoffnungen galt Teddy.

Am Morgen ihrer Abreise stand Haverford in der Tür und winkte ihnen nach, als sie und Teddy in Malcolms altem Buick davonfuhren. Haverford kannte sie all die Jahre, die sie mit Malcolm verheiratet gewesen war, und Teddy seit dessen Geburt. Nun waren sie entschwunden – in ein Leben, das Gott weiß was für sie bereithalten mochte. Leise schloß er die Tür, in Gedanken noch bei dem Jungen. Dann steckte er den Schlüssel in einen Umschlag, den er den Anwälten schicken würde. Das Haus war leer, die Familie fort. Als er die Stufen hinunterging und ein Taxi heranwinkte, war er voller Hoffnung für die beiden, und das heiterte ihn ein wenig auf. Und just in diesem Moment fuhr Marielle über die Brücke, und Tom Armour befand sich auf dem Weg zum Gerichtsgebäude, zu einem neuen Prozeß, während er an sie und Teddy dachte.

Nie mehr allein

Aus dem Amerikanischen
von Willy Thaler

Ich werde die Verwundeten begraben wie Puppen
  von Käfern,
Ich werde die Toten zählen und sie begraben.
Mögen ihre Seelen zucken in einem Tau,
Weihrauch auf meiner Bahnspur.
Die Waggons schaukeln hin und her, sie sind
  Wiegen.
Und ich, ich steige aus aus dieser Haut von
Alten Verbänden, Langeweilen, alten Gesichtern,

Steige zu dir aus dem schwarzen Wagen des Lethe,
Rein wie ein Säugling.

Aus: »Hinkommen«
von Sylvia Plath, Ariel

Edward Hascomb Rawlings saß in seinem Büro und betrachtete schmunzelnd die Morgenzeitung auf seinem Schreibtisch. Auf Seite fünf prangte ein großes Foto einer lächelnden jungen Frau, die über die Gangway eines Flugzeugs herunterschritt. Die Ehrenwerte Kezia Saint Martin. Ein zweites, kleineres Foto zeigte sie am Arm eines hochgewachsenen, gutaussehenden Mannes, als sie das Flughafengebäude verließ, um in eine wartende Limousine einzusteigen. Der Mann war, wie Edward wußte, Whitney Hayworth III., der jüngste Teilhaber der Rechtsanwaltsfirma Benton, Thatcher, Powers und Frye. Edward kannte Whit, seit der Junge das Jurastudium beendet hatte. Das war zehn Jahre her. Aber Whit interessierte ihn nicht. Ihn interessierte die auffallend kleine Frau an seinem Arm. Edward kannte ihr fast kohlschwarzes Haar, ihre dunkelblauen Augen und ihren weichen, englischen Teint so gut.

Sie sah jetzt gut aus, sogar auf dem Zeitungsfoto. Sie lächelte. Sie war sonnengebräunt. Und sie war endlich wieder im Lande. Ihre Reisen kamen Edward immer endlos vor. In der Zeitung stand, daß sie eben aus Marbella gekommen war, wo sie das Wochenende auf dem spanischen Sommersitz ihrer Tante, der Contessa di San Ricamini, geborene Hilary Saint Martin, verbracht hatte. Vorher hatte Kezia den Sommer »in fast vollkommener Abgeschiedenheit« in Südfrankreich verbracht. Edward lachte darüber. Sie hatte in ihrer Kolumne den ganzen Sommer über regelmäßig Berichte aus London, Paris, Barcelona, Nizza und Rom gebracht. Sie hatte also einen arbeitsreichen Sommer »in der Abgeschiedenheit« verbracht.

In einem Absatz weiter unten auf derselben Seite wurden drei weitere Personen erwähnt, die mit demselben Flug wie Kezia eingetroffen waren. Die plötzlich so mächtig gewordene Tochter des griechischen Reeders, der ihr, als seiner einzigen Erbin, sein gewaltiges Vermögen hinterlassen hatte. Außerdem wurde die belgische Prinzessin erwähnt, die, von den Pariser Modenschauen kommend, eine Vergnügungsreise nach New York unternommen hatte. Kezia hatte sich während des Flugs in guter Gesellschaft befunden, und Edward hätte gern gewußt, wieviel Geld sie den Mitreisenden beim Backgammon abgenommen hatte. Kezia war eine äußerst erfolgreiche Spielerin. Es war auffallend, daß Kezia wieder den Löwenanteil der Presseberichte erhielt. So war es immer. Immer stand sie im Mittelpunkt der Aufmerksamkeit, als Glanzstück, im Blitzlicht der Kameras, wenn sie Restaurants betrat oder Theater verließ. Den grausamsten Höhepunkt der Reporterjagd auf sie hatte sie erlebt, als sie noch ein Teenager war; die Fotografen und Reporter waren damals immer sensationshungrig, neugierig, indiskret gewesen. Jahrelang schienen sie Kezia wie eine Schar von Pirañas überallhin zu verfolgen, aber das war damals, als sie das Vermögen ihres Vaters geerbt hatte. Jetzt hatten sie sich an sie gewöhnt, und ihr Interesse an ihr hatte etwas nachgelassen.

Zuerst hatte Edward versucht, sie vor der Presse abzuschirmen – im ersten Jahr. In dem ersten, furchtbaren, unerträglichen, qualvollen Jahr, als sie neun gewesen war. Aber die Aasgeier hatten nur gewartet. Sie hatten sich nicht lang Zeit gelassen. Für Kezia war es ein Schock, daß ihr, als sie dreizehn war, eine übereifrige Reporterin zu Elisabeth Arden folgte. Kezia hatte es nicht verstanden. Wohl aber die Reporterin. Die hatte genau kapiert. Edwards Gesicht verhärtete sich, wenn er daran dachte. Dieses Miststück. Wie konnte sie einem Kind das antun? Sie hatte sie dort vor allen zufällig anwesenden Kunden über Liane ausgefragt. »Was haben Sie empfunden, als Ihre Mutter ...« Die Reporterin war mit ihrer Story um vier Jahre zu spät gekommen – und hatte am nächsten Tag zu Mittag ihren Job verloren. Edward war enttäuscht: Er hatte gehofft, daß sie noch am selben Abend gefeuert wurde. Das war Kezias erste Bekanntschaft mit der Presse. Prestige. Macht. Reichtum. Ein berühmter Name. Eltern mit Vergangenheit. Und Großeltern mit Vergangenheit, Macht und Geld. Neun Generationen mütterlicherseits. Nur drei erwähnenswerte väterlicherseits. Vergangenheit. Macht. Geld. Dinge, die man nicht einfach aus dem Hut zaubern, erfinden oder stehlen kann. Mit diesen Voraussetzungen muß man geboren sein, sie müssen einem in die Wiege gelegt worden sein. Alle drei. Und Schönheit dazu. Und Gefühl für Stil. Wenn man dann noch über andere magische, blitzschnelle Kräfte verfügte, dann ... und nur dann war man Kezia Saint Martin. Und es gab nur diese einzige.

Edward rührte den Kaffee in der weiß-goldenen Limoge-Tasse auf seinem Tisch um und lehnte sich zurück, um die Aussicht zu betrachten. Der von kleinen Booten und Schleppkähnen wimmelnde East River lag als schmales graues Band rechts tief unter ihm. Im Norden schwenkte sein Blick über das dicht bebaute Manhattan hinweg, vorbei an Wolkenkratzern hin zu den massiven Wohnfestungen der Park und Fifth Avenue, die sich unweit der braungrünen Masse des Central Parks zusammendrängten, und Harlem, dem undeutlichen Fleck in der Ferne. Es gehörte nur zu seinem Blickfeld, interessierte ihn aber nicht sonderlich. Edward war ein sehr beschäftigter Mann.

Er schlürfte den Kaffee und wandte seine Aufmerksamkeit der Klatschspalte »Martin Hallam's« zu, um zu sehen, wer von seinen Bekannten angeblich mit wem eine Affäre hatte, wer wo eine Dinnerparty gab, wer daran teilnehmen würde und wer wegen der letzten Gesellschaftsfehde vermutlich nicht erscheinen würde. Er wußte nur allzugut, daß er ein oder zwei Nachrichten aus Marbella finden würde. Er kannte Kezias Art gut genug, um zu wissen, daß sie über sich selbst berichten würde. Sie war genau und vorsichtig. Er hatte recht. »Auf der Liste der von einem Sommer in Übersee zurückkehrenden Flüchtlinge: Scooter Hollingsworth, Bibi Adams-Jones, Melissa Sentry, Jean-Claude Reims, Kezia Saint Martin und Julian Bodley. Willkommen, willkommen, die ganze Bande ist wieder hier! Alle kommen heim!«

Es war September, und er hörte noch, was Kezia im September vor sieben Jahren gesagt hatte ...

»... Also gut, Edward, ich habe es geschafft. Ich habe Vassar absolviert und die Sorbonne, und ich habe eben einen Sommer in Tante Hils Haus verbracht. Ich bin einundzwanzig Jahre alt, und nun werde ich zur Abwechslung einmal das tun, was mir Spaß macht. Keine Reisen aus Schuldbewußtsein mehr, weil es mein Vater gewollt hätte oder es meiner Mutter lieber gewesen wäre oder du es für ›vernünftig‹ hältst. Ich habe alles auf mich genommen, für sie und für dich. Und jetzt werde ich zur Abwechslung etwas für mich tun ...«

Sie war mit aufrührerischem Blick in seinem Büro auf und ab gegangen, während er sich Sorgen darüber machte, was sie mit »etwas« bezeichnete.

»Und was genau gedenkst du zu tun?« Innerlich schmolz er. Sie war schrecklich jung und sehr schön.

»Ich weiß es nicht genau. Aber ich habe einige Ideen.«

»Verrate sie mir.«

»Diese Absicht habe ich, aber sei nicht eklig, Edward!« Ihre strahlend blauen Augen hatten violett geschimmert, als sie sich ihm zuwandte. Sie war ein beeindruckendes Mädchen, um so mehr, wenn sie böse war. Dann wurden ihre Augen fast purpurn, ihr Elfenbeinteint bekam auf den Wangen einen rötlichen Hauch, und durch den Kontrast glänzte ihr dunkles Haar wie Onyx. Darüber vergaß man beinahe, wie klein sie war. Sie war kaum mehr als einsfünfzig groß, aber gut proportioniert, und wenn ihr Gesicht zornig war, zog es einen an wie ein Magnet, und ihre Augen ließen die ihres Opfers nicht mehr los. Edward war für sie verantwortlich, und zwar seit dem Tod ihrer Eltern. Seit damals war die Verantwortung für dieses Mädchen mit den leidenschaftlichen blauen Augen ihm, ihrer Erzieherin, Mrs. Townsend, und ihrer Tante Hilary, der Contessa di San Ricamini, zugefallen.

Natürlich wollte Hilary nicht belästigt werden. Sie war durchaus bereit, derzeit sogar entzückt, das Mädchen zu Weihnachten bei sich in London zu haben und sie im Sommer in ihr Haus nach Marbella einzuladen. Aber sie wollte sich nicht mit Dingen behelligen lassen, die sie als »Bagatellen« bezeichnete. Kezias Begeisterung für das Friedenskorps war zum Beispiel so eine Bagatelle gewesen, ebenso Kezias viel besprochene Liebesaffäre vor drei Jahren mit dem Sohn des argentinischen Botschafters. Auch ihre Enttäuschung, als der Junge schließlich seine Kusine geheiratet hatte, war eine Bagatelle gewesen, ebenso wie Kezias übrige vorübergehende Schwärmerei für Leute, Orte und Dinge. Vielleicht hatte Hilary recht: Schließlich und endlich würde Kezia von allem genug bekommen. Doch bis dahin war Edward zwangsläufig mit diesem Problem befaßt. Als sie einundzwanzig wurde, hatte sie schon zwölf lange Jahre als eine Last auf seinen Schultern gelegen. Aber es war eine Last, die er gern trug.

»Kezia, du hast jetzt den Teppich in meinem Büro abgenützt, hast mir aber noch immer nicht verraten, welche geheimnisvollen Pläne du hast. Was ist mit dem Kurs für Journalistik an der Columbia Universität? Hast du kein Interesse daran, ihn zu besuchen?«

»Du hast es erraten. Ich will arbeiten, Edward.«

»Oh?« Ein Schauer hatte ihn fast merklich überlaufen. Mein Gott, laß es dabei bewenden, daß sie für eine wohltätige Organisation tätig sein will. Bitte. »Für wen?«

»Ich will für eine Zeitung arbeiten und am Abend Journalistik studieren.« In ihren Augen lag leidenschaftliche Herausforderung. Sie wußte, was er erwidern würde. Und aus welchem Grund.

»Ich glaube, es wäre viel klüger, wenn du den Kurs an der Columbia machst, einen Hochschulgrad erwirbst und dann erst in Erwägung ziehst zu arbeiten. Geh doch vernünftig vor.«

»Und wenn ich meinen Hochschulgrad habe, was für eine Zeitung würdest du dann vorschlagen, Edward? Vielleicht *Women's Wear Daily*?« Er glaubte, Tränen des Zorns und der Enttäuschung in ihren Augen glitzern zu sehen. O Gott, sie würde wieder Schwierigkeiten machen. Sie wurde von Jahr zu Jahr dickköpfiger. Sie war genau wie ihr Vater.

»An welche Zeitung hast du gedacht, Kezia? *The Village Voice* oder der *Berkeley Barb*?«

»Nein. Die *New York Times*.« Das Mädchen besaß wenigstens Stil. Daran hatte es ihr nie gefehlt.

»Ich pflichte dir vollkommen bei, ich halte es für eine wundervolle Idee. Aber wenn du darauf aus bist, wäre es viel klüger, Columbia zu besuchen, einen akademischen Grad anzustreben und ...« Sie unterbrach ihn, erhob sich von der Armlehne des

Stuhls, auf der sie gesessen hatte, und starrte ihn zornig über den Schreibtisch hinweg an.

»Und einen schrecklich ›netten‹ Jungen aus der Geschäftswelt zu heiraten. Nicht wahr?«

»Nicht unbedingt, außer wenn du es willst.« Ermüdend, ermüdend, ermüdend. Und gefährlich. Das war sie auch. Wie ihre Mutter.

»Das habe ich keinesfalls vor.« Damit war sie aus seinem Büro stolziert, und er hatte später erfahren, daß sie damals schon den Job bei der *Times* hatte. Sie hielt es genau dreieinhalb Wochen dort aus.

Alles hatte sich genauso abgespielt, wie er befürchtet hatte. Als eine der fünfzig reichsten Frauen der Welt wurde sie wieder das Lieblingsthema der Zeitungsschmierer. Jeden Tag gab es in einer Zeitung eine Notiz oder ein Foto, eine Anspielung, ein Zitat von ihr oder einen Witz über sie. Andere Zeitungen schickten ihre Gesellschaftsreporter zu ihr, um Äußerungen von ihr aufzuschnappen. *Women's Wear* erlebte herrliche Zeiten. Es war die Fortsetzung des Alptraumes, der sie bisher verfolgt hatte: die Party zu ihrem vierzehnten Geburtstag, in die Journalisten eingedrungen waren. Der Abend in der Oper mit Edward in den Weihnachtsfeiertagen, als sie erst fünfzehn war, der so entsetzliche Folgen gehabt hatte. Unverschämte Andeutungen über Edward und Kezia. Danach war er jahrelang nicht mehr mit ihr in der Öffentlichkeit erschienen ... und noch Jahre danach gab es Fotos von ihr, die unterdrückt, und jene, die veröffentlicht wurden. Die Verabredungen, vor denen sie Angst hatte, die sie dann doch einhielt und natürlich bedauerte, bis sie mit siebzehn von ihrer Bekanntheit genug hatte. Mit achtzehn hatte sie sie gehaßt. Die Zurückgezogenheit gehaßt, die sie ihr aufzwang, die Vorsicht, die ständige Heimlichtuerei und die Diskretion, die sie an den Tag legen mußte. Es war ein absurder und ungesunder Zustand für ein Mädchen ihres Alters, doch Edward konnte nichts tun, um ihr das Leben leichter zu machen. Sie mußte einer strengen Tradition gemäß leben. Es war für die Tochter von Lady Liane Holmes-Aubrey Saint Martin und Keenan Saint Martin unmöglich, anonym zu bleiben. Kezia war, primitiv ausgedrückt, »etliche Millionen schwer«, und sie war dazu schön. Sie war jung, sie war interessant. Und sie machte in der Öffentlichkeit von sich reden. Das ließ sich nicht vermeiden, wie sehr Kezia sich auch einreden wollte, daß sie es ändern könne. Sie war dazu nicht imstande. Sie würde es nie sein. Zumindest war das Edwards Ansicht, doch er war erstaunt über die Geschicklichkeit, mit der sie den Fotografen aus dem Weg ging, wenn sie es darauf abgesehen hatte (jetzt besuchte er mit ihr sogar wieder die Oper), und über die unnachahmliche Art, mit der sie Reporter mit strahlendem Lächeln und ein paar Worten zum Schweigen brachte, wobei diese sich nicht sicher waren, ob sie über sie oder mit ihnen lachte, oder im Begriff war, die Polizei zu holen. Das war ihre persönliche Note. Etwas Drohendes, der harte Zugriff der Macht. Aber sie hatte auch etwas Liebenswürdiges an sich. Das verwirrte alle. Sie vereinte eine besondere Mischung der Eigenschaften ihrer Eltern in sich.

Kezia besaß das seidenweiche Zartgefühl ihrer Mutter und die gebändigte Kraft ihres Vaters. Die beiden waren immer ein ungewöhnliches Paar gewesen. Ein erstaunliches Paar. Und Kezia war beiden ähnlich, wenn auch etwas mehr ihrem Vater. Das konnte Edward unaufhörlich feststellen. Was ihn aber erschreckte, war die Ähnlichkeit mit Liane. Jahrhunderte britischer Tradition, ein Urgroßvater mütterlicherseits war ein Herzog gewesen – obwohl Lianes Großvater väterlicherseits nur ein Graf gewesen war –, aber Kezias Mutter verfügte über so viel Lebensart, so viel Stil, so viel geistige Eleganz, so viel Haltung. Edward hatte sich Hals über Kopf in sie verliebt. Und sie hatte es nie gemerkt. Niemals. Edward wußte, daß er nicht konnte ... nicht konnte ... aber Liane hatte etwas viel Schlimmeres getan. Wahnsinn ... Erpressung ... Alptraum. Sie hatten wenigstens einen öffentlichen Skandal vermieden. Niemand hatte es gewußt. Außer ihrem Mann, Edward ... und ... ihm. Edward hatte es nie verstanden. Was hatte Liane an dem Jungen gefunden? Er war viel unmännlicher als Keenan. Und so ... so derb. Fast unfein. Sie hatte eine schlechte Wahl getroffen. Eine sehr schlechte Wahl. Liane hatte sich Kezias Französischlehrer zum Liebhaber genommen. Es war beinahe grotesk, und dazu war es noch so kostspielig gewesen. Schließlich hatte es Liane das Leben gekostet. Und Keenan hatte Tausende ausgegeben, um den Skandal zu vertuschen.

Keenan hatte den jungen Mann aus dem Haushalt »entfernen« und nach Frankreich befördern lassen. Danach brauchte Liane kaum ein Jahr, um sich mit Cognac, Champagner und, insgeheim, auch Rauschgift umzubringen. Sie hatte für ihren Treuebruch einen hohen Preis bezahlt. Keenan starb zehn Monate später bei einem Unfall. Es war zweifellos ein Unfall, aber er war so unnötig. Nach Lianes Tod hatte Keenan auf alles gepfiffen, und Edward hatte immer den Verdacht gehabt, daß er es einfach geschehen, den Mercedes einfach an der Leitplanke entlang in den Gegenverkehr auf dem Highway hatte gleiten lassen. Wahrscheinlich war er betrunken gewesen oder vielleicht nur übermüdet. Kein wirklicher Selbstmord, nur das Ende.

Nein, in diesen letzten Monaten hatte sich Keenan um nichts gekümmert, nicht einmal um seine Tochter. Das hatte er Edward gegenüber sogar zugegeben, aber nur Edward gegenüber. Edward war der Vertraute der Familie gewesen. Liane hatte ihm sogar eines Tages beim Tee ihre häßlichen Geschichten erzählt, er hatte ernst genickt und gehofft, daß ihm in ihrem Salon nicht übel würde. Sie hatte ihn so traurig angeblickt, am liebsten hätte er geweint.

Edward hatte sich immer viel zuviel um die anderen gekümmert – um Liane, die zu vollkommen gewesen war, als daß man sie berühren konnte (das hatte er jedenfalls geglaubt), um ihr Kind. Edward hatte sich immer gefragt, ob es Liane vielleicht erregte, jemanden zum Liebhaber zu haben, der so weit unter ihr stand, oder vielleicht beeindruckte sie nur, daß der Mann so jung oder ein Franzose war.

Edward konnte Kezia wenigstens vor dieser Art von Wahnsinn beschützen, und er hatte sich schon vor langer Zeit gelobt, sich dieser Aufgabe zu widmen. Sie war jetzt seine Pflicht, seine Verantwortung, und er würde dafür sorgen, daß sie ihrer Erziehung gemäß leben würde. Er hatte sich geschworen, daß es in Kezias Leben keine Katastrophe geben würde, keine erpresserischen französischen Hauslehrer mit dem Gesicht eines unschuldigen Jungen. Kezias Leben würde anders verlaufen. Ihr Lebensstil würde ihrer adligen Abstammung mütterlicherseits und den einflußreichen Männern väterlicherseits entsprechen. Edward war der Ansicht, daß er das Keenan und Liane schuldig war. Und auch Kezia. Er wußte, was ihm dieses Vorhaben auferlegen würde. Daß er ihr Pflichtbewußtsein anerziehen mußte, Gefühl für die Tradition, in der sie lebte. Als Kezia heranwuchs, hatte sie die Tradition scherzhaft als ihr eisernes Hemd bezeichnet, aber sie verstand. Edward sorgte immer dafür, daß sie begriff, worum es ging. Es war das einzige, was er ihr sachlich geben konnte: das Gefühl dafür, wer und was sie war. Sie war Kezia Saint Martin. Die Ehrenwerte Kezia Holmes-Aubrey Saint Martin, Sproß des britischen Adels und der amerikanischen Aristokratie, deren Vater seine Millionen genutzt hatte, um weitere Millionen in Stahl, Kupfer, Gummi, Petroleum und Öl zu machen. Wo man Geld in unvorstellbarem Maßstab machen konnte, war Keenan Saint Martin zur Stelle. Dadurch war er zu einer internationalen Legende geworden, zu einer Art amerikanischem Fürsten. Diese Legende hatte Kezia mit dem Vermögen geerbt. Natürlich hatte Keenan sich dabei die Hände gewissermaßen ein wenig schmutzig machen müssen, aber nicht sehr. Er war immer so erfolgreich und ein solcher Gentleman, einer jener Männer, denen die Leute alles verzeihen, sogar die Tatsache, daß sie ihr Geld vermehren.

Andererseits bedeutete die Erinnerung an Liane eine Warnung für Kezia ... sie mahnte sie ständig daran, daß sie, wenn sie die unsichtbare Grenze in das verbotene Land überschritt, enden würde wie ihre Mutter. Edward wollte, daß Kezia ihrem Vater nachgeriet. Dann wäre seine Aufgabe wesentlich leichter gewesen. Aber sie war so oft ... zu oft ... das Abbild Lianes, nur stärker, und besser, klüger und so viel schöner als Liane.

Kezia stammte von außergewöhnlichen Menschen ab. Sie war das letzte überlebende Glied in einer langen Reihe von fast mythischer Schönheit und Grazie. Und nun mußte Edward dafür sorgen, daß die Kette nicht unterbrochen wurde. Liane hatte die Kontinuität gefährdet. Aber die Kette war noch intakt, und wie alle einsamen Menschen, die nie ein volles Risiko eingehen, die nie vollkommen schön sind, die nie sehr stark sind – war Edward von ihr beeindruckt. Seine eigene, bescheiden vornehme Familie in Philadelphia war viel weniger beeindruckend als diese wunderbaren Menschen, denen er sein Dasein geweiht hatte. Er war jetzt ihr Hüter. Der Bewahrer des Heiligen Grals: Kezia. Des Schatzes. Seines Schatzes. Deshalb war er so froh gewesen, als ihr Plan, für die *Times* zu arbeiten, so schmählich gescheitert war. Alles würde sich wieder beruhigen, zumindest für eine Weile. Er hatte sie zu beschützen, und sie hatte ihm zu gebieten. Noch erteilte sie ihm keine Befehle, aber er fürchtete, daß es eines Tages soweit sein würde. Wie ihre Eltern es gehalten hatten. Man hatte ihm Vertrauen geschenkt und Befehle erteilt, aber ihn nie geliebt.

Im Fall der *Times* hatte er nicht einschreiten müssen. Sie hatte die Arbeit aufgegeben. Sie war für einige Zeit ans College zurückgekehrt, im Sommer nach Europa geflohen, aber im Herbst hatte sich alles wieder geändert. Am meisten Kezia selbst. Für Edward war diese Entdeckung geradezu erschreckend gewesen.

Als sie nach New York zurückkehrte, war sie etwas entschiedener, etwas weiblicher geworden. Diesmal hatte sie sich nicht einmal im nachhinein mit Edward beraten, und sie erhob gar nicht Anspruch darauf, erwachsen zu sein. Mit zweiundzwanzig hatte sie die Wohnung an der Park Avenue verkauft, in der sie dreizehn sehr angenehme Jahre mit Mrs. Townsend – Totie – verbracht hatte, und hatte zwei kleinere Wohnungen gemietet, eine für sich, die andere für Totie, die freundlich, aber entschieden, trotz Edwards Protesten und Toties Tränen, in den Ruhestand versetzt wurde. Dann hatte sie sich ebenso energisch mit dem Problem eines Jobs befaßt wie mit dem ihrer Wohnung. Die Lösung, die sie wählte, war erstaunlich erfolgreich gewesen.

Sie hatte Edward die Neuigkeit beim Abendessen in ihrer neuen Wohnung beigebracht, während sie ihm eine Flasche Pouilly Fumé 54 serviert hatte, um den Schock zu lindern.

Kezia hatte sich einen literarischen Agenten zugelegt und Edward durch die Mitteilung verblüfft, daß sie in diesem Sommer schon drei Artikel veröffentlicht hatte, die sie aus Europa herübergeschickt hatte. Und das Erstaunlichste war, daß er alle drei gelesen hatte und sie ihm eigentlich gefallen hatten. Er erinnerte sich an sie – ein politischer Essay, den sie in Italien verfaßt hatte, ein beeindruckender Bericht über einen Nomadenstamm, auf den sie im Mittleren Osten gestoßen war, und eine sehr komische Parodie über den Poloklub in Paris. Alle drei waren unter dem Pseudonym K. S. Miller in amerikanischen Zeitungen erschienen. Der letzte Artikel hatte eine Kettenreaktion ausgelöst.

Sie hatten eine zweite Flasche Wein entkorkt, und plötzlich hatte Kezia übermütig versucht, ihm ein Versprechen zu entlocken. Mit einemmal hatte er wieder das flaue Gefühl im Magen verspürt. Es steckte mehr dahinter, das merkte er. Er bekam dieses Gefühl jedesmal, wenn in ihren Augen der gewisse Ausdruck lag. Der Ausdruck, der ihn bedenklich an ihren Vater erinnerte. Der Blick, der besagte, daß die Pläne bereits gemacht, die Entscheidungen getroffen worden waren und daß gar nichts mehr dagegen unternommen werden konnte. Also was?

Sie hatte ein Exemplar der Morgenzeitung herausgenommen und eine Seite im zweiten Teil aufgeschlagen. Er konnte sich nicht vorstellen, was ihm entgangen sein sollte. Er studierte die Zeitung jeden Morgen gründlich. Sie wies auf die Gesellschaftsspalte von Martin Hallam – an diesem Morgen hatte er sie doch tatsächlich überblättert.

Es war wirklich eine merkwürdige Spalte, die seit etwa einem Monat erschien. Es war ein gut informierter, ein wenig zynischer und höchst raffinierter Bericht über die Aktivitäten des Jet-sets in seinen privaten Schlupfwinkeln. Niemand hatte eine Ahnung, wer Martin Hallam war, und alle versuchten noch zu erraten, wer der Verräter in ihren Reihen sein mochte. Wer immer er war, er schrieb ohne Bosheit – aber sicherlich aufgrund von viel Informationen aus erster Hand. Und nun zeigte Kezia auf eine Zeile am Beginn der Spalte.

Er las sie durch, Kezia wurde jedoch nicht erwähnt.

»Na und?«

»Ich möchte dir einen Freund von mir vorstellen. Martin Hallam.« Sie lachte frei heraus, und Edward kam sich komisch vor. Dann streckte sie die Hand aus, schüttelte die seine, lachte schallend, und ihre Augen glänzten amethystfarben. »Hallo, Edward. Ich bin Martin. Wie geht's?«

317

»Was? Du machst einen Witz, Kezia!«

»Keinesfalls. Niemand wird es je erfahren. Nicht einmal der Herausgeber weiß, wer der Verfasser ist. Alles geht über meinen literarischen Agenten, und der ist überaus verschwiegen. Ich mußte ihnen Probeartikel für einen Monat liefern, um zu beweisen, daß ich weiß, wovon ich schreibe, aber heute haben wir den endgültigen Bescheid erhalten. Die Kolumne wird nun regelmäßig dreimal pro Woche erscheinen. Ist das nicht phantastisch?«

»Phantastisch? Es ist abscheulich, Kezia, wie konntest du nur?«

»Warum nicht? Ich sage nichts, wofür man mich gerichtlich belangen könnte, und ich verrate keine Geheimnisse, die das Leben eines Menschen zerstören könnten. Ich halte nur alle … nun ja, sagen wir ›auf dem laufenden‹ und unterhalte sie.«

Das war typisch Kezia. Die Ehrenwerte Kezia Saint Martin, K. S. Miller und Martin Hallam. Und nun war sie, nachdem sie wieder einen Sommer durch Abwesenheit geglänzt hatte, endlich zu Hause. Sieben Sommer waren vergangen, seit ihre Karriere als Journalistin begonnen hatte. Sie war jetzt erfolgreich, und das erhöhte nur ihren Charme. Edward schien es, als verliehe es ihr einen geheimnisvollen Glanz, einen fast unerträglichen Reiz. Wer außer Kezia vermochte so etwas zustande zu bringen? Und so lange Zeit? Edward und ihr Agent waren die einzigen Menschen, denen sie das Geheimnis anvertraut hatte, daß die Ehrenwerte Kezia Saint Martin ein Doppelleben führte, ein zweites Leben neben dem, das in *WWD*, *Town and Country* und gelegentlich in der »Leute«-Spalte von *Time* so genüßlich beschrieben wurde.

Edward blickte wieder auf die Uhr. Jetzt konnte er sie anrufen, es war zehn vorbei. Er griff nach dem Telefon. Diese Nummer wählte er immer selbst. Es klingelte zweimal, und sie meldete sich. Die Stimme klang heiser, wie immer am Morgen. So besaß sie für ihn den größten Reiz. Diese Stimme hatte etwas sehr Persönliches in sich. Er fragte sich oft, was sie im Bett trug, dann rügte er sich wegen des unkeuschen Gedankens.

»Willkommen daheim, Kezia.« Er lächelte dem Zeitungsfoto zu, das noch auf seinem Schreibtisch lag.

»Edward!« Bei der Freude in ihrer Stimme wurde ihm warm ums Herz. »Du hast mir so gefehlt!«

»Aber nicht genug, um mir auch nur eine Ansichtskarte zu schicken, du kleine Range! Ich habe letzten Sonnabend mit Totie geluncht, die erhält wenigstens gelegentlich einen Brief von dir.«

»Das ist etwas anderes. Sie würde dahinsiechen, wenn ich ihr nicht mitunter mitteile, daß ich noch am Leben bin.« Sie lachte, und er hörte, wie eine Tasse an das Telefon stieß. Tee. Ohne Zucker. Ein Tropfen Sahne.

»Und du glaubst nicht, daß ich dahinsiechen würde?«

»Natürlich nicht. Dazu bist du viel zu unerschütterlich. Es gehört sich nicht. *Noblesse oblige, et cetera, et cetera.*«

»Schon gut.« Ihre Unverblümtheit brachte ihn oft in Verlegenheit. Sie hatte außerdem recht. Er besaß ein ausgesprochenes Gefühl für »Schicklichkeit«. Deshalb hatte er ihr nie gestanden, daß er sie liebte. Er hatte ja auch ihrer Mutter nie gesagt, daß sie liebte. »Wie war Marbella?«

»Schrecklich. Anscheinend werde ich alt. Tante Hils Haus wimmelte geradezu von allen möglichen achtzehnjährigen Kindern. Du lieber Gott, Edward, sie sind elf Jahre nach mir zur Welt gekommen! Warum sind sie nicht zu Hause bei ihren Kindermädchen?« Er lachte beim Klang ihrer Stimme. Sie sah noch immer aus wie zwanzig. Aber eine sehr weltkluge Zwanzigerin. »Ich war, Gott sei Dank, nur über ein Wochenende dort.«

»Und vorher?«

»Hast du heute morgen die Kolumne nicht gelesen? Dort steht, daß ich den Großteil des Sommers zurückgezogen in Südfrankreich verbracht habe.« Sie lachte wieder. Es war so erfrischend, ihre Stimme zu hören.

»Ich war wirklich eine Weile dort. Auf einem Boot, das ich gemietet hatte, und es war sehr angenehm. Und friedlich. Ich habe eine Menge geschrieben.«

»Ich habe deinen Artikel über die drei in der Türkei eingesperrten Amerikaner gelesen. Ziemlich deprimierend, aber ausgezeichnet. Warst du dort?«

»Natürlich war ich dort. Und es war wirklich verdammt deprimierend.«

»Wo warst du noch?« Er wollte sie von dem Thema ablenken. Unangenehme Probleme waren unnötig.

»Ach, ich war auf einer Party in Rom, bei den Modenschauen in Paris, in London, um die Königin zu sehen ...«

»Du bist einfach unmöglich, Kezia.« Aber bezaubernd unmöglich.

»Ja.« Sie trank Tee und schluckte laut. »Aber du hast mir gefehlt. Es ist verdammt eklig, niemandem erzählen zu können, was man wirklich tut.«

»Also komm und erzähle mir, was du wirklich getrieben hast. Heute beim Lunch im La Grenouille?«

»Ausgezeichnet. Ich muß mit Simpson sprechen, kann mich aber danach mit dir treffen. Bist du mit ein Uhr einverstanden?«

»Ausgezeichnet. Und, Kezia ...«

»Ja?« Ihre Stimme klang leise und freundlich, plötzlich nicht ganz so lebhaft. Auf ihre Art liebte sie ihn auch. Seit fast zwanzig Jahren hatte er die Tatsache, daß sie keinen Vater mehr hatte, erträglich gemacht.

»Es ist wirklich schön zu wissen, daß du wieder hier bist.«

»Und es ist wirklich gut zu wissen, daß sich wenigstens ein Mensch darüber freut.«

»Dummes Kind, du sagst das so, als würde sich sonst niemand um dich kümmern.«

»Das nennt man das Arme-kleine-reiche-Mädchen-Syndrom, Edward. Berufsrisiko bei einer Erbin.« Sie lachte, doch in ihrer Stimme schwang ein Unterton mit, der ihm Sorgen machte. »Auf Wiedersehen, um eins.«

Sie legte auf, und Edward starrte aus dem Fenster.

Zweiundzwanzig Blocks von dem Zimmer entfernt, in dem er saß, lag Kezia im Bett und trank ihren Tee aus. Auf dem Bett lag ein Stoß Zeitungen, auf dem Tisch neben ihr ein Berg Post. Die Vorhänge waren zurückgezogen, und sie genoß die friedliche Aussicht auf den Garten hinter der benachbarten Stadtvilla. Ein Vogel gurrte auf dem Gitter der Klimaanlage. An der Eingangstür klingelte jemand.

»Verdammt.« Sie nahm einen weißen Satin-Morgenrock vom

Fußende des Bettes und fragte sich, wer es sein mochte, doch sie erriet es gleich. Sie hatte recht. Als sie die Tür öffnete, hielt ihr ein schlanker, nervöser Puertoricaner-Junge eine lange, weiße Schachtel hin.

Noch bevor sie dem Jungen einen Dollar als Trinkgeld gegeben hatte, wußte sie, was sich in der Schachtel befand. Sie wußte auch, von wem die Schachtel kam. Sie wußte sogar, von welchem Blumenhändler. Und sie wußte auch, daß sie die Handschrift seiner Sekretärin auf der Karte erkennen würde. Nach vier Jahren läßt man die Billets-doux von seiner Sekretärin schreiben: »Ach, wissen Sie, Effy, so etwas wie ›Du kannst dir nicht vorstellen, wie sehr du mir gefehlt hast‹ et cetera.« Effy erledigte es ausgezeichnet. Sie schrieb genau die Worte darauf, die jede romantisch veranlagte vierundfünfzigjährige Jungfrau auf die Grußkarte zu einem Dutzend roter Rosen schreiben würde. Kezia machte es im Grunde nichts aus, ob die Karte von Effy oder von Whit geschrieben war. Es spielte keine große Rolle mehr, eigentlich überhaupt keine.

Diesmal hatte Effy zu dem üblichen Blumengruß »Dinner heute abend?« hinzugefügt, und Kezia blieb mit der Karte in der Hand stehen. Sie setzte sich in einen blauen Samtfauteuil, der ihrer Mutter gehört hatte, und spielte mit der Karte. Sie hatte Whit eigentlich seit einem Monat nicht mehr gesehen, seit er geschäftlich nach London gekommen war, und sie hatten einander bei Annabellas Party getroffen, bevor er am nächsten Tag zurückgeflogen war. Natürlich hatte er sie gestern abend auf dem Flughafen abgeholt, aber sie hatten nicht wirklich miteinander gesprochen. Das taten sie eigentlich nie recht.

Sie beugte sich nachdenklich zu dem Telefon auf dem kleinen Kirschholztisch und hielt immer noch die Karte in der Hand. Sie warf einen Blick auf die beachtlichen Stöße von Einladungen, die ihre Sekretärin, die zweimal die Woche kam, für sie geordnet hatte – erster Stoß die bereits versäumten, ein zweiter mit Terminen in der nächsten und ferneren Zukunft. Abendessen, Cocktails, Vernissagen, Modenschauen, Wohltätigkeitsveranstaltungen. Zwei Hochzeitsanzeigen und eine Geburtsanzeige.

Sie wählte die Nummer von Whits Büro und wartete.

»Schon auf, Kezia, mein Schatz? Du mußt todmüde sein.«

»Ein bißchen, aber ich werde es überleben. Und die Rosen sind herrlich.«

»Sind sie hübsch? Das freut mich. Kezia, du hast gestern abend wunderbar ausgesehen.« Sie blickte auf den Baum im Nachbargarten. Der Baum hatte sich in vier Jahren weiter entwickelt als Whit.

»Es war lieb von dir, mich vom Flughafen abzuholen. Und die Rosen waren der richtige Auftakt für meinen Tag. Als ich an das Auspacken meiner Koffer dachte, sank meine Laune bedenklich.«

Sie hatte den Fehler begangen, an einem Tag anzukommen, an dem die Reinemachefrau ihren freien Tag hatte. Aber die Koffer konnten warten.

»Und was ist mit meiner Einladung zum Abendessen? Die Orniers haben zum Dinner eingeladen, und wenn du nicht zu müde bist, hat Xavier vorgeschlagen, daß wir alle nachher noch zu Raffles gehen.« Die Orniers bewohnten eine riesige Suite im Turm des Hotel Pierre, die sie für ihre alljährlichen Besuche in New York gemietet hatten. Es »lohnte sich« sogar für die paar Wochen: »Sie wissen ja, wie gräßlich es ist, jedesmal in einem anderen Zimmer zu wohnen.« Sie bezahlten einen hohen Preis, um die vertraute Umgebung zu haben, aber das war für Kezia keine Neuigkeit. Und ihre Party lieferte den richtigen Stoff für die Gesellschaftsspalte. Sie mußte wieder ins Gesellschaftsleben hineinkommen, und der Lunch im La Grenouille mit Edward war ein guter Anfang, aber ... verdammt. Sie wollte lieber in die City. Dort gab es Vergnügungen, von denen Whit nicht einmal im Traum annahm, daß sie sie kannte. Plötzlich fiel ihr Whit wieder ein.

»Tut mir leid, Liebster. Ich wäre gern gekommen, bin aber so schrecklich müde. Der Zeitunterschied durch den Flug und wahrscheinlich das hektische Treiben bei Hilary an diesem Wochenende. Kannst du vielleicht den Orniers sagen, ich wäre gestorben, und ich werde versuchen, bei ihnen auf einen Sprung vorbeizukommen, bevor sie abreisen. Für dich werde ich morgen wieder auferstehen. Aber heute bin ich einfach erledigt.«

Sie gähnte ein wenig, dann kicherte sie. »Gütiger Gott, ich hatte nicht die Absicht, dir ins Ohr zu gähnen. Tut mir leid.«

»Schon gut. Wegen des heutigen Abends hast du recht. Wahrscheinlich werden sie das Abendessen erst um neun servieren lassen Du weißt ja, wie sie sind, und es wird zwei Uhr früh werden, bis man nach Raffles ins Bett kommt ...« Tanzen in diesem überfüllten Kellerlokal, dachte Kezia, genau das, was mir fehlt ...

»Ich bin froh, daß du mich verstehst, mein Lieber. Ich werde das Telefon auf Anrufbeantworter schalten und um sieben oder acht ins Bett hüpfen. Dann werde ich morgen taufrisch sein.«

»Gut. Also dann morgen zum Abendessen?« Klar, Liebster. Klar.

»Ja. Ich habe ein Billet auf meinem Schreibtisch für eine Gala im St. Regis. Möchtest du es nicht versuchen? Ich glaube, die Marshes übernehmen die Maisonette zu ihrem achtundneunzigsten Hochzeitstag oder so etwas.«

»Du boshaftes, scharfzüngiges Mädchen. Es ist erst ihr fünfundzwanzigster. Ich werde einen Tisch im Côte Basque reservieren lassen, wir können dann später das Lokal wechseln.«

»Ausgezeichnet, mein Goldschatz. Also dann bis morgen.«

»Ich hole dich um sieben ab?«

»Lieber um acht.« Noch lieber gar nicht.

»Wunderbar, Liebste. Bis dann.«

Nachdem sie aufgelegt hatte, schlug sie die Beine übereinander und wippte mit dem Fuß. Sie mußte wirklich netter zu Whit sein. Was hatte es für einen Sinn, so mit ihm umzuspringen? Bei allen Bekannten galten sie als Paar, er war nett zu ihr und ihr in gewissem Sinn auch nützlich. Ihr ständiger Begleiter. Der liebe Whitney ... der arme Whitney. So leicht durchschaubar und so vollkommen, so schön und so untadelig nach Maß gekleidet. Es war wirklich unerträglich. Genau einsvierundachtzig, eisblaue Augen, kurzes, dichtes, blondes Haar, fünfunddreißig Jahre alt, Gucci-Schuhe, Dior-Schlipse, Eau de Cologne von Givenchy, Uhr von Piaget, Apartment Ecke Park und Dreiundsechzigste, ausgezeichneter Ruf als Anwalt und bei allen Freunden beliebt. Die logische Ergänzung zu Kezia, und das an sich genügte schon, damit sie ihn haßte, ohne daß sie ihn natürlich wirklich haßte. Sie ärgerte sich nur über ihn, und auch darüber, daß sie ihn brauchte. Trotz des Geliebten auf dem Sutton Place, von dessen Existenz sie wußte, ohne daß er etwas ahnte.

Das Whit-und-Kezia-Spiel war eine Farce, aber diskret. Und nützlich. Er war der ideale ständige Begleiter, und somit vollkommen ungefährlich. Sie erschrak jetzt noch, wenn sie sich daran erinnerte, daß sie vor ein oder zwei Jahren sogar erwogen hatte, ihn zu heiraten. Damals schien nichts dagegen zu sprechen. Sie würden weiterhin das gleiche Leben führen, nur Kezia würde ihm von ihrer Kolumne erzählen. Sie würden weiterhin die gleichen Parties besuchen, die gleichen Leute treffen und jeder sein eigenes Leben führen. Er würde ihr Rosen bringen, statt sie zu schicken. Sie würden getrennte Schlafzimmer haben, und wenn Kezia jemanden im Haus herumführte, würde Whits Zimmer als »das Gästezimmer« bezeichnet werden. Sie würde in die City fahren und er zum Sutton Place, und niemand würde etwas davon erfahren. Sie würden es dem Partner gegenüber natürlich nie erwähnen; sie würde »Bridge spielen« und er würde »einen Klienten aufsuchen«, und sie würden einander am nächsten Morgen beim Frühstück gegenübersitzen, zufrieden, beruhigt, beschwichtigt und im Bewußtsein, geliebt zu werden, jeder allerdings von seinem jeweiligen Partner. Was für ein verrücktes Hirngespinst. Sie lachte jetzt, wenn sie sich daran erinnerte. Sie erhoffte sich noch immer etwas Besonderes. Sie betrachtete Whit jetzt als alten Freund, dem sie auf eine etwas seltsame Art zugetan war. Sie war an ihn gewöhnt, was in mancher Hinsicht schlimm war.

Kezia ging langsam in ihr Schlafzimmer zurück. Es war angenehm, daheim zu sein, die Gemütlichkeit ihrer eigenen Wohnung zu genießen, in dem großen Bett mit der Silberfuchsdecke zu liegen, die so entsetzlich extravagant gewesen war, ihr aber immer noch gut gefiel. Die entzückenden, zierlichen Möbel stammten von ihrer Mutter. Das Ölbild, das sie im vergangenen Jahr in Lissabon gekauft hatte, hing über dem Bett, eine Sonne wie eine Wassermelone über einer üppigen Landschaft und einem auf dem Feld arbeitenden Bauern. Ihr Schlafzimmer hatte etwas Warmes, Freundliches an sich, das sie sonst nirgends auf der Welt fand.

Weder in Hilarys Palazzo in Marbella noch in dem entzückenden Haus in Kensington, in dem sie ein eigenes Zimmer hatte – Hilarys Londoner Haus hatte so viele Räume, daß sie es sich leisten konnte, sie auswärtigen Freunden und Familienmitgliedern zu schenken wie Spitzentaschentücher. Doch nirgends fühlte sich Kezia so wohl wie in der eigenen Wohnung. Im Schlafzimmer gab es auch einen Kamin, und das Messingbett hatte sie vor Jahren in London aufgestöbert; vor dem Kamin stand ein weicher, brauner Samtfauteuil, und auf dem weißen Pelzteppich hätte man am liebsten barfuß getanzt. In den Ecken standen Blattpflanzen, andere hingen neben den Fenstern, und Kerzen auf dem Kaminsims tauchten den Raum spätnachts in mildes Licht. Es tat gut, zu Hause zu sein.

Sie lachte leise, ein Ausdruck reinsten Vergnügens, während sie Mahler auf den Plattenteller des Stereogeräts legte und das Wasser für ihr Bad einließ. Und heute abend ... in die City. Zu Mark. Zuerst ihr Agent, dann Lunch mit Edward. Und schließlich Mark. Das Beste zum Schluß ... solange sich nichts ändert.

»Kezia«, sagte sie sich, während sie nackt vor dem Badezimmerspiegel stand und die Musik mitsummte, die durch das Haus hallte, »du bist ein sehr schlimmes Mädchen.« Sie drohte ihrem Spiegelbild mit dem Zeigefinger, warf den Kopf zurück und lachte, ihr langes schwarzes Haar hing bis zur Taille hinunter. Dann stand sie ganz still und blickte sich tief in die Augen. »Ja, ich weiß. Ich bin ein kleines Luder. Aber was kann ich schon tun? Ein Mädchen muß leben, und es gibt dafür viele verschiedene Möglichkeiten.« Sie legte sich in die Badewanne und dachte darüber nach. Der innere Zwiespalt, das Gegensätzliche in ihr, die Geheimnisse ... aber wenigstens keine Lügen. Sie verschwieg vieles, aber sie log nie. Oder beinahe nie. Es war zu schwierig, mit Lügen zu leben. Seine kleinen Geheimnisse zu haben war besser.

Sie tauchte in das warme Wasser und dachte an Mark. Der herrliche Marcus. Das wilde, widerspenstige Haar, das unglaubliche Lächeln, der Geruch seiner Mansarde, die Schachpartien, das Lachen, die Musik, sein Körper, seine Leidenschaft. Mark Wooly. Sie schloß die Augen und zeichnete im Geist mit der Fingerspitze eine Linie seinen Rücken entlang und dann sanft über seine Lippen. Tief in ihrem Inneren regte sich leises Verlangen, sie drehte sich langsam in der Wanne, so daß sich winzige Wellen bildeten.

Zwanzig Minuten später stieg sie aus dem Bad, bürstete ihre Haare zu einem glatten Knoten und zog über die neue, champagnerfarbene Spitzenunterwäsche, die sie in Florenz gekauft hatte, ein einfaches, weißes Wollkleid von Dior an.

»Hältst du mich für schizophren?« fragte sie ihr Spiegelbild, während sie sorgfältig den Hut aufsetzte und ihn langsam schräg ins Gesicht zog. Aber sie sah durchaus nicht schizophren aus. Sie war voll und ganz »die« Kezia Saint Martin, unterwegs zum Lunch im La Grenouille in New York oder zu Fouquet's in Paris.

»Taxi!« Kezia lief am Portier vorbei und hob einen Arm, während ein Taxi am Randstein hielt. Sie stieg ein, damit hatte ihre New Yorker Saison also begonnen. Was würde sie bringen? Einen Bucherfolg? Einen Mann? Mark Wooly? Ein Dutzend gepfefferter Artikel für eine große Illustrierte? Eine Anzahl kleiner wertvoller Augenblicke? Einsamkeit, heimliches Glück und Glanz. Das alles lag vor ihr. Und eine weitere »Saison«, die sie genießen konnte.

Edward stolzierte in seinem Büro vor dem Aussichtsfenster auf und ab. Zum elften Mal in einer Stunde blickte er auf die Uhr. In wenigen Minuten würde sie eintreten, sie würde lachen, die Hand ausstrecken und damit sein Gesicht berühren ... »Ach, Edward, es ist so schön, dich wiederzusehen!« Sie würde ihn umarmen und kichern, sich neben ihn setzen – während »Martin Hallam« im Geist notierte, wer mit wem an welchem Tisch saß, und K. S. Miller über ein Buch nachdachte.

2

Kezia kämpfte sich durch das dichte Knäuel von Männern durch, das sich zwischen der Garderobe und der Bar des La Grenouille gebildet hatte. Die zahlreichen Mittagsgäste drängten sich in dichten Scharen, die Bar war überfüllt, alle Tische besetzt, die Kellner hasteten umher, und die Ausstattung war unverändert. Rote Lederstühle, rosa Tischdecken, helle Ölbilder an den Wänden und Blumen auf jedem Tisch. Der Raum war mit unzähligen roten Anemonen dekoriert und voll lächelnder Gesichter, auf fast allen Tischen standen Flaschen mit Weißwein in silbernen Eiskübeln, während da und dort diskret Champagnerpfropfen knallten. Die Frauen waren schön oder hatten sich sehr bemüht, so zu wirken. Cartiers Erzeugnisse wurden in Hülle und Fülle zur Schau gestellt. Die gemurmelten Gespräche im Raum klangen deutlich französisch. Die Männer trugen dunkle Anzüge und weiße Hemden, hatten graue Schläfen und verfügten über teure Romanoff-Zigarren aus Kuba via Schweiz in nicht gekennzeichneten braunen Schachteln.

La Grenouille war die Tränke für die ganz Reichen und die ganz Eleganten. Es genügte nicht, daß man über ein stattliches Spesenkonto verfügte, um die Rechnung zu bezahlen, um hier Einlaß zu finden. Man mußte dazugehören. Man mußte Teil des Stils sein, der hier durch alle Poren drang.

»Kezia?« Eine Hand berührte ihren Ellbogen, und sie blickte in das sonnengebräunte Gesicht von Amory Strongwell.

»Nein, Schatz. Es ist mein Geist.« Er erhielt ein spöttisches Lächeln als Antwort.

»Du siehst wunderbar aus.«

»Und du siehst blaß aus. Armer Amory.« Sie starrte in geheucheltem Mitgefühl auf die dunkle Bronzetönung, die er sich in Griechenland geholt hatte, während er vorsichtig ihre Schulter drückte und sie auf die Wange küßte.

»Wo ist Whit?«

Vermutlich auf dem Sutton Place, Liebster. »Er arbeitet wahrscheinlich wie verrückt. Werden wir dich morgen abend bei der Marsh-Party sehen?« Es war eine rhetorische Frage, und er nickte geistesabwesend. »Ich bin mit Edward hier verabredet.«

»Der Glückliche.« Mit einem letzten Lächeln schob sie sich durch die Menge nach vorne, wo der Oberkellner sie an Edwards Tisch geleiten würde. Zufällig fand sie Edward auch ohne seine Hilfe; er saß an seinem Stammtisch, neben ihm stand eine Flasche Champagner auf Eis. Wie immer Louis Roederer 1959.

Er erblickte sie ebenfalls und stand auf, während sie leichtfüßig zwischen den anderen Tischen hindurch auf ihn zuging. Sie fühlte die Blicke in ihrem Rücken, erwiderte angedeutete Begrüßungen, wenn sie an Tischen von Bekannten vorbeikam. Sie war vor Jahren in das gesellschaftliche Treiben hineingewachsen. Kennsignale. Mit sechzehn war es für sie eine Qual gewesen, mit achtzehn eine Gewohnheit, mit zweiundzwanzig hatte sie dagegen revoltiert, und jetzt mit neunundzwanzig gefiel es ihr. Es amüsierte sie. Es war ihr ganz persönlicher Spaß. Die Frauen sagten »wunderbares Kleid«, die Männer grübelten über Whit; die Frauen kamen zu dem Schluß, daß sie sich mit dem gleichen Vermögen ungestraft den gleichen Hut leisten könnten, und die Kellner stießen einander an und murmelten auf französisch »Saint Martin«. Wenn sie das Lokal verließ, wartete vielleicht ein Fotograf von *Women's Wear* auf sie oder auch nicht, um ein Foto von ihr zu schießen, wenn sie durch die Tür ins Freie trat. Es amüsierte sie. Sie spielte ihre Rolle gut.

»Edward, du siehst fabelhaft aus!« Sie sah ihn prüfend an, umarmte ihn und sank neben ihm auf die Sitzbank.

»Mein Gott, Kind, wie blendend du aussiehst.« Sie küßte ihn sanft auf die Wange, dann strich sie zärtlich mit der Hand darüber.

»Du auch.«

»Und wie war es am Vormittag bei Simpson?«

»Angenehm und ergiebig. Wir haben einige Ideen durchgesprochen, die ich für ein Buch habe. Er gibt mir gute Ratschläge, aber wir wollen doch hier ... lieber nicht ...« Sie wußten beide, daß der Lärm zu groß war, als daß jemand Unbefugter ein Wort zuviel aufschnappen konnte. Aber sie sprachen selten in der Öffentlichkeit über ihre Karriere. »Verschwiegenheit ist der bessere Teil der Tapferkeit«, pflegte Edward zu sagen.

»Richtig. Champagner?«

»Da habe ich niemals nein gesagt.« Er winkte dem Kellner, und das Ritual des Louis Roederer begann. »Ich liebe dieses göttliche Getränk.« Sie blickte sich langsam in dem Raum um, während er lachte.

»Ich weiß, was du tust, Kezia, und du bist unmöglich.« Sie

prüfte den Schauplatz für ihre Kolumne. Er hob sein Glas. »Auf dein Wohl, Mademoiselle, willkommen daheim.« Sie stießen an und nippten genießerisch an dem Champagner. Er war genau so, wie sie ihn liebten, ein guter Jahrgang und die richtige Temperatur.

»Übrigens, wie geht es Whit? Triffst du ihn heute abend zum Dinner?«

»Erste Frage: gut. Und zweite Frage: Nein, ich gehe zu Bett, um mich von den Strapazen der Reise zu erholen.«

»Ich fürchte, ich kann dir nicht ganz glauben, akzeptiere aber deine Erklärung.«

»Was für ein welterfahrener Mann du bist, Edward. Wahrscheinlich liebe ich dich deshalb.«

Er sah sie einen Augenblick an, dann ergriff er ihre Hand. »Bitte, Kezia, sei vorsichtig.«

»Ja, Edward, ich weiß. Ich bin vorsichtig.«

Der Lunch war ein Genuß, wie alle ihre Lunches. Sie erkundigte sich nach seinen wichtigsten Klienten, kannte noch alle mit Namen und wollte wissen, was er bezüglich der Couch in seiner Wohnung unternommen hatte, die so dringend neu bezogen werden mußte. Sie begrüßten alle, die sie kannten, und zwei seiner Firmenpartner kamen für ein paar Augenblicke an ihren Tisch. Sie berichtete ihm ein wenig von ihrer Reise, während sie das Kommen und Gehen sowie die Paarbildungen im Auge behielt.

Sie verließ ihn um drei vor dem Lokal. Der »Überraschungs«-Fotograf von *Women's Wear* machte pflichtgemäß einen Schnappschuß von den beiden, und Edward rief ein Taxi für sie, bevor er in sein Büro zurückging. Er fühlte sich immer besser, wenn er wußte, daß sie wieder im Land war. Er konnte zur Stelle sein, wenn sie ihn brauchte, und er war ihrem Leben näher. Er war sich nicht sicher, hatte aber eine Ahnung, daß es in ihrem Leben mehr gab als Raffles und die Parties bei Marsh. Und mehr Männer in ihrem Leben als Whit. Aber sie weihte Edward nicht ein, und er fragte nicht danach. Er wollte es eigentlich gar nicht wissen, solange bei ihr alles in Ordnung war – solange sie »vorsichtig« war, wie er es nannte. Aber sie hatte zu viel vom Wesen ihres Vaters an sich, um mit einem Mann wie Whit zufrieden zu sein. Das wußte Edward nur allzu gut. Es hatte mehr als zwei Jahre erfordert, um das Testament ihres Vaters diskret zu regeln und die Übereinkommen mit den beiden Frauen zu treffen, von denen bis zu diesem Zeitpunkt niemand etwas gewußt hatte.

Das Taxi brachte Kezia nach Hause und setzte sie unter quietschenden Bremsen und aufwirbelndem Staub am Trottoir ab; Kezia ging hinauf und hängte das weiße Dior-Kleid in den Schrank. Eine halbe Stunde später steckte sie in Jeans, ihr Haar hing offen herab, der automatische Anrufbeantworter war eingeschaltet, um Anrufe entgegenzunehmen. Sie »ruhte sich aus« und wollte bis zwölf Uhr am nächsten Tag nicht gestört werden. Kurz darauf war sie fort.

Sie verließ das Haus und verschwand Ecke 77. Straße und Lexington Avenue unauffällig in die U-Bahn. Ohne Make-up, ohne Handtasche, nur eine Börse mit ein wenig Kleingeld in der Tasche und ein Lächeln in den Augen.

Die U-Bahn wirkte wie eine Konzentration von New York, jedes Geräusch, jeder Geruch wurde hier intensiver, jede Gestalt war auffallender. Komische alte Damen mit maskenartig geschminkten Gesichtern, schwule Jungen in so engen Hosen, daß man beinahe die Haare an ihren Beinen sehen konnte, großartige Mädchen mit modischen Handtaschen unterwegs zu Modellsitzungen, Männer, die nach Schweiß und Zigarren rochen, um die man lieber einen Bogen machte, und gelegentlich ein Geschäftsmann, unterwegs zur Wall Street, in gestreiftem Anzug, mit kurzem Haar und Hornbrille. Es war eine Symphonie von Bildern, Gerüchen und Geräuschen, mit dem Gekreisch von Metall, klopfenden Zügen, quietschenden Bremsen, ratternden Rädern als akustischem Background. Kezia hielt den Atem an und schloß die Augen vor dem heißen Luftzug und dem von den Zügen aufgewirbelten Schmutz, dann stieg sie rasch ein und trat von den sich schließenden Türen zurück.

Sie fand einen Sitzplatz neben einer alten Frau, die eine Einkaufstasche auf den Knien hielt. Ein junges Paar setzte sich bei der nächsten Haltestelle zu ihr und teilte verstohlen einen Joint, unbemerkt von dem kontrollierenden Polizisten, der durch den

Wagen ging, ohne nach links und rechts zu sehen. Kezia war neugierig, ob die alte Frau neben ihr durch den Geruch »high« werden würde. Dann hielt der Zug mit kreischenden Bremsen bei der Canal Street, und es war Zeit für sie auszusteigen. Kezia hüpfte leichtfüßig die Treppe empor und sah sich um.

Sie war wieder zu Hause. Ein anderes Zuhause. Lagerhäuser und abgewohnte Mietshäuser, Feuerleitern und Delikatessenläden und ein paar Blocks weiter die Kunstgalerien, Kaffeehäuser und Atelierwohnungen von Malern und Schriftstellern, Bildhauern und Dichtern, die Bärte und Halstücher trugen. Ein Ort, an dem Camus und Sartre noch verehrt wurden, an dem de Koonig und Pollock als Götter galten. Sie ging mit raschen Schritten und leichtem Herzklopfen weiter. Es sollte ihr nicht so viel bedeuten … nicht in ihrem Alter … nicht, wie sie zueinander standen … es sollte ihr nicht solche Freude machen, daß sie wieder zurück war … vielleicht war jetzt alles anders … Aber es war schön, wieder zu Hause zu sein, und sie wollte, daß alles unverändert war.

»He, Mädchen. Wo hast du dich so lange herumgetrieben?« Ein hochgewachsener Schwarzer mit geschmeidigen Bewegungen, der in hautengen Jeans steckte, begrüßte sie überrascht und erfreut.

»George!« Er hob sie vom Boden hoch, drückte sie an sich und wirbelte sie herum. Er gehörte zum Corps de ballet der Metropolitan Opera. »Ach, wie schön, dich wiederzusehen!« Er stellte sie atemlos und lächelnd neben sich auf das Pflaster und legte ihr den Arm um die Schultern.

»Du warst mächtig lang fort, Lady.« Seine Augen strahlten, und wenn er grinste, zeigte er eine lange Reihe von elfenbeinfarbenen Zähnen in dem bärtigen Mitternachtsgesicht.

»Das Gefühl hatte ich auch. Ich habe schon befürchtet, daß dieses Viertel vielleicht nicht mehr da ist.«

»Niemals! SoHo ist unantastbar.« Sie lachten, und er paßte sich ihrem Schritt an.

»Wohin gehst du?«

»Was hältst du von einem Kaffee im The Partridge?« Sie hatte plötzlich Angst davor, Mark zu begegnen. Angst davor, daß sich vielleicht alles geändert hatte. George würde es wissen, aber sie wollte ihn nicht danach fragen.

»Spendier mir statt dessen Wein, und ich gehöre dir für eine Stunde. Um sechs haben wir Probe.«

Sie tranken im The Partridge zusammen eine Karaffe Wein, George trank den Großteil, während Kezia nur mit ihrem Glas herumspielte.

»Weißt du was, Baby?«

»Was, George?«

»Du bringst mich zum Lachen.«

»Phantastisch. Wieso?«

»Weil ich weiß, weshalb du so nervös bist, und du hast so verdammt viel Angst, daß du mich nicht einmal fragst. Wirst du fragen, oder muß ich von mir aus erzählen?«

»Gibt es etwas, was ich vielleicht nicht erfahren will?«

»Scheiße, Kezia. Warum gehst du nicht einfach hinauf in sein Studio und findest es selbst heraus? Das ist die bessere Methode.« Er stand auf, steckte eine Hand in die Tasche und zog drei Dollar heraus. »Ich habe dich eingeladen. Du gehst einfach nach Hause.« Nach Hause? Zu Mark? Ja, gewissermaßen ... das wußte sogar sie.

Er schob sie lachend aus der Tür, und sie stand in dem vertrauten Eingang auf der anderen Straßenseite. Sie hatte nicht einmal zum Fenster hinaufgeblickt, sondern forschte nervös in fremden Gesichtern. Ihr Herz klopfte, während sie die fünf Stockwerke nach oben lief. Sie erreichte den Treppenabsatz völlig außer Atem und benommen und hob die Hand, um an die Tür zu klopfen. Beinahe bevor sie sie berührte, wurde sie aufgerissen, und Kezia wurde plötzlich von den Armen eines endlos langen, hoffnungslos mageren Mannes mit zerzaustem Haar umschlungen, der sie küßte, sie hochhob und sie jubelnd und lachend hineinzog.

»He, Jungs! Es ist Kezia. Wie, zum Teufel, geht es dir, Baby?«

»Ich bin glücklich.« Er stellte sie nieder, und sie sah sich um. Dieselben Gesichter, dieselbe Mansarde, derselbe Mark. Nichts hatte sich verändert. Es war eine triumphale Rückkehr. »O Gott, ich habe das Gefühl, daß ich ein Jahr lang fort gewesen bin.« Jemand reichte ihr ein Glas Rotwein.

»Das mußt du mir nicht erst sagen. Und nun, meine Damen und Herren...« Der endlos lange junge Mann verbeugte sich tief und wies seinen Freunden mit dem Arm die Tür. »Die Dame meines Herzens ist zurückgekehrt. Mit anderen Worten, Jungs, haut ab!« Die anderen lachten gutmütig und murmelten hallo und Lebewohl, während sie sich trollten. Kaum hatte sich die Tür hinter ihnen geschlossen, zog Mark Kezia wieder in seine Arme.

»O Baby, ich bin froh, daß du zu Hause bist.«

»Ich auch.« Sie schob eine Hand unter sein zerrissenes, farbbeklecksstes Hemd und lächelte ihm in die Augen.

»Laß dich einmal begutachten.« Er zog ihr langsam die Bluse über den Kopf, sie bewegte sich nicht, ihr Haar fiel über eine Schulter, ihre tiefblauen Augen strahlten warm, ein lebendiges Spiegelbild der Aktskizze, die hinter ihr an der Wand hing. Er hatte sie im letzten Winter gezeichnet, bald nachdem sie einander kennengelernt hatten. Sie streckte ihm langsam die Arme entgegen, und er umschlang sie, doch im selben Moment wurde an die Tür geklopft.

»Verschwinde!«

»Nein, das tue ich nicht.« Es war George.

»Verdammter Scheißkerl, was willst du?« Mark riß die Tür auf, während Kezia mit nacktem Busen ins Schlafzimmer rannte. George füllte breit und lächelnd den Türrahmen aus und hielt ein Fläschchen Champagner in der Hand.

»Für deine Hochzeitsnacht, Marcus.«

»Du bist der Beste, George!« George winkte, tänzelte die Treppe hinunter, und Mark schloß mit lautem Lachen die Tür. »He, Kezia! Kannst du ein Glas Champagner vertragen?« Sie kam nackt ins Zimmer zurück, das Haar hing ihr offen über den Rücken, die Vision von Champagner im La Grenouille im Dior-Kleid brachte ihre Augen zum Leuchten. Der Vergleich war absurd.

Sie stand im Türrahmen, hatte den Kopf zur Seite geneigt und sah ihm zu, wie er den Champagner entkorkte. Plötzlich hatte sie das Gefühl, ihn zu lieben, und das war ebenfalls absurd. Sie wußten beide, daß dies nicht der Fall war. So war es nicht. Das verstanden sie ... aber es wäre nett gewesen, es nur für einen Augenblick anzunehmen. Nicht vernünftig oder besonnen zu sein. Es wäre reizend gewesen, ihn zu lieben, jemanden zu lieben – irgend jemanden – und warum nicht Mark?

»Ich habe dich vermißt, Kezia.«

»Ich dich auch, Schatz. Ich dich auch. Und ich habe mich auch gefragt, ob du schon eine andere Herzensdame hast.« Sie trank einen Schluck von dem allzu süßen sprudelnden Wein. »Ich habe mich überwinden müssen, hierherzukommen. Ich habe sogar im The Partridge ein Glas Wein mit George getrunken.«

»Dummerchen! Du hättest zuerst hierherkommen können.«

»Davor hatte ich Angst.« Sie trat zu ihm und strich mit einem Finger über seine Brust, während er auf sie hinuntersah.

»Weißt du, was sonderbar ist, Kezia?«

»Was?« Ihre Augen blickten verträumt.

»Ich habe Syphilis.«

»*Was!*« Sie starrte ihn entsetzt an, und er schmunzelte.

»Ich wollte nur wissen, was du dazu sagen würdest. Es stimmt nicht.« Er schien sich über seinen Scherz königlich zu amüsieren.

»O Gott.« Sie schmiegte sich wieder in seine Arme und schüttelte den Kopf. »Du hast schon einen merkwürdigen Sinn für Humor, Kleiner.« Aber es war der alte Mark.

Er folgte ihr ins Schlafzimmer, und seine Stimme klang rauh, als er hinter ihr sagte: »Ich habe neulich in der Zeitung das Foto eines Mädchens gesehen. Sie sah dir irgendwie ähnlich, war nur älter und gab sich sehr konventionell.« In seiner Stimme lag eine Frage, die sie aber nicht zu beantworten gedachte.

»Und?«

»Sie hatte einen französischen Familiennamen. Nicht ›Miller‹, aber ihr Vorname war verdruckt. Ich konnte ihn nicht herauskriegen. Bist du mit so jemandem verwandt? Sie sah sehr fein aus.«

»Nein, ich bin nicht mit so jemandem verwandt. Warum?« Nun hatte sie sogar begonnen, Mark zu belügen. Keine Unterlassungssünde; jetzt waren es schwerwiegendere Sünden. Verdammt.

»Ich weiß nicht. Ich war nur neugierig. Sie sah interessant aus, zugleich leidenschaftlich und unglücklich.«

»Du hast dich in sie verliebt und beschlossen, daß du sie finden und retten mußt, damit ihr beide für immer glücklich zusammenleben könnt. Stimmt's?« Ihre Stimme war unbeteiligt, aber nicht so unbeteiligt, wie sie es sich gewünscht hätte. Seine Antwort ging in seinen Küssen unter, während er sie sanft auf das Bett legte. Dann folgte eine Stunde der Wahrheit inmitten eines Lebens voll Lügen. Körper sind meist ehrlich.

3

»Fertig?«
»Fertig.« Whit lächelte ihr nach dem letzten Schluck Kaffee und Löffel Schokoladencreme zu. Sie kamen zur Party der Marshes im St. Regis schon zwei Stunden zu spät, aber das würde niemand bemerken. Die Marshes hatten schließlich über fünfhundert Gäste eingeladen.

Kezia sah in einem blaugrauen Satinkleid strahlend aus. Es wurde von einem Träger um den Hals gehalten, so daß man die tiefe Sommerbräune ihres nackten Rückens bewundern konnte. An ihren Ohren glitzerten kleine Diamantohrringe, und ihr Haar war zu einem glatten Knoten hochgekämmt. Whits makelloser Abendanzug brachte seine klassische Schönheit gut zur Geltung. Sie bildeten ein auffallendes Paar. Aber das war für sie schon eine Selbstverständlichkeit.

Die Menschenmenge am Eingang der Maisonette im St. Regis war gewaltig. Elegante Herren im Frack, deren Namen regelmäßig in *Fortune* aufschienen, diamantengeschmückte Damen in Kleidern von Balenciaga, Givenchy und Dior, deren Gesichter und Salons regelmäßig in *Vogue* abgebildet waren. Europäische Aristokraten, amerikanische Gesellschaftslöwen, Freunde aus Palm Beach, Grosse Pointe, Scottsdale und Beverly Hills. Die Marshes hatten sich wieder einmal übertroffen. Durch das immer dichter werdende Gedränge wanderten Kellner, die Moët et Chandon Champagner und kleine Tabletts mit Kaviar- und Pastetentoasts anboten.

Auf einem Büfett im Hintergrund des Raumes stand ein kalter Hummer, und später würde als Hauptgericht eine riesige Hochzeitstorte erscheinen, eine Kopie des vor einem Vierteljahrhundert angeschnittenen Originals. Jeder Gast würde eine kleine Schachtel mit einer Schnitte Traumtorte erhalten, auf deren Verpackung der Name des Paares und das Datum standen. »Beinahe armselig«, wie Martin Hallam am nächsten Tag in seinem Feuilleton schreiben würde. Whit reichte Kezia ein Glas Champagner vom Tablett eines vorbeikommenden Kellners und ergriff sanft ihren Arm.

»Möchtest du tanzen oder ein wenig herumgehen?«

»Herumgehen, denke ich, falls es menschenmöglich ist.«

Ein von den Gastgebern engagierter Fotograf machte einen Schnappschuß von ihnen, als sie einander liebevoll in die Augen blickten, und Whit legte ihr den Arm um die Taille. Sie fühlte sich an seiner Seite wohl. Nach der Nacht mit Mark hegte sie sogar für Whit wohlwollende und freundliche Gefühle. Der Gedanke war seltsam, daß sie bei Morgengrauen mit Mark durch die Straßen von SoHo gegangen war, ihn dann um drei am Nachmittag widerstrebend verlassen hatte, um ihrem Agenten ihre Kolumne telefonisch durchzugeben, Ordnung auf ihrem Schreibtisch zu machen und vor der anstrengenden Galanacht auszuruhen. Edward hatte angerufen und gefragt, wie es ihr ginge, und sie hatten sich darüber amüsiert, daß sie ihren Lunch in der morgendlichen Gesellschaftsspalte erwähnt hatte.

»Wie kannst du mich um Himmels willen ›gutaussehend‹ nennen, Kezia? Ich bin über sechzig.«

»Du bist kaum einundsechzig. Und du siehst gut aus, Edward. Sieh dich nur an.«

»Ich bemühe mich sehr, es zu vermeiden.«

»Wie unvernünftig.« Sie waren zu anderen Themen übergegangen, wobei beide sorgfältig vermieden, von der vergangenen Nacht zu sprechen ...

»Noch etwas Champagner, Kezia?«

»Mmmm?« Sie hatte das erste Glas ausgetrunken, ohne es zu merken. Sie war mit ihren Gedanken abgeschweift: Edward, der neue Artikel, mit dem sie eben beauftragt worden war, ein Bericht über die prominenten weiblichen Kandidaten für die bevorstehenden Bundeswahlen. Sie hatte Whit und die Party der Marshes vollkommen vergessen. »Du meine Güte, habe ich das Glas schon ausgetrunken?« Whit sah sie spöttisch an.

»Noch immer abgespannt von der Reise?«

»Nein, nur ein bißchen verträumt. Zerstreut, nehme ich an.«

»Kein übler Trick bei einem solchen Betrieb.« Sie tauschte ihr leeres Glas gegen ein volles ein, und sie fanden eine stille Ecke, von der aus sie die Tanzfläche beobachten konnten. Sie musterte alle Paare und notierte sich rasch im Geist, wer mit wem tanzte und wer was trug. Operndivas, Bankiers, berühmte Schönheiten, gefeierte Playboys und ein Überangebot an Rubinen, Saphiren, Diamanten und Smaragden.

»Du siehst schöner aus denn je, Kezia.«

»Du schmeichelst mir, Whit.«

»Nein. Ich liebe dich.«

Das war ein Unsinn. Sie wußten beide, daß es nicht wahr war. Aber sie neigte sittsam den Kopf. Vielleicht liebte er sie wirklich auf seine Weise. Vielleicht liebte auch sie ihn, wie einen Lieblingsbruder oder einen Jugendfreund. Er war ein netter Mensch; es war keinesfalls schwer, ihn gern zu haben. Aber ihn lieben? Das stand auf einem anderen Blatt.

»Anscheinend hat dir der Sommer gutgetan.«

»Europa hat immer diese Wirkung. O nein!«

»Was?« Er drehte sich in die Richtung, in die sie mit entsetztem Blick starrte, doch es war schon zu spät. Baron von Schnellingen kam auf sie zu, er hatte Schweißtropfen an den Schläfen und war sichtlich entzückt, weil er die beiden entdeckt hatte.

»O Gott, sag ihm, daß du deine Regel hast und nicht tanzen kannst«, flüsterte Whit.

Kezia begann zu lachen, was der rundliche, kleine deutsche Baron irrtümlich für Begeisterung hielt.

»Ich bin so glücklich, Sie zu sehen, meine Liebe. Guten Abend, Whitney. Kezia, Sie sind heute abend wieder ganz bezaubernd.«

»Danke, Manfred. Sie sehen aber auch blendend aus.« Und erhitzt und verschwitzt, fett und widerlich. Und geil, wie gewöhnlich.

»Es ist ein Walzer. Wie für uns bestellt. Ja?« Nein, aber

337

warum, zum Teufel, nicht? Sie konnte nicht nein sagen. Er erinnerte sie bestimmt daran, wie sehr er ihren lieben, verstorbenen Vater geschätzt hatte. Es war einfacher, ihm einen Walzer zuzugestehen, um »ihres Vaters willen«. Er war wenigstens ein geübter Tänzer. Jedenfalls beim Walzer. Sie nickte freundlich und hielt ihm die Hand hin, um sich zur Tanzfläche führen zu lassen. Der Baron tätschelte entzückt ihre Hand und führte sie weg, während Whit ihr noch rasch ins Ohr flüsterte: »Nach dem Walzer werde ich dich erlösen.«

»Das will ich hoffen, Liebster«, sagte sie durch zusammengebissene Zähne mit routiniertem Lächeln.

Wie hätte sie jemals Mark so etwas erklären können? Sie lachte verstohlen, als sie daran dachte, daß sie jemandem hier von Mark und ihren anonymen Streifzügen nach Soho erzählte. Der Baron würde es sicherlich verstehen. Wahrscheinlich trieb er sich in noch weit verrufeneren Vierteln als Soho herum, nahm aber nicht an, daß Kezia es tat. Niemand nahm es an. Nicht Kezia, eine Dame, *die* Kezia Saint-Martin ... und das war ein ganz anderer Fall. Wie bei den meisten Männern, die sie kannte, waren die Abenteuer des Barons anderer Art, und anders motiviert ... oder war es gar nicht so viel anders? War sie einfach ein armes, kleines reiches Mädchen, das davonlief, um mit ihren Freunden aus der Boheme zu schlafen und zu spielen? Empfand sie auch nur einen von ihnen als real, fragte sie sich manchmal. Der Baron war real. So real, daß sie mitunter ihre Situation als hoffnungslos empfand. Ein vergoldeter Käfig, aus dem man nie entfliehen konnte. Seinem Namen und seinem Gesicht, seinen Vorfahren und seinen Eltern entkommt man nicht, ganz gleich, wie viele Jahre sie schon tot sind. Dem Zwang von *noblesse oblige* entkommt man nie. Oder doch? Steigt man einfach mit einem Andenken und einem Lächeln in die U-Bahn, um nie zurückzukommen? Das geheimnisvolle Verschwinden der Ehrenwerten Kezia Saint Martin. Nein, wenn man schon weggeht, dann elegant und offen. Mit Stil. Man flieht nicht in aller Heimlichkeit mit der U-Bahn. Wenn ihr Soho wirklich etwas bedeutete, mußte sie es auch sagen, und wenn auch nur um ihrer selbst willen. Das wußte sie. Aber wollte sie es? War Soho wirklich besser als ihr jetziges Leben? Es bedeutete Zabaione statt Soufflé Grand Marnier. Aber keines von beiden war sehr nahrhaft. Was sie brauchte, war ein gutes, ordentliches Steak. Wenn sie sich auf Mark bezüglich des Lebensunterhalts verließ, war es so, als würde sie sich mit einem Sechsmonatevorrat an Keksen und sonst nichts verstecken. Sie mußte einfach eine Welt mit der anderen aufwiegen, einen Mann mit dem anderen ergänzen, und das Schlimmste daran war, daß sie es wußte. Nichts war vollkommen ... »Bin ich es denn?« Sie merkte gar nicht, daß sie die Worte laut ausgesprochen hatte.

»Sind Sie was?« säuselte ihr der Baron ins Ohr.

»Ach, verzeihen Sie. Bin ich Ihnen auf den Fuß getreten?«

»Nein, meine Schöne. Nur auf mein Herz. Und Sie tanzen wie ein Engel.«

Zum Kotzen. Sie lächelte freundlich und drehte sich in seinen Armen. »Danke, Manfred.«

Sie schwebten noch einmal graziös um das Parkett herum, endlich, als der Walzer zu Ende ging, begegnete ihr Blick dem Whitneys. Sie trat ein wenig von dem Baron zurück und dankte ihm noch einmal.

»Vielleicht spielen sie noch einen Walzer?« Seine Enttäuschung war beinahe kindlich.

»Sie tanzen sehr gut Walzer, Sir.« Whitney stand neben ihnen und verneigte sich leicht vor dem schwitzenden Deutschen.

»Und Sie sind ein sehr glücklicher Mann, Whitney.« Kezia und Whit tauschten einen glückstrahlenden Blick, während sich der Baron entfernte.

»Noch am Leben?«

»Durchaus. Ich war bisher wirklich hoffnungslos faul. Ich habe heute abend noch mit keinem Menschen gesprochen.« Sie mußte arbeiten, und der Abend hatte kaum begonnen.

»Willst du jetzt mit einigen deiner Busenfreundinnen plaudern?«

»Warum nicht? Ich habe keine von ihnen zu Gesicht bekommen, seit ich zurück bin.«

»Dann nur zu, meine Dame. Werfen wir uns den Löwen zum Fraß vor und sehen wir, wer hier ist.«

Alle waren anwesend, wie Kezia beim Eintreten bemerkt hatte.

Nachdem sie bei einem Dutzend Tischen und sechs oder sieben kleinen Gruppen, die in der Nähe des Tanzparketts standen, die Runde gemacht hatten, war sie dem Schicksal dankbar, als sie zwei ihrer Freundinnen entdeckte. Whitney ließ sie bei ihnen zurück und begab sich zu seinem Seniorpartner, um eine Zigarre zu rauchen. Ein kleiner Plausch bei einer guten Monte Christo konnte nie schaden. Er winkte ihr beim Weggehen zu und verschwand in einer dichten schwarzweißen Gruppe, die von beißenden Rauchwolken feinster Havannas überlagert war.

»Hallo, ihr beiden.« Kezia gesellte sich zu zwei hochgewachsenen, schlanken jungen Frauen, die sie verwundert ansahen.

»Ich wußte nicht, daß du schon zurück bist!« Wangen berührten einander beinahe, während Küsse durch die Luft flogen und die drei einander erfreut musterten. Tiffany Benjamin war mehr als ein bißchen beschwipst, aber Marina Walters sah frisch und munter aus. Tiffany war mit William Patterson Benjamin IV. verheiratet, der Nummer zwei der größten Maklerfirma in der Wall Street. Marina war geschieden. Dieser Zustand gefiel ihr, behauptete sie zumindest. Kezia wußte es besser.

»Wann bist du aus Europa zurückgekommen?« fragte Marina und taxierte ihr Kleid. »Verdammt schönes Modell übrigens. Yves Saint Laurent?«

Kezia nickte.

»Das dachte ich mir.«

»Und deines auch, großes Falkenauge.« Marina nickte zustimmend, doch Kezia wußte, daß es eine Kopie war. »Mein Gott, ich kam vor zwei Tagen zurück und frage mich allmählich, ob ich jemals fort war«, stellte Kezia fest, die unauffällig den Raum im Auge behielt.

»Das Gefühl kenne ich. Ich kam letzte Woche zurück, gerade rechtzeitig, um die Kinder wieder in die Schule zu bringen. Als wir dann die Zahnspangen, Schuhe, Schuluniformen besorgt und an drei Geburtstagsparties teilgenommen hatten, vergaß ich, daß ich je weg gewesen war. Ich bin schon wieder reif für einen Sommerurlaub. Wo warst du dieses Jahr?«

»In Südfrankreich, und die letzten Tage verbrachte ich in Hilarys Haus in Marbella. Und du, Marina?«

»Den ganzen Sommer bei den Hamptons. Tödlich langweilig. Es war nicht mein amüsantester Sommer.«

Kezia zog eine Braue hoch. »Wieso?«

»Keine Männer oder so etwas.« Sie näherte sich ihrem sechsunddreißigsten Geburtstag und dachte daran, etwas gegen die Tränensäcke unter ihren Augen zu unternehmen. Im vergangenen Sommer hatte sie ihre Brüste von dem »wunderbarsten Arzt« in Zürich straffen lassen. Kezia hatte es in ihrer Kolumne angedeutet, und Marina war darüber außer sich gewesen.

Tiffany hatte den Sommer in Griechenland verbracht und sich auch ein paar Tage in Rom bei entfernten Verwandten aufgehalten. Bill hatte früher nach Hause fahren müssen. Bei Bullock und Benjamin schien man auf die ständige Anwesenheit des Direktors Wert zu legen. Doch er genoß seine Arbeit. Er aß mit ihr, schlief mit ihr und liebte sie. Sein Pulsschlag stieg und fiel mit den Börsenkursen, so formulierte es Martin Hallam in seiner Kolumne. Aber Tiffany hatte dafür Verständnis; ihr Vater war genauso. Er war Börsenpräsident gewesen, bevor er endlich in Pension ging und einen Monat lang Golf spielte, dann erlag er einem Herzinfarkt. Was für eine Art zu sterben, mit einem Fuß in der Börse und dem anderen auf dem Golfplatz! Das Leben von Tiffanys Mutter verlief weniger dramatisch. Sie trank wie Tiffany. Nur weniger.

Tiffany war stolz auf Bill. Er war ein bedeutender Mann. Sogar bedeutender als ihr Vater oder ihr Bruder. Und verdammt, ihr Bruder arbeitete ebenso hart wie Bill. Das behauptete zumindest Gloria. Tiffanys Bruder war Mitglied der Anwaltsfirma Wheeler, Spaulding und Frobes, eines der ältesten Unternehmen in der Wall Street. Aber die Maklerfirma Bullock und Benjamin war das bedeutendste in der Straße. Durch die Tätigkeit ihres Mannes stellte Tiffany etwas dar – Mrs. William Patterson Benjamin IV. Es machte ihr nichts aus, allein in Urlaub zu fahren. Sie nahm die Kinder zu Weihnachten nach Gstaad mit, im Februar nach Palm Beach, zum Frühlingsurlaub nach Acapulco. Im Sommer verbrachten sie einen Monat im Vineyard bei Bills Mutter, und dann ging es ab nach Europa; Monte Carlo, Paris, Cannes, St. Tropez, Cap d'Antibes, Marbella, Skorpios, Athen, Rom. Es war

himmlisch. Wenn man Tiffany glauben wollte, war alles himmlisch. So himmlisch, daß sie sich zu Tode trank.

»Ist das nicht die himmlischste Party, die ihr je erlebt habt?«
Tiffany schwankte leicht und beobachtete ihre Freundinnen.
Marina und Kezia wechselten einen schnellen Blick, und Ke-
zia nickte. Sie und Tiffany hatten gemeinsam die Schule besucht.
Sie *war* ein nettes Mädchen, wenn sie nicht betrunken war. Ihre
Trunksucht würde Kezia in ihrer Klatschspalte nie erwähnen.
Alle wußten, daß sie trank, und es schmerzte, es mit ansehen zu
müssen. Zum Unterschied von Marinas Busenstraffung war Tif-
fanys Laster keine amüsante Frühstückslektüre. Das war etwas
anderes, Schmerzliches. Selbstmord mit Champagner.

»Was steht als nächstes auf deinem Terminkalender, Kezia?«
Marina zündete sich eine Zigarette an, und Tiffany tauchte wieder in ihr Glas.

»Ich weiß nicht. Vielleicht gebe ich eine Party.« Nachdem ich
den Artikel geschrieben habe, für den ich mir heute den Stoff
geholt habe.

»Mein Gott, du hast aber Mut. Wenn ich mir das hier an-
schaue, graut mir. Meg hat acht Monate für die Planung gebraucht. Arbeitest du heuer wieder beim Arthritiskomitee mit?«

Kezia nickte. »Man hat mich auch ersucht, den Ball zuguns-
ten körperbehinderter Kinder zu arrangieren.« Bei dieser Er-
wähnung wachte Tiffany auf.

»Körperbehinderte Kinder? Wie gräßlich!« Sie hatte es wenigstens nicht »himmlisch« gefunden.

»Was ist daran denn gräßlich? Der Ball ist genauso gut wie alle
anderen.« Marina verteidigte sofort das Fest.

»Aber körperbehinderte Kinder? Ich meine wirklich, wer kann
es ertragen, sie anzusehen?« Marina blickte sie ärgerlich an.

»Tiffany, Liebste, hast du jemals einen Arthritiker auf dem
Arthritisball gesehen?«

»Nein ... ich glaube nicht ...«

»Dann wirst du auch keine körperbehinderten Kinder beim
Ball für Körperbehinderte sehen«, schloß Marina sachlich, und
Tiffany schien wieder beruhigt zu sein, während sich Kezia der
Magen umdrehte.

»Du hast vermutlich recht, Marina. Wirst du den Ball organisieren, Kezia?«

»Ich weiß nicht, ich habe mich noch nicht entschlossen. Ich bin offen gestanden von dem Wohltätigkeitsrummel ein wenig ermüdet. Ich mache das Zeug schon verdammt lange mit.«

»Wie wir alle«, meinte Marina bedauernd und schnippte Zigarettenasche in ein Abfallgefäß.

»Du solltest heiraten, Kezia. Es ist himmlisch.« Tiffany lächelte entzückt und nahm noch ein Glas Champagner vom Tablett eines vorbeikommenden Kellners. Es war ihr drittes, seit Kezia zu ihnen gestoßen war. Am anderen Ende des Raumes begann wieder ein Walzer.

»Und dieser Tanz, liebe Freundinnen, bringt mir immer Pech.« Kezia sah sich um und stöhnte innerlich. Wo, zum Teufel, blieb Whit?

»Pech? Wieso denn?«

»So ist es eben.« Kezia nickte in Richtung des herbeieilenden Barons. Er hatte den Tanz bei der Kapelle bestellt und seit einer halben Stunde überall nach Kezia gesucht.

»Du Glückliche.« Marina grinste boshaft, und Tiffany bemühte sich, den Ankömmling zu erkennen.

»Und deshalb, liebste Tiffany, heirate ich nicht.«

»Kezia! Unser Walzer!« Es war zwecklos, Einwände zu erheben. Kezia nickte ihren Freundinnen herablassend zu und entfernte sich am Arm des Barons.

»Du meinst, sie mag ihn?« fragte Tiffany verdutzt. Er war wirklich sehr häßlich. Das merkte sie sogar in betrunkenem Zustand.

»Nein, du Einfaltspinsel. Sie meint, wenn solche Widerlinge sie verfolgen, wer hat da Zeit, einen netten Mann zu finden?« Marina kannte das Problem aus eigener Erfahrung. Sie suchte seit über zwei Jahren einen Nachfolger für ihren ersten Ehemann, und wenn ihr nicht ganz bald jemand halbwegs Annehmbarer in die Quere kam, würde ihr gestraffter Busen wieder schlaff hinunterhängen, und ihr Po würde einem Waschbrett gleichen. Sie nahm an, daß sie noch knapp ein Jahr Zeit hatte, fündig zu werden, bevor es zu spät war.

»Ich weiß nicht, Marina. Vielleicht mag sie ihn. Kezia ist ein bißchen extravagant, weißt du. Manchmal frage ich mich, ob das viele Geld, das sie so früh geerbt hat, ihr geschadet hat. Ich meine, es würde schließlich fast jedem schaden. Du kannst ja kein normales Leben mehr führen, wenn du eine der Reichsten bist ...«

»Um Himmels willen, Tiffany, halt den Mund. Warum fährst du nicht zur Abwechslung nach Hause, um dich auszunüchtern?«

»Wie kannst du nur so etwas Gemeines sagen!« In Tiffanys Augen traten Tränen.

»Nein, Tiffany. Es ist gemein, wenn man dir zusehen muß.« Marina drehte sich auf dem Absatz herum und verschwand in Richtung Halpern Medley. Sie hatte gehört, daß er und Lucille sich kürzlich getrennt hatten. Das war der beste Moment, sich einen Mann anzulachen. Wenn er eingeschüchtert und verletzt war, eine Todesangst davor hatte, mit dem Leben allein fertig werden zu müssen, sich nach den Kindern sehnte, nachts einsam war. Sie hatte drei Kinder und würde überglücklich sein, wenn sie Halpern auf Trab halten durfte. Er war ein ausgezeichneter Fang.

Auf dem Parkett drehte sich Kezia langsam in den Armen des Barons. Whitney war in ein ernstes Gespräch mit einem jungen Makler mit langen, eleganten Händen verwickelt. Die Uhr an der Wand schlug drei.

Tiffany setzte sich benommen auf eine rote Samtbank im Hintergrund des Raumes. Wo war Bill geblieben? Er hatte erwähnt, daß er Frankfurt anrufen müsse. Frankfurt? Warum Frankfurt? Sie konnte sich nicht erinnern. Aber er war in die Halle hinausgegangen ... war es schon Stunden her? ... und alles begann sich um sie zu drehen. Bill? Sie konnte sich nicht erinnern, ob er sie heute abend hierhergebracht hatte; oder war er nicht in New York und war sie mit Mark und Gloria gekommen? Hatte sie ... verdammt, warum konnte sie sich nicht entsinnen? Mal sehen, sie hatte mit Bill und den Kindern zu Abend gegessen ... allein mit den Kindern? ... waren die Kinder noch mit Mutter Benjamin im Vineyard? ... war ... Ihr Magen begann sich zusammen mit dem Raum langsam mitzudrehen, und sie wußte, daß sie sich übergeben würde.

»Tiffany?« Es war ihr Bruder Mark, mit dem gewissen Gesichtsausdruck, und Gloria unmittelbar hinter ihm. Eine Mauer des Vorwurfs zwischen ihr und dem Waschraum, wo immer zum Teufel er auch liegen mochte, in welchem gottverdammten Hotel sie sich auch befanden, oder war es das Haus von irgendwem Bekannten? Verdammt noch mal, sie konnte sich an nichts mehr erinnern.

»Mark ... ich ...«

»Gloria, geh mit Tiffany auf die Toilette.« Er vergeudete keine Zeit damit, mit seiner Schwester zu sprechen. Er wandte sich einfach an seine Frau. Er kannte die Anzeichen nur allzugut. Das letzte Mal, als sie sie nach Hause gefahren hatten, hatte sie die Sitzbank des neuen Lincoln beschmutzt. Tiffany verkrampfte sich innerlich noch mehr. Sie wußte es. Das war ihr Problem. Ganz gleich, wieviel sie trank, sie wußte es immer. Sie hörte den Ton in den Stimmen der anderen so überdeutlich. Das war immer so.

»Ich ... es tut mir leid ... Mark, Bill ist nicht in New York, und wenn ihr mich nur mitnehmen ...« Sie rülpste laut, und Gloria trat nervös vor, während Mark mit angeekeltem Blick zurückwich.

»Tiffany?« Es war Bill mit seinem üblichen vagen Lächeln.

»Ich dachte ... du bist ...« Mark und Gloria verschwanden in den Hintergrund, und Tiffanys Mann ergriff ihren Arm und führte sie so schnell wie möglich aus den Räumen, in denen sich die letzten Partygäste langsam verabschiedeten. Sie fiel in der sich lichtenden Gesellschaft zu sehr auf. »Ich dachte ...« Sie gingen jetzt durch das Vestibül, und Tiffany hatte ihre Handtasche auf der Sitzbank liegenlassen. Jemand würde sie an sich nehmen. »Meine Handtasche, Bill, meine ...«

»In Ordnung, meine Liebe. Wir werden uns schon darum kümmern.«

»Ich ... o Gott, ich fühle mich so schlecht. Ich muß mich setzen.« Ihre Stimme war kaum mehr als ein Flüstern, und sie vergaß ihre Handtasche. Er ging zu schnell. Ihre Übelkeit nahm zu.

»Du brauchst nur etwas frische Luft.« Er hielt ihren Arm fest
und lächelte den Vorübergehenden zu, der Direktor auf dem Weg
ins Büro ... guten Morgen ... Morgen ... hallo ... nett, Sie zu
sehen ... Das Lächeln verschwand nie von seinen Lippen, und
seine Augen wurden nie wärmer.

»Ich muß nur ... ich ... oh.« Die kühle nächtliche Brise traf
ihr Gesicht, und sie fühlte sich klarer, doch ihr Mageninhalt stieg
bedrohlich zur Kehle empor. »Bill ...« Sie sah ihn an, aber nur
einen Augenblick. Sie wollte ihm eine schreckliche Frage stellen.
Etwas zwang sie, es auszusprechen. Zu fragen. Wie gräßlich. O
Gott, sie betete, daß sie es nicht tun würde. Manchmal, wenn
sie sehr betrunken war, wollte sie ihrem Bruder die gleiche Frage
stellen. Einmal hatte sie sogar ihre Mutter gefragt, und ihre Mutter hatte sie dafür geohrfeigt. Kräftig. Die Frage brannte immer
in ihr, wenn sie so betrunken war. Champagner wirkte sich immer so aus, und manchmal auch Gin.

»Wir setzen dich nur in ein nettes, behagliches Taxi, da fühlst
du dich wohl, nicht wahr, meine Liebe?« Er drückte wieder sanft
ihren Arm wie ein übereifriger Oberkellner und winkte dem Portier. Gleich darauf stand ein Taxi mit geöffnetem Schlag vor ihnen.

»Ein Taxi? Bist du nicht ... Bill?« O Gott, und da war die
Frage wieder, die sich aus ihrem Mund, ihrem Magen, ihrer Seele
einen Weg ins Freie bahnen wollte.

»Richtig, meine Liebe.« Bill beugte sich vor und sprach mit
dem Chauffeur. Er hörte ihr nicht zu. Alle sprachen über sie hinweg, um sie herum, an ihr vorbei, niemals zu ihr. Sie hörte, wie
er dem Fahrer ihre Adresse angab, und wurde dadurch noch ver-
wirrter. Aber Bill sah so selbstsicher aus. »Wiedersehen morgen
früh, Schatz.« Er drückte ihr einen Kuß auf die Wange, die Tür
wurde zugeschlagen, und sie konnte nur das Gesicht des Portiers sehen, der ihr zulächelte, als das Taxi abfuhr. Sie griff nach
dem Griff, um das Fenster zu öffnen, kurbelte es fieberhaft hinunter ... und die Frage ... die Frage erkämpfte sich den Weg ins
Freie. Sie konnte sie nicht länger zurückhalten. Sie mußte Bill fragen ... William ... Billy ... sie mußten zurückfahren, damit sie
ihn fragen konnte, doch das Taxi entfernte sich mehr und mehr

vom Randstein, und die Frage segelte aus ihrem Mund, zusammen mit einem Strom von Erbrochenem, während sie sich aus dem Fenster lehnte. »Liebst du mich ...?«

Der Fahrer hatte zwanzig Dollar bekommen, um sie nach Hause zu bringen, und das besorgte er wortlos. Er beantwortete die Frage nicht, sowenig wie Bill. Bill war nach oben in das Zimmer gegangen, das er im St. Regis reserviert hatte. Beide Mädchen warteten noch. Eine kleine Peruanerin und eine üppige Blondine aus Frankfurt. Und am Morgen würde Tiffany nicht einmal mehr wissen, daß sie allein nach Hause gefahren war. Davon war Bill überzeugt.

»Abmarschbereit?«

»Ja, Sir.« Kezia unterdrückte ein Gähnen und nickte Whit schläfrig zu.

»Das war vielleicht eine Party. Hast du eine Ahnung, wie spät es ist?«

Sie nickte und warf einen Blick auf die Uhr. »Fast vier. Du wirst morgen im Büro todmüde sein.« Aber er war daran gewöhnt. Er ging fast jeden Abend aus. Aus oder auf den Sutton Place.

»Ich kann nicht bis Mittag im Bett liegen bleiben wie all die trägen Damen.«

Alle? »Armer, armer Whit. Wie du mir leid tust.« Sie tätschelte seine Wange, während sie auf die verlassene Straße hinaustraten. Sie konnte am Morgen ebenfalls nicht im Bett liegenbleiben. Sie mußte anfangen, für den neuen Artikel zu recherchieren, und wollte um neun aufstehen.

»Haben wir morgen abend etwas Ähnliches auf dem Programm, Kezia?« Er winkte einem vorbeifahrenden Taxi und hielt ihr den Schlag auf, während sie ihren blauen Satinrock zusammenraffte und sich auf den Sitz fallen ließ.

»O Gott, ich hoffe, nicht. Nach dem Sommer bin ich nicht in Form.« In Wirklichkeit war ihr Sommer ebenso turbulent verlaufen wie ihr Leben zu Hause. Aber wenigstens hatte es dort keinen Baron gegeben.

»Da fällt mir ein, ich habe morgen ein Abendessen mit den

Firmenpartnern. Aber ich glaube, Freitag ist im El Morocco etwas los. Wirst du in der Stadt sein?« Sie rasten die Park Avenue hinauf.

»Das bezweifle ich. Edward versucht mir ein tödlich langweiliges Wochenende mit einigen seiner alten Freunde einzureden. Sie kannten meinen Vater.« Das klang immer unverfänglich.

»Also dann Montag. Wir essen bei Raffles zu Abend.« Sie lehnte sich an seine Schulter. Sie hatte Whit also doch belogen. Sie hatte keine Pläne mit Edward, der nicht so dumm war, sie in ein Wochenende einzuplanen, wie sie es Whit beschrieben hatte. Sie würde nach Soho fahren. Nach der heutigen Nacht hatte sie es sich verdient ... und was machte eine kleine Lüge mehr Whitney gegenüber aus? Es geschah für einen guten Zweck. Ihre Gesundheit.

»Raffles am Montag klingt interessant.« Sie würde dann sowieso wieder neues Material für ihre Kolumne brauchen. Und inzwischen konnte sie sich genügend Informationen beschaffen, indem sie ein paar Freundinnen für einen »Gedankenaustausch« anrief. Marina war immer eine erstklassige Quelle. Und nun würde sie auch noch ein ausgezeichnetes Thema abgeben. Ihr Interesse für Halpern Medley in der Maisonette war Kezia nicht entgangen. Auch Halpern schien von Marina angetan zu sein. Kezia wußte, warum Halpern für ihre Freundin so interessant war, und das konnte man ihr nicht übelnehmen. Es war kein Spaß, kaputtzugehen, und Halpern war ein höchst attraktives Heilmittel für ihren Kummer.

»Ich werde dich morgen oder übermorgen anrufen, Kezia. Vielleicht können wir einen raschen Lunch einschieben. Im Lutèce oder im ›21‹, wir werden uns schon ein nettes Lokal einfallen lassen.«

»Sicherlich. Willst du noch auf ein Gläschen Brandy raufkommen oder Kaffee, Eier oder sonst etwas?« Sie hatte überhaupt keine Lust dazu, aber sie hatte das Gefühl, daß sie ihm etwas schuldig war. Eier, wenn schon nicht Sex.

»Ich kann wirklich nicht, mein Schatz. Ich werde ohnehin morgen im Büro halb blind herumtappen. Ich sollte lieber ein wenig schlafen. Und du auch!«

Er drohte ihr mit dem Zeigefinger, als das Taxi vor ihrer Tür hielt, dann küßte er sie ganz sanft auf die Lippen, die er dabei kaum berührte.

»Gute Nacht, Whit. Es war ein reizender Abend.« Diese Durchsage kam vom Tonband aus Television City, Hollywood ...

»Mit dir ist es immer ein reizender Abend, Kezia.« Er begleitete sie langsam zur Tür und wartete, bis der Portier sie aufschloß. »Wirf morgen einen Blick in die Zeitungen. Ich bin sicher, daß eine Menge über uns drinstehen wird. Sogar Martin Hallam wird sich zweifellos über dieses Kleid lobend äußern.« Er sah sie wieder bewundernd an und küßte sie leicht auf die Stirn, während der Portier geduldig wartete. Es war faszinierend, wie sie schon vor Jahren aufgehört hatten, einander etwas vorzumachen. Hie und da ein Küßchen, ein Betasten, ein Befühlen, aber sie hatte auf Wahrung ihrer Jungfräulichkeit bestanden, und er hatte die Geschichte bereitwillig geschluckt.

Sie winkte, als er wegging, dann fuhr sie schläfrig im Fahrstuhl hinauf. Es war angenehm, wieder daheim zu sein. Sie öffnete den Reißverschluß des blauen Satinkleides, während sie durch das Wohnzimmer ging, und legte es auf die Couch, wo es bis Montag bleiben konnte. Bis zum Jüngsten Tag, wenn es nach ihr ging. Was für eine verrückte Art, seinen Lebensunterhalt zu verdienen. Es war wie ewiges Halloween ... sich in Gala werfen für den täglichen Maskenball, um seine Freunde auszuspionieren. Es war die erste »Saison«, in der es gleich zu Anfang unangenehm gewesen war. Für gewöhnlich dauerte es einige Monate, bis sie soweit war. In diesem Jahr hatte die Ruhelosigkeit früh eingesetzt.

Sie rauchte eine letzte Zigarette, löschte das Licht und hatte den Eindruck, als läutete der Wecker ein paar Augenblicke später. Es war acht Uhr morgens.

4

Kezia arbeitete drei Stunden an dem neuen Artikel, entwarf, skizzierte, was sie über die Frauen zu wissen glaubte, über die sie schreiben wollte, und faßte Briefe an Schlüsselpersonen ab, die ihr mehr über sie verraten konnten. Es würde eine nette, solide K. S. Miller-Arbeit werden, das freute sie. Dann öffnete sie ihre Post und sah sie durch. Die übliche Flut von Einladungen, ein paar Fan-Briefe, die ihr von einer Illustrierten über ihren Agenten zugeschickt worden waren, und eine Notiz von Edward über gewisse Steuerabzugsposten, die er sich mit ihr ansehen wollte. Nichts davon war wirklich interessant, und sie war unzufrieden. Sie hatte einen weiteren Artikel vor; vielleicht würde das nützlich sein. Eine Arbeit über Kindesmißhandlung im Mittelstandsmilieu. Es würde ein sensationeller, ernster Artikel sein, wenn Simpson einen Abnehmer dafür finden konnte. Sie hätte gern gewußt, ob die Marshes mit ihren Parties für tausend Gäste jemals an andere Menschen dachten – Kindesmißhandlung, oder die Slums oder die Todesstrafe in Kalifornien. Nichts davon war derzeit »in«. Wäre es der Fall gewesen, so hätte es sicherlich für mißhandelte Kinder eine Wohltätigkeitsveranstaltung gegeben, einen »phantastischen Ball« oder eine »wunderbare kleine Vernissage«, etwas, das absolut »super« war, veranstaltet von einem Komitee von Schönheiten ... während Marina auf einen Ausverkauf bei Bendel's wartete oder bei Ohrbach's einen günstigen Gelegenheitskauf erstand, und Tiffany das Ganze als »himmlisch« bezeichnete. Was war mit Kezia los, verdammt noch mal? Was machte es aus, wenn Marina ihre Kopien als Originalmodelle auszugeben versuchte? Wenn Tiffany jeden Tag lange vor zwölf Uhr mittags betrunken war, na und? Aber es ärgerte sie. O Gott, wie es sie ärgerte. Vielleicht würde ein leidenschaftliches Schäferstündchen ihre strapazierten Nerven beruhigen. Sie war um halb eins in Marks Studio.

»Hoho, Lady, was ist mit dir los?«

»Nichts. Warum?« Sie sah ihm bei der Arbeit an einer Gouache zu. Sie gefiel ihr. Sie hätte sie ihm gern abgekauft, aber das konnte sie nicht tun, und sie konnte sie sich nicht schenken lassen. Sie wußte, daß er das Geld brauchte, und das war ein Artikel, den sie klugerweise nicht mit ihm tauschen wollte.

»Du hast die Tür zugeschlagen, also nehme ich an, daß dir etwas auf die Nerven geht.« Er hatte ihr ihre Schlüssel zurückgegeben.

»Nein, ich bin nur verdrossen, nehme ich an. Mit dem linken Fuß aufgestanden oder so was Ähnliches.« Ein Lächeln brach durch den Zorn in ihren Augen, und sie ließ sich in einen Stuhl fallen. »Du hast mir gestern abend gefehlt. Manchmal wünsche ich mir, du würdest mir verbieten, irgendwohin zu gehen.«

»Hätte ich das Recht dazu?« fragte er erstaunt, sie lachte und schleuderte ihre Schuhe mit einer schnellen Fußbewegung weg.

»Nein.«

»Das habe ich mir gedacht.« Es schien ihn nicht weiter zu stören, und Kezia fühlte sich schon wieder besser.

»Die Gouache gefällt mir.« Sie blickte ihm über die Schulter, während er zurücktrat, um seine Vormittagsarbeit zu begutachten.

»Ja. Vielleicht wird sie gut.« Er riß eine Schachtel Schokoladenplätzchen auf. Plötzlich wandte er sich ihr zu und umarmte sie. »Und was hast du seit gestern so getrieben?«

»Warte mal. Ich habe acht Bücher gelesen, bin eine Meile gelaufen, war auf einem Ball und habe für die Präsidentschaft kandidiert. Das Übliche.«

»Und irgendwo in all diesem Unsinn liegt ein Körnchen Wahrheit, nicht wahr?« Sie zuckte die Schultern, und sie lächelten einander zu, während sie Küsse tauschten. Es war ihm eigentlich nicht wichtig, was sie tat, wenn sie nicht mit ihm beisammen war. Er hatte sein eigenes Leben, seine Arbeit, seine Mansarde, seine Freunde. Ihr Leben gehörte ihr. »Ich persönlich habe den Verdacht, daß du für die Präsidentschaft kandidiert hast.«

»Ich kann einfach nichts vor dir geheimhalten, Marcus.«

»Nein«, antwortete er, während er bedächtig ihre Bluse aufknöpfte. »Nein, keinerlei Geheimnisse ... Also da ist das Geheimnis, das ich gesucht habe.« Er entblößte zärtlich eine Brust und beugte sich nieder, um sie zu küssen, während sie unter sein Hemd auf seinen Rücken griff. »Du hast mir gefehlt, Kezia.«

»Nicht halb so sehr wie du mir.« Der vergangene Abend tauchte kurz vor ihrem geistigen Auge auf – der tanzende Baron. Sie löste sich von Mark. »Du bist der schönste Mann auf der Welt, Mark Wooly.«

»Und dein ergebener Sklave.« Sie lachte über ihn, denn Mark war nie ein Sklave, das wußten sie beide, dann lief sie barfuß zur Staffelei und holte die Schachtel mit den Schokoladekeksen.

»He!«

»Okay, Mark, jetzt wird die Wahrheit ans Licht kommen. Was liebst du mehr? Mich oder deine Schokoladekekse?«

»Bist du verrückt, oder was?« Er lief ihr hinter die Staffelei nach, doch sie floh zur Schlafzimmertür. »Ich liebe nur meine Schokoladekekse! Was glaubst du denn?«

»Haha! Aber ich habe sie!« Sie rannte ins Schlafzimmer, sprang auf das Bett und tanzte lachend von einem Fuß auf den anderen, ihr Haar flog um ihren Kopf wie eine Schar seidener Raben.

»Gib mir meine Schokoladekekse, Weib! Ich bin süchtig!«

»Satan!«

»Ja!« Er sprang mit blitzenden Augen zu ihr auf das Bett, entriß ihr die Kekse und warf sie auf den mit Schaffell bezogenen Stuhl, dann riß er sie in eine feste Umarmung.

»Du bist nicht nur ein hoffnungsloser Schokoholiker, Mark Wooly, sondern auch noch ein Sexbesessener!« Sie lachte wie ein Kind, während sie sich seinen Armen überließ.

»Weißt du, vielleicht bin ich auch nach dir süchtig.«

»Das bezweifle ich.« Aber er zog sie neben sich nieder, und eingehüllt von ihrem Lachen und ihrem rabenschwarzen Haar liebten sie einander.

»Was willst du zum Abendessen?« Sie gähnte und kuschelte sich in dem behaglichen Bett dichter an ihn.

»Dich.«

»Das war der Lunch.«

»So? Gibt es ein Gesetz, das besagt, daß ich zum Abendessen

nicht das gleiche bekommen kann wie zum Lunch?« Er raufte ihr Haar, und sein Mund suchte ihre Lippen.

»Komm schon, Mark, sei doch einen Augenblick ernst. Was willst du noch? Außer Schokoladekeksen?«

»Ach … ein Steak … Hummer … Kaviar … das Übliche.« Er wußte gar nicht, wie üblich das für sie war. »Ach, Scheiße, ich weiß nicht. Sagen wir, *pasta*. Vielleicht *fettucine*. Mit Kräutern … Kannst du Basilikum bekommen? Frisches?«

»Du bist vier Monate zu spät dran. Es ist die falsche Jahreszeit. Wie wäre es mit Muschelsoße?«

»Einverstanden.«

»Dann auf bald.« Sie glitt mit der Zunge über seinen Rücken, streckte sich noch einmal und sprang aus dem Bett, gerade noch aus dem Bereich der Hand, die er nach ihr ausstreckte. »Schluß damit, Marcus. Sonst bekommen wir unser Abendessen nie.«

»Bums das Abendessen.« Seine Augen blitzten wieder.

»Bums dich selbst.«

»Genau das hatte ich vor. Jetzt hast du das richtige Bild von mir.« Er grinste breit, blieb auf dem Rücken liegen und sah zu, wie sie sich anzog. »Du bist ein Spaßverderber, Kezia, aber du bist erfreulich anzusehen.«

»Das bist du auch.« Seine lange Gestalt war träge auf den Laken ausgestreckt. Als sie ihn ansah, fiel ihr auf, daß es nichts annähernd so Schönes gab wie einen gutaussehenden, sehr jungen Mann, einen sehr hübschen jungen Mann …

Sie verließ das Schlafzimmer und kam mit ihrem Einkaufsnetz in der Hand zurück, hatte eines seiner Hemden unter ihren Brüsten zusammengeknotet, trug gut geschnittene Jeans und hatte das Haar mit einem roten Band zusammengebunden.

»Ich sollte dich so malen.«

»Hör doch mit dem Unsinn auf. Ich werde noch eingebildet. Irgendwelche Sonderwünsche?« Er lächelte, schüttelte den Kopf, und weg war sie, unterwegs zum Markt.

In der Umgebung gab es italienische Märkte, und sie kaufte immer gern für ihn ein. Hier waren die Nahrungsmittel unverfälscht. Hausgemachte *pasta*, frisches Gemüse, besonders große Früchte, harte Tomaten, ein Riesenangebot an Würsten und

Käse wartete darauf, befühlt, beschnüffelt und für eine fürstliche Mahlzeit nach Hause getragen zu werden. Lange Laibe italienischen Weißbrots, die man unter dem Arm heimtrug wie in Europa. Chiantiflaschen hingen an Haken von der Decke.

Es war ein kurzer Weg, und es war genau die Tageszeit, zu der junge Künstler aus ihren Schlupfwinkeln kamen und diejenigen zum Leben erwachten, die nachts arbeiteten, und die, die tagsüber arbeiteten und nun das Bedürfnis hatten, sich zu strecken und ein paar Schritte zu machen. Später würden mehr Menschen auf der Straße sein, plaudern, Gras rauchen, herumschlendern, auf dem Weg zu den Studios von Freunden oder zur neuesten Ausstellung in Cafés vorbeischauen; es war angenehm, in Soho zu leben; alle arbeiteten fleißig. Gefährten auf einer gemeinsamen Seelenreise, Pioniere in der Welt der Kunst. Tänzer, Schriftsteller, Dichter, Maler kamen hier an der Südspitze New Yorks zusammen, eingeschlossen zwischen dem Schmutz und Abfall von Greenwich Village und dem Beton und Glas der Wall Street. Das hier war ein freundlicher Ort. Eine Welt von Freunden.

Die Frau in dem Lebensmittelladen kannte sie gut.

»Ah, signora, come sta?«

»Bene, grazie, e lei?«

»Cosi, cosi. Un po' stanca. Che cosa vorebbe oggi?«

Kezia wanderte zwischen den köstlichen Gerüchen umher und wählte Salami, Käse, Brot, Zwiebeln, Tomaten. Fiorella billigte ihre Wahl. Das war ein Mädchen, das einzukaufen verstand. Sie wußte, welches die richtige Salami war, was man einer Soße beigeben mußte, wie sich ein guter Bel Paese anfühlte. Ein nettes Mädchen. Wahrscheinlich mit einem Italiener verheiratet. Aber Fiorella fragte nie danach.

Kezia bezahlte und entfernte sich mit vollem Einkaufsnetz. Nebenan kaufte sie noch Eier und betrat weiter unten in der Straße den Delikatessenladen, um drei Schachteln Schokoladekekse von der Sorte zu kaufen, die Mark bevorzugte. Auf dem Rückweg schlenderte sie durch die immer dichter werdenden Gruppen auf der Straße. Das Aroma von frischem Brot und Salami umschwebte ihren Kopf, der Geruch von Marihuana vermischte sich mit ihm, und der schwere Duft von Espresso quoll aus den Cafés, während sich der farbenprächtige Himmel der Dämmerung über ihr wölbte. Es war ein schöner September, noch warm, und die Luft wirkte sauberer als gewöhnlich, die Wolken am Himmel schimmerten rosig wie auf einem von Marks frühen Aquarellen, die in satten Pastellfarben gehalten waren. Tauben gurrten und trippelten über die Straße, Fahrräder lehnten an Hausmauern, da und dort gab es Kinder mit Hupfseilen.

»Was hast du mitgebracht?« Mark lag auf dem Fußboden und rauchte einen Joint.

»Was du bestellt hast. Steak, Hummer, Kaviar. Das Übliche.« Sie warf ihm eine Kußhand zu und ließ die Pakete auf den schmalen Küchentisch fallen.

»Ja? Du hast Steak gekauft?« Er sah eher enttäuscht als erwartungsvoll aus.

»Nein. Aber Fiorella meint, daß wir zu wenig Salami essen. Deshalb habe ich eine Tonne davon gekauft.«

»Gut. Sie muß ein wahrer Schatz sein.« Bevor Kezia in sein Leben getreten war, hatte er ausschließlich von weißen Bohnen und Schokoladekeksen gelebt. Fiorella gehörte ebenfalls zu Kezias Geheimnissen, sie war eines ihrer vielen Geschenke an ihn.

»Sie ist ein Schatz. Ein wahrer Schatz.«

»So wie du. So wie du.« Sie stand in der Küchentür, ihre Augen leuchteten, Dämmerlicht erfüllte den Raum, und sie blickte auf den auf dem Boden liegenden Mark.

»Weißt du, mitunter glaube ich, daß ich dich wirklich liebe, Marcus.«

»Mitunter glaube ich auch, daß ich dich liebe.«

Der Blick, den sie wechselten, sprach Bände. Es gab keine Unstimmigkeiten, keinen Zwang, keine lastige Bindung. Keine tiefgehenden Gefühle, aber auch keinen Streit. Daraus bestand der Wert ihrer Beziehung.

»Möchtest du einen Spaziergang machen, Kezia?«

»*La passeggiata.*«

Er lachte leise. Sie nannte es immer so. »Das habe ich nicht mehr gehört, seit du fortgingst.«

»Das ist es immer für mich hier im Viertel. Oben in der Stadt hasten die Menschen. Sie laufen. Hier verstehen sie noch zu leben. Wie in Europa. *Le passeggiate,* die Spaziergänge, die die Italiener jeden Abend bei Sonnenuntergang und am Sonntag zu Mittag machen, in komischen altertümlichen Städtchen, wo die meisten Frauen Schwarz tragen, und die Männer Hüte und weiße Hemden, weite Anzüge und keine Schlipse. Stolze Bauern, anständige Menschen. Sie inspizieren ihre Umgebung, begrüßen ihre Freunde. Sie machen es richtig, für sie ist es ein Zeremoniell. Ein Ritual, eine Tradition, die ich liebe.« Sie sah zufrieden aus.

»Dann also los.« Mark stand langsam auf, streckte sich und legte ihr den Arm um die Schultern. »Wir können essen, wenn wir zurückkommen.«

Kezia wußte, was das bedeutete. Elf, vielleicht zwölf Uhr. Zuerst würden sie herumflanieren, dann würden sie Freunde treffen und sich eine Weile mit ihnen auf der Straße unterhalten. Es würde dunkel werden, und sie würden in irgendeinem Studio Zuflucht suchen, damit Mark begutachten konnte, welche Fortschritte die neueste Arbeit eines Freundes machte, und schließlich würde das Studio zum Bersten voll sein, und sie würden auf ein Glas Wein ins The Partridge gehen. Dann plötzlich, Stunden später, würden sie alle hungrig werden, und Kezia würde *fettucine* für neun Personen kochen. Es würde Kerzen und Musik geben, Gelächter und Gitarren, man würde Joints herumreichen, bis nur noch winzige Papierfetzen von ihnen übrigblieben. Klee und Rousseau, Cassatt und Pollock würden im Raum lebendig werden, während ihre Namen zwischen ihnen hin und her flogen. Paris mußte in den Tagen des Impressionismus so ähnlich gewesen sein, wenn sich erfolglose Geächtete des Kunstestablishments zusammenschlossen und ihre eigene Welt formten, um einander Fröhlichkeit, Mut und Hoffnung zu geben ... bis sie eines Tages jemand entdeckte, sie berühmt machte, und sie von Schokoladekeksen zu Kaviar wechselten. Es war wirklich eine Schande. Den Künstlern und ihrer unkomplizierten Lebensweise zuliebe hoffte Kezia fast, daß sie die *fettucine,* die staubigen Fußböden ihrer Studios und ihre zauberhaften Nächte niemals hinter sich lassen würden, denn dann würden sie sich mit sprödem

Lächeln und traurigen Augen in Dinnerjacketts langweilen. Sie würden im »21« dinieren, im El Morocco tanzen und Parties in der Maisonette besuchen.

Aber die Park Avenue war weit von SoHo entfernt. Wie ein fremdes Universum. Die Luft duftete noch nach dem Altweibersommer, und die Nacht war voll Lächeln.

»Wohin gehst du, mein Schatz?«

»Ich muß in der Stadt einiges besorgen.«

»Bis später also.« Er schenkte ihr keine Aufmerksamkeit, denn er war mit einer Gouache beschäftigt.

Sie drückte ihm einen Kuß auf den Nacken, als sie an ihm vorbeiging, und überflog den Raum mit einem kurzen Blick. Sie ging ungern »in die Stadt«. Als hätte sie immer Angst, daß sie den Weg zurück nicht mehr finden würde. Als könnte jemand in ihrer Welt ahnen, was sie getan hatte, wo sie gewesen war, und sie vielleicht daran hindern, jemals hierher zurückzukommen. Der Gedanke erschreckte sie. Sie mußte zurückkommen, sie brauchte SoHo, Mark und alles, was damit zusammenhing. Eigentlich albern. Wer konnte sie daran hindern zurückzukommen? Edward? Der Geist ihres Vaters? Wie lächerlich. Sie war neunundzwanzig Jahre alt. Dennoch, wenn sie SoHo verließ, war es, als überquerte sie eine Grenze in feindliches Gebiet, hinter den Eisernen Vorhang. Es amüsierte sie, ihrer Phantasie die Zügel schießen zu lassen. Und Marks gleichgültige Reaktion auf ihr Kommen und Gehen machte es ihr leichter, zwischen den beiden Welten hin- und herzuwechseln.

Es war ein strahlend sonniger Morgen, die U-Bahn setzte sie drei Blocks von ihrer Wohnung entfernt ab; als sie über die Lexington Avenue durch die Vierundsiebzigste Straße ging, war es kühl. Krankenschwestern eilten aus dem Lenox Hill Krankenhaus zum Lunch, Einkäufer sahen gequält drein, und der Verkehr lärmte wie wild. Hier war alles um so viel schneller. Lauter, dunkler, schmutziger und mehr.

Der Portier riß die Tür auf und tippte an seine Mütze. In dem von der Hausverwaltung für solche Fälle bereitgestellten Kühlschrank warteten Blumen auf sie. Gott behüte, daß die Rosen welkten, während Madame beim Coiffeur war – oder in SoHo: Es war die übliche weiße Schachtel von Whit.

Kezia warf einen Blick auf die Uhr und überschlug schnell ihre Zeiteinteilung. Sie hatte die täglichen Anrufe für »Martin Hallams Spalte« zu erledigen, um heimlich Leckerbissen auszukundschaften. Sie mußte auch ihrem Agenten den Artikel, den sie schon beendet hatte, telefonisch durchgeben. Schnell ein Bad, dann mußte sie zu dem Treffen des Komitees für den Arthritis-Ball. Es war das erste Treffen im heurigen Jahr und eine wahre Fundgrube für Martin Hallam. Gegen fünf konnte sie wieder in SoHo sein, zu Fiorella hineinschauen, um einzukaufen, und dann den abendlichen Spaziergang mit Mark genießen. Ausgezeichnet.

Sie rief den Auftragsdienst an und nahm die Nachrichten entgegen. Ein Anruf von Edward. Zwei von Marina und einer von Whit, der sie an ihren gemeinsamen Lunch im »21« am nächsten Tag erinnerte. Sie rief ihn zurück, versprach ihm ihre volle Aufmerksamkeit beim Lunch, dankte ihm für die Rosen und hörte geduldig zu, während er beteuerte, wie sehr sie ihm gefehlt hatte. Fünf Minuten später lag sie in der Badewanne, ihre Gedanken waren weit weg von Whit, und bald darauf trocknete sie sich mit den großen Porthault-Handtüchern mit dem rosa Monogramm KHStM.

Das Treffen fand im Haus Elizabeth Morgans statt. Mrs. Angier Whimple Morgan. Die dritte. Sie war in Kezias Alter, sah aber zehn Jahre älter aus, und ihr Mann war doppelt so alt. Sie war seine dritte Frau, die beiden ersten waren, wie es sich gehört, gestorben, was sein Vermögen beträchtlich vermehrt hatte. Elizabeth richtete noch immer das Haus neu ein. Es dauerte einfach »eine Ewigkeit, die richtigen Möbel zu finden«.

Kezia kam zehn Minuten zu spät, und als sie eintraf, drängten sich Scharen von Frauen in der Halle. Zwei Stubenmädchen in steifer schwarzer Dienstkleidung boten Teesandwiches an, und auf einem langen Silbertablett stand Limonade bereit. Der Butler nahm diskret Bestellungen für Getränke entgegen. Und er wurde beträchtlich mehr in Anspruch genommen als das lange Silbertablett.

Die Couch und die Louis XV.-Fauteuils (»Stell dir nur vor, Liebste, acht an einem einzigen Tag bei Christie's! Aus dem Richley-Nachlaß, weißt du, und sie sind sogar signiert!«) waren von den älteren Frauen des Komitees besetzt, die dort wie Staatsoberhäupter thronten, mit Goldarmbändern klirrten und mit Perlen übersät waren, »schöne« Kleider und »wunderbare« Hüte trugen, ein Balenciaga- und Chanel-Aufmarsch. Sie musterten die jüngeren Frauen genau und kritisierten sie eifrig in Gedanken.

Der Raum war zwei Stockwerke hoch, der Kamin französischer Marmor, »wundervoller« Louis XVI., und der entsetzliche Kronleuchter war ein Hochzeitsgeschenk von Elizabeths Mutter gewesen. Kirschholztische, ein eingelegter Schreibtisch, eine Ormolu-Kommode, Chippendale. Sheraton, Hepplewhite – alles vermittelte Kezia den Eindruck einer Ausstellung bei Sotheby's am Tag vor einer Auktion.

Die »Mädchen« erhielten eine halbe Stunde Galgenfrist, bevor man zur Tagesordnung überging, dann wurde vorn im Raum um ihre Aufmerksamkeit gebeten. Courtney St. James hatte den Vorsitz inne.

»Meine Damen, ich begrüße Sie nach dem Sommer wieder daheim. Und Sie sehen alle wunderbar aus!« Sie hatte sich in ein marineblaues Kleid gezwängt, das ihren mächtigen Busen zusammenpreßte und über ihren Hüften spannte. Eine Saphirbrosche von beträchtlicher Größe schmückte ihr Revers, ihre Perlen waren gut sichtbar, der Hut paßte zum Kleid, und mit drei oder vier schweren Ringen, die sie vermutlich seit ihrer Geburt an der Hand trug, fuchtelte sie vor den Augen der Mädchen herum, während sie sprach. »Und jetzt wollen wir uns auf unser wunderbares, herrliches Fest vorbereiten! Es wird dieses Jahr im Plaza stattfinden.« Hört, hört! Eine Überraschung! Im Plaza, nicht im Pierre. Wie schrecklich, entsetzlich aufregend!

Unter den Frauen entstand Gemurmel, und der Butler reichte sein Tablett unauffällig am Rand der Menge herum. Tiffany war die erste in der Reihe, sie schien ein wenig zu schwanken, während sie ihren Freundinnen liebenswürdig zulächelte. Kezia schaute weg und ließ ihren Blick über die Menge schweifen.

Sie waren alle da, die gleichen Gesichter und ein oder zwei neue, aber auch die Neuankömmlinge waren keine Fremden. Sie hatten nur dieses Komitee zu ihren unzähligen anderen Verpflichtungen hinzugefügt. Es gab keine Außenseiter, niemanden, der nicht dazugehörte. Man konnte doch nicht einfach irgend jemanden in der Organisation des Arthritis-Balls mitarbeiten lassen, nicht wahr? »Aber meine Liebe, du mußt verstehen, du weißt doch, wer ihre Mutter war, nicht wahr?« Im vergangenen Jahr hatte Tippy Walgreen versucht, eine ihrer merkwürdigen kleinen Freundinnen in die Gruppe einzuführen. »Ich meine, schließlich weiß doch jeder, daß ihre Mutter Halbjüdin war! Ich meine, wirklich, Tippy, du bringst das Mädchen damit in Verlegenheit!«

Das Treffen verlief weiterhin eintönig. Aufgaben wurden verteilt, Termine für Zusammenkünfte festgelegt. Sieben lange Monate hindurch zweimal pro Woche. Es würde den Frauen eine Lebensberechtigung und einen Anlaß zum Trinken liefern – mindestens vier Martinis pro Treffen, wenn sie oft genug den Blick des Butlers einfangen konnten. Er setzte seine Runden fort, immer gleich diskret, während der Krug mit Limonade fast voll blieb.

Kezia übernahm wie gewöhnlich die Rolle als Vorsitzende des Juniorenkomitees. Solange sie in der Stadt war, war dieses Amt für die Kolumne nur von Nutzen. Sie mußte nur dafür sorgen, daß alle richtigen Debütantinnen den Ball besuchten und daß ein paar Auserwählte unter ihnen Briefmarken ablecken durften. Eine Ehre, die ihre Mütter begeistern würde. »Der Arthritis-Ball, Peggy! Wie schick!« Schick ... schick ... schick ...

Um fünf war das Treffen zu Ende; mindestens die Hälfte der Frauen war angenehm beschwipst, aber doch nicht so, daß sie nicht nach Hause fahren und ihren Ehemännern mit dem üblichen »Du weißt ja, wie Elizabeth ist, sie zwingt es einem einfach auf« gegenübertreten konnten. Tiffany würde Bill berichten, daß alles himmlisch gewesen war. Falls er nach Hause kam: Der Klatsch, den Kezia in letzter Zeit über Tiffany hörte, wurde schon unangenehm.

Was sie hörte, rief ihr andere Erinnerungen ins Gedächtnis,

die lange zurücklagen, die sie aber nie vergessen würde. Erinnerungen an Vorwürfe, die sie hinter verschlossenen Türen gehört hatte, Warnungen und das Geräusch des Erbrechens. Ihre Mutter. Wie Tiffany. Sie beobachtete Tiffany jetzt ungern. Sie las viel Schmerz in ihren Augen, den sie zu überspielen versuchte, indem sie alles »himmlisch« fand, schlechte Scherze machte und den verschwommenen, glasigen Blick hatte, der anzeigte, daß sie nicht genau wußte, wo sie sich befand oder warum sie hier war.

Kezia sah verärgert auf die Uhr. Es war fast halb sechs, und sie wollte sich nicht die Mühe machen, zu Hause vorbeizufahren, um das kleine Chanelkleid auszuziehen, das sie getragen hatte. Mark würde es überleben. Und mit etwas Glück würde er zu sehr mit seiner Malerei beschäftigt sein, um es zu bemerken. Falls er überhaupt dazu kam, es zu bemerken; um die Zeit war es fast unmöglich, ein Taxi zu bekommen. Sie blickte verzweifelt auf die Straße. Kein freies Taxi weit und breit.

»Kann ich dich mitnehmen?« Die Stimme kam aus wenigen Schritten Entfernung, und Kezia wandte sich verwundert um. Es war Tiffany, die neben einem marineblauen Bentley mit einem Chauffeur in Livree stand. Kezia wußte, daß es der Wagen ihrer Schwiegermutter war.

»Mutter Benjamin hat mir den Wagen geliehen«, sagte Tiffany entschuldigend. Im Sonnenschein des Spätnachmittags, fern von der Welt der Parties und Make-ups, sah Kezia eine um vieles ältere Vision ihrer Schulfreundin vor sich, mit Falten der Traurigkeit und der Enttäuschung um die Augen und fahler Haut. Sie war in der Schule so hübsch gewesen, doch nun ging es damit zu Ende. Sie erinnerte Kezia wieder an ihre Mutter. Sie konnte es kaum ertragen, Tiffany in die Augen zu sehen.

»Danke, meine Liebe, aber ich will dir keinen Umweg zumuten.«

»Zum Teufel, du wohnst doch nicht sehr weit weg . . . oder?«

Ihr müdes Lächeln ließ sie fast wieder jung aussehen. Als ob das Ausgehen mit den Erwachsenen sie überfordert hätte und es nun Zeit für sie war, nach Hause zu fahren. Sie hatte gerade so viel getrunken, daß sie ihre Probleme wieder zu vergessen begann. Kezia hatte das jahrelang mitangesehen.

»Nein, ich wohne nicht sehr weit von hier, Tiffie, aber ich fahre nicht nach Hause.«

»Das ist schon in Ordnung.« Sie sah so einsam aus, brauchte so sichtlich eine Freundin. Kezia konnte nicht nein sagen. In ihrer Kehle stiegen Tränen hoch.

»Okay, danke.« Kezia trat zu dem Wagen und zwang sich, an etwas anderes zu denken. Sie durfte um Himmels willen nicht vor dem Mädchen weinen. Worüber weinen? Über den Tod ihrer Mutter, zwanzig Jahre danach ... oder über dieses Mädchen, das schon halb hinüber war? Kezia wollte nicht darüber nachdenken, als sie sich in die weiche Polsterung des Rücksitzes fallen ließ. Die Bar im Bentley war schon offen. »Mutter Benjamin« sorgte für einen ansehnlichen Vorrat.

»Harley, der Bourbon ist wieder ausgegangen.«

»Ja, Madam.« Harleys Gesicht blieb ausdruckslos, und Tiffany wandte sich lächelnd Kezia zu.

»Möchtest du etwas trinken?«

Kezia schüttelte den Kopf. »Warum wartest du damit nicht, bis du zu Hause bist?«

Tiffany nickte, hielt ihr Glas in der Hand und starrte aus dem Fenster. Sie versuchte sich zu erinnern, ob Bill zum Abendessen nach Hause kam. Vielleicht war er für drei Tage in London, sie war aber nicht sicher, ob es nicht nächste Woche war ... oder vergangene Woche.

»Kezia?«

»Ja?« Kezia rührte sich nicht, während Tiffany versuchte, sich auf einen Gedanken zu konzentrieren.

»Liebst du mich?« Kezia war verdutzt, und Tiffany sah entsetzt drein. Sie war geistesabwesend gewesen, und die Worte waren ihr entschlüpft. Wieder die alte Frage. Der Dämon, der sie verfolgte. »Es ... es tut mir leid ... ich ... ich dachte an jemand anderen ...« Jetzt traten Kezia Tränen in die Augen, während Tiffanys Blick vom Fenster zu Kezias Gesicht schwenkte.

»Schon gut, Tiffie. Es ist alles okay.« Sie legte den Arm um ihre Freundin, und es herrschte lange Stille zwischen ihnen. Der Chauffeur blickte in den Rückspiegel, dann wandte er die Augen hastig ab und saß steif am Lenkrad, geduldig, gelassen und wie immer sehr diskret. Keine der beiden jungen Frauen bemerkte seine Anwesenheit. Sie waren dazu erzogen worden, Personal als anwesend zu betrachten. Er wartete volle fünf Minuten, während die Frauen auf dem Rücksitz einander wortlos umschlungen hielten und er sie leise weinen hörte. Es war nicht herauszuhören, welche Frau weinte.

»Madam?«

»Ja, Harley?« Tiffanys Stimme klang sehr jung und ziemlich heiser.

»Wohin bringen wir Miß Saint Martin?«

»Oh ... ich weiß es nicht.« Sie trocknete sich die Augen mit der behandschuhten Hand und sah Kezia an. »Wohin willst du fahren?«

»Zum Sherry-Netherland. Kannst du mich dort absetzen?«

»Natürlich.« Der Wagen war schon angefahren, die beiden lehnten sich zurück, sie hielten einander an der Hand, ein eleganter beigefarbener Glacé- und ein eleganter schwarzer Wildlederhandschuh, und schwiegen. Keine von ihnen konnte etwas sagen; zu viel müßte ausgesprochen werden, wenn eine von ihnen mit Geständnissen anfing. Schweigen war leichter. Tiffany wollte Kezia zum Abendessen zu sich einladen, konnte sich aber nicht erinnern, ob Bill in der Stadt war, und er mochte ihre Freundin nicht. Er wollte nach dem Essen in Ruhe die Arbeit durchgehen, die er nach Hause mitgenommen hatte, oder zu seinen Zusammenkünften ausgehen, ohne das Gefühl zu haben, er müsse bei Tisch bleiben und plaudern. Tiffany kannte die Spielregeln. Niemanden zum Abendessen, außer wenn Bill Besuch mitbrachte. Es war Jahre her, seit sie es versucht hatte ... das war, warum ... das war, wie ... anfangs war sie so einsam gewesen. Daddy war tot, und Mutter ... also Mutter ... und sie hatte gedacht, daß die eigenen Kinder ... aber die wollte Bill auch nicht um sich haben. Jetzt aßen die Kinder um halb sechs mit Nanny Singleton in der Küche; Nanny hielt es für »unklug«, wenn Tiffany mit ihnen aß. Die Kinder fühlten sich dann »unbehaglich«. Also aß sie um halb acht allein im Speisezimmer. Sie hätte gern gewußt, ob Bill heute abend zum Essen kommen oder wie böse er sein würde, wenn ...

»Kezia?«

»Hm?« Kezia war in ihre eigenen schmerzlichen Erinnerungen versunken gewesen und spürte seit zwanzig Minuten einen dumpfen Schmerz im Magen. »Ja?«

»Warum kommst du nicht heute abend zu mir zum Abendessen?« Sie sah aus wie ein kleines Mädchen mit einer glänzenden Idee.

»Tiffie ... es ... ich ... es tut mir leid, Liebste, aber ich kann einfach nicht.« Das konnte sie sich selbst nicht antun. Und sie mußte Mark sehen. Sie mußte. Brauchte es. Ihr Überleben hatte Vorrang, und der Tag war schon unangenehm genug gewesen. »Es tut mir leid.«

»Schon gut. Mach dir nichts draus.« Sie küßte Kezia leicht auf die Wange, während Harley beim Sherry-Netherland vorfuhr, und die Umarmung, die sie tauschten, war heftig, eine Folge von Sehnsucht nach Anteilnahme bei der einen und von Gewissensbissen bei der anderen.

»Paß gut auf dich auf, ja?«

»Klar.«

»Ruf mich doch bald einmal an.«

Tiffany nickte.

»Versprochen?«

»Versprochen.«

Tiffany sah wieder alt aus, und Kezia winkte noch einmal, während sie im Vestibül verschwand. Sie wartete fünf Minuten, dann kam sie heraus, winkte einem Taxi, fuhr nach SoHo und versuchte, die Qual in Tiffanys Augen zu vergessen. Während Tiffany nach Norden fuhr, schenkte sie sich schnell noch einen Scotch ein.

»Meine Güte, es ist Aschenbrödel! Was ist mit meinem Hemd passiert?«

»Ich dachte, du würdest es nicht bemerken. Tut mir leid, Liebster, ich habe es in meiner Wohnung vergessen.«

»Ich brauche es nicht. Du bist doch Aschenbrödel, nicht wahr? Oder kandidierst du vielleicht wieder für die Präsidentschaft?« Er lehnte an der Wand, betrachtete das Werk seines Arbeitstages, aber sein Lächeln verriet ihr, daß er sich freute, sie wieder bei sich zu sehen.

»Eigentlich mehr für den Senator. Als Präsident steht man zu sehr im Blickfeld der Öffentlichkeit.« Sie sah ihn schmunzelnd an, und er zuckte die Schultern. »Ich ziehe mir das da aus und hole etwas zu essen.«

»Aber vorher, Madam Senator ...« Er ging mit einem mutwilligen Grinsen zielbewußt auf sie zu.

»Oh?« Sie hatte die Kostümjacke schon ausgezogen, die Haare gelöst und ihre Bluse halb aufgeknöpft.

»Ja, ›oh‹, du hast mir heute sehr gefehlt.«

»Ich habe nicht angenommen, daß dir meine Abwesenheit auffallen würde. Du hast so fleißig gewirkt, als ich ging.«

»Aber jetzt bin ich nicht mehr fleißig.« Er hob sie hoch, ihre bestrumpften Füße baumelten über seinem Arm, ihr schwarzes Haar strich über sein Gesicht. »Du siehst hübsch aus, wenn du so herausstaffiert bist. So ähnlich wie das Mädchen, das ich in der Zeitung sah, während du fort warst, nur hübscher. Viel, viel hübscher. Sie sah aus wie ein Luder.« Kezia ließ ihren Kopf an seine Brust sinken und begann zu lachen.

»Und ich sehe nicht aus wie ein Luder?«

»Niemals, Aschenbrödel, niemals.«

»Was für Illusionen du dir machst.«

»Nur über dich.«

»Du Narr. Süßer, süßer Narr ...« Sie küßte ihn sanft auf den Mund, und gleich darauf lagen ihre übrigen Kleidungsstücke auf dem Weg zum Bett verstreut. Als sie aufstanden, war es dunkel.

»Wie spät ist es?«

»Es muß gegen zehn sein.« Sie streckte sich und gähnte. In der Wohnung war es dunkel. Mark beugte sich aus dem Bett, zündete eine Kerze an und nahm Kezia dann wieder in die Arme. »Willst du zum Essen ausgehen?«

»Nein.«

»Ich auch nicht, aber ich bin hungrig, und du hast nichts zum Essen eingekauft, oder?« Sie schüttelte den Kopf. »Ich hatte es zu eilig, zu dir zu kommen. Irgendwie lag mir mehr daran, dich zu sehen, als bei Fiorella einzukaufen.«

»Kein großes Problem. Wir können von Erdnußbutter und Keks leben.«

Sie antwortete mit einem Würgegeräusch und griff sich an die Kehle. Dann lachte sie, sie küßten einander und gingen ins Badezimmer, wo sie einander gründlich bespritzten, bevor sie sich mit seinem einzigen purpurroten Handtuch abtrockneten. Ohne Monogramm. Aus einem Kaufhaus.

Während sie sich abrieb, dachte sie, daß SoHo für sie zu spät gekommen war. Mit zwanzig wäre es ihr vielleicht realer vorgekommen, vielleicht hätte sie damals daran geglaubt. Jetzt war es lustig ... eine Abwechslung ... reizend ... es gehörte Mark, nicht ihr. Andere Orte gehörten ihr, all die Orte, die sie nicht wollte, die ihr aber ohne ihr Zutun zur Verfügung standen.

»Kapierst du, was du tust, Kezia?« Sie dachte lange nach, ehe sie antwortete, dann zuckte sie die Schultern.

»Vielleicht ja, vielleicht auch nicht. Ich weiß es nicht einmal.«

»Vielleicht solltest du es herausfinden.«

»Ja. Vielleicht sollte ich es noch vor morgen mittag herausfinden.« Sie hatte sich an die Mittagsverabredung mit Whit erinnert.

»Hast du morgen was Großes vor?« Er sah sie fragend an, sie schüttelte den Kopf, während sie eine Handvoll Keks und den Rest des Weines untereinander aufteilten.

»Nein. Morgen gibt es für mich nichts Wichtiges.«

»Es hat aber so geklungen.«

»Nein. Eigentlich kam ich eben zu dem Schluß, mein Schatz, daß es sehr wenig ›Wichtiges‹ auf der Welt gibt, wenn man einmal mein Alter erreicht hat. Nicht einmal dein Liebesspiel, dein reizvoller junger Körper, mein verdammtes Leben ...«

»Darf ich dich zitieren, Methusalem?«

»Und ob. Ich werde seit Jahren zitiert.« Dann lachte sie.

»Was ist denn so komisch?«

»Alles. Einfach alles.«

»Ich glaube, du bist beschwipst.« Der Gedanke belustigte ihn, und einen Moment lang wünschte sie, es wäre so.

»Nur ein bißchen trunken vom Leben vielleicht ... von deiner Art Leben.«

»Warum meine Art Leben? Kann es nicht auch deine Art Leben sein? Um Himmels willen, was unterscheidet dein Leben so sehr von meinem?«

Du meine Güte. Das war nicht der geeignete Augenblick dafür.

»Natürlich die Tatsache, daß ich als Senatorin kandidiere.«

Er drehte sie zu sich herum, als sie sich so aus der Affäre ziehen wollte.

»Warum kannst du nicht offen zu mir sein, Kezia? Manchmal habe ich das Gefühl, daß ich nicht einmal weiß, wer du bist.« Er hielt ihren Arm fest, und das verwirrte sie beinahe ebensosehr wie die Frage in seinen Augen. Doch sie zuckte nur die Schultern. »Ich sage dir etwas, Aschenbrödel, wer immer du bist, ich glaube, bei dir steckt der Wurm drin.« Sie folgte ihm ins Schlafzimmer und wischte sich zwei stumme, heimliche Tränen von den Wangen. Er war ein netter Junge, kannte sie aber nicht. Wie sollte er auch? Sie ließ nicht zu, daß er sie kennenlernte. Er war nur ein Junge.

5

»Miß Saint Martin, wie nett, Sie wieder einmal zu sehen!«

»Danke, Bill. Ist Mr. Hayworth schon anwesend?«

»Nein, aber wir haben einen Tisch für ihn reserviert. Darf ich Sie hinführen?«

»Nein, danke. Ich werde beim Kamin warten.«

Der Klub »21« war voller hungriger Gäste. Leitende Geschäftsleute, Top-Mannequins, bekannte Schauspieler, Produzenten, die Götter aus der Welt der Verlage und eine Handvoll würdevolle ältere Damen. Das Restaurant strotzte vor Erfolg. Der Kamin war eine friedliche Ecke, in der Kezia warten konnte, bevor sie sich mit Whit in den Wirbel um die Tische wagte. Der »21« machte Spaß, aber sie war nicht in der richtigen Laune.

Sie hatte nicht zum Lunch kommen wollen. Es war merkwürdig, wie alles ein klein wenig schwieriger wurde. Vielleicht wurde sie zu alt für ihr Doppelleben. Ihre Gedanken wandten sich Edward zu. Vielleicht würde sie ihn im »21« beim Lunch treffen, aber es war wahrscheinlicher, daß er ins Lutèce oder Mistral ging. Er bevorzugte zum Lunch gewöhnlich französische Küche.

»Wie glaubst du, würden die Kinder darauf reagieren, wenn wir sie nach Palm Beach mitnehmen? Sie sollen nicht das Gefühl haben, daß ich ihren Vater mit Beschlag belegen will.« Der Gesprächsfetzen veranlaßte Kezia, den Kopf zu drehen. Sieh da, sieh da, Marina Walters und Halpern Medley. Die beiden machten sicherlich Fortschritte. Thema eins für den morgigen Artikel. Sie hatten sie nicht bemerkt, weil sie unauffällig in einem der großen roten Lederfauteuils vergraben war. Der Vorteil, wenn man klein ist. Und leise.

Dann erblickte sie den eleganten, jugendlichen, braungebrannten Whit in einem dunkelgrauen Anzug und blauem Wedgewoodhemd. Sie winkte ihm zu, und er kam zu ihrem Stuhl.

»Du siehst heute ungeheuer gut aus, Mr. Hayworth.« Sie streckte ihm von ihrem bequemen Sitz aus die Hand hin, er küßte ihr Handgelenk leicht, dann umfingen seine Finger lose ihre Hand.

»Ich fühle mich bedeutend besser als letzthin mit einer Riesenflasche Champagner im Magen. Wie hast du das überstanden?«

»Sehr gut, danke. Ich habe den ganzen Tag geschlafen«, log sie. »Und du?« Sie machten sich auf den Weg zum Speisesaal.

»Mach mich nicht neidisch. Deine Schlaftage sind eine wahre Schande!«

»Ah, Mr. Hayworth! Miß Saint Martin …« Der Oberkellner führte sie zu Whitneys Stammtisch, Kezia nahm Platz und sah sich um. Die gleichen alten Gesichter, der gleiche alte Haufen. Sogar die Mannequins wirkten irgendwie vertraut. Warren Beatty saß am Ecktisch, und Babe Paley war soeben hereingekommen.

»Was hast du gestern abend unternommen, Kezia?« Er konnte ihr Lächeln nicht enträtseln.

»Ich habe Bridge gespielt.«

»Du siehst aus, als hättest du gewonnen.«

»Stimmt. Seit meiner Rückkehr habe ich eine Glückssträhne.«

»Das freut mich für dich. Ich habe in den letzten vier Wochen beim Backgammon durchwegs verloren. Verdammtes Pech.«

Er wirkte aber nicht allzu bekümmert, tätschelte leicht ihre Hand und winkte dem Kellner. Zwei Bloody Marys und zwei doppelte Steak Tartare. Das Übliche. »Möchtest du Wein, Liebling?« Sie schüttelte den Kopf. Die Bloody Marys würden genügen.

Es war ein rascher Lunch, denn er mußte um zwei wieder im Büro sein. Da der Sommer vorbei war, lief das Geschäft wie gewöhnlich: neue Testamente, neue Stiftungen, neue Babies, neue Scheidungen, eine neue Saison. Es war beinahe wie ein ganz neues Jahr. Wie für Kinder, die wieder zur Schule gehen, begann das Jahr für die oberen Zehntausend mit »der Saison«, und die Saison hatte soeben angefangen.

»Wirst du dieses Wochenende in der Stadt verbringen, Kezia?« fragte er anscheinend zerstreut, während er ein Taxi für sie heranwinkte.

»Nein. Hast du vergessen? Ich habe diese Wochenendgeschichte mit Edward.«

»Ach, richtig. Gut. Dann werde ich mir nicht so egoistisch vorkommen. Ich fahre nämlich mit einigen Geschäftsfreunden nach Quogue. Aber ich rufe dich Montag an. Bist du einverstanden?« Die Frage amüsierte sie.

»Natürlich.« Sie glitt graziös in das Taxi und sah ihm in die Augen. Geschäftsfreunde, mein Lieber? »Danke für den Lunch.«

»Auf Wiedersehen, Montag.«

Er winkte ihr, als das Taxi losfuhr, und sie seufzte zufrieden. Finito. Bis Montag war sie ihn los. Aber plötzlich nahmen die Lügen überhand.

Das Wochenende war herrlich. Strahlend sonniger Himmel, es wehte eine leichte Brise, und die Luft roch frisch; sie und Mark hatten das Schlafzimmer in hellem Kornblumenblau ausgemalt. »Zu Ehren deiner Augen«, sagte er, während sie eifrig rund um das Fenster herumpinselte.

Es war eine Hundearbeit, aber als sie fertig waren, freuten sich beide.

»Was hältst du von einem Picknick zur Feier?« Er war strahlender Laune, und sie ebenfalls.

Sie lief hinunter zu Fiorella, um einzukaufen, während er Freunde anrief, um sich einen Wagen auszuleihen. Ein Freund von George bot ihm seinen Lieferwagen an.

»Wohin fahren wir, Sir?«

»Zur Schatzinsel. Meine ganz private Schatzinsel.« Er begann Stücke aus absurden Liedern über Inseln zu singen, gackerte und lachte immer wieder.

»Mark Wooly, du bist verrückt.«

»Das ist in Ordnung, Aschenbrödel. Solange du es kapierst.«

In dem Spitznamen »Aschenbrödel« lag keine Bosheit. Sie waren zu glücklich, und es war ein zu herrlicher Tag. Und Mark war nie boshaft.

Er brachte sie zu einer kleinen Insel im East River, ein namenloses Juwel in der Nähe von Randall's Island. Sie bogen von der Autobahn ab und fuhren durch Abfallberge auf einer holprigen kleinen Straße, die ins Nichts zu führen schien, über eine kleine Brücke und plötzlich ... o Wunder! Ein Leuchtturm und ein verfallenes Schloß, ganz für sie allein.

»Es sieht aus wie der ›Untergang des Hauses Usher‹.«

»Ja, und es gehört mir ganz allein. Und nun gehört es auch dir. Hierher kommt nie jemand.« New York starrte sie finster über den Fluß hinweg an, das Chrysler- und das Empire State Building sahen glatt und höflich aus, als sich das glückliche Paar auf dem Gras niederließ und einer Flasche von Fiorellas bestem Chianti den Hals brach. Schlepper und Fährboote zogen vorbei, sie winkten den Kapitänen und der Mannschaft zu und lachten.

»Was für ein herrlicher Tag!«

»Ja, wirklich.« Er legte den Kopf in ihren Schoß, sie beugte sich nieder und küßte ihn.

»Möchten Sie noch etwas Wein, Mr. Wooly?«

»Nein, nur ein Stück vom Himmel.«

»Wie Sie wünschen, Sir.«

Wolken zogen auf, und um vier Uhr nachmittags zuckte der erste Blitz über den Himmel.

»Ich glaube, du wirst das Stück Himmel bekommen, das du bestellt hast. In ungefähr fünf Minuten. Siehst du, wie gut ich zu dir bin? Dein Wunsch ist mir Befehl.«

»Du bist wirklich phantastisch, Baby.« Er sprang auf, streckte die Arme aus, und fünf Minuten später goß es in Strömen, Blitze zuckten und Donner grollte; sie liefen Hand in Hand über die Insel, lachend und bis auf die Haut durchnäßt.

Als sie nach Hause kamen, duschten sie gemeinsam, und das heiße Wasser prickelte auf ihren kühlen Körpern. Sie übersiedelten nackt in das neue blaue Schlafzimmer und schlossen einander in die Arme.

Sie verließ ihn um sechs Uhr am nächsten Morgen. Er schlief noch wie ein Kind, den Kopf auf die Arme gelegt, das Haar verdeckte seine Augen, seine Lippen fühlten sich weich an, als sie sie berührte.

»Leb wohl, mein Schatz, schlaf gut.« Sie küßte ihn sanft auf eine Schläfe und flüsterte in sein Haar. Es würde Mittag sein, wenn er aufwachte, und sie würde dann schon fern von ihm sein. Würde in einer anderen Welt Drachen jagen, Entscheidungen treffen.

6

»Guten Morgen, Miß Saint Martin. Ich werde Mr. Simpson melden, daß Sie hier sind.«

»Danke, Pat. Wie geht es Ihnen?«

»Irrsinnig viel zu tun. Nach dem Sommer hat anscheinend jeder eine neue Idee für ein Buch. Oder ein neues Manuskript, oder ein Tantiemenscheck ist verlorengegangen.«

»Ja, ich weiß, was Sie meinen.« Kezia lächelte bedauernd, wenn sie an ihre eigenen Buchpläne dachte.

Die Sekretärin warf rasch einen Blick auf ihren Schreibtisch, ergriff einige Papiere und verschwand hinter einer schweren Eichentür. Die literarische Agentur Simpson, Wells und Jones sah nicht viel anders aus als Edwards Anwaltsfirma oder Whits Büro oder die Maklerfirma, die den Großteil ihrer Konten betreute. Überall ging es um bedeutende Geschäfte. Lange Bücherregale, Holztäfelung, Türklinken aus Bronze und ein dicker Teppich in der Farbe von Burgunderwein. Nüchtern. Eindrucksvoll. Respektabel. Ihre Interessen wurden von einer höchst angesehenen Firma vertreten. Deshalb hatte sie sich entschlossen, Jack Simpson ihr Geheimnis anzuvertrauen. Er wußte, wer sie war, und nur er und Edward kannten ihre verschiedenen Pseudonyme. Und natürlich Simpsons Mitarbeiter, aber die waren verschwiegen wie das Grab. Das Geheimnis wurde gut gewahrt.

»Mr. Simpson erwartet Sie, Miß Saint Martin.«

»Danke, Pat.«

Er war aufgestanden und erwartete sie hinter seinem Schreibtisch, ein freundlicher Mann, etwa in Edwards Alter, mit beginnender Glatze und angegrauten Schläfen, mit einem breiten, väterlichen Lächeln und vertrauenerweckenden Händen. Sie schüttelten einander wie immer die Hände, sie setzte sich ihm gegenüber und rührte den von Pat bereitgestellten Tee um. Heute war es Pfefferminztee. Manchmal war es ein englisches Frühstück und am Nachmittag immer Earl Grey. Jack Simpsons Büro war ein sicherer Hafen für sie, ein Ort, an dem sie sich entspannte und locker wurde. Ein Ort, an dem sie über die Woche sprach, die sie hinter sich hatte. Sie war dort immer glücklich.

»Ich habe eine neue Aufgabe für Sie, meine Liebe.«

»Wunderbar. Was denn?« Sie sah ihn über den Goldrand der Tasse hinweg erwartungsvoll an.

»Wir wollen uns vorerst ein wenig unterhalten.« Heute lag etwas Fremdartiges in seinem Blick. Kezia fragte sich, was es wohl sein könnte. »Es unterscheidet sich von Ihrer üblichen Arbeit.«

»Pornographie?« Sie trank den Tee und unterdrückte halb ein Lächeln. Simpson schmunzelte.

»Darüber würden Sie also gern schreiben, nicht wahr?« Sie stimmte in sein Lachen ein, und er zündete sich eine Zigarre an. Sie war von Dunhill, nicht aus Kuba. Sie schickte ihm jeden Monat ein Kistchen. »Ich muß Sie leider enttäuschen. Es ist entschieden nicht Pornographie. Es handelt sich um ein Interview.« Er beobachtete ihre Augen scharf. Sie bekam so leicht den Blick eines gejagten Rehs. Es gab in ihrem Leben Gebiete, die er nicht zu berühren wagte.

»Ein Interview?« Ihr Gesicht wirkte verschlossen. »Das wäre es also. Sonst etwas auf dem Programm?«

»Nein, aber ich glaube, wir sollten etwas mehr darüber sprechen. Haben Sie jemals von Lucas Johns gehört?«

»Ich bin nicht sicher. Der Name sagt mir etwas, aber ich kann ihn nicht einordnen.«

»Er ist ein sehr interessanter Mann. Mitte Dreißig, verbrachte sechs Jahre im Gefängnis in Kalifornien wegen bewaffneten Raubüberfalls und verbüßte seine Strafe in Folsom, San Quentin – in allen legendären Horrorlöchern, von denen man so hört. Er hat es überlebt. Er gehörte zu den ersten, die innerhalb der Gefängnisse Gewerkschaften organisierten und eine Menge Staub um die Rechte von Gefangenen aufwirbelten. Er hat jetzt, obwohl er wieder in Freiheit ist, immer noch damit zu tun. Ich nehme an, er sieht darin seine Lebensaufgabe; er lebt für sein Anliegen, die Gefängnisse abzuschaffen und bis dahin das Los der Gefangenen zu erleichtern. Er lehnte sogar seine erste bedingte Haftentlassung ab, weil er seinen Feldzug noch nicht zu Ende geführt hatte. Als sie ihm das zweite Mal bedingte Haftentlassung anboten, ließen sie ihm keine Wahl. Sie wollten ihn loswerden, also verließ er das Gefängnis und organisierte den Widerstand von außen. Er hatte einen ungeheuren Einfluß auf die Aufklärung der Öffentlichkeit über die Vorgänge in unseren Gefängnissen. Er hat sogar ein sehr eindringliches Buch über das Thema geschrieben, als er vor ein oder zwei Jahren entlassen wurde, ich erinnere mich nicht genau, wann das war. Es brachte ihm eine Menge von Einladungen zu Vorträgen, Fernsehauftritten und dergleichen ein. Und es ist um so erstaunlicher, daß er das tut, da seine Haft immer noch nur bedingt ausgesetzt ist. Ich nehme an, daß es sehr riskant für ihn ist, so polemisch zu agieren.«

»Das glaube ich auch.«

»Er hat sechs Jahre seiner Strafe abgesessen, ist jedoch noch kein freier Mann. Soviel ich weiß, gibt es in Kalifornien ein Rechtssystem, das sie Rahmenstrafe nennen; das bedeutet, daß man eine zeitlich unbestimmte Strafe erhält. Ich glaube, in seinem Fall geht das Strafmaß von fünf Jahren bis lebenslänglich. Er hat sechs Jahre hinter Gittern verbracht. Ich nehme an, es hatten zehn oder zwanzig werden können, je nach Gutdünken der

Gefängnisbehörden, aber wahrscheinlich hatten sie genug von ihm. Gelinde ausgedrückt.«

Kezia nickte interessiert. Damit hatte Simpson gerechnet.

»Hat er bei dem Raubüberfall jemanden getötet?«

»Nein, ich bin ziemlich sicher, daß es nicht der Fall war. Ich glaube, er hat nur einen Mordswirbel verursacht. Er hat eine ziemlich stürmische Jugend hinter sich, soviel ich seinem Buch entnehme. Erhielt den Großteil seiner Erziehung im Gefängnis, absolvierte die Mittelschule, erwarb einen Collegegrad sowie einen akademischen Titel in Psychologie.«

»Auf jeden Fall ein eifriger Bursche. Hat er Schwierigkeiten gehabt, seit er entlassen wurde?«

»Nicht die üblichen. Das scheint er überwunden zu haben. Die einzige Komplikation, von der ich weiß, besteht darin, daß er mit der Publicity, die er durch seine Propaganda für die Gefangenen bekommt, auf einem dünnen Seil tanzt. Und die Ursache für dieses Interview ist sein neues Buch, das demnächst herauskommt, eine sehr deutliche Enthüllung der derzeitigen Zustände, und seine Ansichten darüber sind gewissermaßen eine Fortsetzung des ersten Buches, aber bedeutend brutaler. Soweit ich das beurteilen kann, wird es für beträchtliches Aufsehen sorgen. Das ist ein guter Zeitpunkt für einen Artikel über ihn, Kezia. Und Sie sind diejenige, die ihn am besten schreiben kann. Sie haben ja auch die beiden Artikel über die Gefängnisrevolten voriges Jahr in Mississippi verfaßt. Für Sie ist es kein ganz unbekanntes Thema.«

»Es ist aber auch kein dokumentarischer Artikel über ein aktuelles Ereignis. Es ist ein Interview, Jack. Und Sie wissen, daß ich keine Interviews mache. Außerdem berichtet er nicht über Mississippi. Er berichtet über Gefängnisse in Kalifornien. Und darüber weiß ich nicht mehr als das, was ich in der Zeitung lese, so wie alle anderen.« Es war eine schwache Ausrede, das wußten sie beide.

»Grundsätzlich ist es das gleiche, Kezia. Das wissen Sie. Und in dem Artikel, der uns angeboten wurde, geht es um Lucas Johns, nicht um den Strafvollzug in den Gefängnissen Kaliforniens. Darüber kann er Ihnen eine Menge erzählen. Sie sollten sein erstes Buch lesen. Das wird Ihnen alle wissenswerten Fakten liefern, wenn Sie es ertragen können.«

»Was für ein Mensch ist er?«

Bei der Frage unterdrückte Simpson ein Lächeln. Vielleicht ... vielleicht ... Er zog die Stirn in Falten und legte die Zigarre wieder auf den Aschenbecher. »Eigenartig, interessant, kraftvoll, sehr verschlossen und sehr offen. Ich war bei einem seiner Vorträge, habe ihn aber nie persönlich kennengelernt. Man bekommt den Eindruck, daß er bereit ist, jedem Menschen alles über Gefängnisse zu erzählen, aber nichts über sich selbst. Ein Interview mit ihm wäre eine Herausforderung. Ich würde sagen, daß er sehr zurückhaltend, aber merkwürdig anziehend ist. Er sieht aus wie ein Mann, der vor nichts Angst hat, weil er nichts zu verlieren hat.«

»Jeder Mensch hat etwas zu verlieren, Jack.«

»Sie denken an sich selbst, meine Liebe, aber manche tun das nicht. So mancher hat alles verloren, was ihm am Herzen lag. Er hatte eine Frau und ein Kind, bevor er ins Gefängnis kam. Das Kind starb bei einem Verkehrsunfall, die Frau beging Selbstmord, zwei Jahre bevor er entlassen wurde. Vielleicht ist er einer von denen, die alles verloren haben ... So etwas kann einen Menschen zerbrechen. Oder ihm eine merkwürdige Art von Freiheitsgefühl geben. Ich glaube, das trifft auf ihn zu. Er ist für alle, die ihn gut kennen, eine Art Gott. Sie werden alle möglichen widersprechenden Schilderungen von ihm hören – daß er warmherzig, liebevoll, freundlich oder rücksichtslos, brutal, kalt ist. Es hängt davon ab, mit wem Sie sprechen. In seiner Art ist er so etwas wie eine Legende und ein Rätsel. Den Menschen, der dahinter steht, scheint niemand zu kennen.«

»Anscheinend wissen Sie eine Menge über ihn.«

»Er interessiert mich. Ich habe sein Buch gelesen, ihn sprechen gehört, und ich habe auch ein wenig recherchiert, bevor ich Sie bat, mit mir das Thema zu besprechen, Kezia. Es ist genau die Art von Artikel, die Ihnen sehr liegen müßte. Vielleicht werden Sie dabei etwas lernen. Und der Artikel wird Aufsehen erregen.«

»Das ist genau der Grund, weshalb ich ihn nicht schreiben kann«, lehnte sie plötzlich wieder entschieden ab, aber sie hatte einige Zeit geschwankt. Simpson gab die Hoffnung noch nicht auf.

»Ach? Jetzt wollen Sie also im Dunkel bleiben?«

»Nicht Dunkel, Verschwiegenheit, Anonymität, Seelenfrieden. Das alles ist für Sie nichts Neues. Darüber haben wir schon gesprochen.«

»In der Theorie, nicht in der Praxis. Und im Augenblick haben Sie die Möglichkeit, einen Artikel zu schreiben, der Sie nicht nur interessieren, sondern auch beruflich eine einmalige Chance für Sie darstellen würde, Kezia. Ich kann nicht zulassen, daß Sie sich so eine Gelegenheit entgehen lassen. Ich muß Ihnen erklären, warum Sie den Artikel meiner Meinung nach auf jeden Fall schreiben sollten. Ich glaube, es wäre ein Fehler von Ihnen, es nicht zu tun.«

»Und ein noch größerer Fehler, wenn ich mich darauf einließe. Ich kann nicht. Für mich steht zu viel auf dem Spiel. Wie könnte ich ihn interviewen, ohne selbst ein gewisses ›Aufsehen‹ zu erregen, wie Sie es nennen. Aus dem, was Sie gesagt haben, geht hervor, daß er kein unauffälliger Mann ist. Und wie lange glauben Sie, würde es dauern, bis ich jemand anderem auffalle? Oder schließlich Johns selbst. Er würde wahrscheinlich herausbekommen, wer ich bin.« Nun schüttelte sie ganz entschieden den Kopf.

»Das ist nicht seine Art, Kezia. Ihm sind die prominenten Mitglieder der Gesellschaft, die Debütantinnenkotillons und alles, was sich in Ihrer Welt ereignet, verdammt gleichgültig. Er ist in seinem Milieu viel zu engagiert. Ich könnte wetten, daß er Ihren Namen niemals gehört hat. Er kommt aus Kalifornien, hat sich jetzt im Mittelwesten niedergelassen, war vermutlich nie in Europa, und Sie können verdammt sicher sein, daß er die Gesellschaftsspalten nie liest.«

»Das können Sie nicht mit Sicherheit behaupten.«

»Ich könnte fast darauf schwören. Ich spüre, was er ist, und ich weiß bereits, was ihm am Herzen liegt. Ausschließlich. Er ist ein Rebell, Kezia. Ein vollkommen seinem Anliegen verschworener Rebell, ein Autodidakt, intelligent, Kezia. Kein Playboy. Um Himmels willen, Mädchen, seien Sie doch vernünftig. Sie spielen mit Ihrer Karriere. Er hält nächste Woche in Chicago einen Vortrag, über den Sie mit Leichtigkeit in aller Stille berichten könnten. Ein Interview mit ihm am nächsten Tag in seinem Büro, und damit hat es sich. Bei dem Vortrag wird Sie niemand kennen, und ich bin sicher, er auch nicht. Es gibt keinen Grund, weshalb Ihr Pseudonym K. S. Miller Sie nicht hinlänglich decken sollte. Und das ist alles, was er wissen oder worum er sich kümmern wird. Ihn wird viel mehr interessieren, in welcher Weise Sie über ihn berichten, als was Sie in Ihrem Privatleben tun. Darüber denkt er bestimmt nicht nach.«

»Ist er homosexuell?«

»Möglich, ich weiß es nicht. Ich weiß nicht, wie ein Mann sechs Jahre Gefängnis übersteht. Es spielt auch keine Rolle. Es kommt nur darauf an, wofür er eintritt und wie er dafür eintritt. Das ist der springende Punkt. Und wenn ich auch nur einen Augenblick dächte, daß dieser Artikel Sie in Schwierigkeiten bringen könnte, würde ich es nicht vorschlagen. So weit sollten Sie mich schon kennen. Ich kann Ihnen nur versichern, daß er bestimmt nicht die leiseste Ahnung von Ihrem Privatleben oder auch nur das geringste Interesse dafür haben wird.«

»Sie können mir aber keine hundertprozentige Sicherheit bieten. Was ist, wenn er ein Abenteurer ist, ein gerissener Betrüger, der herausbekommt, wer ich bin, und sich ausrechnet, wie ich ihm nützlich sein könnte? Er könnte das Heft umdrehen und in allen Zeitungen verkünden, daß ich ihn interviewt habe.«

Allmählich wurde Simpson ungeduldig. Er drückte die Zigarre aus.

»Hören Sie, Sie haben über Ereignisse, Orte, politische Begebenheiten, psychologische Analysen geschrieben. Sie haben einige ausgezeichnete Artikel verfaßt, aber so etwas noch nie. Ich glaube, Sie könnten das Thema bewältigen. Und zwar gut. Und ich glaube, Sie sollten es tun. Es ist eine große Chance für Sie, Kezia. Die Frage ist: Können Sie das Interview übernehmen oder nicht?«

»Offensichtlich. Aber ich halte es für schrecklich unvernünftig. Als würde ich die Regeln durchbrechen, die ich mir selbst auferlegt habe. Sieben Jahre lang konnte ich in Ruhe arbeiten, weil ich strikt und durch und durch vorsichtig war. Wenn ich jetzt mit Interviews beginne und vor allem, wenn ich dieses mache ..., wird es weitere geben ... nein, ich kann einfach nicht.«

»Warum denken Sie nicht wenigstens in Ruhe darüber nach? Ich habe sein letztes Buch hier, falls Sie es lesen wollen. Ich glaube nämlich, Sie sollten sich wenigstens damit beschäftigen, bevor Sie einen Entschluß fassen.«

Sie zögerte eine Weile, dann nickte sie langsam. Es war das einzige Zugeständnis, das sie machte; sie war noch immer davon überzeugt, daß sie den Artikel nicht schreiben würde. Sie konnte es sich nicht leisten. Vielleicht hatte Lucas Johns nichts mehr zu verlieren, sie aber hatte alles zu verlieren. Ihren Seelenfrieden und das sorgfältig gehütete Doppelleben, das sie so mühsam errichtet hatte. Dieses Leben war für sie unentbehrlich. Sie würde nichts tun, was es gefährden konnte, für niemanden. Nicht für Mark Wooly, nicht für Jack Simpson und nicht für einen Ex-Sträfling mit einem »heißen Eisen«, den sie nicht einmal kannte. Zum Teufel mit ihm. Niemand war das Risiko wert.

»Also gut, ich werde das Buch lesen.« Sie lächelte zum erstenmal seit einer halben Stunde, dann schüttelte sie bedauernd den Kopf. »Sie verstehen es wirklich, Ihre Argumente zu verkaufen, Sie alter Halunke.«

Simpson wußte, daß er sie noch nicht überzeugt hatte. Er konnte nur auf ihre Neugierde hoffen und darauf, daß Lucas Johns' schriftliche Ausführungen den Ausschlag geben würden. Er fühlte in seinen alten Knochen, daß sie diesen Artikel schreiben mußte, und er hatte fast immer recht behalten.

»Sie sind wirklich ein gerissener Halunke, Simpson! Bei Ihnen klingt es so, als würde meine ganze Karriere davon abhängen ... oder gar mein Leben.«

»Könnte möglich sein. Und Sie sind eine Journalistin ersten Ranges, meine Liebe. Aber ich glaube, Sie sind an einem Punkt angelangt, wo Sie Entschlüsse fassen müssen. Sie werden Ihnen nicht leichtfallen, ob es sich um diesen bestimmten Artikel handelt oder später um etwas anderes. Meine Hauptsorge ist, daß Sie diese Entscheidungen treffen und nicht ihr Leben und die Chance für Ihre Karriere an sich vorbeigehen lassen.«

»Ich hatte nicht den Eindruck, daß das ›Leben‹ oder meine

Karriere an mir vorbeigingen.« Sie zog zynisch, belustigt eine Braue hoch. Es war für ihn ungewöhnlich, daß er sich so besorgt oder so freimütig zeigte.

»Nein, es ist Ihnen bis jetzt gutgegangen. Sie haben gehörige Fortschritte gemacht, sich gut entwickelt, doch nur bis zu einem gewissen Punkt. Aber irgendwann muß unweigerlich der kritische Augenblick kommen, wenn Sie damit nicht mehr ›durchkommen‹, nicht mehr ihr Leben ›organisieren‹ können, damit es Ihren Bedürfnissen entspricht. Sie werden zu entscheiden haben, was Sie wirklich wollen, und dann dementsprechend handeln müssen.«

»Sie glauben nicht, daß ich schon auf dem Weg bin?« Sie war überrascht, als er den Kopf schüttelte.

»Sie waren nicht dazu gezwungen. Aber ich glaube, es ist jetzt Zeit dafür.«

»Zum Beispiel?«

»Zum Beispiel Ihre Identität. K. S. Miller, der ernste Artikel schreibt, die Ihre Karriere wirklich vorantreiben könnten, oder Martin Hallam, der unter einem Pseudonym über seine Freunde klatscht, oder die Ehrenwerte Kezia Saint Martin, die bei den Debütantinnenbällen und im Tour d'Argent in Paris ein und aus geht? Sie können nicht alles gleichzeitig haben, Kezia. Nicht einmal Sie.«

»Machen Sie sich doch nicht lächerlich, Simpson.« Er beunruhigte sie wirklich, und all das wegen eines Artikels über einen Ex-Sträfling, der für eine Gewerkschaft agitierte. Unsinn. »Sie wissen ganz genau, daß die Hallam-Spalte für mich nur ein Scherz ist«, ärgerte sie sich. »Ich habe sie nie wirklich ernst genommen, und sicherlich nicht in den letzten fünf Jahren. Sie wissen auch, daß ich das Hauptgewicht auf meine Karriere als K. S. Miller lege, weil es mir wirklich darauf ankommt. Die Debütantinnenparties und die Diners in der Tour d'Argent, wie Sie es nennen«, sie funkelte ihn anzüglich an, »sind ein Zeitvertreib für mich, aus Gewohnheit und um die Hallam-Spalte lebendiger zu gestalten. Ich verkaufe meine Seele nicht für diese Art von Leben.« Aber sie wußte nur allzugut, daß das eine Lüge war.

»Ich bin nicht sicher, daß das stimmt, und wenn es der Fall sein sollte, werden Sie früher oder später feststellen, daß der Preis, den Sie zu bezahlen haben, Ihre Seele oder Ihre Karriere sein wird.«

»Seien Sie doch nicht so melodramatisch.«

»Nicht melodramatisch. Ehrlich. Und besorgt.«

»Seien Sie nicht ›besorgt‹, nicht deswegen. Sie wissen, was ich zu tun habe, was von mir erwartet wird. Man schüttelt nicht hundert Jahre Tradition in ein paar Jährchen an der Schreibmaschine ab. Außerdem schreiben viele Autoren unter einem Pseudonym.«

»Ja, aber sie leben nicht unter einem Pseudonym. Und ich bin bezüglich Ihrer Theorie über Traditionen nicht Ihrer Meinung. In einem Punkt haben Sie recht, man ändert Traditionen nicht innerhalb von ein paar Jahren. Man ändert sie plötzlich, brutal, mit einer blutigen Revolution.«

»Das halte ich nicht für notwendig.«

»Oder ›zivilisiert‹, nicht wahr? Nein, Sie haben recht, zivilisiert ist es nicht. Das sind Revolutionen nie, und eine Wesensänderung ist nie angenehm. Ich glaube allmählich, Sie sollten Johns' Buch um Ihrer selbst willen lesen. Auf Ihre Weise befinden Sie sich seit beinahe dreißig Jahren in einer Art Gefängnis.« Seine Stimme wurde sanft, er sah ihr in die Augen. »Kezia, wollen Sie weiter so leben? Auf Kosten Ihres persönlichen Glücks?«

»Darum geht es nicht. Und manchmal hat man gar keine Wahl.« Sie wandte ihren Blick halb verärgert, halb verletzt von ihm ab.

»Das ist ja genau der Kernpunkt des Problems. Es steht immer eine Wahl offen.« Oder begriff sie das nicht? »Werden Sie Ihr Leben einer absurden ›Pflicht‹ opfern, um zehn Jahre nach Ihrer Volljährigkeit, Ihrem Kurator als Unschuldsengel gegenüberzutreten? Wollen Sie Eltern zufriedenstellen, die seit zwanzig Jahren tot sind? Wie können Sie das nur von sich selbst erwarten? Warum? Weil sie starben? Um Himmels willen, das war nicht Ihre Schuld, und die Zeiten haben sich geändert; Sie haben sich ebenfalls verändert. Oder erwartet es der junge Mann von Ihnen, mit dem Sie verlobt sind? Wenn das so ist, wird vielleicht die Zeit kommen, wo Sie zwischen ihm und Ihrem Beruf wählen müssen, und Sie sollten sich lieber jetzt schon darüber klarwerden.«

Welcher Mann? Whit? Wie lächerlich. Und warum brachte Simpson ihr ganzes Leben jetzt aufs Tapet? Er hatte sich nie zuvor dazu geäußert. Warum also jetzt? »Falls Sie Whitney Hayworth meinen, ich bin nicht mit ihm verlobt und hatte nie die Absicht, mich an ihn zu binden. Er kann höchstens dann und wann einen sehr langweiligen Abend bereiten. Sie machen sich also in dieser Beziehung ganz unnötig Sorgen.«

»Es freut mich, das zu hören. Aber was ist dann der Grund, Kezia? Warum das Doppelleben?« Sie seufzte tief und blickte auf ihre im Schoß gefalteten Hände hinunter.

»Weil man Ihnen einmal auf Ihrem Lebensweg die Überzeugung einimpft, daß die ganze Welt zusammenbricht, wenn Sie auch nur für einen Moment den Heiligen Gral fallen lassen oder ihn für einen Tag achtlos beiseite stellen, und alles wird allein Ihre Schuld sein.«

»Nun, ich verrate Ihnen ein wohlbehütetes Geheimnis, sie wird nicht zusammenbrechen. Die Welt wird weiterbestehen. Ihre Eltern werden Ihnen nicht als Gespenster erscheinen; nicht einmal Ihr Kurator wird sich umbringen. Leben Sie doch für sich selbst, Kezia. Das müssen Sie wirklich. Wie lange können Sie Ihr Leben auf einer Lüge aufbauen?«

»Ist ein Pseudonym eine Lüge?« Es war eine zugegebenermaßen schwache Verteidigung.

»Nein, aber die Art, wie Sie damit umspringen. Sie benützen Ihre Pseudonyme, um Ihre beiden Leben vollkommen voneinander zu trennen. Zwei Seiten von Ihnen. Die Pflicht und die Liebe. Sie sind wie eine verheiratete Frau mit einem Liebhaber, die darauf eingestellt ist, nichts aufzugeben. Ich finde, Sie tragen eine sehr schwere Last. Unnötigerweise.« Er warf einen Blick auf seine Uhr. »Und jetzt muß ich mich entschuldigen. Ich habe fast eine Stunde lang mit Ihnen geschimpft. Aber das sind Anliegen, über die ich schon seit langem mit Ihnen sprechen wollte. Entscheiden Sie sich bezüglich des Artikels über Johns, wie Sie wollen, aber denken Sie ein wenig über meine Worte nach. Ich glaube, es ist für Sie wichtig.«

»Ich fürchte fast, daß Sie recht haben.« Sie fühlte sich plötzlich erschöpft. Der Vormittag hatte sie überfordert. Sie hatte den Eindruck, daß ihr ganzes Leben vor ihren Augen vorbeizog. Und wie unbedeutend sah es in dieser Retrospektive aus. Simpson hatte recht. Sie wußte nicht, ob sie den Johns-Artikel schreiben sollte, aber das war nicht das Hauptproblem. Das Hauptproblem lag viel tiefer. »Ich werde das Buch von Johns heute abend lesen.«

»Sie tun gut daran, und rufen Sie mich morgen an. Bis dahin kann ich das Magazin hinhalten. Sie werden mir doch meine Moralpredigt verzeihen?«

Jetzt war ihr Lächeln freundlicher. »Nur wenn Sie dafür meinen Dank entgegennehmen. Sie haben lauter Dinge gesagt, die ich nicht hören wollte, aber ich glaube, es war notwendig, daß ich mein Leben einmal aus anderer Sicht beleuchtete. Meine Gedanken haben sich in letzter Zeit in diese Richtung bewegt, und der Disput mit Ihnen heute morgen war so, als hätte ich ein Selbstgespräch geführt. Meine goldige Schizophrenie.«

»So exotisch ist es gar nicht. Sie sind übrigens kein Einzelfall; schon andere haben den gleichen Kampf durchstehen müssen wie Sie. Leider hat keiner von ihnen ein Buch darüber geschrieben, wie man es heil übersteht.«

»Sie meinen, andere haben es geschafft?« Sie lachte und nahm einen letzten Schluck Tee.

»Sogar sehr gut.«

»Und was taten sie dann? Sind sie mit dem Liftboy durchgegangen, um ein Exempel zu statuieren?«

»Manche. Die Dummen. Die anderen finden bessere Lösungen.«

Sie versuchte, nicht an ihre Mutter zu denken.

»Wie Lucas Johns?« Sie wußte nicht, warum, aber es war ihr entschlüpft. Der Gedanke war absurd. Beinahe komisch.

»Kaum. Ich habe nicht vorgeschlagen, daß Sie ihn heiraten, meine Liebe. Sie sollen ihn nur interviewen. Kein Wunder, daß Sie so viel Aufhebens davon gemacht haben.« Jack Simpson kannte die wahren Gründe für ihre Aufregung. Sie hatte Angst. Und er hatte auf seine Art versucht, ihr die Ängste zu nehmen. Nur ein Interview. Ein Einzelfall. Er konnte aber so viel in ihrem Leben verändern – ihren Horizont erweitern, sie der Öffentlichkeit präsentieren, eine Schriftstellerin aus ihr machen. Wenn nur alles gutging. Nur weil er wußte, daß die Chancen, daß man ihre Identität »lüftete«, so gering waren, hatte er sie dazu ermutigt. Sie würde für immer in die Anonymität zurückkehren, wenn sie sich dabei die Finger verbrannte, das war ihm klar. Das konnte sich keiner von ihnen leisten. Er hatte sehr sorgfältig darüber nachgedacht, bevor er ihr den Artikel vorgeschlagen hatte.

»Wissen Sie, Jack, Sie haben heute viel Vernünftiges gesagt. Ich muß zugeben, daß das ›Geheimnis‹ in letzter Zeit fadenscheinig geworden ist. Nach einiger Zeit verliert es seinen Reiz.« Was er gesagt hatte, hatte gestimmt. Sie war wie eine verheiratete Frau mit einem Liebhaber. Sie hatte es nur nie so gesehen … Edward, Whit, die Parties, die Komitees; und dann Mark, SoHo und die Picknicks auf Zauberinseln; und getrennt von alldem ihre Arbeit. Nichts paßte zusammen. Jede Episode stand für sich und blieb verborgen, und es hatte schon lange ein Zerreißprozeß eingesetzt. Wem hatte sie den Vorrang zu geben? Natürlich sich selbst vor allem, aber das vergaß man so leicht. Bis einen jemand daran erinnerte, wie eben Jack Simpson. »Werden Sie sich eine Umarmung gefallen lassen, menschenfreundlicher Sir?«

»Nicht gefallen lassen – zu schätzen wissen, meine Liebe. Sie würde mir ausgesprochen Vergnügen bereiten.« Sie umarmte ihn kurz und machte sich zum Gehen bereit.

»Es ist verdammt schade, daß Sie mir nicht schon vor zehn Jahren diese Rede gehalten haben. Jetzt ist es beinahe ein bißchen spät.«

»Mit neunundzwanzig? Reden Sie keinen Unsinn. Gehen Sie jetzt nach Hause, lesen Sie das Buch und rufen Sie mich morgen vormittag an.« Ihre Hand in dem braunen Glacéhandschuh winkte ein letztes Mal, und sie verschwand mit wehendem Wildledermantel.

Der Buchumschlag in ihrer Hand machte keinen sonderlichen Eindruck auf sie, als sie ihn im Fahrstuhl betrachtete. Es gab kein Foto von Lucas Johns auf der Rückseite, nur eine kurze Biographie, die weniger über ihn aussagte, als Simpson erzählt hatte. Aber es war merkwürdig; nach allem, was sie an diesem Morgen gehört hatte, machte sie sich schon ein ziemlich klares Bild von dem Mann. Sie erwartete etwas wie Gemeinheit in seinem Gesicht, war sicher, daß er klein, stämmig, hart und vielleicht übergewichtig war – und verdammt unverschämt. Sechs Jahre im Gefängnis mußten bei einem Mann sonderbare Veränderungen bewirken und waren sicherlich nicht dazu angetan, seine Schönheit zu verstärken. Dazu noch der bewaffnete Raubüberfall . . . ein kleiner dicker Mann mit einem Revolver in einem Schnapsladen. Und nun war er geachtet, und sie erhielt die Chance, ihn zu interviewen. Doch sie wußte, trotz ihres Gesprächs mit Simpson, daß sie es nicht machen konnte. Simpson hatte in mancher Hinsicht ihr Leben richtig gesehen . . . aber ein Interview mit Lucas Johns oder sonst jemandem lag noch immer außerhalb des Möglichen oder Vernünftigen.

Dann beging sie eine Dummheit. Sie ging mit Edward zum Lunch.

»Ich glaube nicht, daß du es tun solltest«, meinte er nachdrücklich.

»Warum nicht?« Es war beinahe, als wollte sie ihm eine Falle stellen; sie kannte seine Antwort im voraus, aber sie konnte der Versuchung nicht widerstehen, ihn zu ködern.

»Du weißt, aus welchen Gründen. Wenn du anfängst, Interviews zu machen, braucht es nur einen kleinen Schritt, und jemand kommt dir auf die Schliche. Vielleicht kommst du bei diesem einen Interview ungeschoren davon, Kezia. Aber früher oder später . . .«

»Du meinst, ich sollte mich immerfort hinter einem Pseudonym verstecken?«

»Du nennst das verstecken?« Er wies mit einer Hand demonstrativ auf die geheiligten Säle von La Caravelle.

»In gewissem Sinn, sicherlich.«

»Und in genau diesem Sinn halte ich es für klug.«

»Und wie steht es mit meinem Leben? Was ist damit?«

»Was damit ist? Du hast alles, was du dir wünschen kannst. Deine Freunde, dein Wohlergehen, und du hast die Freiheit zu schreiben. Könntest du dir noch mehr wünschen, außer einem Ehemann?«

»Das steht nicht mehr auf meiner Wunschliste für den Weihnachtsmann, mein Lieber. Und ich könnte mir noch etwas wünschen, ja. Ehrlichkeit.«

»Du treibst Haarspalterei. Für diese Art von Ehrlichkeit würdest du dein Privatleben riskieren. Erinnerst du dich noch an den Job bei der *Times,* den du dir vor ein paar Jahren so sehr gewünscht hast?«

»Das war etwas anderes.«

»Wieso?«

»Ich war damals jünger. Und es war keine Karriere, sondern ein Job zu meiner Selbstbestätigung.«

»Ist das nicht das gleiche?«

»Vielleicht nicht. Vielleicht geht es um meine Zurechnungsfähigkeit.«

»Du meine Güte, Kezia, mach dich doch nicht lächerlich. Du bist von dem Unsinn aufgeputscht, den Simpson dir heute vormittag eingeredet hat. Sei doch vernünftig, der Mann hat ein geschäftliches Interesse an dir. Er sieht alles von seinem Standpunkt aus, nicht von dem deinen. Zu seinem Nutzen, nicht zu dem deinen.«

Aber sie wußte, daß er nicht recht hatte. Und nun wußte sie auch, daß Edward Angst hatte. Noch mehr Angst als sie. Aber wovor? Und warum? »Ganz gleich, Edward, wie du es betrachtest, ich werde mich demnächst entscheiden müssen.«

»Wegen eines Interviews für ein Magazin? Ein Interview mit einem Knastbruder?« Er hatte keine Angst, er war entsetzt. Fast tat er Kezia leid, als ihr klar wurde, was er so sehr befürchtete. Daß sie ihm gänzlich entgleiten würde.

»Dieses Interview ist nicht das eigentliche Problem, Edward. Das wissen wir beide. Das weiß sogar Simpson.«

»Worin besteht dann um Himmels willen das Problem? Warum redest du so merkwürdig über Zurechnungsfähigkeit, Freiheit und Ehrlichkeit? Nichts davon ergibt einen Sinn. Setzt dich jemand unter Druck?«

»Nein. Nur ich selbst.«

»Aber es gibt jemanden in deinem Leben, von dem ich nichts weiß, nicht wahr?«

»Ja.« Die Aufrichtigkeit tat gut. »Ich wußte nicht, daß du über mein gesamtes Tun und Lassen unterrichtet werden willst.«

Edward blickte verlegen zur Seite. »Ich möchte sicher sein, daß es dir gutgeht. Sonst nichts. Ich habe angenommen, daß es noch jemanden außer Whit gibt.«

Ja, mein Lieber, aber hast du dir auch Gedanken über den Grund dafür gemacht? Sicherlich nicht. »Du hast recht, es gibt jemanden.«

»Ist er verheiratet?« Er war vollkommen sachlich.

»Nein.«

»Wirklich nicht? Ich war ziemlich sicher, daß er gebunden ist.«

»Warum?«

»Weil du so ... nun ja, weil du so ein Geheimnis um ihn machst. Ich nahm an, daß er verheiratet oder anderweitig liiert ist.«

»Nichts dergleichen. Er ist ledig, dreiundzwanzig Jahre alt und Künstler in SoHo.« Edward würde einige Zeit brauchen, um das zu verdauen. »Und um es klarzumachen, ich halte ihn nicht aus. Er bezieht Arbeitslosenunterstützung, und das gefällt ihm.« Es machte ihr beinahe Spaß, und Edward sah aus, als bekäme er einen Anfall.

»Kezia!«

»Ja, Edward?« Ihre Stimme klang zuckersüß.

»Er weiß, wer du bist?«

»Nein, und es ist ihm auch vollkommen egal.« Sie wußte, daß das nicht ganz der Wahrheit entsprach, aber sie wußte auch, daß er sich nie die Mühe machen würde, in ihrem zweiten Leben herumzuschnüffeln. Er war einfach auf jungenhafte Art neugierig.

»Weiß Whit etwas davon?«

»Nein. Warum sollte er? Ich erzähle ihm nicht von meinen Liebhabern, und er erzählt mir nichts über seine Gespielen. Gleiches Recht für beide. Außerdem, mein Lieber, interessiert sich Whitney mehr für Jungen.« Sie hatte Edwards Gesichtsausdruck nicht erwartet; er war keineswegs verblüfft.

»Ja ... ich ... ich habe davon gehört. Ich habe mich gefragt, ob du es weißt.«

»Ja, ich weiß es.« Ihre Stimmen klangen jetzt ganz ruhig.

»Hat er es dir erzählt?«

»Nein, jemand anders.«

»Tut mir leid.« Er blickte weg und tätschelte ihre Hand.

»Das ist nicht notwendig, Edward. Mir hat es nichts ausgemacht. Das klingt vielleicht unschön, aber ich war nie in Whit verliebt. Jeder ist für den anderen von Nutzen. Das ist nicht sehr anständig, aber es ist Tatsache.«

»Und dieser andere Mann – der Künstler – ist es eine ernste Bindung?«

»Nein, er ist angenehm, nett, lustig und hilft mir, den Druck in meinem Leben zu vergessen. Sonst nichts, Edward. Mach dir keine Sorgen, niemand wird mit dem Sparschweinchen durchgehen.«

»Das ist nicht meine einzige Sorge.«

»Das freut mich.« Warum wollte sie ihn plötzlich verletzen? Was für einen Sinn hatte das? Aber er appellierte an sie, redete ihr zu wie ein übereifriger Agent, der es darauf angelegt hatte, sie wieder zu einer Sommerfrische zu überreden, die ihr schon einmal mißfallen hatte. Sie würde sich auf keinen Fall überraschen lassen.

Er erwähnte den Artikel erst wieder, als sie vor dem Restaurant auf ein Taxi warteten. Es war eines der seltenen Male gewesen, bei denen sie über Berufsprobleme in aller Öffentlichkeit gesprochen hatten.

»Du wirst es machen?«

»Was?«

»Das Interview, das Simpson dir vorgeschlagen hat.«

»Ich weiß nicht. Ich will es mir noch überlegen.«

»Überlege es dir aber sehr gründlich. Denk darüber nach, wieviel es dir bedeutet und ob du bereit bist, einen so hohen Preis dafür zu bezahlen. Vielleicht wirst du den Preis nicht bezahlen müssen, aber es könnte auch anders kommen. Aber sei wenigstens darauf vorbereitet, sei dir klar über die Risiken, auf die du dich einläßt.«

»Ist es wirklich ein so schreckliches Risiko, Edward?« Ihr Blick war wieder freundlich.

»Ich weiß es nicht, Kezia. Ich weiß es wirklich nicht. Aber ir-

gendwie werde ich den Verdacht nicht los, daß du es auf jeden
Fall tun wirst, trotz meines Einspruchs. Oder vielleicht habe ich
durch meinen Widerstand die Dinge nur noch verschlimmert.«
   »Nein. Aber vielleicht werde ich es tun müssen.« Nicht Simp-
sons, sondern ihrer selbst wegen.
   »Das dachte ich mir.«

7

Das Flugzeug landete um fünf Uhr nachmittags in Chicago,
kaum eine Stunde vor Lucas Johns' Rede. Simpson hatte dafür
gesorgt, daß ihr die Wohnung einer Freundin auf dem Lake Shore
Drive zur Verfügung stand. Die Freundin, eine ältere Witwe, deren Mann ein Klassenkollege Simpsons gewesen war, verbrachte
den Winter in Portugal.
   Nun fuhr das Taxi das Seeufer entlang, und Kezia verspürte
zunehmende Erregung. Sie hatte sich schließlich doch entschlossen, einen ersten Schritt zu wagen. Aber wenn sich herausstellte,
daß es mehr war, als sie verkraften konnte, was dann? Sie ver-
faßte ihre Artikel an ihrer Schreibmaschine und nannte sich
K. S. Miller, aber es war eine ganz andere Situation, wenn sie einem anderen gegenübersaß. Natürlich wußte Mark auch nicht,
wer sie war. Aber das konnte man nicht miteinander verglei-
chen. Sein Horizont reichte bis zu seiner Staffelei, und sogar
wenn er ihre wahre Identität erfuhr, würde es ihm nichts ausmachen. Er würde darüber lachen, aber es würde keine Rolle
spielen. Vielleicht war Lucas Johns anders. Vielleicht würde er
ihren großen Bekanntheitsgrad zu seinem Vorteil nutzen wollen.
   Sie versuchte, ihre Befürchtungen mit einem Achselzucken ab-
zutun, als das Taxi vor der ihr von Simpson angegebenen Adresse
hielt. Die geliehene Wohnung lag im neunzehnten Stockwerk eines staatlichen Gebäudes jenseits des Sees. Der Parkettboden
im Vestibül hallte unter ihren Füßen. Über ihrem Kopf hing
ein kunstvoller Kristalluster. Am Fuß der Treppe stand geister-
haft ein mit einem schützenden Laken bedeckter Konzertflügel.
Ein langer Korridor mit Spiegeln führte zu dem angrenzenden

Wohnzimmer. Dort gab es weitere Schutzüberzüge, noch zwei Kronleuchter, und der rosa Marmor eines Louis XV.-Kamins schimmerte sanft im Lichtschein aus dem Korridor. Die Möbel unter den Leintüchern wirkten massiv, und sie ging neugierig von einem Raum zum anderen. Eine gewundene Treppe führte in das nächste Stockwerk; sie zog oben im Hauptschlafzimmer die Vorhänge zurück und die cremefarbenen Seidenrouleaus in die Höhe. Vor ihr erstreckte sich der See, der im Glanz des Sonnenuntergangs strahlte, Segelboote glitten träge zum Hafen. Es hätte Spaß gemacht, ein wenig spazierenzugehen und den See zu betrachten, aber sie hatte andere Dinge im Kopf. Lucas Johns, und als was für eine Sorte Mann er sich erweisen würde.

Sie hatte sein Buch gelesen und war angenehm überrascht, da es ihr gefallen hatte. Sie war darauf eingestellt gewesen, ihn abzulehnen, und sei es nur aus dem Grund, weil das Interview zu so einem Problem zwischen ihr und Simpson und auch Edward angewachsen war. Aber das Problem lag bei ihr selbst, und sie vergaß ihre Vorbehalte, als sie das Buch las. Er wählte seine Worte sorgfältig aus, seine Ausdrucksweise war kraftvoll, und es gab in dem ganzen Buch immer wieder Ansätze von Humor; er weigerte sich, sich selbst ernst zu nehmen, obwohl er leidenschaftlich für seine Sache eintrat. Der Stil paßte seltsamerweise fast gar nicht zu seiner Vergangenheit, und es war schwer zu glauben, daß jemand, der einen großen Teil seiner Jugend in Heimen und Gefängnissen verbracht hatte, jetzt so gebildet sein konnte. Aber da und dort verfiel er bewußt in den Gefängnisjargon und den kalifornischen Slang. Sein Buch zeigte ihn als eine ungewöhnliche Kombination von Thesen und Überzeugungen, Hoffnungen und Zynismus, mit einem eigenen Sinn für Humor – und einer ganz schönen Portion Hochmut. Er schien ziemlich weit von dem entfernt zu sein, was er einmal war, und war entschieden eine Persönlichkeit. Kezia hatte ihn beneidet, als sie sein Buch gelesen hatte. Simpson hatte recht. Indirekt paßte der Inhalt auch auf sie. Ein Gefängnis kann jede Art von gesellschaftlichen Zwängen sein – auch der Lunch im La Grenouille.

Das Bild, das sie sich von Johns machte, war jetzt wesentlich deutlicher. Kleine, glänzende Augen, nervöse Hände, hängende Schultern, vorstehender Bauch und dünne Haarsträhnen, die in eine glänzende Stirnglatze gekämmt waren. Sie wußte nicht wieso, aber sie wußte, daß sie ihn kannte. Während sie das Buch las, hörte sie ihn beinahe sprechen.

Ein massiv gebauter Mann sprach die einführenden Worte zu Lucas Johns' Rede, er skizzierte in groben Umrissen die Gewerkschaftsprobleme in den Gefängnissen, die ungefähre Lohnskala (von fünf Cent die Stunde bis zu einem Vierteldollar in besseren Anstalten), die nutzlosen Fertigkeiten, die man den Häftlingen beibrachte, die unmenschlichen Lebensbedingungen. Er behandelte das Thema lässig, ohne Erregung. Kezia beobachtete das Gesicht des Mannes. Er bereitete das Publikum auf das Kommende vor. Mit tiefer, leiser Stimme, aber äußerst wirkungsvoll. Was sie am meisten beeindruckte, war die sachliche Art, mit der er über die Mißstände in den Gefängnissen sprach. Es war beinahe sonderbar, daß sie diesen Mann vor Johns angesetzt hatten; es würde schwierig sein, nach ihm zu sprechen. Oder vielleicht auch nicht. Vielleicht würde Johns' nervöser, dynamischer Stil einen Kontrapunkt zu der ruhigeren Art des ersten Sprechers bilden – ruhig, aber sehr kontrolliert. Der Charakter dieses Mannes interessierte sie so sehr, daß sie vergaß, sich in dem Raum umzusehen, um sich zu vergewissern, daß niemand anwesend war, der sie erkennen konnte. Sie vergaß ganz ihr Sicherheitsbedürfnis und wurde von der Suggestivkraft der Rede gefangengenommen.

Sie zog ihr Notizbuch hervor und warf ein paar flüchtige Notizen über den Redner auf das Papier, dann begann sie die Zuhörer im Saal zu beobachten. Sie erkannte drei wohlbekannte schwarze Radikale und zwei konservative Gewerkschaftsführer, die Johns in seinen Anfängen ihre Kenntnisse vermittelt hatten. Es waren auch ein paar Frauen anwesend, und in der ersten Reihe saß ein bekannter Strafverteidiger, der oft in der Presse genannt wurde. Es war eine Gruppe, die größtenteils die vorliegenden Probleme kannte und sich bereits aktiv mit einer Gefängnisreform beschäftigte. Sie wunderte sich über die große Besucherzahl, während sie die Gesichter der Zuhörer betrachtete und dem Ende der Einführungsrede lauschte. In dem Raum herrschte überraschende Stille. Es gab kein Rascheln, kein Herumrutschen auf den Sitzen, kein geräuschvolles Suchen nach Zigaretten und Feuerzeugen. Niemand schien sich zu rühren.

Alle Augen waren auf den Mann an der Vorderfront des Saales gerichtet. Sie hatte recht gehabt; es würde für Lucas Johns schwer sein, nach diesem Mann ans Pult zu treten.

Sie betrachtete den Redner noch einmal genauer. Er sah ihrem Vater ähnlich. Fast kohlschwarzes Haar und feurige grüne Augen, die die Leute auf ihren Plätzen festzunageln schienen. Er suchte Augen von Bekannten, hielt sie mit seinem Blick fest, sprach zu ihnen, dann wanderte sein Blick weiter durch den Raum, seine Stimme war leise, die Hände bewegungslos, das Gesicht angespannt. Doch ein Zug um seinen Mund ließ auf ein unterdrücktes Lachen schließen. Etwas an seinen Händen verriet Brutalität. Er hatte interessante Hände und ein unglaubliches Lächeln. Er sah auf kraftvolle, fast beunruhigende Art gut aus, und er gefiel Kezia. Sie stellte überrascht fest, daß sie ihn betrachtete, taxierte, beobachtete, Einzelheiten wahrnahm – die in die alte Tweedjacke eingekeilten Schultern, die langen Beine, die er lässig vor sich ausstreckte. Das dichte Haar, die Augen, die umherschweiften und innehielten, sich wieder in Bewegung setzten, bis sie schließlich auf sie gerichtet waren.

Sie sah, daß er sie ebenso musterte wie sie ihn. Er hielt sie lange mit der Kraft seines Blickes fest, dann gab er sie frei und wandte sich anderen Zielen zu. Es war ein merkwürdiges Gefühl gewesen, als hielte sie eine Hand an der Kehle fest, während die andere ihr über das Haar streichelte; einerseits zuckte sie ängstlich zurück, andererseits zerschmolz sie vor Freude. Plötzlich wurde ihr in dem überfüllten Raum warm, sie sah sich unauffällig um und fragte sich, warum dieser Vorredner so lange brauchte. Seine Rede war kaum noch als Einführung zu bezeichnen. Er sprach seit gut einer halben Stunde. Beinahe als hätte er die Absicht, Lucas Johns in den Hintergrund zu drängen. Dann begriff sie, so daß sie dagegen ankämpfen mußte, in der herrschenden Stille nicht laut aufzulachen: Es war keine Einführung gewesen. Der Mann, dessen Blick sie so kurz gestreift hatte, war Johns.

8

»Kaffee?«

»Tee, wenn es möglich ist.« Kezia lächelte Lucas Johns zu, während er eine Tasse heißes Wasser einschenkte und ihr dann einen Teebeutel reichte.

Die Suite wies Spuren von häufigen Besuchern auf – halbvolle Pappbecher mit Kaffee oder Tee, Reste von Keksen, Aschenbecher, die von Erdnußschalen und Zigarettenstummeln überliefen, und eine häufig frequentierte Bar in der Ecke. Es war ein anspruchsloses Hotel, und die Suite war nicht groß, aber bequem und gemütlich. Sie fragte sich, wie lange er schon dort wohnte. Nichts wies darauf hin, ob er seit einem Jahr dort wohnte oder erst am selben Tag eingezogen war. Es gab reichlich zu essen und zu trinken, aber nichts trug seinen persönlichen Stempel, nichts schien ihm zu gehören, nur die Kleider, die er trug, der Glanz in seinen Augen, der Teebeutel, den er ihr gereicht hatte, und sonst nichts.

»Wir werden unten ein Frühstück bestellen.«

Sie betrachtete ihn ruhig über ihre Teetasse hinweg. »Um die Wahrheit zu sagen, ich bin eigentlich nicht sehr hungrig. Es hat keine Eile. Übrigens, ich war von Ihrem gestrigen Vortrag sehr beeindruckt. Sie wirken auf der Bühne so ungezwungen. Sie verstehen es gut, ein schwieriges Thema auf menschliche Proportionen zu reduzieren, ohne bei den Tatsachen, die Sie aus eigener Erfahrung kennen und die die meisten Ihrer Zuhörer nicht selbst erlebt hatten, überheblich zu wirken. Das ist schon eine Kunst.«

»Danke. Es ist sehr freundlich von Ihnen, das zu sagen. Es ist nur eine Frage der Routine. Ich habe schon viele Reden vor den verschiedensten Gruppen gehalten. Ist Ihnen das Thema Gefängnisreform neu?«

»Nicht ganz. Ich habe im letzten Jahr zwei Artikel über Revolten in zwei Gefängnissen in Mississippi geschrieben. Es war eine scheußliche Schweinerei.«

»Ja, ich erinnere mich. Das Wesentliche an dem ganzen Thema »Reform« ist nicht das Reformieren. Ich halte die Abschaffung von Gefängnissen, wie wir sie heute kennen, für die einzig praktikable Lösung. So erfüllen sie jedenfalls nicht ihren Zweck. Ich bereite derzeit einen Plan für den Baustop von Gefängnissen vor, zusammen mit einer Menge erstklassiger Leute, die ihn in Gang gebracht haben. Demnächst werde ich nach Washington reisen.«

»Leben Sie schon lange in Chicago?«

»Sieben Monate, dies ist eine Art Zentralbüro. Ich arbeite von dem Hotel aus, wenn ich hier bin, stelle meine Vortragsreisen zusammen und einiges mehr. Ich habe hier mein neuestes Buch geschrieben, verkroch mich hier für einen Monat und machte mich an die Arbeit. Dann schleppte ich das Manuskript mit mir herum und schrieb den Rest in Flugzeugen.«

»Reisen Sie viel?«

»Die meiste Zeit. Ich komme aber immer hierher zurück, wenn es mir möglich ist. Hier kann ich mich abkapseln und mich entspannen.«

Nichts an ihm ließ darauf schließen, daß er das sehr oft tat. Er war eindeutig nicht der Mann, der wußte, wie man aufhört und wann. Trotz seiner Ruhe spürte man die treibende Kraft in ihm. Er saß beinahe regungslos da, seine Augen auf die Person gerichtet, mit der er gerade sprach. Aber es war eher wie die vorsichtige Haltung eines Tieres, das die Luft auf ein Anzeichen für einen Angriff oder eine Annäherung prüft und jeden Augenblick sprungbereit ist. Kezia spürte auch, daß er ihr gegenüber ein gewisses Mißtrauen bewahrte. Der Humor, den sie am Abend zuvor bei ihm festgestellt hatte, war jetzt sorgfältig zurückgedrängt.

»Wissen Sie, ich bin erstaunt, daß man eine Frau mit diesem Artikel beauftragt.«

»Chauvinismus, Mr. Johns?« Der Gedanke belustigte sie.

»Nein, nur Neugierde. Sie müssen tüchtig sein, sonst hätte man Sie nicht hergeschickt.« Da war wieder die Spur von Arroganz, die sie aus seinem Buch herausgelesen hatte.

»Ich glaube, es ist vor allem der Umstand, daß die beiden Artikel gefallen haben, die ich im vergangenen Jahr geschrieben habe. Man könnte sagen, daß ich mich mit dem Thema Gefängnisse schon befaßt habe. Nennen Sie es ›eine Betrachtung von der Seitenlinie aus‹.«

»Ich bin nicht sicher, daß das ein Vorteil ist. Man kann von den Seitenlinien aus nie gut sehen ... oder vielleicht etwas deutlicher? Aber weniger lebensecht. Ich fühle mich im Zentrum des Sturms immer besser. Entweder dringt man ein oder man bleibt draußen. Die Seitenlinien ... das ist so ungefährlich, aber eine Sackgasse, wenn man sich an etwas heranarbeiten will.« Seine Augen blitzten, und sein Mund lächelte, aber es war eine deutliche Abfuhr gewesen. »Übrigens, ich habe einige Ihrer Artikel gelesen. Ich glaube ... könnte es im *Playboy* gewesen sein?« Er war einen Moment verwirrt, sie sah nicht nach *Playboy* aus, aber er war sicher, daß er sich an einen Artikel aus der letzten Zeit erinnerte.

Sie nickte. »Es war ein Artikel über Vergewaltigung. Zur Abwechslung hatte ich Mitgefühl mit den Männern. Eigentlich ging es um falsche Beschuldigungen durch neurotische Frauen, die nichts Besseres zu tun haben, als sich einen Mann nach Hause mitzunehmen, es dann mit der Angst zu tun bekommen und ›Vergewaltigung‹ schreien.«

»Richtig. Das ist der Artikel, an den ich mich erinnere. Er hat mir gefallen.«

»Natürlich.« Sie versuchte, nicht zu lachen.

»Aber, aber. Das Komische ist, daß ich der Meinung war, ein Mann hätte ihn geschrieben. Klang wie vom Standpunkt eines Mannes aus. Wahrscheinlich habe ich deshalb erwartet, daß ein Mann das Interview durchführen würde. Ich bin wirklich nicht die Sorte Mann, die man von einer Frau interviewen läßt.«

»Warum nicht?«

»Weil ich mich manchmal ganz danebenbenehme, liebe Dame.« Er stieß ein tiefes, melodisches Lachen aus, und sie stimmte ein.

»Das machen Sie also. Macht es Ihnen wenigstens Spaß?«

Er sah plötzlich jungenhaft verlegen aus und nahm einen Schluck von seinem Kaffee. »Ja, schon möglich. Jedenfalls gelegentlich. Macht das Schreiben Spaß?«

»Ja. Ich liebe es. Aber die Bezeichnung ›Spaß‹ läßt an Oberflächliches denken. Wie eine Tätigkeit, die man als Hobby betreibt. So sehe ich meine Aufgabe nicht. Für mich ist das Schrei-

ben wichtig. Sogar sehr. Es ist real, mehr als vieles andere.« Sein
stummer Blick drängte sie seltsam in die Defensive. Als hätte er in
aller Stille den Spieß umgedreht und würde jetzt sie interviewen.

»Was ich tue, ist auch für mich wichtig. Und real.«

»Das konnte ich an Ihrem Buch feststellen.«

»Sie haben es gelesen?« Er schien überrascht, und sie nickte.

»Es hat mir gefallen.«

»Das neue ist besser.«

Und so bescheiden, Mr. Johns, so bescheiden. Er war schon
ein komischer Kauz.

»Das jetzige ist weniger gefühlsbetont, vom Sachlichen her
besser. Das ist mir klar.«

»Erste Bücher sind immer gefühlsbetont.«

»Haben Sie schon eines geschrieben?« Wieder hatte er den
Spieß umgedreht.

»Noch nicht. Ich hoffe, es ist bald soweit.« Plötzlich ärgerte sie
sich. Sie war die Professionelle, hatte in den letzten sieben Jahren
hart an ihrer Weiterentwicklung gearbeitet, und dennoch hatte
er nicht eines, sondern sogar schon zwei Bücher geschrieben. Sie
beneidete ihn darum. Darum und um eine Menge anderer Dinge.
Um seinen Stil, seinen Mut, seine Bereitschaft, seinem Gefühl zu
folgen und sich wild für alles zu engagieren, woran er glaubte ...
aber er hatte ja auch nichts zu verlieren. Dann dachte sie an seine
tote Frau und das Kind und ahnte die Zärtlichkeit, die irgendwo
tief in ihm verborgen liegen mußte.

»Ich habe noch eine Frage, dann können Sie auf den Artikel
eingehen. Wofür steht das ›K‹? Irgendwie klingt K. S. Miller nicht
wie ein Name.«

Sie lachte, und für einen kurzen Moment war sie nahe daran,
ihm die Wahrheit zu gestehen: Kezia. Das »K« steht für Kezia,
und das Miller ist eine Tarnung. Er war die Art Mann, dem man
nur die Wahrheit sagte. Mit weniger konnte man ihm nicht entwischen, und man hätte es auch nicht gewollt. Aber sie mußte
vernünftig denken. Es wäre unklug, ihre Zukunft für einen Augenblick Ehrlichkeit aufs Spiel zu setzen. Schließlich war Kezia
ein ungewöhnlicher Name, und vielleicht würde er irgendwo, irgendwann ein Foto von ihr sehen, und das nächste wäre dann ...

»Das ›K‹ steht für Kate.« Der Vorname ihrer Lieblingstante.

»Kate. Ein vernünftiger Name. Kate Miller. Kate. Die vernünftige Millerin.« Er zündete sich eine Zigarette an, und sie hatte das Gefühl, daß er sich über sie lustig machte, aber er war dabei nicht unfreundlich. Sein Blick erinnerte sie wieder an ihren Vater. Sie waren einander auf merkwürdige Weise ähnlich ... etwa die Art, wie er lachte ... wie er sie fixierte, als würde er alle ihre Geheimnisse kennen und warte nur darauf, daß sie sie preisgab, um zu sehen, ob sie darauf eingehen würde, als ob sie ein Kind wäre, das spielte, und er sie durchschaute. Aber was konnte dieser Mann eigentlich von ihr wissen? Nichts. Außer daß sie gekommen war, um ihn zu interviewen, und daß ihr Vorname Kate war.

»Also gut, Lady, bestellen wir ein Frühstück und machen wir uns an die Arbeit.« Spaß und Spiele waren vorbei.

»In Ordnung. Mr. Johns, ich bin bereit, wenn Sie es sind.« Sie nahm den Block mit den gekritzelten Notizen vom vergangenen Abend heraus, einen Kugelschreiber aus ihrer Handtasche und lehnte sich erwartungsvoll zurück.

Er redete zwei Stunden lang mit erstaunlicher Offenheit über seine sechs Gefängnisjahre. Darüber, wie es war, mit einer Rahmenstrafe als Damoklesschwert zu leben, was er ihr so erklärte: eine typisch kalifornische Eigenart, Menschen zu Strafen von »fünf Jahren bis lebenslänglich« oder »drei bis lebenslänglich« zu verurteilen, wobei die Kommission für bedingte Haftentlassungen oder die Gefängnisbehörden die zu verbüßende Strafzeit zu bestimmen hatten. Sogar der Richter, der die Strafe verhängte, war nicht Herr über die Zeit, die ein Mensch im Gefängnis verbrachte. Wenn man einmal zu einer Rahmenstrafe verdonnert worden war, konnte man buchstäblich sein Leben lang im Gefängnis schmachten, und das traf auch auf viele Häftlinge zu, die vergessen, verloren, längst über Rehabilitation oder die Hoffnung auf Befreiung hinaus waren, bis es ihnen gleichgültig war, wann und ob sie freikommen würden. Es kam eine Zeit, da spielte es keine Rolle mehr.

»Aber sie konnten es kaum erwarten, mich loszuwerden«, sagte er mit einem schiefen Grinsen. »Ich fiel ihnen fürchterlich auf den Wecker. Einen Organisator kann niemand leiden.«

Er hatte mit anderen Gefangenen Komitees für bessere Arbeitsbedingungen, objektivere Verhöre, anständige Besuchsbedingungen für ihre Ehefrauen und erweiterte Studienmöglichkeiten organisiert. Er hatte sich zum Wortführer für sie alle aufgeschwungen.

Er erzählte ihr auch, wofür er ins Gefängnis gekommen war, und sprach erstaunlich emotionslos darüber. »Ich war achtundzwanzig Jahre alt und noch sehr dumm. Ich wollte das Schicksal herausfordern und war von dem Leben, das ich führte, gelangweilt. Es war Silvester, ich war stockbesoffen, nun ja ... den Rest kennen Sie. Bewaffneter Überfall, nicht allzu kaltblütig, gelinde ausgedrückt. Ich überfiel einen Schnapsladen mit einem Revolver, der gar nicht gebrauchsfähig war, und erbeutete zwei Kisten Bourbon, eine Kiste Champagner und ganze hundert Dollar. Die hundert Eier wollte ich gar nicht, aber die Besitzer gaben sie mir, also nahm ich sie. Ich wollte nur den Alkohol, um mit meinen Kumpeln zu feiern. Ich fuhr nach Hause und schmiß eine Bombenparty. Bis ich kurz nach Mitternacht ins Gefängnis abgeführt wurde ... Glückliches Neues Jahr!« Er grinste hilflos, dann wurde sein Gesicht ernst. »Jetzt klingt es komisch, aber damals war es das nicht. Man bricht so manchem das Herz, wenn man sich so etwas zuschulden kommen läßt.«

Die Folgen erschienen Kezia unangemessen. Zugegeben, die Tat war ein Verbrechen. Aber sechs Jahre Gefängnis und der Tod seiner Frau für drei Kisten Alkohol? Ihr drehte sich langsam der Magen um, während sie an das Leben im La Grenouille und Maxim und Annabel dachte. Lunches für hundert Dollar und Vermögen, die für Ströme von Wein und Champagner ausgegeben wurden. In diesen piekfeinen Schlemmerlokalen bestellte allerdings niemand seinen Champagner mit einer Schußwaffe.

Seine Jugend in Kansas überging Lucas taktvoll mit Schweigen. Eine ereignislose Periode, in der seine brennendsten Probleme seine Größe und sein Erlebnishunger waren, die sich beide in keinem Verhältnis zu seinem Alter und zu seiner gesellschaftlichen Stellung befanden. Trotz Simpsons Warnung, daß Luke sich persönlichen Fragen gegenüber verschlossen zeigen könnte, fand Kezia in ihm einen offenen, ungezwungenen Gesprächspartner.

Am Ende des Vormittags hatte sie das Gefühl, alles über ihn zu wissen, und sie machte schon lange keine Notizen mehr. Es war leichter, dem Mann einfach zuzuhören und so seine Psyche zu erforschen – die politischen Ansichten, die speziellen Interessen, die Ziele, die Erfahrungen, die Männer, die er schätzte, und jene, die er ablehnte. Sie würde sich das alles später konzentrierter ins Gedächtnis zurückrufen.

Was sie am meisten überraschte, war das Fehlen von Verbitterung. Er war entschlossen, zornig, zielbewußt, arrogant und zäh. Aber er verfocht auch leidenschaftlich seine Überzeugungen und zeigte Menschen gegenüber, an denen ihm etwas gelegen war, Mitgefühl. Und er lachte gern. Sein tiefes Lachen erklang oft in dem kleinen Wohnzimmer seiner Suite, während sie ihm Fragen stellte und er sie mit Episoden aus längst vergangenen Tagen unterhielt. Es war lang nach elf, als er sich streckte und aufstand.

»Ich sage es ungern, Kate, aber wir müssen jetzt Schluß machen. Ich halte zu Mittag noch eine Rede vor einer Gruppe und muß vorher noch einiges erledigen. Würde Sie ein weiterer Vortrag von mir interessieren? Sie sind eine gute Zuhörerin. Oder müssen Sie schon zurück nach New York?« Er ging in dem Raum herum, steckte Papiere und Kugelschreiber in die Taschen und sah sich mit einem Blick, den man nur für Freunde übrig hat, nach ihr um.

»Beides. Ich sollte zurückfliegen, möchte Sie aber gern noch einmal sprechen hören. Um was für eine Gruppe handelt es sich?«

»Psychiater. Das Thema ist ein Bericht aus erster Hand über die psychologischen Folgen des Aufenthalts im Gefängnis. Und sie werden vermutlich hören wollen, wie real die Bedrohung durch Psychochirurgie im Gefängnis ist. Sie fragen immer danach.«

»Sie meinen zum Beispiel Lobotomien?«

Er nickte.

»Kommt es oft vor?« Sie war verblüfft.

»Sogar ›selten‹ ist zuviel. Ich glaube aber nicht, daß es oft passiert. Vielleicht gelegentlich. Lobotomien, Schocktherapie, eine Menge übler Praktiken.«

Sie nickte beeindruckt und warf einen Blick auf die Uhr.

»Ich werde meine Sachen holen und Sie dort treffen.«

»Sind Sie in einem Hotel hier in der Gegend abgestiegen?«

»Nein, mein Agent hat mir die Wohnung einer Bekannten von ihm besorgt.«

»Das ist angenehm.«

»Sehr.«

»Soll ich Sie hinbringen?« Er fragte es leichthin, während sie zur Tür gingen.

»Ich ... nein ... danke, Luke. Ich muß unterwegs noch etwas besorgen. Ich treffe Sie also bei Ihrem Vortrag.«

Er ließ es dabei bewenden, nickte jedoch zerstreut, während sie auf den Fahrstuhl warteten. »Es wird mich interessieren, Ihren Artikel zu lesen, wenn er erscheint.«

»Ich werde Ihnen von meinem Agenten Belegseiten schicken lassen, sobald wir sie bekommen.«

Er verabschiedete sich von ihr vor dem Hotel, sie ging zur Kreuzung und winkte einem Taxi. Es war ein schöner Tag, und wenn sie mehr Zeit gehabt hätte, wäre sie zu Fuß zu ihrer Wohnung auf dem Lake Shore Drive gegangen. Es war ein warmer Herbsttag mit klarem Himmel, und als sie das Apartmenthaus erreichte, sah sie Segelboote über den See gleiten.

In der geisterhaften Wohnung hallten ihre Schritte, als sie über die Treppe hinauflief, um ihre Reisetasche zu holen; sie zog die Schutzdecke über das ordentlich gemachte Bett und ließ das Rouleau herunter. Sie hätte gern gewußt, was Luke dazu sagen würde. Es paßte nicht zu Kates Image. Unbewußt dachte sie sich, daß er nicht einverstanden wäre. Oder vielleicht hätte er es belustigend gefunden, und sie hätten gemeinsam die Schutzhüllen von den Möbeln gezogen, im Kamin Feuer angezündet, und sie hätte unten auf dem Konzertpiano einen Honky-tonk-Blues gespielt – um ein wenig Leben in die Bude zu bringen. Ein komischer Gedanke, so etwas mit Luke aufzuführen. Aber er sah aus, als könne man mit ihm lustig sein, mit ihm lachen, ihn necken und mit ihm herumalbern. Er gefiel ihr, und er hatte keine Ahnung, wer sie war. Es war ein sicheres, glückliches Gefühl, und sie hatte schon etliche gute Ideen für ihren Artikel.

Lukes Vortrag war interessant, und die Gruppe zeigte sich aufgeschlossen. Kezia machte sich einige Notizen und schnipselte zerstreut an dem Steak auf ihrem Teller herum. Luke saß an einem langen, mit Blumen bestreuten Tisch an der Frontseite des Raumes, und man hatte ihr einen Platz in seiner Nähe zugewiesen. Er blickte gelegentlich mit einem mutwilligen Lachen in den smaragdgrünen Augen zu ihr hinüber. Einmal hob er stumm sein Glas in ihre Richtung und zwinkerte. Sie hätte am liebsten inmitten der nüchtern geschäftsmäßigen Psychiater gelacht. Sie hatte das Gefühl, Luke besser zu kennen als jeder der Anwesenden, vielleicht sogar besser als jeder andere. Er hatte ihr an diesem Vormittag so viel von seiner Lebensgeschichte erzählt; er hatte ihr einen Blick in seine Intimsphäre gewährt, obwohl Simpson prophezeit hatte, daß er es ihr nie gestatten würde. Schade, daß sie Vertrauen nicht mit Vertrauen vergelten konnte.

Ihr Flugzeug ging um drei Uhr, und sie mußte das Lokal daher um zwei verlassen. Er hatte seinen Vortrag soeben beendet, als sie aufstand. Er hatte auf dem Podium Platz genommen und wurde von der üblichen Schar von Bewunderern umringt. Sie wollte zuerst in aller Stille verschwinden, ohne ihn mit Dankesworten und Lebewohl zu belästigen, hatte aber das Gefühl, daß es nicht richtig war. Sie wollte ihm wenigstens noch ein paar Worte sagen. Es schien ihr ungehörig, vier Stunden lang die Nase in die Angelegenheiten eines Mannes zu stecken und dann sang- und klanglos zu verschwinden. Aber es war fast unmöglich, sich durch die Menge zu ihm durchzukämpfen, und als es ihr schließlich gelang, stand sie unmittelbar hinter ihm, während er sich von seinem Platz aus angeregt mit jemandem unterhielt. Sie legte ihm leicht die Hand auf die Schulter und war erstaunt, als er zusammenzuckte. Sie hatte in ihm keinen Mann gesehen, der leicht erschrak.

»Es ist äußerst riskant, so etwas bei einem Mann zu versuchen, der sechs Jahre im Knast verbracht hat.« Sein Mund lächelte, aber seine Augen waren ernst, fast ängstlich. »Ich werde nervös, wenn jemand hinter mir steht. Das ist schon ein unbewußter Reflex geworden.«

»Es tut mir leid, Luke. Ich wollte mich nur verabschieden. Ich muß mein Flugzeug erreichen.«

»Okay, nur einen Moment.« Er stand auf, um sie ins Vestibül zu begleiten, und sie ging zu ihrem Tisch und holte ihren Mantel. Luke wurde unterwegs aufgehalten und von einer Gruppe von Männern umringt, während sie unruhig in der Nähe der Tür stand, bis sie nicht länger warten konnte. Unhöflich oder nicht, jetzt mußte sie gehen. Sie wollte das Flugzeug nicht versäumen. Mit einem letzten Blick in seine Richtung verließ sie unauffällig den Raum, durchquerte das Vestibül und holte ihre Reisetasche vom Portier, während er die Tür eines Taxis öffnete.

Sie lehnte sich zurück und lächelte zufrieden. Es war eine lohnende Reise gewesen, und es würde ein interessanter Artikel werden. Sie sah Luke nicht, der mit umwölkter Stirn und enttäuschtem Gesicht in der Eingangstür stand.

»Verdammt!« Also gut, Miß Kate Miller. Wir werden ja sehen. Er ging wieder hinein. Sie hatte ihm gefallen. Sie war so verwundbar, so drollig ... die Art kleiner Frauen, die man am liebsten in die Luft werfen und mit den Armen auffangen würde.

»Haben Sie die junge Dame noch eingeholt, Sir?« Der Portier hatte gesehen, wie er lief.

»Nein.« Er grinste breit, fast lachte er. »Aber das kommt noch.«

9

»Mich angerufen? Was meinen Sie damit, er hat mich angerufen? Ich bin soeben zur Tür hereingekommen. Und wieso konnte er Sie erreichen?« Kezia war blaß vor Zorn über Simpson.

»Beruhigen Sie sich, Kezia. Er hat vor mehr als einer Stunde angerufen, ich nehme an, daß das Magazin ihn an mich verwiesen hat. Es ist nichts dabei, und er war außerdem überaus höflich.«

»Was wollte er?« Während sie sprach, zog sie sich aus, und das Wasser floß schon in die Badewanne. Es war fünf Minuten vor sieben, und Whit hatte gesagt, daß er sie um acht abholen würde. Sie sollten um neun auf einer Party erscheinen.

»Er meinte, daß der Artikel nicht vollständig ist, wenn Sie nicht über die morgige Besprechung in Washington über den Baustopp von Gefängnissen berichten. Und er wäre Ihnen dankbar, wenn Sie den Artikel erst absenden, sobald Sie das neue Material hinzugefügt haben. Es klingt durchaus plausibel, Kezia. Wenn Sie nach Chicago geflogen sind, können Sie sicherlich auch noch auf einen Nachmittag einen Abstecher nach Washington machen.«

»Wann findet die Veranstaltung statt, zu der ich kommen soll?« Verdammter Lucas Johns. Er war eine Plage oder zumindest äußerst egozentrisch. Sie hatte den Entwurf des Artikels im Flugzeug skizziert, und das reichte. Ihr Triumphgefühl verflüchtigte sich jetzt rasch. Einem Mann, der anrief, kaum daß sie aus dem Flugzeug gestiegen war, konnte man zutrauen, daß er sie ausfindig machen würde.

»Das Treffen findet morgen nachmittag statt.«

»Verdammt. Wenn ich das Flugzeug nehme, wird mich wahrscheinlich irgendein Gesellschaftsreporter erkennen, der glaubt, ich fliege zu einer Party hinüber, und er wird dann versuchen, auf die schnelle Tour eine Neuigkeit zu ergattern. Dann kann es mir passieren, daß ich die *paparazzi* auf dem Hals habe.«

»Das ist doch auf dem Flug nach Chicago auch nicht passiert, oder?«

»Nein, aber Sie wissen, daß Washington bedeutend näher bei meinem Wohnsitz ist. Nach Chicago fliege ich nie. Vielleicht sollte ich morgen mit dem Wagen hinfahren und ... o Gott, die Badewanne! Bleiben Sie am Apparat!«

Simpson wartete, während sie den Wasserhahn abdrehte. Sie klang nervös, und er nahm an, daß die Reise hektisch verlaufen war. Aber es hatte ihr gutgetan, daran bestand kein Zweifel. Sie hatte es mutig durchgestanden, das Interview gemacht, und Gott sei Dank hatte sie niemand erkannt. Wäre es der Fall gewesen, hätte er sich endlose Vorwürfe anhören können. Nun wußte er schon jede Menge Interviews, die sie durchführen konnte. Und Johns hatte ihre Arbeitsweise offensichtlich zugesagt. Er hatte erwähnt, daß er ihr vier Stunden Rede und Antwort gestanden hatte. Sie mußte es gut hingekriegt haben, und da Johns »Miß

Miller« beiläufig erwähnte, hatte er offenkundig nicht die leiseste Ahnung, wer seine Interviewerin war. Wo lag also ihr Problem? Warum war sie so nervös? Sie kam seufzend wieder zum Apparat. »Ertrinken Sie dort drüben?«

»Nein.« Dann lachte sie müde. »Ich weiß nicht, Jack, es tut mir leid, daß ich Sie angefahren habe, aber es macht mich wirklich nervös, dieses Interview so nahe bei New York zu machen.«

»Aber beim heutigen ging doch alles gut, oder?«

»Ja. Sehr gut. Aber halten Sie das Treffen wirklich für so wesentlich für den Artikel, oder befindet sich Luke Johns auf einem Startrip und verlangt mehr Aufmerksamkeit?«

»Er hat bei seinem Anruf ein stichhaltiges Argument vorgebracht. Es handelt sich um eine andere Seite seiner Tätigkeit und könnte dem Artikel eine Menge zusätzlicher Aussagen verleihen. Atmosphäre, wenn sonst nichts. Es hängt von Ihnen ab, aber meiner Ansicht nach könnte es nicht schaden, wenn Sie hinüberfliegen. Ich weiß, weswegen Sie sich Sorgen machen, aber Sie haben ja in Chicago selbst gesehen, daß es keine Probleme gibt. Keine *paparazzi*, und er hat nicht die leiseste Ahnung, daß Sie nicht K. S. Miller heißen.«

»Kate.«

»Was?«

»Nichts. Ach, ich weiß nicht. Vielleicht haben Sie recht. Um wieviel Uhr beginnt das Treffen? Hat er es gesagt?«

»Um zwölf Uhr mittags. Er fliegt am Morgen von Chicago ab.« Sie dachte einen Moment nach, dann nickte sie.

»In Ordnung. Ich mache es. Ich könnte mit dem Pendelverkehr fliegen. Das ist unauffälliger. Und ich könnte mit Leichtigkeit morgen abend wieder zurück sein.«

»Ausgezeichnet. Wollen Sie Johns selbst anrufen, um Ihr Kommen anzukündigen, oder soll ich es tun? Er hat um einen Rückruf gebeten.«

»Warum? Damit er noch zeitgerecht einen anderen Biographen heranholen kann, wenn ich nicht komme?«

»Aber, aber, seien Sie doch nicht bissig.« Simpson kicherte unwillkürlich. Mitunter brauchte sie einen Tritt in die Kehrseite.

»Nein, er erwähnte, daß er Sie vom Flugplatz abholen wollte.«

»Scheiße.«

»Was?« Simpson klang leicht schockiert. Er war diesen Ton von ihr viel weniger gewohnt als Edward, der zwar vom selben Jahrgang, aber etwas weniger etepetete war.

»Tut mir leid. Nein, ich werde ihn selbst anrufen. Und ich will nicht abgeholt werden.«

»Diesen Entschluß halte ich für sehr vernünftig. Soll ich ein Zimmer für Sie bestellen, in dem Sie übernachten können? Wenn es ein Hotel sein soll, könnten wir es mit den Kosten des Flugtickets dem Magazin in Rechnung stellen.«

»Nein, ich komme lieber nach Hause. Übrigens, die Wohnung, die Sie mir in Chicago besorgt haben, war phantastisch. Das muß ein herrliches Heim sein, wenn es nicht eingemottet ist.«

»Das war es früher ... das war es früher. Es freut mich, daß es Ihnen gefallen hat. Vor vielen Jahren habe ich dort schöne Stunden verbracht.« Er verlor sich einen Moment in Erinnerungen, dann hatte seine Stimme wieder den nüchternen Ton. »Sie kommen also morgen abend wieder nach Hause?«

»Genau.« Sie wollte nach SoHo, zu Mark. Seit ihrem letzten Besuch waren mehrere Tage vergangen! Und heute hatte sie noch diese verdammte Party im El Morocco mit Whit hinter sich zu bringen. Hunter Forbishe und Juliana Watson-Smythe gaben ihre Verlobung bekannt, als ob sich das nicht schon überall herumgesprochen hätte. Zwei von den langweiligsten, reichsten Leuten in der Stadt, und zu Kezias Pech war Hunter ihr Vetter zweiten Grades. Die Party würde sicherlich stinklangweilig werden, aber El Morocco war wenigstens unterhaltsam. Sie war seit dem Frühsommer nicht mehr dort gewesen.

Und diese verdammten Langweiler verlobten sich nicht nur, sondern sie hatten für ihre Party auch noch eine Devise ausgegeben. Schwarz und Weiß. Was für ein Spaß wäre es doch gewesen, dort mit ihrem Freund und Tänzer George aus SoHo aufzukreuzen. Schwarz und Weiß ... oder auch mit Lucas, dessen Haare genauso schwarz waren wie Kezias, dessen Haut genauso weiß war wie die ihre. Was für eine absurde Idee – damit hätten die anderen Gesprächsstoff für ein Jahr. Nein, sie mußte sich mit Whitney bescheiden, aber es war jammerschade. Bei so einer Party wäre es mit Luke lustig gewesen, lustig und skanda-lös. Sie lachte laut, während sie in ihr Schaumbad versank. Sie würde ihn anrufen, sobald sie angezogen war, um ihm zu sagen, daß sie ihn morgen in Washington treffen würde. Aber zuerst mußte sie sich ankleiden, und für eine solche Party benötigte das seine Zeit. Sie hatte sich schon längst entschlossen, was sie zu der reizenden Soiree in Schwarz und Weiß tragen würde. Das creme-farbene Spitzenkleid im Empirestil mit dem großen Dekolleté lag schon auf ihrem Bett, dazu ein schwarzes Moiré-Cape, das neue enge Halsband von David Wegg und Ohrringe, die sie sich selbst letzte Weihnachten geschenkt hatte; ein Onyxset mit zahlreichen prachtvollen Steinen, natürlich Brillanten. Mit neunundzwanzig hatte sie aufgehört, darauf zu warten, daß ihr ein Kavalier so ein Geschenk machte. Sie kaufte es sich selbst.

»Lucas Johns, bitte.« Sie wartete, während man in seinem Zim-mer anrief. Er klang schläfrig, als er sich meldete. »Luke? Ke ... Kate.« Beinahe hätte sie Kezia gesagt.
    »Ich wußte nicht, daß Sie stottern.«
    Sie lachte, und er erwiderte es.
    »Ich stottere nicht. Ich bin nur sehr in Eile. Jack Simpson hat mich angerufen. Ich werde morgen hinüberfliegen, um über die-ses Treffen zu berichten. Warum haben Sie heute vormittag nicht erwähnt, daß Sie der Ansicht sind, ich sollte kommen?«
    »Ich dachte erst daran, als Sie schon gegangen waren. Ich glaube aber, Sie brauchen diese Besprechung, um das Ganze abzurunden. Soll ich Sie vom Flughafen abholen?«
    »Nein, danke. Ich komme schon zurecht. Sagen Sie mir nur, wo ich Sie treffen kann.« Er gab seine Adresse an, und sie no-tierte sie, während sie in dem Spitzenkleid und dem schwarzen Moiré-Cape an ihrem Schreibtisch stand, zarte schwarze Seiden-sandalen an den Füßen und an jedem Arm ein Brillantarmband ihrer Mutter trug. Dann fing sie zu lachen an.
    »Was ist denn so komisch?«
    »Ach, eigentlich nichts. Nur das Zeug, das ich anhabe.«
    »Was tragen Sie denn, Miß Miller?« Er amüsierte sich offen-bar.

»Etwas schrecklich Albernes.«

»Klingt sehr geheimnisvoll für mich. Ich bin nicht sicher, ob Sie damit Lederstiefel bis zur Hüfte und eine Peitsche meinen oder einen mit Talmi besetzten Bademantel.«

»Ein wenig von beidem. Auf Wiedersehen bis morgen, Luke.« Sie legte auf, und im gleichen Augenblick läutete es an der Tür; Whitney erschien, frisch und elegant wie immer. Für ihn war Schwarz und Weiß natürlich kein Problem gewesen. Er trug ein Dinnerjackett und eines von den Hemden, die er sich in Paris anfertigen ließ.

»Wo warst du den ganzen Tag? Du meine Güte ... siehst du blendend aus!«

Sie tauschten ihr übliches angedeutetes Küßchen, und er ergriff ihre Hände und hob ihre Arme hoch. »Ist das etwas Neues? Ich glaube nicht, daß ich dieses Kleid schon gesehen habe.«

»Beinahe neu. Ich trage es nicht oft. Und ich habe den ganzen Tag bei Edward verbracht. Wir haben ein neues Testament aufgesetzt.« Sie griff nach ihrer Handtasche. Lügen, Lügen, Lügen. Es war noch nie so gewesen. Aber als sie rasch ins Vestibül ging, wußte sie, daß es noch schlimmer kommen würde. Whit anlügen, Mark anlügen, Luke anlügen. »Macht das Schreiben Spaß?« Ihr fiel Lukes Frage ein, während der Fahrstuhl sie hinunter ins Vestibül brachte, und als sie an den Ausdruck seiner Augen dachte, runzelte sie die Stirn. Es war nicht anklagend gewesen, nur neugierig. Aber nein, verdammt noch mal! Sie schrieb nicht bloß zum Spaß. Es war real. Aber wie real konnte etwas sein, wenn man alles, was man tat, in Lügen hüllte?

»Bist du soweit, Schatz?« Whit wartete vor dem Fahrstuhl auf sie, sie hatte ihn einen Moment regungslos angesehen, während sie Lukes Augen gesehen, seine Stimme gehört hatte.

»Tut mir leid, Whit. Ich muß müde sein.« Sie drückte seinen Arm, während sie zu der wartenden Limousine hinausgingen.

Um zehn war sie betrunken.

»Mein Gott, Kezia, bist du sicher, daß du gehen kannst?« Marina sah zu, wie sie in der Damentoilette im El Morocco die Strümpfe hinauf- und das Kleid hinunterzog.

»Natürlich kann ich gehen!« Aber sie schwankte sehr und mußte unaufhörlich lachen.

»Was ist mit dir los?«

»Nichts, seit Luke, ich meine Duke ... verdammt, ich meine seit dem Frühstück.« Sie hatte kaum Zeit gefunden, den Lunch anzurühren, bevor sie das Flugzeug in O'Hare bestiegen hatte, und sie hatte sich nicht die Mühe gemacht, zu Abend zu essen.

»Kezia, du bist verrückt. Möchtest du Kaffee?«

»Nein, Tee. Nein ... Kaffee. Nein! Chaaampaaagner.« Sie dehnte das Wort, und Marina lachte.

»Du bist wenigstens eine freundliche Betrunkene. Vanessa Billingsley ist vollkommen blau und hat soeben Mia Hargreaves ein verrücktes Luder genannt.« Kezia kicherte, und Marina zündete sich eine Zigarette an und setzte sich, während Kezia verzweifelt versuchte, sich ins Gedächtnis zu rufen, was Marina eben gesagt hatte. Mia hatte Vanessa ein ... nein, Vanessa hatte Mia ... wenn es ihr nur wieder einfiel, wäre es ein guter Gag für die Kolumne. Und hatte sie nicht früher gehört, daß Patricia Morbang schwanger war? War das richtig? Oder war jemand anderer schwanger? Es fiel ihr so schwer, sich zu erinnern.

»Ach, Marina, es ist so schwer, sich an alles zu erinnern.«

Marina deutete ein Lächeln an und schüttelte den Kopf.

»Kezia, mein Schatz, du bist blau. Verdammt noch mal, wer ist es nicht? Es muß nach drei sein.«

»Meine Güte, ist das wahr? Und ich muß morgen früh aufstehen. Verflixt.« Marina lachte wieder, als Kezia sich auf dem weißen Sofa der Damentoilette räkelte und aussah wie ein Kind, das soeben von der Schule nach Hause gekommen ist, das weiße Spitzenkleid war zerknittert wie ein Nachthemd, die Brillanten glitzerten an ihren Handgelenken wie ein von ihrer Mutter ausgeliehenes Spielzeug, mit dem sie sich die Langeweile eines Regentages vertreiben wollte.

»Whit wird sehr böse sein, wenn ich betrunken bin.«

»Sag ihm, es ist die Grippe. Ich glaube nicht, daß der arme Bastard den Unterschied kennt.« Beide lachten, und Marina half ihr auf die Füße. »Du solltest wirklich nach Hause fahren.«

»Ich möchte viel lieber tanzen. Whit tanzt sehr gut, weißt du.«

»Muß er ja wohl.« Marina sah sie scharf und lange an, aber die Andeutung war an Kezia verschwendet. Sie war zu betrunken, um sie zu bemerken oder sich darum zu scheren.

»Marina?« Kezia sah noch kindlicher aus, als sie die Freundin ansah.

»Was denn, Schatz?«

»Liebst du Halpern wirklich?«

»Nein, Kind, ich liebe ihn nicht. Aber ich liebe die Seelenruhe, die er mir geben könnte. Ich habe genug von dem Versuch, es mit den Kindern allein zu schaffen. Und in sechs Monaten müßte ich mein Haus verkaufen.«

»Liebst du ihn kein kleines bißchen?«

»Nein. Aber ich mag ihn sehr«, meinte Marina zynisch und belustigt.

»Liebst du denn niemanden? Hast du vielleicht einen heimlichen Liebhaber? Du mußt doch jemanden lieben.« Oder nicht?

»Und du? Denk einmal nach. Liebst du Whit?«

»Natürlich nicht.« Ein kleiner Wecker klingelte in ihrem Kopf. Sie redete zuviel.

»Wen liebst du denn, Kezia?«

»Dich, Marina. Ich liebe dich sehr, sehr, sehr!« Sie legte ihrer Freundin kichernd die Arme um den Hals. Marina erwiderte das Lachen und löste Kezias Hände sanft von ihrem Hals.

»Kezia, mein Schatz, du liebst Whit zwar nicht, aber an deiner Stelle würde ich mich von ihm nach Hause bringen lassen. Du hast so ziemlich genug.« Sie verließen Arm in Arm die Damentoilette. Whitney wartete vor der Tür. Er hatte bemerkt, daß Kezia verdächtig schwankte, als sie den Raum vor einer halben Stunde verlassen hatte.

»Fühlst du dich gut?«

»Wunderbar.« Whit und Marina sahen einander an, und Whitney zwinkerte.

»Natürlich geht es dir wunderbar. Aber hör mal, Liebling, ich bin auch wunderbar müde. Wir sollten mit der Nacht Schluß machen.«

»Nein, nein! Ich bin gar nicht müde. Machen wir erst mit dem Morgen Schluß!« Kezia fand plötzlich alles schrecklich komisch.

»Sehen wir lieber zu, daß du hier verschwindest, Kezia, bevor du morgen in Martin Hallams Klatschspalte stehst: ›Kezia Saint Martin war sternhagelvoll, als sie gestern das El Morocco mit ... wäre das nicht reizend?‹« Kezia lachte schallend über Marinas Warnung.

»Das kann mir nicht passieren!« Whitney und Marina lachten wieder, und Kezia liefen vor Lachen Tränen über die Wangen.

»Wirklich nicht? Es kann jedem von uns passieren.«

»Aber mir nicht. Ich bin ... ich kenne ihn gut.«

»Genauso gut wie Jesus Christus, nehme ich an.« Marina klopfte ihr auf die Schulter und kehrte zu der Party zurück, während Whitney den Arm um Kezia legte und sie zur Tür führte. Er hatte ihr schwarzes Cape über den Arm genommen und trug ihre kleine schwarze Perlenhandtasche.

»Ich bin schuld daran, Liebste. Ich hätte dich zum Dinner ausführen sollen, bevor wir hierher kamen.«

»Das konntest du nicht.«

»Natürlich konnte ich. Ich habe mein Büro heute früher verlassen, um im Raquet Club eine Partie Squash zu spielen.«

»Nein, du konntest nicht. Ich war in Chicago.« Er verdrehte die Augen und legte ihr das Cape um die Schultern.

»Schon gut, Liebling, schon gut. Natürlich warst du dort.« Sie begann von neuem zu kichern, während er sie hinausführte. Dann tätschelte sie ihm liebevoll die Wange und sah ihn merkwürdig an.

»Armer Whitney.« Er beachtete es nicht, er war viel zu sehr damit beschäftigt, sie in ein Taxi zu setzen.

Er setzte sie in ihrem Wohnzimmer ab und verabreichte ihr einen leichten Klaps auf den Po, damit sie sich ins Schlafzimmer begab. Allein.

»Geh schlafen, Mademoiselle. Ich rufe dich morgen an.«

»Aber spät! Sehr spät.« Eben war ihr eingefallen, daß sie den ganzen Tag in Washington sein würde. Mit einem fürchterlichen Katzenjammer.

»Darauf kannst du dich verlassen! Ich würde es nicht wagen, dich vor drei anzurufen.«

»Lieber um sechs!«

Sie schloß hinter ihm die Tür und sank in einen der blauen Fauteuils im Wohnzimmer. Sie war betrunken. Hoffnungslos, total, wundervoll betrunken. Und nur wegen eines Fremden namens Luke. Den sie morgen sehen würde.

10

Das Bild war verschwommen, und die Züge waren undeutlich, aber es war eindeutig Kate. Ihre Haltung war unverkennbar, wie sie den Kopf neigte, ihre Größe. Die Ehrenwerte Kezia Saint Martin in irgendeiner Schwarzweiß-Aufmachung. Von Givenchy, hieß es in der Zeitung, und sie trug die berühmten Brillantarmbänder ihrer Mutter. Erbin von mehreren Vermögen, in Stahl, Öl usw. Kein Wunder, daß sie am Telefon gelacht hatte, als sie sagte, sie trage »etwas Komisches«. Auch Luke fand es recht komisch. Aber sie sah schön aus. Sogar in der Zeitung. Er hatte sie schon früher in Zeitungen gesehen, aber jetzt betrachtete er sie aufmerksam. Er kannte sie nun, und deshalb war es für ihn wichtig. Was für ein merkwürdiges Leben sie doch führte!

Er hatte die Unruhe unter ihrer Sicherheit und Vollkommenheit gespürt. Er wußte, daß der Vogel im goldenen Käfig innerlich starb. Er fragte sich, ob es ihr auch bewußt war. Und er wußte genau, daß er sie erreichen wollte, ehe es zu spät war.

Statt dessen mußten sie dieses verdammte Treffen aufsuchen, und er mußte weiterhin auf ihr Spiel eingehen. Sie mußte diejenige sein, die die Komödie »K. S. Miller« beendete. Das konnte nur sie tun. Er konnte ihr nur die Gelegenheit dazu bieten. Aber wie viele Gelegenheiten würde es noch geben? Wie viele Ausreden würden ihm noch einfallen? Wie viele Städte noch? Wie viele Treffen? Er wußte nur, daß er sie bekommen mußte, ganz gleich, wie lange es dauerte. Das Problem war, daß er nicht viel Zeit hatte. Das machte das Ganze noch verrückter.

Als Kezia eintraf, fand sie Luke inmitten von unbekannten Gesichtern in einem Büro. Telefone klingelten, Leute schrien, Nachrichten flogen durch die Luft, der Rauch war dicht, und er schien kaum zu bemerken, daß sie da war. Er winkte ihr einmal zu und sah sie dann den ganzen Nachmittag über nicht wieder an. Die Pressekonferenz war auf zwei Uhr vorverlegt worden, und in den Räumen herrschte den ganzen Tag das Chaos. Erst um sechs fand sie einen Platz, auf den sie sich setzte, steckte ihr Notizbuch in ihre Handtasche und akzeptierte gern von einem Fremden die Hälfte seines Schinkensandwiches. Das war genau der richtige Tag für einen Katzenjammer! Ihre Kopfschmerzen waren stündlich schlimmer geworden. Telefone, Leute, Reden, Statistiken, Fotos. Es war zuviel. Aktivität, Aufregung, Druck. Sie hätte gern gewußt, wie er das alles auf die Dauer aushielt, mit oder ohne Katzenjammer.

»Wollen Sie hier raus?«

»Das ist der beste Vorschlag, den ich heute gehört habe.« Sie lächelte ihm zu, und sein Gesicht wurde zum ersten Mal seit Stunden weich.

»Kommen Sie, wir gehen etwas Anständiges essen.«

»Ich müßte eigentlich zum Flughafen fahren.«

»Später. Vorher brauchen Sie eine Ruhepause. Sie sehen aus, als hätte Sie ein Lastwagen überfahren.« So fühlte sie sich auch. Zerknittert, müde, zerzaust. Lucas ging es nicht viel besser. Er wirkte müde, und fast den ganzen Nachmittag über hatte er ärgerlich gewirkt. Er hatte eine Zigarre in einer Hand, und er schien sich stundenlang die Haare gerauft zu haben.

Aber er hatte recht gehabt. Der Tag war das genaue Gegenteil der beiden Treffen gewesen, die sie in Chicago erlebt hatte. Das hier war der Kern, das Herz, wie er es nannte. Leidenschaftlich, erregt, fieberhaft. Hier waren die Aktivitäten intensiver, weniger höflich und viel realer. Hier schien Luke das Kommando zu führen, er war beinahe eine Art Gott. Er trug eine Heftigkeit zur Schau, die sie in Chicago nur flüchtig bemerkt hatte. Die Luft knisterte vor seiner speziellen Art von Energie, und seine Härte brach voll durch. Doch sein Gesicht wurde ein wenig freundlicher, als sie hinausgingen.

»Sie sehen müde aus, Kate. War es für Sie zuviel?« Es war keine Geringschätzigkeit, er sah besorgt aus.

»Nein, ich bin in Ordnung. Und Sie hatten recht. Es war ein interessanter Tag. Ich bin froh, daß ich hierhergekommen bin.«

»Ich auch.« Sie gingen einen langen Korridor voller Leute entlang, die unterwegs nach Hause waren. »Ich kenne ein ruhiges
Lokal, in dem wir jetzt schon das Abendessen bekommen können. Haben Sie soviel Zeit?« Sein Ton verriet ihr, daß er es erwartete.

»Natürlich. Gerne.« Warum sollte sie schleunigst heimkehren?
Zu wem? Zu Whitney? ... oder zu Mark? Doch plötzlich war
nicht einmal er mehr wichtig. Sie traten auf die Straße, und er
ergriff ihren Arm.

»Übrigens, was haben Sie gestern abend gemacht?« Er war neugierig, ob sie es ihm erzählen würde.

»Ich habe zuviel getrunken. Das habe ich seit Jahren nicht
mehr getan.« Das Bedürfnis, ihm alles zu erzählen, ohne es wirklich zu tun, war verrückt. Sie hätte ihm das Ganze erzählen können, wußte aber, daß sie es nicht tun würde.

»Sie haben zuviel getrunken?« Er blickte sie belustigt an. Sie
hatte sich also in dieser schwarzweißen Aufmachung mit den
Brillantarmbändern ihrer Mutter betrunken ... und mit dem
schwul aussehenden Kerl, mit dem sie beisammen war und der
zweifellos mißbilligend die Stirn gerunzelt hatte. Er sah sie deutlich vor sich. Ein Champagnerrausch. Gab es denn eine andere
Möglichkeit?

Sie gingen Seite an Seite, und sie blickte nach kurzem Schweigen nachdenklich zu ihm empor.

»Diese Gefängnissache ist wirklich wichtig für Sie, nicht wahr?
Ich meine, sie liegt Ihnen am Herzen?«

Er nickte bedächtig. »Merken Sie das nicht?«

»O doch. Ich bin nur ein bißchen überrascht, wieviel Sie von
sich selbst in die Sache investieren. Sie konzentrieren Ihre ganze
Energie auf dieses einzige Anliegen.«

»Mir ist es das wert.«

»Das muß es wohl sein. Aber gehen Sie nicht ein verdammt
großes Risiko ein, indem Sie sich mit diesen Problemen befassen
und so offen darüber sprechen? Soviel ich gehört habe, können
sie eine bedingte Haftentlassung aus geringeren Gründen widerrufen.«

»Und was habe ich verloren, wenn sie es tun?«

»Ihre Freiheit. Oder ist sie Ihnen gleichgültig?« Vielleicht machte es ihm nach sechs Jahren Gefängnis nichts mehr aus, obwohl sie fand, daß die Haft die Freiheit noch kostbarer machen mußte.

»Das ist nicht das Wesentliche. Ich habe meine Freiheit nie verloren, auch nicht, als ich im Knast saß. Ja, für eine Weile, aber sobald ich sie wiedergefunden hatte, blieb sie mir erhalten. Es klingt abgedroschen, aber niemand kann einem Menschen seine Freiheit rauben. Man kann seine Bewegungsfreiheit einschränken, aber das ist auch schon alles.«

»Also gut, nehmen wir an, sie schränken Ihre Bewegungsfreiheit wieder ein. Gehen Sie mit Ihrer öffentlichen Agitation – Reden, Konferenzen, Ihre Bücher, die Probleme der Gewerkschaften im Gefängnis – nicht ein großes Risiko ein? Ich habe den Eindruck, daß Sie einen Drahtseilakt abziehen.« Unbewußt wiederholte sie den Vortrag, den ihr Simpson gestern gehalten hatte.

»Das tun viele Leute. Im Gefängnis und außerhalb. Vielleicht ist auch Ihr Leben ein Drahtseilakt, Miß Miller. Na und? Es ist großartig, solange Sie nicht runterfallen.«

»Und niemand Sie hinunterstößt.«

»Lady, ich weiß nur, wie beschissen das ganze System ist. Ich kann dazu nicht den Mund halten. Wenn ich es täte, wäre mir mein Leben verdammt unwichtig. So einfach ist das. Und wenn ich am Ende einen Preis bezahle, war es mein eigener Entschluß. Ich bin bereit, dieses Risiko einzugehen. Außerdem glaube ich, daß die kalifornische Gefängnisbehörde nicht gerade scharf darauf ist, mich wieder unter ihre Fittiche zu nehmen. Ich habe ihnen ungeheure, mordsmäßige, erstklassige Unannehmlichkeiten bereitet.«

»Sie haben wirklich keine Angst davor, daß Ihr Straferlaß widerrufen wird?«

»Nein. Das geschieht nie.« Aber er sah sie dabei nicht an und wirkte plötzlich verkrampft. »Mögen Sie italienische Küche?«

»Klingt wunderbar. Ich bin nicht sicher, aber ich glaube, ich bin am Verhungern.«

»Da hilft nur *pasta*. Kommen Sie, nehmen wir dieses Taxi.« Er faßte sie an der Hand, lief über die Straße, öffnete ihr pflichtschuldig den Schlag, dann folgte er ihr in den Wagen und zwängte seine Beine in den engen Fond. »Mann, die müssen das für Zwerge bauen. Und Sie sitzen so bequem. Sie sollten Gott danken, daß Sie ein Pygmäe sind.« Er nannte dem Fahrer die Adresse des Restaurants, während sie beleidigt protestierte.

»Nur weil Sie eine Laune der Natur sind, Lucas Johns, bedeutet das noch lange nicht, daß Sie Ihre Probleme an ...«

»Aber, aber. Es ist doch ganz in Ordnung, wenn man ein Pygmäe ist.«

Sie sah ihn hochmütig an und schnaubte. »Eigentlich sollte ich Ihnen eine Ohrfeige geben, Mr. Johns, aber ich fürchte, daß ich Sie dabei verletzen könnte.«

Sie setzten diesen Ton den ganzen Abend fort. Locker, spielerisch, kameradschaftlich. Es war angenehm, mit ihm beisammen zu sein. Erst als der Espresso serviert wurde, wurden die beiden nachdenklicher.

»Mir gefällt diese Stadt. Kommen Sie oft hierher, Kate? Ich würde es, wenn ich in New York lebte.«

»Ich komme manchmal hierher.«

»Wozu?« Er wollte, daß sie ihm die Wahrheit sagte. Sie konnten erst beginnen, wenn sie es getan hatte.

Sie wollte ihm erzählen, daß sie zu Parties, zu Bällen, zu Diners im Weißen Haus hierherkam. Zu Einweihungen, zu Hochzeiten. Aber sie konnte nicht darüber sprechen. Nicht einmal andeutungsweise.

»Ich komme gelegentlich hierher, um Material für einen Artikel zu sammeln wie diesmal. Oder einfach, um Freunde zu besuchen.« Sie hatte den Eindruck, daß er enttäuscht war, aber nur flüchtig. »Haben Sie nicht genug davon, soviel zu reisen, Luke?« Sie war wieder die selbstsichere Miß Saint Martin. Allmählich hielt er den Fall für hoffnungslos.

»Nein, Reisen ist für mich jetzt schon eine Lebensweise, und es geschieht für eine gute Sache. Wie wäre es mit einem Gläschen Brandy?«

»O Gott, nicht heute abend!« Sie wand sich in Erinnerung an die Kopfschmerzen, die sie endlich beim Dinner losgeworden war.

»Das hängt mit der gestrigen schlechten Nacht zusammen, wie?«

»Schlimmer.« Sie trank noch einen Schluck Kaffee.

»Was war es denn? Haben Sie sich gut unterhalten?«

»Nein, schlecht. Ich versuchte mich zu betäuben, und ich hatte auch eine Menge Probleme. Irgendwie entglitt mir alles.«

»Was für Probleme hatten Sie?«

»Sie, Mr. Johns ...« Die Vorstellung kam ihr selbst komisch vor. »Kann ich es auf Sie schieben und behaupten, daß das Interview schuld war?« In ihren Augen lag echt weibliche Herausforderung.

»Sicherlich, wenn Sie wollen, können Sie mir die Schuld geben. Mir wurde schon viel Schlimmeres vorgeworfen.« Sie mußte sich also »betäuben«, um die Party durchzustehen. Interessant. Sehr interessant. Sie war wenigstens nicht in diesen Knaben verliebt. »Wissen Sie was, Kate? Ich mag Sie. Sie sind eine sehr nette Frau.« Er lehnte sich lächelnd zurück und blickte ihr tief in die Augen.

»Danke. Ich habe die letzten zwei Tage sehr genossen. Und soll ich Ihnen ein schreckliches Geständnis machen?«

»Und zwar? Daß Sie Ihr Notizbuch im Büro in die Toilette geworfen haben? Das würde ich Ihnen keineswegs übelnehmen, denn dann könnten wir noch mal von vorn beginnen. Das würde ich gern tun.«

»Gott behüte. Nein, mein ›schreckliches Geständnis‹ lautet, daß dies mein erstes Interview war. Ich habe bis jetzt mehr allgemeine Artikel geschrieben. Aber das war eine neue Erfahrung für mich.« Sie fragte sich, ob alle Journalisten sich ein wenig in die erste Person verliebten, die sie interviewten. Es war peinlich, wenn diese erste Person zufällig die tätowierte Dame im Zirkus war.

»Wieso haben Sie nie zuvor ein Interview gemacht?« fragte er interessiert.

»Ich hatte Angst davor.«

»Warum sollten Sie Angst haben? Sie sind eine gute Journalistin, also müssen Sie sich nicht fürchten. Und Sie sind nicht schüchtern.«

»Doch, das bin ich. Mitunter. Aber bei Ihnen ist es schwierig, schüchtern zu sein.«

»Sollte ich mich ändern?«

Sie schüttelte lachend den Kopf. »Nein, so, wie Sie sind, sind Sie genau richtig.«

»Und was ist an Interviews so schrecklich?«

»Das ist eine lange Geschichte, die Sie nicht interessieren würde. Wie steht es mit Ihnen? Wovor haben Sie Angst, Luke?«

Verdammt. Sie wollte einfach nicht nachgeben. Am liebsten wäre er aufgestanden und hätte sie geschüttelt. Aber er mußte kühl wirken. »Gehört das zum Interview? Wovor ich Angst habe?«

Sie schüttelte den Kopf und hätte gern gewußt, was er dachte.

»Es gibt viele Dinge, vor denen ich Angst habe. Angst kann eine Menge Verwirrung stiften. Ich fürchte Feigheit, sie kann das Leben kosten ... für gewöhnlich das eines anderen. Ich fürchte Vergeudung, weil die Zeit so kurz ist. Ansonsten nicht viel. Außer Frauen. Ach ja, vor Frauen fürchte ich mich zu Tode.«

Nach einem Augenblick der Spannung lachten seine Augen wieder, und Kezia war erleichtert. Einen Augenblick lang hatte sie den Eindruck gehabt, daß er sie frontal angriff, kam aber zu dem Schluß, daß es nur ihre eigene Lage war. Er wußte nicht, daß sie log. Er konnte es unmöglich wissen, sonst hätte er sich schon verraten. Er war kein Mann, der Spielchen trieb. Dessen war sie sicher.

»Sie fürchten sich vor Frauen?« fragte sie, wieder lächelnd.

»Sie jagen mir Angst ein.« Er versuchte, sich auf seinem Stuhl zu ducken.

»Wer soll Ihnen das abnehmen?‹ Sie begann zu lachen.

»Ja, okay, Sie haben recht.« Sie lachten und plauderten noch eine Stunde, in der die kurze Spannung zwischen ihnen wieder nachließ. Schließlich gab sie nach und trank ein Glas Brandy, darauf noch einen Espresso. Sie hätte endlos mit ihm dort sitzen können.

»Es gibt ein Lokal in SoHo in New York. Die Atmosphäre hier erinnert mich daran. Es heißt The Partridge und ist ein komischer kleiner Treffpunkt für Dichter und Künstler und einfach nette Leute.« Ihr Gesicht leuchtete, als sie ihm davon erzählte, und er beobachtete sie.

»Ist es ein Lokal, das ›in‹ ist?«

Sie lachte laut auf. »Ach nein, das Lokal ist richtig ›out‹. Ganz ›out‹. Deshalb liebe ich es.«

Die Dame hatte also ihre Schlupfwinkel, was? Die Lokale, die sie aufsuchte, um zu entwischen, in denen keiner wußte, wer sie war, in denen ... »Dann wird es mir wahrscheinlich gefallen, Kate. Sie müssen mich einmal dorthin mitnehmen.« Er machte den Vorschlag nebenbei, während er sich eine Zigarre anzündete. »Was treiben Sie eigentlich so in New York?«

»Schreiben. Freunde besuchen. Manchmal gehe ich auf Parties oder ins Theater. Ich reise auch ein bißchen. Aber zumeist schreibe ich. Ich kenne eine Menge Künstler in SoHo, und manchmal treibe ich mich mit ihnen herum.«

»Und in der übrigen Zeit?«

»Treffe ich andere Leute ... es hängt von meiner Laune ab.«

»Sie sind nicht verheiratet, nicht wahr?«

»Nein.« Sie schüttelte entschieden den Kopf.

»Ich habe es auch nicht angenommen.«

»Wieso?«

»Weil Sie vorsichtig sind, wie eben Frauen, die daran gewöhnt sind, auf eigenen Beinen zu stehen. Sie überlegen, bevor Sie etwas tun oder sagen. Die meisten verheirateten Frauen haben jemand anderen, der für sie nachdenkt, und das merkt man. Wie gefällt Ihnen diese klassische männlich-chauvinistische Bemerkung?«

»Nicht schlecht. Aber es ist eine sehr scharfsichtige Feststellung; ich habe es noch nie so gesehen, aber Sie könnten recht haben.«

»Okay. Zurück zu Ihnen. Jetzt bin ich mit dem Interview an der Reihe.« Es schien ihm Spaß zu machen. »Verlobt?«

»Nein. Nicht einmal verliebt. Meine Seele ist jungfräulich.«

»Ich bin überwältigt. Wenn ich einen Hut hätte, würde ich ihn abnehmen.« Wieder lachten sie beide. »Aber ich weiß nicht, ob ich Ihnen glaube. Wollen Sie mir einreden, daß Sie keinen ›Alten‹ haben?« Und was ist mit dem Schwulen auf dem Zeitungsfoto, Baby? Aber das konnte er sie kaum fragen.

»Nein. Kein ›Alter‹.«

»Ist das wahr?«

Sie sah beinahe verletzt aus. »Ja, es ist wahr. Es gibt jemanden, der mir viel Vergnügen macht, aber ich ... ich besuche ihn gewissermaßen nur ... wenn ich Zeit habe.«

»Ist er verheiratet?«

»Nein ... er lebt in einer anderen Welt.«

»In SoHo?«

Lucas bekam schnell Dinge mit, die ungesagt blieben. Sie nickte wieder. »Ja, in SoHo.«

»Der Junge hat Glück.« Lukes Stimme war merkwürdig ruhig.

»Nein, er ist eigentlich ein drolliger Kerl. Ein netter Kerl. Ich mag ihn, manchmal bilde ich mir sogar ein, daß ich ihn liebe. Das stimmt aber nicht. Es ist nicht sehr ernst zwischen uns und wird es nie sein. Aus einer Menge Gründen.«

»Zum Beispiel?«

»Wir sind eben sehr verschieden, das ist alles. Verschiedene Ziele, verschiedene Ansichten. Er ist um einiges jünger als ich und steuert in eine andere Richtung. Es spielt wirklich keine Rolle. Vor allem sind wir zu verschieden.«

»Ist das schlimm, verschieden zu sein?«

»Nein, aber es gibt verschiedene Arten, ›verschieden zu sein‹.« Sie schmunzelte über ihre Formulierung. »In diesem Fall verschiedene Backgrounds, verschiedene Interessen ... gerade verschieden genug, damit es zu verschieden ist, aber ich mag ihn dennoch. Und wie steht es mit Ihnen? Haben Sie eine ›Alte‹?« Die Bezeichnung kam ihr immer komisch vor, als beziehe sie sich auf die Großmutter und nicht auf die Freundin eines Mannes.

»Nein, keine ›Alte‹. Ich reise zuviel herum. Ein paar nette Frauen da und dort. Aber ich widme meine Energie unserer Sache, nicht meinen Beziehungen. Ich habe in dieser Richtung schon lange nichts mehr unternommen. Für mich ist diese Zeit vorbei. Und man bezahlt dafür, daß man Dreck aufwirbelt. Man kann nicht alles haben. Man muß sich entscheiden.« Er sagte viele solche Dinge. Auf seine Art war er Purist. Und seine Sache kam an erster Stelle. »Ich lerne eine Menge guter Leute kennen, mit denen ich spreche. Das bedeutet mir viel.«

»Auch mir bedeutet es viel. Menschen, mit denen man ernsthaft sprechen kann, sind eine Seltenheit.« Er war einer von diesen
seltenen Menschen.

»Sie haben recht. Das wirft eine Frage auf. Ich möchte bei Ihnen vorbeikommen, Kate, wenn ich einmal in New York bin.
Wäre es Ihnen recht? Wir könnten ins Patridge gehen.« Es würde
nett sein, ihn zu sehen. Sie hatte das Gefühl, daß sie einen neuen
Freund gefunden hatte, und es war unglaublich, wie sehr sie ihm
beim Abendessen ihre Seele offenbart hatte. Sie hatte es nicht
vorgehabt, sondern eigentlich zurückhaltend sein wollen. Aber
bei Luke vergaß man seine Zurückhaltung. Das konnte für sie
gefährlich werden, fiel ihr ein.

»Es würde mir Spaß machen, Sie einmal wiederzusehen«,
meinte sie absichtlich unbestimmt.

»Würden Sie mir Ihre Telefonnummer geben?« Er hielt ihr
einen Kugelschreiber und die Rückseite eines Briefumschlags hin.
Er wollte ihr keine Zeit lassen, sich zu drücken. Aber das wollte
sie gar nicht. Er hatte sie in gewissem Sinn in die Enge getrieben, das wußte sie. Sie ergriff den Kugelschreiber und schrieb
ihre Nummer auf, aber nicht ihre Adresse. Es spielte keine Rolle,
wenn er ihre Telefonnummer hatte.

Er steckte den Briefumschlag ein, bezahlte die Rechnung und
half ihr in ihre Jacke.

»Kann ich Sie zum Flughafen bringen, Kate?« Sie brauchte
lange, um die Jacke zuzuknöpfen, obwohl sie nicht aufblickte,
doch dann sah sie ihm beinahe schüchtern in die Augen.

»Wenn es Ihnen nicht zuviel Mühe macht?«

Er zupfte sie leicht an einer losen Haarsträhne und schüttelte
den Kopf. »Ich würde es gern tun.«

»Das ist wirklich sehr nett.«

»Seien Sie nicht kindisch, es ist nett, mit Ihnen beisammen zu
sein.«

Er sah ihr nach, als sie durch das Gate ging, und sie wandte
sich zu ihm um und winkte ihm noch ein letztes Mal. Sie hob
die Hand hoch über den Kopf, dann warf sie ihm impulsiv eine
Kußhand zu. Es war ein schöner Abend gewesen, ein gutes Inter-

view, ein herrlicher Tag. Der Erfolg stimmte sie sentimental, und sie wußte nicht recht, was sie für Luke empfand.

Sie bestieg die Maschine, setzte sich in eine der vorderen Reihen und nahm sich die New Yorker und Washingtoner Zeitungen von einem Tablett, das vorbeigetragen wurde. Sie lehnte sich zurück und machte die Lampe an. Neben ihr saß niemand, den sie dadurch stören konnte.

Es war der letzte Flug nach New York, sie würde nach ein Uhr ankommen. Am nächsten Tag hatte sie nichts zu tun. Vielleicht würde sie an dem Artikel über Lucas Johns arbeiten, das war alles. Sie hatte nach SoHo fahren wollen, um Mark wiederzusehen, aber nun hatte sie keine Lust dazu. Es war nicht zu spät, Mark würde noch aufsein. Aber sie wollte ihn nicht sehen. Sie wollte allein sein.

Sie spürte, wie sie sanfte Trauer überkam. Das ungewohnte, bittersüße Gefühl, jemanden kennengelernt zu haben, der weitergegangen war. Sie wußte, daß sie Lucas Johns nicht wiedersehen würde. Er hatte die Nummer, würde aber wahrscheinlich keine Zeit haben, und wenn er jemals nach New York kam, würde sie in Zermatt oder Mailand oder Marbella sein. Er würde für die nächsten hundert Jahre mit seinen Gewerkschaften und seinem Anliegen, mit Gefängnisinsassen und Plänen beschäftigt sein ... und diese Augen ... er war ein so guter, ein so liebenswerter Mann ... so freundlich ... man konnte sich ihn nur schwer im Gefängnis vorstellen. Schwer vorstellen, daß er böse oder gemein gewesen war, vielleicht einen Mann bei einem Streit im Gefängnishof erstochen hatte. Sie hatte einen anderen Mann kennengelernt. Einen anderen Luke. Einen Luke, der ihr während des Heimflugs nicht aus dem Kopf ging. Er war für immer fort, sie konnte sich also den Luxus erlauben, an ihn zu denken ... nur heute abend.

Der Flug war zu kurz, sie stieg beinahe ungern aus der Maschine und bahnte sich den Weg durch das Flughafengebäude zu einem Taxi. Sogar zu dieser Stunde herrschte im La Guardia Betrieb. So viel Betrieb, daß sie den hochgewachsenen, schwarzhaarigen Mann nicht sah, der ihr beinahe bis zum Taxi folgte. Er sah aus wenigen Metern Entfernung zu, als sie in das Taxi stieg. Dann wandte er sich ab, um sein Gesicht zu verbergen, und warf einen Blick auf die Uhr. Er hatte Zeit. Sie würde eine halbe Stunde brauchen, um nach Hause zu kommen.

Dann würde er sie anrufen.

11

»Hallo?«

»Hallo, Kate.« Als sie seine Stimme hörte, wurde ihr plötzlich warm.

»Hallo, Lucas.« Ihr Tonfall klang müde und rauchig. »Ich freue mich, daß Sie anrufen.«

»Sind Sie gut nach Hause gekommen?«

»Ja, es war ein ruhiger Flug. Ich wollte die Zeitung lesen, aber dann ließ ich es bleiben.« Er wollte sagen »Ich weiß«, schluckte es aber hinunter und verbiß sich das Lachen.

»Was haben Sie jetzt vor, Miß Miller?« fragte er übermütig.

»Nicht viel. Ich wollte gerade ein heißes Bad nehmen und zu Bett gehen.«

»Kann ich Sie zu einem Drink im Partridge überreden? Oder bei P. J. Clarkes?«

»Eine etwas lange Fahrt von Ihrem Hotel in Washington, meinen Sie nicht? Oder hatten Sie die Absicht, zu Fuß zu gehen?« Sie war amüsiert.

»Ja, das könnte ich. Aber vom La Guardia ist es doch besser, wenn ich fahre.«

»Machen Sie keine Witze, ich kam mit dem letzten Flug hierher.« So ein Verrückter, er wollte auf einen Drink nach New York fliegen.

»Ich weiß, daß Sie den letzten Flug genommen haben. Aber zufällig tat ich das auch.«

»Was?« Dann begriff sie. »Sie Schurke! Und ich habe Sie nicht gesehen!«

»Das will ich hoffen. Ich hätte mir einmal beinahe die Schulter gebrochen, als ich mich zusammenduckte.«

»Sie sind übergeschnappt, Lucas.« Sie lachte ihm ins Ohr und lehnte den Kopf an die Rücklehne des Stuhles. »So etwas Verrücktes!«

»Warum nicht? Morgen habe ich einen freien Tag und wollte es mir ohnehin gutgehen lassen. Außerdem fühlte ich mich scheußlich, als Sie fortgingen.«

»Mir ging es genauso. Ich weiß nicht warum, aber so war es.«

»Jetzt sind wir beide hier und haben keinen Grund mehr, uns scheußlich zu fühlen. Stimmt's? Was unternehmen wir also? P. J.'s oder The Partridge oder etwas anderes? Ich kenne New York nicht sehr gut.«

Sie schüttelte immer noch den Kopf und lachte. »Es ist halb zwei Uhr morgens, Luke. Wir können nicht mehr sehr viel unternehmen.«

»In New York?« So leicht ließ er sich nicht abschütteln.

»Sogar in New York. Sie sind einmalig. Wissen Sie was, ich treffe Sie in einer halben Stunde bei P. J.'s. Sie werden so lange brauchen, um in die Stadt zu kommen, und ich will zumindest rasch duschen und mich umziehen. Wissen Sie was?«

»Was?«

»Sie sind verrückt.«

»Ist das ein Kompliment?«

»Möglicherweise.«

»Gut. Also in einer halben Stunde im P. J.'s.« Er war mit sich zufrieden, weil er es geschafft hatte. Es würde eine schöne Nacht werden. Es machte ihm nichts aus, wenn sie nur einen Händedruck für ihn übrig hatte. Es würde die großartigste Nacht seines Lebens werden. Kezia Saint Martin. Es war unmöglich, nicht beeindruckt zu sein. Aber trotz des hochvornehmen Namens mochte er sie. Sie faszinierte ihn. Sie war keineswegs so, wie er sich diese Frauen vorgestellt hatte. Sie war nicht hochmütig und im Grunde häßlich. Sie war warmherzig, freundlich und verdammt einsam. Er las es ihr von der Nasenspitze ab.

Eine halbe Stunde später stand sie in Jeans im Türrahmen von P. J.'s. Nicht einmal maßgeschneiderte, einfach gute, alte gewöhnliche Levis, und sie hatte ihr seidiges schwarzes Haar zu zwei langen Jungmädchenzöpfchen geflochten. Sie wirkte mehr denn je wie ein ganz junges Mädchen.

Die Bar war überfüllt, das Licht grell, Sägespäne lagen dicht auf dem Boden, und der Musikautomat plärrte. Das richtige Lokal für ihn. Er trank ein Bier, und sie kam mit glänzenden Augen auf ihn zu.

»Mein Gott, sind Sie heimtückisch! Noch nie in meinem Leben ist mir jemand an Bord eines Flugzeugs gefolgt. Aber Sie haben es ausgezeichnet gemacht!« Es war zwar nicht ganz wahr, doch sie lachte wieder.

Sie bestellte ein Pimm's Cup, und sie standen eine halbe Stunde an der Theke, während Kezia über seine Schulter hinweg zur Tür blickte. Es bestand immer die Möglichkeit, daß jemand, den sie kannte, hereinkam oder daß eine Gruppe von Unermüdlichen nach einem kurzen Stop im Le Club oder El Morocco auftauchte und die »Kate Miller«-Tarnung auffliegen ließ.

»Erwarten Sie jemanden oder sind Sie nur nervös?«

Sie schüttelte den Kopf. »Keines von beiden. Nur verblüfft. Vor wenigen Stunden haben wir in Washington zu Abend gegessen, uns auf dem Flugplatz voneinander verabschiedet, und nun sind Sie hier. Ist doch ein gewisser Schock.« Aber ein angenehmer.

»Zuviel Schock, Kate?« Vielleicht war er zu weit gegangen, aber zumindest sah sie nicht verärgert aus.

»Nein«, antwortete sie vorsichtig. »Was wollen Sie jetzt unternehmen?«

»Was halten Sie von einem Spaziergang?«

»Das ist komisch, ich dachte auf dem Flug daran. Ich wollte einen Spaziergang am East River machen. Das tue ich mitunter spätnachts. Es ist eine gute Gelegenheit nachzudenken.«

»Und umgebracht zu werden. Sind Sie darauf aus?« Die Vorstellung, daß sie ohne Schutz am Fluß entlangging, machte ihn nervös.

»Reden Sie keinen Unsinn, Lucas. Sie sollten nicht alle Märchen glauben, die man Ihnen über diese Stadt erzählt. Sie ist so sicher wie jede andere.« Er sah sie finster an und trank sein Bier aus.

Sie gingen langsam die Third Avenue hinauf, vorbei an Restaurants, Bars und an den vereinzelt dahinratternden Fahrzeugen auf der 57. Straße. New York war in keiner Beziehung so wie jede andere Stadt. Nicht so wie eine amerikanische Stadt. Es war eher wie ein riesiges Rom mit seiner Lebensgier, sobald es dunkel wurde. Aber es war größer, wilder, grausamer und viel weniger romantisch. New York besaß seine eigene Romantik, sein eigenes Feuer. Wie ein gebändigter Vulkan, der darauf wartet, auszubrechen. Beide spürten, wie die Stadt vibrierte, während sie durch die Straßen wanderten, sich nicht von ihrer Stimmung anstecken, sich nicht stoßen und schieben ließen; sie fühlten sich seltsam friedlich. Sie gingen an kleinen Menschengruppen vorbei, an Strichjungen, die Möpse und französische Pudel bei sich hatten, knappe Pullover und hautenge Jeans trugen. Frauen führten Schoßhunde an der Leine, und Männer taumelten betrunken zu Taxis. Es war die Stadt, die rund um die Uhr lebendig blieb.

Sie bogen nach Osten in die 58. Straße ab und gingen durch die schlummernde Eleganz des Sutton Place, der wie eine würdevolle alte Dame am Fluß saß. Kezia fragte sich einen Augenblick, ob sie Whit treffen würden, der aus der Wohnung seines Geliebten kam – falls er sie heute noch verließ.

»Worüber denken Sie nach, Kate? Sie sehen ganz verträumt aus.«

»Das bin ich auch. Ich ließ nur meine Gedanken treiben . . . dachte an Leute, die ich kenne . . . an wirklich nichts Besonderes.« Er nahm ihre Hand, und sie wanderten ruhig am Ufer entlang, nach Norden, bis sie jäh aus ihren Gedanken erwachte. »Mir fällt etwas ein. Wo werden Sie heute nacht schlafen?«

»Ich werde schon etwas finden. Machen Sie sich deswegen keine Sorgen. Ich bin es gewohnt, mitten in der Nacht in Städten anzukommen.« Er wirkte unbekümmert.

»Sie könnten auf meiner Couch schlafen. Sie sind zwar ziemlich groß, aber sie ist bequem. Ich habe selbst schon auf ihr geschlafen.«

»Das ist eine ausgezeichnete Idee.« Besser als ausgezeichnet, aber er konnte ihr nicht zeigen, wie sehr er sich freute oder wie überrascht er war. Alles ging viel leichter als selbst in seinen wildesten Träumen.

Sie fühlte sich bei ihm geborgen und war seit Jahren nicht mehr in so friedlicher Stimmung gewesen. Es machte nichts aus, wenn sie ihn auf der Couch schlafen ließ. Er würde erfahren, wo sie wohnte, na und? Was spielte es schließlich für eine Rolle? Wie lange konnte sie sich verstecken – vor ihm, vor sich selbst, vor Fremden und vor Freunden? Die Vorsichtsmaßnahmen wurden zu einer unerträglichen Last. Wenigstens für eine Nacht wollte sie die Last loswerden. Luke war ihr Freund; er würde ihr keinen Schaden zufügen, auch wenn er ihre Adresse kannte.

»Wollen Sie jetzt nach Hause gehen?« Sie waren an der Ecke der Zweiundsiebzigsten und York.

»Wohnen Sie hier in der Nähe?« Die Gegend überraschte ihn. Sie war häßlicher Mittelstand.

»Nicht allzu weit von hier. Ein paar Blocks weiter drüben und zwei Blocks weiter oben.« Sie gingen auf der 72. Straße nach Westen, und die Gegend wurde besser.

»Müde, Kate?«

»Eigentlich sollte ich es sein, aber ich spüre es nicht.«

»Wahrscheinlich hält die Betäubung durch den Alkohol von gestern nacht noch immer an.« Er grinste.

»Es ist niederträchtig, daß Sie das aufs Tapet bringen! Nur weil ich einmal im Jahr beschwipst bin ...«

»Ist das alles?«

»Klar.«

Er zog sie an einem Zopf, und sie überquerten die leere Straße. Im Zentrum der Stadt toste der Verkehr noch, aber hier war niemand in Sicht. Nun kamen sie zur Park Avenue, deren Fahrbahnen durch Blumenbeete und Hecken getrennt sind.

»Man kann nicht gerade behaupten, daß Sie in den Slums leben, Katie Miller.« Während sie die York entlanggingen, fragte er sich, ob sie ihn in eine andere Wohnung bringen würde, um ihre wirkliche Adresse geheimzuhalten. So ängstlich war sie, Gott sei Dank, nicht. »Sie mussen von Ihren Artikeln ganz gut leben können.« Sie sahen einander übermütig an und lachten.

»Ich kann mich wirklich nicht beklagen.«

Sie hielt es bis zum Schluß durch und gab nicht das geringste zu. Er war überrascht. So verschwiegen und, verdammt noch mal, wozu? Sie tat ihm leid, weil ihr Doppelleben eine Qual sein mußte. Vielleicht verbrachte sie aber nicht so viel Zeit auf seiner Seite der Fahrbahn, daß es zum Streß wurde. Aber es gab SoHo, das sie aufsuchte, um »loszukommen«. Wovon? Von sich selbst? Von ihren Freunden? Er wußte, daß ihre Eltern nicht mehr lebten. Wovon mußte sie loskommen? Sicherlich nicht von dem Mann, mit dem er sie in der Zeitung gesehen hatte.

Sie bogen um die Ecke in eine baumbestandene Straße ein, und sie blieb an der ersten Tür stehen. Eine Markise, ein Portier, eine beeindruckende Adresse.

»Hier ist es.« Sie drückte auf den Klingelknopf, und der Portier kämpfte mit dem Schloß. Er sah verschlafen aus, hatte die Mütze schief aufgesetzt. Es war ein Ersatzmann, bemerkte sie, der nur ein undeutliches »Guten Abend« herausbrachte. Zum Glück fiel ihm ihr Name nicht ein.

Im Fahrstuhl lächelte Luke verstohlen. Sie sperrte die Tür zu ihrer Wohnung auf und ließ ihn ein. Auf dem Tisch im Vorzimmer lag sauber geordnete Post, die Reinemachefrau war dagewesen, die Wohnung war peinlich sauber und roch nach frischem Wachs.

»Kann ich Ihnen ein Glas Wein anbieten?«

»Champagner, nehme ich an.«

Sie wandte sich ihm zu, und er sah sie neckend an. »Das ist vielleicht eine Bude. Allerhand Klasse.« Aber er sagte es nicht scharf, es klang eher wie eine Frage.

»Ich könnte vorgeben, daß es die Wohnung meiner Eltern ist ... aber das will ich nicht tun.«

»Ist sie es ... oder war sie es?«

Sie zog eine Braue hoch. »Nein, es ist meine. Ich bin jetzt alt genug, um mir so etwas selbst zu leisten.«

»Sie müssen mit Ihrer Arbeit wirklich ganz schön verdienen.«

Sie zuckte die Schultern. Sie wollte keine Ausrede gebrauchen. »Was ist mit dem Wein? Oder wollen Sie lieber ein Bier?«

»Ja. Oder eine Tasse Kaffee. Das wäre mir am liebsten.« Sie verließ ihn, um den Kessel aufzusetzen, er ging ihr nach, seine Stimme erreichte sie vom Türrahmen, während sie in der Küche mit Tassen klapperte. »Hören Sie, wohnen Sie mit jemandem zusammen?«

»Ob ich was?« Sie war unaufmerksam; sie wäre blaß geworden, wenn sie es verstanden hätte.

»Ob Sie eine Mitbewohnerin haben?«

»Nein. Warum? Nehmen Sie Sahne und Zucker?«

»Nein, danke. Schwarz. Keine Mitbewohnerin?«

»Nein. Wie kommen Sie darauf?«

»Ihre Post.« Sie blieb mit dem Kessel in der Hand stehen und sah ihn an.

»Was ist mit meiner Post?« Daran hatte sie nicht gedacht.

»Sie ist an eine Miß Kezia Saint Martin adressiert.« Die Zeit schien stillzustehen. Keiner von beiden rührte sich.

»Ja, ich weiß.«

»Jemand, den Sie kennen?«

»Ja.« Eine ungeheure Last glitt mit dem nächsten Wort von ihren Schultern. »Ich.«

»Ha?«

»Ich bin Kezia Saint Martin.« Sie versuchte zu lächeln, sah jedoch fast verzweifelt aus, und er tat, als wäre er verblüfft. Wenn sie ihn ein bißchen besser gekannt hätte, hätte sie über den Ausdruck in seinen Augen gelacht.

»Heißt das, daß Sie nicht Kate S. Miller sind?«

»Doch, ich bin auch K. S. Miller. Wenn ich schreibe.«

»Ihr Pseudonym. Ich verstehe.«

»Eines von mehreren. Martin Hallam ist auch eines.«

»Sie sammeln falsche Namen, mein Schatz?« Er ging langsam auf sie zu.

Sie stellte den Wasserkessel auf den Herd und wandte sich absichtlich ab. Er konnte nur ihr schwarzes Haar und ihre schmalen, vorgebeugten Schultern sehen.

»Ja, falsche Namen. Und falsche Leben. Es gibt mich dreimal, Luke. Eigentlich viermal. Nein, jetzt fünfmal, wenn man ›Kate‹ mitzählt. K. S. Miller brauchte früher nie einen Vornamen. Das Ganze ist ganz schön schizophren.«

»Wirklich?« Er stand jetzt unmittelbar hinter ihr, streckte aber nicht die Hand aus, um sie zu berühren. »Warum setzen wir uns nicht hin und reden eine Weile miteinander?«

Er sprach leise, und sie wandte sich mit einem kaum merkli

chen Nicken zu ihm um. Sie hatte das Bedürfnis zu reden, und er war ein guter Zuhörer. Sie mußte mit jemandem sprechen, sonst wurde sie verrückt. Aber er wußte jetzt, daß sie eine Lügnerin war ... oder vielleicht machte so etwas Luke nichts aus. Vielleicht würde er Verständnis für sie haben.

»Okay.« Sie folgte ihm ins Wohnzimmer, setzte sich steif auf einen der blauen Samtstühle ihrer Mutter und sah zu, wie er sich auf der Couch zurücklehnte.

»Zigarette?«

»Danke.« Er zündete sie für sie an, und sie nahm einen langen, tiefen Zug von der filterlosen Zigarette, während sie ihre Gedanken sammelte.

»Es klingt ein bißchen verrückt, wenn man es jemandem erzählt. Und ich habe noch nie versucht, es jemandem zu erklären.«

»Wieso wissen Sie dann, daß es verrückt klingt?« Seine Augen blieben ausdruckslos.

»Weil es verrückt ist. Es ist eine unmögliche Art zu leben. Ich weiß es, ich habe es versucht. ›Mein geheimes Leben‹ von Kezia Saint Martin.« Sie versuchte zu lachen, aber in der Stille klang es hohl.

»Das hört sich an, als müßten Sie es sich von der Seele reden, und da komme ich gelegen. Ich sitze hier, muß nirgendwo hingehen und nirgends sein. Ich weiß nur, daß Sie anscheinend ein unnatürliches Leben führen, Kezia. Sie verdienen etwas Besseres.« Aus seinem Mund klang ihr Name fremd. »Ihr Leben ist nicht nur unnatürlich, es muß unerhört einsam sein.«

»Das stimmt.« Sie spürte, wie Tränen in ihrer Kehle aufstiegen. Sie wollte Luke jetzt alles erzählen. K. S. Miller, Martin Hallam, Kezia Saint Martin. Von der Einsamkeit, der Qual und Häßlichkeit ihrer in Goldbrokat gehüllten Welt, als könnten sie sie verbergen, indem sie sie äußerlich verschönten ... und von den unerträglichen Verpflichtungen und Verantwortungen, den sinnlosen Parties und den langweiligen Männern. Sie wollte erzählen, wie sie mit ihrem ersten, nebenher geschriebenen Artikel triumphiert hatte und wie sie diesen Triumph nur mit einem Rechtsanwalt mittleren Alters und einem noch älteren Agenten teilen konnte. Sie mußte ihm ein ganzes Leben zeigen, ein Leben, das sie bis jetzt tief in ihrem Herzen verborgen hatte.

»Ich weiß nicht, wo ich beginnen soll.«

»Sie sagten, es gibt Sie fünfmal. Wählen Sie eine Ihrer Persönlichkeiten, und gehen Sie davon aus.«

Zwei einsame Tränen glitten über ihr Gesicht, und er streckte ihr die Hand hin. Sie ergriff sie, und sie blieben so sitzen, hielten einander über den Tisch hinweg an den Händen, während ihr langsam Tränen über das Gesicht liefen.

»Mein erstes Ich ist Kezia Saint Martin. Der Name, den Sie auf den Briefen sahen. Erbin, Waise ... ist das nicht eine romantische Vorstellung?« Sie lächelte unter Tränen. »Jedenfalls starben meine Eltern, als ich noch ein Kind war, und hinterließen mir ein großes Vermögen und ein riesiges Haus, das mein Treuhänder verkaufte und für das Geld ein Apartmenthaus Ecke Einundachtzigste und Park Avenue erstand, das ich schließlich verkaufte, um diese Wohnung zu kaufen. Ich wurde von meinem Treuhänder und meiner Erzieherin erzogen. Totie. Natürlich hinterließen mir meine Eltern auch einen Namen. Nicht nur einen Namen, sondern einen *Namen*. Bereits vor ihrem Tod, und noch mehr nachher, wurde mir nachdrücklich eingeprägt, daß ich nicht nur ›jemand‹ war. Ich war Kezia Saint Martin ... zum Teufel, Luke, lesen Sie denn keine Zeitungen?«

Sie wischte die Tränen weg und schneuzte sich in ein lila Leinentaschentuch mit grauem Spitzenrand.

»Was, um Himmels willen, ist das?«

»Was?«

»Das Ding, mit dem Sie sich die Nase putzen?« Sie sah das blaßpurpurne Ding in ihrer Hand an und lachte.

»Ein Taschentuch. Wofür halten Sie es denn?«

»Es sieht aus wie das Gewand eines winzigen Priesters, verdammt noch mal. Von wegen Luxus. Jetzt weiß ich, daß Sie eine Erbin sind!«

Sie lachte und fühlte sich ein wenig besser.

»Übrigens lese ich Zeitung. Aber ich möchte diese Geschichte lieber von Ihnen hören. Wenn mir an jemandem liegt, genügt es mir nicht, über ihn zu lesen.«

Kezia war einen Moment verwirrt. Jemand, an dem ihm lag? Er kannte sie doch gar nicht ... allerdings, er war von Washington hierher geflogen, um sie zu sehen. Er war da. Und machte den Eindruck, als nehme er das, was sie zu sagen hatte, wichtig.

»Jedesmal, wenn ich irgendwo auftauche, werde ich fotografiert.«

»Heute abend ist das nicht passiert.« Er versuchte ihr zu zeigen, daß sie freier war, als sie annahm.

»Nein, aber es wäre möglich gewesen. Es war reines Glück. Deshalb behielt ich die Türen im Auge – deshalb und weil ich Angst hatte, jemand, den ich kenne, würde hereinkommen und mich nicht Kate, sondern Kezia nennen.«

»Hätte das so viel ausgemacht, Kezia? Wenn jemand Ihr Geheimnis verraten hätte? Na und?«

»Dann ... wäre ich mir wie ein Idiot vorgekommen. Ich hätte mich ...«

»Gefürchtet?« Er beendete den Satz für sie, und sie blickte zur Seite.

»Vielleicht.« Ihre Stimme war jetzt ganz leise.

»Warum, mein Schatz? Warum hätten Sie Angst, wenn ich erfahre, wer Sie wirklich sind?« Er wollte es von ihr hören. »Befürchten Sie, daß ich Ihnen dann weh tun würde? Wegen Ihres Geldes hinter Ihnen hersein würde? Wegen Ihres Namens? Was?«

»Nein ... es ist ... nun ja, möglich. Andere Leute könnten es wegen dieser Dinge auf mich abgesehen haben, Lucas, aber bei Ihnen mache ich mir deswegen keine Sorgen.« Ihr Blick suchte seine Augen, und sie vergewisserte sich, daß er sie verstand. Sie vertraute ihm und wollte, daß er es wußte. »Aber das Schlimmste daran ist etwas anderes. Kezia Saint Martin ist nicht nur ich. Sie ist ›jemand‹. Sie muß bestimmte Erwartungen erfüllen. Als ich zwanzig war, galt ich als beste Partie auf dem Markt. Eine Art Xerox-Aktie. Wenn man mich kaufte, war es eine gute Investition.« Er blickte ihr in die Augen und las in ihnen den jahrelangen Kummer. Er schwieg, seine Hand hielt noch immer die ihre fest. »Es ging nicht nur darum, daß man mich zur Kenntnis nahm. Es ging um die Vergangenheit ... gute Vergangenheit, schlechte Vergangenheit, Großeltern, meine Mutter ...« Sie machte eine Pause und vergaß weiterzusprechen. Schließlich rüttelte Lucas' Stimme sie auf.

»Ihre Mutter? Was war mit Ihrer Mutter?«

»Ach … nur … gewisse Dinge …« Ihre Stimme zittert und ihre Augen wichen seinem Blick aus. Anscheinend fiel es ihr schwer fortzufahren.

»Was für Dinge, Kezia? Wie alt waren Sie, als sie starb?«

»Ich war acht. Und sie … sie trank sich zu Tode.«

»Ich nehme an, auch ihr machten die ›Dinge‹ zu schaffen?« Er lehnte sich einen Moment zurück und betrachtete Kezia, deren Blick sich nun langsam voll unergründlichem Schmerz und voller Angst auf ihn richtete.

»Ja, auch ihr machten die Dinge zu schaffen. Sie war Lady Liane Holmes-Aubrey, bevor sie meinen Vater heiratete. Dann war sie Mrs. Keenan Saint Martin. Ich weiß nicht, was für sie schlimmer war. Wahrscheinlich, daß sie Daddys Frau war. In England wußte sie wenigstens, wie die Dinge liefen. Hier war alles anders. Rascher, schärfer, härter. Manchmal sprach sie darüber. Sie hatte den Eindruck, daß sie hier mehr ›im Licht der Öffentlichkeit‹ stand als zu Hause als junges Mädchen. Sie fielen nicht so über sie her wie über mich. Aber sie besaß ja auch nicht Daddys Vermögen.«

»War sie selbst auch reich?«

»Sehr. Nicht so reich wie mein Vater, aber immerhin, und außerdem direkt verwandt mit der Königin. Komisch, nicht wahr?« Kezia blickte einen Moment bitter zur Seite.

»Ich weiß nicht, ist es komisch? Vorläufig klingt es nicht so.«

»Es kommt noch besser. Mein Vater war sehr reich und sehr mächtig, wurde sehr beneidet und sehr gehaßt, und gelegentlich sehr geliebt. Er machte verrückte Dinge, reiste viel, er … er tat, was immer er tat. Und Mammi war einsam. Sie wurde unaufhörlich bespitzelt, man schrieb über sie, sprach über sie, verfolgte sie überallhin. Wenn sie Parties besuchte, berichtete man, was sie trug. Wenn Daddy fort war und sie bei einem Wohltätigkeitsball mit einem Freund tanzte, bauschten es die Zeitungen auf. Schließlich hatte sie das Gefühl, ein gehetztes Wild zu sein. Amerikaner können in dieser Beziehung brutal sein.« Sie verstummte.

»Nur Amerikaner, Kezia?«

Sie schüttelte den Kopf. »Nein. Sie sind alle so arg. Aber sie können hier direkter sein. Sie sind frecher oder weniger gehemmt. Sie beweisen weniger ›Ehrerbietung‹. Ich weiß nicht ... vielleicht war sie nur zu zart. Und zu einsam. Sie sah immer so aus, als verstünde sie nicht ganz, ›warum‹.«

»Sie hat Ihren Vater verlassen?« Nun war er interessiert. Sehr. Er fühlte allmählich mit der Frau, die Kezias Mutter gewesen war. Die zarte britische Adelige.

»Nein. Sie verliebte sich in meinen Französischlehrer.«

»Machen Sie Witze?« Er wirkte fast belustigt.

»Nein.«

»Und es kam zu einem Riesenskandal?«

»Das nehme ich an. Es muß so gewesen sein. Es brachte sie um.«

»Direkt?«

»Nein ... wer weiß? Das und eine Menge anderer Dinge. Mein Vater fand es heraus, und der junge Mann wurde entlassen. Wahrscheinlich wurde sie damit nicht fertig. Sie war eine Verräterin und verurteilte sich selbst zum Tod. Sie trank immer mehr, aß immer weniger, und schließlich erreichte sie, was sie wollte. Es war aus.«

»Wußten Sie es? Ich meine, das mit dem Lehrer?«

»Nein, damals nicht. Edward, mein Treuhänder, erzählte es mir später. Um sicher zu sein, daß die ›Sünden‹ der Mutter niemals die Tochter heimsuchen würden.«

»Warum nennen Sie es ›Verrat‹? Weil sie Ihren Vater betrogen hat?«

»Nein, das hätte man ihr verziehen. Unverzeihlich war, daß sie ihre Ahnen, ihr Erbe, ihren Stand und ihre Erziehung verraten hatte, indem sie sich in einen ›Bauern‹ verliebte und ein Verhältnis mit ihm hatte.« Sie versuchte zu lachen, aber es klang zu brüchig.

»Und das ist eine Sünde?« fragte Lucas verwirrt.

»Das, mein Lieber, ist die Todsünde! Du sollst mit den unteren Schichten nicht schlafen! Das gilt jedenfalls für die Frauen meines Standes. Bei den Männern ist es anders.«

»Bei ihnen ist es okay, wenn sie mit jemandem aus den ›unteren Schichten‹ schlafen?«

»Natürlich. Seit Hunderten von Jahren vergnügen sich die Gentlemen mit Dienstmädchen. Nur die Dame des Hauses hat nicht mit dem Chauffeur ins Bett zu gehen.«

»Ich verstehe.« Er versuchte, amüsiert zu wirken, doch es gelang ihm nicht.

»Fein. Meine Mutter verstand es nicht. Sie beging ein noch schlimmeres Verbrechen. Sie verliebte sich. Sie sprach sogar davon, daß sie mit ihm durchbrennen wollte.«

»Wie, zum Teufel, hat Ihr Vater es herausgefunden? Ließ er sie beschatten?«

»Natürlich nicht. Er ahnte gar nichts. Nein, Jean-Louis erzählte es ihm. Er verlangte von meinem Vater fünfzigtausend Dollar, um einen Skandal zu vermeiden, nicht sehr viel, wenn man alles in Betracht zieht. Mein Vater bezahlte ihm fünfundzwanzig und ließ ihn ausweisen.«

»Das alles hat Ihnen Ihr Treuhänder erzählt?« fragte Lucas wütend.

»Natürlich. Zur Sicherheit. Damit ich nicht aus der Reihe tanze.«

»Hat er es geschafft?«

»In gewissem Sinn.«

»Warum?«

»Weil ich Angst vor meinem Schicksal habe. Sehen Sie es so: ›Du bist verdammt, wenn du es tust, und verdammt, wenn du es nicht tust.‹ Wenn ich mein Leben so geführt hätte, wie ich sollte, würde ich es so sehr hassen, daß ich mich zu Tode trinken würde wie meine Mutter. Aber wenn ich mein ›Erbe‹ verrate, dann werde ich vielleicht so enden wie sie. Eine verratene Verräterin, die sich in einen billigen Lumpen aus der unteren Schicht verliebt hat, der ihren Mann erpreßte. Hübsch, nicht?«

»Nein, erschütternd. Glauben Sie wirklich diesen Quatsch über Verrat?«

Sie nickte. »Ich muß wohl. Ich habe zu viele derartige Geschichten erlebt. Ich habe . . . in kleinem Maßstab ist es auch mir passiert.

Wenn die Leute wissen, wer Sie sind ... behandeln sie Sie anders, Lucas. Sie sind für sie kein Mensch mehr. Sie sind eine Legende, eine Herausforderung, ein Gegenstand, den sie haben müssen. Die einzigen, die Sie verstehen, sind Menschen Ihres Standes.«

»Wollen Sie mir einreden, daß die Sie verstehen?« fragte er erstaunt.

»Nein. Darin besteht ja das Problem. Auf mich trifft nichts davon zu. Ich bin eine Mißgeburt. Ich ertrage es nicht, so zu sein, wie man es von mir erwartet. Und ich kann nicht bekommen, was ich will ... jedenfalls befürchte ich es. Ich ... ach, zum Teufel, Lucas, ich weiß es nicht.« Sie zerknüllte verzweifelt einen Streichholzbrief.

»Was ist aus Ihrem Vater geworden?«

»Er hatte einen Unfall, nicht weil er wegen meiner Mutter unglücklich war. Nach ihrem Tod hatte er reichlich Frauen. Trotzdem bin ich sicher, daß Mammi ihm fehlte. Aber er war damals sehr verbittert. Er schien an nichts mehr zu glauben. Er trank. Er fuhr zu schnell. Und er starb. Wirklich ganz einfach.«

»Nein, sehr kompliziert. Sie behaupten, daß ein ›Verrat‹, wie Sie es nennen, an Ihrem ›Erbe‹, Ihrer Welt, zu Selbstmord, Tod, Unfällen, Erpressung und gebrochenem Herzen führt. Aber wozu führt es, wenn man sich an die Regeln hält? Was geschieht, Kezia, wenn Sie brav sind und nie ›Ihren Stand verraten‹, wie Sie es nennen? Was geschieht, wenn Sie die von den anderen aufgestellten Regeln befolgen ... ich meine Sie, Kezia. Was würde aus Ihnen werden?«

»Es würde mich langsam umbringen.« Ihre Stimme war leise, aber sehr bestimmt.

»Und ist es der Fall?«

»Ja. Irgendwie schon. Ich habe noch Auswege, Freiheiten. Sie helfen mir. Daß ich schreibe, ist meine Rettung.«

»Gestohlene Augenblicke. Nehmen Sie sich diese Freiheiten jemals offen?«

»Seien Sie nicht lächerlich, Lucas. Wie denn?«

»Indem Sie einfach tun, was Sie wollen, zur Abwechslung unverhohlen.«

»Das könnte ich nicht.«

»Warum nicht?«

»Edward. Die Presse. Wenn ich nur im geringsten aus der Reihe tanze, würde es sofort in allen Zeitungen stehen. Ich meine damit etwas Einfaches; daß ich mit jemand ›anderem‹ ausgehe«, sie sah ihn vielsagend an, »daß ich irgendwohin gehe, daß das Lokal ›sich nicht schickt‹, etwas Unvorsichtiges sage, auffallend angezogen bin.«

»Schön, Sie bekommen also eine schlechte Presse. Na und? Angsthäschen, deshalb würde der Himmel nicht einstürzen.«

»Sie verstehen mich nicht, Lucas. Er würde einstürzen.«

»Weil Edward einen Höllenkrach schlagen würde? Na wenn schon!«

»Aber wenn er recht hat, was dann ... und was ... wenn ich so ende wie ...«

Sie brachte es nicht über die Lippen, also tat er es für sie.

»Wie Ihre Mutter?«

Sie sah ihn an, ihre Augen schwammen in Tränen, und sie nickte.

»Das würden Sie nicht, Kleines. Sie könnten es gar nicht. Sie sind anders. Sie sind freier, davon bin ich überzeugt. Wahrscheinlich sind Sie weltklüger und vielleicht sogar intelligenter als sie. Verdammt noch mal, Kezia, wenn Sie sich in den Lehrer oder den Butler oder den Chauffeur verliebten oder vielleicht sogar in mich, was dann? Verdammt, was dann?«

Sie beantwortete die Frage nicht. Sie wußte nicht, was sie sagen sollte. »Es ist eine besondere Welt, Lucas«, meinte sie schließlich, »mit ihren eigenen besonderen Regeln.«

»Ja, wie der Knast.« Plötzlich sah er verbittert aus.

»Sie meinen das Gefängnis?«

Er nickte. »Vielleicht haben Sie recht. Ein ruhiges, unsichtbares Gefängnis mit Mauern aus Regeln und Heuchelei, Lüge und Einschränkungen, mit Zellen, die mit Vorurteil und Angst ausgepolstert sind, und alles gespickt mit Diamanten.«

Plötzlich sah er sie an und lachte.

»Was ist daran so komisch?«

»Nichts, außer daß neun Zehntel der Menschheit einander die

Köpfe einschlagen, um in Ihre kleine Elitewelt hineinzukommen, und es hört sich so an, als würden sie aus allen Wolken fallen, wenn sie es endlich geschafft haben.«

»Nicht alle. Manchen gefällt es.«

»Und was geschieht mit denen, die es nicht schaffen, Kezia? Was geschieht mit denen, die in diesem Dreck nicht leben können?« Er hielt ihre Hand fest, während er sprach.

»Manche von ihnen sterben, Lucas.«

»Und die anderen? Die nicht sterben?«

»Sie leben damit. Sie finden sich damit ab. Edward ist so. Er akzeptiert die Regeln, weil er muß. Er kennt keinen anderen Weg, aber es hat auch sein Leben zerstört.«

»Er hätte es ändern können«, meinte Lucas schroff, und Kezia schüttelte den Kopf.

»Nein, Lucas, das konnte er nicht. Manche Menschen können es nicht.«

»Warum nicht? Keinen Mumm?«

»Wenn Sie es so nennen wollen. Manche Menschen können das Unbekannte nicht ertragen. Sie gehen lieber mit einem vertrauten Schiff unter, als in unbekannten Meeren zu ertrinken.«

»Oder gerettet zu werden. Es besteht immer die Chance, daß sie ein Rettungsboot finden oder an ein Inselparadies geschwemmt werden. Wie wäre es zur Abwechslung damit?«

Doch Kezia dachte an etwas anderes. Es dauerte Minuten, ehe sie wieder sprach; sie hatte die Augen geschlossen, ihr Kopf ruhte an der Rücklehne des Stuhles. Sie klang sehr müde, beinahe alt. Sie war nicht ganz sicher, ob Luke sie verstand. Vielleicht war es ihm nicht möglich. Vielleicht konnte kein Außenstehender sie verstehen. »Als ich einundzwanzig war, wollte ich ein eigenes Leben führen. Also versuchte ich, einen Posten bei der *Times* zu bekommen. Ich versicherte Edward, daß ich es schaffen würde, daß mir niemand Schwierigkeiten machen würde, daß ich meinem Namen nicht Schande machen würde, den ganzen Quatsch. Ich behielt den Job siebzehn Werktage und bekam beinahe einen Nervenzusammenbruch. Ich bekam alle möglichen Witze zu hören, erlebte Feindseligkeit, Neugierde, Neid und Zoten. Sie hatten sogar in der Damentoilette *paparazzi*, wenn ich pinkelte. Sie fanden es lustig, mich anzustellen und sich dann über mich schiefzulachen. Und ich bemühte mich, Luke, ich bemühte mich wirklich, aber ich konnte nicht dort bleiben. Sie wollten mich nicht. Sie wollten meinen Namen ausschlachten und mich dann abschießen, nur spaßeshalber, um zu sehen, ob ich auch ein Mensch war. Ich wagte mich nie wieder ins Freie. Es war der letzte Job, von dem Außenstehende erfuhren, der letzte Blick auf mein wirkliches Ich, den die Welt draußen erhaschte. Von da an war alles Untergrund, mit Pseudonymen, Agenten als Strohmännern und ... kurz, Sie haben es ja erlebt, als ich Sie kennenlernte. Es ist das erste Mal, daß ich das Risiko einging, mich erwischen zu lassen.«

»Warum taten Sie es?«

»Vielleicht mußte ich. Aber es ist allgemein bekannt, daß ich alle richtigen Parties besuche, an den richtigen Orten Urlaub mache, an allen richtigen Komitees teilnehme, alle richtigen Leute kenne, und jeder glaubt, daß ich stinkfaul bin. Ich stehe im Ruf, die ganze Nacht auf Parties zu verbringen und bis drei Uhr mittags zu schlafen.«

»Stimmt das vielleicht nicht?«

»Natürlich nicht!« Sie fand es nicht komisch, sie war wütend. »Ich arbeite mir nämlich die Finger wund. Ich übernehme jeden ordentlichen Artikel, den ich bekommen kann, und ich habe mir einen guten Namen in meiner Branche gemacht. Das schafft man nicht, indem man bis drei schläft.«

»Und das paßt nicht zu den ›richtigen‹ Leuten? Schreiben ist auch nicht ›richtig‹?«

»Natürlich nicht. Es ist nicht ehrbar. Nicht für mich. Ich soll nach einem Ehemann Ausschau halten und zum Friseur gehen, nicht in Gefängnissen in Mississippi herumschnüffeln.«

»Oder bei Ex-Sträflingen in Chicago.« In seinen Augen lag eine Andeutung von Traurigkeit. Sie hatte alles so klar ausgedrückt.

»Es ginge den anderen nicht darum, über wen ich schreibe, sondern darum, daß ich mein Erbe verrate.«

»Schon wieder das Erbe. Mein Gott, Kezia, ist diese Ansicht nicht ein wenig überholt? Eine Menge Leute Ihrer Art arbeiten.«

»Ja, aber nicht so. Nicht wirklich. Und ... es gibt noch etwas.«

»Das habe ich mir gedacht.« Er zündete sich noch eine Zigarette an und wartete.

»Abgesehen von allem anderen, bin ich eine Verräterin. Haben Sie je die Klatschspalte von Martin Hallam gelesen? Sie erscheint in mehreren Zeitungen zugleich, Sie könnten sie also gesehen haben.«

Er nickte.

»Die schreibe ich nämlich auch. Ich begann sie als eine Art Spaß, aber sie hatte Erfolg, und ...« Sie zuckte die Schultern und hob die Hände, als er zu lachen anfing.

»Heißt das, daß Sie diese verrückte, verdammte Spalte schreiben?«

Sie nickte verlegen grinsend.

»Und Sie plaudern alles über Ihre feinen Freundinnen aus?«

Sie nickte wieder. »Sie stürzen sich darauf. Sie wissen nur nicht, daß ich die Kolumne schreibe. Und um Ihnen die Wahrheit zu sagen, in den letzten Jahren ist sie zu einer Belastung geworden.«

»Sie sind ja wirklich eine Verräterin. Und niemand hat den Verdacht, daß Sie es sind?«

»Nein. Noch nie. Sie wissen nicht einmal, daß die Spalte von einer Frau geschrieben wird. Sie akzeptieren sie einfach. Nicht einmal mein Chefredakteur weiß, wer sie schreibt. Alles läuft über meinen Agenten, und ich stehe natürlich als K. S. Miller auf der Liste der Agentur.«

»Lady, ich bin verblüfft.« Jetzt sah er verdutzt aus.

»Manchmal bin ich selbst verblüfft.« Das Gespräch, dessen Beginn so schwierig gewesen war, endete in fröhlichem Gelächter.

»Eines muß ich Ihnen lassen, Sie sind ganz schön fleißig. Die K. S. Miller-Artikel, die Hallam-Spalte und Ihr ›Luxusleben‹. Ohne daß es jemand auch nur ahnt?« Er bezweifelte es anscheinend.

»Nein, niemand. Und das war nicht leicht. Deshalb geriet ich in Panik, als man mir vorschlug, Sie zu interviewen. Es war ja möglich, daß Sie irgendwo mein Foto gesehen hatten und mich erkennen, nicht als ›Kate Miller‹, sondern als Kezia. Wenn mich ein einziger Mensch am falschen Ort zur falschen Zeit sieht, würde das ganze Kartenhaus zusammenfallen. Und dabei ist das Schreiben, die ernste Arbeit der einzige Teil meines Lebens, den ich achte. Den werde ich niemandem und nichts zuliebe gefährden.«

»Aber Sie haben es getan. Sie haben mich interviewt. Warum?«

»Ich habe es Ihnen erklärt. Ich mußte es tun. Außerdem war ich neugierig. Ihr Buch gefiel mir. Und mein Agent redete mir zu. Er hatte natürlich recht. Ich kann mich nicht ewig verstecken, wenn ich eine ernsthafte literarische Laufbahn anstrebe. Es gibt Zeiten, da muß man etwas riskieren.«

»Sie haben viel riskiert.«

»Ja.«

»Tut es Ihnen leid?« Er wollte eine ehrliche Antwort hören.

»Nein, ich bin froh.«

»Kezia, was wäre, wenn Sie zur Abwechslung der Welt, dieser Welt, sagten, sie soll Sie mal, und einfach täten, was Sie wollen? Könnten Sie nicht offiziell zumindest K. S. Miller sein?«

»Unmöglich. Denken Sie nur an den Stunk, den es geben würde, was die Zeitungen schreiben würden. Außerdem würde es Schmutz aufrühren. Die Leute würden meine Artikel haben wollen, nicht, weil ich K. S. Miller, sondern weil ich Kezia Saint Martin bin. Ich wäre wieder dort, wo ich vor Jahren war, als Anfängerin bei der *Times*. Meine Tante würde Anfälle bekommen, meinem Treuhänder würde das Herz brechen, und ich würde das Gefühl haben, daß ich alle meine Vorfahren verraten habe.«

»Um Himmels willen, Kezia, all diese Leute sind tot oder beinahe tot.«

»Die Tradition nicht. Die lebt weiter.«

»Und alles liegt auf Ihren Schultern, nicht wahr? Sie sind allein dafür verantwortlich, daß die Welt sich weiterdreht? Begreifen Sie denn nicht, wie unsinnig diese Einstellung ist? Wir befinden uns nicht mehr im victorianischen England, und mein Gott, es ist Ihr Leben, das Sie im Abstellraum verstecken. Ehe Sie sich versehen, ist es vorbei. Wenn Sie Ihre Arbeit achten, warum nehmen Sie dann nicht das Risiko auf sich, holen Ihr Leben aus dem Versteck heraus und bekennen sich stolz dazu? Oder haben Sie zu große Angst davor?« Sein brennender Blick ließ sie nicht los.

»Vielleicht, ich weiß es nicht. Ich hatte nie das Gefühl, ich könnte es mir aussuchen.«

»Genau da irren Sie. Man kann es sich immer aussuchen. Alles, was man tut. Vielleicht wollten Sie es nicht. Vielleicht verstecken Sie sich lieber wie eine Neurotikerin und führen zehn verschiedene, verpatzte Leben. Nur finde ich, daß es schade darum ist, Lady, glauben Sie mir.«

»Vielleicht irren Sie jetzt. Im Augenblick halte auch ich nicht viel von meiner Lebensweise. Sie verstehen jedoch nicht, daß es um Pflicht, Verantwortung, Tradition geht.«

»Pflicht wem gegenüber? Was ist denn mit Ihnen selbst, verdammt noch mal? Daran denken Sie nie? Wollen Sie für den Rest Ihres Lebens hier allein herumsitzen, heimlich schreiben und dann mit diesem schwulen Jungen auf diese vertrottelten Parties gehen?« Er unterbrach sich, und sie runzelte die Stirn.

»Was für ein schwuler Junge?«

»Der von dem Zeitungsfoto.«

»Sie wollen sagen, daß Sie es gewußt haben?«

Er blickte sie offen an. »Ja.«

»Warum haben Sie es mir nicht gesagt?« Ihre Augen glühten einen Moment. Sie hatte ihn so weit ins innere Heiligtum ihres Lebens eingelassen, und er war ein Verräter?

»Wie sollte ich es Ihnen beibringen? ›He, Lady, bevor Sie das nächste Interview machen, möchte ich ihnen verraten, daß ich Ihren wahren Namen kenne, weil ich etwas über Sie in der Zeitung gelesen habe?‹ Na und? Ich nahm an, daß Sie es mir erzählen würden, wenn Sie soweit sind, oder vielleicht nie. Aber wenn ich es Ihnen ins Gesicht geschleudert hätte, wären Sie davongerannt, als wenn der Teufel hinter Ihnen her wäre, und das wollte ich nicht.«

»Warum? Hatten Sie Angst, ich würde den Artikel nicht schreiben? Keine Sorge, sie hätten jemand anderen geschickt. Sie wären nicht um Ihre Story gekommen.« Sie zischte es beinahe, und er griff so plötzlich nach ihrem Arm, daß sie sprachlos war.

»Nein, aber vielleicht hätte ich Sie verloren.«

Sie wartete lange, bevor sie sprach, und er hielt ihren Arm noch immer fest. »Hätte es Ihnen etwas ausgemacht?«

»Sehr viel. Und jetzt müssen Sie sich entscheiden, ob Sie bis ans Ende Ihres Lebens lügen wollen oder nicht. Kommt mir idiotisch vor . . . Angst davor, wer Sie wann, wo, mit wem und wobei sieht. Wen kümmert das schon? Sie sollen Sie sehen! Zeigen Sie ihnen, wer Sie wirklich sind, oder wissen Sie das gar nicht, Kezia? Ich glaube, das ist das Kernproblem. Vielleicht ist K. S. Miller ebenso unecht wie Martin Hallam oder Kezia Saint Martin.«

»Ach, zum Teufel mit Ihnen, verdammt noch mal!« schrie sie und riß sich los. »Es ist so verdammt leicht für Sie, Reden zu halten. Sie haben absolut nichts zu verlieren. Niemand erwartet auch nur das Geringste von Ihnen, wie können Sie also wissen, wie es mir geht? Sie können einfach alles tun, was Ihnen verdammt gefällt.«

»Wirklich?« Seine Stimme klang wieder ruhig und seidenweich. »Dann will ich Ihnen etwas sagen, Miß Saint Martin. Ich weiß über Pflicht verdammt mehr als Sie. Allerdings beziehen sich meine Pflichten nicht auf die Mumien der Oberklasse. Ich habe wirklichen Menschen gegenüber Pflichten, mit denen ich gesessen habe, die niemanden haben, der sich für sie einsetzt, keine Familien, die Anwälte anheuern, oder solche, die vergessen, sich um sie zu kümmern. Ich sehe sie vor mir, wie sie auf ihren Hintern sitzen und auf die Freiheit warten, eingesperrt, nach Jahren im Knast vergessen sind, manche schon so lang, wie Sie auf der Welt sind, Kezia. Und wenn ich nicht den verdammten Mumm habe, etwas für sie zu unternehmen, dann wird es vielleicht niemand anderer tun. Sie sind meine ›Pflicht‹. Aber sie sind wenigstens wirklich, und wahrscheinlich ist es mein Glück, daß ich mich um sie kümmere. Ich tue es nicht nur, weil ich muß oder weil ich es für feige halte, es nicht zu tun. Ich tue es, weil ich will. Ich setze meine eigene Freiheit für die ihre aufs Spiel, weil ich jedesmal, wenn ich den Mund aufmache, Gefahr laufe, wieder bei ihnen zu landen. Und Sie erklären mir, was Pflichten sind und daß man etwas zu verlieren hat? Aber etwas sollen Sie noch wissen. Wenn sie mir gleichgültig wären, wenn ich sie

nicht gern hätte oder sie sogar liebte, würde ich sagen: ›Good-
bye, Charlie‹, und sie zum Teufel schicken. Ich würde wieder
heiraten, einen Haufen Kinder haben und auf dem Land leben.

Kezia, wenn Sie nicht an das Leben glauben, das Sie führen, dann leben Sie nicht so. So einfach ist das. Denn um den
Preis, den Sie nicht bezahlen wollen, kommen Sie auf keinen
Fall herum. Sie werden sich schließlich selbst hassen, weil Sie
die Jahre vergeudet und Spielchen getrieben haben, über die
Sie längst hinausgewachsen sein sollten. Wenn Ihnen dieses Leben gefiele, wäre es in Ordnung. Aber es gefällt Ihnen nicht, was
tun Sie also noch hier?«

»Ich weiß es wirklich nicht. Außer daß ich nicht so mutig bin
wie Sie.«

»Sie sind so mutig, wie Sie sein wollen. Das ist Unsinn. Sie
warten nur darauf, daß sich Ihnen ein müheloser Ausweg bie-
tet. Eine Bittschrift, die Ihnen Ihre Freiheit gibt, einen Mann, der
Sie bei der Hand nimmt und Sie wegführt. Vielleicht wird es so
kommen, aber wahrscheinlich nicht. Wahrscheinlich werden Sie
es selbst tun müssen, genau wie jeder andere.«

Sie schwieg, und er merkte, daß er sie am liebsten in die
Arme genommen hätte. Er hatte ihr eine Menge auf einmal zu
schlucken gegeben, konnte aber nicht anders. Nun, da sie die
Türen geöffnet hatte, mußte er ihr sagen, was er sah. Um ihrer
beider willen, vor allem aber um ihretwillen.

»Ich hatte nicht die Absicht, auf Ihnen herumzutrampeln,
Kleine.«

»Es mußte einmal ausgesprochen werden.«

»Sie könnten mir wahrscheinlich manches an den Kopf werfen, das auch ausgesprochen werden müßte. Ich verstehe, was Sie
durchmachen, und Sie haben in einer Hinsicht recht, für mich ist
es um vieles leichter. Ein Heer von Leuten wartet in den Kulissen
auf mich und erzählt mir, wie großartig ich bin. Ich meine nicht
die Kommission für bedingte Haftentlassungen, sondern Menschen, Freunde. Das macht einen großen Unterschied aus, dadurch wird es eine Art von Ego-Trip. Was Sie tun wollen, ist viel
schwieriger. Wenn man für eine Sache kämpft, erntet man Ruhm,
wenn man sich von seinem Zuhause löst, nicht ... erst später.

Viel später. Aber Sie werden es schaffen. Sie haben schon mehr als den halben Weg hinter sich, Sie wissen es nur noch nicht.«

»Finden Sie?«

»Ich weiß es. Sie werden es schaffen. Aber wir alle wissen, daß es ein schwerer Weg ist.« Während er sie beobachtete, war er wieder über alles, was er gehört hatte, verblüfft. Die Geheimnisse aus der Tiefe ihrer Seele, die Bekenntnisse über ihre Familie und die unsinnigen Theorien über Tradition und Verrat. All das war ganz neu für ihn, aber nichtsdestoweniger interessant. Sie war das Produkt einer fremden, anderen Welt, doch auf ihre Art ein Zwitter. »Wohin wird Sie übrigens dieser Weg zur Freiheit führen – nach SoHo?« Er wollte es wissen, aber sie lachte ihn aus.

»Machen Sie sich nicht lächerlich. Ich fühle mich dort wohl, aber es ist nicht das Wahre. Das weiß sogar ich. Es hilft mir nur, den übrigen Dreck zu ertragen. Einzig K. S. Miller ist kein Dreck.«

»K. S. Miller ist ein Nebenprodukt, kein menschliches Wesen. Das menschliche Wesen sind Sie, Kezia. Ich glaube, das vergessen Sie. Vielleicht absichtlich.«

»Vielleicht mußte ich es tun. Sehen Sie sich doch mein Leben an, Luke. Es hängt im luftleeren Raum, und die Spiele werden immer schwieriger. Das Ganze ist ein großes, endloses Spiel. Das Spiel der Parties, der Komitees, der Bälle und des Drecks, das Spiel der ›Künstlermuse in SoHo‹, das Spiel der Klatschspalte. Es ist alles Spiel. Ich habe genug davon, in einer Welt zu leben, die so begrenzt ist, daß sie nur etwa achthundert Menschen einschließen kann. Außerdem passe ich nicht in eine Umgebung wie SoHo.«

»Warum nicht? Nicht Ihre Klasse?«

»Nein. Einfach nicht meine Welt.«

»Dann hören Sie doch auf, die Welten anderer Menschen zu plündern. Schaffen Sie sich Ihre eigene. Eine verrückte, eine gute, eine schlechte Welt, was immer Sie wollen, nur schaffen Sie sich zur Abwechslung eine, die Ihnen zusagt. Sie stellen die Regeln auf. Schweigen Sie darüber, wenn Sie es für notwendig halten, aber versuchen Sie zumindest, Ihren eigenen Trip zu achten. Ge-

ben Sie nicht auf, Kezia. Dazu sind Sie zu klug. Ihnen ist ja selbst
klar, daß Sie zu einem Punkt gelangt sind, an dem Sie sich entscheiden müssen.«

»Das weiß ich. Ich glaube, daß ich deshalb den Mut hatte,
Sie hierher einzuladen. Ich mußte es tun. Sie sind ein anständiger Mann. Ich achte Sie. Ich konnte Sie nicht mit weiteren Lügen
und Ausflüchten beleidigen. Ich konnte mich selbst nicht so beleidigen. Nicht mehr. Es ist eine Frage des Vertrauens.«

»Ich fühle mich geehrt.« Sie blickte zu ihm auf, um zu sehen,
ob er sich über sie lustig machte, und war gerührt, als sie fest-
stellte, daß er es nicht tat. »Und damit sind es vier«, verkündete
er.

»Vier was?«

»Sie sagten, Sie hätten fünf Ichs. Sie haben vier besprochen.
Die Erbin, die Autorin, die Klatschkolumnistin und die Touristin in SoHo. Wer ist Nummer fünf? Das Spiel beginnt mir zu
gefallen.« Er lächelte wieder lässig und streckte die Beine aus.

»Mir auch. Übrigens bin ich keine Klatschkolumnistin. Es ist
ein ›Gesellschafts-Leitartikel‹.« Sie grinste geziert.

»Verzeihen Sie mir, Mr. Hallam.«

»Schön. Das fünfte Ich ist Ihr Werk. ›Kate.‹ Ich habe all das
noch nie jemandem erzählt. Vielleicht weist es auf den Beginn
eines weiteren Ichs hin.«

»Oder auf das Ende aller alten Egos. Setzen Sie nicht einfach
eine neue Rolle, ein neues Spiel auf die Liste. Spielen Sie mit offenen Karten.«

»Das tue ich.« In ihrem Blick lag Zärtlichkeit.

»Ich weiß. Und ich bin froh. Für uns beide. Nein ... für Sie.«

»Sie haben mir heute nacht eine Art Freiheit geschenkt, Luke.
Das ist etwas ganz Besonderes.«

»Das stimmt, aber es stimmt nicht, daß ich sie Ihnen geschenkt
habe. Ich habe Ihnen vorhin erklärt, daß Ihnen niemand Ihre
Freiheit rauben kann ... und genauso kann sie Ihnen niemand
zurückgeben. Sie schaffen es ganz allein. Bewahren Sie es sich.«
Er beugte sich vor und küßte sie auf die Stirn, dann flüsterte er
ihr ins Ohr: »Wo befindet sich Ihre Toilette?«

Sie lachte und sah ihn an. Er war ein so schöner Mann. »Die

Toilette ist am Ende des Korridors links. Sie können sie nicht verfehlen, sie ist rosa.«

»Ich wäre enttäuscht gewesen, wenn sie es nicht wäre.« Er lachte dröhnend, während er im Korridor verschwand; sie ging wieder in die Küche, um nach dem Kaffee zu sehen. Drei Stunden waren vergangen.

»Wollen Sie noch den Kaffee, Luke?« Er war wieder da und streckte sich träge im Türrahmen.

»Könnte ich ihn gegen ein Bier eintauschen?«

»Sicherlich.«

»Phantastisch, und ich trinke aus der Dose. Keine Manieren. Überhaupt keine. Sie wissen ja, wie es bei den Bauern ist.« Er öffnete die Dose und nahm einen langen Schluck. »Mensch, schmeckt das gut.«

»Es war eine lange Nacht. Tut mir leid, daß ich Ihnen so in den Ohren gelegen habe, Luke.«

»Es tut Ihnen nicht leid, und mir auch nicht.« Sie nippte an einem Glas Weißwein.

»Ich werde Ihnen die Couch zurechtmachen.« Er nickte und nahm wieder einen großen Schluck aus der Dose, während sie geschickt unter dem Arm, den er an den Türrahmen gestützt hatte, hindurchschlüpfte.

Mit wenigen Handgriffen hatte sie die Couch in ein Bett verwandelt.

»Damit sollten Sie auskommen. Brauchen Sie noch etwas, bevor ich zu Bett gehe?«

Was er brauchte, hätte sie schockiert. Sie war jetzt wieder frisch und sachlich. Die Dame des Hauses. Die Ehrenwerte Kezia Saint Martin.

»Ja, ich brauche wirklich noch etwas, bevor Sie zu Bett gehen. Ich muß noch einmal die Frau sehen, mit der ich hier gesessen und die ganze Nacht geplaudert habe. Sie haben wieder Ihr Pokergesicht aufgesetzt, meine Liebe. Das ist eine scheußliche Angewohnheit. Ich werde Sie weder verletzen noch Sie vergewaltigen oder Ihre Gedanken plündern. Ich werde Sie nicht einmal erpressen.«

Sie wirkte erstaunt und ein wenig beleidigt. »Ich hatte nicht das Gefühl, daß Sie meine Gedanken geplündert haben. Ich wollte mit Ihnen sprechen, Lucas.«

»Was ist also jetzt anders?«

»Ich habe einfach nichts gedacht.«

»Sie haben sich also abgekapselt.«

»Gewohnheit, nehme ich an.«

»Eine scheußliche Gewohnheit, wie schon erwähnt. Sind wir denn nicht Freunde?«

Sie nickte ihm zu, wieder glänzten Tränen in ihren Augen. Es war eine sehr emotionelle Nacht gewesen. »Natürlich sind wir Freunde.«

»Das ist gut, denn ich halte Sie für etwas Besonderes.« Er durchquerte den Raum mit drei langen Schritten, umarmte sie und küßte sie auf die Wange. »Gute Nacht, Kleine. Schlafen Sie gut.« Sie stellte sich auf die Zehenspitzen und küßte ihn ebenfalls auf die Wange.

»Danke, Sie auch, Luke. Schlafen Sie gut.«

Er hörte irgendwo in dem dunklen Haus eine Uhr ticken, aus ihrem Zimmer kam kein Geräusch. Er hatte sich vor ungefähr zehn Minuten hingelegt und war zu aufgekratzt, um zu schlafen. Er hatte das Gefühl, daß sie tagelang miteinander gesprochen hatten, und er hatte solche Angst gehabt, daß er sie verscheuchen, daß er etwas tun könnte, worauf sie die Mauer wieder aufbauen würde. Deshalb lag er auf der Couch und hatte sich mit einem Kuß auf die Wange begnügt. Sie war keine Frau, die man überrumpeln durfte – wenn man sie nicht verlieren wollte, ehe es begonnen hatte. Aber sie waren in einer einzigen Nacht sehr weit gekommen. Damit war er schon zufrieden. Er ging im Geist die Stunden ihres Gesprächs durch … den Ausdruck ihres Gesichtes … die Worte … die Tränen … die Art, wie sie nach seiner Hand gegriffen hatte.

»Luke? Schlafen Sie?« Er war so sehr in Gedanken versunken gewesen, daß er nicht gehört hatte, wie sie barfuß über den teppichbelegten Fußboden gegangen war.

»Nein. Ich bin wach.« Er stützte sich auf den Ellbogen und blickte sie an. Sie trug ein zartrosa Nachthemd, und die Haare hingen ihr lose auf die Schultern herab. »Ist etwas nicht in Ordnung?«

»Nein, ich kann nur nicht schlafen.«

»Ich auch nicht.«

Sie setzte sich lächelnd neben der Couch auf den Boden. Er wußte nicht, was er davon halten sollte, daß sie wieder aufgetaucht war. Sie war nicht immer leicht zu durchschauen. Luke zündete eine Zigarette an und reichte sie ihr. Sie nahm sie, inhalierte und gab sie zurück.

»Sie waren heute nacht nett zu mir, Lucas.«

»Wieso denn?« Er streckte sich wieder aus und starrte zur Decke.

»Sie haben mich über eine Menge Dinge reden lassen, die mich seit Jahren bedrücken. Das habe ich dringend gebraucht.«

Es war nicht alles, was sie brauchte, aber er hatte beinahe Angst davor, weiterzugehen. Er wollte ihr Leben nicht durcheinanderbringen; sie hatte genug Schwierigkeiten.

»Luke?«

»Ja?«

»Wie war Ihre Frau?« Ein langes Schweigen folgte, und sie begann ihre Frage zu bedauern.

»Hübsch, jung, verrückt, so wie ich damals... und sie hatte Angst. Angst davor, sich allein durchzuschlagen. Ich weiß nicht, Kezia... sie war ein nettes Mädchen, ich liebte sie... aber es ist so lange her. Damals war es anders. Wir taten etwas, wir sagten nie etwas. Das Ganze ging in Brüche, als ich ins Gefängnis kam. Man muß mit jemandem sprechen können, wenn so etwas passiert, und das konnte ich nicht. Sie konnte nicht einmal mit mir reden, als unsere kleine Tochter ums Leben kam. Ich glaube, das war schuld an ihrem Tod. In ihrem Körper verkrampfte sich alles, bis sie daran erstickte und starb. In gewissem Sinn war sie schon tot, bevor sie Selbstmord verübte. Vielleicht so wie Ihre Mutter.«

Kezia nickte und beobachtete sein Gesicht. Sein Blick war abwesend, aber seine Stimme verriet kein anderes Gefühl als Ehrfurcht vor der Vergänglichkeit der Zeit.

»Warum haben Sie danach gefragt?«

»Neugierde, nehme ich an. Wir haben in dieser Nacht viel über mich gesprochen.«

»Wir sprachen gestern bei dem Interview viel über mich. Ich würde sagen, daß wir quitt sind. Warum versuchen Sie nicht, ein wenig zu schlafen?«

Sie nickte, und während sie aufstand, drückte er die Zigarette aus, die sie gemeinsam geraucht hatten.

»Gute Nacht, Luke.«

»Nacht, Kleine. Wiedersehen morgen.«

»Heute.«

Er grinste über die Richtigstellung, dann schlug er mit seiner großen Pranke träge in Richtung ihres Pos. »Sie müssen immer widersprechen. Verfrachten Sie Ihren Po jetzt ins Bett, sonst sind Sie morgen zu müde, um mir die Stadt zu zeigen.«

»Können Sie den Tag hier verbringen?«

»Das habe ich vor, es sei denn, Sie schlagen etwas Besseres vor.« Er hatte nie daran gedacht, sie danach zu fragen.

»Nein, ich bin vogelfrei. Gute Nacht, Lucas.« Sie wandte sich rasch um, die rosa Seide wehte, er blickte ihr nach und hätte sie am liebsten zurückgehalten. Dann mußte er es loswerden, bevor er die Worte hinunterschlucken konnte.

»Kezia!« Seine Stimme war leise, aber eindringlich.

»Ja?« Sie drehte sich erstaunt um.

»Ich liebe dich.«

Keiner von beiden rührte sich. Er lag verkrampft auf der Couch und beobachtete ihr Gesicht. Seine Worte hatten sie sichtlich beeindruckt.

»Ich ... du bist für mich etwas Besonderes, Luke. Ich ...«

»Hast du Angst?«

Sie nickte und sah zu Boden. »Ein bißchen.«

»Das ist unnötig, Kezia. Ich liebe dich. Ich werde dir nicht weh tun. Ich habe noch nie eine Frau wie dich gekannt.«

Sie wollte ihm sagen, daß ihr noch nie ein Mann wie er begegnet war, doch irgendwie brachte sie es nicht über die Lippen. Sie konnte nichts sagen. Sie konnte sich nur nach seinen Armen sehnen, ohne zu wissen, wie sie sie finden sollte.

Lucas hüllte sich in das Laken, das sie für sein Bett verwendet hatte, und ging ruhig auf sie zu. Er legte seine Arme um sie und drückte sie an sich.

»Es ist alles okay, Baby. Alles klappt wunderbar.«

»Wirklich, nicht wahr?« Sie blickte verklärt zu ihm empor. Dieser Augenblick war anders als alles, was sie bis jetzt erlebt hatte. Er war wichtig, er war ernst, und sie erkannte, was zutiefst in ihrer Seele vorging.

»Lucas ...«

»Ja, Liebes?«

»Ich liebe dich. Ich ... liebe ... dich ...« Er hob sie mühelos hoch und trug sie in ihr dunkles Zimmer zurück. Während er sie hinlegte, blickte sie zu ihm auf und lächelte. Es war das Lächeln einer Frau, mutwillig, rätselhaft, zärtlich. »Soll ich dir etwas Komisches sagen, Luke? Ich habe noch nie jemanden in meinem Schlafzimmer geliebt.«

»Darüber bin ich froh.«

»Ich auch.« Ihre Stimmen waren zu einem Flüstern herabgesunken.

Ihre Schüchternheit verflog, als sie ihm die Arme entgegenstreckte und er vorsichtig das rosa Seidennachthemd von ihren Schultern zog. Sie wickelte das Laken von seinen Hüften. Seine Hände verbrachten die Dämmerstunde damit, ihren Körper kennenzulernen, und schließlich schlief sie in seinen Armen ein, während der Himmel sich blaßgrau färbte.

12

»Guten Morgen, mein Schatz. Was möchtest du heute tun?« Sie hatte ihr Kinn auf seine Brust gestützt.

»Ach, weißt du, das Übliche ... Tennis, Bridge, was immer man auf der Park Avenue so tut.«

»Heb die Nase.«

»Meine Nase? Warum meine Nase?«

»Ich liebe deine Nase. Sie ist überwältigend.«

»Du bist verrückt. Total, vollkommen plemplem, Miß Saint Martin. Vielleicht liebe ich dich deshalb.«

»Bist du sicher, daß du mich liebst?« Sie trieb ein Spiel, das nur Frauen einfällt, die ihrer Sache sicher sind.

»Vollkommen sicher.«

»Woher weißt du es?« Sie strich mit einem Finger nachdenklich über seinen Hals und dann über seine Brust hinunter.

»Weil meine linke Ferse juckt. Meine Mutter hat mir erzählt, daß ich die wahre Liebe daran erkennen würde, daß meine linke Ferse juckt. Sie juckt. Also mußt du die Richtige sein.«

»Verrückter Narr.« Er brachte sie mit einem Kuß zum Schweigen, sie kuschelte sich in seine Arme, und sie lagen nebeneinander und genossen den Vormittag.

»Du bist schön, Kezia.«

»Du auch.« Er hatte einen schlanken, kräftigen Körper, gesunde Muskeln und eine besonders glatte Haut. Sie knabberte sanft an seiner Brustwarze, und er gab ihr einen Klaps auf ihren weißen, kleinen Po.

»Woher hast du die teure Sonnenbräune?«

»Natürlich aus Marbella. Und Südfrankreich. ›Zurückgezogen‹.«

»Du nimmst mich auf den Arm.«

»Tu’ ich nicht. In den Zeitungen stand, daß ich mich ›zurückgezogen habe‹. In Wirklichkeit fuhr ich auf eigene Faust auf einem Boot, das ich gemietet hatte, durch die Adria und machte kurz vor Marbella in Nordafrika Recherchen für eine Story. Es war phantastisch.«

Ihre Augen glänzten bei der Erinnerung.

»Du kommst ganz schön herum.«

»Ja. Ich habe diesen Sommer auch viel gearbeitet. Hör mal, Luke, wäre es nicht herrlich, wenn wir irgendwann zusammen verreisen könnten? Ich meine schöne Orte wie Dakar und Marrakesch in Nordafrika, die Camargue in Frankreich, die Bretagne und Jugoslawien. Vielleicht auch Schottland.« Sie sah ihn verträumt an und knabberte an seinem Ohr.

»Klingt köstlich, aber leider wird es nie dazu kommen. Jedenfalls nicht in der nächsten Zeit.«

»Warum nicht?«

»Ich kann nicht. Meine bedingte Haftentlassung.«

»Ist das lästig!«

Er warf den Kopf zurück und lachte, zog sie vorsichtig von seinem Ohr weg und suchte mit seinem Mund ihre Lippen. Sie küßten einander gierig und lang, und als es vorbei war, kicherte er wieder.

»Du hast recht, mein bedingter Strafaufschub ist lästig. Was sie wohl sagen würden, wenn ich ihnen das erkläre.«

»Sagen wir es ihnen, dann wissen wir es.«

»Ich habe den leisen Verdacht, daß du es tun würdest.«

Sie grinste ihn mutwillig an, und er zog das Laken von ihrem Körper, um sie wieder anzusehen.

»Weißt du, was ich liebe?«

»Meinen Nabel?«

»Jedenfalls mehr als deinen großen Mund. Er schweigt wenigstens. Nein, sei einen Augenblick ernst . . .«

»Ich will's versuchen.«

»Halt den Mund.«

»Ich liebe dich.«

»Ach, Weib, hörst du nie auf zu reden?« Er küßte sie leidenschaftlich und zupfte sie an einer Haarsträhne.

»Ich hatte so lange niemanden, mit dem ich reden konnte, niemals so . . . es ist ein so angenehmes Gefühl, daß ich nicht aufhören kann.«

»Ich weiß, was du meinst.« Er fuhr mit einer Hand sanft die Innenseite ihres Oberschenkels hinauf und sah sie verlangend an.

»Was wolltest du mir erklären?« Sie beobachtete ihn nüchtern.

»Liebste, deine Zeiteinteilung ist miserabel. Ich war im Begriff, deinen Körper wieder zu schänden.«

»O nein. Du wolltest mir etwas erklären.« Sie sah beinahe engelhaft aus.

»Verulk mich nicht. Ich wollte dir etwas erklären, bevor du mich unterbrochen hast. Es ist nämlich unglaublich, daß ich dich vorige Woche nicht einmal kannte, daß du vor drei Tagen bei einem meiner Vorträge aufgetaucht bist und daß ich dir vor zwei Tagen meine Lebensgeschichte erzählt habe. Gestern war ich schon in dich verliebt. Und jetzt sind wir hier. Ich habe nicht geglaubt, daß es so etwas gibt.«

»Das gibt es auch nicht. Aber ich weiß, was du meinst. Ich habe das Gefühl, daß ich dich immer schon gekannt habe.«

»Genau das meine ich. Ein Gefühl, als wären wir seit Jahren beisammen. Genau das liebe ich.«

»Hast du jemals zuvor dieses Gefühl gehabt?«

»Weiber! So eine unverschämte Frage! Aber zu deiner Information, nein, noch nie. Eines ist verdammt sicher, ich habe mich noch nie innerhalb von drei Tagen Hals über Kopf verliebt ... und noch nie in eine Erbin.«

Er zündete sich eine Zigarre an. Kezia dachte fröhlich daran, daß ihre Mutter gestorben wäre. Eine Zigarre im Schlafzimmer? Vor dem Frühstück? Du lieber Gott!

»Weißt du, was du hast, Lucas?«

»Mundgeruch?«

»Das auch. Du hast Stil.«

»Was für einen Stil?«

»Einen phantastischen, mutigen, unternehmungslustigen Stil ... ich glaube, ich bin verrückt nach dir.«

»Verrückt auf jeden Fall. Wenn nach mir, dann habe ich verdammtes Glück.«

»Ich auch. Ach, Lucas, ich bin so froh, daß du hier bist. Stell dir nur vor, daß ich dir vielleicht meine Telefonnummer nicht gegeben hätte!« Der Gedanke erschreckte sie.

»Ich hätte dich trotzdem gefunden.« Es klang vollkommen selbstsicher.

»Wie?«

»Ich hätte eine Möglichkeit gefunden. Nötigenfalls Bluthunde. Ich war nicht bereit, dich nach einem Atemzug aus meinem Leben verschwinden zu lassen. Bei dem ersten Vortrag konnte ich den ganzen Abend lang nicht von dir wegsehen. Ich konnte nicht herausfinden, ob du die Journalistin warst, die mich interviewen sollte.« Es war köstlich, einander die Geheimnisse ihrer ersten Gefühle zu verraten.

»Am ersten Vormittag hast du mir Angst gemacht.«

»Wirklich? Ich habe mich so bemüht, es nicht zu tun. Wahrscheinlich hatte ich zehnmal soviel Angst wie du.«

»Du sahst aber nicht so aus. Und du hast mich so scharf angeblickt, ich glaubte immerfort, du könntest meine Gedanken lesen.«

»Wenn ich das nur gekonnt hätte! Ich brauchte meine ganze Selbstbeherrschung, um nicht aufzuspringen und dich zu schnappen.«

»Du Weiberheld.« Sie rückte näher zu ihm, und sie küßten einander wieder. »Du schmeckst nach Zigarre.«

»Soll ich mir die Zähne putzen?«

»Später.« Er lächelte und rollte sich auf den Bauch, das rosa Nachthemd lag noch immer zusammengeballt bei seinen Füßen. Er küßte sie wieder, drückte sie an sich, langsam nahm sein Körper sie in Besitz, und seine Füße drückten ihre Beine auseinander.

»Okay, Lady, du hast gesagt, du willst mir die Stadt zeigen.« Er saß nackt in einem der Samtfauteuils, rauchte seine zweite Zigarre und trank sein erstes Bier. Sie waren soeben mit dem Frühstück fertig. Sie sah ihn an und begann zu lachen.

»Lucas, du siehst unmöglich aus.«

»Keineswegs. Ich sehe äußerst möglich aus. Und ich fühle mich einmalig. Ich habe dir ja gesagt, Baby, keine Klasse.«

»Du hast unrecht.«

»Womit?«

»Daß du keine Klasse hast. Klasse ist eine Frage von Würde, Stolz und Pflichtbewußtsein, und zufällig besitzt du von allen dreien eine Menge. Ich bin mit einer Horde von Leuten verwandt, die über absolut keine Klasse verfügen. Und ich habe in SoHo Leute kennengelernt, die ganze Tonnen haben. Es ist eine sehr merkwürdige Sache.«

»Sieht so aus.« Es war ihm offensichtlich gleichgültig. »Was machen wir also heute? Außer Liebe?«

»Hmm. Also gut, ich werde dir die Stadt zeigen.«

Das tat sie. Sie ließ eine Limousine kommen, sie fuhren durch die Wallstreet und Greenwich Village, den East River Drive hinauf und überquerten die 42. Straße zum Broadway, wo sie im Stage-Delikatessenladen Weichkäse und Hörnchen kauften. Dann setzten sie die Fahrt nach Norden zum Central Park fort, vorbei am Plaza, wo sie einen Drink im Oak Room nahmen. Zurück über die Fifth Avenue, an allen Boutiquen vorbei zum Madison Square Garden, und dann wieder in die Stadt, wo sie den Chauffeur vor dem Metropolitan Museum halten ließen, ausstiegen und in den Park gingen. Um sechs Uhr beendeten sie den Ausflug im Stanhope mit Drinks, während die Tauben vor dem Café auf dem Gehsteig um Erdnüsse kämpften.

»Du hast eine gute Tour zusammengestellt, Kezia. Da fällt mir etwas ein. Willst du einen meiner Freunde kennenlernen?«

»Hier?« fragte sie erstaunt.

»Nein, nicht hier, Dummerchen. Oben in Harlem.«

»Klingt interessant.« Die Idee reizte sie.

»Er ist ein schöner Kerl. Der netteste Bursche, den ich kenne. Er wird dir bestimmt gefallen.«

»Wahrscheinlich.« Sie wechselten einen liebevollen, innigen Blick, der die Wärme des Tages widerspiegelte.

»Es wäre aber nicht allzu klug, in der Limousine hinzufahren, oder?«

Er schüttelte den Kopf und nahm die Rechnung. »Wir können Jeeves nach Hause schicken und mit einem Taxi hinfahren.«

»Das ist Unsinn.«

»Du willst mit der Limousine fahren?« Damit hatte er nicht gerechnet, nicht bei einem Besuch in Harlem, aber vielleicht kannte sie nichts anderes.

»Natürlich nicht, Dummer. Wir können mit der U-Bahn fahren. Das ist schneller und klüger. Wesentlich unauffälliger.«

»Hör sie dir mal an! ›Unauffällig.‹ Du willst wirklich die U-Bahn nehmen?« Er stand auf und sah auf sie hinunter. Sie steckte voller Überraschungen.

»Was glaubst du, wie ich nach SoHo gekommen hin? Mit dem Düsenflugzeug?«

»Vermutlich mit einem privaten Luxuskreuzer.«

»Aber natürlich. Komm schon, Romeo, schicken wir Jeeves fort, und machen wir uns zu Fuß auf den Weg.« Der Chauffeur berührte seine Mütze und war sofort verschwunden; sie gingen gemächlich zur U-Bahnstation, wo sie in die Eingeweide der Stadt hinabstiegen, Münzen für die Sperren kauften und gemeinsam Brezeln und ein Coca zu sich nahmen.

Sie erreichten die Station bei der 125. Straße, und Luke hielt

Kezia an der Hand, während sie die Treppe zur Straße empor-
stiegen.

»Es sind nur ein paar Blocks.«

»Bist du überhaupt sicher, Luke, daß er zu Hause ist?«

»Nein, wir gehen dorthin, wo er arbeitet, und dort finden wir
ihn bestimmt. Man kann ihn kaum aus dem verdammten Lokal
schleppen, um ihn zum Essen mitzunehmen.«

Luke wirkte plötzlich größer, als sie weitergingen, und selbst-
sicherer als während des ganzen Tages. Seine Schultern wurden
kräftiger, sein Gang beinahe wiegend, während seine Augen
sorgfältig die Vorbeigehenden betrachteten. Er trug seine vertraute Tweedjacke und sie Jeans. Aber sie waren in Harlem. Weit
fort von zu Hause. Für sie. Für ihn schien es etwas zu sein, das
er kannte. Er nahm sich in acht, doch nur er wußte, wovor.

»Weißt du was, Lucas? Hier gehst du anders.«

»Ist doch klar. Hier erinnere ich mich an Q.«

»San Quentin?« Er nickte, sie bogen um eine Ecke, und Lucas
blickte zu einem Haus empor und blieb stehen.

»Das ist es, Baby.« Sie standen vor einem heruntergekom-
menen, braunen Sandsteingebäude mit einem halbverbrannten
Schild: Waffenstillstandshaus. Kezia hatte jedoch nicht den Eindruck, daß der Waffenstillstand von Dauer gewesen war.

Er ließ ihre Hand los und legte ihr den Arm um die Schultern,
während sie die Treppe hochstiegen. Zwei übermütige schwarze
Jungen und ein puertoricanisches Mädchen schossen lachend
und quietschend aus der Tür. Das Mädchen lief vor den Jungen davon, aber nicht sehr rasch. Kezia blickte Luke lächelnd
an.

»Und was ist hier so anders?«

Luke erwiderte das Lächeln nicht. »Rauschgiftsüchtige, Pu-
sher, Prostituierte, Zuhälter, Straßenkämpfe, Messerstechereien.
Das gleiche spielt sich derzeit überall in der Stadt, in jeder Stadt
der Welt ab ... außer in der Gegend, in der du wohnst. Und
komm nicht auf verrückte Ideen. Wenn du feststellst, daß du Alejandro magst, besuche ihn nicht hier, wenn ich weg bin. Ruf ihn
an, und er kann dich besuchen. Das hier ist nicht deine Welt.«

»Aber es ist die deine?« Sie ärgerte sich beinahe über seinen

Vortrag. Sie war erwachsen. Sie hatte schon vor Luke überlebt, wenn auch zugegebenermaßen nicht mitten in Harlem. »Und es ist wohl deine Welt?« wiederholte sie. Er sah nicht aus, als paßte er besser hierher als sie. Jedenfalls nicht viel besser.

»War es einmal. Ist es aber nicht mehr. Doch ich kann mit ihr fertig werden. Du nicht. So einfach ist das.« Er öffnete ihr die Tür, und sein Ton verriet ihr, daß er es ernst meinte.

Der mit verblaßten Postern verzierte Korridor roch nach abgestandenem Urin und frischem Marihuana. Zwischen den Postern ersetzten Wandkritzeleien Kunstwerke, die Glasschirme um die Glühlampen waren zerbrochen, und Papierblumen hingen schlaff von Feuerlöschern. Auf einem abgenutzten Schild stand »Willkommen im Waffenstillstand! Wir lieben dich!« Jemand hatte das »lieben« ausgestrichen und darüber »scheißen auf« hingeschrieben.

Luke stieg eine schmale Treppe hinauf, ohne Kezias Hand loszulassen, aber seine Gespanntheit ließ nach. Der einstige Straßenkämpfer kam zu Besuch. Eine Anstandsvisite. Kezia mußte plötzlich an die Legenden aus dem alten Westen denken.

»Was ist so komisch, Kleines?« Er sah aus seiner großen Höhe auf sie hinunter, während sie leichtfüßig hinter ihm die Treppe hinaufstieg.

»Du, Marshall Dillon. Manchmal bist du absolut umwerfend.«

»Ach, wirklich?«

»Ja, wirklich.« Sie streckte ihm ihr Gesicht entgegen, er beugte sich zu ihr und küßte sie.

»Das gefällt mir. Es gefällt mir sehr.« Als sie den Treppenabsatz erreichte, strich er ihr mit der Hand über den Po und stieß sie sanft zu einer arg zerkratzten Tür.

»Bist du sicher, daß er hier ist?« fragte Kezia plötzlich schüchtern.

»Ich bin sicher, Kleine. Der blöde Kerl ist immer hier. Er gibt in diesem Dreckhaus sein Äußerstes. Sein Äußerstes, sein Herz und seine Seele. Du wirst schon sehen.« An der Tür war ein Schild befestigt. »Alejandro Vidal.« Keine Versprechen, keine Schlagworte, und diesmal auch keine Kritzeleien. Nur ein Name.

Kezia erwartete, daß Luke anklopfen würde, aber er tat es nicht. Er stieß die Tür brutal mit dem Fuß auf, dann trat er blitzschnell ein.

»*Qué*...«

Ein schmächtiger Lateinamerikaner, der hinter einem Schreibtisch saß, stand überrascht auf und begann dann zu lachen.

»Luke, du Bastard, wie geht es dir? Ich hätte wissen müssen, daß du es bist. Einen Augenblick dachte ich, sie wollten mich holen.«

Der bärtige kleine Mexikaner mit den blauen Augen strahlte vor Freude, als Luke durch das Zimmer ging und seinen Freund umarmte.

Es dauerte etliche Minuten, bis Luke sich an Kezia erinnerte oder Alejandro sie auch nur zur Kenntnis nahm, und ebenso lange dauerte es, bis Kezia etwas mehr von dem Mann zu sehen bekam, den Luke noch immer umarmt hielt. Es hatte unzählige »*Qué pasa, hombre?*« und eine rasche Folge von mexikanischen Flüchen gegeben. Alejandros reines Spanisch und das Kauderwelsch, das Luke im Knast aufgeschnappt hatte. Späße, unverständliche Ausdrücke, die teils Mexikanisch, teils Gefängnisjargon und reines Kalifornisch waren. Das Wirrwarr war für Kezia unverständlich. Dann verstummte es plötzlich, ein freundliches Lächeln und ein sanfter Blick wandten sich Kezia zu. Das Lächeln breitete sich langsam von den Augen zum Mund aus, und die Augen waren weicher blauer Samt. Alejandros Gesicht vermittelte sofort das Gefühl, daß er ein Mensch war, an den man sich mit seinen Sorgen und Herzensnöten wendet. Fast wie Christus oder ein Priester. Er blickte Kezia schüchtern an.

»Hallo. Dieser unhöfliche Hurensohn wird wahrscheinlich nie daran denken, uns einander vorzustellen. Ich bin Alejandro.« Er streckte die Hand aus, und sie reichte ihm die ihre.

»Ich bin Kezia.« Sie schüttelten einander feierlich die Hände, dann lachten sie, und Alejandro bot ihnen die einzigen zwei Stühle des Raumes an, während er sich auf den Schreibtisch setzte.

Er war mittelgroß, aber schmächtig und wirkte neben Luke wie ein Zwerg. Aber das Auffallende an ihm war nicht seine Gestalt, sondern seine Augen. Sie waren gütig und verständnisvoll. Sie griffen nicht nach einem und packten nicht zu; man schaute sie gern an. Alles an ihm war herzlich. Sein Lachen, sein Lächeln, seine Augen, die Art, wie er sie beide ansah. Er war ein Mann, der sehr viel erlebt hatte, hatte aber keine Spur von Zynismus an sich. Nur das Verständnis eines schwer geprüften Menschen und das Mitgefühl eines gütigen Mannes. Sein Sinn für Humor ermöglichte ihm das Überleben trotz allem, was er sah. Während er und Luke eine Stunde lang Späße machten, beobachtete ihn Kezia. Er bildete einen seltsamen Gegensatz zu Luke, aber er gefiel ihr vom ersten Augenblick an, und sie begriff, warum er Lukes engster Freund war. Sie hatten einander vor langer Zeit in L. A. kennengelernt.

»Wie lange sind Sie schon in New York?« Sie wandte sich zum erstenmal an Alejandro. Er hatte ihr Tee eingeschenkt und dann mit Luke Klatsch ausgetauscht. Sie hatten einander ein Jahr lang nicht gesehen, und es gab so viel nachzuholen.

»Ich bin seit etwa drei Jahren hier, Kezia.«

»Das scheint mir lang genug«, mischte sich Luke ein. »Was willst du dir in diesem Dreckloch noch alles gefallen lassen, Al, bevor du Vernunft annimmst und nach Hause fährst? Warum kehrst du nicht nach L. A. zurück?«

»Weil ich hier an etwas arbeite. Das einzige Problem besteht darin, daß die jungen Leute, die wir behandeln, ambulante Patienten sind. Mann, wenn wir eine Möglichkeit hätten, sie im Haus wohnen zu lassen, könnte ich es mit dieser schäbigen Tätigkeit sehr, sehr weit bringen.« Seine Augen leuchteten.

»Sie behandeln junge Leute mit Rauschgiftproblemen?« Kezia interessierte sich für seine Ausführungen. Sie konnten einen guten Artikel ergeben, wenn nicht überhaupt mehr dabei herauskam. Der Mann interessierte sie jedoch mehr als die Story. Er gefiel ihr. Er gehörte zu der Art von Menschen, die man umarmen will, und sie hatte ihn doch eben erst kennengelernt.

»Ja, Drogen und kleinere Verbrechen. Beides steht fast immer in Verbindung.« Er lebte auf, während er die Möglichkeiten schilderte, die die Einrichtung bot, zeigte ihr Krankenblätter, graphische Darstellungen, Krankengeschichten und Entwürfe für zukünftige Pläne. Aber das wirkliche Problem blieb bestehen: Mangel an Kontrolle. Solange die jungen Leute wieder nachts auf die Straße gingen, zurück in die verwahrlosten Wohnungen, in denen die Mutter auf dem einzigen Bett der Wohnung Geld verdiente oder der Vater seine Frau prügelte, in denen Brüder sich im Klo Rauschgift spritzten und Schwestern Narkotika nahmen oder Drogen verkauften, gab es nicht viel, was man tun konnte. »Es kommt nur darauf an, sie aus ihrer Umgebung herauszubringen. Ihre ganze Lebensweise zu verändern. Das wissen wir jetzt, aber hier ist es nicht leicht zu schaffen.« Er wies düster auf abblätternde Wände, was als Erklärung genügte. Das Zimmer befand sich in einem jämmerlichen Zustand.

»Ich halte dich noch immer für verrückt.« Aber Luke war, wie immer, von der Entschlossenheit, der Unternehmungslust seines Freundes beeindruckt. Er hatte gesehen, wie er geschlagen, überfallen, mit Füßen getreten, ausgelacht, bespuckt und verachtet worden war. Doch niemand hatte Alejandro jemals abschrecken können. Er glaubte an seine Träume. Wie Luke an die seinen.

»Glaubst du wirklich, Luke, daß du vernünftiger bist? Daß du die Welt daran hindern wirst, Gefängnisse zu bauen? Bevor du das erlebst, *hombre*, bist du tot.« Er verdrehte die Augen und zuckte mit den Schultern, aber die Hochachtung war durchaus gegenseitig. Es amüsierte Kezia, den beiden zuzuhören. Mit Kezia unterhielt sich Alejandro in perfektem Englisch, aber Luke gegenüber verfiel er in den Straßenslang. Sie war nicht ganz sicher, ob er damit angeben wollte, ob er es aus Gewohnheit tat, ob es ein Scherz war oder ob es ihre Verbundenheit ausdrücken sollte. Vielleicht eine Kombination von alldem.

»Okay, Klugscheißer, du wirst schon sehen. In dreißig Jahren wird weder in diesem Staat noch in einem anderen ein Gefängnis funktionieren.« In der Antwort verstand sie »verrückt« und »Kopf«, dann hob Luke einen Finger.

»Bitte, Al, eine Dame ist anwesend.« Aber alles war nur Spaß, und Alejandro hatte sie anscheinend akzeptiert. Er war ihr gegenüber nur eine Spur zurückhaltender. Dennoch scherzte er mit ihr, beinahe so wie mit Luke. »Und Sie, Kezia? Was treiben Sie?« Seine wachen Augen sahen sie an.

459

»Ich schreibe.«

»Und sie ist gut.«

Kezia lachte und versetzte Luke einen Stoß. »Warte, bis du das Interview siehst, bevor du ein Urteil abgibst. Du bist jedenfalls voreingenommen.« Alejandro freute sich sichtlich für seinen Freund. Er hatte sofort gewußt, daß es sich um keine oberflächliche Beziehung, um kein einmaliges Gastspiel und um keine zufällige Freundin handelte. Es war das erste Mal, daß er Luke mit einer Frau sah. Luke behielt seine Frauen im Bett und fuhr nach Hause, wenn er neue wollte. Diese mußte etwas Besonderes sein. Sie wirkte auch anders als die anderen. Welten unterschieden sie von den anderen. Sie war intelligent, und sie hatte einen gewissen Stil. Klasse. Er fragte sich, wo Luke sie kennengelernt hatte.

»Willst du mit uns zum Dinner in die Stadt kommen?« Luke zündete sich eine Zigarre an und bot seinem Freund eine an. Alejandro nahm sie eifrig und machte ein erstauntes Gesicht, als er sie anzündete.

»Aus Kuba?«

Luke nickte. Kezia lachte.

»Die Dame verfügt über ausgezeichnete Vorräte.«

Alejandro stieß einen Pfiff aus, und Luke sah einen Augenblick stolz aus. Seine Frau besaß etwas, das niemand in ihrem Block hatte: kubanische Zigarren. »Was ist mit dem Dinner, Al?«

»Ich kann nicht, Lucas. Ich würde gern mitkommen, aber ...« Er zeigte auf den Berg Arbeit auf seinem Schreibtisch. »Und heute um sieben haben wir eine Gruppe für die Eltern einiger unserer Patienten.«

»Gruppentherapie?«

Alejandro nickte. »Es nützt etwas, wenn man die Eltern erreicht. Manchmal.«

Plötzlich hatte Kezia das Gefühl, daß Alejandro eine Flutwelle mit einem Fingerhut ausschöpfen wollte, aber man mußte ihm zugestehen, daß er es wenigstens versucht hatte.

»Vielleicht essen wir ein andermal gemeinsam zu Abend. Wie lange wirst du in der Stadt bleiben?«

»Bis heut abend. Morgen. Aber ich werde wiederkommen.«

Alejandro klopfte seinem Freund auf den Rücken.

»Das weiß ich. Und ich freue mich für dich, Mann.« Er blickte Kezia liebevoll an und lächelte dann. Es war wie ein Segen.

Offensichtlich bedauerte Alejandro ebensosehr wie Lucas, daß die beiden fort mußten. Auch Kezia ging es so.

»Du hattest recht.«

»Womit?«

»Alejandro.«

»Ja. Ich weiß.« Lucas war in Gedanken versunken gewesen, während sie zur U-Bahn gingen. »Sie werden den Schweinehund mit seinen verdammten Gruppen und seinen Scheißidealen demnächst umbringen. Ich wünschte, er würde von hier verschwinden, verdammt noch mal.«

»Vielleicht kann er nicht.«

»Ach ja?« Lucas war verärgert. Er machte sich um seinen Freund Sorgen.

»Es ist so ähnlich wie ein Krieg, Luke, du führst deinen, er führt seinen. Keinen von euch kümmert es wirklich, wenn ihr dabei geopfert werdet. Es ist das Endresultat, auf das es ankommt. Euch beiden. Er ist nicht anders als du. Nicht in der Art, wie er denkt. Er tut, was er tun muß.«

Lucas nickte, noch immer verärgert, wußte jedoch, daß sie recht hatte. Sie war sehr scharfsinnig. Manchmal überraschte es ihn. Obwohl sie in bezug auf ihr eigenes Leben so blind war, hatte sie eine erstaunliche Art, bei anderen das Wesentliche zu erkennen.

»Aber in einer Hinsicht hast du unrecht.«

»Und zwar?«

»Er ist keineswegs so wie ich.«

»Wie kommst du auf die Idee?«

»Er hat keinen Funken Gemeinheit im Leib.«

»Und du schon?« Ihre Augen glitzerten. Mr. Macho in Person.

»Das kannst du mir glauben, Kleine. Massenhaft. Wenn man so geartet ist wie er, überlebt man die sechs Jahre in kalifornischen Gefängnissen nicht, die ich durchgemacht habe. Dort macht dich einer zur Sau, und wenn du es nicht schluckst, bist du am nächsten Tag tot.« Kezia schwieg, während sie zur U-Bahn zurückgingen.

»Dann war er also nie im Gefängnis?« Sie hatte es angenommen, weil es bei Luke der Fall war.

»Alejandro?« Luke lachte herzlich in tiefem Baß. »Nein. Aber alle seine Brüder haben gesessen. Er hat einen dieser Brüder in Folsom besucht. Dabei habe ich ihn entdeckt. Als ich in eine andere Anstalt gebracht wurde, erhielt er eine Sondererlaubnis, um mich zu besuchen. Seither sind wir Brüder. Aber Alejandro tanzt aus der Reihe. Er schlug einen anderen Weg ein als seine übrige Familie. *Magna cum laude* an der Stanford University.«

»Meine Güte, er wirkt so bescheiden.«

»Das ist das Schöne an ihm, Kleine. Und der Bursche hat ein Herz aus purem Gold.«

Der einfahrende Zug schluckte ihre Worte, und sie fuhren schweigend nach Hause. Vor der Haltestelle bei der 77. Straße zupfte sie ihn am Ärmel.

»Wir sind da.« Er nickte und stand auf. Er war wieder er selbst, das merkte sie. Die Sorge um Alejandro war aus seinem Gesicht verschwunden. Er dachte jetzt an andere Dinge.

»Baby, ich liebe dich.« Er hielt sie in den Armen, während der Zug davonratterte, ihre Lippen trafen einander für einen langen Kuß. Dann blickte er sie wieder besorgt an. »Ist das unklug?«

»Was?« Sie wußte nicht, was er meinte, während er sich verlegen von ihr löste.

»Ich kann ja verstehen, daß du nicht in die Zeitungen kommen willst. Ich habe dir letzte Nacht eine Menge Reden gehalten, verstehe aber, was du fühlst. Du selbst zu sein ist schön und gut, aber auf Seite eins aufzuscheinen ist etwas anderes.«

»Das tue ich Gott sei Dank nie. Vielleicht auf Seite fünf, sogar Seite vier, aber nie auf der Titelseite. Die ist Morden, Vergewaltigungen und Katastrophen an der Börse vorbehalten.« Sie lachte wieder. »Es ist schon okay, Luke. Es war nicht ›unklug‹. Außerdem ...«, in ihren Augen lag Mutwille, » ... seltsamerweise benützen sehr wenige meiner Freunde die U-Bahn. Eigentlich ist es albern von ihnen. Es ist eine so wunderbare Art zu reisen!« Sie sprach affektiert wie eine Debütantin.

»Ich werde mich bemühen, es mir zu merken.« Er ergriff ihre Hand und schwenkte sie, während sie weitergingen.

»Willst du etwas zum Essen mitnehmen?« Sie kamen an einem Geschäft vorbei, das gegrillte Hühner verkaufte.

»Nein.«

»Bist du nicht hungrig?« Sie war plötzlich heißhungrig. Es war ein langer Tag gewesen.

»Doch. Ich bin hungrig.«

»Also?« Er hastete mit ihr die Straße entlang, und sie verstand ihn nicht, dann sah sie ihm ins Gesicht und begriff. Vollkommen. »Lucas, du bist gräßlich.«

»Erzähl mir das später.« Sie liefen über das U-Bahngitter, dann bogen sie um die Ecke in ihre Straße ein.

»Lucas! Der Portier!« Sie sahen aus wie zerzauste Kinder, während sie Hand in Hand, Hals über Kopf die Straße hinunterliefen. Vor dem Eingang zu ihrem Haus stoppten sie jäh. Er folgte ihr wohlerzogen hinein, und sie beherrschten sich beide, um nicht krampfhaft loszuplatzen. Sie standen in der Ecke des Fahrstuhls wie Ministranten, dann begannen sie laut im Korridor zu lachen, während Kezia in ihrer Handtasche nach dem Schlüssel suchte.

»Los, komm!« Er schob eine Hand unter ihre Jacke und in die Bluse. »Hör damit auf, Luke!« Sie suchte noch eifriger nach dem unauffindbaren Schlüssel.

»Ich zähle bis zehn, und wenn du ihn bis dahin nicht findest, werde ich ...«

»Nein, das wirst du nicht!«

»Doch, ich werde. Hier, im Korridor.« Er fuhr mit dem Mund über ihren Scheitel.

»Hör auf! Warte ... ich habe ihn!« Sie zog den Schlüssel triumphierend aus der Handtasche.

»Verdammt. Ich hatte schon gehofft, du würdest ihn nicht finden.«

»Du bist fürchterlich.« Die Tür ging auf, sie traten ein, er stürzte sich auf sie, hob sie hoch und wollte sie ins Bett tragen. »Nein, Lucas, hör auf!«

»Machst du Witze?«

Sie hob in seinen Armen majestätisch den Kopf, sah ihm in die Augen und sträubte sich, aber ihr Blick war übermütig. »Ich mache keine Witze. Stell mich ab. Ich muß aufs Klo gehen.«

»Aufs Klo?« Luke lachte laut. »Klo?«

»Ja, aufs Klo.« Er stellte sie hin, sie kreuzte die Beine und kicherte.

»Warum hast du es nicht gleich gesagt? Ich meine, wenn ich gewußt hätte, daß ...« Sein Lachen erfüllte das Vorzimmer, während sie im rosa Badezimmer verschwand.

Nach einer Minute kam sie zurück, und jetzt war sie nicht mehr übermütig, sondern zärtlich. Sie hatte die Schuhe von den Füßen geschleudert und stand barfuß vor ihm, ihr langes Haar umrahmte ihr Gesicht, ihre großen Augen glänzten, und ihr Gesicht strahlte glücklich wie nie zuvor.

»Weißt du was? Ich liebe dich!« Er zog sie in die Arme.

»Ich liebe dich auch. Ich hatte von einem Mann wie dir geträumt, aber nie geglaubt, daß es so etwas gibt.«

»Mir ist es genauso gegangen. Ich hatte mich schon damit abgefunden, daß ich so weiterleben muß wie bisher.«

»Und wie war das?«

»Einsam.«

»Das kenne ich auch.«

Sie gingen schweigend ins Schlafzimmer, er schlug das Bett auf, während sie die Jeans auszog. Nicht einmal die Porthaultlaken störten sie mehr, sie paßten wunderbar zu Luke.

13

»Lucas?«

»Ja.«

»Fehlt dir etwas?« Im Schlafzimmer war es dunkel, sie hatte sich aufgesetzt, ihre Hand lag auf seiner Schulter, und sie sah auf ihn nieder. Die Laken waren feucht.

»Mir geht es gut. Wie spät ist es?«

»Viertel vor fünf.«

»O Gott.« Er wälzte sich auf den Rücken und sah sie benommen an. »Warum bist du auf, Kleine?«

»Ich kann nichts dafür. Du hattest einen bösen Traum.« Einen sehr bösen Traum.

»Mach dir nichts daraus. Tut mir leid, daß ich dich geweckt habe.«

Er streichelte mit halb geschlossenen Augen zärtlich eine ihrer Brüste. »Mein Schnarchen ist noch schlimmer. Du hattest Glück.«

Aber sie war besorgt. Er hatte um sich geschlagen. »Mir wäre es lieber, wenn du schnarchtest. Du hast so aufgeregt gewirkt. Beinahe verängstigt.« Zum Schluß hatte er gezittert.

»Mach dir deswegen keine Sorgen, Liebes. Du wirst dich daran gewöhnen.«

»Hast du oft solche Träume?« Er zuckte die Schultern und griff nach seinen Zigaretten.

»Rauchen?« Sie schüttelte den Kopf.

»Möchtest du ein Glas Wasser?«

Er lachte und blies das Streichholz aus. »Nein, Fräulein Krankenschwester, danke. Hör auf damit, Kezia. Was erwartest du? Ich war in meinem Leben an den merkwürdigsten Orten. Sie hinterlassen Narben.«

So sehr? Sie hatte ihn fast zwanzig Minuten lang beobachtet, bevor sie ihn geweckt hatte. Er benahm sich, als würde er gefoltert.

»Ist das ... kommt es von der Zeit, die du im Gefängnis verbracht hast?« Sie fragte ihn ungern, aber er zuckte nur wieder die Schultern.

»Eines ist sicher. Es kommt nicht daher, weil ich mit dir geschlafen habe. Ich habe dir ja erklärt, daß du dir deswegen keine Sorgen machen sollst.« Er stützte sich auf den Ellbogen und küßte sie. Aber in seinen Augen lag noch immer Entsetzen.

»Luke?« Ihr war etwas eingefallen.

»Was?«

»Wie lange bleibst du hier?«

»Bis morgen.«

»Das ist alles?«

»Das ist alles.« Dann sah er ihren Gesichtsausdruck, drückte seine Zigarette aus und zog sie in seine Arme. »Aber es ist nicht vorbei. Es ist erst der Anfang. Du glaubst doch nicht, daß ich dich verlieren will, nachdem ich so viele Jahre gebraucht habe, um dich zu finden, oder?« Sie lagen schweigend im Dunkel nebeneinander, bis sie endlich einschliefen. Diesmal schlief sogar Luke friedlich, was seltener vorkam, als Kezia wußte. In der letzten Zeit, seit sie wieder begonnen hatten, ihn zu verfolgen, hatte er jede Nacht Alpträume.

»Frühstück?« Sie zog den weißen Satinmorgenrock an, streckte sich und lächelte ihm zu.

»Nur Kaffee, danke. Schwarz. Ich beeile mich ungern beim Frühstück, aber ich habe nicht viel Zeit.« Er war aus dem Bett gesprungen.

»Wirklich nicht?« Dann fiel es ihr wieder ein. Er reiste ab.

»Mach kein solches Gesicht, Kezia. Ich habe dir ja gesagt, daß es nicht vorbei ist. Im Gegenteil.« Er tätschelte ihren Po, und sie glitt in seine Arme.

»Du wirst mir schrecklich fehlen.«

»Du mir auch. Mr. Hallam, du bist eine sehr schöne Frau.«

»Ach, sei still.« Sie lachte, aber es brachte sie in Verlegenheit, wenn er sie an ihre Kolumne erinnerte. »Um wieviel Uhr geht dein Flugzeug?«

»Elf.«

»Scheiße.« Er schlenderte langsam durch den Korridor, seine große Gestalt wiegte sich leicht, wenn er ging. Sie lehnte am Türrahmen ihres Schlafzimmers und beobachtete ihn stumm; sie hatte das Gefühl, daß sie immer schon beisammen gewesen waren – einander neckten, lachten, mit der U-Bahn fuhren, bis spät in die Nacht plauderten, miteinander schliefen und aufwachten, die Zigarette und die morgendlichen Gedanken vor dem Frühstück teilten.

»Lucas! Kaffee!« Sie stellte ihm eine dampfende Tasse auf die Waschmuschel und klopfte ihm durch den Duschvorhang auf die Schulter. Alles lief so natürlich, so vertraut, so gut.

Er langte um den Vorhang nach der Tasse, streckte den Kopf hinaus und trank einen Schluck. »Der Kaffee ist gut. Kommst du herein?«

Sie schüttelte den Kopf. »Nein, danke. Ich bin eine Alleinbaderin.« Wenn sie die Wahl hatte, zog sie es immer vor zu ba-

466

den. Am frühen Morgen war es kein solcher Schock wie die Dusche. Es war ein Ritual. Dior Bade-Öl, das parfümierte Wasser war schön warm und gerade tief genug, um in der dunkelrosa Marmorwanne ihre Brust zu bedecken, dann stieg sie heraus, hüllte sich in warme Handtücher, darauf in den behaglichen weißen Satin-Morgenrock und zog ihre geliebten Satinpantoffeln mit den Straußenfedern und den rosa Samtabsätzen an. Luke grinste ihr zu, während sie ihn beobachtete; er streckte einladend den Arm aus.

»Komm doch herein.«

»Nein, Luke. Wirklich. Ich warte lieber.« Sie war noch immer in träger, schläfriger Stimmung.

»Kommt nicht in die Tüte. Du wartest nicht.« Er streifte ihr mit einer unerwarteten, raschen Bewegung den Morgenrock von den Schultern, und bevor sie protestieren konnte, hatte er sie hochgehoben und stellte sie neben sich unter das herabströmende Wasser.

»Du hast mir gefehlt, Kleine.« Er grinste breit, während sie spuckte und sich die nassen Haarsträhnen aus dem Gesicht streifte. Bis auf die Pantoffeln mit den Straußenfedern war sie nackt.

»Oh! Du ... du ... Bastard!« Sie zog die Pantoffeln von den Füßen, warf sie aus der Duschkabine und schlug ihn mit der flachen Hand auf die Schulter. Aber sie zwang sich, nicht zu lachen, das wußte er. Er brachte sie mit einem Kuß zum Schweigen, und sie umschlang ihn, während er sich niederbeugte und sie küßte. Er schirmte sie vor dem dampfenden Wasser ab, während ihre Hände von seiner Taille zu seinen Oberschenkeln hinabwanderten.

»Ich wußte, daß es dir gefallen würde, wenn du erst einmal drin bist.« Seine Augen blitzten übermütig.

»Du bist ein elender, gemeiner, riesiger Tyrann, Lucas Johns, ja, das bist du.« Aber der Ton paßte nicht zu den Worten.

»Aber ich liebe dich.« Er strahlte männliche Arroganz und eine Art animalischer Sinnlichkeit aus, in die sich eine für ihn typische Zärtlichkeit mischte.

»Ich liebe dich auch«, und als er die Augen schloß, um sie zu küssen, richtete sie den Brausekopf voll auf sein Gesicht, duckte sich und biß ihn ausgelassen in den Schenkel.

»Hey, Kleines, gib acht! Das nächste Mal könnte es danebengehen!« Aber statt ihn zu beißen, küßte sie ihn, während die Dusche durch ihr Haar und über ihren Rücken plätscherte und sie beide erwärmte. Er zog sie langsam zu sich hoch, seine Hände glitten über ihren Körper, und ihre Lippen trafen einander, während er sie in seine Arme zog, sie an sich drückte und sie die Beine um seine Taille schlang.

»Du bist verrückt, Kezia.«

»Warum?« Sie hatten sich behaglich in der gemieteten Limousine niedergelassen, und sie sah vollkommen gelassen aus.

»Die meisten Leute reisen nicht so, weißt du.«

»Ja. Ich weiß.« Sie knabberte an seinem Ohr. »Aber gib zu, daß es Spaß macht.«

»Sicherlich. Aber ich bekomme dabei einen verdammten Schuldkomplex.«

»Warum?«

»Weil es einfach nicht mein Stil ist. Ich weiß nicht, es läßt sich schwer erklären.«

»Dann halte einfach den Mund und genieß es.« Sie wußte, was er meinte. Sie hatte auch andere Welten gesehen. »Weißt du, Luke, ich habe mein halbes Leben lang versucht, diese Lebensweise abzulehnen, habe dazwischen immer wieder nachgegeben und dabei mein Leben oder mich selbst gehaßt, weil ich nachgegeben habe. Aber plötzlich stört es mich nicht, ich hasse es nicht, ich gehöre nicht einmal mehr dazu. Ich finde es nur verdammt lustig, warum also nicht?«

»So gesehen ist es nicht so übel. Du überraschst mich, Kezia. Du bist verwöhnt und bist es nicht. Für dich ist das alles selbstverständlich, dann wieder lachst du darüber wie ein kleines Kind. So sehe ich es. Durch dich wird es lustig.« Er zündete sich mit zufriedenem Gesicht eine Zigarre an. Sie hatte ihn mit einer Schachtel kubanischer Romanoffs versorgt.

»Ich sehe es auch so. So ist das Leben ganz anders, mein Schatz.«

Sie saßen Hand in Hand auf dem Rücksitz der Limousine, und der Kennedy-Flughafen tauchte viel zu früh auf. Die Glasscheibe zwischen ihnen und dem Chauffeur war geschlossen, und Kezia drückte auf den Knopf, damit sie hinunterging, und erinnerte den Chauffeur daran, zu welchem Terminal sie wollten. Dann ließ sie die Scheibe wieder hinaufgleiten.

»Du bist ein Luder, Schatz.«

»Das ist ein netter Widerspruch.«

»Du weißt, was ich meine.« Er warf einen kurzen Blick auf das Fenster.

»Ja, ich weiß.«

Sie tauschten das hochmütige Lächeln von Leuten, die zum Befehlen geboren sind, sie aufgrund ihres Erbes, er aufgrund seiner Seele. Sie legten den Rest des Weges schweigend zurück, ohne einander loszulassen. Aber wenn Kezia daran dachte, daß er sie verließ, bebte sie innerlich. Und wenn sie ihn nie wiedersah, was dann? Wenn alles nur eine Laune gewesen war? Sie hatte diesem Fremden ihre Seele entblößt und ihr Herz nicht beschützt, und nun verließ er sie.

Lucas hegte die gleichen Befürchtungen. Und noch ein paar andere. Er hatte es innerlich gespürt. Alle Polizeiwagen sahen gleich aus, sie sind hellblau, braungrün, dunkelbraun und haben eine hohe, zitternde Antenne am Heck. Er konnte sie immer spüren, und er hatte diesen gespürt. Jetzt folgte er ihnen in diskreter Entfernung. Er hätte gern gewußt, wieso sie erfahren hatten, daß er bei Kezia war. Er fragte sich, ob sie ihn in jener Nacht in Washington verfolgt hatten, ob er sogar spätnachts auf dem Weg zu ihrer Wohnung beschattet worden war. In letzter Zeit kam es immer häufiger vor. Nicht nur in der Nähe der Gefängnisse, sondern überall. Diese Scheißkerle.

Der Chauffeur checkte Lukes Koffer ein, während Kezia im Wagen wartete. Einige Augenblicke später steckte Luke den Kopf wieder in den Wagen.

»Kommst du mit mir zum Gate, Kleine?«

»Ist es so wie bei der Dusche oder kann ich es mir aussuchen?«

»Diesmal überlasse ich dir die Entscheidung. Bei der Dusche verlasse ich mich auf die meine.«

»Ich auch.«

Er warf einen Blick auf die Uhr.

»Vielleicht solltest du lieber hierbleiben und in die Stadt zurückfahren. Es wäre zu dumm, wenn du Unannehmlichkeiten bekämst.« Er teilte ihre Besorgnis. Er wußte, was es für sie bedeuten würde, wenn die Zeitungen über sie herfielen, falls man sie zusammen sah. Und er war kein Whitney Hayworth III. Er war Lucas Johns, der zwar auch für Schlagzeilen sorgte, aber auf eine für Kezia unangenehme Art. Und wenn ihn die Bullen in dem blauen Wagen stellten? Es konnte ihre Beziehung zerstören, sie abschrecken.

Sie streckte ihm die Arme entgegen, und er beugte sich zu ihr.

»Du wirst mir fehlen, Lucas.«

»Du mir auch.« Er preßte seinen Mund auf den ihren, und sie streichelte sein Haar. Sein Mund schmeckte nach Zahnpasta und kubanischen Zigarren; es war eine Kombination, die ihr gefiel. Sauber und kräftig, wie Luke. Direkt und lebendig.

»Gott, ich verabscheue, daß du weggehst.« Tränen stiegen ihr in die Augen, und plötzlich trat er zurück.

»Schluß damit. Ich rufe dich heute abend an.« Dann war er blitzschnell fort. Die Autotür fiel zu, und sie sah seinem Rücken nach. Er drehte sich nicht um, und ihr liefen lautlos die Tränen über die Wangen.

Sie ließ die Scheibe zum Chauffeur, wie sie gewesen war. Geschlossen. Sie hatte ihm nichts zu sagen. Die Fahrt zurück in die Stadt war öde. Sie wollte mit dem Zigarrenrauch allein sein, mit ihrer Erinnerung an den Tag und an beide Nächte. Ihre Gedanken wanderten in die Gegenwart zurück. Warum war sie nicht mit ihm zum Gate gegangen? Warum hatte sie nicht den Mut gehabt...

Die Scheibe glitt unvermittelt hinunter, und der Fahrer blickte überrascht in den Rückspiegel.

»Ich will zurück.«

»Wie bitte, Miß?«

»Ich will zurück zum Flughafen. Der Gentleman hat etwas vergessen.« Sie zog einen Briefumschlag aus ihrer Handtasche und hielt ihn auf dem Schoß. Eine fadenscheinige Ausrede, der Fahrer mußte sie für verrückt halten, aber es war ihr verdammt egal. Sie wollte nur rechtzeitig hinkommen. Es war an der Zeit, mutig zu sein. Es gab kein Zurück mehr, und das mußte Luke wissen. Von Anfang an.

»Ich werde die nächste Ausfahrt nehmen, Miß, und zurückfahren, sobald ich kann.«

Sie saß verkrampft auf dem Rücksitz und fragte sich, ob sie rechtzeitig hinkommen würden. Aber sie konnte dem Chauffeur keinen Vorwurf wegen seiner Fahrweise machen, er wechselte die Fahrstreifen, überholte mit beängstigender Geschwindigkeit Lastwagen, er flog beinahe. Sie blieben zwanzig Minuten, nachdem sie weggefahren waren, vor dem Terminal stehen, und sie sprang hinaus, bevor der Fahrer den Wagen zum Stehen brachte. Sie drängte sich zwischen Managern, alten Frauen mit Pudeln, jungen Frauen mit Perücken und tränenreichen Abschieden hindurch und suchte atemlos die Gatenummer für den Flug nach Chicago.

Gate 14 E. Verdammt... am anderen Ende des Terminals, fast das letzte Gate. Sie rannte, und ihr Haar löste sich aus dem straffen, eleganten Knoten. Das war vielleicht ein Knüller! Sie lachte über sich selbst, während sie sich durch die Leute drängte und beinahe Kinder niederstieß. Die *paparazzi* würden herrliche Schlagzeilen haben – Erbin Kezia Saint Martin stürmt durch den Flughafen, stößt Leute nieder, um einen Kuß vom Ex-Sträfling und Agitator Lucas Johns zu ergattern. Sie erstickte fast an einem Lachanfall, während sie die letzten Meter zurücklegte, und sah, daß sie es geschafft hatte. Seine breiten Schultern und sein mächtiger Rücken füllten den offenen Eingang des Gates. Sie war gerade noch rechtzeitig gekommen.

»Luke!«

Er drehte sich mit dem Ticket in der Hand langsam um und fragte sich sichtlich, welcher seiner Bekannten in New York war. Dann sah er sie, ihr aufgelöstes Haar hing lose auf den hellroten Mantel hinunter, ihr Gesicht glühte, weil sie gelaufen war. Er trat grinsend aus der Reihe der ungeduldigen Fluggäste und ging auf sie zu.

»Lady, du bist verrückt. Ich war davon überzeugt, daß du in-

zwischen wieder in der Stadt bist. Ich habe gerade an dich gedacht und wollte an Bord gehen.«

»Ich war ... auf halbem Weg ... in die Stadt ...« Sie sah ihm
atemlos und glücklich in die Augen. »Aber ... ich ... mußte ...
zurückkommen.«

»Um Himmels willen, bekomm nur jetzt keinen Herzanfall. Ist
alles in Ordnung, Kleine?«

Sie nickte eifrig und fiel ihm in die Arme. »Ausgezeichnet.«

Er erstickte sie beinahe mit einem Kuß, bei dem sie sich auf die
Zehenspitzen stellte, umarmte sie so leidenschaftlich, daß ihre
Schultern schmerzten.

»Danke, daß du zurückgekommen bist, verrückte Lady.« Er
wußte, was es bedeutete. Sie strahlte ihn an. Ihm war bewußt,
wer sie war und was die Zeitungen schreiben würden, wenn sie
erfuhren, daß Kezia ihn am hellichten Tag inmitten einer Menschenmenge geküßt hatte. Sie war zurückgekommen. Hatte die
Heimlichtuerei aufgegeben. In diesem Augenblick wußte er, daß
sich seine Hoffnung erfüllt hatte. Sie war real. Und sie gehörte
ihm. Die Ehrenwerte Kezia Saint Martin.

»Du bist ein verdammtes Risiko eingegangen.«

»Das mußte ich tun. Um meiner selbst willen. Außerdem liebe
ich dich zufällig.«

»Das habe ich gewußt, auch wenn du nicht zurückgekommen wärst ... Aber ich bin froh, daß du es getan hast.« Seine
Stimme war rauh, während er sie wieder umarmte. »Und jetzt
muß ich das Flugzeug erreichen. Ich muß heute nachmittag bei
einem Treffen in Chicago sein.« Er ließ sie los und ging.

»Luke ...«

Er blieb stehen und sah sie lange an. Beinahe hätte sie ihn gebeten zu bleiben. Aber das konnte sie nicht. So etwas konnte sie
von ihm nicht verlangen. Und er wäre nie geblieben ...

»Halt die Ohren steif!«

»Du auch. Nächste Woche kommen wir zusammen.« Sie
nickte, und er ging durch die Tür des Gates. Sie konnte nur noch
sehen, wie er mit seinem langen Arm winkte, bevor er über die
Rampe nach unten verschwand.

Zum erstenmal in ihrem Leben blieb sie im Flughafen und sah

zu, wie das Flugzeug startete. Es tat gut zuzuschauen, wie der schlanke Silbervogel zum Himmel emporstieg. Er sah schön aus, und sie fühlte sich wie neugeboren. Zum erstenmal, seit sie sich erinnern konnte, hatte sie ihr Schicksal selbst in die Hand genommen und war öffentlich das Risiko eingegangen. Kein Verstecken mehr in SoHo, kein Verschwinden irgendwo bei Antibes. Keine Heimlichkeiten mehr. Sie war eine Frau. Sie liebte einen Mann. Endlich hatte sie beschlossen, alles zu riskieren. Der einzige Haken war, daß sie ein Neuling war, und sie spielte mit ihrem Leben, ohne zu wissen, wie hoch der Einsatz war. Sie sah den Polizeibeamten in Zivil nicht, der beim Gate seine Zigarette ausdrückte. Sie sah ihn geradewegs an und ging an ihm vorbei, ohne zu wissen, welche Bedrohung er für sie beide darstellte. Kezia war ein Kind, das blindlings in den Dschungel ging.

14

»Wo, um Himmels willen, bist du gewesen?« Whit klang verärgert, ein Luxus, den er sich bei Kezia selten leistete.

»Ich war hier. Um Gottes willen, Whit, du klingst, als hätte dir jemand deine Strickerei aufgetrennt.«

»Ich finde das gar nicht komisch, Kezia. Ich rufe dich seit Tagen an.«

»Ich hatte Migräne und habe das Telefon auf Beantworter gestellt.«

»Ach, Liebste, das tut mir leid! Warum hast du es mir nicht gesagt?«

»Weil ich mit niemandem sprechen konnte.« Außer mit Lucas. Sie hatte zwei Tage ganz allein verbracht, seit er abgereist war. Zwei herrliche Tage. Sie mußte einige Zeit allein bleiben, um das Geschehene zu verdauen. Er hatte sie zweimal täglich angerufen, seine Stimme war rauh und voller Lachen, Liebe und Mutwillen. Sie konnte beinahe seine Hände auf ihrem Körper spüren, während sie miteinander sprachen.

»Und wie fühlst du dich jetzt, Schatz?«

»Wunderbar.« Hochstimmung. Der neue Klang stahl sich in ihre Stimme. Sogar Whit gegenüber.

»Du klingst jedenfalls so. Du hast hoffentlich nicht auf heute abend vergessen.« Er klang wieder pedantisch und gereizt.

Ach verdammt. Die Pflicht rief. »Ich habe keine Ahnung. So geht es mir bei einer Migräne immer. Sag mir, was heute abend ist!«

»Die Dinners für die Sergeanthochzeit beginnen heute.«

»O Gott. Welches ist es?« Hatte sie etwa schon einige der frivolen Feste versäumt? Sie hoffte es.

»Heute ist das erste. Cassies Tante gibt ihnen zu Ehren ein Dinner. Smoking. Erinnerst du dich jetzt, Schatz?«

Ja, aber es wäre ihr lieber gewesen, wenn es nicht notwendig gewesen wäre. Und er sprach zu ihr, als wäre sie geistig zurückgeblieben. »Ja, Whit. Jetzt erinnere ich mich. Ich weiß aber nicht, ob ich schon soweit bin.«

»Du hast doch gesagt, du fühlst dich ausgezeichnet.«

»Natürlich, mein Lieber, aber ich war drei Tage im Bett. Das Dinner könnte anstrengend werden.« Es war allerdings ein Muß, das wußte sie. Sie durfte es nicht versäumen, um der Gesellschaftsspalte willen, wenn aus keinem anderen Grund. Sie hatte genügend Freizeit gehabt. Sie hatte in den letzten Tagen sogar die Spalte ganz links liegenlassen. Jetzt zurück an die Arbeit und zur Wirklichkeit. Aber wie? Wie, nach Luke? Die Idee war absurd. Welche Wirklichkeit? Wessen? Whits? Was für ein Unsinn. Die Wirklichkeit hieß jetzt Luke.

»Falls du noch nicht soweit bist, schlage ich vor, daß du es Mrs. Fitz-Matthew erklärst«, meinte Whit verdrießlich. »Es ist ein Dinner für fünfzig Personen, und sie wird wissen wollen, warum du ihre Sitzordnung durcheinanderbringst.«

»Ich sollte vermutlich hingehen.«

»Ganz meine Ansicht.«

Idiot. »Also gut, mein Lieber. Ich werde es tun.« Der Ton ihrer Stimme deutete an, daß sie eine Märtyrerin war, obwohl sie das Lachen unterdrückte.

»Du bist ein braves Mädchen, Kezia. Ich habe mir ernstlich Sorgen darüber gemacht, wo du steckst.«

»Ich war die ganze Zeit hier.« Und Luke auch eine Weile lang.

»Mit einer Migräne, du Arme. Wenn ich es gewußt hätte, hätte ich dir Blumen geschickt.«

»Mein Gott, ich bin froh, daß du es nicht getan hast.« Dieser Ausruf war ihr entschlüpft.

»Was?«

»Rosenduft verschlimmert den Kopfschmerz.« Atempause.

»Ach. Dann war es ja besser, daß ich von deinem Zustand nichts wußte. Ruh dich jetzt für heute abend aus. Ich hole dich um acht ab.«

»Schwarze oder weiße Masche?«

»Ich sagte dir doch, schwarz. Freitag abend ist Frackzwang.«

»Was ist am Freitag?« Der Veranstaltungskalender der vornehmen Gesellschaft war ihr vollkommen entfallen.

»Diese Kopfschmerzen machen dich anscheinend wirklich vergeßlich. Freitag findet das Probedinner statt. Du kommst doch zur Hochzeit, nicht wahr?«

Es war eine rein rhetorische Frage. Aber er mußte einen Schock in Kauf nehmen. »Eigentlich weiß ich noch nicht, was ich machen werde. Ich sollte dieses Wochenende zu einer Hochzeit nach Chicago fliegen. Ich weiß noch nicht, was ich tun werde.«

»Wer heiratet denn in Chicago?«

»Eine alte Schulfreundin.«

»Kenne ich sie?«

»Du kennst sie nicht, aber sie ist ein sehr nettes Mädchen.«

»Schön, also tu, was du für richtig hältst.« Seine Stimme klang wieder ärgerlich. Sie konnte mitunter so unberechenbar sein. »Laß mich nur wissen, wozu du dich entschließt. Ich hatte eigentlich damit gerechnet, daß du zu den Sergeants kommst.«

»Wir werden die Sache schon deichseln. Auf später, mein Lieber.« Sie schickte ihm eine Kußhand, legte auf und drehte eine Pirouette auf nackten Zehenspitzen, der Satin-Morgenrock öffnete sich und enthüllte ihre noch sonnengebräunte Haut. »Eine Hochzeit in Chicago.« Sie lachte, während sie durch den Korridor lief, um ihr Bad einzulassen. Verdammt, ihr Vorhaben war interessanter als eine Hochzeit. Sie würde zu einem Rendezvous mit Luke fliegen.

»Mein Gott, du siehst fabelhaft aus, Kezia!« Diesmal war sogar Whitney beeindruckt. Sie trug ein hauchdünnes Seidenkleid, das *à la Grecque* über einer Schulter drapiert war. Es war von einem blassen Korallenrot, und der Stoff schien sie zu umschweben, wenn sie ging. Ihr Haar war zu zwei langen aufgesteckten Flechten frisiert, die mit einem Band durchzogen waren, und ihre mattgoldenen Sandalen schienen ihre Füße kaum zu berühren. Sie schwebte dahin wie eine überirdische Erscheinung, und an ihren Ohren und am Hals glänzten Korallen und Brillanten. Doch etwas an der Art, wie sie sich bewegte, verwirrte Whit, der sie beobachtete. Sie war heute abend so auffallend, daß es beinahe beunruhigend wirkte. »Ich habe dich noch nie so attraktiv oder so schön erlebt.«

»Danke, mein Lieber.«

Sie lächelte ihm geheimnisvoll zu, während sie an ihm vorbei durch die Tür hinaushuschte. Ein Duft von Maiglöckchen umgab sie. Dior. Sie sah erlesen aus. Und es war mehr als nur ihr Äußeres. Heute abend wirkte sie weiblicher als je zuvor. Diese Veränderung hätte ihn erschreckt, wenn sie nicht so alte Freunde gewesen wären.

Im Haus von Cassies Tante erwartete ein Butler die Gäste am Eingang. Zwei Parkwächter standen bereit, um Whits Wagen zu parken, wenn er nicht mit der Limousine gekommen wäre. Außer dem unbeugsamen Butler George, der einmal in der »guten alten Zeit« bei Pétain in Paris angestellt gewesen war, standen zwei Hausmädchen in gestärkter schwarzer Dienstkleidung ausdruckslos in Bereitschaft, um Mäntel abzunehmen und die Damen zu dem richtigen Schlafzimmer zu weisen, wo sie Make-up und Frisur zurechtmachen konnten, bevor sie sich der Gesellschaft präsentierten. Ein zweiter Butler erwartete sie unterwegs, um den Abend mit einem Glas Champagner einzuleiten.

Kezia übergab eine weiße Nerzjacke der schwarzgekleideten Zofe, die auf sie zukam, hatte aber weder das Bedürfnis noch Lust, ihr »Make-up aufzufrischen«.

»Liebste?« Whit hielt ihr ein Glas Champagner hin, und das war das letzte Mal, daß er sie aus der Nähe bewundern konnte. Den Rest des Abends über bekam er sie flüchtig zu sehen, wenn sie lachend inmitten eines Kreises von Freundinnen stand, mit Männern tanzte, die er seit Jahren nicht in seinem Umkreis angetroffen hatte, jemandem ins Ohr flüsterte, und ein- oder zweimal sah er sie allein auf der Terrasse, wo sie in die Herbstnacht zum East River hinausblickte. Aber sie ging ihm an dem Abend aus dem Weg. Jedesmal, wenn er sich ihr näherte, entschwebte sie. Das Gefühl, eine Erscheinung zu beobachten oder einfach einem Traum nachzuhängen, war in der Tat verdammt ärgerlich. Und die Leute sprachen über sie. Die Männer zumindest auf eine merkwürdige Art und Weise, die ihn verwirrte. Eigentlich wollte er, oder er glaubte es zu wollen, »ständiger Begleiter von Kezia Saint Martin« sein. Schon vor Jahren hatte er es sorgfältig geplant, doch in letzter Zeit bekam alles einen merkwürdigen Beigeschmack, und ihr Ton oder die Bemerkung, die sie am Vormittag fallengelassen hatte, mißfielen ihm. Er war der Meinung, daß sie an einer unausgesprochenen, aber beiderseits stillschweigend anerkannten Vereinbarung festhielten. Oder mußten sie es schließlich doch zugeben? Zumindest nahmen alle anderen es an. Kezia hielt sich übrigens diesbezüglich gut. Jedenfalls legte sie darauf keinen Wert, das wußte Whit. Er war sicher ... oder war es wirklich ... Edward? Plötzlich schoß ihm der Gedanke durch den Kopf und ließ sich nicht mehr vertreiben. Ob Kezia mit Edward schlief? Und die beiden ihn zum Narren hielten?

»Guten Abend, Whit.«

Der Gegenstand seines neu erwachten Verdachtes war neben ihm aufgetaucht. »Abend«, murmelte er. »Schöne Party, nicht wahr?«

»Ja, Edward. Die liebe Cassie läuft stilvoll aus.«

»Wenn du das sagst, klingt es, als wäre sie ein Schiff. Ich muß allerdings zugeben, daß die Anspielung nicht ganz unberechtigt ist.« Edward und Whit betrachteten voll Rechtschaffenheit die mehr als nur etwas gerundeten Formen der zukünftigen Braut, die wie ein Zementblock in rosa Satin geschnürt war.

»Mrs. Fitz-Matthew gibt bestimmt ihr Bestes.« Edwards Blick wanderte ziellos über das Gedränge, das sie umgab. Das Diner war ausgezeichnet gewesen. Bongo-Bongo-Suppe, Lachs aus Neuschottland, von den Rockies eingeflogene Panzerkrebse, in erschreckenden Mengen aus Frankreich eingeschmuggelter Beluga-Kaviar. (»Wissen Sie, Liebste, in Frankreich existieren keine absurden Vorschriften, nach denen man dieses gräßlich salzige Zeug hinzufügen muß. Wie kann man nur guten Kaviar so verderben!«) Auf die Fischgerichte war Lammrücken und eine fast nicht zu bewältigende Anzahl von Gemüsen gefolgt, *salade d'endives* und Soufflé Grand Marnier – nach dem Brie, einem riesigen Laib von Fraser Morris in der Madison, dem einzigen Geschäft in der Stadt, in dem man ihn kaufen konnte. »Nur Carla Fitz-Matthew verfügt über Personal, das imstande ist, ein Soufflé für fünfzig Personen herzustellen.«

»Ein verdammt gutes Diner, nicht wahr, Whit.«

Whit nickte grimmig. Er hatte ein wenig über den Durst getrunken, und ihm gefielen die neuen Gedanken gar nicht, die ihm durch den Kopf gegangen waren.

»Wo ist übrigens Kezia?«

»Das solltest du eigentlich wissen.«

»Dein Vertrauen schmeichelt mir, Whit. Aber ich habe den ganzen Abend noch kein einziges Wort mit ihr gesprochen.«

»Dann hebe es dir für das Bettgeflüster heute nacht auf«, murmelte Whit in sein Glas, aber die Worte entgingen Edward nicht.

»Wie meinst du?«

»Verzeihung ... ich nehme an, sie steckt irgendwo. Sie treibt sich im Saal herum. Sie sieht heute abend recht gut aus.«

»Du könntest eigentlich einen zutreffenderen Ausdruck gebrauchen als ›recht gut‹.« Edward grinste in sein fast leeres Weinglas und wunderte sich über Whits Bemerkung. Etwas an seinem Ton gefiel ihm nicht, er konnte doch nicht gemeint haben, was er sagte. Außerdem war er offenbar beschwipst. »Das Kind sieht blendend aus. Ich sah euch gemeinsam hier eintreffen.«

»Du wirst uns allerdings nicht gemeinsam weggehen sehen. Wie gefällt dir diese Überraschung?« Whitney sah Edward plötzlich boshaft von der Seite an, machte auf dem Absatz kehrt und hielt in der Bewegung inne. »Oder überrascht dich das gar nicht?«

»Wenn du ohne Kezia weggehen willst, solltest du es ihr mitteilen. Ist etwas nicht in Ordnung?«

»Ist denn überhaupt etwas in Ordnung? Gute Nacht, Sir. Ich überlasse sie dir. Du kannst ihr an meiner Stelle guten Abend wünschen.«

Er verschwand sofort in der Menge und drückte sein leeres Glas Tiffany Benjamin in die Hand. Sie stand im Weg, als er zur Tür ging, und starrte verzückt in das leere Glas, das sie sofort schwenkte, um es neu füllen zu lassen, ohne zu bemerken, daß sie inzwischen zwei Gläser in den Händen hielt.

Edward sah ihm nach und fragte sich, worauf Kezia hinauswollte. Was immer es auch sein mochte, es war klar, daß es Whit nicht gefiel, obgleich Edward keine Ahnung hatte, was ihn daran störte. Vorsichtige Nachforschungen hatten seinen jahrelangen Verdacht bestätigt. Whitney Hayworth III. war, wenn auch nicht zugegebenermaßen, entschieden homosexuell. Eine etwas fadenscheinige Tarnung für Kezia, auch wenn sie etwas mit diesem Jungen im Village hatte, was ebenfalls kein tröstlicher Gedanke war. Aber Whitney ... warum mußte er ... man konnte es einfach bei diesen Leuten nicht mehr wissen. Natürlich hatte es diese Dinge in seiner Jugend auch gegeben, besonders unter Jungens in der Hauptschule. Aber das wurde damals nicht so ernst genommen. Es war sozusagen eine Ersatzhandlung; niemand hielt es für eine Weichenstellung für das ganze Leben. Nur ein vorübergehendes Entwicklungsstadium, bevor man ruhiger wurde, eine Frau fand und heiratete. Aber jetzt nicht mehr ... nicht mehr ...

»Hallo, Liebling. Warum blickst du so düster?«

»Düster? Keineswegs, nur nachdenklich.« Edward lächelte Kezia zu, und das fiel einem bei ihr leicht. »Übrigens, dein Begleiter hat sich soeben verdrückt. Ziemlich beschwipst.«

»Er war schon den ganzen Tag schlechter Laune. Heute vormittag fuhr er mich am Telefon an, weil er mich nicht erreicht hatte. Er wird darüber hinwegkommen. Vermutlich sehr schnell.« Sie wußten beide, daß Mrs. Fitz-Matthews Haus sich nur wenige Blocks von der Wohnung von Whits Liebhaber befand. Edward zog vor, die Anspielung zu überhören.

»Und was hast du angestellt?«

»Nicht viel. Habe wieder einmal mit ein paar Leuten geplaudert. Cassies Hochzeit hat uns alle aus unseren Schlupfwinkeln geholt. Es gibt hier Leute, die ich seit zehn Jahren nicht mehr zu Gesicht bekommen habe. Es ist wirklich ein schöner Abend und eine überaus gelungene Party.« Sie wirbelte um ihn herum, tätschelte seinen Arm und küßte ihn auf die Wange.

»Ich dachte, du magst diese Galaereignisse nicht.«

»Alle heiligen Zeiten einmal mag ich sie.« Er blickte sie streng an, dann mußte er gegen seinen Willen lachen. Sie war unmöglich und dabei so unglaublich hübsch. Nein, mehr als hübsch. Heute abend war sie außerordentlich schön. Whitneys »recht gut« war ein vollkommen unzulängliches Lob gewesen.

»Kezia ...«

»Ja, Edward?« Sie sah engelhaft aus, blickte ihn ganz ruhig an, und er versuchte, ihr Lächeln nicht zu erwidern.

»Wo warst du in letzter Zeit? Whitney ist nicht der einzige, der dich nicht erreichen konnte. Ich habe mir auch ein wenig Sorgen um dich gemacht.«

»Ich war beschäftigt.«

»Mit dem Künstler? Dem jungen Mann im Village?«

Der arme Kerl sah wirklich besorgt aus. Die Vorstellung von Geld, das sie mit ihren zarten Händen hinauswarf ... »Nicht das Village. SoHo. Nein, das war nicht der Grund.«

»Etwas anderes? Oder sollte ich besser sagen, jemand anderer?«

Kezia spürte beinahe, wie sich ihr Rücken verspannte. »Liebster, du machst dir zu viele unnötige Sorgen.«

»Vielleicht habe ich allen Grund dazu.«

»In meinem Alter nicht mehr.« Sie steckte seine Hand unter ihren Arm, führte ihn zu seinen Freunden und brach damit das Gespräch ab, ohne aber seine Befürchtungen zerstreut zu haben. Er kannte sie zu gut. Es war etwas vorgefallen. Etwas, das noch nie zuvor geschehen war, und sie hatte sich bereits unmerklich verändert. Er spürte es. Wußte es. Sie sah viel zu glücklich und viel zu ausgeglichen aus, als wäre sie endlich seinem Einfluß entkommen. Sie war nur noch körperlich auf Carla Fitz-Matthews kunstvoll arrangierter Party. Das wußte aber nur Edward. Er wußte allerdings nicht, wo sie sich wirklich befand. Oder bei wem.

Eine halbe Stunde später bemerkte Edward, daß Kezia die Party verlassen hatte. Vorsichtige Erkundigungen ergaben, daß sie allein weggegangen war. Das beunruhigte ihn. Sie war nicht so gekleidet, daß sie sich allein in der Stadt herumtreiben konnte, und er wußte nicht, ob Whitney ihr den Wagen gelassen hatte. Der niederträchtige kleine Homo hätte zumindest das für sie tun können.

Edward verabschiedete sich und winkte einem Taxi, um in seine Wohnung in East Eighty-third zu fahren, doch plötzlich gab er dem Fahrer die Adresse Kezias an. Er war über sich selbst entsetzt. Das hatte er noch nie getan. So eine Dummheit . . . in seinem Alter . . . sie war eine erwachsene Frau . . . vielleicht war sie nicht allein . . . aber . . . er mußte es einfach tun.

»Kezia?« Sie meldete sich auf das erste Klingeln an der Sprechanlage, während Edward verlegen neben dem Portier stand.

»Edward? Ist etwas nicht in Ordnung?«

»Nein. Der Überfall tut mir leid, aber kann ich zu dir hinaufkommen?«

»Natürlich.« Sie legte auf, und er war einen Augenblick später in ihrer Etage.

Sie erwartete ihn in der offenen Tür, als er aus dem Fahrstuhl stieg. Sie sah plötzlich besorgt aus, während sie barfuß in ihrem Abendkleid, mit offenen Haaren und ohne Schmuck vor ihm stand. Edward fühlte sich wie ein alter Narr.

»Stimmt etwas nicht, Edward?« Er schüttelte den Kopf, und sie ließ ihn in die Wohnung ein.

»Kezia . . . ich . . . es tut mir so leid. Ich hätte nicht kommen dürfen, aber ich mußte mich vergewissern, daß du heil nach Hause gekommen bist. Ich sehe es nicht gern, daß du mit all dem Schmuck ohne Begleitung nach Hause gehst.«

»Mein lieber, lieber Pessimist, ist das alles?« Sie lachte leise. »Mein Gott, Edward. Ich dachte schon, etwas Schreckliches sei dir zugestoßen.«

»Vielleicht triffst du damit ins Schwarze.«

»Oh.« Ihr Gesicht wurde für einen Moment wieder ernst.

»Ich glaube, ich bin heute endgültig senil geworden. Ich hätte dich anrufen können, statt persönlich bei dir vorbeizukommen.«

»Wenn du schon hier bist, möchtest du etwas trinken?« Sie stellte nicht in Abrede, daß er sie hätte anrufen sollen, aber sie war immer gleichmäßig freundlich. »Birnen- oder Himbeerlikör?« Sie ließ ihn in einem Stuhl Platz nehmen und ging zu dem chinesischen Schränkchen mit Einlegearbeit, in dem sie die Liköre aufbewahrte. Edward kannte das Kästchen genau: Er hatte ihre Mutter begleitet, als sie es bei Sotheby's erstanden hatte.

»Birne, danke, meine Liebe.« Er sank müde in einen der vertrauten Samtfauteuils und sah zu, wie sie den starken, wasserhellen Likör in ein Gläschen goß. »Du bist wirklich nett zu deinem alten Onkel Edward.«

»Sei nicht komisch.« Sie reichte ihm das Getränk und setzte sich ihm zu Füßen auf den Boden.

»Hast du eine Ahnung, wie schön du bist?‹ Sie wehrte das Kompliment mit einer Handbewegung ab und zündete sich eine Zigarette an, während er an seinem Birnenlikör nippte. Sie fragte sich, ob er vielleicht zuviel getrunken hatte. Er wirkte allmählich ein wenig traurig. Und sie erwartete einen Telefonanruf von Luke.

»Ich bin froh, daß dir nichts zugestoßen ist«, begann er. Dann konnte er sich nicht mehr beherrschen. »Kezia, was hast du eigentlich vor?« Er mußte die Wahrheit einfach erfahren.

»Absolut nichts. Ich sitze hier bei dir, und ich war im Begriff, mich auszuziehen und noch ein wenig an meiner Kolumne zu arbeiten. Ich will den Text morgen früh telefonisch durchgeben ... ich glaube nicht, daß Carla, wenn sie wüßte, wer Hallam ist, mich danach noch ansehen würde. Man kann sie zu leicht lächerlich machen. Ich konnte der Gelegenheit nicht widerstehen.«

Kezia versuchte, die Angelegenheit auf die leichte Schulter zu nehmen, aber Edward wirkte älter und müder, als sie ihn jemals gesehen hatte.

»Kannst du nicht einen Augenblick ernst bleiben? Ich wollte nicht wissen, was du jetzt tust, ich meinte ... du siehst neuerdings so verändert aus.«

»Was heißt neuerdings?«

»Heute abend.«

»Sehe ich aus, als wäre ich bekümmert, krank, unglücklich,

unterernährt? Was ist anders an mir?« Sie schätzte seine inquisi-
torischen Fragen nicht und wollte den Spieß umdrehen. Es war
höchste Zeit, diesem Unsinn ein Ende zu bereiten. Sie wollte
keine weiteren unangemeldeten nächtlichen Besuche.

»Nein, nein, nichts dergleichen. Du siehst ausnehmend gut
aus.«

»Dennoch machst du dir Sorgen?«

»Ja, aber ... schon gut, schon gut, verdammt noch mal. Du
weißt genau, was ich meine, Kezia. Und du bist das Ebenbild
deines verflixten Vaters. Du sagst niemandem etwas, bis es zu
spät ist. Dann müssen alle anderen die Stücke auflesen.«

»Ich versichere dir, mein Lieber, du wirst nie etwas auflesen müssen, nicht bei mir. Und da wir uns darüber einig sind,
daß ich ausgeruht, gesund und gut ernährt aussehe, mein Konto
nicht überzogen ist und ich nicht nackt im Oak Room erschienen bin ... worüber machst du dir eigentlich Sorgen?« Ihre
Stimme klang nur ein wenig schärfer.

»Du weichst mir aus.« Er seufzte. Er wußte, daß er keine
Chance hatte.

»Nein, mein Lieber. Ich habe das Recht auf etwas Privatleben,
ganz gleich, wie sehr ich dich mag oder ob du ein guter Vater für
mich warst. Ich bin jetzt erwachsen, mein Lieber. Ich frage nicht,
ob du mit deinem Hausmädchen oder deiner Sekretärin schläfst
oder was du allein nachts im Badezimmer treibst.« Etwas an Edwards Wesen verriet ihr, daß er solche Rituale im Badezimmer
pflegte, wohin sie »gehörten«.

»Kezia! Das ist einfach abscheulich!« Er sah böse und verletzt
aus. Nichts verlief mehr, wie er es wollte. Nicht bei ihr.

»Es ist nicht abscheulicher als die Tatsache, daß du mich nach
meinem Intimleben fragst. Du formulierst es nur eleganter als
ich.«

»Also gut. Ich habe verstanden.«

»Das freut mich.« Es war höchste Zeit. »Aber nur um deine
aufgestörte arme Seele zu beruhigen, kann ich dir ehrlich erklären, daß es im Augenblick nichts gibt, worüber du dir Sorgen
machen könntest. Wirklich nichts.«

»Wirst du es mir erzählen, wenn der Fall eintritt?«

»Ich werde dich nie um die Gelegenheit bringen, dir meinetwegen Sorgen zu machen.«

Er lachte und lehnte sich zurück. »Also gut. Ich benehme mich unmöglich. Ich weiß es, und es tut mir leid. Nein ... es tut mir nicht leid. Ich möchte gerne sicher sein, daß in deinem Leben alles in Ordnung verläuft. Jetzt überlasse ich dich deiner Arbeit. Du mußt heute abend einige gute Anregungen für deine Spalte bekommen haben.« Der Raum war förmlich von Klatsch erfüllt gewesen. Und es machte ihn verlegen, daß er sich aufgedrängt hatte, überhaupt in ihre Wohnung gekommen war, noch dazu zu dieser unpassenden Zeit. Es war nicht leicht, als Ersatzvater zu fungieren, und noch schwerer, wenn man in sein Ersatzkind verliebt war.

»Ich habe wirklich ein paar schöne Fakten und dazu die Schilderung von Carlas organisatorischer Verschwendungssucht. Es ist wirklich eine Schande, Tausende für eine solche Party aus dem Fenster zu werfen.«

Das klang ganz nach der alten Kezia, die ihm keine Angst machte, die er so gut kannte und die immer ihm gehören würde.

»Natürlich nehme ich meine Person nicht aus«, verkündete sie gutgelaunt.

»Du durchtriebenes Biest. Was wirst du über dich selbst schreiben? Hoffentlich, daß du überwältigend ausgesehen hast.«

»Nein, vielleicht werde ich mein Kleid erwähnen. Aber eigentlich habe ich Whits reizenden Abgang beschrieben.«

War sie böse? Konnte es ihr denn etwas ausmachen? »Aber warum?«

»Um es ganz deutlich zu sagen, weil die Zeit für Spiel und Spaß vorbei ist. Es ist an der Zeit, daß Whit seinen eigenen Weg geht und ich den meinen. Whit hat nicht die Courage dazu, und möglicherweise ich auch nicht; wenn ich etwas Peinliches über ihn schreibe, wird vielleicht sein Freund am Sutton Place den Lügen ein Ende machen. Wenn er nur im geringsten an Whit hängt, wird er nicht dulden, daß Whit öffentlich der Lächerlichkeit preisgegeben wird.«

»Mein Gott, Kezia, was hast du geschrieben?«

»Nichts Anstößiges. Ich werde ganz bestimmt in der Presse

keine anstößigen Beschuldigungen erheben. Das würde ich Whit niemals antun. Übrigens auch mir nicht. Das Wesentliche ist, daß ich letzten Endes keine Zeit habe, weiterhin dieses Spiel zu treiben. Für Whit ist das auch nicht gut. Ich erwähnte in meinem Artikel nur, daß ... hier, ich lese ihn dir vor.« Sie sprach in unbeteiligtem Ton und ging zu ihrem Schreibtisch. Er beobachtete sie, mit heftiger Sehnsucht im Herzen.

»In der Menge gab es auch etliche der üblichen unzertrennlichen Paare; Francesco Cellini und Miranda Pavano-Casteja; Jane Roberts und Bentley Forbes; Maxwell Dart und Courtney Williamson, und natürlich Kezia Saint Martin und ihren ständigen Begleiter Whitney Hayworth III., obgleich dieses Paar gestern nacht selten zusammen gesehen wurde, da jeder anscheinend auf eigene Faust unterwegs war. Es blieb auch nicht unbemerkt, daß Whitney, anscheinend plötzlich verärgert, die Party frühzeitig verließ und Kezia allein inmitten der Tauben, Falken und Papageien zurückließ. Vielleicht hat der elegante Whitney genug davon, ihr wie ein Schatten zu folgen? Erbinnen können so anspruchsvoll sein. In Carla Fitz-Matthews Prunkräumen stellte man auch fest ... Wie klingt es?« Sie war plötzlich quietschvergnügt und unbekümmert wegen der Skandalgeschichte, die sie geschrieben hatte; ihre geschäftsmäßige Art war vorbei, sobald sie die Kolumne beiseite gelegt hatte. Neuigkeit war Neuigkeit und Klatsch war Klatsch, und Edward wußte, daß beides sie im Grunde langweilte.

Er sah mit einem ungläubigen Lächeln zu ihr hinüber. »Es klingt ziemlich aggressiv. Offen gestanden, ich glaube nicht, daß es ihm gefallen wird.«

»Das ist auch nicht meine Absicht. Es soll etwas herabsetzend wirken. Und wenn er nicht den Mut hat, mich zum Teufel zu schicken, nachdem ich in aller Öffentlichkeit an seinem Image gekratzt habe, dann wird ihm sein geliebter Freund vorwerfen, daß er keinen Mut besitzt. Das wird er begreifen.«

»Warum sagst du ihm nicht einfach, daß es zwischen euch aus ist?«

»Weil ich den einzigen triftigen Grund dafür offiziell nicht kenne. Außerdem langweilt er mich. Zum Teufel, Edward, ich weiß nicht ... vielleicht bin ich feig. Ich möchte es lieber ihm überlassen. Wobei ich ihm einen kräftigen Stoß in die richtige Richtung versetze. Alles, was ich ihm ins Gesicht sagen könnte, wäre zu beleidigend.«

»Und was du in der Spalte andeutest, macht es besser?«

»Natürlich nicht. Aber er weiß nicht, daß es von mir stammt.«

Edward lachte wehmütig, trank sein Glas aus und stand auf.

»Laß es mich wissen, wenn dein Plan Wirkung zeitigt.«

»Das wird der Fall sein. Ich könnte darauf wetten.«

»Und was dann? Posaunst du auch das in deiner Kolumne aus?«

»Nein. Ich danke Gott.«

»Du verwirrst mich, Kezia. Aber in diesem Sinn, meine Liebe, wünsche ich dir eine gute Nacht. Verzeih mir, daß ich dich so spät noch gestört habe.«

»Diesmal vergebe ich dir noch.«

Das Telefon läutete, während sie ihn zur Tür begleitete, und ihr Gesicht zeigte plötzlich Erregung.

»Ich finde den Weg schon allein.«

»Danke.« Sie drückte ihm einen Kuß auf die Wange, lief zu ihrem Schreibtisch zurück und überließ es Edward, die Tür leise hinter sich zu schließen und allein auf den Fahrstuhl zu warten.

»Hallo, Kleines, ist es zu spät für einen Anruf?« Es war Luke.

»Natürlich nicht, ich dachte gerade an dich.«

»Ich auch. Ich sehne mich verdammt nach dir, Kleine.«

Sie öffnete den Reißverschluß ihres Kleides und trug das Telefon ins Schlafzimmer. Es war so gut, seine Stimme wieder in diesem Zimmer zu hören. Es war beinahe so, als wäre er persönlich anwesend. Sie konnte noch seine Liebkosung spüren ... noch ... »Ich liebe dich, und du fehlst mir gewaltig.«

»Gut. Willst du dieses Wochenende nach Chicago kommen?«

»Ich habe darum gebetet, daß du mich aufforderst.«

Er lachte rauh in ihr Ohr und zog an einer seiner kubanischen Zigarren. Er nannte ihr die Nummer des Fluges, den sie nehmen sollte, schickte ihr einen Kuß und legte auf.

Sie schlüpfte glücklich aus dem Kleid und blieb eine Weile lächelnd stehen, ehe sie sich für die Nacht zurechtmachte. Was für ein wunderbarer Mann Lucas doch war. Edward war völlig aus ihrem Gedächtnis gelöscht. Ebenso Whit, dessen Anruf der erste am nächsten Morgen war.

15

»Kezia? Whitney.«

»Ja, mein Lieber. Ich weiß.« Sie wußte viel mehr, als er ahnte.

»Was weißt du?«

»Ich weiß, daß nur du es sein kannst, mein Dummer. Wie spät ist es?«

»Zwölf Uhr vorbei. Habe ich dich geweckt?«

»Um diese Zeit kaum. Ich wollte es nur wissen.« Der Artikel war also in der zweiten Morgenausgabe erschienen. Sie war bei Morgengrauen aufgestanden, um ihn telefonisch durchzugeben.

»Wir sollten miteinander lunchen.« Es klang sehr entschieden, sehr sachlich und reichlich nervös.

»Jetzt sofort? Ich bin noch nicht angezogen.« Es war gemein von ihr, aber es amüsierte sie. Es war so leicht, mit ihm zu spielen.

»Nein, nein, natürlich erst, wenn du soweit bist. La Grenouille um eins?«

»Wunderbar. Ich wollte dich ohnehin anrufen. Ich habe beschlossen, an diesem Wochenende doch zu der Hochzeit nach Chicago zu fliegen. Ich glaube wirklich, daß ich es meiner Freundin schuldig bin.«

»Wahrscheinlich hast du recht. Und Kezia ...«

»Ja, mein Lieber, was denn?«

»Hast du heute schon Zeitung gelesen?«

Klar, mein Lieber. Ich habe es ja selbst geschrieben. Zumindest den Teil, den du meinst ... »Nein. Warum? Befindet sich die Nation im Kriegszustand? Du klingst wirklich ziemlich aufgeregt.«

»Lies die Hallam-Spalte. Dann wirst du es verstehen.«

»Ach du meine Güte! Ein bösartiger Angriff?«

»Wir können beim Lunch darüber sprechen.«

»Also gut, mein Lieber, bis später.«

Als er auflegte, kaute er an einem Bleistift. Mein Gott, hoffentlich würde sie sich einsichtsvoll zeigen. Es wurde wirklich ein bißchen zuviel. Armand würde sich diesen Unsinn nicht mehr lang gefallen lassen. Er hatte Whitney beim Frühstück den Teil der Zeitung zusammen mit einem fürchterlichen Ultimatum an den Kopf geworfen. Whitney konnte ihn auf keinen Fall verlieren. Das ging über seine Kraft. Denn er liebte ihn.

Als sie im La Grenouille am Tisch Platz genommen hatten, verlief ihr Gespräch im Staccato, aber ziemlich direkt. Oder vielmehr drückte sich Whit direkt aus, während Kezia schwieg. Er hing einfach zu sehr an ihr, stand ihr zu besitzergreifend gegenüber und wußte, daß er kein Recht dazu hatte. Das hatte sie jedenfalls klargestellt. Und wie sah er dabei aus? Dazu kam, daß er ihr zur Zeit so wenig zu bieten hatte; er war nicht einmal an der Firma beteiligt, und angesichts ihrer Position ... und dazu war seine Lage mehr als peinlich ... verstand sie sein Dilemma überhaupt? Er wußte nur, daß sie ihn nie heiraten würde, und während sie immer seine große Liebe bleiben würde, mußte er einfach heiraten und Kinder zeugen, und sie war nicht bereit ... ach Gott, war das alles schrecklich peinlich!

Kezia nickte stumm und schluckte ihre *Quenelles Nantua*. Was sollte ein Mädchen in diesem Fall tun? Ja, sie verstand vollkommen, er hatte natürlich recht, sie war Lichtjahre von einer Heirat entfernt und würde, weil ihre Eltern tot waren und da sie ein Einzelkind war, wahrscheinlich nie heiraten, um ihren Familiennamen zu bewahren. Eigene Kinder zu haben war für sie eine Möglichkeit, die sie sich nicht im entferntesten vorstellen konnte, es tat ihr schrecklich leid, wenn sie ihn damit verletzt haben sollte, doch wahrscheinlich war es so am besten. Für beide Teile. Sie gewährte ihm das gute Gefühl, recht zu behalten. Und sie würden immer »die allerbesten Freunde« bleiben. Für immer und ewig.

Whitney nahm sich heimlich vor, ihr durch Effy einmal wöchentlich Blumen schicken zu lassen, bis sie siebenundneunzig war. Sie hatte es, Gott sei Dank, gut aufgenommen. Verdammt, vielleicht hatte er mit seinem Verdacht recht, daß zwischen ihr und Edward etwas im Gang war. Bei Kezia mußte man auf alles gefaßt sein, man spürte nur, daß mehr bei ihr dahintersteckte, als sie sich anmerken ließ, trotz ihrer äußeren Ausgeglichenheit und Vollkommenheit. Aber wen kümmerte es, verdammt noch mal? Er war frei! Befreit von den unerträglichen Abenden, an denen er der Mann an ihrer Seite war. Und natürlich, um sich »von dem schrecklichen Verlust ihrer Person« zu erholen, würde er monatelang nicht in der Gesellschaft erscheinen ... und konnte endlich ein ihm genehmes Leben auf dem Sutton Place mit Armand führen. Es war auch schon an der Zeit. Das hatte Armand beim Frühstück klargestellt. Nach drei Jahren des Wartens hatte er die Nase voll. Und nun wurde Whitney auch noch in den Zeitungen gedemütigt ... Hallam hatte ihn wie ein Hündchen dargestellt, das nach Kezias Röcken schnappte, und vielleicht war es schließlich doch das beste. Kein Versteckspiel mehr, keine Kezia. Nicht für ihn.

Kezia verließ das La Grenouille mit beschwingten Schritten und ging die Fifth Avenue hinunter, um einen Blick in die Schaufenster von Saks zu werfen. Sie würde nach Chicago fliegen ... Chicago ... Chicago! Endlich war sie Whit los, das hatte sie auf die bestmögliche Art und Weise geschafft. Der arme Kerl hatte vor Erleichterung fast geweint. Es war ihr beinahe unangenehm, dabei so traurig auszusehen. Am liebsten hätte sie ihm und sich selbst gratuliert. Sie hätten mit Champagnergläsern anstoßen und Jubelschreie ausstoßen sollen, nach all den Jahren, in denen sie für ihre Bekannten eine Show abgezogen hatten, und verdammt noch mal, sie waren doch nicht einmal verheiratet. Doch sie hatten für einander eine gute Deckung abgegeben. Eine Fassade. Gott sei Dank hatte sie ihn nicht geheiratet. Der Gedanke allein jagte ihr Schauer über den Rücken.

Dann zitterte sie aus einem anderen Grund. Es war Tage her, eine Woche ... lange Zeit ... sie wußte nicht mehr, wie lange. Sie hatte nicht einmal an ihn gedacht. Mark. Aber alles an einem Tag? Aus heiterem Himmel? Reinen Tisch machen? Beide? War es nicht ein bißchen viel auf einmal? Mark bedeutete ihr verdammt viel mehr als Whit. Whit war verliebt. Er hatte seinen Geliebten. Aber Mark? O Gott, es war, als ließe man sich zwei Weisheitszähne an einem Tag ziehen.

Aber ihre Füße trugen sie fast automatisch zur U-Bahnstation Ecke 51. Straße und Lexington. Sie konnte nicht anders. Das wußte sie genau.

Der Zug rumpelte nach Süden, und sie fragte sich nach dem Grund. Für Luke? Das war doch verrückt. Sie kannte ihn kaum. Und wenn er das gemeinsame Wochenende platzen ließ und sich nie wieder mit ihr traf? Oder wenn sie zum Wochenende nach Chicago kam, und er sie danach nie wiedersah? Wenn ... doch sie wußte, es war nicht wegen Luke. Es war ihretwegen. Sie mußte es tun. Sie konnte nicht mehr spielen. Weder mit Whit noch mit Mark, noch mit Edward oder mit einem anderen Mann ... oder mit sich selbst. Die vielen Häute der Schlange Kezia Saint Martin lösten sich von ihr. *Das* wäre vielleicht ein Artikel für die Gesellschaftsspalte!

Mit Mark war es viel schwieriger. Weil sie ihn mochte.

»Du verläßt mich?«

»Ja.« Sie sah ihm in die Augen und wollte ihm über die Haare streichen, konnte ihm das jedoch nicht antun. Nicht Mark.

»Aber dieser Sommer hat doch nichts verändert.« Er wirkte verletzt, verwirrt und jünger, als er tatsächlich war.

»Aber jetzt könnte alles anders werden, Mark. Vielleicht werde ich sehr lang fortbleiben. Ein Jahr, zwei Jahre, ich weiß es wirklich nicht.«

»Wirst du heiraten, Kezia?« platzte er plötzlich heraus; sie wollte schon ja sagen, nur um es ihm leichter zu machen, aber das wollte sie ihm auch nicht antun. Es genügte, ihm zu sagen, daß sie ihn verließ. Das war einfacher.

»Nein, Kleiner, ich heirate nicht. Ich gehe nur von hier weg. Und auf meine Art liebe ich dich. Zu sehr, um einfach zu verduften. Ich bin älter als du, wir müssen beide etwas aus unserem Leben machen. Verschiedene Wege gehen. Jetzt ist der Moment dafür gekommen, Marcus. Ich glaube, das fühlst du auch.« Er hatte die Flasche Chianti geleert, bevor sie ihr zweites Glas ausgetrunken hatte. Sie bestellten noch eine Flasche.

»Kann ich dir eine verrückte Frage stellen?«

»Worum handelt es sich?«

Er zögerte; das jungenhaft unsichere Lächeln, das sie so an ihm liebte, überstrahlte sein Gesicht. Aber darin bestand die Schwierigkeit. Sie liebte das Lächeln, das Haar, The Partridge und das Studio. Sie liebte Mark nicht wirklich. Nicht richtig. Nicht so, wie sie Luke liebte. Nicht genug.

»Bist du das Mädchen, das ich damals in der Zeitung gesehen habe?«

Sie ließ sich lange Zeit, bevor sie antwortete. Das Blut pochte in ihren Ohren, dann sah sie ihn an. In die Augen. »Ja. Wahrscheinlich. Also?«

»Ich war nur neugierig. Wie fühlt man sich, wenn man so ein Mensch ist?«

»Einsam. Ängstlich. Sehr oft gelangweilt. Es ist nicht sehr lustig.«

»Bist du deshalb immer wieder hierhergekommen? Weil du davon genug hattest und dich gelangweilt hast?«

»Nein. Vielleicht anfänglich, nur um einmal auszubrechen. Aber du nahmst einen besonderen Platz in meinem Leben ein, Mark.«

»War ich ein Ausweg?«

Ja. Aber wie konnte sie ihm das erklären? Und warum jetzt? O bitte, laß mich ihn nicht verletzen ... nicht mehr als notwendig.

»Nein. Du bist ein Mensch. Ein schöner Mensch. Ein Mensch, den ich liebte.«

»Liebte? Nicht ›liebe‹?« Er sah sie an, die kindlich traurigen Augen schwammen in Tränen.

»Die Zeiten ändern sich, Marcus. Wir müssen um unserer selbst willen zulassen, daß sie sich ändern. Es wird unerträglich, wenn Menschen versuchen, sich aneinander zu klammern. Dann ist es zu spät. Uns beiden zuliebe muß ich gehen.«

Er nickte traurig seinem Weinglas zu, sie berührte ein letztes Mal sein Gesicht, bevor sie aufstand und ihn verließ. Als sie im Freien war, begann sie zu laufen. Zum Glück kam ein Taxi vorbei. Sie winkte ihm und stieg ein, und er konnte nicht sehen, wie ihr die Tränen über das Gesicht liefen. Auch sie sah die Tränen auf Marks nicht. Er sah sie nie wieder. Nur dann und wann ein Bild in den Zeitungen.

Als sie über die Schwelle trat, klingelte das Telefon. Sie war ausgepumpt. Es war schließlich doch so schmerzhaft gewesen, als hätte sie sich zwei Weisheitszähne reißen lassen. Und was jetzt? Whit konnte es nicht sein. Edward? Ihr Agent?

»Hallo, Kleine.« Es war Luke.

»Hallo, Liebster. Ach Gott, es ist schön, deine Stimme zu hören. Ich bin erledigt.« Sie hatte sich so nach dem Klang seiner Stimme gesehnt ... nach seiner Berührung ... seinen Armen ...

»Was hast du heute getan?«

»Alles. Nichts. Es war ein scheußlicher Tag.«

»Meine Güte, du hörst dich ganz so an.«

»Ich habe mich nur ›ums Geschäft gekümmert‹, würdest du sagen. Ich habe gestern nacht einen boshaften kleinen Artikel in der Kolumne untergebracht, um Whits Liebhaber eifersüchtig zu machen.« Vor Luke hatte sie keine Geheimnisse. Er kannte jetzt ihr ganzes Leben. »Das hat gewirkt, also trafen wir uns zum Lunch und machten reinen Tisch. Es gibt keinen Whit mehr, der mich als Kavalier zu den verschiedenen Parties begleitet.«

»Du klingst verstört. Wolltest du das erreichen?«

»Ja, deshalb habe ich es getan. Ich wollte nur vermeiden, sein Selbstbewußtsein zu verletzen. Das war ich ihm nach all den Jahren schuldig. Wir haben bis zum Schluß unsere Rollen gespielt. Dann fuhr ich nach SoHo und stellte alles klar. Ich fühle mich wie die *femme fatale* des Jahres.«

»Ja, solche Abschiede gehen immer an die Nieren. Es tut mir leid, daß du das alles an einem Tag erledigen mußtest.« Es klang aber nicht so, als täte es ihm tatsächlich leid, und sie wußte, daß er erleichtert war. Jetzt erst war sie froh, es hinter sich zu haben.

»Ich mußte es tun. Es bedeutet eine Erleichterung. Ich bin nur müde. Und was gibt es bei dir, Liebster? Ein arbeitsreicher Tag?«

»Nicht so anstrengend wie der deine. Was hast du heute noch vor, Kleine? Keine großartigen Wohltätigkeitsveranstaltungen?« Er kicherte ins Telefon, und sie stöhnte. »Was habe ich jetzt wieder gesagt?«

»Das Zauberwort . . . ach verdammt. Du hast mich eben daran erinnert. Ich soll um fünf bei dem verflixten Arthritis-Treffen sein, und es ist schon knapp vor fünf. Verdammte Scheiße!« Er lachte über sie, und sie kicherte.

»Das sollte Martin Hallam einmal hören!«

»Ach, halt den Mund.«

»Ich habe noch mehr gute Nachrichten für dich. Ich bringe es dir sehr ungern an einem Tag wie heute bei, aber du kannst dieses Wochenende nicht nach Chicago kommen, Kleine. Es ist etwas passiert, und ich muß an die Küste.«

»Welche Küste?« Was, zum Teufel, meinte er damit?

»Die Westküste, mein Liebling. Ach Gott, Kezia, ich hasse es, dir das antun zu müssen. Bist du okay?«

»Ja. Phantastisch.«

»Also komm, sei ein gescheites Mädchen.«

»Heißt das, daß ich dich nicht sehen kann?«

»Ja. Genau das.«

»Könnte ich nicht hinüberfliegen und dich dort treffen?«

»Nein, Baby, das kannst du nicht. Es wäre unklug.«

»Warum nicht, um Himmels willen? Ach, Luke, ich habe einen ganz entsetzlichen Tag hinter mir, und jetzt auch noch das . . . bitte, laß mich hinkommen.«

»Es geht nicht, Baby. Ich muß ein schwerwiegendes kleines Geschäft einleiten, wie du es nennen würdest. Es ist riskant für mich und eine Angelegenheit, in die ich dich nicht verwickeln will. Es werden ein paar stürmische Wochen werden.«

»Wochen?« Am liebsten hätte sie geheult.

»Vielleicht. Ich muß es an mich herankommen lassen.«

Sie holte tief Atem, schluckte und versuchte ihre Gedanken zu ordnen. So ein verdammter Unglückstag.

»Wird dir auch nichts zustoßen?«

Er zögerte nur einen Augenblick, bevor er antwortete: »Ich bin nicht in Gefahr. Geh du nur zu deinem Kolitis-Treffen oder wie immer der Mist heißt, und zerbrich dir meinetwegen nicht dein schönes Köpfchen. Ich bin ein Kerl, der allein auf sich aufpassen kann. Das solltest du doch wissen.«

»Berühmte letzte Worte.«

»Ich melde mich, sobald ich zurück bin. Vergiß nur eines nicht.«

»Was?«

»Daß ich dich liebe.« Das war ihr wenigstens geblieben.

Sie legten auf, und Luke ging in seiner Suite in Chicago auf und ab. Verdammt, es war verrückt von ihm gewesen, sich mit ihr einzulassen. Vor allem jetzt, wenn die Sache brenzlich wurde. Sie begann ihm am Hals zu hängen und verlangte mehr, als er zu geben bereit war. Er hatte andere Probleme, über die er nachdenken mußte, die Verpflichtungen, die er eingegangen war, die Menschen, denen er helfen wollte, und er mußte jetzt an seine eigene Sicherheit denken und an die verdammten Bullen, die ihn seit Wochen verfolgten. Tage, Jahre, er hatte das Gefühl, daß sie ihm immerfort auf den Fersen waren wie Geier, die auf ihn herabstießen, gerade so nahe kamen, daß er sich ihrer Anwesenheit bewußt wurde, und dann wieder hinter einer Wolke verschwanden. Aber er wußte immer, daß es sie gab. Er konnte es immer spüren.

Er ging zur Bar und schenkte sich eine kräftige Portion Bourbon in ein Wasserglas ein. Kein Wasser, kein Soda, kein Eis; er leerte das Glas, ohne es abzusetzen. Um sich Gewißheit zu verschaffen, war er dann mit drei großen Schritten bei der Tür seiner Suite und riß sie mit einem Ruck auf, der sie eigentlich aus den Angeln heben mußte, aber er hielt sie fest. Sie bebte kurz in seiner Hand, und er stand vor dem Mann in der Ecke, der bei Lukes Anblick erschrak; er war zusammengezuckt, als die Tür aufgegangen war. Er trug einen Hut, ging den Korridor entlang und tat, als hätte er ein Ziel, was aber nicht der Fall war. Man sah ihm von weitem an, was er war, jeder Zoll ein Polizist mit einer Sonderaufgabe.

Luke Johns' Beschatter.

Kezias Füße waren schwer wie Blei, als sie in das Taxi stieg. Das Treffen fand in der oberen Fifth Avenue statt. Mit Blick auf den Park. In Tiffanys Wohnung, im zweiten Stock, Ecke 92. und Fifth. Bourbon oder Scotch. In ihrer Wohnung gab man sich nicht mit Limonade oder Sherry ab. Auch Gin und Wodka waren für diejenigen vorhanden, die diese Getränke vorzogen. Daheim hielt sich Tiffany ausschließlich an Black Label.

Sie stand mit einem doppelten Scotch on the Rocks in der Hand in der Nähe der Tür, als Kezia eintraf.

»Kezia! Das ist himmlisch! Du siehst phantastisch aus, und wir wollten gerade beginnen. Du hast bisher nichts versäumt.« Das war sicher.

»Ausgezeichnet.« Tiffany war zu beschwipst, um Kezias Tonfall zu bemerken oder die dunklen Flecken um ihre Augen, wo die Wimperntusche zerlaufen war, als sie geweint hatte. Der Tag hatte seinen Tribut gefordert.

»Bourbon oder Scotch?«

»Beides.«

Einen Augenblick war Tiffany verdutzt. Sie war schon betrunken, genaugenommen schon seit Mittag.

»Tut mir leid, meine Liebe, ich wollte dich nicht verwirren. Sagen wir, Scotch und Soda, aber spar dir die Mühe. Ich werde ihn mir selbst mixen.« Kezia ging zur Bar, und bei dieser seltenen Gelegenheit trank sie ebenso viele Gläser wie Tiffany. Es war das zweite Mal, daß sie sich wegen Luke betrank, aber das letzte Mal war sie dabei wenigstens glücklich gewesen.

16

»Kezia?« Es war Edward.

»Hallo, mein Lieber. Was gibt es Neues?«

»Das wollte ich dich gerade fragen. Ist dir klar, daß ich dich seit fast drei Wochen nicht zu Gesicht bekommen und nichts von dir gehört habe?«

»Fühl dich nicht einsam. Niemand hat mich gesehen. Ich habe Winterschlaf gehalten.« Sie kaute an einem Apfel, während sie mit ihm sprach, und hatte die Füße auf den Schreibtisch gelegt.

»Bist du krank?«

»Nein. Nur beschäftigt.«

»Mit Schreiben?«

»Ja.«

»Ich habe dich nirgends gesehen und machte mir schon Sorgen.«

»Nur das nicht. Mir geht es prima. Ich bin ein paarmal ausgegangen, nur, um für die Kolumne am Ball zu bleiben. Aber meine ›Auftritte‹ waren kurz und sporadisch. Ich bleibe fast immer zu Hause.«

»Aus einem besonderen Grund?« Er sondierte wieder, und sie kaute weiterhin unverbindlich an dem Apfel.

»Kein spezieller Grund. Nur Arbeit. Und ich hatte keine Lust, mehr auszugehen als absolut notwendig.«

»Hast du davor Angst, daß du Whit treffen könntest?«

»Nein ... na ja, vielleicht ein wenig. Ich hatte eigentlich Angst davor, alle örtlichen Großmäuler zu treffen. In Wirklichkeit stecke ich bis zum Hals in Arbeit. Ich schreibe drei Artikel gleichzeitig, alle mit Ablieferungstermin nächste Woche.«

»Dann freut es mich, daß es dir gutgeht. Ich hätte gern gewußt, meine Liebe, ob du Lust auf einen Lunch mit mir hast.«

Sie verzog das Gesicht und legte das Kerngehäuse des Apfels beiseite. Verdammt. »Weißt du, mein Lieber ...« Dann begann sie zu lachen. »Okay. Wir gehen zusammen essen. Aber nicht in eines deiner üblichen Lokale.«

»Mein Gott, mir scheint, das Mädchen wird eine Einsiedlerin.« Er lachte auch, aber seine Stimme klang noch immer besorgt. »Bist du sicher, Kezia, daß dir nichts fehlt?«

»Es geht mir wunderbar. Ehrlich.« Aber sie wäre viel glücklicher gewesen, wenn sie mit Luke hätte beisammensein können. Sie führten noch immer täglich Ferngespräche, aber er konnte sie derzeit nicht bei sich brauchen. Er hatte noch immer zuviel um die Ohren. Deshalb hatte sie sich in ihrer Arbeit vergraben.

»Also gut. Wo wollen wir einander zum Lunch treffen?«

»Ich kenne eine nette Bar in der East 63., in der man Biokost bekommt. Ist das was für dich?«

»Willst du die Wahrheit hören?«

»Sicherlich, warum nicht?«

»Grauslich.«

Sie lachte. »Sei doch kein Spielverderber, mein Lieber. Es wird dir gefallen.«

»Dir zuliebe, Kezia ... sogar eine Bar mit Biokost. Aber sag mir die Wahrheit, schmeckt es scheußlich?«

»Na, wenn schon? Du bestellst ein Lunchpaket vom Lutèce und bringst es mit.«

»Mach dich nicht lächerlich.«

»Dann versuch es doch. Es schmeckt wirklich nicht so schlecht.«

»Ach ... diese Jugend.«

Sie einigten sich auf halb eins, und sie wartete bereits, als er eintraf. Er sah sich um, es war nicht einmal so schlimm, wie er angenommen hatte. Die Gäste an den Holztischen waren eine gesunde Mischung von Leuten aus der City, Sekretärinnen, Reklameleuten, Hippies, hübschen Mädchen in Blue Jeans mit Aktentaschen, Jungen in Flanellhemden mit schulterlangem Haar und hie und da einem Mann in einem Anzug. Weder er noch Kezia fielen hier aus dem Rahmen, und er war erleichtert. Es war sicherlich nicht das La Grenouille, aber Gott sei Dank auch nicht Horn & Hardart's ... nicht daß an ihrer Küche etwas auszusetzen war ... aber die Gäste. Die Gäste! Sie entsprachen einfach nicht Edwards Stil. Und man konnte nie wissen, was Kezia im Schild führte. Das Mädchen hatte einen teuflischen Sinn für Humor.

Sie saß an einem Ecktisch, und als Edward näher kam, bemerkte er, daß sie Jeans trug. Er lächelte ihr zu, bückte sich, als er an den Tisch trat, und küßte sie auf die Wange.

»Du hast mir so gefehlt, mein Kind.« Es wurde ihm immer erst voll bewußt, wie sehr, wenn er sie wiedersah. Es war das gleiche Gefühl wie jedes Jahr bei ihrem ersten Lunch nach dem Sommer. Es hatte auch diesmal fast einen Monat gedauert.

»Du hast mir auch gefehlt. Zum Teufel, ich habe dich seit undenklichen Zeiten nicht gesehen. Es ist fast Halloween.« Sie kicherte schelmisch, während er Platz nahm. Der Ausdruck in ihren Augen war anders ... er hatte ihn schon bei ihrem letzten Beisammensein bemerkt. Außerdem war sie schlanker.

»Du hast abgenommen.« Ein väterlicher Vorwurf.

»Ja, aber nicht sehr viel. Ich esse unregelmäßig, wenn ich schreibe.«

497

»Du solltest aber darauf achten, daß du genügend ißt.«

»Vielleicht im Le Mistral? Oder ist es gesünder, wenn man sich im La Côte Basque vollstopft?« Sie zog ihn wieder auf, freundschaftlich, aber mit einer an ihr neuen Direktheit.

»Kezia, mein Kind, du bist wirklich über das Alter eines Hippiemädchens hinaus.« Er schlug sie mit ihren eigenen Waffen, aber er traf ihren Ton nicht ganz.

»Du hast absolut recht, mein Lieber. Ich würde es nicht einmal in Erwägung ziehen. Ich bin nur eine hart arbeitende Sklavin meiner Schreibmaschine. Plötzlich habe ich das Gefühl, daß ich mit meiner Arbeit Anerkennung finde. Das ist ein schönes Gefühl.«

Er nickte wortlos und zündete sich eine Zigarre an. Ob das alles war? Vielleicht würde sie sich schließlich einfach auf ihre Arbeit konzentrieren. Das war wenigstens eine respektable Tätigkeit, aber wenig wahrscheinlich.

Die fast unmerklichen Veränderungen, die er an ihr spürte, aber nicht deutlich erkennen konnte, beunruhigten ihn. Er sah, daß sie dünner, härter, angespannter war. Und sie sprach jetzt auch anders, als hätte sie endlich einen festen Standort in ihren Ansichten, in ihrer Arbeit gefunden. Aber die Veränderung reichte tiefer. Viel tiefer. Das war ihm bewußt.

»Bekommt man in diesem Lokal auch Getränke?« Er blickte düster auf das mit Kreide auf eine schwarze Tafel an der Wand geschriebene Menü. Dort waren keine Cocktails angeführt, nur Karotten- oder Muschelsaft. Sein Magen rebellierte bei dem Gedanken.

»Ach, Edward, ich habe deinen Drink vollkommen vergessen. Es tut mir leid.« Ihre Augen lachten wieder, und sie tätschelte seine Hand. »Weißt du, du hast mir wirklich gefehlt. Aber ich mußte eine Zeitlang allein mit mir sein.«

»Ich würde sagen, daß es dir gutgetan hat, bin mir aber dessen nicht ganz sicher. Du siehst aus, als hättest du zu hart gearbeitet.« Sie nickte langsam.

»Das stimmt. Ich möchte jetzt hineinkommen. Weißt du, es wird mir allmählich zuviel, diese verdammte Spalte herauszubringen. Vielleicht sollte ich mich davon zurückziehen.« Sie hatte keine Bedenken, dort über Martin Hallams Tätigkeit zu sprechen. Niemand kümmerte sich darum.

»Ist das dein Ernst, daß du damit Schluß machen willst?« Diese Möglichkeit beunruhigte ihn. Wie oft würde er sie noch unter den vertrauten Gesichtern bei den Galaempfängen der Stadt erblicken, wenn sie die Gesellschaftsspalte aufgab?

»Ich warte ab. Ich will nichts überstürzen, aber ich denke ernstlich darüber nach. Sieben Jahre sind eine sehr lange Zeit. Vielleicht sollte sich Martin Hallam ins Privatleben zurückziehen.«

»Und Kezia Saint Martin?«

Sie antwortete nicht, sondern begegnete ruhig seinem Blick.

»Du wirst doch keine Dummheit begehen, Kezia, mein Liebes, oder? Ich war erleichtert, als ich erfuhr, was du wegen Whitney beschlossen hattest. Aber ich fragte mich, ob du vielleicht...«

»Nein. Ich habe auch mit meinem jungen Freund in SoHo Schluß gemacht. Sogar am gleichen Tag. Es war eine Art Kehraus. Und alles in allem eine Erleichterung.«

»Und du bist jetzt ganz solo?«

Sie nickte, aber er konnte schrecklich lästig sein. »Ja. Ich und meine Arbeit. Ich liebe sie.« Sie strahlte ihn an.

»Vielleicht brauchst du sie für einige Zeit. Aber werde nicht streng und angespannt. Es würde nicht zu dir passen.«

»Warum nicht?«

»Weil du viel zu hübsch und viel zu jung bist, um an der Schreibmaschine zu versauern. Für eine Weile, ja. Aber verliere dich nicht ganz an die Arbeit.«

»Ich soll mich nicht verlieren, Edward? Im Gegenteil, ich habe das Gefühl, endlich zu mir ›gefunden‹ zu haben.«

O Gott, das war wieder einer jener Tage, an denen ihr Gesicht genauso aussah wie das ihres Vaters. Etwas sagte ihm, daß das Mädchen einen Entschluß gefaßt hatte. Ganz gleich, worüber.

»Sei nur vorsichtig, Kezia.« Er zündete seine Zigarre wieder an, sein Blick bohrte sich in ihre Augen. »Und vergiß nicht, wer du bist.«

»Hast du eine Ahnung, wie oft ich das schon gehört habe?« Und wie sehr es mir inzwischen auf die Nerven geht? »Mach dir keine Sorgen, mein Lieber, ich kann es unmöglich vergessen. Du würdest es nicht zulassen.«

Jetzt hatte sich ihr Blick verhärtet, was ihm unangenehm war.

»Wollen wir bestellen?« Sie zeigte lässig auf die Tafel. »Ich schlage das Avokado-Omelette mit Garnelen vor. Es ist ausgezeichnet.«

»Soll ich dir ein Taxi holen?«

»Nein. Ich werde zu Fuß gehen. Ich liebe diese Stadt im Oktober.«

Es war ein kühler Herbsttag, windig und klar. In einem Monat würde es kalt sein, aber jetzt noch nicht. Es war die köstlichste Zeit des Jahres in New York, in der alles sauber, heiter und lebendig wirkt und man von einem Ende der Welt zum anderen gehen möchte. Kezia jedenfalls wollte es immer.

»Ruf mich doch einmal an, Kezia, ja? Ich bin besorgt, wenn ich wochenlang nichts von dir höre. Und ich möchte nicht aufdringlich sein.«

Seit wann, mein Lieber, seit wann? »Das bist du nie. Danke für den Lunch. Siehst du ... er war nicht so übel!« Sie umarmte ihn kurz, küßte ihn auf die Wange, ging fort, und als sie bei der Ampel an der Ecke stehenblieb, drehte sie sich noch um und winkte.

Sie ging die Third Avenue entlang bis zur 60. Straße, dann bog sie nach Westen zum Park ab. Es war ein Umweg, aber sie hatte es nicht eilig, nach Hause zu kommen. Mit ihrer Arbeit war sie gut vorangekommen, und der Tag war zu schön, um ihn zu Hause zu verbringen. Sie atmete tief und betrachtete lächelnd die Kinder mit den rosigen Wangen auf der Straße. Man sah in New York nur selten gesund aussehende Kinder. Entweder war ihr Teint im tiefen Winter grau-grün oder im heißen Sommer blaß und verschwitzt. Der Frühling kam nur flüchtig nach Manhattan. Aber der Herbst ... der Herbst mit den saftigen, knusprigen Äpfeln, mit den Kürbissen, die auf Obstständen warteten, daß man in sie Gesichter für Halloween schnitzte. Kräftiger Wind, der das Grau vom Himmel fegte. Und Menschen, die schneller gingen. Die New Yorker litten im Oktober nicht, sie genossen ihn. Ihnen war weder zu heiß noch zu kalt, sie waren auch nicht müde oder verärgert. Sie waren glücklich, fröhlich und lebendig. Kezia schlenderte zwischen ihnen dahin und fühlte sich wohl.

Blätter fegten über die Wege im Park, wirbelten um ihre Füße. Kinder sprangen in den Wagen am Ponystand und verlangten laut noch eine Fahrt. Die Tiere im Zoo steckten die Köpfe heraus, als sie vorbeiging, und das Glockenspiel begann seine Melodie, als sie sich ihm näherte. Sie blieb stehen und hörte es sich gemeinsam mit den Müttern und Kindern an. Es war lustig. Das war etwas, woran sie noch nie gedacht hatte. Nicht für sich. Kinder. Wie merkwürdig es wäre, einen kleinen Menschen neben sich zu haben. Jemanden, mit dem man lachen und kichern konnte, dem man Schokoladecreme vom Kinn wischte, den man zudeckte, nachdem man ihm ein Märchen vorgelesen hatte, oder an den man sich schmiegte, wenn er am Morgen zu einem ins Bett kletterte. Aber man mußte ihm auch erklären, wer er war, was man von ihm erwartete und was er tun mußte, sobald er erwachsen war, »wenn er dich liebte«. Das war der Grund, weshalb sie nie im entferntesten Kinder gewollt hatte. Warum sollte man das jemandem anderen antun? Es genügte, daß sie all die Jahre damit hatte leben müssen. Nein, keine Kinder. Niemals.

Das Glockenspiel beendete seine Melodie, und die tanzenden goldenen Tiere brachen den mechanischen Walzer ab. Die Kinder wanderten davon oder liefen zu Straßenverkäufern. Sie sah ihnen zu und wollte plötzlich einen roten Ballon haben. Sie kaufte einen für einen Vierteldollar und band ihn an den Knopf an ihren Ärmel. Er tanzte im Wind hoch über ihrem Kopf knapp unter den Zweigen der hochragenden Bäume, und sie lachte; am liebsten wäre sie nach Hause gehüpft.

Sie kam an dem Teich mit den Modellbooten vorbei, und bei der 71. Straße verließ sie widerwillig den Park. Sie schlenderte langsam hinaus, der Ballon baumelte, während sie hinter Kindermädchen ging, die gelassen den Park durchquerten und übergroße, mit Spitzen bedeckte englische Kinderwagen vor sich herschoben; eine Gruppe französischer Nurses marschierte wie ein Bataillon den Weg hinunter, einer Schar schnatternder britischer Kindermädchen entgegen. Sie beobachtete amüsiert die offensichtliche, obgleich überzuckerte Feindseligkeit zwischen den beiden nationalen Gruppen. Sie wußte auch, daß die amerikanischen Kinderschwestern sich selbst überlassen blieben und von den britischen wie von den französischen gemieden wurden. Die Schweizerinnen und Deutschen blieben gerne unter sich. Und die schwarzen Frauen, die ebenso luxuriöse Kinderwagen mit Babys betreuten, existierten nicht. Sie bildeten eine Kaste von Unberührbaren.

Kezia wartete darauf, daß der Verkehr schwächer wurde, und ging schließlich zur Madison Avenue hinüber, um auf dem Heimweg an den Boutiquen vorbeizuschlendern. Sie war froh, daß sie zu Fuß gegangen war. Ihre Gedanken wanderten zu Luke. Sie hatte ihn seit einer Ewigkeit nicht mehr gesehen. Und sie bemühte sich so sehr, gut damit fertig zu werden. Sie arbeitete angestrengt, war keine Spielverderberin, lachte mit ihm, wenn er anrief, aber in ihrem Inneren verkrampfte sich etwas. Es war wie ein kleiner, dunkler Kern der Traurigkeit, und ganz gleich, was sie tat, sie konnte ihn nicht loswerden. Er war schwer und hart. Wie eine Faust. Wie war es möglich, daß er ihr so sehr fehlte?

Der Portier öffnete ihr die Tür, sie zog den Ballon neben sich hinunter und fühlte sich plötzlich albern, während der Fahrstuhlwärter versuchte, es nicht zu bemerken.

»Guten Tag, Miß.«

»Guten Tag, Sam.« Er trug seine dunkle Winteruniform und die ewigen weißen Baumwollhandschuhe und blickte unverwandt auf einen Punkt an der Wand. Sie hätte gern gewußt, ob er nie Lust hatte, sich umzudrehen und die Leute anzusehen, die er den ganzen Tag lang nach oben und unten brachte. Aber das wäre unhöflich gewesen. Und Sam war nicht unhöflich. Da sei Gott vor. Vierundzwanzig Jahre lang war Sam nie unhöflich gewesen, er brachte die Leute einfach nach oben und unten ... nach oben ... und ... unten ... ohne jemals ihrem Blick zu begegnen ... »Morgen, Madam ...« »Morgen, Sam ...« »Abend, Sir ...« »Guten Abend, Sam ...« Vierundzwanzig Jahre lang hatte er die Augen auf einen Punkt gerichtet. Nächstes Jahr würde man ihn mit einer vergoldeten Uhr und einer Flasche Gin in Pension schicken. Falls er nicht vorher, mit höflich auf die Wand gerichteten Augen, starb.

»Danke, Sam.«

»Ja, Miß.« Die Fahrstuhltür glitt hinter ihr zu, und sie drehte den Schlüssel in ihrem Schloß.

Sie nahm im Vorübergehen die Nachmittagszeitung vom Vorzimmertisch. Sie war gewohnt, immer auf dem laufenden zu sein, und an manchen Tagen amüsierten sie die Neuigkeiten. Aber an diesem Tag nicht. Die Zeitungen waren seit Wochen voller häßlicher Geschichten gewesen. Häßlicher als sonst, fand sie. Kinder starben. Ein Erdbeben in Chile mit Tausenden von Toten. Araber und Juden auf dem Kriegspfad. Probleme im Fernen Osten, Morde in der Bronx. Überfälle in Manhattan. Tumulte in den Gefängnissen. Und das beunruhigte Kezia am meisten.

Jetzt warf sie einen Blick auf die Titelseite und blieb stehen, ohne die Hand von der Tür zu nehmen. Alles wurde ganz still, sie begriff plötzlich. Ihr Herz blieb stehen. Nun wußte sie es. Die Schlagzeile in der Zeitung lautete: *Arbeitsstreik im San Quentin. Sieben Tote.* O Gott ... Hoffentlich ist ihm nichts passiert.

Wie eine Antwort auf ihr Gebet klingelte das Telefon und lenkte ihre Aufmerksamkeit von der Schlagzeile ab. Nicht jetzt ... nicht das Telefon ... was ist, wenn ... Mechanisch ging sie hin, hielt die Zeitung noch in der Hand und versuchte zerstreut weiterzulesen.

»Hallo!« Sie konnte den Blick nicht von der Zeitung wenden.

»Kezia?« Sie erkannte die Stimme nicht.

»Was?«

»Miß Saint Martin?«

»Nein, tut mir leid, sie ... Lucas?«

»Ja, verdammt noch mal. Was, zum Teufel, ist los?«

»Ich ... es tut mir leid, ich ... O Gott, ist bei dir alles in Ordnung?« Der plötzliche Schreck saß ihr noch im Nacken, aber sie hatte Angst, am Telefon etwas Konkretes zu erwähnen. Vielleicht konnte er nicht frei sprechen. Der Artikel war für sie plötzlich sehr aufschlußreich. Sie hatte schon vorher etwas geahnt, doch jetzt wußte sie Bescheid. Ganz gleich, was er behauptete, sie wußte Bescheid.

»Natürlich geht es mir gut. Du klingst, als hättest du ein Gespenst gesehen. Etwas nicht in Ordnung?«

»Das ist eine ziemlich treffende Beschreibung meines Zustandes, Mr. Johns. Ich weiß nicht, ob etwas nicht in Ordnung ist. Vielleicht klärst du mich diesbezüglich auf.«

»Warte noch ein paar Stunden, dann erzähle ich dir alles, was du wissen willst, und noch einiges mehr. Natürlich in Grenzen.« Seine Stimme klang tief und heiser, er überspielte seine deutliche Müdigkeit mit einem Lachen.

»Was meinst du genau damit?« Sie hielt den Atem an und wartete, hoffte. Sie hatte soeben den größten Schreck ihres Lebens erlitten, und nun klang es wie ... sie wagte nicht zu hoffen. Doch sie wünschte sich so sehr, daß es so wäre.

»Ich meine, verfrachte deinen Allerwertesten hierher, Lady. Ich werde noch wahnsinnig ohne dich! Das meine ich! Wie wäre es, wenn du mit dem nächsten Flugzeug hierherkommst?«

»Nach San Francisco? Meinst du es im Ernst?«

»Genau, verdammt noch mal. Du fehlst mir so sehr, daß ich kaum noch vernünftig denken kann, und ich habe hier draußen alles erledigt. Verflixt, es ist zu lange her, seit ich meine Hände über deinen süßen Po spazierenführte. *Mamma mia,* es kommt mir vor, als wäre es fünfhundert Jahre her!«

»Ach, mein Schatz, ich liebe dich. Wenn du nur wüßtest, wie ich mich nach dir gesehnt habe, und ich dachte ... ich hatte die Zeitung zur Hand genommen und ...« Er unterbrach sie, seine Stimme klang irgendwie brüchig.

»Mach dir nichts draus, Baby. Es ist schon alles in Ordnung.« Genau das hatte sie hören wollen.

»Was wirst du jetzt anfangen?« seufzte sie.

»Dich lieben, bis dir die Luft ausgeht, und mich für ein paar Tage freimachen, um Freunde aufzusuchen. Aber der erste Freund, den ich sehen will, bist du. Wie bald kannst du hier sein?«

Sie blickte auf die Uhr. »Ich weiß nicht. Ich ... wann geht die nächste Maschine?« In New York war es knapp nach drei.

»Um halb sechs geht ein Flug von New York ab. Kannst du ihn noch erreichen?«

»O Gott. Ich müßte spätestens um fünf am Flughafen sein, das heißt von hier um vier wegfahren, das heißt, mir bleibt eine

Stunde zum Packen und ... verdammt, ich werde es trotzdem schaffen.« Sie sprang auf und blickte zum Schlafzimmer. »Was soll ich mitnehmen?«

»Vor allem deinen süßen kleinen Körper.«

»Abgesehen davon, du Spinner.« Aber sie hatte seit Wochen nicht mehr so befreit gelächelt. Seit drei Wochen, genaugenommen. So lang war es her, seit sie ihn zum letztenmal gesehen hatte.

»Wie, zum Teufel, soll ich wissen, was du mitnehmen sollst?«

»Ist es warm oder kalt?«

»Neblig. In der Nacht kalt. Tagsüber warm. Ich glaube ... ach verdammt, Kezia, schau doch in der *Times* nach. Und laß deinen Nerz zu Hause.«

»Woher weißt du, daß ich einen besitze? Du hast ihn doch nie gesehen.« Sie grinste wieder. Zum Teufel mit den Schlagzeilen. Es ging ihm gut, und er liebte sie.

»Ich habe eben angenommen, daß du einen Nerz hast. Bring ihn nicht mit.«

»Ich hatte nicht die Absicht. Noch irgendwelche Anweisungen?«

»Nur, daß ich dich zu sehr liebe, Weib, und das war das letzte Mal, daß ich dich aus den Augen gelassen habe.«

»Versprechungen, nichts als Versprechungen! Ich wünsche es mir. He ... holst du mich ab?«

»Vom Flughafen?« Es klang überrascht.

»Hmmm.«

»Soll ich es wirklich tun? Wäre es nicht klüger, wenn ich es sein ließe?« Da zeigte es sich wieder. Vorsichtig sein, klug sein.

»Ich pfeif' auf die Vorsicht. Ich habe dich beinahe drei Wochen nicht gesehen, und ich liebe dich.«

»Ich hole dich ab.« Es klang begeistert.

»Das würde ich dir auch raten, verdammt!«

»Ja, Ma'am.« Sein tiefes Lachen kitzelte sie im Ohr, und sie legte auf. Er hatte in den letzten drei gottverdammten Wochen mit seinem Gewissen gekämpft und verloren ... oder gewonnen ... er war sich dessen noch nicht sicher. Aber er wußte, daß er Kezia an seiner Seite haben mußte. Mußte. Was immer auch geschah.

17

Das Flugzeug landete um 19 Uhr 14 Ortszeit in San Francisco. Sie war auf den Beinen, bevor die Maschine am Gate zum Stillstand kam. Und trotz der flehenden Bitten der Stewardessen hatte sie sich in den Gang gedrängt.

Sie war Touristenklasse geflogen, um weniger Aufmerksamkeit zu erregen, und sie trug eine schwarze Wollhose zu einem schwarzen Pullover; über ihrem Arm hing ein Trenchcoat, die dunkle Brille war auf die Stirn hinaufgeschoben. Sie sah unauffällig, beinahe zu unauffällig und sehr gut gekleidet aus. Männer verschlangen sie mit den Blicken, fanden jedoch, daß sie reich und nervös aussah. Frauen musterten sie voll Neid. Die schlanken Hüften, die hübschen Schultern, das dichte Haar, die großen Augen. Sie war eine Frau, die überall auffiel, wie immer sie sich nannte, obwohl sie klein war.

Es dauerte ewig, bis die Türen des Flugzeugs aufgingen. In der Kabine war es heiß und stickig. Die Flugtaschen der anderen stießen gegen ihre Beine, Kinder begannen zu weinen. Schließlich gingen die Türen auf. Die Menge begann sich in Bewegung zu setzen, zuerst nur unmerklich, dann plötzlich hastig. Kezia drängte sich, und als sie um die Ecke bog, erblickte sie ihn.

Sein Kopf ragte über alle Wartenden hinaus. Sein dunkles Haar glänzte, und sie konnte von ihrem Standort aus seine Augen beobachten. Er hielt eine Zigarre in der Hand. Sein ganzes Wesen drückte Erwartung aus. Sie winkte, er sah sie, und Freude breitete sich auf seinem Gesicht aus, er bewegte sich vorsichtig durch die Menge. Bald stand er an ihrer Seite, hob sie vom Boden hoch und umarmte sie.

»Kleines, wie schön es ist, dich wiederzusehen!«

»Ach, Lucas!« Sie lachte, während er sie in seinen Armen hielt, und ihre Lippen trafen einander in einem langen, hungrigen Kuß. Zum Teufel mit den *paparazzi*. Wenn sie jemand sah, war es ihr auch recht. Der Strom der übrigen Passagiere umspülte sie wie ein Bach die Felsen, und als sie sich endlich in Bewegung setzten, war kein Mensch mehr in ihrer Nähe.

»Wir holen jetzt deine Koffer und fahren dann zu mir nach Hause.«

Sie lächelten einander zu, wie Menschen es tun, die lange Zeit das Bett miteinander geteilt haben, und fuhren mit der Rolltreppe nach unten zur Gepäckausgabe, wobei er ihre kleine Hand fest in seiner großen hielt. Die Leute sahen ihnen nach, und gemeinsam stellten sie jene Sorte von Menschen dar, die einem sofort auffallen. Und die man beneidet.

»Wie viele Koffer hast du mitgebracht?«

»Zwei.«

»Zwei? Wir bleiben nur drei Tage hier.« Er lachte und umarmte sie wieder. Sie versuchte, das kurze Aufzucken von Schmerz in ihren Augen zu verbergen. Drei Tage? Das war alles? Sie hatte ihn vorher nicht nach der Dauer ihres Zusammenseins gefragt. Aber wie es auch sei, sie waren wenigstens wieder beisammen.

Er holte ihre Koffer vom Laufband wie ein Kind, das Möbel aus einem Puppenhaus nimmt, klemmte sich einen Koffer unter den Arm, faßte mit derselben Hand den anderen Koffer am Griff und drückte mit dem anderen Arm Kezia weiterhin fest an sich.

»Du hast nicht viel hören lassen, Kleines. Müde?«

»Nein. Glücklich.« Sie blickte wieder zu ihm auf und schmiegte sich an ihn. »Mein Gott, hat es diesmal lange gedauert!«

»Ja, und es wird nie wieder vorkommen. Es wirkt sich schlecht auf meine Nerven aus.« Aber sie wußte, daß es wieder einmal so lange dauern konnte. Oder noch länger. Vielleicht mußte es so sein. So sah eben sein Leben aus. Doch jetzt war alles anders. Ihre dreitägigen Flitterwochen hatten soeben begonnen.

»Wo wohnen wir?« Sie warteten auf der Straße auf ein Taxi. So weit, so gut. Keine Kameras, keine Reporter; niemand hatte eine Ahnung, daß sie New York verlassen hatte. Sie hatte nur kurz ihren Agenten angerufen und mitgeteilt, sie würde zwei Tage lang nicht für ihre Kolumne schreiben, dann würde sie sich wieder melden. Sie konnten als Ersatz einige besonders pikante Geschichten bringen, die sie diese Woche in ihrer Klatschspalte nicht untergebracht hatte. Damit konnten sie ihre Abwesenheit überbrücken, bis sie wieder Martin Hallam unter die Arme greifen konnte.

»Wir wohnen im Ritz«, sagte er großartig, während er die Koffer auf den Vordersitz eines Taxis warf.

»Wirklich?« lachte sie und ließ sich in seinen Arm sinken.

»Warte, bis du es siehst.« Dann wurde seine Miene besorgt. »Baby, würdest du lieber im Fairmont oder im Huntington wohnen? Sie sind viel schöner, aber ich dachte, du machst dir Sorgen wegen ...«

»Ist das Ritz unauffälliger?« Er lachte, als er ihren Gesichtsausdruck sah.

»O ja, Kleines. Es ist bestimmt unauffällig. Das gefällt mir eben so an ihm. Es ist *unauffällig!*«

Das Ritz war ein großes, mattgraues Haus im Zentrum des Villenviertels von Pacific Heights. Es war einmal eine elegante Villa gewesen und beherbergte jetzt Außenseiter der Gesellschaft: kleine alte Damen und müde alte Männer sowie zwischen ihnen gelegentlich den nicht unterzubringenden »Überschuß« an auswärtigen Gästen aus den prächtigen Villen der Umgebung. Es war eine seltsame Mischung, und die Ausstattung der Räumlichkeiten paßte dazu: geschwungene, verstaubte Kronleuchter, verblaßte rote Samtfauteuils, geblümte Chintzvorhänge und da und dort ein verzierter Spucknapf aus Messing.

Lukes Augen funkelten, als er sie in die Halle zu einer zittrigen alten Frau führte, die nervös am Empfangspult stand. Sie trug über jedem Ohr einen schneckenförmig aufgesteckten Zopf, und ihre falschen Zähne sahen aus, als würden sie in der Dunkelheit leuchten.

»Guten Abend, Ernestine.« Das Schöne daran war, daß sie aussah wie eine Ernestine.

»Abend, Mr. Johns.« Sie musterte Kezia anerkennend. Diese Art von Gästen mochte sie. Gut gekleidet, elegant und gepflegtes Äußeres. Schließlich waren sie im Ritz!

Luke führte sie zu einem altersschwachen Fahrstuhl, der von einem kleinen alten Mann bedient wurde; er summte »Dixie« vor sich hin, während sie schwankend zum ersten Stockwerk hinauffuhren.

»Für gewöhnlich gehe ich zu Fuß über die Treppe. Aber ich wollte dir die komplette Show vorführen.«

Einem Schild im Fahrstuhl zufolge gab es Frühstück ab sieben, Lunch ab elf und Dinner ab fünf. Kezia kicherte und hielt seine Hand fest.

»Danke, Joe.« Luke klopfte ihm freundschaftlich auf den Rücken und nahm die Koffer auf.

»Soll ich Ihnen die Koffer tragen, Sir?«

»Nein, danke.« Aber er schob dem Mann unauffällig einen Schein in die Hand und führte Kezia durch den Korridor. Er war mit einem dunkelroten Teppich belegt, und an den Wänden hingen kunstvolle Wandleuchter. Er deutete zum Ende des Korridors. »Warte, bis du erst die Aussicht siehst.« Er steckte den Schlüssel ins Schloß, drehte ihn um, stellte die Koffer ab und zog sie an sich. »Ich bin so froh, daß du hergekommen bist. Ich hatte Angst, du würdest zu beschäftigt oder dergleichen sein.«

»Nicht, wenn es um dich geht, Luke. Das sollte wohl ein Witz sein. Wollen wir eigentlich die ganze Nacht hier stehenbleiben?«

»Nein. Ich will verdammt sein, wenn wir das tun.« Er hob sie hoch und trug sie über die Schwelle in ein Zimmer, wobei ihr vor Überraschung zuerst die Luft wegblieb, dann begann sie zu lachen. Sie hatte noch nie so viel blauen Samt und Satin in einem Raum vereint gesehen.

»Es ist toll, Luke. Und es gefällt mir sehr.« Er setzte sie lächelnd auf den Boden, und sie betrachtete das Bett mit aufgerissenen Augen. Es war ein riesiges Himmelbett mit blauen Samtvorhängen und einer blauen Satindecke. Es gab blaue Samtfauteuils und eine blaue Satin-Chaiselongue, einen altmodischen Toilettentisch, einen Kamin und einen blaugeblümten Teppich, der bessere Tage gesehen hatte. Dann bemerkte sie erst die Aussicht.

Sie sah die dunkle Fläche der Bucht, auf der anderen Seite von den Hügeln von Sausalito erhellt, und auf der Golden Gate huschten die Scheinwerfer der Autos vorbei.

»Was für ein phantastisches Haus, Luke!« Ihr Gesicht strahlte.

»Das Ritz liegt dir zu Füßen.«

»Ich liebe dich, mein Schatz.« Sie warf sich in seine Arme und schleuderte die Schuhe weg.

»Lady, du kannst mich nicht halb so sehr lieben, wie ich dich. Nicht einmal ein Viertel so sehr.«

»Ach, halte den Mund.«

Sein Mund legte sich sanft auf ihren, und er hob sie auf das blaue Satinbett.

»Hungrig?«

»Ich weiß nicht. Ich bin so glücklich, daß ich nicht denken kann.« Sie wälzte sich schläfrig auf die Seite und küßte ihn auf den Hals.

»Was hältst du von ein wenig *pasta*?«

»Mmmmm ... nicht übel ...« Aber sie traf keine Anstalten, aufzustehen. Es war ein Uhr morgens, nach ihrer Zeit, und sie war zufrieden, so ruhig dazuliegen.

»Komm, Kleine, steh schon auf.«

»O Gott, keine Dusche!« Er lachte und schlug sie auf die Kehrseite, während er die Laken wegzog.

»Wenn du nicht in zwei Minuten aufstehst, bring' ich die Dusche zu dir.«

»Das würdest du nicht wagen.« Sie blieb mit fest geschlossenen Augen liegen und lächelte schläfrig.

»Ach, du meinst, daß ich es nicht tun würde?«

Er blickte auf sie hinunter, seine Augen waren voller Liebe und Zärtlichkeit.

»Mein Gott, du würdest es fertigkriegen. Du bist ein so gemeiner Kerl. Kann ich nicht ein Bad nehmen, statt zu duschen?«

»Nimm, was du willst, aber schwing deinen Po aus dem Bett.« Sie schlug die Augen auf und sah ihn an, ohne sich auch nur einen Zentimeter weit zu bewegen.

»Dann nehme ich dich.«

»Erst nachdem wir etwas gegessen haben. Ich hatte heute keine Zeit zum Mittagessen und bin fast verhungert. Ich wollt' alles erledigen, bevor du ankommst.«

»Hast du es geschafft?« Sie stützte sich auf den Ellbogen und angelte sich eine Zigarette. Das war die Gelegenheit, auf die sie gewartet hatte, und plötzlich lag Spannung in ihrer Stimme, die sich auch in seinen Augen spiegelte.

»Ja. Wir haben alles endgültig abgewickelt.« Die Gesichter der Toten zogen im Geist an ihm vorbei.

»Lucas ...« Sie hatte ihm nie eine direkte Frage gestellt, und er hatte nichts freiwillig erzählt.

»Ja?« Plötzlich war er ganz gespannte Vorsicht. Aber sie wußten es beide.

»Sollte ich mich lieber um meine eigenen Angelegenheiten kümmern?« Er zuckte die Schultern, dann schüttelte er langsam den Kopf. »Nein, ich weiß, worauf du hinauswillst, Liebes. Du hast ein Recht darauf, Fragen zu stellen. Du willst wissen, was ich hier vorhatte?« Sie nickte. »Aber du weißt es doch schon, nicht wahr?« Er sah beinahe alt und sehr müde aus. Die Urlaubsatmosphäre war plötzlich wie weggewischt.

»Eigentlich ja. Ich wußte es, ohne es mir einzugestehen, aber heute nachmittag ...« Ihre Stimme verhallte. Heute nachmittag? Erst da? Es schien Jahre her zu sein. »Heute nachmittag sah ich die Zeitung und die Schlagzeile ... der Streik im San Quentin war dein Werk, Luke, nicht wahr?« Er nickte sehr langsam. »Werden sie dich dafür belangen, Lucas?«

»Wer? Die Polizei?«

»Unter anderem.«

»Nein. Noch nicht. Sie können mir nichts anhängen, Kleine, ich bin ein Profi. Aber das ist nur ein Teil des Problems. Ich bin zu sehr Profi. Sie können mir nie etwas anhängen, und eines Tages werden sie mich prima reinlegen. Aus Rache.« Das war eine erste Warnung.

»Können sie das denn?« fragte sie erschrocken, aber es klang nicht, als hätte sie wirklich verstanden.

»Sie können, wenn sie wollen. Hängt davon ab, wieviel ihnen daran liegt. Im Augenblick sind sie vermutlich ganz schön wütend.«

»Und du hast keine Angst, Lucas?«

»Was würde das schon ändern?« Sein leichtes Lächeln wirkte zynisch, und er schüttelte den Kopf. »Nein, schöne Lady, ich habe keine Angst.«

»Bist du in Gefahr, Lucas? Ich meine in wirklicher Gefahr?«

»Meinst du meinen bedingten Strafaufschub oder andere Gefahren?«

»Beides.«

Er wußte, daß sie es erfahren mußte, also antwortete er ihr, mehr oder minder offen. »Ich befinde mich nicht wirklich in Gefahr, Baby. Ich habe einige Leute verärgert, aber diejenigen, die am wütendsten sind, nehmen nicht an, daß ich etwas damit zu tun hatte. Dafür sorge ich schon. Die für meine Freistellung Zuständigen werden eine Zeitlang nicht einmal versuchen, mir etwas anzuhängen, und dann werden sie sich wieder beruhigt haben. Und die an dem Streik beteiligten Hitzköpfe, die meine Ansichten nicht teilen, haben solche Angst vor mir, daß sie mich nicht verpfeifen werden. Deshalb befinde ich mich nicht wirklich in Gefahr.«

»Der Fall könnte aber eintreten, nicht wahr?« Es tat ihr weh, daran zu denken, sich darüber klarzuwerden ... es zuzugeben. Sie hatte von Anfang an davon gewußt. Aber nun liebte sie ihn. Das änderte alles. Sie wollte nicht, daß er ein hitziger Unruhestifter war. Sie wollte, daß er ein friedliches Leben führte.

»Woran denkst du? Eine Minute lang hast du ausgesehen, als wärst du tausend Meilen weit weg. Du hast nicht einmal meine Antwort auf deine Frage gehört.«

»Was hast du geantwortet?«

»Daß ich auch in Gefahr gerate, wenn ich die Straße überquere, warum solltest du also Verfolgungswahn bekommen? Du könntest in Gefahr geraten. Du könntest entführt werden, damit jemand ein fettes Lösegeld bekommt. Also? Warum machst du dich damit verrückt, ob ich in Gefahr bin oder nicht? Ich sitze hier, es geht mir gut, ich liebe dich. Mehr mußt du nicht wissen. Woran hast du also gedacht?«

»Daß es mir lieber wäre, wenn du Börsenmakler oder Versicherungsagent wärst.« Sie grinste, und er bekam einen Lachanfall.

»Ach, Kleine, da hast du aber die falsche Nummer gewählt.«

»Also gut, ich bin verrückt.« Sie zuckte verlegen die Schultern, dann sah sie ihn wieder ernst an. »Warum läßt du dich noch immer in die Streiks hineinziehen, Luke? Warum kannst du es nicht lassen? Du bist nicht mehr im Gefängnis. Es könnte dich so teuer zu stehen kommen.«

»Okay. Ich werde dir sagen, warum. Weil manche dieser Burschen drei Cents die Stunde für die Arbeit bekommen, die du nicht einmal deinem Hund zumuten würdest. Und sie haben Familien, Frauen und Kinder genau wie die anderen Menschen. Diese Familien leben von staatlichen Unterstützungen, aber das wäre nicht notwendig, wenn die armen Teufel im Gefängnis einen anständigen Lohn bekämen. Keinen hohen, nur einen anständigen Lohn. Es gibt keinen Grund, warum man ihnen verwehren sollte, Geld beiseite zu legen. Sie brauchen es ebenso wie jeder andere Mensch. Und sie arbeiten für ihr Brot. Sie arbeiten verdammt schwer. Deshalb haben wir die Streiks ausgerufen. Wir sorgen dafür, daß unser System von den Insassen aller Gefängnisse angewendet werden kann. Wie hier. In Folsom wird sich fast das gleiche, mit einigen geringfügigen Veränderungen, abspielen. Wahrscheinlich nächste Woche.« Er sah ihren Gesichtsausdruck und schüttelte den Kopf. »Nein, dazu werden sie mich nicht brauchen, Kezia. Ich habe meine Arbeit hier getan.«

»Aber warum, zum Teufel, mußt du derjenige sein, der es tut?« Sie klang fast zornig, und das überraschte ihn.

»Warum nicht?«

»Erstens wegen deiner bedingten Entlassung. Du ›gehörst‹ nämlich noch immer dem Staat. Dein Urteil lautet auf fünf Jahre bis lebenslänglich, nicht wahr?«

»Ja. Also?«

»Also gehörst du offiziell dein Leben lang ihnen. Richtig?«

»Falsch. Nur noch zweieinhalb Jahre lang, bis meine bedingte Entlassung ausläuft. Klugscheißerin. Du scheinst ja allerhand über das Thema gelesen zu haben.« Er zündete sich eine weitere Zigarette an und wich ihrem Blick aus.

»Das habe ich, und du redest einen Haufen Unsinn mit deinen zweieinhalb Jahren. Sie können deine bedingte Entlassung jederzeit widerrufen, wenn sie wollen, dann hast du wieder lebenslänglich oder weitere fünf Jahre auf dem Buckel.«

»Aber Kezia ... warum sollten sie das tun?« Er tat, als verstehe er sie nicht.

»Um Himmels willen, Luke, sei doch nicht naiv, oder tust du es nur mir zuliebe? Wegen Aufwiegelung in den Gefängnissen. Dadurch verstößt du bestimmt gegen die Bedingungen für deine vorläufige Entlassung. Das muß ich dir ja nicht erklären. Und ich bin nicht so dumm, wie du denkst.« Sie hatte mehr darüber gelesen, als er erwartet hatte. Er konnte ihr schwerlich widersprechen. Sie hatte recht.

»Ich habe dich nie für dumm gehalten, Kezia.« Seine Stimme war gedämpft. »Aber ich bin es auch nicht. Ich sagte dir, sie können mir diesen Streik nie anhängen.«

»Woher willst du das wissen? Was geschieht, wenn einer der Leute, mit denen du diese Schau abziehst, singt? Was dann? Wenn irgendein Arschloch einfach genug hat und dich umbringt? Ein ›Radikaler‹, wie du sie nennst.«

»Dann werden wir uns Sorgen machen. Dann. Nicht jetzt.« Sie schwieg eine Weile, in ihren Augen glänzten Tränen.

»Es tut mir leid, Lucas, aber ich kann nicht anders. Ich mache mir Sorgen.« Sie wußte, daß sie guten Grund dazu hatte. Lucas war nicht bereit, seine Arbeit in den Gefängnissen aufzugeben, und er war in Gefahr. Das wußten sie beide.

»Komm, Liebes, sprechen wir nicht mehr darüber und gehen wir essen.« Er küßte sie auf die Augen und auf den Mund und zog sie an beiden Armen hoch. Er hatte für eine Weile genug von den ernsten Gesprächen. Die Spannung zwischen ihnen ließ langsam nach, doch Kezias Ängste waren nicht vorüber. Sie wußte nur, daß sie einen aussichtslosen Kampf führte, wenn sie versuchte, ihn von seiner Tätigkeit abzubringen. Er war der geborene Spieler. Sie hoffte nur, daß er nie verlieren würde.

Eine halbe Stunde später waren sie wieder unten in der Halle.

»Wohin gehen wir?«

»Zu Vanessis. Die beste *pasta* in der Stadt. Kennst du San Francisco nicht?«

»Nicht sehr gut. Ich war als Kind hier und einmal vor ungefähr zehn Jahren bei einer Party. Aber ich habe nicht viel gesehen. Das Essen fand in einem polynesischen Lokal statt, und wir wohnten in einem Hotel auf dem Nob Hill. Ich erinnere mich an die Kabeltram, und das ist so ziemlich alles. Ich war mit Edward und Totie hier.«

»Klingt nicht besonders lustig, mein Gott, du kennst die Stadt überhaupt nicht.«

»Nein. Aber jetzt habe ich das Ritz gesehen, und du kannst mir das übrige zeigen.« Sie hakte sich bei ihm ein.

Vanessis war sogar um zehn überfüllt. Künstler, Schriftsteller, Zeitungsleute, Theaterbesucher nach der Vorstellung, Politiker und Debütantinnen. Es war eine Musterkollektion der Typen, die es in der Stadt gab. Luke hatte recht gehabt. Die *pasta* war ausgezeichnet. Sie bestellte *gnocchi,* er *fettucine,* und als Nachspeise aßen sie gemeinsam eine unvergeßliche *zabaione.*

Sie lehnte sich mit ihrem Espresso zurück und sah sich lässig um.

»Weißt du, es erinnert mich irgendwie an Gino's in New York, nur ist es besser.«

»In San Francisco ist alles besser. Ich liebe diese Stadt.«

Sie nahm einen Schluck von dem heißen Kaffee.

»Das einzige Problem ist, daß die Stadt um Mitternacht schlafen geht.«

»Das werde ich heute auch tun. O Gott, nach meiner Zeit ist es ja schon halb drei.«

»Bist du müde, Baby?« Er sah fast besorgt aus. Sie war so klein und wirkte so zerbrechlich. Er wußte aber, daß sie viel zäher war, als sie aussah.

»Nein. Ich bin nur entspannt. Und glücklich. Und zufrieden. Und das Bett im Ritz ist so, als schliefe man auf einer Wolke.«

»Ja, nicht wahr?« Er ergriff über den Tisch hinweg ihre Hand, und dann blickte er über ihre Schulter mit gerunzelter Stirn auf etwas. Sie wandte sich um und sah nur eine männliche Tischrunde.

»Leute, die du kennst?«

»Gewissermaßen.« Sein Gesicht hatte sich verändert, seine Hand schien das Interesse an der ihren zu verlieren. Es war eine Gruppe von fünf Männern mit kurzem, gepflegtem Haar, die Tweedanzüge und helle Schlipse trugen. Sie sahen ein wenig wie Gangster aus.

»Wer sind sie?« Sie wandte sich ihm wieder zu.

»Bullen«, sagte er nüchtern.

»Polizei?«

Er nickte. »Ja, vom Sonderkommando für Detailermittlungen,

dafür eingesetzt, um Menschen wie mir Unannehmlichkeiten zu bereiten.«

»Du hast ja Verfolgungswahn. Sie essen hier einfach zu Abend, Luke, wie wir auch.«

»Ja, vermutlich.« Aber sie hatten ihm die Laune verdorben, und bald darauf verließen die beiden das Lokal.

»Du hast doch nichts zu verbergen, Luke. Oder?« Sie gingen jetzt den Broadway hinunter, vorbei an Anreißern für die verschiedenen Oben-Ohne-Bars. Doch der Tisch mit den Polizisten ging ihm noch immer nicht aus dem Kopf.

»Nein. Aber der Kerl, der am Ende des Tisches saß, ist mir nicht von den Fersen gewichen, seit ich in die Stadt kam. Ich habe das Katz- und-Maus-Spiel langsam satt.«

»Heute abend ist er dir nicht gefolgt. Er aß mit seinen Freunden zu Abend.« Die Gruppe der Polizisten hatte kein Interesse für ihren Tisch gezeigt. »Nicht wahr?« Nun war auch sie besorgt. Sogar sehr.

»Ich weiß nicht, Kleine. Ich ertrage nur ihren Anblick nicht. Ein Bulle ist eben ein Bulle . . . und bleibt ein Bulle.« Er leckte das Ende einer Zigarre ab, zündete sie an und blickte zu Kezia hinunter. »Und ich bin ein Scheißkerl, weil ich dich mit meiner Nervosität anstecke. Ich mag die Bullen nun einmal nicht. Darum geht es. Und ich muß zugeben, daß ich bei dem Streik im San Quentin gefährlich mitgemischt habe. In den drei Wochen wurden sieben Wärter erledigt.« Einen Moment lang fragte er sich, ob er gut daran getan hatte hierzubleiben.

Sie betraten Buchläden, beobachteten Touristen auf den Straßen und schlenderten schließlich über die Grant Avenue, an der es von Kaffeehäusern und Literaten wimmelte, aber sie konnten die Polizei nicht vergessen, auch wenn sie es einander nicht merken ließen. Luke war wieder sicher, daß er beschattet wurde.

Kezia versuchte, ihn in bessere Stimmung zu bringen, indem sie die Touristin spielte.

»Hier sieht es eher aus wie in SoHo, nur irgendwie schäbiger. Man merkt, daß es ein altes Viertel ist.«

»Ja, das stimmt. Es hat noch den alten italienischen Charakter, und es gibt hier auch eine Menge Chinesen. Außerdem Kinder und Künstler. Es hat eine angenehme Atmosphäre.« Er kaufte ihr eine Eistüte, dann nahmen sie ein Taxi zum Ritz. Für Kezia war es vier Uhr morgens, und sie schlief wie ein Kind in den Armen ihres Geliebten. Während sie einschlief, empfand sie ein leichtes Unbehagen – es hatte mit der Polizei zu tun … und Luke … und Spaghetti. Die Bullen versuchten, ihr die Spaghetti wegzunehmen … oder … sie konnte es nicht verstehen. Sie war zu müde. Und viel, viel zu glücklich.

Sie war eingeschlafen, während er sie beobachtete und ihr langes, schwarzes Haar streichelte, das über ihre nackten Schultern auf den Rücken fiel. Sie erschien ihm so unwahrscheinlich schön. Und er war so verdammt verliebt in sie.

Wie sollte er ihr es jemals gestehen? Er glitt leise aus dem Bett, nachdem sie eingeschlafen war, und betrachtete die Aussicht. Er hatte alles verpfuscht, all seine Grundsätze über Bord geworfen. So ein verdammter Blödsinn, sich darauf einzulassen. Er hatte kein Recht auf einen Menschen wie Kezia. Er hatte kein Recht auf irgend jemanden, bis er Bescheid wußte. Aber er hatte sie begehrt, hatte sie haben müssen – zuerst als Selbstbestätigung, weil er wußte, wer sie war. Und jetzt? Jetzt war alles anders. Er brauchte sie. Er liebte sie. Er wollte ihr ein Stück von sich geben … und seien es nur die letzten goldenen Stunden vor Sonnenuntergang. Solche Augenblicke wiederholen sich nicht jeden Tag, sie ereignen sich höchstens einmal im Leben. Aber nun wußte er, daß er es ihr gestehen mußte. Die Frage war nur, wie?

18

»Lucas, du bist ein Biest!« Sie stöhnte, als sie sich im Bett umdrehte. »Um Himmels willen, es ist ja noch stockdunkel.«

»Es ist nicht dunkel, sondern nur neblig. Und in diesem Hotel gibt es um sieben Uhr Frühstück.«

»Ich verzichte darauf.«

»O nein. Wir haben eine Menge zu erledigen.«

»Lucas … bitte …« Er sah zu, wie sie mit dem Schlaf kämpfte. Er war gekämmt, hatte die Zähne geputzt, seine Augen glänzten.

Er war seit fünf Uhr auf den Beinen. Und hatte sich viel vorgenommen.

»Kezia, wenn du deinen Hintern nicht aus dem Bett kriegst, lasse ich dich den ganzen Tag sitzen. Dann wird es dir leid tun!« Er fuhr ihr mit der Hand sanft über Brust und Bauch.

»Wer sagt, daß es mir leid tun wird?«

»Führe mich nicht in Versuchung. Komm, steh auf, Baby. Ich will dir die Stadt zeigen.«

»Mitten in der Nacht? Hat das nicht noch ein paar Stunden Zeit?«

»Es ist Viertel nach sieben.«

»O Gott, ich sterbe.«

Er hob sie lachend aus dem Bett und legte sie ins warme Wasser in der Badewanne, das er eingelassen hatte, als sie noch schlief.

»Ich nahm an, daß du heute morgen nicht duschen willst.«

»Lucas, ich liebe dich.« Das heiße Wasser beruhigte sie so angenehm, während sie ihn schläfrig anblinzelte. »Du verwöhnst mich. Kein Wunder, daß ich in dich verliebt bin.«

»Es mußte ja einen Grund dafür geben. Bitte, trödle nicht zu lange herum. Um acht schließen sie die Küche, und ich möchte etwas im Magen haben, bevor ich dich in der Stadt herumschleppe.«

»Du willst mich also herumschleppen, wie?« Sie schloß die Augen und sank tiefer in das Badewasser. Es war eine alte Badewanne, die auf vergoldeten Füßen in Form von Blättern hoch über dem Boden stand. Sie wäre groß genug für beide gewesen.

Sie frühstückten Pfannkuchen, Spiegeleier und Speck. Zum ersten Mal seit Jahren machte sich Kezia nicht die Mühe, die Zeitung zu überfliegen. Sie war auf Urlaub, und was in der Welt vor sich ging, war ihr gleichgültig. »Die Welt« würde sich nur beklagen, und sie war nicht in der Stimmung dafür. Sie fühlte sich so wohl, daß sie sich nicht stören lassen wollte.

»Wohin nimmst du mich mit, Lucas?«

»Zurück ins Bett.«

»Was? Zuerst holst du mich raus, bloß um mich wieder hinein zu verfrachten?« Sie sah ihn wütend an, und er lachte.

»Später, später. Zuerst sehen wir uns die Stadt an.«

Er fuhr mit ihr durch den Golden Gate Park, sie spazierten um seine Teiche herum und küßten einander in stillen Winkeln unter noch blühenden Bäumen. Alles rings um sie grünte und blühte. Der Osten im November sah wesentlich deprimierender und viel weniger romantisch aus. Sie tranken Tee in den Japanischen Gärten, dann fuhren sie hinaus an den Strand, bevor sie durch das Presidio zurückfuhren und den Blick auf die Bucht genossen. Sie freute sich über Fisherman's Wharf, Ghirardelli Square, The Cannery ...

Sie aßen frische Krabben und Garnelen an den Ständen am Pier und ergötzten sich am Stimmaufwand italienischer Verkäufer. Sie sahen alten Männern zu, die im Aquatic Park *boccia* spielten, wo ein Greis seinem Enkel die Grundzüge des Spiels beibrachte.

Tradition. Auch Luke lächelte, wenn er sie betrachtete. Sie hatte eigene Ansichten, die ihm noch ziemlich fremd waren. Immer bewies sie einen besonderen Sinn für Geschichte, für frühere Ereignisse, für die Aspekte der Zukunft. Damit hatte er sich nie sehr beschäftigt. Er stand mit beiden Beinen fest im Heute. Jeder von ihnen gab dem anderen etwas. Sie vermittelte ihm das Gefühl für die Vergangenheit, und er lehrte sie, in der Gegenwart zu leben.

Als sich der Nebel lichtete, ließen sie ihren Mietwagen unten am Pier stehen und fuhren mit der Kabeltram zum Union Square. Sie mußte lachen, als sie die Hügel hinabrollten. Zum ersten Mal in ihrem Leben fühlte sie sich als Touristin. Für gewöhnlich bewegte sie sich in geordneten Bahnen zwischen vertrauten Häusern in Städten, die sie ihr Leben lang gekannt hatte, von den Häusern alter Freunde zu den Häusern anderer alter Freunde, überall in der Welt, wo immer sie sich befand. Von einer bekannten Umgebung zur anderen. Mit Luke als Touristin zu reisen machte jedoch Spaß, wie alles mit ihm. Und er freute sich darüber, wenn ihr gefiel, was er ihr zeigte. Die Führung durch die Stadt machte Spaß – sie präsentierte sich hübsch, leichtlebig und war um diese Jahreszeit nicht allzu überfüllt. Die einfache, natürliche Schönheit der Bucht und der Hügel bildete einen angenehmen Gegensatz zu den architektonischen Sehenswürdigkeiten der Stadt: Alle Wolkenkratzer waren fein säuberlich in der

Innenstadt untergebracht, die gemütlichen viktorianischen Lebkuchenbauten waren in Pacific Heights angesiedelt und die kleinen farbigen Läden in der Union Street.

Sie fuhren über die Golden Gate Brücke, nur weil sie sie »ganz aus der Nähe« sehen wollte, und sie war begeistert.

»Ein einmaliges Kunstwerk, nicht wahr, Luke?« Ihr Blick prüfte kritisch die in den Nebel reichenden Streben.

»Das bist du auch.«

Abends aßen sie in einem der italienischen Restaurants auf der Grant Avenue. Ein Lokal mit vier Tischen für acht Personen, wo man neben Fremden saß und Freundschaft schloß, während man gemeinsam Suppe löffelte und Brot aß. Sie sprach mit allen Gästen an ihrem Tisch; auch das war für sie neu. Luke beobachtete sie zufrieden schmunzelnd. Was hätten sie gesagt, wenn sie gewußt hätten, daß sie Kezia Saint Martin war? Bei dem Gedanken mußte er laut lachen. Weil sie es nicht wissen konnten. Es waren Klempner und Studenten, Busfahrer mit ihren Frauen. Kezia Saint, wer war das? Sie war in Sicherheit. Mit ihm und unter ihnen. Das gefiel ihm; er wußte, daß sie ein Lokal brauchte, in dem sie keine Angst vor Reportern und Klatsch haben mußte. Sie war in der kurzen Zeit, die sie in der Stadt verbracht hatte, aufgeblüht. Sie brauchte diese Art von Frieden und Entspannung. Er freute sich darüber, daß er es ihr bieten konnte.

Bevor sie nach Hause fuhren, gingen sie auf einen Drink in ein Lokal in der Union Street namens Perry's. Es erinnerte sie ein wenig an P. J.'s in New York. Und sie beschlossen, von dort aus zu Fuß zu gehen. Es war ein angenehmer Spaziergang über die Hügel, vorbei an verschiedenen kleinen Parks. Die Nebelhörner tuteten am Rand der Bucht, sie ging Hand in Hand im gleichen Schritt mit ihm.

»Mein Gott, Luke, ich würde gern hier leben.«

»Es ist eine schöne Stadt. Und du kennst sie eigentlich noch gar nicht.«

»Nicht einmal nach dem heutigen Tag?«

»Das war nur das San Francisco für Touristen. Morgen werde ich dir zeigen, wie die Stadt wirklich ist.«

Den nächsten Tag verbrachten sie damit, die Küste nach Norden entlangzufahren. Stinson Beach, Inverness, Point Reyes. Es war eine zerklüftete Küste, ähnlich wie Big Sur, das weiter südlich lag. Wellen brachen sich an den Klippen, Möwen und Falken schwebten über langgestreckte Hügelflächen und Strandabschnitte dahin, die unbewohnt waren und fast wirkten, als hätte Gottes Hand sie berührt. Kezia wußte, was Luke gemeint hatte. Es war etwas ganz anderes als der Pier. Es war wirklich unglaublich schön, nicht nur eine Abwechslung.

Sie aßen in einem chinesischen Restaurant auf der Grant Avenue früh zu Abend, und Kezia war glänzender Laune. Sie saßen in einer kleinen Nische, vor den Eingang war ein Vorhang gezogen, dahinter hörte man das Klirren von Geschirr und das von den Kellnern bevorzugte Chinesisch. Es gefiel Kezia, und Luke kannte das Restaurant gut, es war eines seiner Lieblingslokale in der Stadt. Er war am Abend vor ihrer Ankunft dort gewesen, um die letzten Fragen bezüglich des Streiks im San Quentin zu regeln. Es war eigenartig, bei gebratenem Wan-tan über Tote und Sträflingsrevolten zu sprechen. Es kam ihm unmoralisch vor, wenn er genauer darüber nachdachte, aber das war nicht seine Art. Sie hatten gelernt zu akzeptieren, womit sie leben mußten. Die Situation von Männern im Gefängnis und die Opfer, die es kostete, wenn man dieses System ändern wollte. Es kostete einige Männer das Leben. Luke und seine Freunde waren die Generäle, die Sträflinge waren die Soldaten, die Gefängnisverwaltung war der Feind. Wenn man es so sah, war alles sehr einfach.

»Du hörst mir nicht zu, Lucas.«

»Hm?« Er blickte auf und sah, daß Kezia ihn musterte.

»Etwas nicht in Ordnung, Schatz?«

»Soll das ein Witz sein? Was sollte nicht in Ordnung sein?« Sie sah ihn an, während er die Gedanken an San Quentin verscheuchte, aber irgend etwas bedrückte ihn. Ein Gefühl, eine Art Vorahnung. Er wußte es nicht. »Ich liebe dich, Kezia. Es war ein schöner Tag.« Er wollte die quälenden Gedanken loswerden, aber es fiel ihm immer schwerer.

»Ja, das war es. Du mußt von dem Herumfahren müde sein.«

»Wir werden uns heute nacht einmal gründlich ausschlafen.« Er beugte sich vor, um sie zu küssen.

Erst als sie das Lokal verließen, sah er dasselbe Gesicht, das er zu oft in jenen Wochen in San Francisco gesehen hatte. Als er sich umdrehte und sah, wie der Mann rasch mit einer Zeitung unter dem Arm in einer der Nischen verschwand, war es plötzlich zuviel für ihn.

»Warte oben auf mich.«

»Was?«

»Geh nur weiter. Ich muß hier noch etwas erledigen.«

Sie wunderte sich über seinen Gesichtsausdruck und war auch erschrocken. Etwas war mit ihm geschehen; es war, als wäre ein Damm geborsten oder als stünde eine Explosion bevor ... wie ... es war ein erschreckender Anblick.

»Geh endlich, verdammt noch mal!« Er schob sie energisch auf den Ausgang des Restaurants zu und ging rasch zu der Nische zurück, in die der Mann verschwunden war. Er zog den alten, verschossenen Vorhang so heftig zur Seite, daß er ihn von den Ringen losriß. »Okay, mein Lieber, jetzt reicht es.« Der Mann sah übertrieben ahnungslos und überrascht von seiner Zeitung hoch, aber seine Augen waren wachsam und lebendig.

»Ja?« Sein Haar war an den Schläfen ergraut, aber er sah fast ebenso kräftig aus wie Luke. Er saß lässig auf dem Stuhl, sprungbereit wie ein Tiger.

»Steh auf!«

»Was? Hören Sie, Mister ...«

»Ich sagte, steh auf, du Scheißkerl, oder hast du mich nicht verstanden?« Lukes Stimme war freundlich und honigsüß, aber der Ausdruck seines Gesichts war erschreckend, und während er sprach, faßte er den Mann mit beiden Händen an den Aufschlägen seiner häßlichen Tweedjacke und hob ihn hoch. »Was willst du eigentlich genau von mir?« Lukes Stimme war kaum mehr als ein Flüstern.

»Ich bin zum Essen hier, Mann, und finde, Sie sollten mich sofort loslassen, oder soll ich die Bullen rufen?« Der Mann blickte ihn drohend an, und seine Hände hoben sich langsam mit gut geschulter Präzision.

»Die Bullen rufen ... verdammt noch mal ... hast du ein Funkgerät in der Tasche, du Scheißkerl? Hör zu, Mensch, ich esse mit einer Dame zu Abend, und es paßt mir nicht, Tag und Nacht beschattet zu werden. Es schadet meinem Ruf, verstanden? Ist das klar?« Im nächsten Augenblick schnappte er nach Luft. Sein Opfer hatte mit einer blitzartigen Bewegung Lukes Hände von seinen Revers losgerissen und ihm einen kurzen Haken in den Magen verpaßt.

»Das wird Ihrem Ruf noch mehr schaden, Johns. Wie wäre es, wenn Sie wie ein braver Junge nach Hause fahren, oder soll ich Sie wegen versuchtem Überfall einlochen? Das würde sich auf die Kommission für bedingte Haftentlassung schön auswirken, was? Sie haben noch verdammtes Glück, wenn sie Ihnen nicht demnächst eine Anklage auf Mord anhängen.« Seine Stimme war voller Haß.

Luke holte tief Luft und sah dem Mann in die Augen. »Mord? Es würde ihnen verdammt schwerfallen, mir das anzuhängen. Alle möglichen Delikte, aber keinen Mord.«

»Was ist mit den Wärtern letzte Woche in Q, oder zählen die nicht? Die hätten Sie ebensogut selbst umbringen können, statt es von Ihren Knastbrüdern besorgen zu lassen.« Das Gespräch wurde noch immer in leisem Ton geführt, und Luke zog überrascht eine Braue hoch, während er sich langsam, unter Schmerzen aufrichtete.

»Verdanke ich diesem Umstand die Ehre Ihrer Begleitung, wohin ich auch gehe? Sie versuchen, mir den Mord an den Bullen in Quentin unterzuschieben?«

»Nein. Das ist nicht mein Problem. Nicht meine Angelegenheit. Und ob Sie es glauben oder nicht, Süßer, mir gefällt es ebensowenig, Sie zu beschatten, wie Ihnen, daß Sie mich ständig auf den Fersen haben.«

»Lassen Sie es gut sein. Sie bringen mich noch zum Weinen.« Luke nahm ein Glas Wasser vom Tisch und trank einen kräftigen Schluck. »Was hat es also mit dem Beschatten auf sich?« Luke stellte das Glas ab und betrachtete den anderen genau, er fragte sich, warum er nicht zurückgeschlagen hatte. Mein Gott, er wurde weich ... verdammt ... sie modelte ihn ganz um, und das konnte ihn ganz schön teuer zu stehen kommen.

»Vielleicht fällt es Ihnen schwer, mir zu glauben, Johns, aber die Beschattung ist nur eine Schutzmaßnahme.« Luke begann laut und zynisch zu lachen. »Wie reizend. Wer soll denn beschützt werden?«

»Sie.«

»Wirklich? Wie rührend. Und wer soll mir Ihrer Meinung nach auf den Pelz rücken? Warum kümmern Sie sich eigentlich darum?« Er zweifelte; sie hätten sich eine bessere Geschichte einfallen lassen können.

»Ich kümmere mich nicht darum, das ist klar, aber die Anweisung lautet, ich soll Sie bis auf weiteres beschatten und auf mögliche Angreifer achten.«

»Unsinn.« Luke war wütend. Das gefiel ihm ganz und gar nicht.

»Ist es Unsinn?«

»Und ob. Verdammt, wie soll ich das wissen?« Das hatte ihm gerade noch gefehlt, während Kezia in der Stadt war. Scheiße.

»Angeblich gefällt einigen von den Hitzköpfen in den linken Reformgruppen Ihr Eingreifen nicht, es paßt ihnen nicht in den Kram, daß Sie in ihrer Szene ein und aus gehen wie eine Art Nationalheld auf Besuch. Sie wollen Ihnen an den Kragen, Mann.«

»Ja? Dann machen wir es so: Wenn sie es darauf ankommen lassen, werde ich Sie rufen. Bis dahin kann ich ohne Ihre Begleitung auskommen.«

»Ich könnte auch ohne Sie auskommen, aber es bleibt uns keine Wahl. Übrigens, ein nettes Restaurant. Erstklassige Frühlingsrollen.«

Lucas schüttelte verärgert den Kopf und zuckte die Schultern. »Freut mich, daß es Ihnen geschmeckt hat.« Dann blieb er im Türrahmen stehen und musterte den Mann, der ihm den Schlag versetzt hatte. »Wissen Sie was, Mann? Sie haben viel Glück, Sie Scheißer. Wenn Sie zu einem anderen Zeitpunkt zugeschlagen hätten, hätte ich Sie pulverisiert. Und das mit Vergnügen.« Sie sahen einander an, dann zuckte der Beschatter die Schultern und faltete seine Zeitung zusammen.

»Wie Sie meinen. Aber das würde Ihnen eine einfache Fahrkarte in den Knast eintragen. Und uns allen eine Menge Mühe ersparen, wenn Sie meine Meinung hören wollen. Jedenfalls geben Sie auf sich acht, Mann. Jemand hat es auf Sie abgesehen. Man hat mir nicht gesagt, wer dahintersteckt, aber es muß ein heißer Tip gewesen sein, denn sie haben mich eine Stunde später losgeschickt.«

Luke wollte schon aus der Nische hinaustreten, als er sich plötzlich fragend umdrehte. »Beschattet ihr Burschen noch jemand anderen?« Das wäre für ihn ein Hinweis.

»Vielleicht.«

»Kommen Sie, Mann, machen Sie keine blödsinnigen Andeutungen, ohne mir auch den Rest zu verraten!« Wieder blitzten seine Augen, und der andere nickte.

»Ja. Okay. Wir beschatten noch ein paar Jungs.«

»Wen?«

Der Polizist seufzte, blickte auf seine Füße und dann auf Luke. Es hatte keinen Sinn, um den heißen Brei herumzugehen, das wußten beide. Und er fand, daß er Luke schon so weit getrieben hatte, wie er konnte, möglicherweise noch weiter. Lucas Johns war kein Mann, den man mit ein paar Andeutungen abspeiste. Er blickte langsam auf und zählte die Namen ausdruckslos auf.

»Morrissey, Washington, Greenfield, Folkes und Sie.«

»Du meine Güte.« Alle fünf waren die Hauptträdelsführer der Unruhen in den Gefängnissen. Morrissey lebte in San Francisco, Greenfield in Las Vegas, Folkes kam aus New Hampshire, aber Washington stammte von hier und war der einzige Farbige der Gruppe. Alle waren Radikale, aber keiner von ihnen stand wirklich links außen. Sie wollten nur für ihre Ideale kämpfen und ein System ändern, das schon vor Jahren bankrott gemacht hatte. Keiner von ihnen machte sich Illusionen darüber, daß sie die Welt verändern konnten. Washington wurde von ihren Gegnern am heftigsten angegriffen. Die schwarzen Cliquen fanden, er sollte auf ihrer Seite kämpfen; für sie war er nicht genügend radikal. Doch Luke war der Ansicht, daß er das Beste von beiden Seiten in sich vereinte.

»Ihr beschattet Frank Washington?«

»Ja.« Der Polizist in Zivil nickte.

»Dann solltet ihr es besonders gut machen.« Der andere nickte verständnisvoll, Luke drehte sich um und ging.

Kezia wartete nervös am Eingang.

»Ist alles in Ordnung?«

»Natürlich. Warum sollte es anders sein?« Hatte sie vielleicht etwas gehört oder, was noch schlimmer war, gesehen? Erstaunlicherweise war während der kurzen Auseinandersetzung niemand vorbeigekommen, und die Kellner waren zu beschäftigt gewesen, um zu bemerken, wie heftig die beiden Männer geworden waren.

»Du hast so lange gebraucht, Lucas, ist etwas los?« Sie sah ihm forschend ins Gesicht, das ausdruckslos blieb.

»Natürlich nicht, ich unterhielt mich nur mit einem Bekannten.«

»Geschäftlich?« Sie hatte den gleichen Gesichtsausdruck wie eine langjährige Ehefrau.

»Ja, mein kleines Dummerchen, geschäftlich. Das sagte ich ja bereits. Jetzt kümmere dich um deine Angelegenheiten, wir fahren zurück ins Hotel.« Er umarmte sie stürmisch und trat mit ihr in den nächtlichen Nebel hinaus. Sie wußte, daß er etwas verschwieg, aber er verbarg es gut vor ihr. Es gab nie etwas, worauf sie den Finger legen konnte. Und Luke würde dafür sorgen, daß es so blieb.

Aber beim Frühstück am nächsten Morgen stand fest, daß etwas Schreckliches geschehen war. Diesmal hatte sie ihn geweckt, nachdem sie ein üppiges Frühstück bestellt hatte. Als das Tablett gebracht worden war, weckte sie ihn sanft mit einem Kuß.

»Guten Morgen, Mr. Johns. Es ist Zeit aufzustehen, und ich liebe dich.« Er wälzte sich mit schläfrigem Lächeln und halboffenen Augen herum und zog sie zu sich, um sie zu küssen.

»Das ist eine besonders angenehme Art, den Tag zu beginnen, Kleines. Warum bist du schon so früh auf den Beinen?«

»Ich war hungrig, und du hast gesagt, du hast heute eine Menge zu erledigen, deshalb bin ich aufgestanden und aktiv geworden.« Sie setzte sich auf den Bettrand.

»Willst du zurück ins Bettchen schlüpfen und dich wieder desaktivieren lassen?«

»Erst nach dem Frühstück, mein stürmischer Liebhaber. Die Eier werden kalt.«

»Mein Gott, denkst du praktisch. Eine so kaltherzige Frau.«

»Nein. Nur eine hungrige.« Sie tätschelte sein Hinterteil, küßte ihn wieder und stand auf, um die Deckel von den Platten abzunehmen.

»Junge, das duftet gut. Haben Sie auch eine Morgenzeitung heraufgeschickt?«

»Ja, Sir.« Sie lag ordentlich gefaltet auf dem Tablett, Kezia nahm sie und überreichte sie ihm mit einem kleinen Knicks. »Zu Ihren Diensten, Monsieur.«

»Lady, wie konnte ich nur früher ohne dich leben?«

»Zweifellos mühsam.« Sie drehte sich um und goß ihm eine Tasse Kaffee ein. Als sie aufblickte, erschrak sie über seinen Gesichtsausdruck. Er saß nackt auf dem Bettrand, die Zeitung lag aufgeschlagen auf seinen Knien, und Tränen liefen über sein von Zorn und Schmerz verzerrtes Gesicht, seine Hände waren zu Fäusten geballt.

»Lucas? Liebster, was ist geschehen?« Sie ging zögernd zu ihm hin, setzte sich neben ihn und überflog rasch die Schlagzeilen, um zu sehen, was geschehen war. Die fetteste Schlagzeile lautete: *Ex-Priester, Gefängnisreformer erschossen.* Man nahm an, daß der Mord von einer »linksradikalen Gruppe« verübt worden war, aber die Polizei war ihrer Sache noch nicht sicher. Joseph Morrissey war, als er mit seiner Frau das Haus verließ, achtmal in den Kopf getroffen worden. Die Fotos auf der Titelseite zeigten eine weinende Frau, die sich über die zusammengekrümmte Gestalt des Opfers beugte. Joe Morrissey. Seine Frau war im siebenten Monat schwanger.

»Scheiße.« Das war der einzige Laut, den sie von Lucas zu hören bekam, während sie ihm mit der Hand sanft über die Schultern strich und auch ihre Augen sich mit Tränen füllten. Es waren Tränen für den Mann, der gestorben war, und Tränen der Angst um Luke. Lucas hätte an seiner Stelle sein können.

»Ach, Liebster, es tut mir so leid.« Die Worte wirkten so schal und leer, gemessen an ihren Gefühlen. »Hast du ihn gut gekannt?«

Er nickte wortlos, dann schloß er die Augen. »Zu gut.«

»Was willst du damit sagen?« Ihre Stimme war nur ein Flüstern.

»Er war meine Deckung. Ich habe dir doch erklärt, daß ich die Gefängnisse nie betrete und mir deshalb niemand etwas anhängen kann.«

Sie nickte.

»Sie können mir nichts in die Schuhe schieben, weil es Kerle wie Joe Morrissey gibt. Er war Kaplan in vier Gefängnissen, bevor er das Priesteramt niederlegte. Danach stieß er zu den Reformern, die den harten Kern unserer Gruppe bilden. Und er kämpfte für die schweren Jungen. Zumeist für mich. Und nun ... haben wir ihn auf dem Gewissen. Ich habe ihn umgebracht. Verdammte Scheiße ...« Er stand auf, rannte wütend durch das Zimmer und wischte sich die Tränen vom Gesicht. »Kezia?«

»Ja?« Ihre Stimme kam ängstlich vom anderen Ende des Raumes.

»Du packst jetzt und ziehst dich sofort an. Ich meine sofort. Ich bringe dich schleunigst von hier weg.«

»Lucas ... hast du Angst?«

Er zögerte einen Augenblick, dann nickte er. »Ja.«

»Um mich? Oder um dich?«

Fast hätte er gelächelt. Um sich hatte er nie Angst. Aber es war jetzt nicht der Augenblick, ihr das zu erklären. »Sagen wir, ich will vernünftig sein. Komm, Baby, beweg dich.«

»Du fährst auch weg?«

»Später.«

»Was tust du vorher?« Plötzlich packte sie Entsetzen. Und wenn sie ihn töteten?

»Ich werde mich um die Angelegenheit kümmern und dann noch heute abend nach Chicago zurückfliegen. Und du nimmst die Maschine nach New York, wie ein braves Mädchen, und wartest dort auf mich. Jetzt halt den Mund und zieh dich an, verdammt noch mal!« Er wollte sie anfahren, doch als er die Angst in ihrem Gesicht bemerkte, mäßigte er seinen Ton. »Komm schon, Kleine ...« Er ging durch das Zimmer zu ihr und schloß sie in die Arme, während sie wieder zu weinen begann.

»Ach, Lucas, was ist, wenn ...«

Er drückte sie fest an sich und küßte sie sanft auf die Stirn. »Kein ›was ist, wenn‹, Liebes. Alles wird in Ordnung kommen.«

In Ordnung kommen! Hatte er denn den Verstand verloren? Soeben war jemand ermordet worden! Seine Deckung, um Gottes willen. Sie sah ihn verzweifelt an, während er sie vom Bett hochzog.

»Ich will, daß du dich sofort fertigmachst.« Zu viele Leute konnten herausfinden, wo er sich aufhielt. Und Kezia war ein Goldstück, das er nicht in der Tasche tragen wollte, wenn ihm jemand auflauerte. Vielleicht war die Ermordung Morrisseys nur eine Warnung für ihn. Bei dem Gedanken drehte sich ihm der Magen um.

Sie begann sich anzuziehen, warf gleichzeitig Kleidungsstücke in ihren Koffer und sah Luke von der Seite an. Plötzlich erschien er ihr so geschäftsmäßig, so fremd, so zornig.

»Wo wirst du heute sein, Lucas?«

»Draußen. Beschäftigt. Ich werde dich anrufen, sobald ich in Chicago lande. Um Himmels willen, du gehst ja zu keiner Geburtstagsparty. Zieh dir irgend etwas an. Beeil dich.«

»Ich bin beinahe fertig.« Im nächsten Augenblick war sie soweit, sie wirkte sehr ernst, und eine große dunkle Brille verdeckte das fehlende Make-up.

Er blickte sie lang an, sein Körper spannte sich, dann nickte er. »Okay, Lady. Ich fahre nicht mit dir. Ich nehme ein Taxi und verschwinde erst einmal. Du wirst unten in Ernestines Büro mit ihr auf ein Taxi warten. Sie wird dich dann zum Flughafen bringen.«

»Ernestine?« fragte Kezia erstaunt. Die Besitzerin des Ritz sah nicht so aus, als würde sie für erwachsene Gäste das Kindermädchen abgeben. Und auch Luke war sich diesbezüglich nicht sicher. Aber er nahm an, daß sie für fünfzig Piepen so ziemlich alles tun würde.

»Genau, Ernestine. Fahr mit ihr zum Flughafen. Und nimm das erste verdammte Flugzeug Richtung New York. Auch wenn es unterwegs fünfzehn Zwischenlandungen macht. Ich will dich von hier rausbringen. Ich will auch nicht, daß du auf dem Flughafen herumsitzt. Ist das klar?« Sie nickte stumm. »Du mußt dich auch verdammt daran halten, Kezia, denn ich mache keine Witze. Ich zieh dir die Haut ab, wenn du irgendwo herumlungerst. Verschwinde aus dieser Stadt! Ist das klar? Vor allem tut es mir leid, daß ich dich überhaupt hierherkommen ließ.« Man sah es ihm an.

»Mir tut es nicht leid. Ich bin froh. Und ich liebe dich. Mir tut nur leid, daß dein Freund ...« Ihre Stimme verhallte, sie sah ihn mit großen Augen an, und er wurde weich. Er nahm sie wieder in die Arme, schwankte wieder zwischen dem Verlangen nach ihr und dem Bewußtsein, daß es ein Fehler gewesen war, sie herkommen zu lassen. Aber er brauchte sie zu sehr.

»Du bist wirklich ein Schatz, Lady.« Er küßte sie ruhig, dann richtete er sich auf. »Mach dich jetzt fertig, Kleine. Ich werde Ernestine sagen, daß sie in fünf Minuten mit dir aus dem Haus sein muß, und ich werde es telefonisch checken. Heute abend rufe ich dich in New York an. Es wird vielleicht spät werden. Ich will erst in Chicago sein, bevor ich mit dem Telefonieren anfange.«

»Du wirst heute okay sein?« Es war eine sinnlose Frage, das wußte sie. Wer konnte wissen, ob er okay sein würde? In Wirklichkeit wollte sie ihn fragen, wann sie ihn wiedersehen würde, aber das wagte sie nicht. Sie sah nur mit großen feuchten Augen zu, wie er ruhig die Tür des Zimmers hinter sich schloß. Einen Augenblick später verließ er das Hotel in einem Taxi. Zehn Minuten danach folgten sie und Ernestine seinem Beispiel. Während des Fluges nach New York betrank sich Kezia.

19

Es war über eine Woche her, seit sie ihn in San Francisco verlassen hatte. Er hielt sich nun wieder in Chicago auf und rief sie täglich zwei- oder dreimal an. Seit ihrer Trennung saß ihr das Entsetzen in den Knochen. Er behauptete, daß alles in Ordnung war und daß er demnächst nach New York kommen würde. Aber wann? Und wie ging es ihm wirklich? Sie bemerkte, daß er sich vorsichtig ausdrückte, wenn er anrief. Er traute seinem Telefon nicht. Es war viel schlimmer als bei ihrer letzten Trennung. Damals hatte sie sich nur einsam gefühlt. Nun hatte sie noch Angst dazu.

Sie bemühte sich verzweifelt, ihre Zeit mit Arbeit auszufüllen und ihren Geist abzulenken, so gut sie konnte. Sie hatte Luke sogar vorgeschlagen, einen Artikel über Alejandro zu schreiben.

»Über diesen Flohzirkus, den er leitet?«

»Ja. Simpson meint, er könnte den Artikel vielleicht unterbringen. Ich würde ihn liebend gern machen. Glaubst du, daß Alejandro einverstanden wäre?«

»Er würde sich bestimmt darüber freuen, und ein bißchen Publicity würde ihm vielleicht Geldmittel einbringen.«

»Also gut. Ich werde mich damit beschäftigen.« Entweder arbeiten oder verrückt werden, mein Süßer.

»Schön, was soll ich jetzt tun? Ich bin noch nie interviewt worden.« Sie lachte über seinen nervösen Gesichtsausdruck. Er war ein so netter Mann mit so viel Sinn für Humor.

»Mal sehen, Alejandro. Sie sind nämlich erst mein zweiter Interviewpartner. Für gewöhnlich läuft es ganz ruhig ab. Gewissermaßen heimtückisch.« Mit ihren Zöpfen und den Jeans sah sie aus wie ein Kind. Aber ein sauberes Kind. Das war in diesen Hallen eine Seltenheit.

»Warum heimtückisch? Haben Sie Angst vor dem, was Sie schreiben?« Er sah sie mit großen, erstaunten Augen an. Sie war so direkt, ihm kam es unwahrscheinlich vor, daß sie Hintertüren benutzte.

»Hauptsächlich wegen des verrückten Lebens, das ich führe. Luke hat es ziemlich genau umschrieben. Ich bin ein Mensch, der mehrere Leben führt.«

»Was bedeutet Ihnen Luke, Kezia? Ist er eine Realität in Ihrem Leben?«

»Sogar sehr. Mein altes Leben war keine Realität, nie, und ist es jetzt noch weniger.«

»Es gefällt Ihnen nicht?«

Sie schüttelte stumm den Kopf.

»Das ist aber schade.«

»Fast schäme ich mich deswegen, Alejandro.«

»Das ist doch verruckt, Kezia. Es ist ein Teil Ihres Lebens. Sie können es nicht verleugnen.«

»Aber es ist so häßlich.« Sie spielte mit dem Bleistift und betrachtete ihre Hände.

»Es kann nicht ganz häßlich sein. Und warum ›häßlich‹? Den meisten Leuten erscheint Ihr Leben recht erstrebenswert.« Seine Stimme klang sehr sanft.

»Es ist aber ein leeres Leben. Es verlangt einem alles ab und gibt keinen Gegenwert dafür. Es besteht aus Verstellung und Intrigen, aus Leuten, die einander betrügen, aus Lügen und der schweren Entscheidung, wieviel tausend Dollar man für ein Kleid ausgeben soll, während man sie nutzbringender verwenden könnte. Für mich hat es verdammt wenig Sinn. Ich bin wahrscheinlich eine Einzelgängerin.«

»Leider weiß ich nicht viel von Ihrer Welt.«

»Um so besser für Sie.«

»Und Sie sind unvernünftig.« Er streckte die Hand aus, berührte ihr Gesicht und hob ihr Kinn hoch, bis ihr Blick dem seinen begegnete. »Es ist ein Teil von Ihnen, Kezia. Ein angenehmer, reizender Teil. Glauben Sie wirklich, Sie würden sich um so viel besser fühlen, wenn Sie hier so lebten? Auch hier lügen und betrügen und stehlen die Menschen. Sie nehmen Rauschgift. Sie werden frustriert und böse. Sie haben keine Zeit, die Kenntnisse zu erwerben, die Sie besitzen. Vielleicht sollten Sie dieses Wissen anwenden und es gut gebrauchen. Vergeuden Sie Ihre Zeit nicht mit bitteren oder traurigen Gefühlen wegen Ihres früheren Lebens. Setzen Sie es nur ab jetzt vernünftig ein.«

Es klang plausibel, und er hatte recht. Ihre Welt hatte ihr das Rüstzeug mitgegeben. Sie war ein Teil ihres Lebens. »Ich hasse es deshalb so sehr, weil ich Angst davor habe, in meiner Entwicklung steckenzubleiben. Es ist wie ein Krake, es läßt einen nicht mehr los.«

»Baby, Sie sind jetzt ein erwachsener Mensch. Wenn Sie es nicht wollen, müssen Sie sich davon befreien. In aller Ruhe. Nicht mit einer Bazooka in der einen Hand und einer Handgranate in der anderen. Niemand kann Sie aufhalten. Ist Ihnen das noch nicht eingefallen?« Er war überrascht.

»Eigentlich nicht. Ich hatte nie das Gefühl, daß mir die Wahl offenstünde.«

»Natürlich haben Sie diese Möglichkeit. Wir alle können eine Entscheidung treffen. Wir bemerken es nur manchmal nicht. Auch ich habe in diesem ›Scheißhaus‹, wie Luke es nennt, eine Wahl. Wenn ich mich unglücklich fühle, kann ich jederzeit aussteigen. Aber ich tue es nicht.«

»Warum nicht?«

»Weil die Menschen hier mich brauchen. Und ich liebe die Arbeit. Ich habe das Gefühl, daß ich sie nicht im Stich lassen kann, aber in Wirklichkeit steht es mir frei. Ich will nur nicht. Vielleicht wollten auch Sie Ihre Welt nicht im Stich lassen. Vielleicht wollen Sie es noch immer nicht. Vielleicht sind Sie noch nicht dazu bereit. Möglich, daß Sie sich dort sicherer fühlen. Warum auch nicht? Dieses Leben ist Ihnen vertraut. Und Vertrautes ist angenehm. Auch wenn es grundverkehrt ist, ist es angenehm, weil man es kennt. Man weiß nie, was für eine Hölle einen dort draußen erwartet.« Er machte eine unbestimmte Geste mit dem Arm, und sie nickte. Er hatte ihre Lage sehr gut erfaßt.

»Sie haben recht. Aber ich glaube, ich bin jetzt bereit, den Mutterleib zu verlassen. Ich weiß auch, daß ich bis jetzt nicht dazu bereit war. Es ist beschämend, das zuzugeben. Man könnte meinen, daß ich das alles in meinem Alter hinter mir haben und seelisch ausgeglichen sein sollte.«

»Unsinn. Das ist ein verdammt langer Entwicklungsprozeß. Ich war dreißig, als ich endlich den Mut aufbrachte, meine kleine Welt in L. A. zu verlassen und hierher zu ziehen.«

»Wie alt sind Sie jetzt?«

»Sechsunddreißig.«

»Das sieht man Ihnen nicht an«, meinte sie überrascht.

»Vielleicht nicht, meine Liebe, aber ich spüre jedes Jahr verdammt.« Er lachte samtweich, und seine mexikanischen Augen sprühten. »An manchen Tagen fühle ich mich wie achtzig.«

»Ich weiß, was Sie meinen, Alejandro ...« Ihr Gesicht wurde ernst.

»Was, Baby?« Er glaubte zu wissen, was jetzt kommen würde.

»Halten Sie Luke für okay?«

»In welcher Beziehung?« O Gott, laß sie nicht danach fragen. Er konnte es ihr nicht verraten. Das mußte Luke selbst besorgen, wenn er es noch nicht getan hatte . . . aber es mußte eigentlich bereits der Fall sein.

»Ich weiß nicht. Er ist so . . . nun . . . so tollkühn, ich nehme an, das ist das richtige Wort. Er tut einfach das, was er tun muß, und Schluß. Ich mache mir Sorgen wegen seiner Entlassung auf Bewährung, seiner Sicherheit, seinem Leben, wegen allem. Er ist da anders.« Sie blickte Alejandro nicht an, und er beobachtete ihre Hände; sie waren nervös und verkrampft und spielten mit ihrem Kugelschreiber.

»Nein, er macht sich weder Sorgen wegen seiner bedingten Entlassung noch wegen seiner Person, noch wegen sonstiger Eventualitäten. So ist Luke eben.«

»Glauben Sie, daß er sich eines Tages in Schwierigkeiten hineinmanövrieren wird? Daß er zum Beispiel umgebracht wird?« Sie mußte an Morrissey denken.

»Wenn er Probleme hat, Kezia, wird er es uns wissen lassen.«

»Tja. Einen Tag, bevor der Himmel einstürzt.« Das war ihr inzwischen klar. Er verlor nie ein Wort über persönliche Schwierigkeiten, bis zur letzten Minute. »Er warnt einen nie.«

»Nein, Kezia, das tut er nicht. Das ist eben seine Art.«

»Die man respektieren muß, nehme ich an.«

Er nickte ruhig, hätte gern ihre Hand berührt, brachte es aber nicht zuwege. Er konnte nur mit Luke sprechen. Er fand, daß es höchste Zeit war.

»Und damit, mein Freund, sollte der Artikel enden. Ich danke Ihnen.« Mit einem Seufzer lehnte sie sich in Alejandros Büro in den Stuhl zurück. Es war ein langer Tag gewesen. Sie hatten stundenlang miteinander gesprochen.

»Heißt das, daß Sie genügend Material beisammen haben?« Er freute sich sichtlich. Es war ein Vergnügen, mit ihr zusammenzuarbeiten. Lucas war ein verdammt glücklicher Mann, und er wußte es.

»Genügend und noch mehr. Kann ich Sie zu einem Dinner in der Stadt verführen? Sie haben eine Belohnung dafür verdient, daß ich den ganzen Nachmittag Ihre grauen Zellen strapaziert habe.«

Er lächelte darüber. »Das sehe ich nicht so. Verdammt, Kezia, wenn Sie unserer Sache ein wenig Publicity verschaffen, könnte es die Lage sehr verändern. Zumindest Anerkennung durch die Gemeinschaft. Das ist eines unserer größten Probleme. Sie hassen uns hier ärger als im Rathaus. Beide Seiten gehen auf uns los.«

»Es sieht wirklich danach aus.«

»Vielleicht wird Ihr Artikel diese Einstellung uns gegenüber ändern.«

»Das hoffe ich, mein Lieber. Wirklich. Und was ist mit dem Dinner?«

»Einverstanden. Ich würde Sie hier zum Dinner ausführen, aber Lucas würde uns beide umbringen. Er will bestimmt nicht, daß Sie sich in diesem Stadtteil herumtreiben.«

»So ein Snob.«

»Nein, diesmal benutzt er ausnahmsweise sein Gehirn. Er hat recht, Kezia. Kommen Sie nicht hierher, als wäre es selbstverständlich. Das ist es nämlich nicht. Es ist gefährlich. Sogar sehr.«

Die kollektive Sorge um sie machte ihr Spaß. Die beiden harten Burschen beschützten die zarte Blume. »Okay, okay. Ich habe schon verstanden. Luke hat mir am Telefon einen ganzen Vortrag gehalten. Ich hätte heute in einer Limousine hierherkommen sollen.«

»Haben Sie das getan?« Alejandro riß die Augen auf. Das hatte in der Umgebung sicherlich Aufsehen erregt!

»Natürlich nicht, Sie Kindskopf. Ich kam mit der U-Bahn.« Er stimmte in ihr Gelächter ein. Sie neckten und beschimpften einander gutmütig, wie alte Freunde, und das freute sie. Er war ein sehr anziehender Mann. Überaus sensibel und zugleich fröhlich. Vor allem fiel ihr seine Freundlichkeit auf. Er hatte auch recht, was ihre Person betraf. Ihre Vergangenheit war ein Teil ihres Lebens. Ihr Lebensstil, das Geld ... es war keine Lösung, wenn sie davor davonlief. Sie war versucht, es Luke zuliebe zu tun, aber das würde nichts ändern. Sie war Kezia Saint Martin, er war Lucas Johns, und sie liebten einander. Er konnte kein zweiter Whit werden, und sie war kein Straßenmädchen. Sie kamen aus verschiedenen Kreisen und hatten einander kennengelernt, als die Zeit dafür reif war. Doch was nun? Wie sah die Zukunft aus?

Darüber hatte sie noch nicht nachgedacht. Überhaupt nicht, und Luke vielleicht auch nicht.

»Hören Sie mal, Kezia ... was halten Sie von einem Dinner drüben im Village?«

»Italienisch?« Das aß sie immer mit Luke, und die *pasta* hing ihr schon zum Hals raus.

»Nein. Die italienische Küche soll der Teufel holen. Das ist Lukes Masche. Spanisch! Ich kenne ein großartiges Lokal.« Sie schüttelte lachend den Kopf.

»Eßt ihr Jungs denn niemals Hamburger oder Wiener Würstchen oder Steak?«

»Kommt nicht in Frage. Im Augenblick würde ich meine Seele für ein *burrito* verkaufen. Sie wissen ja nicht, was es für einen Mexikaner bedeutet, in dieser Stadt zu leben. Alles ist koscher oder *pizza*.« Er verzog das Gesicht, und sie lachte wieder, während sie ihm auf die Straße folgte.

»Sagen Sie die Wahrheit. Es schmeckt doch phantastisch, oder?« Sie hatte eine *tostada* bestellt, während er eine *paella* aß.

»Ich muß zugeben, daß es nicht übel schmeckt. Es ist jedenfalls eine Abwechslung nach den ewigen *fettucine*.«

»Dieses Lokal wird von einem mexikanischen Banditen geführt, und seine Alte ist aus Madrid. Ein phantastisches Paar.«

Sie nippte an ihrem Wein. Es war ein netter Abend gewesen. Sie genoß Alejandros Gesellschaft, und sie besänftigte ihre Sehnsucht nach Luke. Nun wollte sie nur nach Hause und auf seinen Anruf warten.

»Kezia ...« Alejandro zögerte.

»Ja?«

»Sie sind für ihn wertvoll. Sie sind das Beste, was er je besaß. Aber tun Sie mir einen Gefallen?« Er machte wieder eine Pause.

»Was, mein Lieber?« Es war erstaunlich, wie gern sie diesen drolligen Mexikaner hatte. Er sorgte sich so sehr um seine Mitmenschen. Um die jungen Leute in seinem Heim, um seine Freunde und vor allem um Luke. Und nun auch noch um sie.

»Bitte lassen Sie nicht zu, daß er Sie verletzt. Er führt ein hartes Leben. Ein ganz anderes Leben, als Sie gewöhnt sind. Lucas ist ein Spieler. Er spielt und bezahlt. Aber wenn er verliert ... bezahlen Sie auch. Bis aufs Blut, Kind ... schlimmer als alles, was Sie bisher erlebt haben.«

Als Alejandro sie nach Hause brachte, erwartete Luke sie im Wohnzimmer.

»Lucas!« Sie warf sich in seine Arme und wurde sofort vom Boden hochgehoben. »O Liebling, du bist zu Hause!«

»Das kannst du mir glauben! Und was treibt dieser mexikanische Wüstling mit meiner Frau?« Aber in seinen Augen lag keine Angst, nur Freude darüber, daß er Kezia wieder in den Armen hielt.

»Wir haben heute das Interview gemacht.« Ihre Worte klangen gedämpft, denn sie hatte ihr Gesicht an seiner Brust vergraben. Sie hielt ihn so fest, als wäre sie ein Kind und fände ihre ganze Sicherheit in diesen Armen, in diesen Schultern, in diesem Mann.

»Ich habe mich schon gefragt, wo du dich herumtreibst. Ich bin vor zwei Stunden angekommen.«

»Wirklich?« Sie sah kindlicher aus denn je, die tagelange Sorge glitt von ihr ab wie Regentropfen. Alejandro stand dabei und beobachtete die Szene. »Wir haben in einem neuen spanischen Lokal im Village zu Abend gegessen.«

»O Gott, er hat dich in dieses Lokal geführt? Wie arg ist das Sodbrennen?«

Sie schlüpfte aus den Schuhen und streckte sich, der Schalk blitzte aus ihren Augen. Lucas war zu Hause und in Sicherheit!

»Nicht schlimm. Es war reizend. Alejandro hat sich sehr um mich bemüht.«

»Der beste Bursche, den ich kenne.« Lucas streckte sich auf der Couch aus und warf seinem Freund, der im Begriff war zu gehen, einen anerkennenden Blick zu.

»Möchtest du vielleicht Kaffee, Alejandro?«

»Nein, ich lasse euch Unzertrennliche jetzt allein.«

»Du bist ein kluges Kind, Al. Sie muß sowieso packen. Morgen früh fliegen wir nach Chicago.«

»Wirklich? Ach Lucas, ich liebe dich! Wie lange bleiben wir dort?« Diesmal wollte sie wissen, wieviel Zeit sie zur Verfügung hatten.

»Wie wäre es bis Thanksgiving?« Er sah sie mit halbgeschlossenen Lidern glücklich an.

»Zusammen? Drei Wochen? Lucas, du bist verrückt! Wie kann ich so lange wegbleiben? Die Spalte ...« Ach Scheiße.

»Du machst doch auch im Sommer eine Pause, oder?« Sie nickte.

»Ja, aber ich berichte über verschiedenes von dort drüben, und im Sommer ist niemand hier.« Er lachte, und sie sah ihn fragend an.

»Was ist daran so komisch?«

»Wie du ›niemand‹ sagst. Kannst du nicht über ein paar todschicke Parties in Chicago berichten?«

»Ja. Ich nehme an, das wäre eine Möglichkeit.« Außerdem wollte sie nach Chicago fahren. Wie sehr sie sich das wünschte!

»Warum tust du es dann nicht? Vielleicht kann ich meine Angelegenheiten dort in weniger als drei Wochen regeln. Es besteht kein Grund, weshalb ich nicht von New York aus arbeiten kann. Zum Teufel ... eigentlich brauche ich nur eine Woche dort, um ein paar Dinge zu erledigen. Wenn ich muß, kann ich ja pendeln.«

»Könnten wir nicht beide pendeln?« Ihre Augen leuchteten.

»Und ob wir das können, Kleines. Wir beide. Ich habe es mir heute abend auf dem Flug hierher überlegt. Ich habe dir ja versprochen, daß die Trennung nie wieder so lange dauern wird wie das letzte Mal, und es wird bestimmt nie mehr dazu kommen. Ohne dich halte ich es nicht aus.«

»Lucas, mein Geliebter, ich bete dich an.« Sie beugte sich nieder und küßte ihn.

»Dann bring mich zu Bett. Gute Nacht, Alejandro.«

Ihr Freund verschwand grinsend. Lucas schlief, bevor sie das Licht löschte. Sie betrachtete ihn, wie er auf der Seite lag und tief und fest schlief. Lucas Johns. Ihr Mann. Der Mittelpunkt ihres Lebens. Und sie folgte ihm von einer Stadt zur anderen wie eine Zigeunerin. Es machte ihr Spaß, es gefiel ihr, aber sie wußte, daß sie früher oder später gewisse Entscheidungen treffen mußte ... die Gesellschaftsspalte ... sie hatte seit Wochen keine Party mehr besucht ... und nun ging es nach Chicago ... und was kam dann? Aber Lucas war wenigstens mit ihr zusammen. Und in Sicherheit. Wen kümmerten schon diese Parties? Sie hatte um sein Leben gebangt.

20

»Kezia, wann kommst du zurück?«

Sie hatte über eine halbe Stunde lang mit Edward in New York telefoniert. »Wahrscheinlich irgendwann nächste Woche. Ich arbeite hier immer noch an diesem Artikel.« Sie hatte zwei gesellschaftliche Galaveranstaltungen besucht, aber hier war ihre Arbeit schwieriger. Es war nicht ihre Stadt. Sie mußte viel mehr recherchieren, um die Skandalgeschichten zu erfahren. »Außerdem gefällt mir Chicago ausgezeichnet.« Das bestätigte seine schlimmsten Befürchtungen. Sie klang so glücklich. Sie gehörte nicht zu den Menschen, die von Chicago begeistert waren; es war nicht ihr Milieu. Zu sehr Mittelwesten, zu amerikanisch, zu sehr Sears, Roebuck & Co und zu wenig von der Eleganz eines Bergdorfs und eines Bendels. Es mußte in Chicago jemanden geben. Jemand neuen? Er hoffte nur, daß es jemand war, für den es sich lohnte. Und der achtbar war.

»Ich habe deinen letzten Artikel im *Harper's* gelesen. Nette Arbeit. Und ich erfuhr neulich von Simpson, daß in einigen Wochen etwas von dir in der *Sunday Times* erscheinen wird.«

»Wirklich? Was denn?«

»Etwas über ein Drogenrehabilitationszentrum in Harlem. Ich wußte nicht, daß der Artikel von dir stammt.«

»Das war unmittelbar, bevor ich New York verließ. Heb den Ausschnitt auf, wenn der Artikel erscheint.« Plötzlich lag eine Befangenheit zwischen ihnen. Beide spürten es instinktiv.

»Ist alles in Ordnung, Kezia?«

Die alte Leier. »Ja, Edward, mir geht es ausgezeichnet. Ehrlich. Nächste Woche, wenn ich zurückkomme, lunchen wir zusammen, dann kannst du es selbst feststellen. Ich bin sogar bereit, mit dir im La Côte Basque zu essen.«

»Wie nett von dir, meine Liebe.«

Sie lachte, und nach ein paar geschäftlichen Bemerkungen legten sie beide auf; sie hatten einige neue Steuerprobleme zu besprechen.

Luke blickte forschend von seiner Lektüre auf.

»Wer war das?« Er wußte, daß es nur Edward oder Simpson gewesen sein konnte.

»Edward.«

»Du kannst ihm sagen, daß du schon früher mit ihm essen kannst. Wenn du willst.«

»Willst du mich zurückschicken?« Sie waren seit zehn Tagen in Chicago.

»Nein, Dummerchen. Ich finde nur, wir könnten morgen zurückfliegen. Du mußt an deine Arbeit denken, und ich muß für den Rest der Woche nach D. C. Dort finden ein paar interne Treffen statt, bei denen ich dabeisein will, und ich könnte dort noch ein oder zwei Einladungen zu Vorträgen bekommen. Washington liebt mich offenbar.« Die Schecks waren mit erfreulicher Regelmäßigkeit eingetroffen. »Ich denke, wir können uns für ein paar Wochen in New York niederlassen.«

Sie lachte erleichtert. »Bist du sicher, daß du es in einer Stadt so lange aushältst?«

»Ich will es jedenfalls versuchen.« Er verabreichte ihr einen Klaps auf ihren Po, als er zur Bar ging und sich einen Bourbon mit Wasser mixte.

»Luke?« Sie lag nachdenklich auf dem Bett.

»Ja?«

»Was soll ich mit der Kolumne anfangen?«

»Das hängt von dir ab. Diese Frage mußt du selbst entscheiden. Macht es dir Spaß, sie zu schreiben?«

»Hin und wieder. Aber in letzter Zeit eigentlich nicht. Wenn ich es überdenke, schon lange nicht mehr.«

»Dann ist es vielleicht Zeit, damit aufzuhören, um deinetwillen. Aber gib sie nicht mir zuliebe auf. Tu, was du willst. Wenn du in New York bleiben mußt, um über elegante Parties zu berichten, dann tu es. Du mußt dich um dein Geschäft kümmern. Vergiß das nicht.«

»Ich werde Ende nächster Woche sehen, wie mir zumute ist.

Ich werde meine üblichen Artikel schreiben, sobald wir nach New York zurückkommen. Dann werde ich auch sehen, wie ich dazu stehe.« Wenn Luke nach Washington fuhr, würde sie reichlich Zeit haben, ihren alten Bekanntenkreis aufzusuchen.

Innerhalb der ersten vier Tage in New York hatte sie die Premiere eines Theaterstücks, die letzte Vorstellung eines Theaters, zwei Lunches für Botschaftergattinnen und eine Wohltätigkeits-Modenschau besucht. Ihre Füße brannten, ihr Kopf schmerzte, und ihre Ohren waren durch den ständig plätschernden müßigen Klatsch betäubt. Wen kümmerte das verdammte Zeug? Kezia jedenfalls nicht. Nicht mehr.

»Lucas, wenn ich das Wort ›himmlisch‹ noch einmal höre, muß ich wahrscheinlich erbrechen.«

»Du siehst müde aus.« Sie sah vollkommen geschafft, sogar erschöpft aus, und so fühlte sie sich auch.

»Ich bin müde, und dieser ganze, verdammte Bockmist ist mir verhaßt.« Sie hatte an diesem Tag sogar einem Treffen für den Arthritis-Ball beigewohnt, Tiffany war im Klo ohnmächtig geworden. Und ausgerechnet das konnte sie in der Kolumne nicht erwähnen. Die einzige brauchbare Information, die sie aufgeschnappt hatte, war, daß Marina und Halpern heiraten würden. Na und? Wen kümmerte es?

»Was machen wir an diesem Wochenende?« Falls er ihr sagte, daß sie nach Chicago fliegen mußten, würde sie einen Schreikrampf bekommen. Sie wollte nirgendwohin, nur ins Bett.

»Nichts. Vielleicht werde ich Al besuchen. Willst du ihn zum Abendessen hier haben?« Er saß auf dem Bettrand und sah ebenso müde aus wie sie.

»Das wäre schön. Ich werde hier etwas kochen.« Er lächelte über das Haushaltsgespräch, und sie erriet, was er dachte. »Es ist doch angenehm, nicht wahr, Luke? Manchmal frage ich mich, ob dir das alles genauso gefällt wie mir. Ich habe früher nie so gelebt.«

Er wußte, wie sehr sie den Nagel auf den Kopf getroffen hatte.

»Du weißt ja, was ich meine.«

»Ja. Und wahrscheinlich gefällt mir das neue Leben sogar noch mehr als dir. Ich frage mich allmählich, wie ich früher ohne dich leben konnte.« Er glitt neben sie ins Bett, und sie löschte das Licht. Er hatte eigene Wohnungsschlüssel und verwendete den Anrufbeantworter für seine Zwecke, sie hatte einen Schrank für ihn ausgeräumt, und das Dienstmädchen hatte ihn endlich sogar angelächelt. Einmal. Sie nannte ihn »Mister Luke«.

»Weißt du was, Liebster? Wir haben Glück. Unverschämtes Glück.« Sie war mit sich zufrieden, als hätte sie eine Sternschnuppe in den Händen aufgefangen.

»Ja, Baby, das haben wir wirklich.« Wenn auch nur vorläufig ...

»Meine Herren, ich schlage einen Toast auf das Ableben von Martin Hallam vor.«

»Was meint sie, Lucas?« fragte Alejandro verdutzt, und Luke sah sie neugierig an. Es war das erste Mal, daß er davon hörte.

»Bedeutet es wirklich das, was ich glaube, Kezia?«

»Ja, Sir, genau das. Nachdem ich sieben Jahre lang die Martin- Hallam-Kolumne geschrieben habe, mache ich damit Schluß. Heute war der letzte Tag.«

»Was haben sie dazu gesagt?« fragte Luke erschrocken.

»Sie wissen es noch nicht. Ich teilte es heute Simpson mit, und er wird den Rest für mich erledigen. Sie werden es morgen erfahren.«

»Bist du deiner sicher?« Es war noch nicht zu spät, sie konnte den Entschluß noch umstoßen.

»Ich war noch nie im Leben so sicher. Ich habe keine Zeit mehr für diesen Mist. Und auch keine Lust, meine Zeit damit zu vergeuden.« Sie sah, daß Luke und Alejandro einen merkwürdigen Blick tauschten, und wunderte sich, daß anscheinend keiner der beiden beeindruckt war. »Ihr beide seid wirklich ein miserables Publikum für meine große Verlautbarung. Pfui über euch beide.«

Alejandro lächelte, und Luke lachte.

»Wir sind eben beide irgendwie erschrocken, Baby. Und ich habe mich plötzlich gefragt, ob du es meinetwegen tust.«

»Eigentlich nicht, Schatz. Es ist meine ureigenste Entscheidung. Ich will nicht für den Rest meines Lebens diese beschis-

senen Parties besuchen. Du hast gesehen, wie müde ich diese
Woche war. Und wofür? Es ist einfach nichts mehr für mich.«

»Hast du es Edward erzählt?« fragte er besorgt, und Alejandro
blickte ihn an, als wollte er ihn erdolchen.

»Nein, ich werde ihn morgen anrufen. Ihr seid die ersten, die
es nach Simpson erfahren. Und ihr seid zwei miese Kerle.«

»Tut mir leid, Baby. Es kommt nur zu plötzlich.« Dann hob
er ihr sein Glas entgegen und lächelte nervös. »Dann also auf
Martin Hallam.« Auch Alejandro hob sein Glas, ohne den Blick
von Lukes Gesicht zu wenden.

»Auf Martin Hallam. Er ruhe in Frieden.«

»Amen.« Kezia trank ihr Glas in einem Zug aus.

»Nein, Edward. Ich bin meiner Sache sicher. Und Simpson ist
einverstanden. Es ist eine Beschäftigung, für die ich wirklich
keine Zeit mehr habe. Ich will über ernste Probleme schreiben.«

»Aber es ist ein so drastischer Schritt, Kezia. Du bist an die
Spalte gewöhnt. Alle sind an sie gewöhnt. Sie ist zu einer Institution geworden. Hast du dir deinen Entschluß reiflich überlegt?«

»Natürlich habe ich das getan. Monatelang. Und ich will auf
keinen Fall eine ›Institution‹ sein. Jedenfalls nicht diese Art von
Institution. Ich will Schriftstellerin sein, eine gute Autorin, keine
Klatschtante unter lauter Narren. Wirklich, mein Lieber, ich
werde es beweisen. Es ist der bestmögliche Entschluß.«

»Du machst mich nervös, Kezia.«

»Mach dich doch nicht lächerlich. Warum denn?« Sie baumelte mit dem Fuß, während sie an ihrem Schreibtisch saß.
Sie hatte ihn angerufen, sobald Luke das Haus verlassen hatte,
um an einer Reihe von Besprechungen teilzunehmen. Luke war
schließlich nach dem ersten Schock damit einverstanden gewesen. Simpson hatte ihren Entschluß gebilligt und gesagt, es sei
höchste Zeit gewesen.

»Wenn ich nur wüßte, weshalb du mich nervös machst. Wahrscheinlich weil ich das Gefühl habe, daß ich nicht weiß, was du
vorhast, obwohl es mich natürlich nichts angeht.« Er hätte allerdings gern gehört, daß es ihn etwas anging. Das war der Haken.

»Edward, du machst nur deine Nerven kaputt, wenn du dir

wegen nichts und wieder nichts Sorgen machst.« Allmählich ging er ihr auf die Nerven. Ständig.

»Was machst du zu Thanksgiving?« Es klang beinahe wie eine Anklage.

»Ich fahre weg.« Er wagte aber nicht zu fragen, wohin. Und sie dachte nicht daran, es ihm zu sagen. Sie kehrten nach Chicago zurück.

»Schon gut. Verdammt noch mal, Kezia, es tut mir leid. Es ist nur so, daß du in meinen Augen immer ein Kind bleibst.«

»Und ich werde dich immer lieben, du aber wirst dir meinetwegen immer zuviel Sorgen machen. Wegen lächerlicher Kleinigkeiten.«

Er hatte sie aber doch beunruhigt; nachdem sie aufgelegt hatten, blieb sie noch sitzen und sinnierte. War sie verrückt, weil sie die Gesellschaftsspalte sausen ließ? Früher einmal war sie ihr so wichtig erschienen. Aber jetzt nicht mehr. Dennoch ... verlor sie das Gefühl dafür, wer und was sie eigentlich war? In gewissem Sinn hatte sie es Luke zuliebe getan. Und auch sich selbst zuliebe. Weil sie frei sein wollte, um mit ihm in der Weltgeschichte herumzureisen, und außerdem war sie schon vor Jahren über die Spalte hinausgewachsen.

Doch plötzlich wollte sie mit Luke darüber sprechen. Er war den ganzen Tag über außer Haus. Sie konnte Alejandro anrufen, wollte ihn jedoch nicht belästigen. Es war ein unangenehmes Gefühl, als verließe sie den Hafen im Nebel und steure ein unbekanntes Ziel an. Aber sie hatte ihre Entscheidung getroffen. Sie würde daran festhalten, Martin Hallam war tot. Es war eigentlich eine einfache Entscheidung. Die Gesellschaftsspalte war vorbei.

Sie lehnte sich zurück und streckte sich, dann beschloß sie spazierenzugehen. Es war ein grauer Novembertag, und es lag eine Ahnung des nahenden Winters in der Luft. Sie bekam Lust, sich einen langen Wollschal um den Hals zu schlingen und zum Park zu laufen. Sie hatte endlich das Gefühl, daß sie eine langjährige, beschwerliche Last los war. Die Last Martin Hallams war endlich von ihren Schultern geglitten.

Kezia holte eine alte Schaffelljacke aus dem Schrank und zog unter ihren sorgfältig geplätteten Jeans hohe schwarze, maßgefertigte Stiefel an. Sie zog eine kleine rote Strickmütze aus der Jackentasche und nahm ein Paar Handschuhe aus dem Regal. Nun fühlte sie sich wie neugeboren. Sie würde nur noch schreiben, was sie wollte, nicht mehr die Lumpensammlerin der Gesellschaft sein. Ein leichtes Lächeln lag auf ihren Lippen, und ihre Augen leuchteten übermütig, während sie mit langen Schritten zum Park ging. Was für ein wunderbarer Tag, und es war noch nicht einmal Mittagszeit. Sie überlegte, ob sie etwas für ein Picknick im Park kaufen sollte, dann verwarf sie den Gedanken und kaufte sich eine kleine Tüte heißer, gerösteter Kastanien bei einem knorrigen alten Mann, der einen dampfenden Karren über die Fifth Avenue schob. Er grinste ihr mit zahnlosem Mund zu, und sie winkte über die Schulter zurück, während sie weiterging. Er war wirklich reizend. Alle waren reizend. Alle sahen plötzlich so frisch aus, wie sie sich fühlte.

Sie war schon im Park und hatte die Hälfte der Kastanien verzehrt, als sie den Weg entlangblickte und sah, wie eine Frau stolperte und auf den Randstein fiel. Sie war knapp vor den stampfenden Hufen eines alten Rosses, das eine schäbige Kutsche durch den Park zog, auf die Fahrbahn getreten. Die Frau blieb einen Augenblick regungslos liegen, der Kutscher war aufgesprungen und riß an den Zügeln. Das Pferd schien das Kleiderbündel bei seinen Hufen nicht einmal bemerkt zu haben. Sie trug einen dunklen Pelzmantel, und ihr Haar war hellblond. Das war alles, was Kezia erkennen konnte. Sie legte die Stirn in Falten und ging rascher, steckte die Kastanien in die Tasche und fing dann zu laufen an, als der Kutscher von seinem Bock sprang, ohne dabei die Zügel loszulassen. Die Frau bewegte sich, erhob sich auf die Knie und taumelte nach vorn, diesmal zwischen die Beine des Pferdes. Das Pferd scheute, und sein Besitzer stieß die Frau zur Seite. Sie fiel schwer auf das Pflaster, doch zum Glück außerhalb der Reichweite der Pferdehufe.

»Was, zum Teufel, ist mit Ihnen los? Sind Sie verrückt?« Die Augen des Mannes traten ihm vor Wut fast aus den Höhlen, während er sein Pferd weiter nach hinten zog und dabei die Frau anstarrte. Kezia konnte nur ihren Hinterkopf sehen, während sie stumm den Kopf schüttelte. Der Kutscher stieg wieder auf den Kutschbock, trieb sein Pferd schnalzend an und brummte mit einer letzten mißbilligenden Geste auf die noch sitzende Frau ein »Blöde Kuh« vor sich hin. Durch das zerschrammte, beschlagene Fenster konnte man die Fahrgäste nicht erkennen, und das alte Pferd trottete weiter, es war seine Route so gewöhnt, daß Bomben unter seinen Hufen hochgehen konnten, ohne daß es in der ausgefahrenen Furche stehengeblieben wäre.

Kezia sah, wie die Frau verwirrt den Kopf schüttelte und sich langsam auf die Knie erhob. Kezia lief die letzten Schritte; sie wollte wissen, ob die Frau verletzt war und warum sie gestürzt war. Der dunkle Pelzmantel war jetzt über den Boden ausgebreitet, und es war nicht zu übersehen, daß es sich um einen langen, herrlichen Nerz handelte. Als Kezia die Frau erreichte, hustete diese unterdrückt und wendete den Kopf. Kezia blieb erschrocken stehen, als sie erkannte, mit wem sie es zu tun hatte, und wie angeschlagen sie aussah. Es war Tiffany, ihr Gesicht war abgezehrt, gleichzeitig aufgequollen, die Augenlider angeschwollen, doch ihre Wangen waren eingefallen und ließen um Augen und Mund tiefe Kummerfalten erkennen. Es war noch nicht einmal Mittag, und sie war schon betrunken.

»Tiffany?« Kezia kniete neben ihr nieder und strich ihr mit der Hand über das Haar. Es war ungekämmt, zerrauft, und sie trug kein Make-up auf dem entstellten Gesicht. »Tiffie ... ich bin es, Kezia.«

»Hallo.« Tiffany blickte an Kezias linkem Ohr vorbei, ohne zu verstehen, ohne zu sehen, gleichgültig ins Leere. »Wo ist Onkel Kee?«

Onkel Kee. Du lieber Gott, sie meinte Kezias Vater. Onkel Kee ... Das hatte sie so lange nicht mehr gehört ... Onkel Kee ... Daddy ...

»Tiffany, bist du verletzt?«

»Verletzt?« Sie blickte unsicher in die Höhe, schien kein Wort zu verstehen.

»Das Pferd, Tiff. Hat es dich verletzt?«

»Pferd?« Sie lächelte wie ein Kind, sie begriff anscheinend überhaupt nichts.

»Ach, Pferd. Nein, ich reite die ganze Zeit.« Dann stand sie zitternd auf, wischte sich die Hand und die Vorderseite ihres langen schwarzen Nerzmantels ab. Kezia sah an ihr hinunter und bemerkte zerrissene graue Strümpfe und einen zerschrammten schwarzen Wildlederschuh von Gucci. Der Mantel klaffte ein wenig, und Kezia sah einen Augenblick lang einen eleganten schwarzen Samtrock, eine weiße Satinbluse und darüber mehrere Reihen grauer und weißer Perlen. Es war nicht die geeignete Kleidung für einen Spaziergang im Park, und auch nicht für diese Tageszeit. Kezia fragte sich, ob Tiffany in der vergangenen Nacht zu Hause gewesen war.

»Wohin gehst du?«

»Zu den Lombards. Zum Dinner.« Von dort kam sie also. Auch Kezia war dort eingeladen gewesen, hatte jedoch vor Wochen abgesagt. Die Lombards. Die Party war doch gestern abend gewesen. Was war seither passiert?

»Soll ich dich nach Hause bringen?«

»Zu mir nach Hause?« fragte Tiffany plötzlich aufmerksam.

»Natürlich.« Kezia versuchte unbefangen zu sprechen, während sie Tiffany an einem Ellbogen festhielt.

»Nein! Nicht zu mir nach Hause! Nein …« Sie schüttelte Kezias Griff ab, stolperte und erbrach sofort zu Kezias Füßen auf ihre eigenen schwarzen Wildlederschuhe. Sie setzte sich wieder aufs Pflaster und begann zu weinen, der schwarze Nerz lag traurig in der Lache aus Erbrochenem.

In Kezias Augen brannten heiße Tränen, während sie ihrer Freundin unter die Arme griff und versuchte, sie wieder hochzuziehen.

»Komm, Tiffie … gehen wir.«

»Nein … ich … O Gott, Kezia … bitte …« Sie klammerte sich an Kezias Hosenbeine und blickte mit Augen, in denen sich die Qualen von tausend persönlichen Dämonen spiegelten, zu ihr empor. Kezia streckte die Arme aus und stellte sie wieder auf die Beine, als sie ein Taxi um die Kurve biegen sah, an der die Kutsche wenige Augenblicke zuvor aufgetaucht war. Sie hob schnell die Hand und winkte ihm, dann zog sie Tiffany näher an sich heran. »Nein!« Es war das angstvolle Jammern eines verzweifelten Kindes, und Kezia spürte, wie ihre Freundin in ihren Armen zitterte.

»Komm, wir fahren zu mir.«

»Mir wird schlecht.« Sie schloß die Augen und lehnte sich wieder an Kezia, während der Fahrer die Wagentür aufriß.

»Nein, du wirst nicht erbrechen. Steig ein.« Es gelang ihr, Tiffany auf den Rücksitz zu schieben, und sie nannte dem Fahrer ihre eigene Adresse, während sie beide Fenster nach unten kurbelte, um ihrer Freundin frische Luft zu verschaffen. Dann bemerkte sie, daß Tiffany keine Handtasche bei sich hatte.

»Tiffie? Hattest du eine Handtasche?« Das Mädchen sah sich einen Moment ausdruckslos um, dann zuckte sie die Schultern, ließ den Kopf auf die Rücklehne sinken und schloß die Augen.

»Na wenn schon!« Die Antwort war so leise, daß Kezia sie kaum hörte.

»Hm?«

»Handtasche ... na wenn schon!« Sie zuckte mit den Schultern und schien beinahe einzuschlafen, doch gleich darauf ergriff sie krampfhaft Kezias Hand und hielt sie fest, während ihr zwei einsame Tränen über das Gesicht liefen. Kezia tätschelte die magere kalte Hand und blickte entsetzt auf den großen, birnenförmigen, mit Diamantstäbchen eingefaßten Smaragd. Wenn jemand Tiffanys Handtasche gestohlen hatte, hatte er sich das Wertvollste entgehen lassen. Bei dem Gedanken überlief es Kezia eiskalt. Tiffany war ein leichtes Opfer für jeden. »Bin ... die ganze ... Nacht ... herumgegangen ...« Die Stimme war nur ein schmerzhaftes Krächzen, und Kezia fragte sich, ob sie nicht in Wirklichkeit die ganze Nacht getrunken hatte. Offensichtlich war sie nach der Party der Lombards nicht nach Hause gefahren.

»Wohin bist du gegangen?« Sie wollte im Taxi kein ernsthaftes Verhör beginnen. Zuerst würde sie Tiffany zu Bett bringen, bei ihr zu Hause anrufen und der Haushälterin mitteilen, daß es Mrs. Benjamin gutging, und sie würden später miteinander sprechen. Nur keine betrunkenen hysterischen Anfälle im Taxi ... Der Fahrer konnte auf die Idee kommen, daß er eine interessante Geschichte miterlebte, und ... O Gott, das konnte Kezia auf keinen Fall brauchen.

»Kirche ... die ganze Nacht ... gegangen ... in der Kirche geschlafen ...« Sie hielt die Augen geschlossen und döste zwischen
den Worten immer wieder ein. Aber sie hielt Kezias Hand eisern
fest. Es dauerte nur wenige Minuten, dann langten sie vor Kezias Haus an; ohne Erklärungen zu erwarten oder zu erhalten,
half der Portier Kezia, Tiffany in den Fahrstuhl zu verfrachten,
und der Fahrstuhlwärter, sie in die Wohnung zu führen. Es war
niemand anwesend; Luke war nicht da, und die Reinemachefrau
war auch nicht angesagt. Kezia war froh, daß sie allein waren, als
sie ihre Freundin ins Schlafzimmer führte. Sie wollte Luke nichts
erklären müssen, trotz Tiffanys derzeitigem Zustand. Sie war ein
verdammtes Risiko eingegangen, als sie sie mit nach Hause genommen hatte, aber es war ihr keine bessere Lösung eingefallen.

Tiffany saß schläfrig auf dem Rand von Kezias Bett und sah
sich um. »Wo ist Onkel Kee?«

Wieder ihr Vater ... o Gott. »Ausgegangen. Warum legst du
dich nicht hin, ich werde bei dir zu Hause anrufen und sagen,
daß du später kommst.«

»Nein! ... Sag ... sag ... sag ihr, sie soll sich zum Teufel scheren!« Sie begann zu schluchzen und vom Kopf bis zu den Füßen heftig zu zittern. Kezia überlief ein eisiger Schauer. Etwas
an den Worten, dem Klang der Stimme ... irgend etwas ... hatte
eine Saite in ihrem Gedächtnis angeschlagen, sie bekam plötzlich
Angst. Tiffany sah sie mit verstörtem Blick an, schüttelte den
Kopf, und Tränen strömten ihr über das Gesicht. Kezia stand
beim Telefon, sah ihre Freundin an, wollte ihr helfen, hatte jedoch Angst, sich ihr zu nähern. Sie war zutiefst verunsichert.

»Soll ich ihnen nicht doch etwas sagen?« Einen Moment ver-
harrten die beiden Frauen in ihrer derzeitigen Stellung, während
Tiffany langsam den Kopf schüttelte.

»Nein ... Scheidung ...«

»Bill?« Kezia sah sie erstaunt an.

Tiffany nickte.

»Bill hat die Scheidung verlangt?«

Tiffany nickte ja und dann nein. Sie holte tief Atem. »Mutter Benjamin ... sie hat gestern abend angerufen ... nach dem
Dinner bei den Lombards. Hat mich eine ... Trinkerin ... eine

Alkoholikerin ... genannt ... die Kinder, sie wird mir die Kinder wegnehmen und Bill veranlassen ... Bill veranlassen ...« Sie keuchte, unterdrückte ihr Schluchzen, dann würgte sie kurz, erbrach aber nicht.

»Bill veranlassen, sich von dir scheiden zu lassen?«

Tiffany keuchte wieder und nickte, während Kezia sie weiterhin ansah und Angst davor hatte, ihr näher zu kommen.

»Aber sie kann Bill nicht ›veranlassen‹, sich von dir scheiden zu lassen, um Himmels willen. Er ist doch ein erwachsener Mann.«

Tiffany schüttelte jedoch den Kopf und sah sie mit leeren, verweinten Augen an. »Die Treuhandgesellschaft. Die große Treuhandgesellschaft. Sein ganzes Leben ... hängt ... davon ab. Und die Kinder ... ihr Treuhandvermögen ... Er ... sie könnte ... er würde ...«

»Nein, er würde nicht. Er liebt dich. Du bist seine Frau.«

»Sie ist seine Mutter.«

»Na und, verdammt noch mal? Sei doch vernünftig, Tiffany. Er wird sich nicht von dir scheiden lassen ...« Doch plötzlich fragte sich Kezia, ob er es nicht doch tun würde. Wenn der Großteil seines Vermögens davon abhing, was dann? Wie sehr liebte er Tiffany? So sehr, daß er zu diesem Opfer bereit war? Während Kezia Tiffany betrachtete, begriff sie, daß ihre Freundin recht hatte. Mutter Benjamin hielt alle Trümpfe in der Hand. »Was ist mit den Kindern?« Doch sie sah bereits die Antwort in Tiffanys Augen.

»Sie ... sie ...« Wieder wurde sie von krampfhaftem Schluchzen geschüttelt und klammerte sich hilflos an der Bettdecke fest, während sie sich bemühte, weiterzusprechen. »Sie hat ... sie ... Gestern abend waren sie nach dem ... Dinner bei den Lombards ... fort ... und Bill ... ist in Brüssel ... sie sagte ... ich ... o Gott, Kezia, jemand muß mir helfen, bitte ...«

Es war fast wie ein Todesschrei; Kezia stand zitternd an der gegenüberliegenden Wand und ging endlich, langsam sich dazu zwingend, zu ihrer Freundin hinüber. Es war, als hörte sie es wieder ... hörte es ... alles fiel ihr wieder ein. Jetzt liefen ihr selbst Tränen über das Gesicht, sie empfand den schrecklichen, unwiderstehlichen Drang, das Mädchen zu ohrfeigen, das schmutzig und gebrochen auf ihrem Bett saß... den Drang, sie loszuwerden, sie zu rütteln, sie zu schütteln, zu ... o Gott, nein ...

Sie stand vor ihr, die Worte bohrten sich wie ein Messer in ihre Seele, als spreche ein Fremder, der sie einem längst verschwundenen Gespenst zuschleuderte: »Warum bist du dann so eine verdammte Säuferin, zum Teufel... warum... warum?«
Sie sank neben Tiffany auf das Bett, die beiden Frauen hielten einander umklammert und weinten. Es kam Kezia vor, als dauerte es Jahre, bis sie sich beruhigte, und diesmal schien es so, als würde Tiffany sie trösten. Die in dunklen Nerz gehüllten Arme waren zeitlos. Es waren Arme, die Kezia schon früher gehalten hatten. Arme, die diese Situation schon vor zwanzig Jahren erlebt hatten. Warum?

»Mein Gott, es ... es tut mir leid, Tiffie. Es ... du hast mich an etwas Schmerzliches erinnert.« Ihre Freundin lächelte müde, aber sie sah nüchterner aus als vor einer Stunde. Vielleicht nüchterner als seit Tagen.

»Ich weiß. Tut mir leid. Ich bin in jeder Hinsicht ein Versager.« Die Tränen quollen weiterhin aus ihren Augen, aber ihre Stimme klang fast normal.

»Nein, das stimmt nicht. Und das mit den Kindern und Mrs. Benjamin tut mir so leid. Eine solche Gemeinheit. Was wirst du unternehmen?«

Tiffany zuckte die Schultern und starrte auf ihre Hände hinunter.

»Kannst du dagegen nicht kämpfen?« Doch beide wußten es besser. Nicht, wenn sie nicht von einem Tag zum anderen radikal trocken wurde. »Was wäre, wenn du in eine Klinik gehst?«

»Ja, und wenn ich herauskomme, wird sie die Kinder fest im Griff haben und nicht mehr loslassen, ganz gleich, wie nüchtern ich bin. Sie hat mich vollkommen in der Hand, Kezia. Sie hat meine Seele in der Hand ... mein Herz ... mein ...« Wieder schloß sie die Augen, und ihr schmerzlicher Gesichtsausdruck war unerträglich. Kezia schloß sie wieder in die Arme. Sie war so dünn und zerbrechlich, sogar in dem dicken Pelzmantel. Es gab so wenig, was ihr zum Trost dienen konnte. Als hätte Tiffany schon verloren. Und sie wußte es.

»Warum legst du dich nicht hin und versuchst ein wenig zu schlafen?«

»Und was dann?« Ihr Blick war beinahe qualvoll.

»Dann kannst du ein Bad nehmen, einen Happen essen, und dann bringe ich dich nach Hause.«

»Und dann?« Es gab nichts, das Kezia ihr raten konnte. Sie wußte, was die andere meinte. Tiffany stand langsam auf und ging wacklig zum Fenster. »Es ist Zeit, daß ich nach Hause gehe.«

Sie schien weit in die Ferne über Zeit und Raum hinweg zu blicken, und Kezia schalt sich insgeheim wegen der Erleichterung, die sie überkam. Sie wollte Tiffany aus ihrem Haus haben, bevor Luke zurückkam, bevor sie sich wieder in Tränen auflöste, bevor sie etwas sagte, das auch nur für einen Augenblick das Entsetzen zurückbrachte. Tiffany ging ihr schrecklich auf die Nerven. Sie war wie ein Zombie. Die Reinkarnation von Liane Holmes-Aubrey Saint Martin. Ihrer Mutter ... einer Trinkerin ... Sie widersprach Tiffany nicht.

»Soll ich dich nach Hause bringen?« Doch innerlich hoffte sie, daß sie drum herumkam.

Tiffany sah sie mit schüchternem, freundlichem Lächeln an und schüttelte ruhig den Kopf. »Nein, ich muß allein gehen.« Sie verließ das Schlafzimmer, ging durch das Wohnzimmer, blieb an der Eingangstür stehen und blickte zu Kezia zurück, die im Türrahmen des Schlafzimmers stand. Kezia wußte nicht, ob sie zulassen sollte, daß Tiffany allein fortging, war aber dafür. Sie wollte nur, daß sie nach Hause ging. Daß sie wegging. Ihre Blicke trafen einander einen Moment, Tiffany hob die Hand, grüßte militärisch, raffte ihren Mantel enger um sich und sagte »Wiedersehn«, so wie damals, als sie noch in die Schule gegangen waren. »Wiedersehn«, und draußen war sie. Die Tür fiel leise hinter ihr ins Schloß, und einen Augenblick später hörte Kezia, wie der Fahrstuhl sie nach unten brachte. Sie wußte, daß Tiffany kein Geld zum Nachhausefahren hatte, wußte aber auch, daß ihr Portier das Taxi bezahlen würde. Die ganz Reichen können mit leeren Händen fast überallhin fahren. Jeder kennt sie. Portiers bezahlen mit Vergnügen ihre Taxis. Ihre Ausgaben werden durch Trink-

gelder doppelt wettgemacht. Kezia wußte, daß Tiffany in dieser
Hinsicht abgesichert war. Und sie war sie wenigstens losgeworden. In der Luft war ein schwerer Geruch hängengeblieben, der
Duft von Parfum, in den sich der Geruch nach Schweiß und Erbrochenem mischte.

Kezia stand lange am Fenster, dachte an ihre Freundin, an ihre
Mutter, liebte und haßte sie beide. Nach einer Weile schienen
die beiden Frauen zu einer einzigen zu verschmelzen. Sie waren
einander so ähnlich, so ... so ... Kezia brauchte ein langes, heißes Bad und ein Nickerchen, um sich wieder wie ein Mensch
zu fühlen. Der freie Vormittag, war dadurch getrübt worden,
daß sie gesehen hatte, wie Tiffany vor den Hufen des Pferdes
lag, wie der Kutscher sie anschrie, wie sie erbrach, weinte, verloren und verwirrt umhertaumelte ... von ihrer Schwiegermutter
unterdrückt ... ihrer Kinder beraubt, mit einem Ehemann, der
sich verdammt wenig aus ihr machte. Zum Teufel, wahrscheinlich würde er sich von seiner Mutter zu einer Scheidung überreden lassen. Wahrscheinlich würde es gar nicht viel Überredungskunst erfordern. Es drehte Kezia immer wieder den Magen um,
und als sie sich schließlich zu einem Schläfchen hinlegte, schlief
sie unruhig; doch als sie erwachte, sah die Welt wieder besser
aus. Viel besser. Lucas stand am Fußende des Bettes, und Kezia
warf einen Blick auf die Uhr neben dem Bett. Es war viel später,
als sie dachte.

»Hallo, mein Faules. Was hast du gemacht? Den ganzen Tag
geschlafen?« Sie lächelte ihm zu, dann wurde sie ernst, setzte sich
auf und streckte die Arme aus. Er beugte sich zu ihr nieder und
küßte sie, während sie an seinem Hals knabberte.

»Ich habe einen schweren Tag hinter mir.«

»Einen Auftrag?«

»Nein. Eine Freundin.« Sie hatte offensichtlich keine Lust,
mehr zu sagen. »Möchtest du etwas trinken? Ich werde Tee kochen. Mir ist kalt.« Sie zitterte, und Luke sah auf das Fenster
und den Nachthimmel dahinter.

»Kein Wunder, wenn du die Fenster so lange offenläßt.« Sie
hatte sie alle weit aufgerissen, um den Geruch zu vertreiben.
»Machst du mir Kaffee, Baby?«

»Gern.« Sie tauschten einen flüchtigen Kuß, und sie nahm die Zeitung vom Fußende des Bettes, wo er sie liegengelassen hatte, als er sich zum Begrüßungskuß vorgebeugt hatte.

»Kennst du das Mädchen in der Zeitung?«

»Wen?« Sie ging barfuß durch das Wohnzimmer und gähnte.

»Die reiche Dame auf der Titelseite.«

»Ich muß mir das Bild erst ansehen.« Sie knipste das Licht in der Küche an und sah auf die Zeitung in ihrer Hand. Der Raum drehte sich um sie. »Es ... es ... ich ... o Gott, Lucas, hilf mir ...« Sie glitt langsam an dem Türrahmen zu Boden und starrte auf das Foto von Tiffany Benjamin. Sie war kurz nach zwei Uhr aus dem Fenster ihrer Wohnung gesprungen. »Wiedersehn ... Wiedersehn ...« Plötzlich dröhnte das Wort in ihren Ohren. »Wiedersehn.« Mit diesem kurzen Gruß, den sie während der Schulzeit verwendet hatten. Kezia spürte kaum Lukes Arme um ihre Schultern, als er sie zur Couch führte, damit sie sich setzen konnte.

21

»Soll ich dich begleiten?« Kezia schüttelte den Kopf, während sie den Reißverschluß des schwarzen Kleides zuzog und dann in die schwarzen Alligatorschuhe schlüpfte, die sie letzten Sommer in Madrid gekauft hatte.

»Nein, Liebster. Es wird schon gehen.«

»Sicher?«

Sie setzte ihren Nerzhut auf. »Ich schwöre es.«

Er sah sie anerkennend an. »Ich kann nur eines sagen, du siehst verdammt gut aus.«

»Ich bin nicht sicher, ob das jetzt das Richtige ist.« Aber sie wußte, daß sie genau richtig aussah. Sie überlegte, ob sie ihren Nerz oder den schwarzen Mantel von Saint Laurent tragen sollte. Sie entschloß sich für letzteren.

»Ausgezeichnet. Und hör zu, Lady, wenn es für dich unerträglich wird, haust du ab, ja?«

»Ich werde sehen.«

»Das habe ich nicht damit gemeint.« Er ging zum Spiegel und drehte sie zu sich herum. Der Ausdruck in ihren Augen gefiel ihm noch immer nicht. »Wenn es zu hart wird, kommst du nach Hause. Entweder du versprichst es mir, oder ich begleite dich.« Er wußte, daß das nicht in Frage kam. Tiffanys Begräbnis würde eines der »Ereignisse« der Saison sein. Aber er wollte nur sicherstellen, daß Kezia wußte, worum es ging. Es war nicht ihre Schuld, daß Tiffany Selbstmord verübt hatte. Sie hatte Tiffany nicht umgebracht. Sie hatte ihre Mutter nicht umgebracht. Sie hatte immer ihr Bestes getan. Immer wieder und wieder hatten sie darüber gesprochen, und er wollte sichergehen, daß sie nicht wieder rückfällig wurde. Es war eine verflixte Sache, die da passiert war, aber es war nicht ihre Schuld. Sie glitt still in seine Arme, während sie vor dem Spiegel standen, und sie drückte ihn fest an sich.

»Ich bin froh, daß es dich gibt, Lucas.«

»Mir geht es genauso mit dir. Habe ich jetzt dein Wort?« Sie nickte stumm und bot ihm ihre Lippen zum Kuß, der bei ihm überraschend heftig ausfiel.

»Mein Gott, unter diesen Umständen werde ich nie von hier wegkommen.«

»Das wäre mir sehr recht.« Er schob die Hand in den V-Ausschnitt ihres Kleides, und sie wich kichernd zurück.

»Lucas!«

»Zu Ihren Diensten, Madam.«

»Du bist entsetzlich!«

»Entsetzlich scharf!« Er beobachtete sie, während sie einfache Perlen-Ohrringe ansteckte. Er wußte, daß er sich respektlos benahm, aber es lockerte die Stimmung auf. Während er sich niedersetzte und zusah, wie sie Lippenstift und einen letzten Tupfer Parfum auftrug, versuchte er zwanglos, Fragen zu stellen. »Begleitet dich Edward?« Sie schüttelte den Kopf und nahm die schwarze Alligatorhandtasche. Die kurzen weißen Glacéhandschuhe und der dicke schwarzweiße Seidenschal von Dior bildeten die einzigen hellen Flecke ihrer Kleidung.

»Ich habe Edward gesagt, daß ich ihn dort treffen würde. Und hör auf, dir meinetwegen Sorgen zu machen. Ich bin erwachsen, es geht mir gut, ich liebe dich, und du gibst besser auf mich acht als jeder andere auf dieser Welt.« Ihr Lächeln sah mehr nach der alten Kezia aus, die auf sich achtgeben konnte, und er fühlte sich einigermaßen erleichtert.

»Mein Gott, siehst du gut aus. Wenn du nicht so in Eile wärst ...«

»Lucas, du mußt immerfort reden.« Sie hatte sich abgewandt und durchquerte das Wohnzimmer, um ihren Mantel zu nehmen, als er lautlos hinter ihr herkam und sie vom Boden hochhob.

»So, ich muß immerfort reden? Hör zu, Weib ...«

»Lucas! Verdammt noch mal, Lucas, laß mich runter! Lucas!« Er stellte sie wieder auf den Boden, und sie fiel ihm kichernd und atemlos in die Arme. »Du bist der schlimmste, miserabelste, unmöglichste ...« Er drückte seine Lippen auf die ihren, und nach einem Moment stieß sie ihn glücklich und zugleich traurig sanft zurück.»Luke ... ich muß jetzt aber gehen.«

»Ich weiß.« Auch er war ernüchtert und half ihr in den Mantel. »Reg dich nur nicht auf.« Sie nickte, küßte ihn und war draußen.

Die Kirche war schon voller Trauergäste, als sie eintraf, und Edward wartete taktvoll an der Pforte. Er winkte ihr stumm zu, sie ging zu ihm und schob eine Hand in seine Armbeuge.

»Du siehst entzückend aus.« Seine Stimme war ein Flüstern, und sie nickte, während er den Griff um ihren Arm verstärkte. Sie wurden durch den Mittelgang geleitet, und Kezia versuchte, an dem von weißen Rosen bedeckten Sarg vorbeizusehen. Mutter Benjamin saß gottesfürchtig mit ihrem verwitweten Sohn und seinen beiden Kindern in der ersten Reihe. Kezia stockte der Atem, als sie sie sah. Am liebsten hätte sie der Schwiegermutter ihrer Freundin »Mörderin!« zugerufen. »Mörderin! Sie haben sie umgebracht, weil Sie ihr mit der Scheidung gedroht und ihr die Kinder weggenommen haben ... Sie ...«

Sie hörte Edwards gedämpftes »danke«, als der Zeremonienmeister sie zu einer Reihe in der Mitte führte. Whit stand drei Reihen weiter vorn.

Er sah dünner und plötzlich unverhohlener unmännlich aus; er trug einen übertrieben taillierten Cardin-Anzug, der auch am Rücken zu eng wirkte. Sie hatte den Verdacht, daß der Anzug ein Geschenk von seinem Freund war. Whit hätte sich so einen Anzug nicht selbst gekauft.

Auch Marina war da mit Halpern, sie sah trotz des düsteren Hintergrundes unangebracht glücklich aus. Sie würden zu Neujahr in Palm Beach heiraten. Marina hatte ihre Schwierigkeiten eindeutig überwunden.

Es fiel Kezia schwer, sich nicht mit den Augen von Martin Hallam nach bekannten Leuten, Leckerbissen, Klatschgeschichten umzusehen. Aber sie konnte sich nicht mehr hinter ihrem Pseudonym verstecken. Das war nun auch vorbei. Sie war einfach Kezia Saint Martin, die um ihre Freundin trauerte. Die Tränen rannen ihr hemmungslos über das Gesicht, während man den Sarg durch den Gang zu der braunen Limousine trug, die draußen wartete. Zwei Polizisten waren eingesetzt worden, um den Verkehr um die lange sich dahinschlängelnde Reihe von Limousinen umzuleiten, von denen keine einzige gemietet war. Hier rollte das wirklich große Geld. Und wie zu erwarten war, lauerte ein Heer von Journalisten den Trauergästen auf, sobald sie sich entfernten.

Es fiel Kezia schwer zu glauben, daß alles vorbei war. Sie hatten so viel Spaß in der Schule gehabt, hatten einander von ihren Colleges aus geschrieben. Kezia war Tiffanys Brautjungfer gewesen, als sie Bill geheiratet hatte, sie hatte sie ausgelacht, als sie schwanger gewesen war. Wann hatte der Abstieg angefangen? Wann hatte das Trinken sie zur Alkoholikerin gemacht? War es damals, nach dem ersten Kind? Oder nach dem zweiten? War es später? Hatte sie schon vorher heimlich getrunken? Das Schreckliche war, daß es nun so aussah, als wäre sie immer in dem Zustand gewesen, als hätte sie immer leicht geschwankt, undeutliche »himmlisch« wie Schrotkügelchen überall verstreut, wohin sie kam. Wenn sie Tiffany vor sich sah, dann nur als die betrunkene, erbrechende, verworrene Tiffany ... nicht das drollige Mädchen aus der Schule ... der ironische Gruß an dem letzten Tag ... dieses ... Wiedersehn ... Wiedersehn ...

Kezia starrte leer auf die Hinterköpfe der Leute und spürte, daß Edward sie langsam aus der Bankreihe führte. Sie mußte lange in der Schlange warten, bis sie den Verwandten der Toten die Hand schütteln konnte. Bill sah übereifrig und feierlich aus, schenkte allen ein angedeutetes Lächeln und verständnisvolles Nicken wie ein Leichenbestatter, nicht wie ein Ehemann. Die Kinder sahen verwirrt aus. Überall sahen sich Leute um, beobachteten, wer gekommen war, was sie getragen hatten, und gackerten kopfschüttelnd über Tiffany ... die Trinkerin Tiffany ... die Säuferin Tiffany ... die ... Freundin Tiffany. Und alles glich so sehr dem Begräbnis von Kezias Mutter, daß es kaum zu ertragen war. Nicht nur für sie, sondern auch für Edward. Sein Gesicht war grau, als sie endlich die Kirche verließen. Kezia holte tief Atem, tätschelte seine Hand und blickte zum Himmel empor.

»Wenn ich sterbe, Edward, mußt du dafür sorgen, daß ich in den Hudson geworfen werde oder eine ähnlich einfache und angenehme Bestattung bekomme. Wenn du eine solche Show für mich abziehst, werde ich dir für den Rest deines Lebens als Gespenst erscheinen.« Sie meinte es nicht ganz im Scherz. Aber Edward sah sie unglücklich an.

»Hoffentlich werde ich nicht mehr am Leben sein, um mir darüber Sorgen zu machen. Willst du auf den Friedhof gehen?« Sie zögerte einen Augenblick, dann schüttelte sie den Kopf, sie erinnerte sich an das Versprechen, das sie Luke gegeben hatte. Das Bisherige war schlimm genug gewesen.

»Nein. Gehst du?«

Er nickte schmerzlich.

»Warum?« Weil er es für seine Pflicht hielt. Sie kannte die Antwort nur allzu gut. Eine solche Einstellung brachte Menschen wie Tiffany um. Die Pflicht.

»Wirklich, Kezia. Man muß ...« Sie wartete das Ende des Satzes nicht ab. Sie beugte sich zu ihm, küßte ihn auf die Wange und ging die Treppe hinunter.

»Ich weiß, Edward. Gib auf dich acht.«

Er hatte sie fragen wollen, was sie nachher tun würde, bekam aber keine Gelegenheit dazu und wollte sich ihr nicht aufdrängen. Das war nicht seine Art. Er hielt es für verkehrt, sie aufzuregen. Sie mußte ihr eigenes Leben führen, aber es war ein so unglückseliger Tag gewesen. So ein schlimmer Tag für ihn. Alles hatte ihn so sehr an Liane erinnert. An jenen furchtbaren,

unerträglichen Tag, an dem ... Er beobachtete Kezia, die leichtfüßig in ein Taxi stieg, und wischte sich rasch eine Träne von der
Wange. Er lächelte ihr leicht zu, wie es sich gehörte, als sie aus
dem Rückfenster zu ihm zurückblickte.

»Wie war es?« Lucas erwartete sie mit heißem Tee.

»Entsetzlich. Danke, Liebster.« Sie nahm einen Schluck Tee,
bevor sie den schwarzen Saint-Laurent-Mantel ablegte und mit
ihrer freien Hand den dunklen Nerzhut vom Kopf nahm. »Es
war gräßlich. Ihre Schwiegermutter war so taktlos, die Kinder
mitzubringen.« Aber auch Kezia war seinerzeit beim Begräbnis
ihrer Mutter anwesend gewesen. Vielleicht mußte es so sein. So
schmerzhaft wie möglich, damit alles real wirkte.

»Willst du zum Abendessen ausgehen oder dir etwas bringen
lassen?«

Sie zuckte die Schultern, es war ihr eigentlich gleichgültig. Etwas beunruhigte sie. Nein, eigentlich alles.

»Was ist nicht in Ordnung, Baby? Hat es dich so sehr mitgenommen? Ich sagte dir ja ...« Er sah sie unglücklich an.

»Ich weiß. Ich weiß. Aber es bringt mich ganz durcheinander ... und vielleicht macht mich auch etwas anderes nervös. Ich
weiß nicht, was es ist. Vielleicht, daß ich all diese Fossilien gesehen habe, die noch immer glauben, daß ich ihnen gehöre. Vielleicht macht mir das Kummer. Es wird schon vorbeigehen. Wahrscheinlich bin ich nur wegen Tiffany deprimiert.«

»Bist du sicher, daß du keinen anderen Grund hast?« Er war
beunruhigt, mehr als sie ahnte.

»Ich sagte dir ja, ich weiß es nicht. Aber es ist kein Grund zur
Besorgnis. Es hat nur in letzter Zeit eine Menge Veränderungen
gegeben ... Das Aufgeben meiner Kolumne ... du weißt ja. Es ist
Zeit für mich, erwachsen zu werden, und das ist nie ganz leicht.«
Sie versuchte zu lächeln, aber seine Augen reagierten nicht dar-
auf.

»Mache ich dich unglücklich, Kezia?«

»Ach, Liebster, nein!« Sie war entsetzt. Was für ein lächerlicher Gedanke! Und worüber hatte er sich den ganzen Nachmittag Sorgen gemacht, fragte sie sich. Er sah elend aus.

»Bist du sicher?«

»Natürlich bin ich sicher. Ganz bestimmt, Lucas. Wirklich.«
Sie küßte ihn und bemerkte die Trauer in seinen Augen. Vielleicht
war es Mitleid mit ihr, doch ihr Ausdruck berührte sie zutiefst.

»Tut es dir leid, daß du die Kolumne aufgegeben hast?«

»Nein, ich bin froh darüber. Es ist nur merkwürdig, wenn man
sein Leben verändert. Es macht einen unsicher. Mich jedenfalls.«

»Ja.« Er nickte und schwieg lange, während sie ihren Tee aus-
trank; ihr Mantel lag auf einem Stuhl, das schwarze Kleid, das
sie trug, ließ sie streng aussehen. Er betrachtete sie, und es dauerte lang, ehe er wieder zu sprechen begann. Dann klang seine
Stimme merkwürdig. Der scherzhaft neckende Ton war verschwunden.

»Kezia . . . es gibt etwas, das ich dir sagen muß.«

Sie sah ihn unschuldig an. »Um was handelt es sich, Liebster?«
Dann scherzte sie. »Du bist heimlich verheiratet und hast fünfzehn Kinder?« Sie sprach mit der Selbstsicherheit einer Frau, die
weiß, daß es keine Geheimnisse gibt . . . nur eines.

»Nein, du Dummchen. Ich bin nicht verheiratet. Aber es gibt
etwas anderes.«

»Mach eine Andeutung.« Doch diesmal sah sie nicht besorgt
aus. Es konnte nichts Wichtiges sein, sonst hätte er es nicht jetzt
zur Sprache gebracht. Er wußte, daß sie wegen Tiffany durcheinander war.

»Baby, ich weiß keine andere Art, es dir zu sagen, als rundher-
aus. Aber ich muß es dir sagen. Ich kann nicht länger warten. Ich
bin zu einer Widerrufungsverhandlung vorgeladen.« Die Worte
fielen wie eine Bombe in den Raum. Alles ging in Scherben und
hörte auf.

»Eine was?« Sie konnte ihn unmöglich richtig verstanden haben . . . unmöglich. Sie träumte. Es war einer seiner Alpträume,
den sie unfreiwillig mitbekam.

»Eine Verhandlung. Ich bin zu einer Verhandlung vorgeladen.
Wegen meiner bedingten Strafaussetzung. Sie wollen sie wegen
Anstiftung zum Aufruhr in den Gefängnissen widerrufen. Mit
anderen Worten, wegen Aufwiegelung.«

»O Gott, Lucas . . . sag mir, daß du nur Spaß machst.« Sie

schloß die Augen und saß sehr ruhig da, als würde sie warten, doch er sah, wie ihre zusammengepreßten Hände in ihrem Schoß zitterten.

»Nein, Baby, ich scherze nicht. Ich wünschte, es wäre so, aber es stimmt leider nicht.« Er langte zu ihr hinüber und ergriff ihre kleinen Hände. Sie öffnete langsam die Augen, die voll Tränen standen.

»Seit wann weißt du es?«

»Sie haben es mir schon vor einiger Zeit angedroht. Noch bevor ich dich kennenlernte. Aber ich habe nie geglaubt, daß es dazu kommen würde. Heute erhielt ich die Verständigung für die Verhandlung. Ich glaube, daß der Streik in San Quentin dafür ausschlaggebend war. Sie wurden so wütend, daß sie mich diesmal festsetzen wollen.« Das und Morrisseys Tod.

»O Gott. Was sollen wir tun?« Ihr Gesicht war erschlafft, sie weinte lautlos. »Können sie beweisen, daß du an dem Streik beteiligt warst?«

Er schüttelte den Kopf, aber er sah nicht zuversichtlich aus.
»Nein. Gerade deshalb sind sie so wütend. Jetzt werden sie versuchen, mir irgend etwas anzuhängen. Aber wir werden verdammt auf Draht sein. Ich habe einen guten Anwalt. Und ich habe Glück. Noch vor ein paar Jahren konnte man bei Verhandlungen über den Widerruf einer bedingten Haftentlassung keinen Verteidiger beiziehen. Damals stand man allein vor der Kommission. Also, nur Mut, es hätte schlimmer kommen können. Wir haben einen guten Anwalt, und wir haben einander. Gegen unseren Lebensstil können sie nichts einwenden, er ist so sauber, wie er nur sein kann. Wir müssen nur das tun, was man in solchen Fällen tut. Warten bis zur Verhandlung und dann tapfer kämpfen.«

Sie wußten jedoch beide, daß weder der Kampf noch sein Lebensstil das Schlüsselproblem waren. Er war wegen Aufwiegelung angeklagt. Und zu Recht. »Komm, Kleines, sei tapfer.« Er küßte sie, nahm sie in die Arme, doch ihr Körper war steif und widerstrebend, sie senkte das Gesicht, und die Tränen strömten herab. Er sah, daß ihre Knie zitterten. Er hatte das Gefühl, daß er sie getötet hatte. Und in gewissem Sinn stimmte es.

»Wann ist die Verhandlung?« Sie erwartete fast, daß sie morgen stattfinden würde.

»Es sind noch über sechs Wochen bis dahin. Am achten Januar in San Francisco.«

»Und was dann?«

»Was meinst du mit ›was dann‹?« Sie blieb so regungslos, daß er ernstlich besorgt wurde.

»Was ist, wenn sie dich wieder einsperren?«

»Es wird nicht dazu kommen.« Seine Stimme klang tief und gedämpft.

»Wenn es aber doch so kommt, verdammt noch mal, Luke?« Ihr gequälter, angstvoller Schrei durchbrach die Stille.

»Es wird nicht geschehen, Kezia.« Er senkte die Stimme und versuchte sie zu beruhigen, während er gegen seine eigene Verzweiflung ankämpfte. Die Aussprache verlief ganz anders, als er vorgehabt hatte. Aber was konnte er erwarten? Er hätte es von Anfang an wissen müssen. Er hatte sie sanft aus ihrem Dasein in das seine verpflanzt, und nun erzählte er ihr, daß ihr gemeinsames Haus vielleicht abbrennen würde ... Sie fühlte sich wieder verwaist, das drückten ihre Augen aus. Und an ihrem Schmerz war er schuld. Er spürte die Schwere der Verantwortung für sie wie einen Zementsack auf seinem Herzen lasten.

»Liebling, es wird alles gutgehen. Und wenn es anders kommt – das ist nur ein ›wenn‹ – dann werden wir damit leben müssen. Wir haben beide die Kraft dazu. Wenn wir müssen.« Er wußte, daß zumindest er sie besaß. Aber war sie auch so stark? So, wie sie jetzt aussah, zweifellos nicht.

»Lucas ... nein!« Ihre Stimme sank zu einem kaum hörbaren Flüstern herab.

»Baby, es tut mir so leid ...« Mehr konnte er nicht sagen. Was er so lange befürchtet hatte, war schließlich doch eingetroffen. Das Komische daran war, daß er es vor der Bekanntschaft mit Kezia nicht gefürchtet hatte. Er hatte es als Preis betrachtet, den er möglicherweise bezahlen mußte, als etwas Unangenehmes. Er hatte nichts zu verlieren gehabt ... und nun hatte er alles zu verlieren ... alles stand auf dem Spiel. Und sie mußte den Preis gemeinsam mit ihm bezahlen. Aber er hatte es ihr sagen müssen.

Alejandro hatte ihm deswegen seit Wochen in den Ohren gelegen, er hatte sich gesträubt, hatte Ausflüchte gebraucht, hatte sich etwas vorgemacht. Jetzt half kein Lügen mehr. Die Vorladung lag zu einem Ball zusammengeknüllt auf dem Tisch. Sie hatten ihm die Initiative aus den Händen genommen ... und nun sieh dir das Schlamassel an ... Er hob ihr Kinn sanft in die Höhe und drückte seine Lippen zärtlich auf die ihren. Das war alles, was er ihr geben konnte, was er fühlte, was er war, wie er sie liebte. Sie hatten noch sechs Wochen vor sich. Wenn ihn niemand vorher umbrachte.

22

Zum Erntedankfest aßen sie in ihrem Hotelzimmer in Chicago getoastete Putensandwiches. Die Widerrufungsverhandlung schwebte als Damoklesschwert über ihren Köpfen, doch sie bemühten sich angestrengt, sie zu vergessen. Sie sprachen selten darüber, ausgenommen dann und wann spätnachts. Sie hatten noch sechs Wochen Zeit bis zur Verhandlung, und Kezia war entschlossen, sich von dieser Bedrohung nicht das Leben zerstören zu lassen. Sie bemühte sich mit beinahe fanatischer Entschlossenheit, fröhlich zu wirken. Lucas wußte, was in ihr vorging, doch er konnte wenig tun. Er konnte die Verhandlung nicht wegzaubern. Seine Alpträume kehrten wieder, Kezias Aussehen gefiel ihm auch nicht. Sie hatte schon abgenommen. Aber sie spielte mit. Sie machte die gleichen alten Späße, sie verbrachten eine schöne Zeit. Plötzlich gingen sie zwei- und dreimal am Tag miteinander ins Bett, manchmal auch viermal, als wollten sie einen Vorrat an Zärtlichkeit anlegen, die sie vielleicht bald entbehren mußten. Sechs Wochen waren so kurz. Als sie nach New York zurückkehrten, waren es nur noch fünf.

»Du siehst nicht gut aus, Kezia. Gar nicht gut.«
    »Edward, mein Lieber, du treibst mich zum Wahnsinn.«
    »Ich will wissen, was du vorhast.« Die Kellner kamen vorbei und schenkten weiteren Louis-Roederer-Champagner ein.

»Du steckst deine Nase in meine Angelegenheiten.«

»Ja, das tue ich.« Er wirkte verbittert und gealtert. Sie sah müde und viel älter aus als vor kurzem.

»Also gut, ich bin verliebt.«

»Das habe ich mir gedacht. Ist er verheiratet?«

»Warum nimmst du immer an, daß die Männer, mit denen ich ausgehe, verheiratet sind? Weil ich nicht darüber rede? Verdammt, ich habe ein Recht auf ein eigenes Leben, soviel habe ich im Laufe der Jahre gelernt.«

»Ja, aber du hast nicht das Recht, eine Dummheit zu machen.«

Nein, nur das Recht auf Kummer, mein Lieber, und auf verdammtes Pech. Stimmt's, Edward? Natürlich. Oder ist es nur das Recht auf Pflicht und Leiden? »In diesem Fall, mein lieber Edward, ist die Dummheit ein schöner Mann, den ich anbete. Wir leben und reisen seit ungefähr zwei Monaten miteinander. Und kurz vor dem Erntedankfest erfuhren wir ... daß ...« Ihre Stimme brach ab, und ihr Herz bebte, während sie sich fragte, was sie eigentlich tat ... »Wir erfuhren, daß er krank ist. Furchtbar krank.«

Plötzlich wirkte Edwards Gesicht abgehärmt. »Was für eine Krankheit?«

»Wir wissen es nicht genau.« Jetzt hatte sie begonnen, darüber zu reden. Fast glaubte sie selbst daran. Es war leichter zu ertragen als die Wahrheit, und sie würde Edward sich damit für eine Weile vom Hals schaffen. »Sie versuchen es mit einer neuen Behandlung, und im Augenblick steht seine Chance, am Leben zu bleiben, etwa fünfzig zu fünfzig. Deshalb sehe ich ›nicht gut‹ aus. Zufrieden?«

In ihrer Stimme schwang Bitterkeit mit, und ihre Augen standen voller Tränen.

»Kezia, es tut mir so leid. Ist er ... ist er ... jemand, den ich kenne?«

Verdammt nicht, Süßer. Beinahe hätte sie gelacht. »Nein. Wir lernten einander in Chicago kennen.«

»Ich habe mich schon gefragt, wo es war. Ist er jung?«

»Jung genug, aber älter als ich.« Sie war jetzt wieder ganz ruhig. In gewissem Sinn hatte sie ihm die Wahrheit gesagt. Wenn

Lucas wieder ins Gefängnis mußte, war es mit einem Todesurteil gleichbedeutend. Zu viele Männer haßten oder liebten ihn, er war zu gut bekannt, hatte zu viele Emotionen entfesselt. San Quentin würde seinen Tod bedeuten. Jemand würde ihn töten. Wenn kein Sträfling, dann ein Wärter.

»Ich weiß nicht, was ich dazu sagen soll.« Aber sein Gesicht drückte aus, was er nicht in Worte kleiden konnte. In Edwards Augen lebte ein Geist. Der Geist von Liane Saint Martin. »Dieser Mann ... ist er ... würde ... kommt er auch nach New York?« Er suchte nach einer Information, auf die Kezia nicht explodieren würde, aber er sah keine Möglichkeit, sie sich zu verschaffen. Welche Schulen hatte er besucht? Was macht er? Wo lebt er? Wer ist er? Kezia wäre bei jeder dieser Fragen in Wut geraten. Doch er wollte es wissen. Um jeden Preis. Er war es ihr schuldig ... und sich selbst.

»Ja, er kommt nach New York. Er war hier bei mir.«

»Er wohnt in deiner Wohnung?« Plötzlich fiel ihm ein, daß sie erwähnt hatte, sie hätten zusammengelebt. Mein Gott, wie konnte sie nur?

»Ja, Edward. In meiner Wohnung.«

»Kezia ... ist er ... ist er ...« Er wollte wissen, ob es ein anständiger, ehrenhafter Mensch war, kein Mitgiftjäger ... oder ... »Hauslehrer«, aber er konnte einfach nicht fragen, und sie würde es auch nicht zulassen. Edward hatte den Eindruck, daß er im Begriff war, sie für immer zu verlieren. »Kezia ...«

Als sie ihn ansah, glitzerten Tränen auf ihren Wangen und sie schüttelte ruhig den Kopf. »Edward, ich ... ich kann dir heute nicht mehr sagen. Es tut mir leid.« Sie küßte ihn leicht auf die Wange, nahm ihre Handtasche und stand auf. Er hielt sie nicht zurück. Er konnte es nicht. Er sah ihr nur nach, als sie zur Tür ging, und preßte seine Hände einen Moment sehr fest zusammen, bevor er die Rechnung verlangte.

Sie fuhr in der bitteren Kälte des Winternachmittags mit der U-Bahn nach Harlem. Alejandro war der einzige, der ihr helfen konnte. Sie geriet allmählich in Panik. Sie mußte mit ihm sprechen.

Von der U-Bahn ging sie schnell zum Zentrum, ohne daran zu denken, wie sie in dem langen roten Pariser Mantel und dem prachtvollen weißen Nerzhut aussah. Es war ihr auch ganz egal, wie sie wirkte. In den Straßen, wo sie zwischen Mülleimern und umherlaufenden Kindern einen Slalom beschrieb, betrachtete man sie, als wäre sie ein Wesen vom Mars, doch der Wind war beißend kalt, und es lag Schnee in der Luft. Niemand hatte Zeit, sich in Gedanken mit ihr zu befassen. Man ließ sie in Frieden.

In Alejandros Büro war ein Mädchen, als Kezia hinkam, und sie lachten. Kezia blieb im Türrahmen stehen. Sie hatte angeklopft, aber das Gelächter hatte wohl das Geräusch übertönt.

»Al, bist du beschäftigt?« Sie redete ihn nur selten mit dem Spitznamen an, den Luke verwendete.

»Ich ... nein ... Pilar, würdest du mich entschuldigen?« Das Mädchen sprang auf und ging mit erstauntem Blick an Kezia vorbei. Kezia sah wie jemand vom Film aus.

»Entschuldige, daß ich dich so überfalle.« Ihre Augen unter dem weißen Pelzhut sahen verzweifelt aus.

»Schon gut. Ich war ... Kezia?«

Sie war vor seinen Augen in Tränen ausgebrochen und stand nun gebrochen vor ihm, streckte beide Arme aus, ihre Handtasche lag unbeachtet auf dem Boden, der letzte Rest ihrer Selbstbeherrschung hatte sich in nichts aufgelöst.

»Kezia ... *pobrecita* ... Baby ... nimm es doch nicht allzuschwer ...«

»O Gott, Alejandro ... ich halte es nicht aus.« Sie ließ sich in seine Arme fallen und vergrub ihr Gesicht in seiner Schulter. »Was können wir tun? Sie werden ihn wieder einsperren. Ich weiß es.« Sie schnüffelte und trat zurück, um ihm in die Augen zu sehen. »Sie werden es tun, nicht wahr?«

»Möglicherweise.«

»Du glaubst auch, daß sie es tun werden, nicht wahr?«

»Ich weiß es nicht.«

»Doch, verdammt noch mal, du weißt es. Sag es mir! Jemand soll mir die Wahrheit sagen!«

»Ich kenne die Wahrheit nicht, hol dich der Teufel!«

Sie schrie, und er brüllte noch lauter. Die Wände warfen alles zurück, was sich in ihnen aufgestaut hatte – Angst, Zorn und Enttäuschung.

»Ja, vielleicht werden sie ihn wieder einsperren. Aber um Himmels willen, Lady, gib doch nicht auf, bevor es soweit ist. Was willst du tun? Dich jetzt aufgeben? Ihn aufgeben? Dich umbringen? Warte, bis du das Urteil kennst, dann zerbrich dir erst den Kopf darüber.« Seine Stimme erfüllte den Raum, und sie hörte, wie auch er zu weinen begann, aber sie schwieg. Er hatte sie wieder zur Vernunft gebracht, so daß sie sich jetzt beherrschen konnte.

»Vielleicht hast du recht. Ich habe nur so verdammte Angst, Alejandro. Ich weiß nicht, was ich nun anfangen soll, um das durchzustehen ... Ich spüre die wachsende Panik wie bittere Galle in meinem Inneren.«

»Du kannst nichts tun, nur vernünftig sein und warten. Vor allem nicht in Panik geraten.«

»Und wenn wir uns einfach aus dem Staub machen? Glaubst du, daß sie ihn aufspüren würden?«

»Schließlich und endlich ja, und dann würden sie ihn sofort umbringen. Außerdem würde er das niemals tun.«

»Ich weiß.« Er schloß sie wieder in die Arme. Sie trug noch immer Mantel und Pelzhut, und die Wimperntusche und die Tränen hatten Streifen auf ihr Gesicht gezogen. »Das Schlimmste daran ist, daß ich nicht weiß, wie ich ihm helfen, wie ich es leichter für ihn machen kann. Er steht unter einem so verdammten Druck.«

»An der Situation kannst du nichts ändern. Du kannst ihm nur zur Seite stehen. Und auf dich selbst achtgeben. Es nützt niemandem, wenn du aus dem Gleichgewicht kommst. Vergiß das nicht. Du kannst für ihn nicht dein ganzes Leben oder deine Vernunft aufs Spiel setzen. Und Kezia ... gib noch nicht auf. Nicht ehe sie das Urteil gesprochen haben, wenn sie es überhaupt tun, und nicht einmal dann.«

»Ja.« Sie nickte müde und lehnte sich an den Tisch. »Sicherlich.«

»Ich wußte nicht, daß du ein Feigling bist.«

»Das bin ich nicht.«

»Dann benimm dich auch nicht so. Reiß dich zusammen,

Mädchen. Du hast einen steinigen Weg vor dir, aber niemand sagt, daß es das Ende ist. Für Luke jedenfalls noch nicht.«

»Okay, Mister mit dem großen Mundwerk, ich habe dich verstanden.« Sie versuchte ein Lächeln hervorzuzaubern.

»Dann fang gleich an, dich so zu verhalten, als seist du entschlossen, niemals aufzugeben. Mein großer Freund liebt dich verdammt sehr.« Dann umarmte er sie wieder. »Und ich liebe dich auch, Kleine ... ich auch.« Wieder traten ihr Tränen in die Augen, und sie schüttelte den Kopf.

»Sei nicht so nett zu mir, sonst muß ich wieder weinen.« Sie lachte unter Tränen, und er fuhr ihr durchs Haar.

»Du siehst ganz phantastisch aus, Lady. Wo bist du gewesen? Einkaufen?« Er hatte es eben erst bemerkt.

»Nein. Mit einem Freund beim Mittagessen.«

»Wie du aussiehst, muß es mehr als Sandwiches und Coke gewesen sein.«

»Du bist ja verrückt, Alejandro.« Aber einen Moment lang lachten sie beide unbeschwert, und er nahm seinen Mantel von dem Haken an der Tür.

»Ich bring' dich nach Hause.«

»Bis in die City? Sei nicht albern!« Aber seine Fürsorge rührte sie.

»Für heute habe ich hier genug gearbeitet. Willst du mit mir zusammen die Schule schwänzen?« Er sah jung aus, als er es ihr vorschlug, seine Augen blitzten, er lächelte wie ein übermütiger Junge.

»Ich finde es wirklich nett.«

Sie verließen das Zentrum Arm in Arm, ihr roter Mantel eingehakt in seine graubraune Jacke mit Kapuze aus den Überschußgütern der Armee. Er drückte ihren Arm, und sie lachte ihn an. Sie war froh, daß sie ihn aufgesucht hatte. Sie brauchte ihn, aus anderen Motiven, aber fast ebenso wie Luke.

Bei der U-Bahnstation 86. Straße stiegen sie aus und gingen dann in eines der deutschen Kaffeehäuser auf eine Tasse heiße Schokolade »mit Schlag«: Riesenberge Schlagsahne. Eine Umtata-Kapelle tat ihr Bestes, und Lampen draußen signalisierten schon hoffnungsvolle Vorfreude auf Weihnachten. Sie sprachen kein Wort mehr über den Widerruf, sondern von vergangenen Zeiten. Weihnachten, Kalifornien, seine Familie, ihr Vater. Es war komisch; sie hatte in letzter Zeit viel an ihren Vater gedacht und wollte mit jemandem über ihn sprechen. Es war jetzt so schwierig, sich mit Luke zu unterhalten; jedes Gespräch führte durch ein wirres Labyrinth von Gefühlen zum Widerruf.

»Etwas an deiner Schilderung sagt mir, Kezia, daß du deinem Vater sehr ähnlich bist. Er scheint auch gar kein solcher Konformist gewesen zu sein, wenn man ein wenig genauer hinsieht.«

Die Schlagsahne auf ihrer heißen Schokolade schmolz bereits. »Er war es bestimmt nicht. Aber er hatte eine nette Art, alles zu schaukeln, wenn ich nach dem urteile, was man mir erzählt hat und woran ich mich noch erinnere. Ich habe den Verdacht, daß er nie gezwungen war, sich zu entscheiden.«

»Es waren andere Zeiten. Es waren nicht die gleichen Probleme wie heute. Das mag damit zusammenhängen. Was ist dein Treuhänder für ein Mensch?«

»Edward? Er ist reizend. Und bis in die Knochen das Ergebnis seiner Erziehung. Ich glaube, er ist verdammt einsam.«

»Und in dich verliebt.«

»Ich weiß nicht. Darüber habe ich nie nachgedacht. Ich glaube nicht, daß es der Fall ist.«

»Ich wette, daß du unrecht hast.« Er nahm einen Schluck von dem warmen, süßen Getränk, auf seinen Lippen blieb ein wenig Schlagsahne zurück. »Ich glaube, es gibt eine Menge, was du nicht bemerkst, Kezia. In bezug auf dich und auf deine Wirkung auf andere. In diesem Sinn bist du ein wenig naiv.«

»Wirklich?« Er war ein angenehmer Gesellschafter. Und sie brauchte jemanden, mit dem sie reden konnte. Vor Jahren hatte sie mit Edward so unbeschwert geplaudert, aber jetzt nicht mehr. Auf eine merkwürdige Art war jetzt Alejandro an seine Stelle getreten. Sie hatte sich an Alejandro gewandt, wenn sie weder mit Edward noch mit Luke sprechen konnte. Alejandro gab ihr Trost und väterlichen Rat. Dann kam ihr eine komische Idee. »Und ich nehme an, du bist auch in mich verliebt?«

»Schon möglich.«

»Du Idiot.« Sie wußte, daß er es nicht ernst meinte, lehnte

sich zurück und hörte dem Rhythmus der altmodischen Musik zu. Das Restaurant war überfüllt, aber sie saßen abgesondert von dem Lärm und der Unruhe, so isoliert wie die alten Männer, die an ihren Tischen deutsche Zeitungen lasen.

»Was unternehmt ihr eigentlich zu Weihnachten?«

»Ich weiß noch nicht. Du kennst ja Luke. Ich glaube nicht, daß er einen festen Plan hat. Und wenn, hat er ihn mir nicht verraten. Bleibst du hier?«

»Ja. Ich wollte heim nach L. A. fliegen, aber ich habe im Zentrum zu viel zu tun, und der Flug ist ziemlich kostspielig. Es gibt aber in San Francisco eine Einrichtung, die ich mir einmal näher ansehen will. Vielleicht im Frühjahr.«

»Was für eine Einrichtung?« Sie zündete sich eine Zigarette an und lehnte sich entspannt zurück. Der Nachmittag verlief überraschend angenehm.

»Sie nennen sie dort drüben therapeutische Gemeinschaften. Das gleiche wie unser Zentrum, nur daß die Patienten ständig dort wohnen, wodurch mehr Aussicht für einen Erfolg besteht.« Er warf einen Blick auf die Uhr und war erstaunt, wie spät es war. Es war fünf vorbei.

»Willst du mit uns zu Abend essen?«

Er schüttelte bedauernd den Kopf. »Nein. Ich lasse euch Unzertrennlichen in Frieden. Außerdem gibt es eine ›Kleine‹ in meiner Nähe, um die ich mich kümmern will.«

»Ein Rasseweib in Harlem? Wer ist sie?«

»Die Freundin einer Freundin. Sie arbeitet in einer Tagesheimstätte und hat wahrscheinlich einen großen Busen, Akne und Mundgeruch.«

»Hast du etwas gegen große Busen?«

»Nein. Nur gegen die beiden anderen Eigenschaften. Aber das ist ein bestimmter Typ. Es gibt noch zwei oder drei solche Mädchen, die im Zentrum arbeiten. Und ich bin eben ein Snob. Zumindest was Frauen betrifft.« Er verlangte die Rechnung.

»Wie kommt es, daß du keine feste Freundin hast?« Das hatte sie ihn noch nie gefragt.

»Weil ich entweder zu häßlich bin oder zu geizig. Ich bin nicht sicher, was daran schuld ist.«

»Quatsch. Sag mir die Wahrheit.«

»Wer weiß es? Vielleicht ist meine Arbeit ein Ersatz. Du hattest damals recht – Lucas und ich haben eine Menge gemeinsam. Zuerst kommen unsere Ziele. Für eine Frau ist es schwer, damit zu leben, es sei denn, sie hat selber ein schweres Leben hinter sich. Jedenfalls bin ich wählerisch.«

»Darauf möchte ich wetten.« Und darin lag höchstwahrscheinlich die Wahrheit. Weil er entschieden weder häßlich noch geizig war. Sie fand ihn merkwürdig anziehend und schätzte die Freundschaft, die sich zwischen ihnen angebahnt hatte. »Was ist also mit der Dame heute abend?«

»Ich werde sehen, was sich machen läßt.« Er wich ihr freundlich, aber bestimmt aus, aber Kezia war zu neugierig.

»Wie alt ist sie?«

»Ein-, zweiundzwanzig. So ungefähr.«

»Ich hasse sie jetzt schon.«

»Deine Sorgen möchte ich haben!« Er musterte ihren Porzellanteint. Ihre Augen leuchteten wie Saphire.

»Ja. Aber ich bin bald dreißig. Das ist weit weg von zweiundzwanzig.«

»Und du bist viel besser dran.« Sie dachte einen Moment darüber nach und nickte. Zweiundzwanzig war nicht sehr lustig gewesen. Es wurde erst heiterer, als sie zu schreiben begonnen hatte. Vorher war alles Mist gewesen. Sie war damals unsicher, wußte nicht, wohin sie gehen, was sie anfangen sollte oder was sie werden wollte, während sie äußerlich den Eindruck von unerschütterlicher Sicherheit und Ausgeglichenheit bieten mußte.

»Du hättest mich vor zehn Jahren kennen sollen, Alejandro. Du hättest über mich gelacht.«

»Glaubst du, daß es mir in diesem Alter besser ging?«

»Wahrscheinlich. Du hattest sicher mehr Freiheit.«

»Möglich, aber mir fehlte noch der Verstand. Verdammt, vor zehn Jahren trug ich einen mit viel Brillantine angeklebten Bürstenschnitt. Das war vielleicht komisch! Ich wette, du hast keinen Bürstenschnitt getragen.«

»Nein. Einen Pagenkopf. Und Perlen. Ich war bezaubernd. Das heißeste Mädchen auf dem Heiratsmarkt. Kommt und holt sie euch, meine Herren, eine unberührte, unbenutzte, nahezu fehlerfreie reiche Erbin. Sie geht, sie redet, sie singt, sie tanzt. Ziehen Sie sie auf, dann spielt sie auf der Harfe ›God Bless America‹.«

»Du hast Harfe gespielt?«

»Nein, mein Dummer. Aber alles andere stimmt. Ich war absolut ›wunderbar‹, aber nicht sehr glücklich.«

»Jetzt bist du glücklich. Das ist schon viel, wofür du dankbar sein mußt.«

»Das bin ich auch.« Ihre Gedanken flogen zu Lucas zurück ... und zu der Verhandlung. Alejandro beobachtete die Veränderung in ihren Augen und beeilte sich, zu dem leichten Plauderton der letzten Stunde zurückzufinden.

»Wie kommt es, daß du nicht Harfe spielst? Pflegen das reiche Erbinnen nicht zu tun?« Er war die Harmlosigkeit in Person.

»Nein, das sind die Engel. Die spielen Harfe.«

»Du meinst, das ist nicht das gleiche?«

Sie warf den Kopf zurück und lachte. »Nein, mein Lieber. Sie sind ganz entschieden nicht das gleiche. Ich spiele dafür Klavier. Das ist eine Voraussetzung für die Flügel deiner reichen Erbin. Einige wenige spielen Geige, aber die meisten von uns befassen sich in früher Jugend mit dem Klavierspielen und geben es auf, wenn sie zwölf sind. Chopin.«

»Ich wünschte noch immer, du könntest Harfe spielen.«

»Du kannst mich mal, Mister Vidal.« Er tat, als wäre er schockiert.

»Kezia! Und du willst eine reiche Erbin sein? Du benimmst dich haarsträubend! Was meinst du, daß ich machen kann?«

»Du hast es ja gehört. Komm jetzt, gehen wir nach Hause. Lucas wird sich schon Sorgen machen.« Sie zogen ihre Mäntel an, er ließ das Trinkgeld auf dem Tisch liegen, und sie gingen Arm in Arm in die kalte Luft hinaus. Sie hatte den Nachmittag gut verbracht und fühlte sich wieder ganz ausgezeichnet.

Als sie nach Hause kamen, wartete Lucas lächelnd im Wohnzimmer mit einem Bourbon in der Hand.

»Was habt ihr beiden so getrieben?« Er sah sie gern beisammen, aber Kezia bemerkte, daß er die Augen zusammenkniff. Eifersucht?

»Wir haben eine Tasse heiße Schokolade getrunken.«

»Eine unwahrscheinliche Geschichte. Aber ich verzeihe euch. Dieses Mal.«

»Das ist großherzig von dir, Liebster.« Kezia ging zu ihm und küßte ihn.

Er nahm eine Zigarre aus der Tasche und zwinkerte Alejandro zu, während er einen Arm um ihre Taille legte. »Warum holst du unserem Freund kein kühles Bier?«

»Wahrscheinlich, weil er sich nach der vielen heißen Schokolade mit Schlag, die er getrunken hat, übergeben müßte.«

»Was ist Schlag?« Lukes Stimme klang ungewöhnlich laut. Als ob er schrecklich nervös wäre.

»Schlagsahne.«

»Zum Kotzen! Bring ihm ein Bier.«

»Lucas . . .« Plötzlich fragte sie sich, ob er Alejandro etwas zu sagen hatte, er sah so merkwürdig aus – und ein bißchen niedergeschlagen.

»Schwirr ab.«

Kezia sah ihn seltsam an, dann wandte sie sich zu Alejandro. »Willst du ein Bier?«

Ihr Freund hob beide Hände und zuckte die Schultern. »Nein, aber wer will mit einem Kerl von der Größe streiten?« Alle drei lachten, und Kezia verschwand in die Küche.

Während sie das Licht anknipste, rief sie über die Schulter zurück: »Ich werde dir Kaffee kochen. Bier nach so viel guter Schokolade, das kann nicht gutgehen.«

»In Ordnung.« Alejandro klang zerstreut, als er antwortete, und Kezia fragte sich, was eigentlich los war. Lucas sah aus wie ein kleiner Junge. Oder wie ein Mann mit einem Geheimnis. Ob es etwas mit ihr zu tun hatte? Vielleicht ein Geschenk, eine Dummheit, ein Ausflug, ein Abendessen. Das war Lukes Art. Sie erlaubte sich nicht den Gedanken, daß es etwas mit der Verhandlung zu tun hatte. Das war nicht möglich. Er sah viel zu selbstzufrieden und ein wenig konfus aus.

Etwas später kehrte sie mit zwei Tassen frischgebrühtem Kaffee ins Wohnzimmer zurück. Luke sah aus, als konnte er Kaffee vertragen.

»Schau dir das an, Mann, sie will uns ausnüchtern.« Lukes Stimme klang aufgeräumt, doch Alejandro sah nicht so aus, als müßte man ihn ausnüchtern. Er wirkte angespannt und nicht gerade glücklich, als ob in der kurzen Zeit, während sie nicht im Zimmer gewesen war, etwas Dramatisches passiert wäre. Kezia sah ihn an, dann Luke, dann stellte sie beide Tassen ab und setzte sich auf die Couch.

»Okay, Liebster, Schluß mit dem Theater. Was ist los?« Ihre Stimme war hell, nervös und spröde, ihre Hände hatten zu zittern begonnen. Es hatte mit der Verhandlung zu tun und war überhaupt nicht lustig. Das merkte sie jetzt. »Was ist nicht in Ordnung?«

»Warum, zum Teufel, sollte etwas nicht in Ordnung sein?«

»Erstens«, sie sah entschuldigend von ihm zu ihrem gemeinsamen Freund hinüber, »du mußt schon verzeihen«, dann wandte sie sich wieder Luke zu, »weil du betrunken bist. Lucas. Wie kommt das?«

»Ich bin es nicht.«

»Doch. Und du siehst irgendwie verstört aus. Oder verärgert. Oder ist dir sonst eine Laus über die Leber gelaufen? Zum Teufel, ich will wissen, was gespielt wird. Du hast es Al erzählt, und jetzt sag es mir.«

»Warum glaubst du, ich hätte Al etwas gesagt?« Nun sah er sichtlich nervös aus, und Kezia wurde zornig.

»Hör zu, verdammt noch mal! Rede nicht um den heißen Brei herum. Mir fällt das genauso schwer, mit diesem ganzen Mist fertig zu werden, wie dir. Sag es mir endlich! Was ist nicht in Ordnung?«

»Ach, um Himmels willen, hast du das gehört, Al?« Er sah beide mit gekünsteltem Lächeln an und schlug ein Bein über das andere, dann stellte er es wieder auf den Boden, während Alejandro sehr verstört aussah.

Kezia wandte ihren Blick von Lucas zu ihm. »Also gut, Alejandro, willst du mir sagen, was los ist?« Ihre Stimme wurde unangenehm schrill, näherte sich einem hysterischen Anfall. Luke mischte sich ungeduldig ein, erhob sich abrupt und wurde sofort bleich.

»Beruhige dich doch, Kleines. Ich werde es dir selbst sagen.«
Doch als er sich ihr zuwandte, drehte sich der Raum um ihn,
und er wäre fast in die Knie gegangen. Alejandro lief zu ihm und
nahm ihm das halbleere Glas aus der Hand. Der größte Teil des
Bourbon war auf den Teppich geschwappt, und Lukes Gesicht
war nun erschreckend blaß.

»Nur mit der Ruhe, Bruder.« Er stützte ihn mit einem Arm,
während Kezia an seine andere Seite eilte.

»Lucas!« Ihr Blick war verzweifelt, während Luke sich schwer
neben ihr auf den Boden setzte und den Kopf auf die Knie legte.
Er war betrunken und schockiert. Doch dann wandte er ihr langsam das Gesicht zu und sah sie liebevoll an.

»Es ist kein Drama, Kleines. Jemand hat versucht, mich um-
zulegen. Sie haben mich nur um einen Zoll verfehlt.« Bei den
letzten Worten schloß er die Augen, als hätte er Angst vor ihrem
Blick.

»Was hat jemand?« Sie ergriff mit beiden Händen sein Gesicht, und er blickte langsam zu ihr auf. In ihrem Blick war noch
keine Reaktion zu erkennen. »Jemand hat versucht, mich umzubringen, Kezia, oder mich zu Tode zu erschrecken. Eines von
beidem, aber ich bin vollkommen in Ordnung. Ich bin nur ein
wenig erschrocken, sonst fehlt mir nichts.«

Ihr fiel sofort Morrissey ein, und sie wußte, daß auch Lucas an
ihn gedacht hatte. »Mein Gott ... Lucas ... wer hat es getan?«
Sie saß zitternd neben ihm, sie fühlte sich, als wäre sie seekrank.

»Ich weiß es nicht. Schwer zu sagen.« Er zuckte die Schultern
und sah plötzlich sehr müde aus.

»Komm, Mann, wir bringen dich zu Bett.« Alejandro stellte
ihn auf die Beine, er war im Zweifel, ob er Lucas oder Kezia
stützen sollte. Ihr ging es fast noch schlechter. »Schaffst du es,
Luke?«

»Machst du Witze? Ich bin doch nicht verletzt, Mann. Ich bin
betrunken.« Er kicherte einen Augenblick stolz, während er ins
Schlafzimmer ging. Alejandro runzelte die Stirn und schüttelte
den Kopf, während Kezia Luke an die Kissen lehnte. »Um Himmels willen, Kezia, ich liege doch nicht im Sterben. Übertreib
doch nicht. Und bring mir noch etwas zu trinken, bitte.«

»Ist das vernünftig?«

Er verdrehte die Augen. »Ach, soll ich immer vernünftig sein?«
Sie lächelte zum ersten Mal seit zehn Minuten, aber sie spürte,
wie ihre Knie schlotterten, als sie auf den Bettrand sank.

»Mein Gott, Lucas, wie ist es passiert?«

»Ich weiß es nicht. Ich war heute in Spanish Harlem, um mit
einigen Burschen zu sprechen, wir gingen die Straße hinunter,
und schrumm! traf mich jemand beinahe am Arm. Der Scheißkerl muß auf mein Herz gezielt haben, aber miserabel.«

Kezia starrte ihn erschrocken und ungläubig an. Es hätte so
sein können wie bei Morrissey. Er hätte tot sein können. Als sie
daran dachte, lief es ihr eiskalt über den Rücken.

»Wußte sonst noch jemand von der Zusammenkunft?« fragte
Alejandro, der seinen Freund verängstigt ansah.

»Ein paar Leute.«

»Wie viele?«

»Zu viele.«

»O Gott, Lucas ... wer hat es getan?« Kezia senkte plötzlich
den Kopf und schluchzte. Luke beugte sich vor, legte den rechten
Arm um sie und zog sie an sich.

»Komm, Baby, reg dich nicht auf. Es hätte jeder sein können.
Irgendein Verrückter, der sich einen Spaß machen wollte. Oder
vielleicht jemand, der mich kannte. Es kann ein schwergewich-
tiger Rechtsradikaler gewesen sein, der etwas gegen die Gefängnisreform hat. Es kann ein zorniger Linksradikaler gewesen sein,
dem ich zu wenig ›brüderlich‹ bin. Was bedeutet das? Sie haben
es versucht. Sie haben mich nicht getroffen. Mir geht es gut. Dir
geht es gut. Ich liebe dich. Also ... kein großes Palaver, bitte.
Okay?« Er sank mit strahlendem Lächeln in die Kissen zurück.
Doch weder Kezia noch Alejandro ließen sich von der gespielten
Tapferkeit beeindrucken.

»Ich bringe dir noch einen Drink.« Alejandro verließ das Zimmer und trank in der Küche selbst ein Glas. Verdammt. So weit
war es also. Und Kezia steckte mit drin. Gräßlich. Er seufzte tief,
während er mit einem großen Bourbon pur für Luke wieder ins
Schlafzimmer kam. Kezia weinte wieder, als er eintrat, doch diesmal verhalten. Die beiden Männer wechselten einen langen Blick

über ihren Kopf hinweg, und Luke nickte bedächtig. Es war ein verdammter Tag gewesen. Sie fragten sich beide, ob es bis zur Verhandlung so weitergehen würde. Es konnte auch ein Polizist gewesen sein, doch das sagten sie Kezia nicht. Es war Tatsache, daß Lucas nur bei denen beliebt war, mit denen er draußen arbeitete, oder bei den Männern in den Gefängnissen im ganzen Land, die direkt von seiner Tätigkeit profitierten. Davon abgesehen begriffen nur wenige, worum es ging. Und er war ebenso verhaßt, wie er beliebt war.

»Ich werde einen Leibwächter für dich engagieren.« Sie sah Luke schluchzend an, während er einen langen Schluck von seinem Bourbon machte und Alejandro sich neben dem Bett auf einen Stuhl setzte. Sie saß noch immer neben Luke.

»Nein, hübsche Dame, das wirst du nicht tun. Keinen Leibwächter, keinen Unsinn. Das passiert nur einmal. Es wird nicht wieder vorkommen.«

»Woher weißt du das?«

»Baby ... zwing mich nicht. Laß mich diese Sache allein erledigen. Von dir will ich nur dein bezauberndes Lächeln und deine Liebe.« Er tätschelte ihre Hand und nahm noch einen langen Schluck Bourbon. »Ich will von dir nur, was du mir jetzt schon gibst.«

»Ja, aber nicht meinen Rat«, schränkte sie traurig ein. »Warum willst du mich keinen Leibwächter engagieren lassen?«

»Weil ich schon einen habe.«

»Du hast einen angestellt?« Warum erzählte er ihr so etwas nicht?

»Eigentlich nicht. Aber ich werde seit einiger Zeit von Bullen beschattet.«

»Von Bullen? Warum von ihnen?«

»Verdammt noch mal, warum glaubst du wohl, Kleines? Weil sie mich für eine Gefahr halten.« Sie sah jetzt alles aus einem anderen Blickwinkel, und es gefiel ihr nicht. Plötzlich wurde ihr klar, daß Luke in gewissem Sinn ein Geächteter war, und da sie mit ihm lebte, befand sie sich gleichfalls in dieser schwachen Position dem Gesetz gegenüber. Irgendwie war ihr ihre Lage noch nie ganz klar gewesen. »Und mach dir nichts vor, Liebling, es kann ebensogut ein Bulle gewesen sein, der heute versucht hat, mich ins Jenseits zu befördern.«

»Ist das dein Ernst?« Sie wurde noch eine Nuance blasser. »Würden sie dir das antun, Luke?«

»Ganz sicher. Wenn sie eine Chance hätten, ungestraft davonzukommen, würden sie es sofort tun. Und mit Freuden.«

»O Gott!« Polizisten würden auf den wehrlosen Luke schießen? Man erwartete von ihnen, daß sie den braven Bürgern Schutz gewährten. Aber das war eben der springende Punkt. Kezia begriff endlich. Für die Polizei war Lucas nicht »anständig«. Das war er nur in ihren und Als Augen und in denen seiner Freunde, nicht in den Augen der Bonzen und des Gesetzes.

Luke wechselte einen raschen Blick mit Alejandro, der langsam und unglücklich den Kopf schüttelte. Ihnen stand eine schwere Zeit bevor, das war ihm klar. »Aber ich werde dir etwas sagen, Kezia. Du tust von nun an genau das, was ich dir sage. Keine Besuche bei Al in Harlem, kein einsamer Spaziergang im Park, keine Fahrt mit der U-Bahn. Nur wenn ich dir sage, daß du etwas ungefährdet tun kannst. Ist das klar?« Er hatte wieder sein Generalsgesicht aufgesetzt. »Ja oder nein?«

»Ja, aber ...«

»Kein aber!« Jetzt brüllte er. »Hör mir doch einmal in deinem Leben zu, verdammt noch mal! Denn wenn du es nicht tust, du verflixte, dumme, naive Person ... denn wenn du es nicht tust«, seine Stimme begann zu beben, sie sah zu ihrem Schrecken Tränen in seinen Augen, »werden sie vielleicht anstatt mich dich erwischen. Und wenn sie das täten ...« Seine Stimme brach und wurde weich, und er sah zu Boden, »wenn sie das täten ... könnte ich ... es nicht ertragen ...« Sie hatte selbst Tränen auf den Wangen, als sie die Arme um ihn legte und seinen Kopf an ihre Brust zog. Sie blieben in dieser Stellung, und es erschien ihnen wie Stunden, während Luke in ihren Armen weinte; sie wußte nicht, daß er sich Vorwürfe machte, weil er sie in diese Lage gebracht hatte. O Gott ... wie konnte er das einer Frau antun, die er liebte ... Kezia ... Schließlich schlief er in ihren Armen ein, und als Kezia ihn auf das Kissen gleiten ließ und das Licht ausmachte, erinnerte sie sich plötzlich an Alejandro, der vermutlich noch im Stuhl daneben saß. Sie drehte sich zu ihm um, doch er war längst mit seinem ganz persönlichen Kummer weggegangen, ohne eine Kezia zu haben, in deren Armen er sich ausweinen konnte. Wie bei Luke galten auch seine Tränen ihrer Person.

23

Lucas legte den Telefonhörer verzweifelt auf, und Kezia wußte sofort Bescheid.

»Wer war es?« Aber sie mußte nicht erst fragen. Sie wußte, daß es keine Rolle spielte, ganz gleich wie er hieß, aus welcher Stadt er anrief. Wenn er Anrufe über Gefängnisse bekam, machte er immer dieses Gesicht und sprach in diesem Ton. Aber jetzt so kurz vor Weihnachten ...

»Es war einer meiner verrückten Freunde drüben in Chino.«

»Und?« Sie wollte sich nicht abspeisen lassen.

»Und ...« Er fuhr sich mit der Hand durch die Haare und biß das Ende einer Zigarre ab, die auf dem Tisch gelegen hatte. Es war fast Mitternacht, und er war in Shorts, barfuß, mit nacktem Oberkörper im Haus herumgegangen. »Sie wollen, daß ich hinüberkomme. Glaubst du, daß ich dich allein lassen kann?«

»Du meinst, ich soll mit dir kommen?« Es war das erste Mal, daß er es vorschlug.

»Nein, ich meine, daß du allein hierbleibst. Zu Weihnachten bin ich wieder zurück. Aber ... sie scheinen mich zu brauchen. Oder zumindest glauben sie es.« In seiner Stimme lag eine gewisse Schroffheit, Macho in Reinkultur, typisch männlich. Außerdem schwang in seinen Worten Erregung mit, ganz gleich wie sorgfältig er seine Unruhe zu verbergen suchte. Er liebte seine Aufgabe. Die Zusammenkünfte, die Revolten, das Anliegen. Er liebte es, es den Bullen heimzuzahlen und seinen Brüdern zu helfen. Dafür lebte er. In seiner Welt gab es keinen Platz für Kezia. Es war eine Welt von Männern, die lang genug ohne Frauen gelebt hatten, um zu wissen, daß sie auch ohne sie auskommen konnten, wenn es notwendig war. Es fiel ihnen sogar schwer, sie wieder in ihr Leben zu integrieren. Und das war ein Punkt, in dem Luke nicht nachgab. Er zog keinen einzigen Augenblick in Betracht, sie mitzunehmen. Nicht, wenn eine akute Gefahr für sie damit verbunden war. Nicht nach dem Attentat in San Francisco. Nicht, nachdem er fast erschossen worden wäre. Sie wußte, daß es verrückt von ihr gewesen war, zu hoffen, daß er sie diesmal auffordern würde mitzukommen. Er tat es nicht.

»Ja, ich kann damit fertig werden, Luke. Aber du wirst mir fehlen.« Sie versuchte, Traurigkeit und Angst aus ihrer Stimme herauszuhalten, aber er ließ sich nicht täuschen. Sie sah ihn an und zuckte die Schultern. »So geht es eben. Bist du sicher, daß du zu Weihnachten zurück sein wirst?«

»Bis jetzt steht dem nichts im Wege. Man befürchtet, daß es zu Unruhen kommt. Ich glaube aber, daß wir alles unter Kontrolle bringen können, bevor es ernst wird.« Vielleicht. Wenn. Sie fragte sich, ob er es ernst meinte oder ob er lieber mit dem Feuer spielen wollte. Aber sie wußte, daß sie ihm unrecht tat. »Es tut mir leid, Kleine.«

»Mir auch, aber ich schaffe es schon.« Sie trat zu ihm, legte ihm die Arme um den Hals, küßte ihn sanft auf den Hinterkopf und nahm den frischen würzigen Geruch der Zigarre wahr. Er zog in den »Kampf«. Wieder einmal. »Lucas ...« Sie zögerte, es auszusprechen, mußte es aber tun.

»Was gibt es, Baby?«

»Es ist verrückt von dir, es zu diesem Zeitpunkt zu tun. Kurz vor der Verhandlung. Und ...« Sie hatte Hemmungen, offen zu sagen, was sie befürchtete, aber er wußte es ohnehin. Er hatte die gleichen Bedenken.

»O Gott, Kezia, fang nicht wieder damit an.« Er löste sich von ihr, stand auf und ging halb nackt, seine Zigarre paffend, mit grimmigem Gesichtsausdruck durch den Raum. »Gib nur auf dich acht. Es spielt doch überhaupt keine Rolle mehr, was ich jetzt tue, bei der Menge Unsinn, den ich mir bei der Verhandlung auf jeden Fall anhören muß. Ich habe nichts anderes getan, seit ich aus dem Gefängnis kam. Meinst du, daß einmal mehr einen Unterschied ausmacht?«

»Vielleicht.« Sie ließ ihn nicht aus den Augen. »Vielleicht könnte dieses eine Mal zwischen Widerruf und Freiheit entscheiden. Oder zwischen Leben und Tod.«

»Unsinn. Und wie auch immer ... ich muß hin, da hilft nichts.« Er schlug die Tür zum Schlafzimmer zu, und sie hätte gern gewußt, wie nah sie der Wahrheit gekommen war. Er hatte kein Recht, ihr das anzutun, sein Leben aufs Spiel zu setzen und damit auch das ihre. Wußte er überhaupt, was er ihr antat, wenn diese Reise ihn die Freiheit oder sein Leben kostete, oder dachte er darüber nicht nach? Der elende Macho ...

Kezia folgte ihm ins Schlafzimmer und sah ihm zu, während er einen Koffer aus dem Schrank holte. Sie beobachtete ihn mit blitzenden Augen und bleischwerem Herzen.

»Lucas ...« Er antwortete nicht. Er wußte, was sie wollte. »Fahr nicht ... bitte, Luke ... nicht mir zuliebe. Dir zuliebe.« Er sah sie an, und ohne ein weiteres Wort mit ihm zu wechseln, wußte sie, daß sie verloren hatte.

Am dreiundzwanzigsten erhielt Kezia den Anruf, den sie befürchtet hatte. Er würde zu Weihnachten nicht nach Hause kommen. Er mußte mindestens noch eine Woche bleiben. Bei dem Streit in Chino waren schon vier Männer ums Leben gekommen, und Weihnachten oder sein Zuhause waren unwichtig geworden. Kezia überlegte kurz, ob sie ihm sagen sollte, was für ein elender Schuft er war, doch sie brachte es nicht über sich. Er war ja keiner. Er war einfach Luke.

Sie wollte Edward gegenüber nicht zugeben, daß sie Weihnachten allein verbringen mußte. Es war ein so peinliches Eingeständnis, das Eingeständnis einer Niederlage. Er hätte versucht, nett zu ihr zu sein, und darauf bestanden, das Fest mit ihm im Palm Beach zu verbringen, was sie auf keinen Fall wollte. Sie wollte die Feiertage mit Luke verbringen, nicht mit Edward oder Hilary. Sie hatte mit dem Gedanken gespielt, nach Kalifornien zu fliegen und ihn zu überraschen, aber sie wußte, daß sie nicht willkommen gewesen wäre. Wenn er bei seiner Arbeit war, gab es nichts anderes. Die Geste hätte ihn weder gefreut noch ihm gefallen, er wäre wahrscheinlich sowieso nicht imstande gewesen, ihr auch nur ein bißchen Zeit zu widmen.

Sie blieb also allein. Mit einem Stoß gedruckter Einladungs-
karten und mit roter und grüner Tinte geschriebener Billets, sie
solle auf einen Drink vorbeikommen oder an einer der »fashion-
ablesten« Feiertagsparties der Stadt teilnehmen, die Art von Einladungen, für die andere Leute den rechten Arm und einen
Eckzahn geopfert hätten. Eierlikör, Punsch, Champagner, Kaviar, Gänseleberpastete, lustige kleine Geschenke von Bendel's
oder Cardin. Die Kotillons waren in vollem Schwung, wenn sie
die Debütantinnen der Saison kennenlernen wollte, was nicht
der Fall war. Es gab einen Boom an Wohltätigkeitsbällen, eine
Galaparty mit Frackzwang in der Oper und ein Eislauffest im
Rockefeller Center anläßlich der Hochzeit von Halpern Medley
und Marina Walters. Im El Morocco würde Feiertagsstimmung
herrschen. Außerdem gab es immer noch Gstaad oder Chamo-
nix ... Courchevel oder Klosters ... Athen ... Rom ... Palm
Beach. Doch nichts davon reizte sie. Nichts davon.

Nachdem Kezia das alles flüchtig überdacht hatte, gelangte
sie zu dem Schluß, daß sie sich allein weniger einsam fühlen
würde als inmitten nichtssagender Ausgelassenheit. Sie war nicht
sehr festlich gestimmt. Sie dachte kurz daran, eine Freundin zu
sich einzuladen, um mit ihrer Hilfe über den Weihnachtstag hin-
wegzukommen, aber es fiel ihr niemand ein, mit dem sie zusammen sein wollte ... außer Lucas. Außerdem hatten alle sicherlich ein fixes Weihnachtsprogramm, so wie sie im Augenblick bei Bergdorf's und Sak's programmgemäß leuchtend rosa
Pantoffel und papageigrüne Kleider kauften oder im Oak Room
Rum tranken oder ihren Müttern in Philadelphia oder Boston
oder Bronxville oder Greenwich halfen, »fertig zu werden«, jeder wurde irgendwo erwartet, und sie war wirklich allein. Mit
einem Heer von Portiers und Haushandwerkern, von denen jeder sein Weihnachtsgeschenk erhalten hatte. Um den fünfzehnten
Dezember herum hinterlegte der Verwalter diskret ein vervielfäl-
tigtes Blatt in der Post. Zweiundzwanzig Namen von Personen,
die alle Geschenke erwarteten. Fröhliche Weihnachten.

Es war der Nachmittag des vierundzwanzigsten Dezember,
Kezia ging in ihrem cremefarbenen Satinkleid durch die Wohnung. Draußen lag ein Hauch von Schnee.

»Fröhliche Weihnachten, mein Liebster.« Die geflüsterten Worte waren für Lucas bestimmt. Er hatte Wort gehalten und jeden Tag angerufen, und sie wußte, daß er später anrufen würde. Weihnachtsfeier per Telefon. Es war besser als gar nichts, aber nicht viel besser. Die in Silberpapier eingewickelten Schachteln auf ihrem Schreibtisch waren für ihn bestimmt – ein Schlips, ein Gürtel, eine Flasche Eau de Cologne, eine Aktentasche und zwei Paar Schuhe. Eine Sammlung von sogenannten praktischen Geschenken, von denen sie wußte, daß sie ihn zum Lachen bringen würden. Sie hatte ihm bei ihrer ersten Begegnung alle Dinge erklärt, die »in« waren, als übersetzte sie das Alltagsamerikanisch in die Sprache der Welt, in der sie lebte. Gemäß ihrem Status. Die Schlipse von Dior, die Schuhe von Gucci, der Koffer von Vuitton mit den häßlichen LVs auf der senf- und erdfarbenen Oberfläche. Er hatte darüber gelacht, als sie es ihm erzählte. »Du meinst, alle diese Leute tragen die gleichen Schuhe?« Sie hatte sein Lachen erwidert und erklärt, daß auch die Frauen dem Modezwang unterworfen waren. Ein Stil für die Frauen und ein anderer für die Männer. Verschiedene Stile hätten die Käufer verwirrt, also gab es nur einen einzigen. Natürlich hatte man die Auswahl zwischen verschiedenen Farben. Es war alles so schrecklich, schrecklich originell, nicht wahr? Aber zwischen ihnen war es zu einem Standardscherz geworden, und beide mußten unwillkürlich lachen, wenn sie auf der Straße einem Paar Guccis begegneten oder wenn eine Frau ein Pucci-Kleid trug. Die Pucci-Gucci-Clique. In dieser Beziehung waren sie sich einig. Das hatte sie ihm also als Weihnachtsgeschenk gekauft. Einen Schlips von Pucci, einen Gürtel von Gucci, Eau de Cologne Monsieur Rochas (das sie eigentlich sehr mochte), eine Aktentasche von Vuitton und die unersetzbaren Schuhe von Gucci aus schwarzem Leder, Standardmodell, sowie natürlich ein gleiches Paar aus braunem Wildleder. Sie lächelte, wenn sie sich vorstellte, wie er die Pakete öffnen und was für ein Gesicht er dabei machen würde.

Ihr Lächeln vertiefte sich, als sie an die wirklichen Geschenke dachte, die sie für ihn gekauft und in der Innentasche der Aktentasche versteckt hatte. Sie waren es, auf die es ihr ankam und die für ihn von Bedeutung sein würden. Der Siegelring mit dem dunkelblauen Stein, auf dem seine Initialen eingraviert waren; außerdem waren ihre Initialen und das Datum in kleinen Lettern an der Innenseite der Fassung eingraviert. Ein in Leder gebundener Gedichtband war sorgfältig in Seidenpapier gepackt; er hatte ihrem Vater gehört und einen Ehrenplatz auf seinem Schreibtisch eingenommen, solange sich Kezia erinnern konnte. Der Gedanke, daß er nun Luke gehören würde, machte sie glücklich. Dieses Buch bedeutete ihr sehr viel. Es war ein Stück Tradition.

Sie trank eine Tasse heiße Schokolade, während sie auf den Schnee hinausblickte. Draußen war es kalt, sehr kalt, wie es nur in New York und ein paar anderen Städten der Welt sein konnte. Die Art von Kälte, die einem eine Ohrfeige versetzte, wenn man aus der Tür trat. Der eisige Wind fegte um die Beine und strich wie Stahlwolle über die Wangen, und das Kondenswasser auf den Fenstern war zu Eisblumen gefroren.

Das Telefon klingelte. Das konnte Luke sein. Sie wagte nicht, sich nicht zu melden.

»Hallo?«

»Kezia?«

Es war nicht Lukes Stimme, sie war nicht ganz sicher, um wen es sich handelte. Die Stimme hatte einen ganz leichten Akzent. »Was machst du hier?«

»Ach, Alejandro!«

»Wen hast du denn erwartet? Den Weihnachtsmann?«

»Beinahe. Ich nahm an, daß es Luke ist.«

Er lächelte über den Vergleich. Auf so eine Idee konnte auch nur sie verfallen. »Ich hatte den Verdacht, daß du hier sein würdest. Ich habe die Zeitungen studiert und kann mir vorstellen, wie es in Chino ist. Ich war davon überzeugt, daß er dich nicht bei sich haben wollte. Und was hast du vor? Zehntausend Parties?«

»Nein. Keine einzige. Und du hast recht. Er wollte mich nicht bei sich haben. Er ist zu beschäftigt.«

»Das stimmt, und außerdem ist er an keinem sehr sicheren Ort.« Alejandro wurde ernst.

»Nein. Aber für ihn ist es auch nicht sicherer. Er ist ein Narr, daß er sich jetzt in diese Geschichte hineinziehen läßt. Es wird noch mehr Zündstoff für die Verhandlung schaffen. Aber Luke will ja nie auf jemanden hören.«

»Was gibt es sonst Neues? Was machst du zu Weihnachten?«

»Ach, ich werde meinen Strumpf im Kamin aufhängen und Bäckereien mit einem Glas Milch für den Weihnachtsmann bereitstellen und ...«

»Milch? *Qué* schauerlich!«

»Was würdest du denn vorschlagen?«

»Natürlich Tequila. O Gott, wenn der arme Schweinehund überall in der Welt trinken muß, frage ich mich, warum er sich überhaupt die Mühe mit der Reise macht.«

Sie lachte und knipste ein paar Lampen an. Sie hatte in der frühen Dunkelheit der Winterdämmerung am Telefon gestanden.

»Ist es zu spät, um ein wenig Tequila zu bechern?«

»Baby, dafür ist es nie zu spät.«

Sie lachte wieder, weil er so ernsthaft sprach. »Und was hast du zu Weihnachten vor? Wieder Arbeit im Zentrum?«

»Ja, ein wenig. Es ist besser, als allein zu Hause herumzusitzen. Weihnachten mit meiner Familie ist immer ein Problem. Wenn ich nichts zu tun habe, deprimiert es mich, fern von meiner Arbeit zu sein. Wie kommt es, daß du nicht zu all den phantastischen Parties gehst?«

»Weil sie mich deprimieren würden. Ich bleibe dieses Jahr lieber allein.« Sie dachte wieder an die Verhandlung am achten Januar. Es war aber seltsam, in letzter Zeit hatte sich ihre Angst um Luke fast gegeben. Der erste Schock wegen der Verhandlung war verflogen. Sie sah in ihr beinahe etwas Unwirkliches. Nur eine Zusammenkunft, zu der sie gehen mußten. Den magischen Kreis um Kezia und Luke konnte nichts stören. Auf keinen Fall eine Verhandlung.

»Du sitzt also ganz allein zu Hause herum?«

»Gewissermaßen.«

»Was meinst du mit ›gewissermaßen‹?«

»Also gut. Ja, ich bin ganz allein. Aber nicht so, daß ich mir die Augen ausweine. Mir gefällt es einfach, friedlich zu Hause zu sitzen.«

»Aber natürlich. Geschenke für Luke sind überall im Haus verstreut, du hast dir nicht die Mühe gemacht, einen Weihnachtsbaum zu schmücken, du nimmst den Telefonhörer nicht ab oder nur, wenn du glaubst, es könnte Luke sein. Hör zu, Lady, das ist eine beschissene Art, Weihnachten zu feiern. Habe ich recht?« Er wußte, daß es so war. Inzwischen kannte er sie.

»Nur teilweise, Papa Alejandro. Junge, hörst du dich aber gern reden! Und die Geschenke für Luke sind nicht ›überall im Haus‹ verstreut, sie sind ordentlich auf meinem Schreibtisch aufgestapelt.«

»Und was ist mit dem Baum?«

»Ich habe gar keinen gekauft.« Sie war plötzlich kleinlaut.

»Ein Frevel!«

Sie lachte wieder und kam sich albern vor. »Also gut. Ich werde einen kaufen. Und was soll ich dann tun?«

»Nichts. Hast du Popcorn?«

»Hmmmm . . . ja. Tatsächlich habe ich welches.« Es war noch etwas vom letzten Mal übrig, als sie und Luke im Schlafzimmerkamin um drei Uhr früh welches geröstet hatten.

»Okay. Dann bereite ein wenig Popcorn vor, mache heiße Schokolade oder etwas Ähnliches, und ich bin in einer Stunde bei dir. Oder hast du andere Pläne?«

»Keineswegs. Ich warte nur noch auf den Weihnachtsmann.«

»Er wird in einer Stunde mit der U-Bahn kommen.«

»Auch wenn ich keinen Tequila im Haus habe?« Sie zog ihn auf; sie freute sich, weil er sie besuchen wollte.

»Keine Sorge. Ich bringe meinen eigenen mit. Man stelle sich nur vor, sie hat nicht einmal einen Baum!« Aus seiner Stimme war freundschaftliche Empörung herauszuhören. »Okay, Kezia. Auf später.« Es klang schon, als wäre er in Eile, als er den Hörer auflegte.

Eine Stunde später kam er mit einer riesigen schottischen Fichte im Schlepptau daher.

»In Harlem bekommt man sie billiger, besonders am Weihnachtsabend. Hier hätte sie dich zwanzig Piepen gekostet. Ich bekam sie für sechs.« Er sah erfroren, zerzaust, aber quietschvergnügt aus. Es war ein schöner Baum, größer als er, und seine

586

dichten Zweige breiteten sich aus, als Alejandro die Schnüre entfernte, mit denen sie zusammengebunden waren. »Wohin soll ich ihn stellen?« Sie zeigte auf eine Ecke, dann streckte sie sich unerwartet und küßte ihn auf die Wange.

»Alejandro, du bist der beste Freund auf der Welt. Es ist ein schöner Baum. Hast du den Tequila mitgebracht?« Sie hängte seinen Mantel in den Schrank und sah sich dann den Baum an. Nun begann es im Zimmer nach Weihnachten auszusehen. Da Luke nicht beabsichtigt hatte, nach Hause zu kommen, hatte sie keine Weihnachtsvorbereitungen getroffen, die sie für gewöhnlich liebte. Keinen Baum, keinen Kranz, keinen Zimmerschmuck und sehr wenig Weihnachtsstimmung.

»Mein Gott, ich habe den Tequila vergessen!«

»Ach nein ... was hältst du von Cognac?«

»Ich werde mich damit begnügen.« Offensichtlich gefiel ihm ihr Angebot.

Sie schenkte ihm ein Glas Cognac ein und stöberte die Schachtel mit dem Weihnachtsschmuck im obersten Fach eines Schranks auf. Es war alter Schmuck, der zum Teil noch von ihrem Großvater stammte. Sie nahm ihn vorsichtig heraus und zeigte ihn Alejandro.

»Er sieht recht extravagant aus.«

»Nein, nur alt.«

Sie trank ebenfalls ein Glas Cognac, dann befestigten sie gemeinsam die Kerzen und hängten den Schmuck auf den Baum, bis die Schachtel leer war.

»Er sieht wirklich schön aus, nicht wahr?« Ihr Gesicht strahlte wie das eines Kindes, und er umarmte sie. Sie setzten sich mit ihren Cognacgläsern und einer großen Kristallschüssel mit Popcorn nebeneinander auf den Fußboden.

»Ich finde, wir haben verdammt gute Arbeit geleistet.« Er war durch die Drinks ein wenig angeheitert, und seine Augen strahlten glücklich.

»Hör mal ... willst du einen Kranz flechten?« Sie hatte soeben an die Gebinde gedacht, die sie als Kind alljährlich geflochten hatte.

»Einen flechten? Womit denn?«

»Dazu brauchen wir einen Zweig von dem Baum ... und ein paar Früchte ... und ... warte mal, Draht ...« Sie sah sich um und legte sich im Geist alles zurecht, dann ging sie in die Küche und kam mit einem Messer und einer Schere zurück.

»Du schneidest auf der Hinterseite einen von den Zweigen ab, so daß man es nicht sieht. Ich besorge den Rest.«

»Ja, Ma'am. Du bestreitest die Vorstellung.«

»Warte nur, bis du es fertig siehst.« Seine leuchtenden Augen waren ansteckend gewesen, jetzt leuchteten die ihren ebenfalls, während sie zusammenkramte, was sie brauchen würden. Sie würden Weihnachten feiern! Binnen weniger Minuten war alles auf dem Küchentisch ausgebreitet. Sie wischte sich die Hände an den Jeans ab, krempelte die Ärmel ihres Pullovers auf und machte sich an die Arbeit, während Alejandro belustigt zusah. Sie sah um vieles lebhafter aus als vor zwei Stunden. Als er angekommen war, hatte sie so verloren und traurig gewirkt, und am Telefon hatte ihm der Klang ihrer Stimme nicht gefallen. Er hatte eine Verabredung, ein Abendessen und zwei Versprechen »vorbeizukommen« abgesagt, aber das war er Luke schuldig. Und Kezia. Es war verrückt; sie saß in ihrer eleganten Wohnung und war, trotz all ihrer Millionärsfreunde, zu Weihnachten allein. Wie ein Waisenkind. Er würde nicht zulassen, daß es so blieb. Er war froh, daß er seine Einladungen abgesagt hatte und hierhergekommen war. Einen Moment lang war er nicht sicher gewesen, ob sie damit einverstanden sein würde.

»Willst du einen Obstsalat machen?« Sie hatte Äpfel, Birnen, Nüsse und Weintrauben neben dem Zweig ausgebreitet.

»Nein, mein Dummer. Du wirst schon sehen.«

»Du bist verrückt, Kezia.«

»Bin ich nicht ... oder vielleicht bin ich es wirklich. Aber ich weiß jedenfalls, wie man einen Kranz bindet. Ich habe zu Hause jedes Jahr einen gemacht.«

»Mit Früchten?«

»Mit Früchten. Du wirst schon sehen.« Und er staunte. Mit geschickten Fingern band sie den Zweig mit Draht zu einem Kranz, dann befestigte sie sorgfältig jede Frucht mit Draht daran. Das Ergebnis sah wie ein Detail aus einem Renaissancebild aus. Der dicke Fichtenkranz war ringsum sauber mit Früchten bedeckt, die Nüsse dazwischen verstreut, und das Ganze wurde von einem unsichtbaren Geflecht aus dünnem Draht zusammengehalten. Es war ein schöner Zimmerschmuck, und Alejandro gefiel ihr vor Eifer gerötetes Gesicht. »Siehst du! Wohin sollen wir ihn nur legen?«

»Auf eine Platte? Für mich sieht die Geschichte noch immer nach Obstsalat aus.«

»Du bist ein Banause.«

Er lachte und nahm sie in die Arme. Sie fühlte sich geborgen und behaglich.

»Du könntest einen solchen Kranz bei einer armen Familie niemals irgendwo hinlegen. Er würde in einer Stunde leergefressen sein. Aber ich muß zugeben ... er gefällt mir. Für Obstsalat ist er ein recht schöner Kranz ...«

»Du denkst auch immer nur ans Essen.«

»Ja. So bin ich eben.« Sie lag noch immer behaglich in seine Arme geschmiegt. Dort fühlte sie sich geborgen; es gefiel ihr. Nach einer Weile löste sie sich widerstrebend von ihm.

»Was hältst du von einem Abendessen, Kezia? Oder servierst du uns den Kranz?«

»Wenn du nur einen Bissen davon nimmst, bring' ich dich um! Der Bruder einer Freundin hat das einmal getan, und ich habe daraufhin eine Woche lang geweint.«

»Er muß ein vernünftiger Junge gewesen sein, aber ich kann Frauen nicht weinen sehen. Gehen wir lieber auf eine Pizza.«

»Zu Weihnachten?« Sie war schockiert.

»In diesem Teil der Welt verkaufen sie keine *tacos*, sonst hätte ich das vorgeschlagen. Hast du etwas Besseres zu bieten?«

»Und ob.« Sie hatte noch zwei Wildenten, die sie für den Fall, daß Luke doch nach Hause kam, für das Weihnachtsessen vorgesehen hatte. »Was hältst du von einem richtigen Weihnachtsessen?«

»Und wenn wir es auf morgen verschieben? Gilt die Einladung dann noch?«

»Sicherlich. Warum ... mußt du jetzt gehen?« Vielleicht war er in Eile und hatte deshalb die Pizzeria vorgeschlagen. Plötzlich machte sie ein betroffenes Gesicht und bemühte sich, so zu tun, als wäre nichts geschehen. Aber sie wollte, daß er blieb. Es war ein so netter Abend.

»Nein, ich muß nicht gehen. Aber ich hatte eine Idee. Möchtest du eislaufen?«

»Mit Vergnügen.«

Sie zog über den Pullover, den sie schon trug, einen zweiten an, dicke rote Wollsocken, braune Wildlederstiefel und hüllte sich in eine Luchsjacke sowie dazu passenden Hut.

»Kezia, du siehst aus wie ein Filmstar.« Sie besaß die Art von Schönheit, die ihm gefiel. Luke war ein verdammt glücklicher Mann.

Sie gab dem Telefondienst bekannt, wann sie zurück sein würden, für den Fall, daß Lucas anrief, und gemeinsam wagten sie sich hinaus in die bitterkalte Nachtluft. Es war windstill, es herrschte nur bittere Kälte, die in Lunge und Augen brannte.

Sie aßen unterwegs Hamburgers und tranken heißen Tee dazu, und sie lachte, als er ihr erzählte, was für ein Chaos in einem mexikanischen Heim zu Weihnachten herrschte. Unzählige Kinder krabbelten herum, alle Frauen kochten, ihre Männer waren betrunken, und überall stiegen Parties. Sie erzählte ihm, was sie als Kind an ihren Weihnachtsfeiern so geliebt hatte.

»Weißt du, ich habe nie das Goldkleid mit den roten Ziermünzen bekommen.« Sie sah noch immer fast wie ein Kind aus, als sie darüber sprach. Als sie sechs war, hatte sie das Kleid in einer Illustrierten gesehen und es dem Weihnachtsmann dann genau beschrieben.

»Was hast du statt dessen bekommen? Einen Nerzmantel?« Er sagte es neckend, nicht als Stichelei.

»Nein, mein Lieber, einen Rolls.«

»Natürlich samt Chauffeur.«

»Nein, den bekam ich erst, als ich sieben war. Natürlich meinen eigenen und zwei livrierte Bediente. Verdammt, Alejandro, als ich ein Kind war, ließen sie mich immer drei Blocks vor der Schule aussteigen und folgten mir dann. Aber ich mußte das letzte Stück zu Fuß gehen, weil sie es nicht für richtig hielten, daß ich mit einem Chauffeur bei der Schule vorfuhr.«

»Das ist komisch. Meine Eltern waren der gleichen Ansicht. Auch ich mußte zu Fuß gehen. Es ist wirklich bitter, was Kinder so alles durchmachen müssen.«

»Ach, halt den Mund.«

Er warf den Kopf zurück und lachte. Von seinem Mund wehte sein Atem wie frostig-weiße Fahnen in die kalte Nachtluft.

»Kezia, ich liebe dich. Du bist wirklich eine verrückte Lady.«

»Vielleicht hast du recht.« Sie dachte an Luke.

»Mann, o Mann, wenn ich nur Tequila gekauft hätte. Auf dem Eis wird es bitterkalt sein.« Sie kicherte und sah aus wie ein Kind, das ein Geheimnis mit sich herumträgt. »Ich bin froh, daß du es so komisch findest. Ich habe nämlich keinen Pelz an, und wenn ich auf mein Hinterteil falle, was sehr wahrscheinlich ist, werde ich mir ganz schöne Frostbeulen holen.« Sie kicherte wieder und zog mit der in einem weißen Kaschmirhandschuh steckenden Hand ein flaches Silberfläschchen aus der Tasche. »Was ist das?«

»Sofortwirkender Kälteschutz. Cognac. Das Fläschchen hat meinem Großvater gehört.«

»Der Mann war nicht dumm. Aber ein mächtig dünnes Fläschchen. Verdammt, das könnte man sogar unter dem Jackett tragen, ohne daß es jemand merkt ... ganz schön schlau.« Sie gingen Arm in Arm in den Park und begannen »Stille Nacht, Heilige Nacht« zu singen. Sie schraubte den Verschluß auf, und beide nahmen einen kräftigen Schluck, bevor der Flachmann wieder in der Tasche verschwand, sie fühlten sich daraufhin viel besser. Es war eine jener für New York seltenen Nächte, in denen die Stadt zusammenzuschrumpfen scheint. Die Autos waren so ziemlich von der Bildfläche verschwunden, es schienen auch weniger Busse zu verkehren. Die Leute waren ruhiger, sie nahmen sich sogar ein paar Sekunden Zeit, um die Vorübergehenden anzulächeln. Jeder war entweder zu Hause oder bei Freunden oder verkroch sich vor der heftigen Winterkälte, aber da und dort gab es Gruppen, die spazierengingen oder sangen. Dann und wann stimmte jemand in Kezias und Alejandros Gesang ein. Als sie den Eislaufplatz erreichten, hatten sie so ziemlich ihr ganzes Repertoire an bekannten Weihnachtsliedern erschöpft und schon etliche Schluck aus der Flasche getrunken.

»Das gefällt mir, eine Frau, die gut ausgerüstet auf die Reise geht. Mit einem Fläschchen voll Cognac. Tja, du bist zwar verrückt, aber nett verrückt, entschieden nett verrückt.« Er segelte an ihr vorbei auf das Eis, sichtlich um ihr zu imponieren, landete aber statt dessen auf dem Hinterteil.

»Mir scheint, Sie sind betrunken, Mister.«

»Das solltest du wissen, du bist ja meine Bardame.« Er stand gutgelaunt auf.

»Willst du noch einen Schluck?«

»Nein. Bin eben den Anonymen Alkoholikern beigetreten.«

»Partyschreck.«

»Säuferin.«

Sie lachten, sangen wieder ein Lied und liefen ein paar Runden Arm in Arm um den Platz. Der Eislaufplatz war beinahe leer, und die übrigen Eisläufer waren ebenfalls in Weihnachtsstimmung. Die Blasmusik spielte fröhliche Weihnachtslieder und Walzer. Es war eine herrliche Nacht. Erst nach elf fanden sie, daß es genug war. Trotz des Cognacs waren ihre Gesichter vor Kälte erstarrt.

»Was hältst du von der Mitternachtsmesse in der Saint-Patrick-Kathedrale? Oder wäre das keine gute Idee? Du bist nicht katholisch, nicht wahr?«

»Nein. Ich gehöre der Episkopalkirche an, aber ich habe nichts gegen die Saint-Patrick-Kathedrale. Eure Messe unterscheidet sich gar nicht so sehr von der unseren. Ich hätte wirklich Lust.« Einen Augenblick lang wirkte sie besorgt, weil ihr eingefallen war, daß sie vielleicht einen Anruf von Luke versäumte. Aber der Einfall mit dem Kirchenbesuch gefiel ihr, und Alejandro ließ ihr keine Zeit zum Nachdenken. Er ahnte, woran sie gedacht hatte. Wenn sie nach Hause ging und beim Telefon saß, war alles vergeblich, was sie getan hatten. Es war ein ganz annehmbares Weihnachtsfest geworden, und er wollte nicht, daß die Stimmung verdorben wurde. Auch nicht um Lukes willen.

Sie gingen die verlassene Fifth Avenue entlang, vorbei an den überladenen Auslagefenstern, den Lichtern und Bäumen. Es herrschte beinahe Faschingsatmosphäre. Die Saint-Patrick-Kathedrale war gesteckt voll, es war heiß und roch heftig nach Weihrauch. Sie drängten sich mühsam in die Kirche hinein; zu den vorderen Reihen konnten sie nicht gelangen, ohne auf Schultern zu steigen und über Köpfe zu gehen. Die Leute waren meilenweit hierher gekommen. Die Mitternachtsmesse in der Saint-Patrick-Kathedrale gehörte für viele zur Weihnachtstradition.

Die Orgel klang düster und majestätisch, die Kirche war dunkel bis auf das Licht von tausend Kerzen. Es war ein Hochamt, und als sie aus der Kirche kamen, war es bereits halb zwei.

»Müde?« Er hielt ihren Arm, während sie die Stufen hinabstiegen. Nach der weihrauchduftenden Wärme der Kirche war die kalte Luft ein Schock.

»Eher etwas benommen. Ich glaube, das kommt vom Weihrauch.«

»Der Cognac und das Eislaufen haben natürlich nichts damit zu tun.«

Er winkte einem Taxi, und der Portier in ihrem Haus kam zur Tür gewankt.

»Der scheint auch einen gezwitschert zu haben.«

»Das würdest du auch tun, wenn du so viel Geld zusammengerafft hättest wie er und alle anderen hier. Sie bekommen von jedem im Haus ein Kuvert mit Geld.« Sie dachte daran, was Alejandro im Zentrum wohl bekam, und zuckte bei dem Vergleich zusammen. »Willst du auf einen Drink hinaufkommen?«

»Ich sollte nicht ...« Er wußte, daß sie müde war.

»Aber du tust es. Komm, Al, sei kein Spielverderber.«

»Vielleicht bleibe ich einen Moment und esse einen Bissen vom Obstsalat.«

»Wenn du meinen Kranz anrührst, wirst du es ewig bedauern! Und sag nicht, ich hätte dich nicht gewarnt!« Sie holte mit der fast leeren Flasche gegen ihn aus, und er duckte sich. Sie kicherten schläfrig-müde, als sie Arm in Arm aus dem Fahrstuhl traten. Die Wohnung war warm und behaglich, und der Baum sah in der Ecke hübsch aus. Sie ging in die Küche, während er sich auf die Couch setzte.

»He, Kezia!«

»Was denn?«

»Mach uns eine Tasse heiße Schokolade!« Er hatte mehr als genug Cognac gehabt, und sie auch.

»Bin schon dabei.«

Sie kam mit zwei dampfenden Tassen aus der Küche, die mit rasch schmelzendem Eibischzucker bedeckt waren, und sie setzten sich nebeneinander auf den Fußboden und betrachteten den Baum.

»Frohe Weihnachten, Mr. Vidal.«

»Frohe Weihnachten, Miß Saint Martin.« Es war ein feierlicher Augenblick, und beide schwiegen danach, es kam ihnen sehr lange vor. Jeder von beiden war in Gedanken bei anderen Menschen, anderen Jahren, und jeder stellte fest, daß seine Gedanken zu Luke und in die Gegenwart zurückkehrten.

»Weißt du, was du tun solltest, Alejandro?«

»Was?« Er hatte sich auf dem Boden ausgestreckt, seine Augen waren geschlossen, ihm war warm ums Herz. Er war ihr sehr zugetan und froh darüber, daß er seine Pläne geändert hatte. Es war ein schönes Weihnachtsfest geworden. »Was soll ich tun?«

»Auf der Couch schlafen. Es wäre unsinnig, um diese Zeit noch nach Hause zu gehen. Ich gebe dir ein paar Laken und eine Decke, und du kannst hierbleiben.« Dann werde ich morgen nicht allein in einer leeren Wohnung aufwachen, wir können kichern und lachen und einen Spaziergang im Park machen. Bitte, bitte, bleib ... bitte ...

»Wäre es für dich nicht lästig, wenn ich bliebe?«

»Nein. Es würde mich freuen.« Der Ausdruck in ihren Augen verriet ihm, daß sie seine Anwesenheit brauchte, und er wußte nicht, warum, aber er brauchte die ihre auch.

»Bist du sicher?«

»Ganz sicher. Und ich weiß, daß es Lucas nichts ausmachen wird.« Sie wußte, daß sie ihm vertrauen konnte, und es war ein so schöner Abend gewesen, daß sie jetzt auf keinen Fall allein bleiben wollte. Es war Weihnachten, das war ihr endlich zu Bewußtsein gekommen. Weihnachten: ein Fest für Familien und Freunde und Menschen, die man liebt. Ein Fest für Kinder und große, tapsige Hunde, die im Haus herumlaufen und mit den leeren Verpackungen der Geschenke spielen. Statt dessen hatte sie Edward eine Reihe farbloser Bücher für seine Bibliothek und Tante Hil französische Platzdeckchen von Porthault geschickt, damit sie

sie zu dem Riesenstoß tat, der schon in ihren Londoner Wäsche-schränken lag. Dafür hatte ihr Hilary Parfum und einen Schal von Hardy Amies geschickt. Edwards Geschenk war ein Arm-band, das ihr zu weit und nicht ihr Geschmack war. Und To-tie hatte ihr einen Hut geschickt, den sie selbst gestrickt hatte, der zu keinem ihrer Kleider paßte und vielleicht das Richtige ge-wesen wäre, als sie zehn Jahre alt war. Totie war auch schon alt geworden. Wie sie alle? In diesem Jahr war der Austausch von Geschenken so sinnlos gewesen; per Post, über Kaufhäuser, sie hatte ein Ritual, eine Tradition eingehalten, nichts war von Herzen gekommen. Sie war froh, daß sie und Alejandro nicht versucht hatten, an diesem Abend noch rasch Geschenke fürein-ander aufzutreiben. Sie hatten einander etwas viel Wertvolleres gegeben. Ihre Freundschaft. Und nun wollte sie, daß er bei ihr blieb. Sie hatte plötzlich das Gefühl, daß er ihr einziger Freund außer Luke war.

»Also bleibst du?« Sie blickte auf ihn hinunter, er lag neben ihr auf dem Boden.

»Mit Vergnügen.« Er schlug ein Auge auf und streckte eine Hand nach der ihren aus. »Du bist vielleicht verrückt, aber du bist dennoch eine sehr schöne Dame.«

»Danke.«

Sie küßte ihn leicht auf die Stirn und ging durch das Vorzim-mer, um ihm Bettzeug zu holen. Ein paar Minuten später schloß sie leise die Tür mit einem letzten geflüsterten »Frohe Weihnach-ten« hinter sich, was soviel wie »danke« bedeutete.

24

Kezia hatte einen Einkaufsbummel unternommen. Sie hatte aufgehört, in ihrer Wohnung herumzusitzen und auf Luke zu warten. Es brachte sie zum Wahnsinn. So hatte sie also bei Ben-del's herumgestöbert, hatte am Nachmittag eine Stunde lang alle Boutiquen auf der Madison Avenue abgeklappert, und als sie die Wohnungstür öffnete, lag der Inhalt von Lukes Koffer auf dem Boden verstreut, Bürste, Kamm, Rasierapparat, zerknitterte

Hemden, Pullover, zwei in einem Gürtel verheddert, zerbrochene Zigarren und ein Schuh, dessen Partner fehlte: Luke war wieder daheim.

Er winkte ihr vom Schreibtisch aus zu, als sie eintrat. Er telefonierte gerade, doch ein breites Grinsen überzog sein Gesicht; sie ging schnell zu ihm hin, erwiderte sein Lächeln und legte ihm die Arme um die breiten Schultern. Es war ein so gutes Gefühl, ihn wieder zu halten. Er wirkte so groß und so schön, sein Haar duftete so frisch und war seidenweich. Er legte den Hörer auf, drehte sich herum, nahm ihr Gesicht zwischen seine Hände und blickte in die Augen, die er liebte.

»Mein Gott, wie gut du mir gefällst, Kleine.« Seine Augen glänzten leidenschaftlich, und seine Hände waren fast derb.

»Liebster, du hast mir so gefehlt.«

»Du mir auch, Baby. Und das mit Weihnachten tut mir leid.« Er begrub seinen Kopf an ihrem Busen und küßte sanft ihre linke Brust.

»Ich bin so froh, daß du wieder daheim bist ... und der Weihnachtsabend war wunderschön. Sogar ohne dich. Alejandro hat sich wie ein Bruder um mich gekümmert.«

»Er ist ein guter Mensch.«

»Ja.« Aber ihre Gedanken waren weit weg von Alejandro Vidal. Sie waren von dem Mann erfüllt, den sie anblickte. Lucas Johns war ihr Mann. Und sie war seine Frau. Es war das schönste Gefühl, das sie je erlebt hatte.

»O Gott, wie sehr ich mich nach dir gesehnt habe, Lucas.« Er lachte vor Vergnügen, weil ihr die Stimme versagte, hob sie hoch, stand auf und riß sie wie ein Kind in seine Arme. Er küßte sie fest auf den Mund, sprach kein Wort und ging mit ihr geradewegs ins Schlafzimmer. Er stieg über den Koffer, die Kleider, die Zigarren, warf die Schlafzimmertür mit einem Fußtritt zu und machte ihr seine Anwesenheit schnell und deutlich bewußt, Lucas war wirklich zu Hause.

Er hatte ihr ein türkisfarbenes Navajo-Armband von kunstvoller und erlesener Schönheit mitgebracht, und er lachte über die Weihnachtsgeschenke, die sie ihm überreicht ... dann verstummte er, als er das Buch sah, das einmal ihrem Vater gehört hatte. Er wußte, was es für sie bedeutete, es ihm zu schenken, und es wurde ihm warm ums Herz. Er sah sie nur an und nickte ruhig und ernst. Sie küßte ihn zärtlich, und die Art, wie ihre Lippen sich berührten, sagte beiden, was sie schon wußten, wie sehr sie einander liebten.

Eine Stunde später telefonierte er wieder, ein Glas Bourbon in der Hand. Und wieder eine Stunde später erklärte er, er müsse weggehen. Dann kam er erst um neun zurück und ging gleich wieder ans Telefon. Als er schließlich um zwei Uhr morgens zu Bett ging, schlief Kezia schon längst. Als sie am nächsten Morgen erwachte, war er schon auf den Beinen und kleidete sich an. Es waren hektische und spannungsgeladene Tage. Lucas wurde, wo immer er war, von Polizisten in Zivil beschattet. Sogar Kezia erkannte sie jetzt.

»Mein Gott, Liebster, ich habe das Gefühl, daß ich gestern überhaupt nicht dazu gekommen bin, mit dir zu sprechen. Gehst du schon wieder aus?«

»Ja, aber ich komme früher zurück, und in drei Tagen müssen wir wieder hinüber nach San Francisco.« Drei Tage. Wie war sie auf die Idee gekommen, daß sie einige Zeit allein in New York zusammen sein würden? Zeit, um in den Park zu gehen und miteinander zu sprechen, nachts im Bett zu liegen und laut zu denken. Zeit, um vor dem Kamin zu sitzen und Popcorn zu knabbern. Ihr Traum würde nicht in Erfüllung gehen. Es war schon jetzt ganz anders. Nun war es nicht einmal mehr eine Woche bis zur Verhandlung, und wegen seiner Befürchtungen ging sie kaum aus. Er war in dieser Beziehung unnachgiebig gewesen. Er hatte genug am Hals, woran er denken mußte, ohne sich auch noch ihretwegen Sorgen machen zu können.

Zehn Minuten später verließ er die Wohnung, und das Versprechen, daß er früh zurück sein würde, hielt er nicht ein. Er trudelte am Abend um zehn Uhr ein, sah müde, nervös und abgespannt aus, roch nach Bourbon und Zigarren und hatte dunkle Ringe unter den Augen.

»Luke, kannst du dich nicht einen Tag freimachen? Du brauchst so sehr ein wenig Erholung.« Er schüttelte den Kopf, während er seinen Mantel über die Rücklehne eines Stuhles warf. »Nur einen Nachmittag? Oder einen Abend?«

»Verdammt noch mal, Kezia! Laß mich endlich in Ruhe! Ich habe schon so verflucht viel um die Ohren.« Vorbei der Traum von einer friedlichen Zeit vor der Verhandlung. Es würde keinen Frieden, keine Zweisamkeit, kein Ausruhen, keine Abendessen bei Kerzenlicht geben. Luke würde kommen und gehen, verheerend aussehen, frühmorgens aufstehen, schon zu Mittag betrunken, dann wieder nüchtern und am Ende des Abends total erschöpft sein. Und wenn er sich endlich ein paar Stunden Schlaf gönnte, hatte er Alpträume. Zwischen ihnen hatte sich ein Abgrund aufgetan, eine Mauer war um ihn, der sie sich nicht einmal nähern konnte. Er ließ es nicht zu.

In ihrer letzten Nacht in New York hörte sie Lukes Schlüssel in der Tür und drehte sich am Schreibtisch um. Er sah erschütternd abgekämpft aus und war allein.

»Hallo, Kleine, was gibt es Neues?«

»Nichts, Liebster. Du siehst aus, als hättest du einen schlimmen Tag hinter dir.«

»Ja, das stimmt.« Das Lächeln war müde und armselig, die Falten um seine Augen hatten sich in den letzten Tagen merklich vertieft. Luke ließ sich in den Stuhl sinken. Er war erledigt.

»Möchtest du etwas trinken?« Er schüttelte den Kopf. Doch so müde er war, in seinen Augen war ein vertrautes Leuchten. Es war, als wäre der alte Luke endlich heimgekommen ... der, auf den sie wochenlang und nun seit Tagen gewartet hatte. Er war ausgelaugt, erschöpft, aber nüchtern und allein. Sie trat zu ihm, und er legte die Arme um sie.

»Es tut mir leid, daß ich so ein Ekel war.«

»Das warst du gar nicht. Und ich liebe dich ... ganz gewaltig.«

»Weißt du, Kezia, es klingt komisch, aber je schneller du läufst, du kannst deinem Geschick nicht entkommen. Aber ich habe eine Menge erledigt. Das kann ich wenigstens sagen.« Es war die erste Andeutung, daß auch er Angst hatte. Es war, als ob ein tödlicher Schnellzug auf sie zukäme und ihre Füße zwischen den Schienen festgewurzelt wären, während der Zug immerfort auf sie zukam ... und kam und kam und kam ... und ...

»Kezia?«

»Ja, Liebster?«

»Laß uns zu Bett gehen.« Er ergriff ihre Hand, und sie gingen ruhig ins Schlafzimmer. Der Christbaum stand noch in einer Ecke des Wohnzimmers, verstreute seine Nadeln auf dem Fußboden, die Zweige senkten sich ausgedörrt unter dem Gewicht des Behanges. »Ich wollte ihn diese Woche abräumen.«

»Das können wir erledigen, wenn wir zurückkommen.« Er nickte, dann blieb er in der Tür stehen und blickte über ihren Kopf hinweg, ließ aber ihre Hand nicht los.

»Kezia, ich möchte, daß du etwas verstehst. Vielleicht stecken sie mich nach der Verhandlung wieder ins Gefängnis. Ich will, daß du es weißt und dich an den Gedanken gewöhnst, denn wenn es dazu kommt, dann kann man nichts tun, und ich will nicht, daß du dann den Mut verlierst.«

»Das werde ich schon nicht.« Aber ihre Stimme klang mitgenommen und war kaum zu hören.

»*Noblesse oblige*?« fragte er mit komischem Akzent, und sie lächelte. Sie kannte den Grundsatz »Adel verpflichtet«, mit dem sie aufgewachsen war, ihr Leben lang. Die Verpflichtung, den Kopf hochzuhalten, ganz gleich, wer einem die Beine am Knie absägt; die Fähigkeit, Tee zu servieren, während das Dach über dem Kopf einstürzt; der Charme, mit lächelndem Gesicht ein Magengeschwür zu bekommen. *Noblesse oblige.*

»Ja, *noblesse oblige*, und vielleicht teilweise noch etwas anderes.«

Nun gewann ihre Stimme wieder an Kraft. »Ich glaube, ich kann schon deshalb den Mut nicht verlieren, weil ich dich so liebe. Keine Sorge, ich werde tapfer sein.« Doch sie verstand es weder, noch konnte sie sich damit abfinden. Das konnte ihnen doch nicht zustoßen. Vielleicht nicht ... oder vielleicht doch.

»Du bist eine schöne Lady, meine süße Kezia.« Er legte wieder die Arme um sie, und sie blieben lange im Türrahmen stehen.

25

An Bord des Flugzeugs waren sie in beinahe hysterisch festlicher Stimmung. Sie hatten beschlossen, erster Klasse zu fliegen.

»Immer erster Klasse. So ist's richtig.« Er trug ostentativ seine neue Vuitton Aktentasche und seine braunen Wildlederschuhe von Gucci. Sie waren beide der Meinung gewesen, daß Wildleder noch mehr nach Reichtum aussah.

»Lucas, zieh deine Pedale ein.« Er streckte seinen Fuß absichtlich weit in den Mittelgang.

»Sonst sehen sie meine neuen Schuhe nicht.« Er zündete sich eine Zigarre aus der neuen Sendung von Romanoff an, und hielt ihr den Puccischlips vors Gesicht.

»Du bist ein verrücktes Huhn, Mr. Johns.«

»Darum passe ich auch zu dir.« Sie tauschten einen Kuß, als wären sie Hochzeitsreisende, und die Stewardeß sah lächelnd zu. Sie waren ein gutaussehendes Paar. Und so glücklich, daß sie fast lächerlich wirkten.

»Möchtest du Champagner?« Er kramte in seiner Aktentasche herum.

»Ich glaube nicht, daß sie ihn servieren, bevor wir in der Luft sind.«

»Das ist ihre Angelegenheit, Kleine. Ich bringe meinen eigenen mit.«

»Lucas, du hast doch nicht!«

»Sicherlich habe ich.« Er zog eine Flasche eines hervorragenden Jahrgangs Moët et Chandon, zwei Plastikbecher und eine kleine Dose Kaviar heraus. In den vier Monaten mit ihr hatte er eine Vorliebe für viele Annehmlichkeiten ihrer Lebensweise entwickelt, obwohl er seine eigenen Ansichten und Perspektiven bewahrt hatte. Sie suchten gemeinsam das Beste aus den beiden Welten aus und eigneten es sich an. Am meisten belustigte ihn alles, was »todschick« war, aber einiges mochte er wirklich gern. Zum Beispiel Kaviar. Und auch französische *pâté*. Die Gucci-Schuhe waren für ihn ein Spaß, und da sie gewußt hatte, wie er reagieren würde, hatte sie sie ihm gekauft.

»Möchtest du Champagner?« Sie nickte lächelnd und griff nach einem der beiden Plastikbecher.

»Warum machst du ein so komisches Gesicht?«

»Wer, ich?« Dann fing sie an zu lachen, beugte sich zu ihm und küßte ihn. »Weil ich auch eine Flasche mitgebracht habe.« Sie öffnete ihre Schultertasche und zeigte auf die zuoberst liegende Flasche. Louis Roederer, wenn auch nicht ein ganz so hervorragender Jahrgang wie sein Moët. Aber auch kein schlechter. »Sind wir nicht todschick, Liebster?«

»Wir sind auf einer Weinkostparty!« Verstohlen schlürften sie ihren Champagner und verschlangen den Kaviar; sie hielten sich während des Films fest und tauschten alte Witze aus, die mit jeder Stunde und jedem Glas alberner wurden. Es war wie eine Urlaubsreise. Er hatte ihr versprochen, den nächsten Tag ganz für sie zu reservieren. Keine Verabredungen, keine Treffen, keine Freunde. Sie würde ihn den ganzen Tag für sich allein haben. Sie hatten auf die Pauke gehauen und im Fairmont Zimmer reserviert: eine Suite im Turm, für einhundertsechsundachtzig Dollar pro Tag.

Die Maschine landete glatt knapp vor drei Uhr in San Francisco. Sie hatten den Rest des Nachmittags und den Abend vor sich. Ihre Mietlimousine erwartete sie, und der Chauffeur übernahm ihre Gepäckscheine, so daß sie direkt zum Wagen gehen konnten. Luke war ebenso bestrebt wie Kezia, jede Publicity zu vermeiden. Es war jetzt nicht die Zeit dafür.

»Glaubst du, daß er meine Schuhe bemerkt hat?«

Sie blickte nachdenklich auf sie hinunter. »Weißt du, vielleicht hätte ich sie in Rot kaufen sollen.«

»Vielleicht hätte ich dich während des Films vernaschen sollen. Keiner hätte es bemerkt.«

»Was hältst du von Liebe im Wagen?« Sie lehnte sich zurück und drückte automatisch auf den Knopf, um das Glasfenster zwischen ihnen und dem Chauffeur hinaufzulassen. Der Fahrer jagte noch immer ihrem Gepäck nach.

»Baby, das schneidet vielleicht den Tonstreifen ab, aber wenn wir es hier treiben, hat er noch immer durch den Rückspiegel eine Weitwinkelsicht.«

Sie lachte mit ihm. »Möchtest du noch Champagner, Luke?«

»Du meinst, es ist noch etwas übrig?« Sie nickte und brachte die halbvolle Flasche Roederer ans Licht. Den Moët et Chandon hatten sie bereits geleert. Er nahm die Plastikbecher aus der Aktentasche, und sie schenkten für eine neue fröhliche Runde ein.

»Weißt du, Lucas, wir haben wirklich verdammt viel Klassenbewußtsein. Oder ist es Angeberei? Möglicherweise ... auch Stilgefühl.« Sie hielt das Glas ein wenig schief, während sie darüber nachdachte.

»Ich glaube, du bist blau.«

»Ich glaube, du bist wunderbar, und was das Wichtigste ist, ich liebe dich.«

Sie stürzte sich leidenschaftlich auf ihn, er stöhnte, als ihr Champagner auf das Fenster spritzte und der seine sich auf den Boden ergoß.

»Du bist nicht nur betrunken, sondern du bist eine Säuferin. Sieh dir nur mal die Ehrenwerte Miß Kezia Saint Martin an.«

»Warum kann ich nicht Kezia Johns sein?« Sie sank mit ihrem leeren Champagnerglas in ihre Ecke und wartete schmollend darauf, daß er es wieder füllte. Einen Augenblick lang sah er sie merkwürdig an und legte den Kopf schief.

»Meinst du es ernst, oder bist du nur betrunken, Kezia?« Es war für ihn wichtig.

»Beides. Und ich will dich heiraten.« Sie sah aus, als wollte sie hinzufügen: »Und damit hat es sich!«, aber sie tat es nicht.

»Wann?«

»Sofort. Laß uns sofort heiraten. Willst du mit mir nach Vegas fliegen?« Bei der Idee leuchtete ihr Gesicht auf. »Oder muß es Reno sein? Ich war noch nie verheiratet. Wußtest du, daß ich eine alte Jungfer bin?« Sie lächelte affektiert, als hätte sie ein wunderbares, wohlgehütetes Geheimnis verraten.

»Mein Gott, Baby, bist du vielleicht blau!«

»Bin ich überhaupt nicht! Wie kannst du wagen, so etwas zu behaupten?«

»Weil ich den Champagner geliefert habe. Kezia, sei einen Augenblick ernst. Willst du mich wirklich heiraten?«

»Ja. Gleich jetzt.«

»Nein. Nicht gleich jetzt, mein Dummerchen. Aber vielleicht im Lauf der Woche. Hängt davon ab ... wir werden ja sehen.« Die zufällige Anspielung auf die Verhandlung war ihr entgangen, dafür war er dem Schicksal dankbar. Sie war restlos betrunken.

»Du willst mich nicht heiraten!« Sie war durch den Champagner den Tränen bedenklich nahe, und er bemühte sich sehr, nicht zu lachen.

»Ich will dich nicht heiraten, wenn du so blau bist, Dummerchen. Das wäre unmoralisch.« Dennoch lächelte er glücklich. Mein Gott, sie wollte ihn heiraten. Kezia Saint Martin, das Mädchen aus den Zeitungen. Und nun saß er in einer Limousine, trug Gucci-Schuhe und war auf dem Weg ins Fairmont. Er hatte das Gefühl, ein Kind mit zehn elektrischen Eisenbahnen zu sein. »Lady, ich liebe dich. Sogar wenn du blau bist.«

»Ich will es mit dir treiben.«

»O Gott.« Luke verdrehte die Augen, während der Chauffeur sich hinter das Lenkrad klemmte. Gleich darauf setzte sich der Wagen in Bewegung. Keiner von beiden hatte den Wagen ohne Kennzeichen gesehen, der ihnen folgte. Sie wurden wieder beschattet, aber das waren sie nun schon gewöhnt. Es wurde zu einem Dauerzustand.

»Wohin fahren wir?«

»Ins Fairmont, hast du das vergessen?«

»Nicht in die Kirche?«

»Warum, zum Teufel, sollten wir in die Kirche fahren?«

»Um zu heiraten.«

»Ach, diese Art Kirche ... Später. Was hältst du davon, wenn wir uns jetzt erst einmal verloben?« Er sah auf den Siegelring an seiner Hand. Über dieses Geschenk hatte er sich sehr gefreut. Sie bemerkte seinen Blick und wußte, was er dachte.

»Den kannst du mir nicht geben. Ich habe ihn dir geschenkt. Das wäre ein Indianergeschenk, keine wirkliche Verlobung ... eine Indianerverlobung? Jedenfalls glaube ich nicht, daß es gelten würde.« Sie sah arrogant aus und hatte starke Schlagseite.

»Ich glaube nicht, daß du ganz aufrichtig bist, Kleines. Aber okay, wenn dir nicht genügt, halten wir an und kaufen einen ›richtigen‹ Verlobungsring. Was würdest du für passend halten? Hoffentlich etwas Preiswerteres als einen zehnkarätigen Diamanten.«

»Das wäre vulgär.«

»Da bin ich sehr erleichtert.«

»Ich glaube, ich möchte etwas Blaues.«

»Ach, zum Beispiel einen Türkis?« Er neckte sie, aber sie war zu betrunken, um es mitzubekommen.

»Das wäre hübsch ... oder einen *Lapis patschuli* ...«

»Du meinst wohl einen *Lapislazuli*.«

»Ja, das meine ich. Saphire sind auch nett, aber die sind zu kostspielig, und sie bekommen Risse. Meine Großmutter hatte einen Saphir, der ...« Er brachte sie mit einem Kuß zum Schweigen, während er auf den Knopf drückte, um das Fenster hinunterzulassen, das sie von dem Chauffeur trennte.

»Gibt es hier einen Tiffany?« Er kannte jetzt alle richtigen Namen. Für einen Mann, der noch vor vier Monaten nicht den Unterschied zwischen einem Pucci und einem Pudel gekannt hatte, hatte er das Vokabular der oberen Zehntausend erstaunlich schnell gelernt. Bendel, Cartier, Parke Bernet, Gucci, Pucci, Van Cleef and Arpel und natürlich ... Tiffany, der von aller Welt bevorzugte Supermarkt für Diamanten und ähnliche Steine ... unzweifelhaft würden sie etwas anderes Blaues als einen Türkis führen.

»Ja, Sir. Es gibt hier einen Tiffany. In der Grant Avenue.«

»Dann bringen Sie uns zuerst dorthin.« Er ließ das Fenster wieder nach oben gleiten. Das hatte er auch gelernt.

»Meine Güte, Lucas, wir verloben uns. Wirklich?« Sie lächelte unter Tränen.

»Ja, aber du bleibst im Wagen. Das wäre ein Fressen für die Zeitungsfritzen. Kezia Saint Martin verlobt sich bei Tiffany's, und die Braut war deutlich betrunken.«

»Deutlich blau«, verbesserte sie.

»Entschuldige.« Er nahm ihr vorsichtig den leeren Becher aus der Hand und küßte sie. Während sie in die Stadt fuhren, saßen sie dicht nebeneinander auf dem Rücksitz, er hatte ihr den Arm um die Schultern gelegt, sie lächelte glückselig, und sein Blick war friedlich wie seit Wochen nicht mehr.

»Glücklich, Kleine?«

»Sehr.«

»Ich auch.«

Der Fahrer hielt vor der grauen Marmorfassade von Tiffany in der Grant Avenue. Luke gab Kezia hastig einen Kuß, sprang aus dem Wagen und ermahnte sie streng, sitzen zu bleiben.

»Ich komme gleich wieder. Fahr nicht ohne mich weg. Und verlasse unter gar keinen Umständen den Wagen. Sonst fällst du glatt auf den Po.« Dann fiel ihm noch etwas ein, er steckte den Kopf durch das Fenster und drohte mit dem Finger. »Und laß den Champagner in Ruhe!«

»Geh zum Teufel!«

»Ich liebe dich auch.« Er winkte ihr kurz zu, während er in den Laden lief. Nach kaum fünf Minuten war er wieder zurück.

»Zeig mir, was du gekauft hast!« Sie war so aufgeregt, daß sie kaum still sitzen konnte. Im Gegensatz zu vielen anderen Frauen ihres Alters war es das erste Mal, daß sie sich verlobt hatte.

»Tut mir leid, Baby, sie hatten nichts Passendes.«

»Nichts?« fragte sie unglücklich.

»Nein ... und um dir die Wahrheit zu gestehen, sie hatten nichts, das ich mir leisten könnte.«

»O verdammt.«

»Es tut mir leid, mein Schatz!« Er sah niedergeschlagen aus und drückte sie an sich.

»Armer Lucas, wie schrecklich für dich. Aber ich brauche keinen Ring.« Sie wurde plötzlich lebhaft und versuchte, sich ihre Enttäuschung nicht anmerken zu lassen, aber sie war so beschwipst, daß es ihr schwerfiel, sich zu beherrschen.

»Glaubst du, daß wir uns auch ohne Ring verloben könnten?« Es klang fast kleinlaut.

»Sicherlich. Ich erkläre dich nun für verlobt.« Sie winkte mit einem imaginären Zauberstab und blickte ihm glücklich in die Augen. »Wie fühlst du dich?«

»Phantastisch! Sieh mal her, schau, was ich in meiner Tasche gefunden habe!« Er nahm einen dunkelblauen Samtwürfel heraus. »Es ist etwas Blaues, das wolltest du doch. Eine blaue Samtschachtel.«

»Oh, du ... du! Du hast mir einen Ring gekauft!«

»Nein. Nur die Schachtel.« Er ließ sie in ihren Schoß fallen, sie klappte den Deckel auf und rang nach Luft.

»O Lucas! Er ist prächtig! Er ist ... er ist unglaublich schön! Er gefällt mir sehr!« Es war ein Aquamarin mit Smaragdschliff mit je einem kleinen Diamantsplitter rechts und links. »Er muß dich ein Vermögen gekostet haben. Ach, mein Schatz, er gefällt mir so!«

»Wirklich, Baby? Paßt er dir?« Er nahm ihn aus der Schachtel und schob ihn vorsichtig auf ihren Finger. Es war für sie beide ein berauschendes Gefühl, als wären sie verzaubert, als er die Fingerwurzel erreichte. Sie waren verlobt. O Gott, war das eine Reise!

»Er paßt!« Ihre Augen glänzten, während sie die Hand ausstreckte und den Ring aus jedem möglichen Blickwinkel betrachtete. Es war ein schöner Stein.

»Verdammt. Er scheint locker zu sitzen. Ist er zu groß?«

»Nein. Nein, wirklich nicht.«

»Lügnerin. Aber ich liebe dich dennoch. Morgen lassen wir ihn enger machen.«

»Ich bin verlobt.«

»Hören Sie, Lady, das ist komisch. Ich auch. Wie heißen Sie?«

»Mildred. Mildred Schwartz.«

»Mildred, ich liebe dich. Das ist aber komisch, ich dachte, du heißt Kate. Hast du dich nicht einmal so genannt?« In seinem Auge lag ein zärtliches Leuchten, denn er erinnerte sich daran, wie er sie kennengelernt hatte.

»Hab' ich dir das nicht gestanden, als wir einander kennenlernten?« Sie war ein wenig zu blau, um sich erinnern zu können.

»Ja. Du warst schon damals eine Lügnerin.«

»Und ich liebte dich damals schon. So ungefähr sofort.« Sie sank wieder in seine Arme, erfüllt von den Erinnerungen an ihre erste gemeinsame Zeit.

»Du hast mich damals schon geliebt?« fragte er erstaunt. Er hatte gedacht, es hätte länger gedauert. Sie war zuerst so abweisend erschienen.

»Mhmmm. Ich hielt dich für super. Aber ich hatte Angst, du würdest herausfinden, wer ich in Wirklichkeit bin.«

»Jetzt weiß ich es wenigstens. Mildred Schwartz. Und das, mein Schatz, ist das Fairmont.« Sie waren soeben in der Einfahrt stehengeblieben, und zwei Träger kamen zum Auto, um dem Chauffeur mit dem Gepäck zu helfen. »Soll ich dich hineintragen?«

»Das kommt erst nach der Hochzeit. Wir sind vorerst nur verlobt.« Sie hielt ihm den Ring unter die Nase.

»Verzeih die Ungehörigkeit. Aber ich bin nicht sicher, ob du gehen kannst.«

»Na hör mal, Lucas. Natürlich kann ich das.« Aber sie schwankte nicht schlecht, als ihre Füße das Pflaster berührten.

»Halt bitte nur den Mund, Kleine, und lächle.« Er nahm sie in die Arme, nickte den Trägern zu und murmelte etwas von einem schwachen Herzen und einem anstrengenden Flug, während sie seelenruhig an seinem Ohr knabberte. »Hör auf damit!«

»Ich will nicht.«

»Du wirst, sonst lasse ich dich fallen. Genau an dieser Stelle. Was hältst du von einem zerbrochenen Po als Verlobungsgeschenk?«

»Kommt gar nicht in Frage, Lucas.«

»Schsch ... sprich leise.« Aber er war nicht viel nüchterner als sie; er vertrug nur ein bißchen mehr.

»Stell mich sofort auf den Boden, oder ich verklage dich.«

»Das kannst du nicht. Wir sind verlobt.« Er hatte schon, mit Kezia in den Armen, das halbe Vestibül durchquert.

»Und es ist auch ein so schöner Ring. Wenn du nur wüßtest, Lucas, wie sehr ich ihn liebe.« Sie ließ den Kopf auf seine Schulter sinken und betrachtete den Ring. Luke trug sie mühelos wie eine Stoffpuppe oder ein ganz kleines Kind.

»Wegen Mrs. Johns schwachem Herzen und ihrem durch den Flug geschwächten Zustand würde ich Sie bitten, die Anmeldeformulare nach oben in unser Zimmer zu schicken.« Das Paar fuhr rasch mit dem Fahrstuhl nach oben, wobei Luke Kezia sorgfältig in die Ecke lehnte. Er beobachtete sie grinsend.

»Ich gehe ins Zimmer.« Sie sah ihn anmaßend an und stolperte, als sie aus dem Fahrstuhl stieg. Er fing sie auf, bevor sie fiel, und bot ihr seinen Arm, wobei er sich bemühte, ernst zu bleiben.

»Madam.«

»Danke, mein Herr.« Sie gingen vorsichtig durch den Korridor, wobei Luke sie größtenteils trug, und landeten schließlich in ihrem Zimmer.

»Weißt du, was komisch ist, Lucas?« Wenn sie betrunken war, verfiel sie in den Tonfall von Palm Beach, London oder Paris.

»Was, meine Liebe?« Das Spiel konnte man gut zu zweit spielen.

»Als wir im Fahrstuhl herauffuhren, hatte ich das Gefühl, wir könnten die ganze Welt sehen, sogar den Himmel, die Golden Gate Brücke ... alles. Wirkt das Verlobtsein auf dich auch so?«

»Nein. Das ist die Wirkung eines verglasten Fahrstuhls, wenn er an der Außenseite des Gebäudes angebracht ist und du betrunken bist. Weißt du, so ähnlich wie Spezialeffekte im Film.«

»Geh zum Teufel!«

Der Träger erwartete sie an der Tür der Suite, Luke überreichte ihm feierlich ein Trinkgeld und schloß die Tür hinter ihm.

»Ich schlage vor, du legst dich hin oder nimmst eine Dusche oder besser beides.«

»Nein, ich möchte ...« Sie ging langsam, mit einem lüsternen Glanz in den Augen, auf ihn zu und lachte.

»Ich eigentlich auch, mein Liebes.«

»He, Lady, es ist ein schöner Tag.«

»Schon?«

»Schon seit Stunden.«

»Ich glaube, ich sterbe.«

»Du hast nur einen Katzenjammer. Ich habe Kaffee für dich bestellt.« Sie hatten ihren Zustand mit einer dritten Flasche Champagner nach dem Abendessen noch verschlimmert. Es war eine Nacht ununterbrochener Feiern gewesen. Ihre Verlobung. Es war mehr als nur ein bißchen verrückt. Er wußte nur allzugut, daß er am nächsten Tag bereits im Gefängnis sitzen konnte, deshalb hatte er nicht zugestimmt, als sie Reno oder Vegas vorschlug. Denn das war etwas, was er ihr nicht antun wollte. Wenn sie seine bedingte Haftentlassung widerriefen, war alles zu Ende. Er würde sie nicht an sich binden, dafür liebte er sie zu sehr.

Sie kämpfte mit dem Kaffee, doch sie fühlte sich besser, sobald sie geduscht hatte.

»Vielleicht werde ich doch nicht sterben. Ich bin noch nicht ganz sicher.«

»Bei einem schwachen Herzen wie dem deinen kann man das nie wissen.«

»Was für einem schwachen Herzen?« Sie sah ihn an, als wäre er verrückt.

»Das habe ich dem Portier erzählt, als ich dich durch das Vestibül trug.«

»Du hast mich getragen?«

»Hast du das vielleicht vergessen?«

»Ich erinnere mich nicht, daß mich jemand getragen hätte. Ich erinnere mich, daß ich den Eindruck hatte, ich fliege.«

»Das war der Fahrstuhl.«

»Mein Gott, ich muß wirklich sternhagelvoll gewesen sein.«

»Viel ärger. Da fällt mir ein ... weißt du noch, daß du dich verlobt hast?«

»Mehrmals.« Sie grinste verrucht und fuhr mit einer Hand über sein Bein.

»Ich meine mit einem Ring, du unersättliches Stück. Geh in dich und schäm dich!«

»Ich soll mich schämen? Wenn ich mich richtig erinnere ...«

»Laß das. Erinnerst du dich daran, daß du dich verlobt hast?«

Ihr Gesicht wurde weich, als sie sah, wie ernst er geworden war. »Ja, Liebster, ich erinnere mich. Und der Ring ist unglaublich schön.« Sie küßte ihn. »Ein herrlicher Ring.«

»Für eine herrliche Frau. Ich wollte dir eigentlich einen Saphir kaufen, aber der war für mich weitaus zu teuer.«

»Der hier gefällt mir besser. Meine Großmutter hatte einen Saphir, der ...«

»Nicht schon wieder die alte Geschichte!« Er fing zu lachen an, und sie sah ihn erstaunt an.

»Ich habe es dir schon erzählt?«

»Mehrmals.« Sie zuckte die schmalen Schultern. Sie trug nur seinen Ring. »Wollen wir eigentlich den ganzen Tag hier sitzen und faul sein, oder gehen wir aus?«

»Findest du, daß wir ausgehen sollten?« Aber sie sah aus, als würde ihr die erste Idee besser gefallen.

»Vielleicht tut es uns gut, etwas anderes zu sehen. Wir können später unser Treiben fortsetzen.«

»Ist das ein Versprechen?«

»Mußt du mich für gewöhnlich dazu zwingen, mein Schatz?«

»Eigentlich nicht. Wohin gehen wir?«

»Was möchtest du am liebsten?«

»Können wir ein bißchen durch die Gegend fahren? Das würde ich gern tun. Die Küste hinauf oder sonst etwas Nettes, Angenehmes.«

»Mit dem Chauffeur?« Das lockte ihn nicht sehr. Nicht mit dem Chauffeur.

»Nein, mein Dummer, natürlich allein. Wir können einen Wagen mieten.«

»Fein, Baby. Das würde mir Spaß machen.«

Sie gab für diese Reise ungeheure Beträge aus. Die Suite im Fairmont, die Plätze erster Klasse auf dem Flug herüber, die Limousine, die exquisiten Mahlzeiten auf dem Zimmer und jetzt noch ein Wagen für eine Vergnügungsfahrt. Sie wollte die Drohung der Verhandlung abschwächen oder zumindest ein wenig Ablenkung von dem eigentlichen Grund ihres Hierseins liefern. Die Urlaubsidylle war mit der Art von Fröhlichkeit verwandt, die man für ein Kind entwickelt, das an Krebs stirbt – Zirkus, Puppenspiele, Puppen, Farbfernsehen, Disneyland und Eiscreme den ganzen Tag lang, denn bald, sehr bald ... Kezia erinnerte sich wehmütig an ihre erste Reise nach San Francisco, an ihre ersten Tage in New York. Diesmal wirkte ihre Lustigkeit nicht natürlich; es war alles schrecklich luxuriös, aber es war nicht mehr das Wahre. Es war gezwungen.

Der Portier mietete einen Wagen für sie, einen grellroten Mustang mit einem Schalthebel, der Luke gefiel. Er fuhr mit heulendem Motor die Hügel zur Brücke hinauf.

Es war eine schöne Fahrt an einem sonnigen Winternachmittag. In San Francisco war es nie sehr kalt. Es wehte eine frische Brise, aber die Luft war warm, alles rundum war grün, ganz anders als die kahle Winterlandschaft, aus der sie kamen.

Sie fuhren den ganzen Nachmittag herum, hielten da und dort an einem Strand an, gingen zum Rand der Steilküste, setzten sich auf Steinblöcke und plauderten, aber keiner von beiden berührte das Thema, das ihnen Sorgen bereitete. Es war zu spät, darüber zu sprechen, und es gab auch nichts dazu zu sagen. Die Verhandlung war zu nahe. Beide hatten bereits alles gesagt, auf jede Art und Weise, die sie kannten, mit ihren Körpern, mit Geschenken, mit Küssen, mit Blicken. Jetzt konnten sie nur noch warten.

Ein hellgrüner Ford folgte ihnen den ganzen Tag, und es deprimierte Luke, daß sie so genau beschattet wurden. Er machte Kezia nicht darauf aufmerksam, aber etwas in ihrem Benehmen veranlaßte ihn zu der Annahme, daß auch sie Bescheid wußte. Es war mehr als nur ein schwacher Versuch, ihm Tapferkeit vorzuspielen; sie waren beide bestrebt, den anderen zu beruhigen, so zu tun, als sähe man all das Schreckliche nicht, das sie bedrohte ... oder auch nur, wie die Zeit verging. Die Verhandlung stand unmittelbar bevor, und Luke bemerkte, daß die Polizisten jetzt weniger Abstand hielten, als befürchteten sie, daß er plötzlich abhauen und untertauchen könnte. Aber wohin? Er wußte genau, daß es keinen Sinn hatte davonzulaufen. Wie lange hätte man sich schon verstecken können? Außerdem hätte er Kezia nicht mitnehmen können. Und er hätte es nicht fertiggebracht, sie zu verlassen. Sie hatten ihn in der Hand, sie mußten sich nicht dauernd an seine Fersen heften.

Zum Abendessen gingen die beiden auf der Rückfahrt in ein chinesisches Restaurant und fuhren dann ins Hotel, um auszuruhen. Sie mußten an diesem Abend um zehn Uhr Alejandro vom Flugzeug abholen.

Die Maschine war pünktlich, und Alejandro stieg als einer der ersten aus.

»He, Bruder, warum so eilig?« Lucas lehnte lässig an der Mauer.

»Daran muß New York schuld sein. Es schafft mich. Wie geht's dir, Sportsfreund?« Alejandro sah besorgt und müde aus und fühlte sich plötzlich fehl am Platz, als er ihre glücklichen, entspannten, von der Sonne gebräunten Gesichter mit den rosigen Wangen sah. Fast schien es, als hätte sein Kommen keinen Sinn. Was konnte im Leben zweier Leute, die so aussahen, nicht in Ordnung sein?

»Rate mal.« Kezias Augen leuchteten. »Wir sind verlobt!« Sie hielt ihm den Ring hin.

»Wunderschön! Herzlichen Glückwunsch! Darauf müssen wir einen trinken!« Luke verdrehte die Augen, und Kezia stöhnte.

»Das haben wir schon gestern getan.«

»›Wir‹, keine Spur. Sie allein. Voll bis obenhin.«

»Kezia?« fragte Alejandro belustigt.

»Ja, mit Champagner. Ich habe ganz allein so etwa zwei Flaschen getrunken«, prahlte sie.

»Aus deinem Fläschchen?«

Sie lachte, als sie an den Weihnachtsabend dachte, und schüttelte den Kopf, während sie sein Gepäck abholten. Sie waren mit der Limousine gekommen; den Mustang hatten sie zurückgegeben.

Auf der Fahrt in die Stadt plauderten sie leicht und angenehm, machten schlechte Witze und tauschten alberne Erinnerungen aus; Alejandro erzählte von seinem Flug, auf dem bei einer Frau die Wehen eingesetzt hatten und eine andere ihren französischen Pudel unter ihrem Mantel an Bord geschmuggelt und dann mit hysterischen Anfällen gedroht hatte, als die Stewardeß versuchte, ihr den Hund wegzunehmen.

»Warum komme ich immer zu solchen Flügen?«

»Du solltest einmal versuchen, erster Klasse zu fliegen.«

»Sicherlich, Sportsfreund, darauf kannst du wetten. Was sind das für komische braune Schuhe?« Lucas machte ein beleidigtes Gesicht.

»Du hast überhaupt kein Niveau. Sie sind von Gucci.«

»Für mich sehen sie komisch aus.« Alle drei lachten, und der Wagen fuhr am Hotel vor.

»Es ist nichts Besonderes, aber wir fühlen uns hier zu Hause.«

Luke war in bester Laune, als er großartig auf den hohen Palast des Fairmont zeigte.

»Ihr Kapitalisten habt wirklich Stil.« Sie hatten ihm die Couch im Wohnzimmer ihrer Suite angeboten. Sie ließ sich zu einem Bett ausziehen.

»Weißt du, Al, sie haben einen kleinen alten Kerl, der im Vestibül herumgeht, nur um in den Sand in den Aschenschalen ›Fs‹ zu malen.« Alejandro verdrehte die Augen, und wieder amüsierten sich alle drei. »An Kleinigkeiten erkennt man eben eine Luxusabsteige.«

»Du willst mich wohl verarschen, Mann.«

»Keine Vulgaritäten vor meiner Verlobten.« Luke spielte den Affektierten.

»Ihr beide seid also richtiggehend verlobt? Im Ernst?«

»Im Ernst«, bestätigte Kezia. »Wir werden heiraten.« In ihrer Stimme lagen Entschlossenheit und Hoffnung, Lebensmut, Tränen und Angst. Sie würden heiraten, wenn sie die Möglichkeit dazu bekamen.

Niemand von ihnen erwähnte die Verhandlung, und erst als Kezia zu gähnen begann, wurde Luke ernst.

»Warum gehst du nicht zu Bett, Baby? Ich komme bald nach.« Er wollte mit Alejandro allein sprechen, und es war nicht schwer zu erraten, worüber. Warum konnte er seine Befürchtungen nicht mit ihr teilen? Aber es hatte keinen Sinn, beleidigt auszusehen. Es wäre zwecklos gewesen.

»Okay, Liebster. Bleib nicht zu lange auf.« Sie küßte ihn zärtlich auf den Nacken und warf Alejandro eine Kußhand zu. »Besauft euch nicht, ihr beiden.«

»Das mußt ausgerechnet du sagen.«

»Das ist etwas anderes. Ich habe meine Verlobung gefeiert.« Sie versuchte, hochmütig dreinzusehen, begann aber zu lachen, als er ihr einen Klaps auf den Po und dann einen Kuß gab.

»Ich liebe dich. Aber jetzt verschwinde.«

»Gute Nacht, ihr beiden.«

Sie lag wach im Bett und beobachtete den Lichtstreifen unter der Schlafzimmertür bis drei Uhr früh. Am liebsten wäre sie zu ihnen hinausgekommen und hätte zugegeben, daß auch sie eine Heidenangst hatte, aber das konnte sie nicht. Sie konnte es Luke nicht antun. Sie durfte sich nichts anmerken lassen. *Noblesse oblige* und der ganze Quatsch.

Am nächsten Morgen sah sie, daß Luke in dieser Nacht nicht ins Bett gegangen war. Um sechs Uhr morgens war er endlich dort, wo er saß, eingeschlafen, und Alejandro hatte sich leise auf die Couch gelegt. Um acht waren sie alle auf den Beinen.

Die Verhandlung war für zwei Uhr angesetzt, und Lukes Anwalt sollte um neun zu einer Vorbesprechung ins Fairmont kommen. Dabei würde Alejandro zum erstenmal die Anklage klipp und klar hören. Luke hatte die Gewohnheit, den Sachverhalt zu verschleiern, um die Befürchtung seiner Freunde nicht zu verstärken. Er wußte, daß Kezia sich beherrschen und ihre Gedanken für sich behalten würde. Alejandro erfuhr jetzt kein Wort von Kezia und von Luke nichts anderes als Flachserei und gespielte Tapferkeit. Das einzig wirklich Wichtige war: »Kümmere dich um Kezia, falls ...« Das würde keine leichte Aufgabe sein. Das Mädchen würde es höllisch schwer nehmen, wenn er unter die Räder kam.

Einen kurzen Moment lang, bevor er einschlief, bedauerte Alejandro, daß er gekommen war. Er wollte es nicht mit ansehen. Wollte nicht zuschauen, wie Luke verurteilt wurde, und nicht Kezias Gesicht dabei sehen.

26

Der Rechtsanwalt erschien um neun und sorgte für Spannung. Kezia begrüßte ihn mit einem förmlichen »Guten Morgen« und besorgte die Vorstellung: »Unser Freund, Mr. Vidal.« Sie schenkte Kaffee ein und bemerkte, daß es ein besonders schöner Tag wäre. Dann begann die Atmosphäre frostig zu werden. Der Anwalt ließ ein kurzes Lachen hören, das Kezia auf die Nerven ging. Sie war ihm gegenüber ohnehin mißtrauisch. Er war für seine Geschicklichkeit bei Verhandlungen dieser Art berühmt, wofür er fünftausend Dollar kassierte. Lucas hatte darauf bestanden, sie von seinen eigenen Ersparnissen zu bezahlen. Er hatte »für diesen Fall« Geld beiseite gelegt. Aber die Art des Mannes mißfiel Kezia – er war zu selbstsicher und anmaßend. Er setzte viel zuviel voraus.

Der Anwalt sah sich im Zimmer um und spürte instinktiv die Abwehrhaltung von Kezia, dann trat er ins Fettnäpfchen. Sie war eine äußerst enervierende junge Frau.

»An solchen Vormittagen pflegte mein Vater zu sagen: ›Das wäre ein schöner Tag, um zu sterben‹.« Ihr Gesicht wurde aschfahl und angespannt, während Luke ihr einen Blick zuwarf, der besagte: »Kezia, explodiere nicht gleich!« Sie beherrschte sich Luke zuliebe, aber sie rauchte doppelt soviel wie gewöhnlich. Luke täuschte nichts vor: Um neun Uhr morgens trank er Bourbon pur. Alejandro trank unaufhörlich kalten Kaffee. Die Party war vorbei.

Die Besprechung dauerte zwei Stunden, und am Ende wußten sie auch nicht mehr als am Anfang. Keiner von ihnen. Es war unmöglich, sich ein Bild zu machen. Alles hing von den Gefängnisbehörden und dem Richter ab. Niemand konnte ihre Gedanken lesen. Lucas lief Gefahr, daß seine bedingte Haftentlassung widerrufen wurde, und zwar wegen Anstiftung zu »Unruhe« in den Gefängnissen, Aufwiegelung und Einmischung in Angelegenheiten, von denen die Haftentlassungskommission und die Gefängnisbehörden der Ansicht waren, daß sie ihn nichts mehr angingen. Sie hatten das Recht, den Widerruf aus weitaus geringeren Gründen auszusprechen, und es ließ sich nicht leugnen, daß Luke aufgewiegelt hatte. Alle wußten davon, sogar die Presse. Er war in den Jahren, in denen er in Freiheit gelebt hatte, alles andere als zurückhaltend gewesen. Seine Reden, sein Buch, seine Versammlungen, seine Rolle bei Vorträgen gegen die Gefangnisse, seine Beteiligung an den Streiks in den Gefängnissen im ganzen Land. Er hatte sein Leben für seine Überzeugung aufs Spiel gesetzt, und nun wurden sie sehen, wie hoch der Preis dafür war. Was noch schlimmer war, falls der Widerruf ausgesprochen wurde, konnten die Gefängnisbehörden ihn gemäß den kalifornischen Gesetzen über nicht terminisierte Urteile so lange im Gefängnis festhalten, wie sie wollten. Die Bemerkung des Anwalts »wahrscheinlich nicht mehr als zwei oder drei Jahre« verstärkte nur die allgemeine düstere Stimmung. Niemand wagte zu hoffen. Diesmal nicht einmal Luke. Und Kezia schwieg.

Kurz nach elf verließ sie der Anwalt, und sie verabredeten sich für halb zwei im Gerichtsgebäude. Bis dahin war Luke noch auf freiem Fuß.

»Wollt ihr essen gehen?« schlug Alejandro vor.

»Wer kann jetzt schon essen?« Es fiel Kezia immer schwerer mitzuspielen. Sie hatte noch nie so blaß ausgesehen, und plötzlich wollte sie Edward oder Totie, ja sogar Hilary oder Whit anrufen. Jemanden … irgend jemanden … aber jemanden, den sie gut kannte. Es war die gleiche Situation wie im Korridor eines Krankenhauses, wenn man erfahren will, ob der Patient am Leben bleiben wird … und was, wenn … was, wenn er nicht … was, wenn … o Gott …

»Kommt, ihr beiden, gehen wir aus.« Luke hatte sich voll unter Kontrolle, bis auf ein fast unmerkliches Zittern seiner Hände.

Sie nahmen den Lunch bei Trader Vic's ein. Es war nett, es war hübsch, es war »extravagant und todschick«, wie Luke es ausdrückte, das Essen war wahrscheinlich ausgezeichnet, doch keiner von ihnen bemerkte es. Es war nicht der richtige Rahmen. Es war so elegant, so übertrieben, so falsch, und es fiel den dreien so verdammt schwer, den Schein zu wahren, daß es ihnen gleichgültig war, wo sie aßen. Warum das Fairmont und Trader Vic's? Warum konnten sie nicht einfach Hot dogs essen oder ein Picknick machen oder nach diesem Tag weiterleben? Kezia hatte das Gefühl, daß ein in Zement getauchter Fallschirm auf ihr lastete. Sie wollte zurück ins Hotel, sich niederlegen, entspannen, weinen, sich ablenken, was auch immer, aber nicht in diesem Restaurant herumsitzen und eine Nachspeise essen, deren Geschmack sie nicht einmal wahrnahm. Das Gespräch ging weiter; alle drei redeten, ohne etwas zu sagen. Als der Kaffee serviert wurde, waren sie in Schweigen versunken. Das einzige Geräusch kam von Luke, der mit einer Hand leise auf den Tisch trommelte. Nur Kezia hörte es; das Geräusch durchzuckte sie wie das Dröhnen eines Schmiedehammers. Sie war mit seinem Körper, seinem Gehirn, seinem Herzen wie durch Drähte verbunden. Wenn sie ihn festnahmen, warum konnten sie sie nicht zusammen festnehmen?

Alejandro sah auf die Uhr, und Luke nickte.

»Ja. Es wird langsam Zeit.« Er verlangte die Rechnung, und Alejandro wollte nach der Brieftasche greifen, aber Luke schüttelte mit einem strafenden Blick den Kopf. Es war heute wirklich nicht der richtige Tag, mit ihm zu streiten. Er ließ das Geld auf dem kleinen Korbtablett liegen, auf dem der Kellner die Rechnung gebracht hatte. Kezia glaubte, Trommeln dröhnen zu hören, als sie zu der Limousine hinausgingen. Sie konnten keine Menschen aus Fleisch und Blut, es konnte nicht eine Stunde vor Lukes Verhandlung sein, das konnte ihnen doch nicht geschehen. Alles erschien so unwirklich. Als die Limousine sie dann unerbittlich wegbrachte, begann Kezia fast hysterisch zu lachen.

»Was ist denn komisch?« fragte Luke gespannt, Alejandro schwieg jetzt. Ihr Lachen klang mißtönend, wie zersplitterndes Glas, ein unerträglicher Schmerz lag in ihm. Es war kein wirkliches Lachen.

»Alles ist komisch, Luke. Das Ganze. Wirklich, es ist ... ich ... es ist so absurd.« Sie lachte weiter, bis er ihre Hand ergriff und sie ganz fest hielt. Dann hörte sie auf, plötzlich traten Tränen an Stelle des Lachens. Alles war so absurd, all diese lächerlichen Leute im Trader Vic's – sie würden nach dem Lunch ein Konzert besuchen oder zum Coiffeur oder zu Vorstandssitzungen, zu I. Magnins, zu Teeparties oder zum Schneider gehen ... sie würden ihr vollkommen normales Leben weiterführen. Aber was war normal, dieses Leben oder jenes? Nichts davon war sinnvoll. Das Lachen wollte wieder in ihr hochsteigen, aber sie ließ es nicht zu. Wenn sie wieder lachte, würde sie gleichzeitig weinen, das wußte sie, vielleicht sogar heulen. Das wollte sie nämlich. Heulen wie ein Hund.

Sie fuhren nach Westen auf die schwache Nachmittagssonne zu, dann auf der Van Ness Avenue nach Süden, vorbei an Gebrauchtwagen und Neuwagen und dem blauen Kunststoff des Jack Tar Hotels. Die Fahrt schien ewig zu dauern. Leute waren emsig beschäftigt, liefen, gingen, lebten, und allzu früh ragte die Kuppel des Rathauses vor ihnen auf. Sie reckte sich empor wie eine stolze, vergoldete Zwiebel, der vornehme, mit Patina und Gold überladene Busen einer Matrone. Erschreckend. Das Rathaus. In wenigen Metern Entfernung rollten andere Limousinen zum Symphoniekonzert im Opernhaus. Nichts hatte einen Sinn.

Kezia erschien alles undeutlich und verworren, als hätte sie einen Schwips, obwohl sie nur Kaffee getrunken hatte. Nur die Sicherheit gebende Anwesenheit von Luke auf einer Seite und Alejandro auf der anderen hielt ihre Füße in Bewegung. Die Treppe hinauf, durch die Türen in das Gebäude, an fremden Leuten vorbei ... o Gott ... o Gott, nein!

»Ich brauche ein Päckchen Zigaretten.« Luke schwenkte von ihnen weg, und sie folgten ihm durch die weiten Marmorhallen unter der Kuppel. Er ging mit dem festen, leicht wiegenden Schritt, den sie so gut kannte, und sie ergriff wortlos Alejandros Hand.

»Bist du okay, Kezia?«

Sie antwortete ihm mit einem fragenden Blick: Ich weiß nicht. Bin ich es? »Ja.« Sie blickte zur Kuppel hinauf. Wie konnten hier böse Dinge passieren? Das Gebäude konnte in Wien oder Paris oder Rom stehen, die Säulen und Friese und Gewölbe, die hochragende Kuppel, das Echo, die Blattgoldauflagen. Der Tag war wirklich gekommen. Der achte Januar. Die Verhandlung. Jetzt stand sie unmittelbar bevor. Als brutale Wirklichkeit.

Sie hielt Lukes Hand fest umklammert, als sie im Fahrstuhl nach oben fuhren, und sie stand ihm so nahe, wie sie nur konnte ... näher ... dichter ... noch enger ... noch ... Sie wollte in seine Haut schlüpfen, sich in sein Herz hineinschleichen.

Der Fahrstuhl hielt im vierten Stock, und sie gingen durch die Korridore zur Gerichtsbibliothek, wo sie den Anwalt treffen sollten. Sie kamen an einem Gerichtssaal vorbei, und plötzlich stieß Luke sie zur Seite, beinahe in Alejandros Arme.

»Verdammte Scheißkerle!« Lukes Gesicht war plötzlich wütend und rot, Alejandro begriff vor ihr, aus welchem Grund. Sie gingen schneller, und er legte ihr den Arm um die Schultern.

»Alejandro, was ...«

»Komm, Baby, wir sprechen später darüber.« Die beiden

Männer wechselten über ihren Kopf hinweg einen Blick, und als sie die wartenden Fernsehkameras sah, wußte sie Bescheid. Das war es also. Lucas würde Schlagzeilen machen. Ganz gleich, wie es ausging.

Sie schlugen unbemerkt einen Bogen um die Reporter und verschwanden in der Bibliothek, um dort zu warten. Nach wenigen Minuten gesellte sich der Anwalt mit einer dicken Aktenmappe unter dem Arm und angespanntem Gesichtsausdruck zu ihnen. Doch etwas an seinem Auftreten beeindruckte Kezia jetzt mehr als im Hotel.

»Alle bereit?« Er versuchte, vergnügt auszusehen, was ihm gründlich mißlang.

»Jetzt? Schon?« Es war noch nicht zwei Uhr, Kezia geriet schon wieder in Panik, aber Alejandro hielt sie noch immer an den Schultern fest. Luke ging vor einer hohen Bücherwand hin und her.

»Nein. Es dauert noch ein paar Minuten. Ich komme wieder her und verständige Sie, wenn der Richter im Gerichtssaal eintrifft.«

»Gibt es noch einen Eingang in den Gerichtssaal?« Alejandro war besorgt.

»Ich … ist … warum?« fragte der Anwalt überrascht.

»Sind Sie schon am Gerichtssaal vorbeigegangen?«

»Nein. Noch nicht.«

»Es wimmelt von Reportern, Fernsehkameras, die ganze Meute.«

»Der Richter wird sie nicht in den Verhandlungsraum lassen. Keine Sorge.«

»Ja, aber wir müssen durch sie hindurchgehen.«

»Nein, das mussen wir nicht.« Luke war zurückgekommen. »Kezia jedenfalls nicht, wenn du dir deshalb Sorgen machst, Al.«

»Ich werde es ganz sicher tun, Lucas.« So klein sie war, sie sah im Eifer des Gefechts aus, als wolle sie ihn schlagen.

»Das wirst du nicht. Und damit basta!« Es war jetzt nicht der Augenblick, mit ihm zu streiten. Das machte ihr sein Gesichtsausdruck klar. »Ich will, daß du hier bleibst. Ich werde dich holen, wenn die Verhandlung vorbei ist.«

»Aber ich will mit dir zusammen im Saal sein.«

»Im Fernsehen?« Seine Stimme triefte vor Ironie, nicht vor Freundlichkeit.

»Du hast gehört, was er gesagt hat. Sie werden nicht im Gerichtssaal sein.«

»Sie brauchen nicht dort zu sein. Sie werden dich beim Kommen und Gehen filmen. Und das hast du nicht nötig. Ich auch nicht, ich werde nicht länger mit dir herumstreiten, Kezia. Du bleibst hier in der Bibliothek, oder du kannst ins Hotel zurückfahren. Also. Ist das klar?«

»In Ordnung.«

Der Anwalt verließ sie, und Luke begann wieder, auf und ab zu gehen; plötzlich blieb er stehen und ging langsam auf Kezia zu, ohne sie aus den Augen zu lassen, alles an ihm war wieder vertraut und innig. Es war, als hätte sich die Verkrampfung in seinem Rückgrat gelöst. Alejandro spürte den Stimmungsumschwung und trat langsam zu einem Regal mit braunen und goldfarbenen Büchern.

»Baby...« Luke stand kaum mehr als einen halben Meter vor ihr, streckte aber nicht die Hand aus, um sie zu berühren, er sah sie nur an, als würde er jedes Haar auf ihrem Kopf, jeden Faden in ihrem Kleid zählen. Er nahm ihren Gesamteindruck in sich auf, und seine Augen bohrten sich in ihre Seele.

»Lucas, ich liebe dich.«

»Kleines, ich habe dich noch nie mehr geliebt. Das weißt du doch, nicht wahr?«

»Ja. Und du weißt, wie sehr ich dich liebe.«

Er nickte und sah ihr noch immer tief in die Augen.

»Warum tun sie uns das an?«

»Weil ich vor langer Zeit, bevor ich dich kennenlernte, beschlossen habe, alles zu riskieren. Ich glaube, ich hätte anders gehandelt, wenn ich dich damals schon gekannt hätte. Vielleicht auch nicht. Ich bin ein Unruhestifter, Kezia. Du weißt es. Ich weiß es. Sie wissen es. Es geschieht für eine gute Sache, aber ich bin ihnen ein Dorn im Auge. Ich habe immer gefunden, daß es sich lohnt, wenn ich etwas zum Besseren verändern könnte... aber damals wußte ich nicht, daß ich dir das antun würde.«

»Lohnt es sich noch immer für dich, wenn du von meiner Person einmal absiehst?« Würde er immer noch so denken, auch wenn es sie nicht gab? Doch seine Antwort überraschte sie.

»Ja.« Seine Augen blieben hart, aber es lag eine Traurigkeit, ein Alter in ihnen, das sie noch nie bemerkt hatte. Er war ein Mann, der einen hohen Preis bezahlte, auch wenn sie seine Haftentlassung nicht widerriefen. Sein Engagement war ihn schon jetzt teuer zu stehen gekommen.

»Lohnt es sich sogar jetzt noch, Lucas?«

»Ja.

Sogar jetzt. Der einzige Grund, weshalb ich mich dreckig fühle, bist du. Ich hätte dich nie hineinziehen dürfen. So dumm hätte ich nicht sein dürfen.«

»Du bist der einzige Mann, Lucas, den ich je geliebt habe, vielleicht der einzige Mensch, den ich je geliebt habe. Wenn du mich nicht hineingezogen hättest, wäre mein Leben nie etwas wert gewesen. Ich kann ertragen, was geschieht. Ganz gleich, was kommt.« Für einen Moment war sie ebenso stark wie er; es war, als hätte seine Kraft sie aufgerichtet und ihre eigene Entschlossenheit verstärkt.

»Und wenn ich ins Gefängnis gehe, was wird dann?«

»Du wirst freikommen.« Ich lasse dich nicht ...

»Vielleicht werde ich doch verurteilt.« Er wirkte fast unbeteiligt.

»Dann werde ich auch damit fertig werden.«

»Werde nur mit dir selbst fertig, kleine Dame. Du bist die einzige Frau, die ich je geliebt habe. Ich werde nicht zulassen, daß du vernichtet wirst. Nicht einmal durch mich. Merk dir das. Und was immer ich auch tue, denk daran, daß ich weiß, was das Beste für uns beide ist.«

»Was meinst du, Liebster?« flüsterte sie. Sie hatte Angst.

»Vertraue mir nur.« Dann zog er sie in seine Arme und drückte sie so fest an sich, daß sie nicht atmen konnte. »Kezia, in diesem Augenblick bin ich der glücklichste Mann auf der Welt. Sogar hier.«

»Nur der am meisten geliebte.« An ihren Wimpern hingen Tränen, während sie ihr Gesicht an seiner Brust begrub. Alejandro war vergessen, die Gerichtsbibliothek um sie war versunken. Das einzige, worauf es ankam und was wirklich war, waren sie beide.

»Bereit?« Das Gesicht des Anwalts wirkte wie eine Vision aus einem bösen Traum. Keiner von ihnen hatte ihn kommen hören. Ebensowenig hatten sie gesehen, wie Alejandro sie beobachtet hatte, während ihm Tränen über die Wangen rannen. Er wischte sie weg und kam auf sie zu.

»Ja, ich bin bereit.«

»Lucas ...« Sie klammerte sich einen Augenblick an ihn, und er schob sie sanft von sich weg.

»Nimm es nicht so schwer, Kleine. Ich bin bald wieder da.« Er lächelte ihr zu und drückte ihr noch einmal fest die Hand. Sie wollte ihn so verzweifelt zurückhalten, ihn am Weggehen hindern, dem Schrecken ein Ende machen, ihn an sich drücken und ihn nie mehr fortlassen ...

»Wir sollten besser ...« Der Anwalt blickte angelegentlich auf seine Uhr.

»Wir gehen.« Er winkte Alejandro, drückte Kezia ein letztes Mal heftig an sich und ging zur Tür, sein Anwalt und sein Freund folgten unmittelbar hinter ihm. Kezia stand noch an demselben Platz, wo er sie verlassen hatte.

»Lucas!« Er drehte sich in der Tür noch einmal um, als ihre Stimme durch die Stille zwischen den Bücherregalen hallte. »Gott sei mit dir!«

»Ich liebe dich!« Diese drei Worte klangen in ihren Ohren, während die Tür leise zufiel.

Nicht das leiseste Geräusch war zu hören, nicht einmal das Ticken einer Uhr. Nichts. Stille. Kezia saß in einem Stuhl mit gerader Rücklehne und betrachtete einen schmalen Sonnenstreifen auf dem Fußboden. Sie rauchte nicht. Sie weinte nicht. Sie wartete nur. Es war die längste halbe Stunde ihres Lebens. Ihr Geist schien zu ruhen wie der Sonnenkringel auf dem Fußboden. Der Stuhl war unbequem, aber das spürte sie nicht. Sie dachte nicht, fühlte nicht, sah nicht, hörte nicht; nicht einmal die Schritte, die schließlich näher kamen. Sie war völlig empfindungslos.

Sie sah die Füße, die auf die ihren zukamen, bevor sie sein Gesicht sah. Aber es waren die falschen Füße, die falschen Schuhe, eine andere Farbe und zu klein. Stiefel ... Alejandro ... wo blieb Luke?

Ihr Blick glitt von den Beinen nach oben, bis sie sein Gesicht erreichten. Seine Augen blickten dunkel und hart. Er sagte kein Wort.

»Wo ist Lucas?« Die Worte kamen leise, aber deutlich. Ihr ganzer Körper hatte sich aufgelöst. Und er antwortete in einem Atemzug.

»Sie haben seine Haftentlassung widerrufen, Kezia. Er ist in Haft genommen worden.«

»Was?« Sie sprang auf. Alles hatte wieder begonnen, nur ging alles nun zu schnell statt zu langsam. »Mein Gott, Alejandro, wo ist er?«

»Er ist noch im Gerichtssaal, Kezia ... nein, geh bitte nicht hinein ...« Sie war auf dem Weg zur Tür, ihre Füße rannten über den grauen Marmorboden. »Kezia!«

»Geh zum Teufel!« Sie riß die Tür auf, als er ihren Arm packte. »Laß mich los, verdammter Kerl! Ich muß ihn sehen!«

»Okay. Dann gehen wir.« Er hielt ihre Hand fest, und sie liefen Hand in Hand durch den Korridor. »Vielleicht ist er jetzt schon fortgebracht worden.«

Sie antwortete nicht, lief nur schneller, ihre Schuhe hämmerten wie ihr Herz und klapperten auf dem Boden. Die Schar der Reporter hatte sich schon gelichtet. Sie hatten ihre Story. Lucas Johns war auf dem Weg zurück ins San Quentin. So geht es also zu. Armer Teufel.

Kezia drängte sich an zwei Männern vorbei, die die Tür zum Gerichtssaal blockierten, und Alejandro schlüpfte neben ihr hinein. Der Richter verließ die Richterbank, und sie konnte nur einen Mann sehen, der ruhig, allein, mit dem Rücken zu ihr saß und starr vor sich hin blickte.

»Lucas!« Sie ging langsamer und näherte sich ihm. Er wandte ihr den Kopf zu, und sein Gesicht war ausdruckslos. Eine Maske. Ein anderer Mann als der Lucas, den sie kannte. Wie eine Stahlwand mit zwei Augen. Zwei Augen, in denen Tränen standen, die aber nichts ausdrückten.

»Ich liebe dich, mein Schatz.« Sie legte ihre Arme um ihn, und er beugte sich langsam zu ihr, legte seinen Kopf an ihre Brust, gab seinem Gewicht nach, sein ganzer Körper erschlaffte. Aber er legte die Arme nicht um sie, und dann sah sie, warum. Er trug schon Handschellen. Sie hatten keine Zeit verloren. Seine Brieftasche und sein Kleingeld lagen vor ihm auf dem Tisch, darunter auch die Schlüssel zu der New Yorker Wohnung und sein Ring, den sie ihm zu Weihnachten geschenkt hatte. »Warum haben sie das getan, Lucas?«

»Sie mußten es tun. Fahr jetzt nach Hause.«

»Nein. Ich bleibe, bis du abgeführt wirst. Sprich nicht. O Gott, Lucas . . . Ich liebe dich.« Sie kämpfte gegen ihre Tränen an. Er sollte sie nicht weinen sehen. Er war stark, sie war es ebenfalls. Aber sie starb innerlich.

»Ich liebe dich auch, also tu mir den Gefallen und geh. Verschwinde von hier, los!« Die Tränen waren aus seinen Augen verschwunden, und sie bedeckte als Antwort seinen Mund mit dem ihren. Sie beugte sich zu ihm, ihre dünnen Arme und die kleinen Hände versuchten, seinen ganzen Körper zu umfassen, als wäre er ein Kind und für ihren Schoß zu groß geworden. Warum hatten sie das getan? Warum konnte sie es ihm nicht ersparen? Warum hatte sie sie nicht kaufen können? Warum? All dieser Schmerz und all das Häßliche und die Handschellen . . . warum konnte man nichts dagegen tun? Diese gottverdammte, beschissene Haftentlassungskommission und der Richter und . . .

»Okay, Mr. Johns.« Das »Mr.« wurde in sarkastischem Ton ausgesprochen, und die Stimme erklang unmittelbar hinter ihr.

»Geh, Kezia!« Es war das Kommando eines Generals, nicht die Bitte eines Besiegten.

»Wohin bringen sie dich?« Während ihre Augen sich vor Zorn und Angst weiteten, spürte sie Alejandros Hände auf ihren Schultern, die sie wegzogen.

»Zum Kreisgefängnis. Alejandro weiß Bescheid. Dann ins Quentin. Jetzt hau aber ab, verdammt noch mal. Sofort!« Er erhob sich zu seiner ganzen Größe und wandte sich dem Wärter zu, der im Begriff war, ihn abzuführen.

Sie stellte sich kurz auf die Zehenspitzen und küßte ihn, dann ließ sie sich von Alejandro aus dem Gerichtssaal führen. Sie blieb einen Moment in der Halle stehen, dann sah sie ihn wie eine ferne Vision am anderen Ende der Halle gehen, zwei Wärter begleiteten ihn, seine Hände waren mit Handschellen vor dem Körper gefesselt. Er blickte sich nicht um, und lange nachdem er verschwunden war, spürte sie, wie sich ihr Mund öffnete und ein langgezogener, durchdringender Schrei die Luft erschütterte. Eine Frau schrie, aber Kezia wußte nicht, wer es war. Es konnte niemand sein, den sie kannte. Anständige Menschen schreien nicht. Aber der Schrei nahm kein Ende, und fremde Arme hielten sie fest, während Blitzlichter vor ihrem Gesicht explodierten und fremde Stimmen auf sie einstürmten.

Dann plötzlich flog sie in einem Glaskäfig über die Stadt, und danach wurde sie in ein fremdes Zimmer geführt, jemand brachte sie zu Bett, und ihr war sehr kalt. Sehr kalt. Ein Mann häufte Decken auf sie, und ein anderer Mann mit einer komischen Brille und einem Schnurrbart gab ihr eine Spritze ... Sie lachte ihn aus, weil er so komisch aussah, doch dann erscholl wieder dieser fürchterliche Schrei. Die Frau schrie. Welche Frau? Es war ein langes, endloses Heulen. Es erfüllte das ganze Zimmer, bis alles Licht aus ihren Augen dahinschwand und alles ringsum schwarz wurde.

27

Als Kezia erwachte, saß Alejandro bei ihr im Zimmer und beobachtete sie. Es war dunkel. Er sah müde aus, und sein Anzug war zerknittert, und er war von leeren Tassen umgeben. Er sah aus, als hätte er die Nacht in dem Stuhl verbracht, und der Eindruck war richtig. Sie betrachtete ihn lange; ihre Augen waren offen, und es fiel ihr schwer zu blinzeln. Ihre Augen schienen ihr größer als je zuvor.

»Bist du wach?« Seine Stimme war nur ein heiseres Flüstern. Der Aschenbecher war randvoll.

Sie nickte. »Ich kann die Augen nicht schließen.«

Er lächelte ihr zu. »Mir scheint, du bist noch high. Warum schläfst du nicht weiter?«

Sie schüttelte nur den Kopf, dann schossen Tränen aus den weit offenen Augen. Auch das nützte nichts, sie konnte sie nicht schließen. »Ich will aufstehen.«

»Was willst du tun?« Sie machte ihn sehr nervös.

»Aufs Klo.« Sie kicherte und schluckte die neu aufsteigenden Tränen hinunter.

»Ach.« Er lächelte brüderlich und müde.

»Weißt du was?« Sie sah ihn merkwürdig an.

»Was?«

»Du siehst elend aus. Du warst die ganze Nacht wach, nicht wahr?«

»Ich habe gedöst. Mach dir meinetwegen keine Sorgen.«

»Warum nicht?« Sie wankte aus dem Bett zur Toilette und blieb in der Tür stehen. »Alejandro, wann kann ich Luke sehen?«

»Nicht vor morgen.« Ihre Erinnerung kam also schon zurück. Er hatte befürchtet, daß er nach der Spritze, die man ihr in der Nacht verabreicht hatte, bei Null anfangen mußte. Jetzt war es sechs Uhr morgens.

»Meinst du heute oder morgen?«

»Ich meine morgen.«

»Warum kann ich ihn nicht früher sehen?«

»Beim Kreisgefängnis gibt es nur zwei Besuchstage. Mittwoch und Sonntag. Morgen ist Mittwoch. So lauten eben die Vorschriften.«

»Schweinehunde.« Sie schlug die Badezimmertür zu, und er zündete sich wieder eine Zigarette an. Er war schon bei seinem vierten Päckchen, seit die Nacht begonnen hatte. Es war eine teuflische Nacht gewesen. Und sie hatte das Geschmiere in den Zeitungen noch nicht gesehen. Edward hatte während der Nacht viermal angerufen. Er hatte die Nachrichten in New York gelesen und war halb verrückt.

Als sie zurückkam, setzte sie sich auf den Bettrand und zündete sich eine Zigarette aus seinem Päckchen an. Sie sah müde, abgezehrt und blaß aus. Die Sonnenbräune war sofort verblaßt, und dunkle Ringe lagen um ihre Augen wie ein zu dick aufgetragener, purpurner Lidschatten.

»Du siehst auch nicht gerade strahlend aus. Du solltest besser im Bett bleiben.« Sie gab ihm keine Antwort, sondern rauchte und ließ einen Fuß baumeln, den Kopf von ihm weggedreht.

»Kezia?«

»Ja?« Sie weinte wieder, als sie sich ihm zuwandte, und sie fühlte sich wie ein ganz kleines Kind, als sie in seinen Armen verschwand. »O Gott, Alejandro. Warum? Wie können sie uns, ihm das antun?«

»Weil es manchmal anders kommt, als man denkt. Nenn es Schicksal, wenn du willst.«

»Ich nenne es beschissen.« Er seufzte.

»Baby...« Sie mußte es erfahren, aber er erzählte es ihr ungern.

»Ja?«

»Ich weiß nicht, ob du dich erinnerst, aber die Zeitungsfritzen haben eine Menge Fotos geschossen, als man Luke abführte.« Er hielt den Atem an und beobachtete ihren Gesichtsausdruck. Sie erinnerte sich offensichtlich nicht.

»Diese Scheißkerle, warum konnten sie ihm nicht seinen letzten Rest an Würde lassen? Elende, gemeine...«

Alejandro schüttelte den Kopf. »Kezia... sie haben Fotos von dir gemacht.« Die Worte fielen wie eine Bombe.

»Von mir?«

Er nickte.

»O Gott!«

»Sie nahmen an, daß du seine ›Alte‹ bist; ich ließ Lukes Anwalt bei ihnen anrufen und sie ersuchen, die Fotos und deinen Namen nicht zu veröffentlichen. Doch da wußten sie schon, wer du bist. Jemand hat die Fotos gesehen, als sie entwickelt wurden. Das ist eine Menge Pech.«

»Sie haben die Fotos in der Zeitung gebracht?«

»Hier drüben bist du auf der Titelseite. In New York auf Seite vier. Edward hat heute nacht ein paarmal angerufen.« Kezia warf den Kopf zurück und begann zu lachen. Es war ein nervöses, hysterisches Lachen, nicht die Reaktion, die er erwartet hatte.

»Mann, diesmal haben wir es wirklich geschafft, nicht wahr? Edward muß einem Schlaganfall nahe sein.« Aber es klang nicht sehr nach Mitleid. Eher zerstreut.

627

»Gelinde gesagt.« Der Mann tat Alejandro fast leid. Er hatte so erschüttert geklungen. So hintergangen.

»Nun, man spielt, man zahlt, wie es so schön heißt. Wie arg sind die Fotos?«

So schlimm wie nur möglich. Sie hatte einen hysterischen Anfall gehabt, als die Fotografen sie entdeckt hatten. Alejandro nahm die Abendausgabe des *Examiner* unter dem Bett hervor und reichte sie ihr. Auf der Titelseite prangte ein Foto von Kezia, die in Alejandros Armen zusammenbrach. Sie zuckte zusammen, als sie es sah, und warf einen Blick auf den Text. »Die prominente Kezia Saint Martin, heimliche Freundin des Ex-Sträflings Lucas Johns, bricht vor dem Gerichtssaal zusammen, nachdem ...« Es war schlimmer, als sie befürchtet hatte.

»Edward macht sich hauptsächlich Sorgen darüber, in welchem Zustand du dich jetzt befindest.«

»Keine Spur. Er hat einen Herzanfall wegen des Artikels. Du kennst Edward nicht.« Sie sprach wie ein Kind, das vor seinem Vater Angst hat. Alejandro kam ihr Verhältnis seltsam vor.

»Wußte er von Luke?«

»Die volle Wahrheit kannte er nicht. Er wußte, daß ich ihn interviewt hatte, und er wußte auch, daß in den letzten Monaten jemand in mein Leben getreten war. Ich nehme an, früher oder später mußte es ja herauskommen. Bis jetzt hatten wir Glück. Es ist aber schade, daß es auf diese Weise sein mußte. Haben die Redaktionen seither angerufen?«

»Einige Male. Ich teilte ihnen mit, daß es keine Story gibt und daß du heute noch nach New York zurückfliegst; sie werden also den Flughafen eifrig bewachen.«

»Und das Vestibül hier.«

Daran hatte er nicht gedacht. Was für eine verrückte Art von Leben.

»Wir müssen den Manager kommen lassen und dafür sorgen, daß wir unbewacht verschwinden. Ich will ins Ritz übersiedeln. Dort werden sie uns nicht aufstöbern.«

»Nein, aber du kannst morgen mit neuen Artikeln rechnen, falls du Luke im Gefängnis besuchst.«

Sie stand auf und sah ihn mit einem eisigen Blick an. »Nicht

›falls‹, Alejandro, sondern ›sobald‹. Und wenn sie dabei aufdringlich sind, dann sollen sie zum Teufel gehen.«

Der Tag verging in einer Wolke von Schweigen und Zigarettenrauch. Ihre Übersiedlung ins Ritz klappte problemlos. Ein »Geschenk« von fünfzig Dollar an den Manager veranlaßte ihn, sie durch eine Hintertür hinauszuführen und dann darüber den Mund zu halten. Das hatte er anscheinend getan. Im Ritz wurden sie jedenfalls nicht angerufen.

Kezia saß gedankenverloren da und sprach nur selten. Sie dachte an Luke, und wie er ausgesehen hatte, als sie ihn abführten ... und vorher, wie er in der Bibliothek ausgesehen hatte. Das waren seine letzten Augenblicke in Freiheit gewesen.

Sie rief Edward vom Ritz aus an und führte ein kurzes, qualvolles Gespräch mit ihm. Sie weinten beide. Edward wiederholte immerfort: »Wie konntest du das tun?« Er ließ das Wort »mir« unausgesprochen, doch man konnte es sich gut dazudenken. Er wollte, daß sie sofort nach Hause flog oder daß sie ihn zu sich kommen ließ. Als sie das Ansinnen ablehnte, explodierte er.

»Ich bitte dich, Edward, um Himmels willen, tu mir das nicht an. Setz mich jetzt nicht unter Druck!« Sie schrie ihn unter Tränen an und fragte sich kurz, warum sie einander unaufhörlich beschuldigten. Wen kümmerte es schon, »wer wem was antat«? Es war Kezia und Luke angetan worden, aber Edward war daran unschuldig. Und Kezia hatte Edward nichts angetan, jedenfalls nicht absichtlich. Sie befanden sich alle in den Klauen einer infernalischen Maschine, und niemand konnte etwas dagegen tun oder sie anhalten.

»Du mußt nach Hause kommen, Kezia! Denk daran, wie sie über dich herfallen werden dort drüben.«

»Das haben sie schon getan, und es steht in den Zeitungen in New York, es macht also keinen Unterschied mehr, wo ich bin. Verdammt noch mal, ich könnte nach Tanger fliegen, und sie würden noch immer einen Bericht darüber haben wollen.«

»Es ist wirklich unglaublich. Ich kann es noch immer nicht fassen ... und Kezia ... gütiger Gott, Mädchen, du mußt doch gewußt haben, daß ihm das zustoßen wird. Die Geschichte, die du

mir von ihm erzählt hast, daß er krank ist ... damit hast du doch
diese Bedrohung gemeint, nicht wahr?« Sie nickte stumm ihrem unsichtbaren Gesprächspartner zu, und seine Stimme wurde
schärfer. »Nicht wahr?«

»Ja.« Ihre Stimme klang so müde, so gebrochen und verletzt.

»Warum hast du es mir nicht gesagt?«

»Wie konnte ich?« Beide schwiegen eine Weile, denn sie kannten die Wahrheit.

»Ich verstehe noch immer nicht, wie du dich darauf einlassen
konntest. In deinem Artikel über ihn hast du geschrieben, daß
diese Möglichkeit besteht. Wie ...«

»Ach, sei doch endlich still, verdammt noch mal, Edward. Ich
habe es nun einmal getan. Und hör schon endlich auf, wie eine
verdammte Mutterglucke deswegen zu gackern. Ich habe es gewagt, und ich kam unter die Räder, eigentlich wir beide, und
glaube mir, es tut ihm verdammt mehr weh, jetzt im Gefängnis
zu sitzen.« Es folgte Totenstille, dann kam Edwards Stimme mit
einer gezielten Gehässigkeit über den Draht, die ihm eigentlich
vollkommen fremd war ... außer einmal früher.

»Mr. Johns ist an den Gefängnisaufenthalt gewöhnt, Kezia.«
Sie wollte schon empört den Hörer auflegen, wagte es aber doch
nicht. Wenn die Verbindung abbrach, würde sie tiefreichende Gefühle verletzen, und sie brauchte diese Bindung noch, vielleicht
nur in geringerem Ausmaß, aber sie brauchte sie. In gewisser
Hinsicht war Edward der einzige Mensch, den sie außer Luke
hatte.

»Hast du sonst noch etwas zu sagen?« Sie sprach beinahe
ebenso bösartig wie er unmittelbar zuvor ... Sie hatte die Absicht, ihn zu treffen, aber ihn nicht ganz fallenzulassen.

»Ja. Komm nach Hause. Unverzüglich.«

»Ich komme nicht. Sonst noch etwas?«

»Ich weiß nicht, Kezia, was noch notwendig sein wird, um
dich zur Vernunft zu bringen, aber ich schlage vor, daß du dich
bemühst, so schnell wie möglich vernünftig zu werden. Du könntest es dein ganzes restliches Leben bereuen.«

»Das werde ich, aber nicht aus den Gründen, die du annimmst,
Edward.«

»Du hast keine Ahnung, was du alles aufs Spiel setzt ...« Seine Stimme verhallte unglücklich. Er hatte einen Augenblick lang nicht zu Kezia, sondern zu dem Geist ihrer Mutter gesprochen, das war beiden bewußt. Nun war Kezia sicher. Nun wußte sie, warum er ihr von ihrer Mutter und dem Hauslehrer erzählt hatte. Nun wußte sie alles.

»Was setze ich aufs Spiel? Meine ›Stellung‹? Mein ›Ansehen‹, wie Tante Hil es ausdrücken würde? Meine Chancen, einen Ehemann zu finden? Meinst du, das kümmert mich jetzt auch nur im mindesten? Mich kümmert Luke, Edward. Mich kümmert Lucas Johns. Ich liebe ihn!« Sie schrie wieder.

In fünftausend Kilometer Entfernung glitten stumme Tränen über Edwards Antlitz. »Laß mich wissen, wenn ich etwas für dich tun kann.«

Es war die Stimme ihres Rechtsanwalts, ihres Treuhänders, ihres Kurators. Nicht ihres Freundes. Ein Kapitel war endgültig zu Ende. Die Kluft zwischen ihnen verbreitete sich für beide erschreckend.

»Das werde ich tun.« Sie sagten einander nicht Lebewohl, und Edward legte auf. Kezia blieb lange mit dem stummen Hörer in der Hand sitzen, während Alejandro sie beobachtete.

Abschiedstränen rannen über ihre Wangen. Es war das zweite Mal in zwei Tagen. Irgendwie hatte sie die beiden einzigen Männer verloren, die sie seit ihrem Vater geliebt hatte. In einem Leben drei Männer verloren. Sie wußte, daß sie Edward soeben verloren hatte. Sie hatte ihn verraten. Genau das hatte er verhindern wollen, und nun war es doch eingetreten.

Edward saß in seinem Büro und wußte es auch. Er ging ernst zur Tür, schloß sie sorgfältig ab, kehrte zu seinem Schreibtisch zurück, legte den Schalter auf seiner Gegensprechanlage um und wies seine Sekretärin ungerührt an, daß er bis auf weiteres nicht gestört werden wollte. Nachdem er sorgfältig seine Post zur Seite geschoben hatte, legte er den Kopf auf die Arme und brach in herzzerreißendes Schluchzen aus. Er hatte sie verloren ... sie beide verloren ... und an so unwürdige Männer. Er fragte sich, warum der Charakter der beiden einzigen Frauen, die er je geliebt hatte, einen so schweren Makel aufwies ... der

Hauslehrer ... und nun dieser ... dieser .... Knastbruder ... dieser Niemand! Er schrie das Wort hinaus, dann staunte er über sich selbst, hörte zu weinen auf, hob den Kopf, lehnte sich zurück und starrte durchs Fenster auf die Aussicht. Es gab Zeiten, da konnte er die Welt nicht mehr verstehen. Niemand hielt sich mehr an die Regeln. Nicht einmal Kezia, und er hatte sie doch selbst erzogen. Er schüttelte langsam den Kopf, schneuzte sich zweimal und beschäftigte sich wieder mit der Post.

Jack Simpson zeigte Verständnis, als er sie anrief. Aber Kezias Agent war keine große Hilfe, denn er war schuldbewußt, weil er sie mit Luke bekannt gemacht hatte. Sie versicherte ihm, daß er ihr das beste Geschenk ihres Lebens gemacht hatte, doch die Tränen in ihrer Stimme waren für keinen von ihnen ein Trost.

Alejandro versuchte, Kezia zu einem Spaziergang zu überreden, aber sie wollte nicht; sie saß im Hotelzimmer, hatte die Jalousien heruntergelassen, rauchte, trank Tee, Kaffee, Wasser, Scotch, aß kaum etwas, dachte nur immer nach, und ihre Augen füllten sich mit Tränen, ihre Hände zitterten. Sie hatte jetzt Angst auszugehen, Angst vor der Presse und Angst davor, daß sie einen Anruf von Luke versäumen würde.

»Vielleicht wird er anrufen.«

»Kezia, er kann aus dem Kreisgefängnis nicht anrufen. Das lassen sie nicht zu.«

»Vielleicht aber doch.«

Es war sinnlos, mit ihr zu diskutieren; es war, als würde sie nicht hören. Und was immer sie hörte, sie nahm den Sinn nicht auf. Die einzigen Töne, die sie vernahm, waren ihre inneren Stimmen und Lukes Echo. Es war bereits Mitternacht, als Alejandro sie endlich zu Bett brachte.

»Was machst du?« Sie sah seine Gestalt im Stuhl in der Ecke. Ihre Stimme klang merkwürdig gealtert.

»Ich bleibe noch eine Weile hier sitzen. Es stört dich doch nicht?« Sie wollte in der Dunkelheit seine Hand berühren. Sie konnte keine Worte finden, sie konnte nur den Kopf schütteln und weinen. Der Tag war unerträglich gewesen, nicht so angespannt wie der vorhergegangene, aber zermürbender. Die endlose Last des Schmerzes.

Er hörte das gedämpfte Schluchzen und setzte sich auf den Bettrand. »Nicht, Kezia.« Er streichelte ihr Haar, ihren Arm, ihre Hand, während ihr Körper von Schluchzen geschüttelt wurde. Sie sehnte sich nach Luke. »Ach, Baby ... kleines Mädchen, warum mußte dir das passieren?« Sie war nicht darauf vorbereitet gewesen, sie war nicht daran gewöhnt, etwas nicht steuern zu können, und sie hatte so etwas noch nie erlebt. Wieder standen Tränen in seinen Augen, doch sie konnte sie nicht sehen.

»Es ist nicht mir passiert, Alejandro, sondern ihm.« Ihre Stimme klang schmerzlich, vom vielen Weinen ermüdet.

Er streichelte ihr Haar wohl stundenlang, und endlich schlief sie doch ein. Er zog die Decke glatt und berührte ganz sanft ihre Wange. Sie sah im Schlaf wieder jung aus; der Zorn war aus ihrem schmalen Gesicht gewichen. Die Grausamkeit, die einem Menschen draußen in der großen, bösen, häßlichen Welt zustoßen konnte, war für sie ein Schock gewesen. Sie mußte dafür Lehrgeld bezahlen, mit der Ruhe ihres Herzens, mit ihrem Gleichgewicht.

Er hörte sie leise an seine Tür klopfen und hob den Kopf. Es hatte lange gedauert, bis er eingeschlafen war, und nun war es erst fünf Minuten nach sechs.

»Wer ist da?«

»Ich. Kezia.«

»Ist etwas nicht in Ordnung?«

»Ich dachte nur, wir sollten vielleicht aufstehen.« Heute war der Tag, an dem sie Lucas besuchen würde. Alejandro lächelte müde, stand auf, zog sich die Hose an und öffnete die Tür.

»Du bist verruckt, Kezia. Warum schläfst du nicht noch eine Weile?« Sie stand in einem blauen Flanellnachthemd und ihrem weißen Satin-Morgenrock barfuß vor ihm, ihr langes schwarzes Haar hing ihr lose auf den Rücken. Ihre Augen in dem viel zu blassen Gesicht waren wieder lebendig.

»Ich kann nicht schlafen und habe Hunger. Hab' ich dich aufgeweckt?«

»Nein, nein, natürlich nicht. Ich stehe immer um sechs auf.

Eigentlich bin ich schon seit vier wach.« Er sah sie tadelnd an, und sie lachte.

»Okay, okay, ich habe schon verstanden. Ist es zu früh, um Kaffee für dich und Tee für mich zu bestellen?«

»Mein Schatz, wir sind hier nicht im Fairmont. Hast du es wirklich so eilig?«

Sie nickte. »Ab wann kann ich ihn besuchen?«

»Ich glaube nicht, daß sie dich vor elf oder zwölf Uhr zu ihm lassen.« O Gott, sie hätten noch volle vier Stunden schlafen können. Alejandro trauerte stumm dem verlorenen Schlaf nach. Er war halbtot vor Müdigkeit.

»Aber wir sind jetzt auf. Wir können ebensogut wach bleiben.«

»Wunderbar. Genau das wollte ich hören. Kezia, wenn ich dich nicht so lieb hätte und wenn dein Alter nicht so ein verdammter Riese wäre, hätte ich dir jetzt einen Tritt ins Hinterteil versetzt.«

Sie lächelte ihn entzückt an. »Ich liebe dich auch.«

Er setzte sich und zündete eine Zigarette an. Sie hielt schon eine in der Hand, und er sah, daß sie noch immer zitterte, doch davon und von ihrem blassen, spitzen Gesicht abgesehen, sah sie besser aus. Ihre Augen glänzten wieder ein wenig, eine Andeutung von Leben und von der alten Kezia war zu erkennen. Das Mädchen war wirklich eine Kämpfernatur.

Er verschwand ins Badezimmer und kam gekämmt, mit geputzten Zähnen und einem sauberen Hemd wieder.

»Meine Güte, du siehst ja aus wie aus dem Ei gepellt.« Sie war hellwach und an diesem Morgen voller Necklust, weit entfernt von dem Zustand, in dem sie sich am vergangenen Morgen befunden hatte. Es war eine Erleichterung.

»Du suchst heute morgen nur Streit, oder? Hat dir noch niemand gesagt, daß du einem Mann nicht vor seiner ersten Tasse Kaffee auf die Nerven gehen sollst?«

»*Pobrecito!*«

Er drohte ihr mit dem Finger.

»Und jetzt, nachdem du mich aus meinem warmen Bett gerissen hast, wirst du vermutlich zwei Stunden brauchen, um dich anzuziehen.« Er zeigte auf das Nachthemd und den Morgenrock.

»Sagen wir fünf Minuten.«

Sie hielt Wort. An diesem Morgen bewegte sie sich sehr rasch, wie ein Kind, das auf seinen ersten Zirkusbesuch wartet, bei Morgengrauen nervös, zappelig und schon beim Frühstück müde ist. Und sie hatten noch fünf Stunden totzuschlagen, bis sie Luke besuchen konnten.

Jetzt verweilten Alejandros Gedanken unaufhörlich bei Luke. Wie ertrug er es? Ging es ihm gut? Woran dachte er? War er schon bei dem leeren Knastjargon angelangt, bei der kalten Gleichgültigkeit aus Hoffnungslosigkeit, oder war er noch der alte Luke? Und wenn er wieder in den abstumpfenden Gefängnistrott verfallen war, wie groß würde der Schock für Kezia sein? Wie würde sie sich auf den Besuch einstellen? Alejandro kannte den Vorgang nur allzugut, aber sie kannte ihn nicht. Sie würden durch ein dickes Glasfenster getrennt sein, über ein knisterndes und rauschendes Telefon miteinander sprechen, Luke würde einen schmutzigen, zerknitterten orangefarbenen Overall tragen, der ihm knapp bis zu den Ellbogen und den Knien reichte. Er mußte mit einem halben Dutzend anderer Männer in einer Zelle leben, Bohnen, altes Brot und zerkochtes Fleisch essen, ein entfernt nach Kaffee schmeckendes Gebräu trinken und ohne Toilettenpapier auf den Abort gehen. Es war ein verdammter Ort, an den er Kezia bringen mußte, es würden Zuhälter und Huren, Diebe, verzweifelte Mütter und Hippiemädchen dort sein, die zerlumpte Kinder in den Armen auf dem Rücken trugen. Es würde Lärm, Gestank und Verzweiflung geben. Wieviel konnte sie ertragen? Wie weit würde sie Luke in diese Welt Einblick nehmen lassen? Und nun hatte er, Alejandro, die Last auf dem Rücken. Kezia war Alejandros Baby. Er hatte die Verpflichtung, sich um Kezia zu kümmern.

Jemand klopfte und unterbrach seine Gedanken. Es war wieder Kezia. Angezogen und ausgehbereit.

»Junge, du siehst wirklich verdammt finster drein.«

Anscheinend drückte sein Gesicht seine Gedanken aus. »Der Morgen ist nicht meine beste Zeit. Von dir kann ich es aber nicht behaupten. Du bist für einen Tee bei einem Schnellimbiß für Lastwagenfahrer ganz schön herausgeputzt.« Sie trug, wie gewöhnlich, teure Kleider. Und sie hatte eine übersteigerte Fröhlichkeit an sich, die ihm allmählich auf die Nerven ging. Wenn sie ausflippte, was dann?

»Sollten wir nicht ein Taxi kommen lassen?« Sie hatten auf die Limousine verzichtet, als sie ins Ritz übersiedelt waren, und sich das Schweigen des Chauffeurs wieder mit einem übertrieben hohen Trinkgeld erkauft.

»Wir können zu Fuß gehen, ich kenne ein paar Blocks von hier ein Lokal.«

Sie gingen in der feuchten Luft nach Süden und wanderten Hand in Hand die steilen Hügel hinunter.

»Es ist wirklich eine schöne Stadt, nicht wahr, Al? Vielleicht können wir nachher einen Spaziergang machen.«

Hoffentlich nicht. Er hoffte, daß Luke ihr sagen würde, sie solle ein Flugzeug nach New York nehmen. Zum Wochenende würde Luke im Quentin sein, und es hatte keinen Sinn, daß sie deshalb hierblieb. Sie konnte ihn dort erst besuchen, wenn sie die Erlaubnis dafür erhielt, und das konnte Wochen dauern. Früher oder später würde sie nach Hause fliegen müssen. Besser früher als später.

Der Schnellimbiß für Lastwagenfahrer war gut besucht, aber nicht überfüllt, der Raum war warm, und die Jukebox spielte schon. Der Kaffeeduft vermischte sich mit dem Schweißgeruch müder Männer, mit Zigaretten- und Zigarrenrauch. Sie war die einzige Frau in dem Lokal, zog aber nur ein paar gelangweilte Blicke auf sich.

Alejandro ließ sie Frühstück bestellen, und sie zog einen Flunsch. Aber er war unerbittlich. Zwei Spiegeleier mit Speck, Hacksteak mit Toast.

»Um Himmels willen, Alejandro. So viel esse ich nicht einmal zu einer Hauptmahlzeit.«

»So siehst du auch aus. Ein spindeldürres Weib aus den oberen Kreisen.«

»Sei doch kein solcher Snob.« Sie aß eine Scheibe Schinken und zwei Bissen Toast. Die unberührten Spiegeleier starrten sie an wie zwei gelbsüchtige Augen.

»Du ißt nicht?«

»Ich bin nicht hungrig.«

»Und du rauchst zuviel.«

»Ja, Daddy. Sonst noch was?«

»Du kannst mich. Hör zu, du solltest lieber auf dich aufpassen, sonst verpfeife ich dich beim Boß.«

»Du würdest es Lucas erzählen?«

»Wenn ich dazu gezwungen bin.« Ein Funke von Besorgnis zuckte in ihren Augen.

»Hör zu, Alejandro, im Ernst ...«

»Ja?« Er lachte, weil sie versuchte, sich herauszuwinden.

»Ich meine es ernst. Du darfst Luke nicht aufregen. Wenn er dieses gräßliche Foto in der Zeitung gesehen hat, ist es schlimm genug.«

Alejandro nickte, wurde sachlich und hörte auf, sie zu necken. Sie hatten beide an diesem Morgen die kurze Nachricht auf Seite drei des *Chronicle* gelesen: Miß Saint Martin war noch nicht nach New York zurückgekehrt; es wurde angenommen, daß sie irgendwo in der Stadt »untergetaucht« war. Es wurde sogar die Vermutung geäußert, daß sie mit einem Nervenzusammenbruch in ein Sanatorium eingeliefert worden sei. Sie hatte auf den Fotos jedenfalls so ausgesehen, als befände sie sich auf dem besten Wege dahin. Man nahm jedoch an, daß sie, falls sie noch in der Stadt war, am Besuchstag bei Luke auftauchen würde, »es sei denn, Miß Kezia Saint Martin hätte ihre privaten Verbindungen spielen lassen, um eine Einzelbesuchserlaubnis bei Mr. Johns zu erwirken.«

»Donnerwetter, daran habe ich nie gedacht.«

»Willst du es versuchen? Es könnte dir Ärger mit der Presse ersparen. Es ist ganz klar, daß sie an Besuchstagen auf dich warten werden.«

»Dann laß sie eben. Ich werde am gleichen Tag hingehen wie alle anderen und ihn besuchen, wie es die anderen tun.«

Alejandro nickte. Die bis zur Besuchszeit verbleibenden Stunden schlichen quälend langsam dahin. Sie hatten den Eindruck, daß es Wochen dauerte, bis es Viertel vor zwölf war.

28

»Bereit zum Aufbruch?« Sie nickte und nahm ihre Handtasche. »Kezia, du bist wirklich ein erstaunliches Mädchen.« Sie sah aus wie eine überaus hübsche junge Frau, die überhaupt keine Sorgen hatte. Das Make-up trug dazu bei, aber es war die Art, wie sie sich hielt, die Maske, die sie aufgesetzt hatte.

»Danke, Sir.« Sie sah angespannt aus, aber schön, ganz anders als die schluchzende Frau, die er vor zwei Tagen im Korridor des Rathauses in den Armen gehalten hatte. Sie war jeder Zoll eine Dame und vollkommen beherrscht. Nur ihre zitternden Hände verrieten sie. Wenn dieser Umstand nicht gewesen wäre, hätte sie vollkommen gelassen gewirkt. Das war also das Kennzeichen der oberen Klassen, niemals zu zeigen, was man fühlte, als hätte man nie einen Augenblick Kummer erlebt. Man kämmte sein Haar zu einem eleganten kleinen Knoten, puderte sich die Nase, setzte ein Lächeln auf und sprach mit leiser, gedämpfter Stimme. Dachte daran, immer »bitte« und »danke« zu sagen und dem Portier zuzulächeln. Das Kennzeichen guter Erziehung. Wie ein Zirkushund oder ein Dressurpferd.

»Kommst du, Alejandro?« Sie hatte es eilig, das Hotel zu verlassen.

»Mein Gott, Weib, ich kann kaum vernünftig denken, und du siehst aus, als würdest du zu einer Teeparty gehen. Wie schaffst du das nur?«

»Übung. Es ist eine Lebensweise.«

»Es kann aber nicht gesund sein.«

»Ist es auch nicht. Deshalb ist die Hälfte aller Menschen, mit denen ich aufgewachsen bin, jetzt Alkoholiker. Die anderen leben von Pillen, und in ein paar Jahren werden sie alle mit einem Herzschlag tot umfallen. Einigen von ihnen ist es schon gelungen abzukratzen.« Sie sah Tiffany vor sich. »Man trägt seine Geheimnisse ein Leben lang herum, und eines Tages explodiert man.«

»Gilt das auch für dich?« Er folgte ihr über die schlecht beleuchtete Hoteltreppe nach unten.

»Ich bin okay ... Ich lasse Dampf ab, indem ich schreibe. Und bei Luke muß ich mich nicht verstellen ... und jetzt auch bei dir nicht.«

»Bei sonst niemandem?«

»Bisher nicht.«

»Das ist keine Art zu leben.«

»Weißt du, Alejandro«, sagte sie, als sie ins Taxi gestiegen war, »wenn du dich die ganze Zeit verstellst, besteht die Schwierigkeit darin, daß du schließlich vergißt, wer du bist und was du fühlst. Du wirst zum Image.«

»Wie kommt es, daß es bei dir nicht der Fall ist, Baby?« Während er sie beobachtete, wunderte er sich. Sie sah erschreckend kühl aus.

»Ich nehme an, meine Schreiberei ist daran schuld. Sie hilft mir, den Schmerz in meinem Inneren zu betäuben. Durch sie habe ich die Möglichkeit, ich selbst zu sein. Wenn man alles hinunterschluckt, frißt es einem die Seele auf.« Wieder dachte sie an Tiffany. So war es bei ihr gewesen und im Lauf der Jahre auch bei anderen. Zwei von Kezias Freundinnen hatten seit dem Abgang vom College Selbstmord begangen.

»Luke wird sich jedenfalls besser fühlen, wenn er dich wiedersieht.« Das war schon etwas wert. Alejandro wußte, warum sie den elegant geschnittenen schwarzen Mantel, die schwarze Gabardinehose und die schwarzen Wildlederschuhe trug. Nicht Lucas' wegen. Um sicher zu sein, daß das nächste Foto in der Zeitung sie vollkommen beherrscht zeigte. Elegant, arrogant und distinguiert. Im Gefängnis würde er keinen Zusammenbruch erleben.

»Glaubst du, daß die Presse anwesend sein wird, wenn wir hinkommen?«

»Ich glaube es nicht, ich weiß es.«

Sie war dort. Kezia und Alejandro stiegen vor dem Haupteingang von 850, Bryant Street aus dem Taxi. Das Gerichtsgebäude. Es war ein unscheinbares graues Haus ohne die Majestät des Rathauses. Vor dem Eingang hielten zwei Reporter vom *Examiner* Wache, bis sie ankam. Zwei weitere gingen vor dem Hintereingang des Gebäudes auf und ab. Kezia hatte eine Nase für sie, wie

Luke für die Polizei. Sie hielt sich an Alejandros Arm fest, während sie den Eindruck erweckte, daß sie ihn kaum berührte, und schob sich ruhig die dunkle Brille über die Augen. Auf ihrem Gesicht lag ein leises ironisches Lächeln.

Sie eilte an einem Mann vorbei, der ihren Namen rief, während ein zweiter Reporter in einen Sender von Taschenformat sprach. Jetzt wußten sie, was ihnen bevorstand. Alejandro beobachtete ihr Gesicht, während ein Wachposten ihre Handtasche durchsuchte, doch sie sah erstaunlich gelassen aus. Ein Fotograf machte eine Aufnahme von ihnen, und sie stiegen schnell mit gesenkten Köpfen in der mit lachsfarbenem Marmor verkleideten Halle in einen Fahrstuhl. Während sich die Aufzugstüren schlossen, fiel Kezia auf, daß die Wände die gleiche Farbe hatten wie die Gladiolen bei italienischen Begräbnissen, und sie lachte.

Im sechsten Stockwerk führte sie Alejandro schnell durch eine weitere Tür und über eine merkwürdig zugige Treppe einen Stock höher.

»Vielleicht eine Brise vom Styx?« In ihrer Stimme lag Ironie und Mutwille. Er konnte es nicht fassen. War das die Kezia, die er kannte?

Sie behielt die Brille auf, und er ergriff ihre Hand, während sie in der Reihe warteten. Der Mann vor ihnen stank und war betrunken, die Schwarze vor ihm war dick und weinte. Weiter vorne jammerten einige Kinder, und eine Gruppe von Hippies lehnten lachend an der Wand. Sie bildeten auf der Treppe eine lange schmale Reihe, während einer nach dem anderen oben zu dem Pult trat. Ausweisleistung des Besuchers, Name des Häftlings, dann bekam man einen kleinen rosa Zettel mit einer Fensternummer und einer römischen Zahl, die die Gruppe angab. Sie waren Gruppe II. Die erste Gruppe war schon hineingeführt worden. Die Treppe war voller Besucher, aber es waren keine Reporter in Sicht.

Sie betraten einen Raum mit Neonbeleuchtung, in dem sich ein weiteres Pult, zwei Wärter und drei Reihen Bänke befanden. Dahinter konnten sie eine lange Halle mit Fenstern erblicken, an denen ein Bord entlanglief, auf dem sich in geringen Abständen Telefone befanden und vor dem Stühle standen, auf die sich die

Besucher setzten. Es war peinlich und unangenehm. Gruppe 1 befand sich mitten in der Besuchszeit, die fünf oder zwanzig Minuten dauerte, je nach Laune der Wärter. Die Gesichter waren bewegt, Frauen kicherten und weinten dann, die Gefangenen sahen grimmig und entschlossen aus, dann entspannten sich ihre Gesichter, wenn sie ihre Kinder sahen. Es brach einem das Herz.

Alejandro sah Kezia verlegen an. Sie wirkte unerschrocken. Ihr war nichts anzumerken. Sie lächelte und zündete sich wieder eine Zigarette an. Dann fielen die Fotografen plötzlich über sie her. Drei Kameraleute und zwei Reporter, sogar die Lokalreporterin von *Women's Wear* war unter ihnen.

Alejandro spürte, wie ihn Klaustrophobie überkam. Wie konnte sie das nur aushalten? Die übrigen Besucher waren überrascht, einige traten zurück, während andere vorwärts drängten, um zu sehen, was los war. Plötzlich herrschte Chaos, mit Kezia im Zentrum des Sturms, ihre Brille saß unverrückt, sie preßte die Lippen zusammen, ihr Blick war starr, aber unerschütterlich ruhig.

»Nehmen Sie Tranquilizer? Haben Sie seit der Verhandlung schon mit Luke Johns gesprochen? Sind Sie ... Haben Sie ... Werden Sie ... Warum?« Sie sagte kein Wort, schüttelte nur den Kopf.

»Ich habe keinen Kommentar abzugeben. Nichts zu sagen.« Alejandro fühlte sich neben ihr nutzlos. Sie blieb sitzen, senkte den Kopf, als ob die Reporter verschwinden würden, wenn sie sie nicht mehr sah. Aber dann stand sie unerwartet auf und sprach mit leiser gedämpfter Stimme.

»Das genügt jetzt. Ich sagte Ihnen schon, daß ich nichts zu erklären habe.« Blitzlichter zuckten vor ihrem Gesicht, und zwei Wärter kamen ihr zu Hilfe. Die Presse müsse draußen warten, sie behindere die Besucher. Sogar die Häftlinge, die Besuch hatten, hörten auf zu sprechen und beobachteten die Gruppe um Kezia und die Blitzlichter, die alle paar Sekunden aufflammten.

Ein Wärter rief sie zu dem Pult, während die Reporter und Fotografen widerwillig den Raum verließen. Alejandro trat zu ihr, ihm fiel auf, daß er noch kein Wort gesprochen hatte, seit der Ansturm begonnen hatte. Er fühlte sich in dem Durcheinander verloren. Er war niemals auf die Idee gekommen, daß er mit so einer Situation konfrontiert werden würde, aber sie wurde gut damit fertig. Das überraschte ihn. Sie hatte keine Spur von Panik gezeigt, aber so eine Szene war ja für sie nichts Neues.

Der Wärter beugte sich zu ihnen und unterbreitete ihnen einen Vorschlag. Ein Wärter konnte sie begleiten, wenn sie weggingen. Sie konnten mit einem Fahrstuhl direkt in die Polizeigarage im Keller fahren, wo ein Wagen auf sie warten konnte. Alejandro gefiel diese Idee, und Kezia erklärte sich dankbar damit einverstanden. Sie war noch blasser als vorher, und das Zittern ihrer Hände war in ein ständiges Flattern übergegangen. Der Überfall der *paparazzi* hatte seinen Tribut gefordert.

»Könnte ich vielleicht Mr. Johns hier oben unter vier Augen sprechen?« Sie hatte ihren Vorsatz, besondere Vergünstigungen abzulehnen, rasch aufgegeben. Sie empfand die neugierige Menge als beinahe ebenso lästig wie die Presseleute. Aber ihr Ersuchen wurde abgelehnt. Dennoch wurde ein junger Wärter beauftragt, in ihrer Nähe zu bleiben.

Eine Stimme gab bekannt, daß die erste Besuchszeit zu Ende war, und die Wärter geleiteten die Gruppe 1 in einen eigenen Raum, in dem sie auf den Fahrstuhl warten konnten, ohne mit der nächsten Gruppe in Berührung zu kommen. Es war merkwürdig, den Unterschied in den Mienen beim Eintreffen und beim Gehen zu beobachten – sie waren jetzt bekümmert, geschockt, stumm. Von ihrem Lachen beim Kommen war nichts mehr zu merken. Frauen hielten kleine Zettel mit Aufträgen, Wünschen in den Händen: Zahnpaste, Socken, der Name eines Anwalts, den ein Zellengenosse empfohlen hatte.

»Gruppe zwei!« Die Stimme unterbrach ihre Gedankengänge, und Alejandro ergriff ihren Ellbogen. Der rosa Zettel in ihrer Hand war zerknüllt, aber sie lasen von ihm die Nummer des Fensters ab, an dem sie Luke treffen würden.

Dicht daneben, rechts und links von ihnen, saßen andere Besucher, aber der versprochene Wärter stand neben ihnen. Die Wartezeit kam ihnen unendlich lang vor. Aber es waren nur zehn, vielleicht fünfzehn Minuten. Dennoch schien es endlos zu dauern. Dann erschienen die Häftlinge. Aus einer Stahltür kam eine

Reihe schmutziger, zerknitterter orangefarbener Anzüge, unrasierte Gesichter, ungeputzte Zähne und breit lächelnde Lippen. Luke war der fünfte in der Reihe. Alejandro warf einen Blick auf sein Gesicht, wußte, daß alles o.k. war, und wandte sich Kezia zu.

Sie stand unwillkürlich auf, als sie ihn erblickte. Sie hielt sich sehr gerade, so daß sie größer wirkte, und begrüßte ihn mit einem strahlenden Lächeln. Ihre Augen bekamen Feuer. Sie sah unglaublich schön aus und mußte Luke noch schöner vorkommen. Ihre Blicke trafen einander, und sie hatte das Gefühl zu schmelzen. Bis er schließlich nach dem Telefon griff.

»Warum steht der Hammel hinter dir?«

»Lucas!«

»Also gut, der Wärter.« Sie lächelten beide.

»Um Neugierige fernzuhalten.«

»Schwierigkeiten?«

»*Paparazzi.*«

Luke nickte. »Jemand hat behauptet, daß draußen ein Filmstar steht, den ein Haufen Reporter fotografiert hat. Ich nehme an, sie haben dich gemeint.«

Sie nickte.

»Ist alles in Ordnung?«

»Prima.« Er bezweifelte es nicht, und sie hätte es ihm nie gestanden, wenn es anders gewesen wäre. Seine Augen blickten einen Moment lang zu Alejandro hin, der nickte und lächelte.

»Dein Foto in der Zeitung war vielleicht eine Gemeinheit, *mamma mia.*«

»Ja.«

»Ich bin direkt ausgeflippt, als ich es sah. Hatte den Eindruck, du hättest einen Schlaganfall.«

»Sei nicht komisch. Jetzt bin ich wieder ganz obenauf.«

»Brachten die Kerle in New York auch den Knüller?«

Sie nickte wieder.

»Du lieber Gott! Edward wird schön wütend gewesen sein.«

»Das kann man wohl sagen. Aber ich werde es überleben.«

»Wirklich?«

Er blickte sie prüfend an, und sie nickte wieder.

»Was hat er gesagt?«

»Nichts, was ich nicht erwartet hatte. Er war nur besorgt.«

»Wie gräßlich für dich, daß du das auch noch mitmachen mußt.« Ihr Gespräch verlief merkwürdig, als säßen sie nebeneinander auf der Couch.

»Unsinn. Außerdem hatten wir bis jetzt wirklich Glück, Lucas. Es hätte noch viel früher eintreten können.«

»Ja, aber wir hätten unter wesentlich besseren Bedingungen zu Presseberichten kommen können.«

Sie nickte und lächelte, dann wollte sie dem Gespräch eine andere Wendung geben. Sie hatten ja nur so wenig Zeit.

»Geht es dir gut, Liebster? Wirklich?«

»Baby, ich bin den verdammten Scheißbetrieb gewöhnt. Ich bin okay.«

»Wir sind noch immer verlobt, Mr. Johns.«

»Kleine, ich liebe dich.«

»Ich bete dich an.« Ihr Gesicht glühte, als sie ihm tief in die Augen sah.

Sie sprachen über juristische Einzelheiten, er gab ihr eine Liste von Anrufen, die sie für ihn erledigen sollte, aber im Grunde hatte er seine Angelegenheiten geordnet, bevor sie zur Verhandlung herübergekommen waren. Er hatte besser als sie gewußt, wie seine Chancen standen.

Der Rest ihres Besuches verging mit Banalitäten, Scherzen, Neckereien, sarkastischen Beschreibungen des Gefängnisessens, aber er sah erstaunlich gut aus. Die harte Realität des Gefängnisses war ihm ja nicht fremd. Er sprach einige Minuten mit Alejandro, dann deutete er wieder auf Kezia. Sie nahm wieder einen Ohrring ab und griff zum Hörer, während Lucas sich einer Stimme zuwandte, die sie nicht hören konnte.

»Ich glaube, die Besuchszeit geht zu Ende. Sie ist so ziemlich um.«

»Oh.« Ihre Augen verschleierten sich. »Luke . . .«

»Hör zu, Baby, ich möchte, daß du mir zuliebe etwas tust. Ich will, daß du noch heute abend nach New York zurückfliegst. Ich habe es Alejandro auch schon gesagt.«

»Warum, Lucas?«

»Was willst du hier tun? Herumsitzen, bis ich ins Q komme, dann drei Wochen warten, bis ich Besuchserlaubnis bekomme, und mich dann einmal die Woche eine Stunde lang sehen? Sei vernünftig, Baby. Ich will dich zu Hause wissen.« Außerdem war es ungefährlicher. Auch wenn sie sich jetzt nicht unmittelbar in Gefahr befand. Da er auf Eis gelegt war, würden alle feindlichen Parteien besänftigt sein. Kezia war für sie eigentlich uninteressant. Dennoch wollte er, daß sie kein Risiko einging.

»Nach New York zurück, und was dann, Luke?«

»Was du immer getan hast, Kleine. Schreiben, arbeiten, leben. Du bist nicht im Gefängnis, ich bin es. Vergiß das nicht.«

»Lucas, du ... Liebster, ich liebe dich. Ich will in San Francisco bleiben.«

Sie war fest entschlossen, aber er war der Stärkere. »Du fliegst noch heute. Ich werde Freitag nach Quentin verlegt. Und ich werde dort gleich die Formulare für deinen Besuch einreichen. Sobald die Bewilligung da ist, kannst du wiederkommen. Ich nehme an, in drei Wochen. Ich werde es dir schreiben.«

»Kann ich dir schreiben?«

»Scheißt ein Bär im Wald?«

»Lucas!« Die Spannung löste sich in Lachen auf. »Du bist wirklich in Ordnung.«

»Das stimmt. Deshalb sollst du dich auch wohl fühlen. Und sag meinem schwachsinnigen Freund, daß er gut auf dich achtgeben soll, sonst ist er ein toter Mexikaner, sobald ich freikomme.«

»Wie reizend. Er wird begeistert sein.«

Dann war es plötzlich aus. Ein Wärter rief auf Lukes Seite der Glaswand etwas, und ein anderer Wärter teilte es ihnen auf der Besucherseite mit. Sie spürte Alejandros Hand auf ihrem Arm, und Lucas stand auf.

»Das war's, Kleine. Ich werde schreiben.«

»Ich liebe dich.«

»Ich liebe dich auch.« Die Welt schien bei diesen Worten stillzustehen. Es war, als würde er den Satz mit seinen Augen Wort für Wort in ihr Herz graben. Er drückte Kezia mit seinem Blick an sich, dann legte er den Hörer langsam auf. Während er durch die Tür ging, ließ sie ihn nicht aus den Augen, und diesmal blickte er zurück, grinste fröhlich und winkte. Sie antwortete mit demselben Handzeichen und ihrem tapfersten Lächeln. Dann war er verschwunden.

Der Wärter, der hinter ihnen gestanden hatte, nahm sie nun beiseite und zeigte ihnen den Weg zu dem separaten Fahrstuhl. Ein Taxi wartete schon in der Garage. Es waren keine Reporter in Sicht. Gleich darauf saßen sie in dem Taxi und verließen das Gebäude und Luke. Alejandro und Kezia waren wieder allein, und nun hatte sie nichts, worauf sie sich freuen konnte. Der Besuch war vorbei. Seine Worte klangen in ihren Ohren nach, während sie sein Bild im Geist vor sich sah. Sie wollte mit den Träumen der jüngsten und früheren Vergangenheit allein sein. Der noch neue Aquamarin blitzte an ihrer zitternden Hand, während sie eine Zigarette anzündete und versuchte, sich zu beherrschen.

»Er will, daß wir nach New York zurückfliegen«, sagte sie mit heiserer Stimme zu Alejandro, ohne ihn dabei anzusehen.

»Ich weiß.« Er hatte ihren Widerstand erwartet und war überrascht, daß sie es so offen aussprach. »Bist du fähig zu fliegen?« Es wäre die beste Lösung, wenn sie einfach verschwand und die Lage zu Hause überdachte, nicht im Ritz.

»Ich bin o.k. Soviel ich weiß, geht um vier ein Flugzeug. Sehen wir zu, daß wir es kriegen.«

»Dann müssen wir uns aber verdammt beeilen.« Er sah auf die Uhr, und sie schneuzte sich unauffällig.

»Wir könnten es schaffen.« Ihre Stimme klang, als wäre sie tausend Meilen weit weg, und sie sprachen nicht miteinander, bis sie das Flugzeug bestiegen.

29

Die Stimme am Telefon war ihr vertraut und teuer geworden.

»Ich bin hungrig. Wäre es möglich, daß du mir was zu essen gibst?« Es war Alejandro. Sie waren seit einer Woche wieder in New York. Eine Woche voller fortgesetzter Anrufe von ihm, unerwarteter Besuche, kleiner Blumensträuße, mit Problemen, zu deren Lösung er angeblich ihre Hilfe brauchte, Ausreden und Besorgnis.

»Ich könnte vielleicht einen *Thun surprise* zustande bringen.«

»Das ißt man in der Park Avenue? Verdammt, da esse ich lieber in der Stadt. Aber dort ist die Gesellschaft nicht so gut. Außerdem habe ich ein Problem.«

»Schon wieder? Unsinn. Ehrlich, Liebster, mir geht es gut. Du mußt nicht wieder hierherkommen.«

»Und wenn ich gern möchte?«

»Dann werde ich mich freuen, dich hier zu begrüßen.«

»So formell. Und mir doch den *Thun surprise* vorsetzen. Etwas Neues von Luke?«

»Ja. Zwei große, dicke Briefe. Und ein Besuchsformular, das ich ausfüllen soll. Halleluja! Noch zwei Wochen, dann kann ich ihn besuchen.«

»Nur ruhig Blut. Hat er noch etwas geschrieben? Oder nur den kitschigen Schmus, den ich nicht mehr hören kann?«

»Jede Menge davon. Und auch, daß er mit einem anderen Burschen eine vier Quadratmeter große Zelle teilt. Klingt gemütlich, was?«

»Sehr. Sonst noch eine gute Nachricht?« Der Klang ihrer Stimme gefiel ihm nicht. Anstelle des Kummers war nun Bitterkeit getreten.

»Sonst nicht viel. Ich soll dir seine besten Grüße ausrichten.«

»Ich bin ihm noch einen Brief schuldig. Ich werde ihm diese Woche schreiben. Und was hast du heute so alles gemacht? Was über Sex geschrieben?«

Sie lachte. »Ja, ich habe eine sehr sexy Buchbesprechung für die *Washington Post* geschrieben.«

»Phantastisch. Die kannst du mir vorlesen, wenn ich komme.«

Er kam zwei Stunden später mit einer kleinen Topfpflanze und einer Tüte heißer Kastanien.

»Wie geht es im Zentrum? Mmmm... prima... nimm dir noch eine.« Sie saß vor dem Kamin und schälte die heiße Maroni.

»Das Zentrum ist nicht übel. Es war schon schlechter.« Aber nicht viel. Doch das wollte er ihr nicht jetzt erzählen. Wie die

Dinge lagen, würde er in einem, vielleicht zwei Monaten Schluß machen. Aber sie hatte in letzter Zeit selbst genügend Veränderungen mitgemacht und sollte sich nicht auch noch seine Kümmernisse anhören.

»Was ist also dieses angebliche Problem, über das du mit mir sprechen willst?«

»Problem? Ach, *das* Problem!«

»Du Lügner ... aber du bist ein lieber Lügner. Und ein guter Freund.«

»In Ordnung. Ich lege ein Geständnis ab. Ich habe nur einen Vorwand gebraucht, um dich zu besuchen.« Er ließ den Kopf hängen wie ein gescholtenes Kind.

»Lauter Schmeicheleien, mein Lieber ... ich liebe sie.« Sie warf ihm noch eine Kastanie zu.

Er sah zu, wie sie sich zurücklehnte und ihre Füße am Feuer wärmte. Auf ihren Lippen lag ein Lächeln, aber der Glanz war aus ihren Augen verschwunden. Sie sah täglich schlechter aus. Sie hatte stark abgenommen, war totenblaß, und ihre Hände zitterten fast ständig. Nicht sehr, aber doch merklich. Es gefiel ihm nicht. Gar nicht.

»Wie lange ist es her, seit du aus warst, Kezia?«

»Wo aus?«

»Stell dich nicht dümmer, als du bist. Du weißt genau, was ich meine. Aus diesem Haus. Draußen. In der frischen Luft.« Er sah sie an, doch sie wich seinem Blick aus.

»Ach so. Na ja, es ist eine Weile her.«

»Wie lange ist eine Weile? Drei Tage? Eine Woche?«

»Ich weiß nicht, ein paar Tage, vermutlich. Ich hatte vor allem Angst davor, von den Pressefritzen überfallen zu werden.«

»Unsinn. Vor drei Tagen hast du mir gesagt, daß sie nicht mehr anrufen, und sie treiben sich nicht mehr bei deinem Haus herum. Die Story ist tot, Kezia, das weißt du. Was hält dich also im Haus fest?«

»Lethargie. Müdigkeit. Angst.«

»Angst wovor?«

»Darüber bin ich mir noch nicht im klaren.«

»Schau, Baby, für dich hat sich viel geändert, noch dazu sehr

648

abrupt und von heute auf morgen. Aber du mußt zu deinem alten Leben zurückfinden, etwas mit dir selbst anfangen. Ausgehen, Leute sehen, frische Luft atmen. Verdammt, mach doch einen Einkaufsbummel, wenn dich das mehr reizt, aber sperr dich nicht hier ein. Du bist schon ganz grün im Gesicht.«

»Wie schrecklich schick.« Aber sie hatte begriffen.

»Willst du jetzt spazierengehen?«

Sie wollte nicht, wußte aber, daß es für sie gut war. »Okay.«

Sie wanderten schweigend Hand in Hand zum Park, ohne daß sie einmal aufsah. Sie waren beinahe beim Zoo, als sie zu sprechen begann.

»Was soll ich nur tun, Alejandro?«

»Worauf beziehst du das?« Er wußte es zwar, wollte es aber von ihr hören.

»Mein Leben.«

»Laß dir Zeit, dich anzupassen. Dann versuch deine Lage zu begreifen. Die Wunden sind noch viel zu frisch. In gewissem Sinn stehst du unter Schock.«

»Dieses Gefühl habe ich. Als ginge ich betäubt herum. Ich vergesse zu essen, ich vergesse, ob die Post gekommen ist, ich weiß nicht, welcher Wochentag ist. Ich beginne zu arbeiten, aber dann schweifen meine Gedanken ab, ich blicke auf, es ist zwei Stunden später, und ich habe nicht einmal den Satz, den ich getippt hatte, zu Ende gebracht. Es ist verrückt. Ich führe mich auf wie eine jener kleinen alten Frauen, die sich in ihren Häusern vergraben und die jemand immer wieder daran erinnern muß, auch den zweiten Strumpf anzuziehen und ihre Suppe aufzuessen.«

»So schlimm ist es mit dir noch nicht. Du hast die Kastanien ziemlich rasch verputzt.«

»Nein. Aber ich bin auf dem besten Weg dazu, Alejandro. Ich fühle mich so unsicher ... und so verloren ...«

»Du mußt dir nur gut zureden und warten, bis du wieder das Gefühl hast, du selbst zu sein.«

»Ja, und inzwischen betrachte ich seine Kleider im Schrank. Ich liege im Bett und warte darauf, daß er die Tür aufreißt, rede mir ein, daß er in Chicago ist und am Morgen wieder zurück sein wird. Es treibt mich zum Wahnsinn.«

»Kein Wunder. Schau, Baby, er ist nicht tot.«

»Nein. Aber er ist fort. Und ich habe mir angewöhnt, mich in allem auf ihn zu verlassen. Dreißig Jahre lang, oder jedenfalls als Erwachsene zehn Jahre lang habe ich mich nie auf einen Mann verlassen. Aber bei Luke habe ich mich gehenlassen, alle trennenden Wände niedergerissen. Ich stützte mich ganz auf ihn, und jetzt . . . habe ich das Gefühl umzukippen.«

»Jetzt gerade?« Er versuchte sie ein wenig zu necken.

»Ach, halte doch den Mund.«

»Also gut, ernsthaft. Es ist eine unabwendbare Tatsache, daß er fort ist und du hier. Du wirst dein altes Leben früher oder später wieder aufnehmen müssen.«

Sie nickte wieder, grub die Hände tiefer in die Taschen, und sie gingen weiter. Als sie aufblickte, waren sie bei den Pferdekutschen vor dem Plaza angelangt.

»Das Hotel muß gar nicht übel sein«, sagte Alejandro. Irgendwie erinnerte es ihn an das Fairmont.

»Warst du nie drinnen? Nur auf einen Blick?« Sie war überrascht, als er den Kopf schüttelte.

»Nein. Ich hatte keinen Grund dazu. Das ist nicht gerade mein Viertel.« Sie schob ihre Hand unter seinen Arm.

»Komm, gehen wir hinein.«

»Ich habe aber keinen Schlips . . .« Die Vorstellung machte ihn nervös.

»Und ich sehe aus wie eine Halbseidene. Aber sie kennen mich dort. Sie werden uns schon einlassen.«

»Darauf möchte ich wetten . . .« Sie gingen die Stufen zum Plaza so entschlossen hinauf, als hätten sie soeben beschlossen, das Haus aus einer Laune heraus zu kaufen.

Sie gingen an den gepuderten Witwen vorbei, die im Palm Court zu Geigenklängen Torten aßen, und Kezia führte ihn fachkundig durch die geheimnisvollen Säle. Sie hörten Japanisch, Spanisch, Schwedisch, ein bißchen Französisch, und die Musik erinnerte Alejandro an die alten Garbo-Filme. Das Plaza war pompöser als das Fairmont und viel lebendiger.

Sie blieben an einer Tür stehen, und Kezia blickte in den Saal. Er war groß, luxuriös ausgestattet und hatte eine endlose Eichen-

täfelung, der er seinen Namen verdankte. Es gab eine langgestreckte, reichhaltige Bar und eine bezaubernde Aussicht auf den
Park.

»Louis?« Sie winkte dem Oberkellner, der lächelnd herbei-
kam.

»Mademoiselle Saint Martin, *comment ça va? Quel plaisir!*«

»Hallo, Louis. Könnten Sie uns in einem stillen Eckchen unterbringen? Wir sind nicht entsprechend gekleidet.«

»*Aucune importance.* Das ist kein Problem«, versicherte er ihnen so großzügig, daß Alejandro überzeugt war, sie hätten auch
splitternackt kommen können und hätten es wahrscheinlich versuchen sollen.

Sie setzten sich an einen kleinen Tisch in der Ecke, und Kezia
knabberte Nüsse.

»Gefällt es dir?«

»Es ist beeindruckend«. Er wirkte ein bißchen eingeschüchtert.
»Kommst du oft hierher?«

»Nein. Früher schon. Soweit es gestattet ist. Frauen werden
nur zu bestimmten Zeiten eingelassen.«

»Ein Herrenlokal also?«

»Du hast es beinahe erraten. Mach dir deinen Reim drauf ...«
Sie kicherte. »Schwule, mein Lieber, Schwule. Man könnte wahrscheinlich sagen, daß dies hier die eleganteste Homosexuellenbar
in ganz New York ist.« Er lachte und sah sich um. Sie hatte recht.
Etliche Homosexuelle saßen vereinzelt herum, ziemlich viele sogar, als er sich noch einmal kritischer umsah. Sie waren die bei
weitem elegantesten Männer im Saal. Alle anderen sahen wie solide Geschäftsleute und reichlich langweilig aus.

»Weißt du, Kezia, wenn ich mich in einem solchen Lokal um-
sehe, weiß ich, warum du bei Luke gelandet bist. Früher habe ich
mich das immer gefragt. Nicht, daß etwas mit ihm nicht stimmen
würde. Aber ich hätte erwartet, daß du mit einem Wallstreet-
Anwalt ausgehst.«

»Das habe ich eine Zeitlang versucht. Er war schwul.«

»Du meine Güte.«

»Ja. Aber was hast du gemeint, als du sagtest, ›wenn man sich
in einem solchen Lokal umsieht‹?«

»Einfach, daß ich die Männer deiner Gesellschaftsklasse nicht gerade umwerfend finde.«

»Aha. Ich auch nicht. Das war immer mein Problem.«

»Und was nun? Kehrst du in deine alte Welt zurück?«

»Ich weiß nicht, ob ich es noch kann und warum ich mir die Mühe machen sollte. Höchstwahrscheinlich werde ich warten, bis Luke entlassen wird.« Er antwortete nichts darauf, und sie bestellten noch zwei Scotch.

»Was ist mit deinem Freund Edward? Hast du mit ihm Frieden geschlossen?« Alejandro schauderte es noch immer, wenn er an die halb verrückte Stimme dachte, die nach der Verhandlung im Fairmont angerufen hatte.

»Gewissermaßen. Ich glaube nicht, daß er mir den Skandal jemals wirklich verzeihen wird. Er hat das Gefühl, versagt zu haben, weil er mich sozusagen aufgezogen hat. Aber die Zeitungen haben sich wenigstens beruhigt. Und die Menschen vergessen. Ich bin schon ein alter Hut.« Sie zuckte die Schultern und trank einen Schluck Scotch. »Außerdem lassen mir die Leute eine Menge durchgehen. Wenn du genug Geld hast, halten sie dich für exzentrisch und finden dich sogar amüsant. Wenn du die Piepen nicht hast, nennen sie dich ein perverses Schwein und ein Arschloch. Es ist ekelhaft, aber so ist es eben. Du würdest über manches entsetzt sein, was meine Freundinnen sich ungestraft erlauben. Keineswegs etwas Harmloses wie meine ›schändliche‹ Affäre mit Luke.«

»Stört es dich, wenn die Leute wegen Luke aus dem Häuschen geraten?«

»Eigentlich nicht. Es ist meine Angelegenheit, nicht die ihre. In den letzten Monaten hat sich sehr viel geändert. Am meisten ich selbst. Um so besser. Edward zum Beispiel hatte die Vorstellung, daß ich noch ein Kind bin.«

Alejandro wollte sagen: »Ich auch«, tat es aber nicht. Sie wirkte wirklich so; es hatte mit ihrer Größe und ihrer scheinbaren Zerbrechlichkeit zu tun.

Nach der dritten Runde Scotch verließen sie das Lokal mit leerem Magen, aber voll wie Strandhaubitzen.

»Weißt du, was komisch ist?« Sie lachte so sehr, daß sie sich kaum auf den Beinen halten konnte, aber die kalte Luft hatte sie ein wenig ernüchtert.

»Was ist komisch?«

»Ich weiß nicht ... alles ...« Sie lachte wieder, und er wischte sich Tränen ab, die ihm die Kälte und das Lachen in die Augen trieben.

»Hör mal, möchtest du mit einer Pferdekutsche fahren?«

»Ja!« Sie stiegen ein, und Alejandro gab dem Kutscher Kezias Adresse an. Es war eine bequeme Kutsche mit einer alten Waschbärdecke. Sie krochen darunter und kicherten während der Heimfahrt ununterbrochen; der Scotch und das Waschbärenfell hatten ihnen eingeheizt.

»Kann ich dir ein Geheimnis anvertrauen, Alejandro?«

»Natürlich, ich liebe Geheimnisse.« Er drückte sie an sich, damit sie nicht aus der Kutsche hinausfiel. Es war eine gute Ausrede.

»Seit ich zurück bin, bin ich jede Nacht blau.«

Er blickte sie mit vom Scotch benebelten Augen an und schüttelte den Kopf. »Das ist albern. Ich werde nicht zulassen, daß du so tief sinkst.«

»Du bist ein netter Mann, Alejandro, ich liebe dich.«

»Ich liebe dich auch.«

Sie saßen nebeneinander und schwiegen für den Rest des Weges bis zu ihrem Haus. Er bezahlte die Kutsche, und sie fuhren kichernd im Fahrstuhl hinauf zu ihrer Wohnung.

»Weißt du, ich glaube, ich bin zu betrunken, um zu kochen.«

»Um so besser. Ich bin zu betrunken, um zu essen.«

»Ja. Ich auch.«

»Kezia, du solltest aber etwas in den Magen bekommen ...«

»Später. Willst du morgen zum Abendessen kommen?«

»Ich werde pünktlich sein. Mit einer Strafpredigt.« Er versuchte, ein ernstes Gesicht zu machen, aber es gelang ihm nicht.

»Dann werde ich dich eben nicht reinlassen.«

»Dann werde ich pusten und husten und blasen ...« Sie brachen in der Küche vor Heiterkeit zusammen, und er küßte sie beschwipst auf die Nasenspitze. »Ich muß gehen. Auf Wiedersehen morgen. Und versprichst du mir etwas?«

»Was?« Plötzlich sah er ernst aus.

»Du wirst heute abend keinen Tropfen Alkohol mehr trinken, Kezia. Versprochen?«

»Ich ... äh ... ja ... okay.« Aber es war ein Versprechen, das sie nicht halten würde.

Sie begleitete ihn zum Fahrstuhl und winkte ihm fröhlich nach, als die Tür zuglitt, ehe sie in die Küche zurückkehrte und den Rest der Scotchflasche hervorholte, die sie am vergangenen Abend angebrochen hatte. Sie war sehr erstaunt, daß der Whisky darin nur noch zwei Zentimeter hoch stand.

Es war seltsam, aber während sie den Rest in ein Glas goß und einen Eiswürfel hinzufügte, sah sie Tiffanys Begräbnis wieder vor sich. Es war eine dumme Art zu sterben, aber die anderen hinterließen ein solches Durcheinander. Das war beim Trinken wenigstens nicht der Fall ... nicht wirklich ... nicht sehr ... oder doch? Es war ihr eigentlich egal, sie trank das Glas in einem Zug aus.

Das Telefon klingelte, aber sie wollte sich nicht melden. Luke konnte es ja nicht sein. Das wußte sie sogar, wenn sie betrunken war. Luke befand sich auf einer Reise ... in Tahiti ... auf einer Safari ... und dort gab es kein Telefon ... aber er würde Ende der Woche zurück sein. Das wußte sie genau. Freitag. Warte mal ... was war heute? Dienstag? Montag? Donnerstag. Er würde morgen nach Hause kommen. Sie öffnete eine frische Flasche. Diesmal Bourbon. Auf das Wohl von Lucas. Er würde ja bald nach Hause kommen.

30

»Kind, du siehst schrecklich dünn aus.«

»Marina bezeichnete es soeben als ›himmlisch schlank‹. Sie und Halpern sind gerade vorbeigegangen.« Die Hochzeit hatte am Neujahrstag in Palm Beach stattgefunden.

Edward setzte sich neben sie auf die Bank. Es war ihr erster gemeinsamer Lunch seit fast zwei Monaten. Und nun sah sie so verändert aus, daß er erschrak.

Ihre Augen lagen tief in den Höhlen, die Haut über ihren Backenknochen war gespannt, und von dem früheren Feuer in ihren Augen war nicht einmal ein Schimmer übrig. Was für einen Preis hatte sie bezahlt. Und wofür? Er war noch immer konsterniert, hatte ihr aber versprochen, nicht mehr darüber zu reden. Das war die Bedingung, unter der sie seine Einladung zum Lunch angenommen hatte. Er hatte sich so danach gesehnt, sie wiederzusehen. Vielleicht gab es doch noch eine Möglichkeit, das Verlorene wiederzugewinnen.

»Es tut mir leid, daß ich zu spät kam, Kezia.«

»Kein Grund zur Besorgnis, mein Lieber. Ich habe inzwischen einen Drink gehabt.« Das war auch etwas Neues. Aber sie war wenigstens noch immer untadelig gepflegt. Eigentlich sogar mehr als sonst. Sie sah beinahe unpersönlich aus. Der Nerzmantel, den sie so selten trug, hing über der Rücklehne eines Stuhles.

»Warum bist du heute so piekfein angezogen? Gehst du nach dem Lunch noch irgendwohin?« Normalerweise untertrieb sie, aber heute war es nicht der Fall, und daß sie ausnahmsweise im Nerzmantel erschien, überraschte ihn.

»Ich beginne ein neues Kapitel in meinem Leben. Ich bin nach Hause gekommen, um mich zur Ruhe zu setzen, wie es so schön heißt.« Lukes Brief war an diesem Morgen gekommen, und er hatte darauf gedrungen, daß sie zumindest versuchen sollte, sich wieder an ihren alten Lieblingsaufenthaltsorten zu zeigen. Es war besser, als verbiestert daheim zu sitzen – oder zu trinken, eine neue Gewohnheit, von der er nichts wußte. Doch sie hatte beschlossen, seinen Rat zu befolgen. Deshalb hatte sie Edwards Einladung zum Mittagessen angenommen und den Pelzmantel herausgeholt. Sie kam sich jedoch albern vor. Fast wie Tiffany, die versucht hatte, ihr Unglück mit Pfefferminzbonbons und einem teuren Pelz zu kaschieren.

»Was meinst du mit ›ein neues Kapitel beginnen‹?« Er wagte nicht, die Affäre mit Luke Johns zu erwähnen, sonst wäre sie vielleicht auf der Stelle aufgestanden und weggegangen. Davor hatte er Angst. Er winkte dem Kellner, um ihren obligaten Louis-Roederer-Champagner zu bestellen. Der Kellner sah beunruhigt aus, deutete aber mit einem Lächeln an, daß er verstanden hatte.

»Ach, sagen wir, daß ich mich bemühe, ein braves Mädchen zu sein und einige meiner alten Freunde wiederzusehen.«

»Whitney?« Edward war ein wenig überrascht.

»Ich sagte, daß ich brav sein, nicht mich lächerlich machen will, mein Lieber. Nein, ich dachte nur, ich würde ›zurückkehren‹ und mich ein wenig umsehen.« Der Champagner kam, der Kellner schenkte ein. Edward kostete und nickte zustimmend. Der Kellner schenkte nun beiden ein, und Edward hob sein Glas zu einem Trinkspruch.

»Dann gestatte mir zu sagen, willkommen daheim.« Er wollte fragen, ob es eine Lehre für sie gewesen war, wagte es aber nicht. Vielleicht war sie klüger geworden ... vielleicht. Ihr kleines Mißgeschick hatte sie jedenfalls reifer gemacht. Sie sah um fünf Jahre älter aus, als sie war, besonders in dem einfachen lila Wollkleid und den wunderschönen Perlen ihrer Großmutter. Dann bemerkte er den Ring an ihrer Hand. Er nickte beifällig. »Eine Neuerwerbung? Sehr hübsch.«

»Ja. Luke hat ihn mir in San Francisco gekauft.« Sein Gesichtsausdruck wurde wieder säuerlich. Vor Bitterkeit. Vor Ärger.

»Ich verstehe.« Er gab keine weitere Bemerkung dazu ab, Kezia trank ihr Glas aus, während Edward an seinem Champagner nur nippte.

»Wie steht es derzeit mit deinem Schreiben?«

»Es geht. Ich habe seit einiger Zeit nichts mehr geschrieben, mit dem ich zufrieden war. Ja, Edward, ich weiß. Aber wenn du mich so ansiehst, wird das verdammt nichts daran ändern. Ich weiß genau Bescheid.« Plötzlich ging es ihr auf die Nerven, daß er ständig die Augenbrauen hochzog. »Es stimmt, mein Lieber, ich schreibe nicht so gut, wie ich sollte. Ich habe zwölf Pfund abgenommen, seit du mich das letzte Mal gesehen hast, ich sperre mich zu Hause ein, weil ich vor den Reportern Angst habe, und ich sehe um zehn Jahre älter aus. Das weiß ich alles. Wir wissen beide, daß ich eine schwere Zeit hinter mir habe. Und wir kennen beide den Grund, also hör doch endlich auf, ein so verdammt schockiertes, mißbilligendes Gesicht zu machen. Es geht mir verdammt auf die Nerven.«

»Kezia!«

»Ja, Edward?«

Er erkannte an ihrem Blick, daß sie mehr getrunken hatte, als er angenommen hatte. Er war so bestürzt, daß er sich halb umdrehte und sie scharf anblickte.

»Okay, mein Lieber, was gibt es jetzt wieder? Ist meine Wimperntusche zerlaufen?«

»Du bist betrunken.« Seine Stimme war kaum ein Flüstern.

»Ja«, flüsterte sie mit einem bitteren, schwachen Lächeln. »Und ich werde noch betrunkener werden. Ist das nicht komisch?« Er lehnte sich seufzend zurück und suchte nach den richtigen Worten, dann sah er sie. Die Reporterin von *Women's Wear Daily,* die sie von der anderen Seite des Saales aus beobachtete.

»Verdammt.«

»Ist das alles, was du zu sagen hast, mein Lieber? Ich werde zu einer Alkoholikerin, und dir fällt dazu nur ›verdammt‹ ein?« Sie spielte jetzt boshaft und gemein mit ihm, aber sie konnte nicht anders. Sie erschrak, als er sie am Arm packte.

»Kezia, diese Frau vom *Women's Wear* sitzt dort drüben, und wenn du etwas tust, irgend etwas, um ihre Aufmerksamkeit zu erregen oder dich mit ihr zu verfeinden, werde ich ... wirst du es bereuen.« Kezia stieß ein kehliges Lachen aus und küßte ihn auf die Wange. Sie hielt es für lustig, und Edward hatte das beklommene Gefühl, daß er die Ereignisse nicht mehr beeinflussen konnte, daß sie außer Kontrolle gerieten. Sie wollte alle reizen; sie wollte nicht »heimkommen«. Sie wußte gar nicht, wo »daheim« war. Und sie war schlimmer, als Liane gewesen war. Sie war viel schamloser, viel härter, zäher, willensstärker ... und viel schöner. Er hatte sie nie mehr geliebt als jetzt, in diesem Augenblick, und er wollte nur eines, sie schütteln oder ohrfeigen. Und dann mit ihr schlafen. Mitten im La Grenouille, wenn es sein mußte. Die Vorstellungen, die ihm plötzlich durch den Sinn gingen, erschreckten ihn, und er schüttelte den Kopf, als wollte er sich von ihnen befreien. Dabei spürte er, wie Kezia seine Hand tätschelte.

»Hab keine Angst vor der blöden, alten Sally, Edward, sie wird dich nicht beißen. Sie sucht nur eine Story.« Er fragte sich, ob sie jetzt gehen sollten, bevor sie gegessen hatten. Aber das konnte auch zu einer Szene führen. Er saß in der Falle.

»Kezia . . .« Er zitterte fast vor Angst und konnte nichts anderes tun als ihre Hand ergreifen, in ihre Augen blicken und beten, daß sie sich anständig benehmen und keine Szene heraufbeschwören würde. »Bitte.« Kezia sah den Kummer in seinen Augen; es war, als schütte er heißes Öl in ihre Wunden. Sie wollte seine Gefühle nicht sehen, nicht jetzt. Sie konnte mit ihren eigenen nicht fertig werden, und schon gar nicht mit seinen.

»Schon gut, Edward. Schon gut.« Sie blickte weg, ihre Stimme klang wieder gedämpft, und sie bemerkte, wie die *WWD*-Reporterin sich auf einem Schreibblock Notizen machte. Aber es würde keine weitere Story geben. Nur, daß sie gesehen worden war. Sie würde kein Aufsehen erregen. Davon hatten sie alle genug. »Es tut mir leid.« Sie sagte es seufzend wie ein Kind, lehnte sich zurück, und Edward war erleichtert. Das zärtliche Gefühl für sie kehrte wieder.

»Warum läßt du dir nicht helfen, Kezia?«

»Weil niemand dazu imstande ist.« Tränen zitterten an ihren Wimpern. »Versuche nur zu begreifen, daß es verdammt wenig gibt, was du derzeit für mich tun kannst. Die Gegenwart ist so, wie sie ist, die Vergangenheit ist vorbei, und die Zukunft . . . die sehe ich jetzt nicht allzu deutlich vor mir. Vielleicht ist das mein Hauptproblem.« Sie fragte sich jetzt oft, ob Tiffany das gleiche empfunden hatte. Als ob ihr jemand die Zukunft gestohlen hätte. Sie hatten ihr den großen Smaragdring und die Perlen gelassen, aber keine Zukunft. Es war schwierig, das Edward zu erklären. Er war in seinen Entscheidungen immer so sicher gewesen. Dadurch war er auch so weit von ihr entfernt.

»Bedauerst du das Geschehene, Kezia?« Aber er sah entsetzt die Reaktion in ihren Augen. Wieder war er ins Fettnäpfchen getreten. Mein Gott, es war wirklich schwer, mit dem Mädchen zu sprechen. Eine Kreuzigung beim Lunch.

»Wenn du Lucas meinst, Edward, bedaure ich es natürlich nicht. Er ist das einzig Anständige, das ich in den letzten zehn oder zwanzig, vielleicht sogar dreißig Jahren erlebt habe. Was ich bedaure, ist der Widerruf seiner bedingten Haftentlassung.

Dagegen kann ich aber nichts tun. Niemand kann etwas dagegen tun. Gegen einen solchen Widerruf kann man nämlich keine Berufung einlegen. Es ist vollkommen sinnlos.«

»Ich verstehe. Mir war nicht klar, daß dich dieses ... Problem noch immer so sehr beschäftigt. Ich nahm an, daß nach ...«

Sie schnitt ihm äußerst verärgert mitten im Satz das Wort ab.

»Du hast eben etwas Falsches angenommen. Und damit du, wenn du es in den Zeitungen liest, nicht an dem Schock stirbst: Ich werde bald wieder nach San Francisco fliegen.«

»Wozu, um Himmels willen?« fragte er *sotto voce,* damit es niemand hören konnte, doch Kezia sprach in normaler Lautstärke.

»Offensichtlich, um ihn zu besuchen. Und ich sagte dir schon, ich will nicht darüber sprechen. Weißt du was, Edward? Ich halte es für unangebracht, dieses ganze Thema mit dir zu besprechen, und dieser ganze Lunch ist unerträglich langweilig. Ich glaube wirklich, mein Lieber, ich habe jetzt genug davon.« Ihre Stimme erhob sich und wurde unangenehm schrill, und Edward spürte, daß ihm sein gestärkter Kragen zu eng wurde. Jeder Augenblick hier war ihm verhaßt. Sie trank ihr Glas mit einem Zug leer, sah sich einen Moment im Raum um, dann blickte sie ihn wieder seltsam an.

»Ist dir nicht gut, Kezia? Du warst einen Moment lang ziemlich blaß.« Er sah schrecklich besorgt aus.

»Nein, wirklich, mir geht es blendend.«

»Soll ich ein Taxi für dich kommen lassen?«

»Ja, vielleicht sollte ich wirklich gehen. Um die Wahrheit zu sagen, es ist eine verdammte Belastung. Diese Klatschtante von *Women's Wear* beobachtet uns, seit wir uns hingesetzt haben, und ich habe plötzlich das Gefühl, daß mich der ganze Saal beobachtet, um zu sehen, in welcher Verfassung ich bin. Ich beherrsche mich nur mit Mühe, damit ich nicht aufstehe und ihnen allen sage, daß sie mich mal können.«

Edward wurde blaß. »Nein, Kezia, ich glaube, das solltest du nicht tun.«

»Verdammt, mein Lieber, warum nicht? Es wäre doch lustig.«

Sie zog ihn wieder auf und war so gemein. Warum nur? Warum

mußte sie ihm das antun? Wußte sie nicht, wie sehr er an ihr hing? Daß es ihm das Herz brach, sie so zu sehen ... daß er nicht nur aus weißen Hemden und schwarzen Anzügen bestand ... daß unter den eleganten maßgeschneiderten Anzügen jemand lebte, ein Herz ... ein Körper ... ein Mann? Tränen brannten in seinen Augen, und seine Stimme klang rauh, als er ruhig aufstand und Kezias Arm ergriff. Er sah jetzt verändert aus, das spürte auch sie. Die Runde war zu Ende.

»Du gehst jetzt, Kezia.« Sie konnte seine Worte kaum hören, aber der Ton war unmißverständlich. Sie wurde nach Hause geschickt wie ein unartiges Kind.

»Bist du sehr böse?« flüsterte sie, als er ihr in den Nerz half. Jetzt war sie eingeschüchtert. Sie hatte nur spielen ... ihn verletzen wollen. Das wußten sie beide.

»Nein. Es tut mir nur sehr leid. Deinetwegen.« Er führte sie zur Tür und hielt sie am Ellbogen fest. Sie würde keine Möglichkeit haben, zwischen Tisch und Tür aus der Rolle zu fallen. Schluß mit dem Spaß. Sie ging merkwürdig unterwürfig neben ihm. Er lächelte eisig nach links und rechts, während sie hinausgingen. Er wollte nicht, daß jemand auf die Idee kam, es gäbe Schwierigkeiten, und Kezia sah schrecklich aus.

Sie standen einen Augenblick in der Garderobe, während er darauf wartete, daß ihm das Mädchen seinen Mantel und den Homburg brachte.

»Edward, ich ...« Sie hatte zu weinen begonnen und hielt sich an seinem Arm fest.

»Nicht hier, Kezia.« Was zuviel ist, ist zuviel. Er hielt es nicht mehr aus.

Sie wischte die Tränen mit dem schwarzen Wildlederhandschuh weg und setzte ein frostiges Lächeln auf.

»Wohin gehst du von hier aus? Hoffentlich nach Hause, um dich hinzulegen.« Und dich in den Griff zu bekommen. Das sagte er nicht, aber seine Augen drückten es aus, während er den Homburg zurechtrückte.

»Eigentlich sollte ich heute bei dem Treffen für den Arthritis-Ball aufkreuzen. Aber ich weiß nicht, ob ich dazu imstande bin.«

»Ich glaube es nicht.«

»Ja. Aber ich war schon so lange nicht dort.« Und dort ist Tiffanys Platz als die Trinkerin der New Yorker Gesellschaft frei geworden ... diese verdammten alten Vetteln. O Gott ... wenn sie das sagte ... was wenn ... Sie spürte, wie eine heiße Welle über ihr Gesicht lief und die blaßgrüne Farbe ablöste, und fragte sich, ob sie ohnmächtig werden oder sich übergeben würde. Das würde eine feine Geschichte für *WWD* abgeben.

Edward nahm sie wieder am Ellbogen und bugsierte sie auf die Straße hinaus. An der kalten Luft schien sie munter zu werden. Sie holte tief Atem und fühlte sich besser.

»Hast du eine Ahnung, wie es ist, wenn man dir zuschauen muß, wie du dein Leben wegwirfst? Und für ... für ...« Ihre Augen suchten die seinen, doch er konnte sich jetzt nicht mehr beherrschen. »Für nichts. Für diesen ... diesen Niemand. Um Himmels willen, Kezia, hör jetzt auf damit. Schreib ihm, sag ihm, du willst ihn nicht mehr sehen. Sag ihm ...«

Ihre Worte unterbrachen ihn. »Heißt das, daß du mich vor eine Entscheidung stellst?« Sie sah ihn an.

»Was meinst du?« Es überlief ihn eiskalt.

»Das weißt du ganz genau. Muß ich mich entscheiden, Edward? Deine Freundschaft oder seine Liebe?«

Nein, kleines Mädchen, meine Liebe oder seine, aber das konnte er ihr nicht sagen.

»Denn wenn du das meinst ... dann sage ich dir jetzt für immer Lebewohl.« Sie streckte den Arm aus, bevor er antworten konnte, und hielt ein vorbeikommendes Taxi an. Es blieb unmittelbar hinter dem Schutzdach mit kreischenden Bremsen stehen.

»Nein, Kezia, ich ...«

»Bis bald, mein Lieber.« Sie gab ihm einen Kuß auf die Wange, bevor er sich gefaßt hatte, und sprang ins Taxi. Ehe er sich versah, war sie fort. Weg. »... dann sage ich dir für immer Lebewohl.« Wie konnte sie nur? Und so herzlos, ohne eine Spur von Gefühl in den Augen.

Doch er wußte nicht, daß sie Luke nicht aufgeben konnte. Für niemanden. Auch nicht für ihn. Luke hatte ihr die Flucht aus einer Welt ermöglicht, die sie gequält hatte. Luke hatte ihr den Weg ins Freie gezeigt; jetzt mußte sie bei ihm bleiben. Sie konnte nicht mehr umkehren. Nicht einmal für Edward. Als sie allein im Taxi saß, wäre sie am liebsten gestorben. Sie hatte es getan. Sie hatte Edward getötet. Es war das gleiche, als hätte sie ihren Vater getötet ... als hätte sie Tiffany noch einmal getötet. Warum mußte immer jemand daran glauben, fragte sich Kezia, während sie in ihr Viertel fuhr und das Schluchzen unterdrückte. Und warum Edward? Warum ausgerechnet ihn? Er hatte nur sie, das wußte sie. Aber vielleicht mußte es so kommen. Sie konnte Luke nicht im Stich lassen, und wenn es eine Frage der Loyalität war ... Edward konnte damit fertig werden. Er war so robust. Er würde über alles hinwegkommen, was ihm auferlegt wurde. Darin hatte er Erfahrung. Er verstand sich darauf.

Kezia wußte nicht, daß er den Rest des Tages damit verbrachte, ziellos herumzuirren, in fremde Gesichter zu sehen, fremde Frauen zu beobachten und dabei an sie zu denken.

Das Taxi hielt vor dem Haus in der Fifth Avenue, dessen Adresse Kezia angegeben hatte. Sie kam zu dem Treffen zurecht. Das Komitee begann sich soeben einzufinden. Sie dachte an ihre Gesichter, während sie den Taxifahrer bezahlte ... all diese Gesichter ... die Nerzmäntel ... die Saphire ... und Smaragde ... und ... plötzliche Panik überfiel sie. Der Lunch mit Edward hatte sie mitgenommen, sie war nicht imstande, damit fertig zu werden. Sie blieb einen Augenblick stehen, bevor sie das Haus betrat. Dann wurde ihr schlagartig klar: Sie konnte nicht hineingehen. Die neugierigen Augen im La Grenouille waren schon schwer genug zu ertragen gewesen. Aber sie mußten wenigstens Distanz halten. Das mußten die Frauen im Komitee nicht, und sie würden alle auf einmal über sie herfallen, mit zynischen Fragen und hämischen Sticheleien. Natürlich hatten sie alle die Fotos in der Zeitung gesehen, wie sie im Gerichtsgebäude zusammengebrochen war, und jedes Wort des Berichts verschlungen. Es war einfach zuviel verlangt, das alles wegzustecken.

Der Schnee knirschte unter ihren Füßen, sie ging zur Ecke, um ein weiteres Taxi herbeizuwinken und nach Hause zu fahren. Sie wollte nur von hier weg. Sie war gedankenlos wieder mit der Sinnlosigkeit ihres Lebens vor der Bekanntschaft mit Luke konfrontiert worden. Selbst ein einziger solcher Tag war ihr zuviel. Von Taxi zu Taxi, vom Lunch zum Komitee, zum Nirgendwo, zum Nichts. Trinken. Betrunken. Sie wunderte sich, was sie eigentlich tat.

Es schneite, sie hatte weder Hut noch Stiefel, aber sie zog den Nerzmantel enger um sich und steckte die behandschuhten Hände in die Manteltaschen. Sie mußte ein Dutzend Blocks hinter sich bringen, wenn sie nach Hause ging, und sie brauchte frische Luft.

Sie legte den ganzen Weg nach Hause mühsam zu Fuß zurück, die Wildlederschuhe an ihren Füßen waren durchnäßt, ihr Haar feucht, und als sie das Haus erreichte, glühten ihre Wangen, ihre Beine waren eisig und steif, aber sie fühlte sich wieder lebendig und nüchtern. Sie hatte ihr Haar auf die Schultern fallen lassen, wo sich eine Schneemantilla gebildet hatte.

Der Portier lief ihr mit seinem halbzerbrochenen Regenschirm entgegen, als sie aus dem Schneegestöber auftauchte, und sie lachte.

»Nein, nein, Thomas. Mir geht es gut.« Sie fühlte sich wieder wie ein Kind, die nassen Schuhe störten sie nicht im geringsten. Ein solches Husarenstück hätte ihr als Kind tagelange Ermahnungen eingetragen. Totie hätte sie vielleicht sogar bei Edward verpetzt. Aber Totie gehörte jetzt der Vergangenheit an wie Edward. Das hatte sie heute klar erkannt. Jetzt konnte sie die ganze Nacht im Schnee herumgehen, wenn sie wollte. Es spielte wirklich keine Rolle mehr. Nichts spielte eine Rolle. Außer Luke.

Aber das Brummen in ihrem Kopf war wenigstens vergangen, ihre Schultern fühlten sich nicht mehr ganz so schwer an, ihr Kopf war klar. Sogar der Alkohol hatte sich durch die Kälte und den Schnee verflüchtigt.

Die Türglocke klingelte, als sie ihre Strümpfe auszog und ihre kalten Füße unter den Warmwasserhahn in der Badewanne stellte. Sie kribbelten und schmerzten und wurden rot. Sie überlegte, ob sie die Tür öffnen sollte, beschloß aber, es nicht zu tun. Es war sicherlich nur der Fahrstuhlwärter mit einem Paket; wenn es ein Besuch gewesen wäre, hätte man über die Gegensprechanlage angerufen und sie gefragt, ob jemand kommen dürfe. Aber die Glocke klingelte hartnäckig, also trocknete sie sich schließlich die Füße mit einem der großen Handtücher mit Monogramm ab und lief zur Tür.

»Ja? Wer ist da?«

»Cesar Chavez.«

»Wer?«

»Alejandro, du Dummchen.«

Sie öffnete die Tür. »Du lieber Gott, du siehst ja aus wie Frosty, der Schneemann. Bist du zu Fuß gegangen?«

»Den ganzen Weg.« Er sah unglaublich zufrieden mit sich aus. »Ich gewöhne mich doch noch an New York. Jedenfalls bei Schnee. Ist es nicht herrlich?«

Sie nickte zustimmend. »Komm herein.«

»Ich hatte gehofft, du würdest mich nicht im Schnee stehenlassen. Sie haben von unten endlos bei dir angeläutet, aber du hast dich nicht gemeldet. Der Bursche sagte, du bist zu Hause, und ich muß ehrlich oder so total erfroren ausgesehen haben, daß er mich nach oben fahren ließ.«

»Ich habe gerade das Wasser in die Badewanne einlaufen lassen.« Sie blickte auf ihre nackten Füße hinunter, die jetzt fast purpurrot waren, weil die Blutzirkulation nach dem heißen Schock in der Badewanne wieder in Gang gekommen war. »Ich bin auch zu Fuß nach Hause gegangen. Es war einfach herrlich.«

»Was war los? Hast du kein Taxi gefunden?«

»Nein. Ich hatte nur einmal Lust spazierenzugehen. Es war ein ziemlich verrückter Tag, und ich mußte einen klaren Kopf bekommen.«

»Was ist geschehen?« fragte er etwas besorgt.

»Nicht viel. Ich genoß ein unerträglich feines Treffen mit Edward, und es war verdammt strapaziös. Als Edward erfolglos versuchte, nicht mißbilligend auszusehen, und mich die übrigen Leute anstarrten, ganz zu schweigen von einer Reporterin von *Women's Wear*, die uns nicht aus den Augen ließ... flippte ich vollkommen aus. Um die Sache noch schlimmer zu machen, fuhr ich dann zu einem Wohltätigkeitstreffen und flüchtete, bevor ich hineinging. Da beschloß ich, zu Fuß nach Hause zu gehen.«

»Anscheinend hast du ein bißchen frische Luft gebraucht.«

»Ja. Ich bin einfach für die alten Gesellschaftsspielchen nicht mehr zu gebrauchen. Ich kann nicht aufeinmal wieder mit dem unsinnigen Doppelleben anfangen, und ich werde es auch nicht versuchen. Dieses Leben paßt einfach nicht mehr zu mir. Da bleibe ich lieber allein in meiner Wohnung.«

»Meinst du damit, daß ich mich diskret entfernen soll?«

»Mach dich doch nicht lächerlich.«

Sie nahm ihm den durchnäßten Mantel ab und hängte ihn auf die Küchentür.

»Ich muß zugeben, das Ganze hört sich ziemlich schlimm an.«

»Es ist noch schlimmer ... aber Liebling, wie himmlisch du aussiehst, ist das nicht der Regenlook von Cardin ... ach, und dein Ring!« Sie ergriff seine Hand, an der er einen großen, grobgeschliffenen Türkis trug. »Aber der Ring ist natürlich von David Webb, aus seiner brandneuen Kollektion, Liebster? Ach, und natürlich Segeltuchschuhe von Macy's. Was für eine ausgefallene Idee!« Sie zog eine Grimasse und verdrehte die Augen. »Du lieber Gott, Alejandro, wie kann man unter all dieser Scheiße atmen?«

»Ich schlage einen Schnorchel vor.«

»Du bist unmöglich. Ich meine es ernst.«

»Verzeih mir.« Er setzte sich auf die Couch, nachdem er die Schuhe auch in die Küche gebracht hatte. »Zum Teufel, du hast dieses Leben doch immer recht erfolgreich geführt, oder?«

»Sicherlich. Solange ich mich in die U-Bahn schlich, um meinen Liebhaber in SoHo zu treffen, oder zu Luke nach Chicago flog. Außerdem mußte ich dieses ganze Theater wegen meiner Klatschspalte machen.«

»Quatsch. Du ›mußtest‹ es nicht, du wolltest es, sonst hättest du es nicht getan.«

»Das stimmt nicht so ganz. Aber jedenfalls habe ich jetzt genug davon und werde nicht wieder damit anfangen. Außerdem wissen alle, daß ich mich an dem Spiel nicht mehr beteiligen will, warum soll ich also versuchen, ihnen etwas vorzumachen? Aber das Problem ist, was soll ich statt dessen tun? Dort passe ich nicht hin, und Luke ist nicht bei mir, also fühle ich mich ... ziellos. Ich nehme an, so kann man es am ehesten bezeichnen. Hast du eine Idee?«

»Ja. Mach mir eine Tasse Schokolade. Dann werde ich alle deine Probleme lösen.«

»Abgemacht. Möchtest du Brandy hinein?«

»Nein, danke. Ich trinke sie pur.« Er wollte ihr keinen Vorwand liefern, damit sie zu trinken begann. Sie brauchte zwar kaum einen Vorwand, aber vielleicht hatte sie keine Lust, allein zu trinken. Er hatte recht.

»Du bist ein Spielverderber, aber in diesem Fall werde ich auch meine Schokolade pur trinken. Ich habe in letzter Zeit ohnehin zuviel getrunken.«

»Tatsächlich? Wann bist du darauf gekommen? Nachdem die Alkoholiker-Hilfe dir kostenlos die Mitgliedschaft angeboten hat oder vorher?«

»Sei nicht so gemein.«

»Was soll ich tun? Den Mund halten, bis du Leberzirrhose hast?«

»Das klingt ja hoffnungsvoll.«

»Mein Gott, Kezia, das ist nicht einmal komisch. Du machst mich damit wirklich sauer.« Er sah auch genauso aus, als sie in die Küche verschwand.

Einige Minuten später erschien sie mit zwei dampfenden Tassen heißer Schokolade. »Und wie ist dein Tag so verlaufen?«

»Scheußlich, danke. Ich hatte eine unbedeutende Auseinandersetzung mit meinem Verwaltungsrat. Sie hielten sie jedenfalls für unbedeutend. Ich hätte beinahe gekündigt.«

»Wirklich? Warum?«

»Der übliche Mist. Zuteilung von Geldmitteln. Ich wurde so sauer, daß ich ihnen sagte, ich nehme mir zwei Tage frei.«

»Das muß ihnen aber gefallen haben. Was wirst du mit den zwei freien Tagen anfangen?«

»Mit dir nach San Francisco fliegen und Luke besuchen. Wann fliegst du?«

»Du lieber Gott, Alejandro, meinst du das im Ernst?« Sie freute sich, aber er hatte doch eben erst so viel Geld ausgegeben, als er mit ihnen zu der Verhandlung geflogen war.

»Natürlich, aber nicht erster Klasse. Bist du bereit, bei den Bauern im Heck der Maschine zu sitzen?«

»Ich werde es überstehen. Spielst du Backgammon? Ich kann mein kleines Brett mitbringen.«

»Wie wäre es mit Poker?«

»Einverstanden. Um die Wahrheit zu sagen, ich bin froh, daß du mitkommst ... heute morgen habe ich an diesen Flug gedacht, und ich habe eine Heidenangst davor.«

»Warum?« Er war überrascht.

»San Quentin. Das klingt so gräßlich. Und ich war noch nie in so einer Anstalt.«

»Es ist nicht gerade ein Erholungsurlaub, aber es ist auch kein Kerker. Du wirst es überleben.« Aber um sicherzugehen, begleitete er sie. Luke hatte darauf bestanden, daß er mitkam. Alejandro wußte, daß er ihn nicht darum ersucht hätte, wenn er nicht einen verdammt guten Grund dafür hatte. Irgend etwas stand bevor.

»Hör mal, kommst du mit, weil du annimmst, ich hätte Schiß, allein hinüberzufliegen?«

»Sei nicht so egozentrisch. Er ist zufällig auch mein Freund.« Sie errötete leicht, und er zupfte an einer Locke ihres zerzausten schwarzen Haares. »Außerdem habe ich nach dem Zauber, den du durchgemacht hast, das Gefühl, du würdest sogar, wenn sie mit M-16 über deinen Kopf hinwegschießen, nur deine Ohrringe fester stecken, deine Handschuhe anziehen und dann ins Feuer marschieren.«

»So fanatisch bin ich?«

»Nicht fanatisch, Baby – beeindruckend. Verdammt beeindruckend. Übrigens will ich mich, während wir drüben sind, bei einer therapeutischen Gemeinschaft, von der ich dir einmal erzählt habe, wegen eines Jobs erkundigen.«

»Ist das dein Ernst, daß du dich um einen neuen Job umsehen willst?« Dadurch änderte sich einiges.

»Ich weiß noch nicht. Aber es ist der Mühe wert, sich umzusehen.«

»Was immer deine Gründe sind, ich bin froh, daß wir zusammen hinfliegen. Luke wird sich freuen, dich wiederzusehen. Die Überraschung wird für ihn um so größer sein.«

»Wann fliegen wir?«

»Wann kannst du dich vom Zentrum freimachen?«

»Eigentlich wann ich will.«

»Wie wäre es mit morgen abend? Ich habe heute morgen einen Brief von Luke bekommen, in dem er schreibt, daß ich in zwei Tagen die Besuchserlaubnis in Händen halten werde. Also wäre morgen abend genau richtig, jedenfalls für mich. Wie steht es mit dir?«

»Paßt ausgezeichnet.«

Sie lehnten sich mit der Schokolade behaglich in die Couch zurück, erzählten einander alte Geschichten und sprachen über Luke. Sie lachte wie schon seit Wochen nicht mehr, und um Mitternacht verführte sie ihn zu einer Würfelpartie, die fast eine Stunde dauerte.

»Weißt du, womit ich nicht mehr zurechtkomme?«

»Ja, mit den Würfeln. Du spielst lausig, Kleines.« Aber ihr gefiel es, und auch er unterhielt sich dabei sehr gut.

»Nein, halt den Mund. Ich meine es ernst.«

»Entschuldige.«

»Wirklich. Ich komme nur mit etwas nicht zurecht, und das ist der Zwang, sich verstellen zu müssen; die ganze Lebensweise, mit der ich aufgewachsen bin, empfinde ich jetzt als Verstellung. Ich kann nicht offen über Luke sprechen, ohne einen Skandal heraufzubeschwören. Ich kann niemandem zeigen, daß ich leide. Ich kann nicht einmal ich selbst sein. Ich muß die Ehrenwerte Kezia Saint Martin sein.«

»Vielleicht kommt das daher, daß du zufällig die Ehrenwerte Kezia Saint Martin bist. Ist dir das schon mal eingefallen?« Er schüttelte die Würfel in seinen Händen.

»Ja, aber ich bin nicht ›diese‹ Kezia Saint Martin. Nicht mehr. Ich bin ein anständiger Mensch. Und ich befürchte, daß ich einmal damit herausplatze oder jemanden als Idioten bezeichne oder jemandem eine *quiche lorraine* ins Gesicht werfe.«

»Klingt gut. Vielleicht solltest du es doch einmal versuchen?« Sie lachte schallend, während sie mit untergeschlagenen Beinen vor dem Feuer saß.

»Eines Tages wäre ich vielleicht soweit, es zu versuchen. Aber das wäre das letzte große Finale, mein Freund. Kannst du dir die

Meldung im *Time Magazine* vorstellen? Kezia Saint Martin ist am Freitag bei einer Party ausgeflippt, hat mit einer Zitronentorte mit Schlagsahne geworfen und fünf Gäste getroffen. Die Opfer von Miß Saint Martins zeitweiliger Geistesverwirrung waren die Gräfin von ... et cetera, et cetera, et cetera.«

»Serviert man bei diesen Parties Zitronentorten mit Schlagsahne?« fragte er neugierig.

»Nein. Ich nehme an, ich werde mich mit Alaskakuchen begnügen müssen.«

Er streckte die Hand aus und streichelte ihr bereits getrocknetes Haar. Das Feuer hatte es gewärmt.

»Kezia, meine Liebe, du mußt wieder zunehmen.«

»Ja, ich weiß.« Er schüttelte mit glänzenden Augen die Würfel in den Händen, blies darauf und warf sie mit geschlossenen Augen.

»Zwei oder Pleite!«

Kezia kicherte über die Augenzahl, kniff ihn in die Nase und flüsterte ihm ins Ohr: »In diesem Fall, Mr. Vidal, ist es Pleite. Hallo, du Idiot, mach die Augen auf.« Aber statt dessen legte er ihr unerwartet den Arm um die Taille. »Was machst du, bist du total verrückt?« Sein Gesicht war kaum eine Haaresbreite von dem ihren entfernt, und sie nahm an, er mache Spaß. Für ihn war es aber Ernst.

»Was ich mache? Natürlich mache ich mich lächerlich.« Er öffnete die Augen und machte ein Clowngesicht, nahm die Würfel und zuckte die Schultern, aber in seinen Augen lag ein Anflug von Kummer. Wie naiv sie sein konnte! Aber vielleicht war es besser so.

Er stand auf, streckte sich langsam vor dem Feuer, beobachtete die Flammen, die an den Scheiten leckten, und kehrte der noch immer kichernden Kezia den Rücken. »Weißt du was, Kleines? Du hast recht. Auch ich kann den Zwang zur Verstellung nicht länger ertragen.«

»Es ist schauderhaft, nicht wahr?« bestätigte sie verständnisvoll, während sie an einem Keks knabberte. Es war das erste Mal seit Wochen, daß sie den ganzen Abend keinen Tropfen getrunken hatte.

»Ja ... es ist schauderhaft. ›Der Zwang, sich verstellen zu müssen‹, wie du es so treffend genannt hast.« Sie nahm an, daß er von seinem Job sprach.

»Ich bin ein Fachmann auf diesem Gebiet.« Aber sie war nicht in der Stimmung, ernst zu sein. Nicht mit ihm; sie hatten einen zu glücklichen Abend zusammen verbracht. »Wieso bist du darauf verfallen?« Die Worte kamen undeutlich wegen der Kekskrumen. Sie sah zu ihm auf, aber er wandte ihr noch immer den Rücken zu.

»Nichts. War bloß so eine Idee.«

31

Sie flogen in der Touristenklasse, und der Flug war langweilig. Den Film hatte Kezia schon mit Luke gesehen, und Alejandro hatte sich Fachzeitschriften mitgenommen, um sie zu studieren ... Sie unterhielten sich während der Mahlzeit, aber die übrige Zeit ließ er sie in Ruhe. Er wußte, wie nervös sie war, und diesmal fand er es nicht lustig, als sie die Flasche herauszog.

»Ich glaube nicht, Kezia, daß du jetzt trinken solltest.«

»Warum nicht?« fragte sie beinahe beleidigt.

»Trink, was sie dir hier servieren, das sollte reichen.« Er wollte ihr keine Predigt halten, aber es klang sehr entschieden. Sein Ton verwirrte sie mehr als seine Worte, und sie steckte die Flasche wieder weg. Als die Getränke gebracht wurden, bestellte sie einen Scotch und lehnte einen zweiten ab.

»Zufrieden?«

»Es geht nicht um mein Leben, Schwester, sondern um deines.« Er kehrte wieder zu seiner Lektüre zurück und sie zu ihren Gedanken. Mitunter war Alejandro ein recht merkwürdiger Mann. Er war selbstsicher, ging ganz in seiner Tätigkeit auf, dann wieder gab er sich mit ihr solche Mühe. Sie war beinahe davon überzeugt, daß er die Reise hauptsächlich ihretwegen unternahm, um sicher zu sein, daß sie nicht in Schwierigkeiten geriet, und er hätte dabei seinen Job verlieren können.

Sie hatten Zimmer im Ritz bestellt, und sie war aufgeregt,

als sie in die Stadt fuhren. Bei der letzten Kurve zeichnete sich die Skyline der Stadt am Horizont ab, dann waren sie plötzlich mitten in ihr. Die neue, moderne Kathedrale in der Gough Street, die braune Lakritzensilhouette der Bank of America und die von der Bucht hereintreibenden Nebelschwaden. Jetzt erst merkte sie, wie sehr sie sich danach gesehnt hatte, sie wiederzusehen. Die Bucht und die Golden Gate Brücke, Sausalito, Belvedere und Tiburon, die nachts wie ein Wald von Christbäumen blinkten, wenn der Nebel nicht zu dicht war. Und wenn es neblig war, würde sie die Augen schließen, die frische Seeluft tief einatmen und auf das einsame Heulen der Nebelhörner lauschen. Sie wußte, daß auch Lucas sie hören konnte.

Alejandro beobachtete sie während der Fahrt, und ihr Anblick rührte ihn. Sie war so aufgeregt, spannungsgeladen, suchte die Stadt mit ihren Blicken, als hielte sie Ausschau nach etwas Wertvollem, das sie einmal dort verloren hatte.

»Du liebst diese Stadt auch, nicht wahr, Kezia?«

»Ja.« Sie lehnte sich zurück und betrachtete sie voll Freude, als hätte sie sie selbst erbaut.

»Weil Luke dich hierhergebracht hat?«

»Zum Teil. Aber es zieht mich noch etwas anderes her. Die Stadt selbst, nehme ich an. Sie ist so verflucht hübsch.«

»Verflucht, wie?«

»Okay, okay, mach dich nur über mich lustig. Ich weiß nur, daß ich hier glücklich bin.« Trotz der scheußlichen Dinge, die sich hier abgespielt hatten, liebte sie diese Stadt. Sie besaß eine Anziehungskraft, die keine andere Stadt, die sie kannte, hatte. Ihre Gedanken kehrten wieder zu Luke zurück. »Weißt du, es ist unglaublich. Ich bin fünftausend Kilometer geflogen, um ihn eine Stunde lang zu sehen.«

»Und ich glaube, du wärst auch zehntausend Kilometer geflogen, wenn es notwendig gewesen wäre.«

»Vielleicht sogar zwanzigtausend.«

»Sogar zwanzigtausend? Bist du sicher?« Er neckte sie wieder, und das gefiel ihr. Er war ein angenehmer Reisegefährte.

»Alejandro, du bist lästig. Aber nett lästig.«

»Ich liebe dich auch.«

In San Francisco war es ein Uhr morgens, und für sie vier Uhr, aber sie waren beide nicht schläfrig.

»Willst du noch auf einen Drink gehen, Alejandro?«

»Nein. Lieber ein wenig herumfahren.«

»Der Abstinenzlerverein steht auf Abruf zu meiner Verfügung. Wie entzückend.« Sie verzog affektiert den Mund. »Kümmere dich um deinen eigenen Kram. Sobald wir das Gepäck im Hotel abgegeben haben, fahren wir zur Bucht hinaus.« Sie hatten auf dem Flughafen einen Wagen gemietet, und Alejandro fuhr.

»Zu Ihren Diensten, Madam. Du bist doch einen Chauffeur gewöhnt, oder?«

»Ja und nein. Aber eines ist sicher. Du bist wirklich erstaunlich.« Ihre Stimme war weich geworden. »Noch nie hat jemand so viel für mich getan wie du. Nicht einmal Edward. Er hat auf mich aufgepaßt, aber wir haben uns nie so ungezwungen unterhalten. Er hat von mir immer zuviel erwartet.«

»Zum Beispiel?«

»Ach ... alles zu sein, wozu ich geboren war, und noch mehr, nehme ich an.«

»Und das bist du.«

»Nein, eigentlich nicht. Der Computer muß alles in mir durcheinandergebracht haben. Einige Teile von mir entsprechen nicht seinen Normen.«

»Du gehst am Wesentlichen vorbei. Worauf es ankommt, ist dein Kopf, deine Seele, dein Herz.«

»Nein, mein Lieber, du gehst selbst am Wesentlichen vorbei. Es kommt auf die Parties an, die du besuchst, auf die Kleider, die du trägst, auf die Komitees, in denen du sitzt.«

»Du bist ja verrückt.«

»Jetzt nicht mehr. Aber ich war es.« Plötzlich war sie ernst, aber die Stimmung verflog, als sie beim Ritz ankamen. Ernestine, die einen Bademantel aus grünkariertem Flanell trug, empfing sie mit einem leicht mißbilligenden Blick, da sie Kezia mit Alejandro und nicht mit Luke sah. Aber ihre Einzelzimmer, die durch die ganze Länge des Korridors voneinander getrennt waren, schienen sie wieder zu beruhigen. Sie trottete in ihr Bett zurück, und die beiden gingen hinaus zum Wagen.

»Zur Bucht!« Er war ebenso aufgeregt wie sie.

»Gewiß, Madam.« Er ließ den Wagen auf der Divisadero Street über die Hügel rumpeln. Sie fühlten sich wie auf einer Berg- und Talbahn, als die steilen Steigungen und Gefälle sie vom Sitz hoben.

»Möchtest du auf ein *taco* gehen?«

Sie nickte lächelnd. »Mich macht die Bucht direkt sinnlich. Dich die *tacos*. Willkommen daheim.«

»Und keine Pizza weit und breit.«

»Gibt es hier draußen keine Pizza?«

Er verzog das Gesicht. »Ja, aber wir halten sie unter Kontrolle. Nicht wie in New York. Nächstens wird ein wilder Haufen von verrückt gewordenen Pizzas die Stadt besetzen.« Er schnitt fürchterliche Fratzen wie die Filmmonster.

»Du bist ein Narr. Meine Güte, sieh dir den Wagen an!« Sie fuhren in ein Drive-in auf der Lombard, und dort wartete ein selbstgebastelter Rennwagen mit hochgezogenem Heck. »Man würde meinen, daß es sehr gefährlich ist.«

»Natürlich nicht. Er ist eine Pracht... wrrruummmm... rrrummm!« Er machte die entsprechenden Geräusche. »Hast du so einen Flitzer noch nie gesehen?«

»Nicht daß ich wüßte – und ich würde mich bestimmt erinnern –, außer vielleicht in einem Film. Wie scheußlich!«

»Scheußlich? Er ist eine Schönheit. Paß auf, was du sagst!«

Sie schüttelte lachend den Kopf. »Erzähl mir nicht, daß du einmal so einen hattest! Das wäre ein Schock für mich!«

»Doch, ich hatte einen. Eine besonders niedrige Spezialanfertigung. Mein erster Wagen. Dann verpatzte ich mein Image und kaufte einen uralten VW. Mein Leben hatte allen Reiz verloren.«

»Klingt tragisch.«

»Das war es. Hattest du als junges Mädchen einen Wagen?« Sie schüttelte den Kopf, und er riß ungläubig die Augen auf. »Nein? Mein Gott, alle jungen Leute in Kalifornien haben Autos, sobald sie sechzehn sind. Ich wette, du lügst. Ich wette, du hattest einen Rolls. Komm, sag doch die Wahrheit!« Sie schüttelte heftig den Kopf, während sie fuhren, um ihre *tacos* zu bestellen.

»Ich teile Ihnen mit, Mr. Vidal, daß ich keinen Rolls hatte! Ich lieh mir, als ich in Paris war, einen abgetakelten Fiat aus, und das war alles. Ich habe nie in meinem Leben einen Wagen besessen.«

»Was für eine Schande. Aber deine Familie hatte einen, stimmt's?« Sie nickte. »Aha, und es war ...« Er wartete.

»Ach, einfach ein Wagen, weißt du. Vier Räder, vier Türen, Lenkrad, das Übliche.«

»Du meinst, einen Rolls?«

»Nein.« Sie reichte ihm die *tacos,* die soeben am Fenster aufgetaucht waren. »Es war ein Bentley. Aber meine Tante hat einen Rolls, wenn dich das beruhigt.«

»Sehr. Jetzt gib mir diese *tacos.* Du bist vielleicht fünftausend Kilometer geflogen, um deinen Alten zu sehen. Ich kam wegen der *tacos.* Ein Bentley ... Du meine Güte.« Er biß in seinen *taco* und seufzte vor Entzücken. Kezia lehnte sich zurück und entspannte sich allmählich. Es war beruhigend, mit ihm beisammen zu sein; sie mußte sich nicht verstellen, sondern konnte einfach sie selbst sein.

»Weißt du, was ich komisch finde, Alejandro?«

»Ja. Dich.« Er war bei dem dritten *taco.*

»Nein, ich meine es ernst.«

»Ja? Wieso auf einmal?«

»Ach, stopf dir um Himmels willen noch einen *taco* hinein, dann bist du bis obenhin voll.«

»Nein, ich bekomme davon Blähungen.«

»Alejandro!«

»Doch. Bekommst du nie Blähungen? Haben sie dich anders konstruiert?«

Sie wurde rot. »Ich verweigere die Antwort aus Gründen ...«

»Ich wette, du furzt im Bett.«

»Du bist gräßlich, Alejandro. Das ist eine äußerst unpassende Bemerkung.«

»*Pobrecita.*« Wenn er guter Laune war, neckte er sie unaufhörlich, aber das gefiel ihr. Er war im Flugzeug so still gewesen, doch jetzt war er wieder in fröhlicher Stimmung.

»Was ich Ihnen noch sagen wollte, Mr. Vidal, bevor du unanständige Reden führtest ...«

»Unanständig? Wie wird mir?« Er hatte von *tacos* zu Bier gewechselt und nahm einen kräftigen Schluck.

»Was ich dir sagen wollte ...« Sie senkte die Stimme. »Das Unheimliche ist, daß ich dich allmählich wirklich brauche. Ist das nicht seltsam? Ich wäre ohne dich vollkommen verloren. Es tut gut zu wissen, daß du in der Nähe bist.«

Er schwieg und sah in die Ferne. »Ja, das Gefühl habe ich auch«, gestand er schließlich. »Mir wird ganz komisch, wenn ich dich ein paar Tage lang nicht sehe. Ich will sicher sein, daß es dir gutgeht.«

»Nett zu wissen, daß du dich um mich sorgst. Mir geht es genauso, und das ist sehr angenehm. Wenn du nicht anrufst, befürchte ich immer, daß dich jemand in der U-Bahn umgebracht hat.«

»Weißt du, das ist eine der Eigenschaften, die ich so an dir liebe.«

»Was?«

»Dein unerschütterlicher Optimismus. Dein Vertrauen in die Menschheit ... in der U-Bahn umgebracht. Blödsinn. Warum sollte ich in der U-Bahn umgebracht werden?«

»Das kann jedem einmal passieren. Warum nicht dir?«

»Was du nicht sagst. Feine Aussichten. Weißt du, was ich glaube, Kezia?«

»Was?«

»Daß du im Bett furzt.«

»Da sind wir also wieder beim alten Thema. Du bist ein Flegel, Alejandro. Noch dazu ein grober und unverschämter Flegel! Jetzt fahr mich zur Bucht. Und außerdem furze ich nicht im Bett!«

»Doch, du tust es!«

»Nein!«

»Doch!«

»Frag doch Luke!«

»Das werde ich tun.«

»Wag es ja nicht!«

»Aha! Dann würde er mir die Wahrheit sagen, nicht wahr? Du tust es!«

»Ich tue es nicht! Geh zum Teufel!«

Die Debatte ging in diesem Ton weiter, während er den Wagen aus dem Drive-in lenkte, und löste sich schließlich in Gelächter auf. Sie glucksten und kicherten und neckten einander während der Fahrt entlang der restlichen Häuserblocks bis zur Bucht, dann wurden sie still. Die Bucht lag vor ihnen wie dunkelblauer Samt, und über ihr hing ein Nebelschleier, nicht tief genug, um den Blick über die Bucht hinweg zu behindern, doch gerade so tief, daß er auf den Brückenpfeilern zu hängen schien. Ein Nebelhorn tutete traurig, und die Lichter an der Küste glitzerten.

»Lady, ich werde nächstens einmal hierher zurückkehren.«

»Nein, das wirst du nicht. Du hängst an deiner Arbeit im Zentrum in Harlem.«

»Das glaubst du. Dieser Unsinn beansprucht mich jeden Tag mehr, als mir recht ist. Hier drüben werden die Leute nicht so verrückt. Man kann nie wissen, vielleicht wird sich die Vorsprache, für die ich hier einen Termin habe, bezahlt machen.«

»Und was dann?«

»Dann werden wir weitersehen.«

Sie nickte nachdenklich, der Gedanke, daß er New York verlassen könnte, machte sie nervös. Aber es war wahrscheinlich nur Gerede, um Dampf abzulassen. Sie beschloß zu vergessen, was er erzählt hatte. So fühlte sie sich sicherer.

»Bei diesem Anblick möchte ich die Zeit anhalten und für immer in diesem Augenblick verharren.«

»Verrücktes Huhn. Möchten wir nicht alle die Zeit beherrschen? Bist du jemals in der Morgendämmerung hier gewesen?« Sie schüttelte den Kopf. »Dann ist es noch viel schöner. Diese Stadt ist wie eine schöne Frau. Sie ändert sich dauernd, sie hat Launen, sie wird ganz grau, hat Tränensäcke, dann strahlt sie plötzlich auf, und du verliebst dich von neuem in sie.«

»Wen liebst du eigentlich, Alejandro?« Seit dem Tag, an dem sie zum ersten Mal zusammen heiße Schokolade getrunken hatten, hatte sie nicht mehr daran gedacht. Er war fast immer allein oder in ihrer Gesellschaft.

»Das ist eine seltsame Frage.«

»Nein, gar nicht. Gibt es keine Frau in deinem Leben? Eine alte Flamme aus der Vergangenheit?«

»Nichts dergleichen. Ach, ich weiß nicht, Kezia. Ich liebe viele Menschen. Einige von den jungen Leuten, mit denen ich zusammenarbeite, dich, Luke, andere Freunde, meine Familie. Eine ganze Menge Leute.«

»Und um einige zuviel. Es ist so ungefährlich, eine Menge Leute zu lieben. Es ist viel schwieriger, einen einzigen Menschen zu lieben. Ich habe es nie getan ... bis ich Luke kennenlernte. Er hat mich so vieles gelehrt. Er hatte keine solche Angst davor wie ich ... vielleicht hast du Angst. Gibt es kein weibliches Wesen, das du als Frau liebst? Oder vielleicht ein paar?« Sie hatte kein Recht, danach zu fragen, das wußte sie, aber sie wollte es wissen.

»Nein. Jedenfalls nicht in letzter Zeit. Vielleicht demnächst.«

»Du solltest darüber ein wenig nachdenken. Vielleicht lernst du hier drüben einmal jemanden kennen.« Doch in ihrem Herzen hoffte sie, es würde nicht der Fall sein. Er verdiente die beste aller Frauen, eine, die ihm alles wiederzugeben vermochte, was sie ihr gab. Das verdiente er, weil er so viel von seiner Person gab. Aber insgeheim hoffte sie, er würde die Idealfrau noch nicht finden. Sie war noch nicht bereit, ihn zu entbehren. Es war so schön, wie sie zueinander standen. Und wenn er jemanden hätte, würde sie ihn verlieren, das wäre dann unvermeidlich.

»Worüber denkst du nach, Kleines? Du siehst so traurig aus.« Er glaubte, den Grund zu kennen, doch er irrte sich.

»Nur dummes Zeug, das mir so durch den Kopf geht. Nichts von Bedeutung.«

»Mach dir nicht so viele Sorgen. Morgen wirst du ihn ja wiedersehen.«

32

Sie sahen es, als sie auf der Autobahn um eine Kurve fuhren. San Quentin. Jenseits eines Gewässers, eines toten Armes der Bucht, der ins Inland vorstieß, stand es am Ufer, häßlich und unwirtlich. Kezia ließ es für den Rest der Fahrstrecke nicht aus den Augen, bis es wieder aus ihrem Blickfeld entschwand, als sie die Autobahn verließen und eine alte, kurvenreiche Landstraße entlangfuhren.

Der riesige Festungsbau San Quentin raubte ihr den Atem, als sie ihn wiedersah. Das Gebäude ragte ihr entgegen wie ein riesiger Tyrann oder ein böses Geschöpf in einem schrecklichen Traum. Man kam sich angesichts der Türme und Türmchen, der endlosen, hochragenden Mauern, die nur hin und wieder winzige Fenster aufwiesen, sofort wie ein Zwerg vor. Quentin sah aus wie ein Kerker und hatte die Farbe von vertrocknetem Senf. Es war nicht nur fürchterlich, sondern es verbreitete eine Atmosphäre von Angst und Schrecken, Einsamkeit, Kummer und Verlust. Hohe, mit Stacheldraht abgeschlossene Zäune umgaben das Gebiet, und in allen möglichen Ecken standen Türme mit Wärtern, die mit Maschinengewehren bewaffnet waren. Wärter patrouillierten beim Eingang, und die Leute, die herauskamen, hatten traurige Gesichter, manche trockneten sich die Augen mit Taschentüchern. Es war ein Ort, den man nie vergessen konnte. Er besaß sogar einen langen, trockenen Burggraben mit noch in Gebrauch befindlichen Zugbrücken zu den Maschinengewehrnestern, die die Posten vor möglichen Angriffen schützten.

Während Kezia das Gebäude betrachtete, fragte sie sich, warum es so schrecklich sein mußte. Wer konnte denn von hier flüchten? Dennoch gelang es einem Häftling dann und wann. Und beim Anblick des Zuchthauses verstand sie plötzlich auch, warum die Gefangenen alles riskierten, sogar den Tod, um zu entkommen. Sie konnte verstehen, warum Luke alles Erdenkliche unternommen hatte, um den Männern zu helfen, die er seine Brüder nannte. Um die Gefangenen in einer Haftanstalt wie dieser mußte sich jemand kümmern. Es tat ihr nur leid, daß Luke dafür büßen mußte.

Sie sah auch eine Reihe von sauberen Häusern mit Blumenbeeten im Vorgarten. Die Häuser standen innerhalb der Stacheldrahtzäune, im Schatten der Schießtürme, am Fuß des Gefängnisses. Sie erriet richtig, daß es die Häuser von Wärtern waren, die dort mit ihren Frauen und Kindern wohnten. Sie schauderte bei dem Gedanken. Man mußte das Gefühl haben, auf einem Friedhof zu leben.

Der Parkplatz war voller Schlaglöcher und übersät mit Abfällen. Als sie hinkamen, waren nur noch zwei Parkplätze frei, und ein langer Zug von Leuten schlängelte sich an dem Wachhaus beim Haupteingang vorbei. Es dauerte zweieinhalb Stunden, bis sie an der Reihe waren, sie wurden oberflächlich durchsucht und dann zum nächsten Eingang geschickt, wo man ihre Taschen noch einmal durchsuchte. Über ihnen stand drohend der Wachturm, als sie ins Hauptgebäude gingen, wo sie sich in einen verrauchten, überheizten Warteraum, der an einen Bahnhof erinnerte, setzten. In diesem Raum hörte man kein Lachen, keine geflüsterten Gespräche, nur gelegentlich das Klirren von Münzen im Kaffeeautomaten, das Geräusch der Wasserleitung oder das kurze Anreißen eines Streichholzes. Jeder Besucher behielt seine Sorgen und einsamen Gedanken für sich.

Kezias Denken war von Luke beherrscht. Sie und Alejandro hatten nicht mehr miteinander gesprochen, nachdem sie das Gebäude betreten hatten. Es gab auch nichts zu sagen. Wie die anderen waren sie zum Warten verurteilt. Noch zwei Stunden auf diesen Bänken ... und es war so lange her, seit sie ihn gesehen, seine Hand, sein Gesicht berührt, ihn geküßt, ihn in den Armen gehalten hatte oder so umarmt worden war, wie es nur Luke verstand. Küsse sind anders, wenn sie aus so großer Höhe kommen, so hatte sie es jedenfalls empfunden. Alles war anders. Er war ein Mann, zu dem sie aus unzähligen Gründen aufblicken konnte. Der erste Mann, zu dem sie aufgeblickt hatte.

Alles in allem warteten sie und Alejandro ganze fünf Stunden, und es war wie ein Traum, als eine Stimme in der Gegensprechanlage seinen Namen quäkte.

»Besuch für Johns ... Lucas Johns ...« Sie sprang auf und lief zur Tür des Raumes, in dem sie ihn sehen würde. Luke stand im Türrahmen. Er befand sich in einem langen, leeren, grauen Raum, dessen einziger Wandschmuck eine Uhr war. Dort standen langgestreckte Eßtische mit Häftlingen auf der einen Seite und Besuchern auf der anderen, während Wärter herumgingen, die ihre Maschinenpistolen deutlich sichtbar trugen. Man konnte einander zur Begrüßung und zum Abschied küssen und während der Besuchszeit an den Händen halten. Das war alles. Die ganze

Szene hatte etwas unheimlich Unwirkliches an sich, als ob es das nicht geben könne, nicht für sie. Luke lebte mit ihr in der Park Avenue, er aß mit einer Gabel und einem Messer, erzählte Witze, küßte sie auf den Nacken. Er gehörte nicht hierher. Es ergab keinen Sinn. Die Gesichter rundum sahen unrasiert und grimmig aus, böse, müde und verbraucht. Jetzt machte auch Luke keine Ausnahme. Etwas an ihm hatte sich verändert. Während sie auf ihn zuging, drückte ihr Angst die Kehle zusammen ... sie hatten sich in dieser Gruft verirrt ... doch sobald sie in Lukes Armen lag, fühlte sie sich wieder sicher. Und alles übrige verschwand. Sie vergaß alles, außer seinen Augen. Sie vergaß Alejandro an ihrer Seite vollkommen.

Luke hob sie in seine Arme, und die Kraft seiner Umarmung drückte in einem Atemzug die Luft aus ihrer Brust. Er hielt sie eine Weile fest, ohne seinen Griff zu lockern, dann stellte er sie sanft auf den Boden und suchte noch einmal hungrig ihre Lippen. Er wirkte still und verzweifelt, seine Arme fühlten sich dünner an. Sie hatte an seinen Schultern Knochen gespürt, wo Wochen zuvor so viel Muskeln gewesen waren. Er trug blaue Jeans und ein Arbeitshemd sowie derbes Schuhwerk, das für seine Füße zu klein aussah. Sie hatten die Guccis und seine sonstigen Habseligkeiten nach New York zurückgeschickt. Kezia war anwesend gewesen, als das Paket eintraf, alles war zerknittert und sein Hemd zerrissen. Das gab ihr einen Begriff davon, mit welcher Gewalt es von seinem Rücken gerissen worden war. Nicht von einem Kammerdiener, sondern mit auf ihn gerichteter Waffe. Damals hatte sie geweint, jetzt aber gab es keine Tränen. Sie freute sich zu sehr, ihn wiederzusehen. Nur Alejandro hatte Tränen in den Augen, während er die beiden beobachtete; Kezia überdeckte die Panik mit einem strahlenden Lächeln, und in Lukes Augen lag brennendes Verlangen. Einen Augenblick später streifte Lukes Blick über ihren Kopf hinweg und suchte Alejandro. Es war ein Blick des Dankes, und Alejandro erinnerte sich nicht, ihn jemals so gesehen zu haben. Wie Kezia bemerkte er eine Veränderung an Luke und erinnerte sich an seine dringende Bitte, ihn zusammen mit Kezia zu besuchen. Alejandro wußte, daß ihm etwas bevorstand, wußte aber nicht, was es sein würde.

Luke führte Kezia an der Hand zu einem der langen Eßtische und ging auf seine Seite, wo er sich setzte, während sich Alejandro einen Stuhl neben sie zog. Sie sah zu, wie Luke Platz nahm.

»O Gott, es ist so schön, dir zuzusehen, wie du dich bewegst. Ich habe dich so vermißt, mein Schatz.« Luke streichelte ihr Gesicht mit seiner durch die Arbeit rauh gewordenen Hand. Die Schwielen hatten sich schnell wieder gebildet.

»Ich liebe dich, Lucas.« Sie sprach die Worte betont aus, wie drei einzelne Geschenke, die sie für ihn eingewickelt hatte, und seine Augen glänzten seltsam.

»Ich liebe dich auch, Baby. Tust du mir einen Gefallen?«

»Was?«

»Löse deine Haare für mich.« Sie zog rasch die Haarnadeln heraus. Es gab so weniges, das sie ihm geben konnte, jede kleine Geste bekam plötzlich einen übersteigerten Wert. »So ist es besser.« Er streichelte das seidigweiche Haar und sah aus wie ein Mann, der mit seinen Händen in Diamanten oder Gold wühlt. »Ach, Kleine, ich liebe dich so.«

»Geht es dir gut?«

»Merkst du es nicht?«

»Ich bin nicht ganz sicher.« Aber Alejandro konnte es beurteilen. Er konnte viel mehr erkennen als die beiden, die nur das Bild sahen, das sie sehen wollten. »Du siehst nicht schlecht aus, aber du hast abgenommen.«

»Ausgerechnet du stellst das fest? Du bist klapperdürr.« Aber seine Augen verrieten, daß sie besser denn je aussah. »Du hast mir doch versprochen, Alejandro, daß du dich um sie kümmern wirst.« Er blickte von ihr zu ihm, und endlich lag die Andeutung eines lang vergessenen Lächelns in seinen Augen. Er sah beinahe wieder wie der alte Lucas aus.

»Hör zu, Mann, weißt du, wie schwer es ist, diese Frau herumzukommandieren?«

»Das sagst du mir?« Beide Männer lachten. Lukes Augen leuchteten auf, als er Kezia wieder ansah. Sie hielt seine Hände so fest, daß ihre Finger schmerzten, bis sie empfindungslos waren.

Es war ein seltsamer Besuch, voll einander zuwiderlaufender

Schwingungen. Luke schien von einem leidenschaftlichen, hungrigen Verlangen nach Kezia erfüllt zu sein, das sie erwiderte. Doch irgendwie hielt er sich im Zaum. Sie spürte seine Zurückhaltung und kannte nicht deren Ursache. Ein Zögern, ein Sichzurückziehen; dann sagte er wieder etwas, und sie spürte, daß sich die Verkrampfung löste.

Plötzlich war die Besuchsstunde vorüber. Der Wärter rief, Luke stand schnell auf und führte sie zum Ausgang zu ihrem erlaubten Abschiedskuß.

»Liebster, ich bin wieder bei dir, sobald sie mich lassen.« Sie hatte vor, die Woche über in San Francisco zu bleiben und ihn dann wieder zu besuchen. Aber im Augenblick machte sie der Wärter nervös, und Alejandro kam auch schon näher. Dann ging alles viel zu schnell. Sie wollte mehr Zeit mit Lucas verbringen ... die wenigen Augenblicke waren dahingeflogen.

»Kleines ...« Lukes Augen schienen sich jeden Zoll ihres Gesichtes einzuprägen. »Du wirst nicht mehr hierher kommen.«

»Verlegen sie dich?«

Er schüttelte den Kopf. »Nein. Aber du kannst nicht mehr herkommen.«

»Das ist doch lächerlich. Ich ... sind die Papiere vielleicht nicht in Ordnung?« Sie war plötzlich von Angst erfüllt. Sie mußte wieder herkommen. Sie mußte ihn sehen. Sie hatten nicht das Recht, ihr das zu verweigern.

»Die Papiere sind in Ordnung. Für heute. Aber ich streiche dich heute abend von meiner Besucherliste.« Seine Stimme war so leise, daß sie kaum die Worte verstehen konnte. Doch Alejandro konnte ihn hören, und er wußte, was Lucas tat. Jetzt verstand er, warum ihn Lucas gebeten hatte mitzukommen.

»Bist du verrückt? Warum willst du mich von deiner Liste streichen?« Heiße Tränen brannten in ihren Augen, und sie umklammerte seine Hände. Sie verstand ihn nicht. Sie hatte doch nichts Verkehrtes getan. Und sie liebte ihn.

»Weil du nicht hierher gehörst. Das ist kein Leben für dich. Baby, du hast in den letzten Monaten viel gelernt und vieles getan, das du nie hättest, wenn du mich nicht kennengelernt hättest. Manches davon war gut für dich, aber das Gefängnis ist es nicht. Ich weiß, was es heißt, was es für dich heißt. Bis ich hinauskomme, bist du ausgebrannt. Sieh dich jetzt an, du bist dünn, nervös ... du bist ein seelisches Wrack. Kehre zu deinem alten Leben zurück. Und mach es richtig.«

»Lucas, wie kannst du mir das antun?« Heiße Tränen flossen über ihr Gesicht.

»Weil ich muß ... weil ich dich liebe ... jetzt sei ein braves Mädchen und geh.«

»Nein, ich will nicht. Und ich werde herkommen. Ich werde ... o Lucas! Bitte!«

Lukes Augen blickten über ihren Kopf hinweg Alejandro an, der kaum merklich nickte. Luke bückte sich schnell, um sie zu küssen, drückte ihre Schultern, dann drehte er sich um und machte einen Schritt auf den Wärter zu.

»Lucas! Nein!« Sie streckte die Arme aus, und er drehte sich mit steinernem Gesicht zu ihr um.

»Hör damit auf, Kezia. Vergiß nicht, wer du bist.«

»Ohne dich bin ich nichts.« Sie ging auf ihn zu und blickte ihm in die Augen.

»Da irrst du dich. Du bist Kezia Saint Martin, und du weißt jetzt, wer sie ist. Behandle sie gut.« Dann nickte er dem Wärter zu und war verschwunden. Eine Eisentür verschluckte den Mann, den sie liebte. Er drehte sich nicht zu einem letzten Blick oder zu einem Lebewohl um. Zu Alejandro hatte er kein Wort gesprochen, als er gegangen war. Es war auch nicht notwendig. Das leichte Nicken am Ende der Besuchszeit hatte genügt. Er vertraute sie Alejandros Obhut an. Er würde die Gewißheit haben, daß sie in Sicherheit war, und das war alles, was er tun konnte. Es war alles, was er ihr noch geben konnte.

Kezia stand betäubt in dem Besuchsraum, ohne sich der Blicke bewußt zu werden, die auf sie gerichtet waren. Es war für alle Beteiligten eine qualvolle Szene gewesen. Die Männer waren zusammengezuckt, und ihre Besucher waren blaß geworden. Es hätte ihnen genauso gehen können, aber das war nicht der Fall. Es betraf nur Kezia allein.

»Ich ... Alej ... ich ... könnte ...« Sie war verwirrt, betäubt, verloren.

683

»Komm, Liebes, fahren wir nach Hause.«

»Ja, bitte.« Sie schien in diesen letzten, niederschmetternden Minuten zusammengesunken zu sein. Ihr Gesicht war erschreckend bleich. Diesmal wußte er, daß es keinen Sinn hatte, sie zu fragen, wie es ihr ging. Es war ihr anzusehen.

Er führte sie aus dem Gebäude und so schnell er konnte zum Haupteingang, denn er wollte sie unbedingt aus dem Gefängnis wegbringen, bevor sie zusammenbrach. Er half ihr vorsichtig um die Schlaglöcher auf dem Parkplatz und schob sie in den Wagen; er war fast ebenso entsetzt wie sie. Er hatte gewußt, daß sich etwas geändert hatte, aber keine Ahnung gehabt, was Luke vorhatte. Ihm war klar, was dieser Schritt Luke gekostet hatte. Er brauchte Kezias Anwesenheit, ihre Besuche, ihre Liebe, ihre seelische Unterstützung. Aber er wußte auch, was für eine Belastung es für sie war. Sie hätte jahrelang gewartet, hätte sich selbst zerstört, sich vielleicht während des Wartens zu Tode getrunken. Luke wußte, daß es nicht so weitergehen konnte. Kezia hatte es von Anfang an erkannt. Lucas Johns besaß unglaublichen Mut. Alejandro wußte, daß er selbst diesen Mut nicht aufgebracht hätte. Dazu wären verdammt wenige Männer imstande, aber verdammt wenigen Männern stand ein ähnliches Schicksal bevor wie Luke jetzt – an einem Ort zu überleben, an dem sein Leben nicht viel wert war. Und weil Kezia prominent war, hätte man sie zuerst erwischt. Das war immer Lukes ärgste Besorgnis gewesen, aber das war jetzt vorbei. Für Luke war alles vorbei.

»Ich ... wohin fahren wir?« Kezias Blick war erschreckend ausdruckslos, als Alejandro den Wagen startete.

»Nach Hause. Wir fahren nach Hause. Und dann ist alles gut.« Er sprach zu ihr wie zu einem ganz kleinen Kind oder zu einem Schwerkranken. Im Augenblick traf beides auf sie zu.

»Ich werde wieder herkommen, weißt du ... ich werde zurückkommen. Das weißt du doch, nicht wahr? Er meint es nicht wirklich ... ich ... ich ... Alejandro?« In ihrer Stimme lag kein Mut, nur Verwirrung. Alejandro wußte, daß sie nicht zurückkommen konnte. Luke war ein Mann, der Wort hielt. Noch am Nachmittag würde ihr Name von seiner Besucherliste gestrichen sein. Er würde ihr keine Wahl lassen. Er konnte sie erst in sechs Monaten wieder auf die Liste setzen lassen, und bis dahin würde sich viel geändert haben. Sechs Monate konnten in einem Leben eine Menge verändern. Sechs Monate vorher hatte Kezia Luke kennengelernt.

Sie weinte nicht mehr, saß nur regungslos im Wagen und dann ebenso still im Hotelzimmer, in dem er sie unter der Aufsicht eines Stubenmädchens zurückließ, während er zu dem Vorstellungsgespräch ging. Daß der Termin auch ausgerechnet an diesem Tag sein mußte! Er brachte es so schnell wie möglich hinter sich und kehrte dann zu ihr zurück. Das Mädchen erzählte ihm, daß Kezia sich weder gerührt noch gesprochen hatte.

Voll böser Ahnungen kaufte er Flugtickets für sechs Uhr abends und hoffte, daß der Schock erst abklingen würde, wenn sie zu Hause im Bett lag. Sie war wie ein Kind in Trance, und er würde froh sein, wenn er den Flug hinter sich hatte.

Sie aß nichts von dem Tablett, das die Stewardeß vor sie hinstellte, und nickte verständnislos, als ihr Alejandro die Kopfhörer reichte, damit sie Musik hören konnte. Er setzte sie ihr auf und sah fünf Minuten später, wie sie sie geistesabwesend abnahm. Sie sang kurze Zeit leise vor sich hin, dann verfiel sie wieder in Schweigen. Die Stewardessen betrachteten sie mit erstaunten Blicken, und Alejandro hoffte, daß niemand eine Bemerkung fallenließ, und betete, daß niemand sie erkennen möge ... Sie sah so unscheinbar und aufgelöst aus, daß man sie nur mit Mühe erkennen konnte.

Er hatte es in dieser Situation schon schwer genug und wollte sich nicht auch noch wegen der Presse Sorgen machen. Die Reporter würden sie vielleicht aus der Erstarrung reißen, und damit würde die Wirklichkeit über sie hereinbrechen, die vorläufig in der Schwebe blieb, solange sie in diesem Schockzustand verharrte. Sie sah high oder betrunken oder leicht verrückt aus. Der Flug wurde für ihn zu einem Alptraum, nach dessen Ende er sich sehnte. Der heutige Tag hatte das Faß zum Überlaufen gebracht, und wenn Alejandro an Lucas dachte, tat es ihm weh.

»Du bist zu Hause, Kezia. Alles ist in Ordnung.«
»Ich bin schmutzig. Ich brauche dringend ein Bad.« Sie saß auf

einem Stuhl in ihrem Wohnzimmer und schien nicht zu begreifen, wo sie sich befand.

»Ich werde dir das Badewasser einlassen.«

»Totie wird es machen.«

Er badete sie sanft, wie vor langer Zeit seine Nichten. Sie starrte auf die als goldene Delphine gestalteten Wasserhähne an der Marmorwand. Es fiel ihr nicht einmal auf, daß er sie badete. Er wollte ihr die Hand reichen, sie halten, aber sie war mit ihren Gedanken weit weg. Sie war fort, irgendwo in einem fernen Erdteil, geflüchtet vor ihrer in Trümmern liegenden Welt.

Er wickelte sie in ein Badetuch, sie zog gehorsam ihr Nachthemd an, und er führte sie zum Bett.

»Jetzt wirst du schlafen, nicht wahr?«

»Ja. Wo ist Luke?« Ihr abwesender Blick suchte den seinen, etwas Bedrohliches in ihren Augen wollte ausbrechen und sich über den Fußboden ergießen.

»Er ist ausgegangen.« Sie war nicht imstande, mit der bitteren Wahrheit fertig zu werden, und er auch nicht.

»Ach. Das ist nett.« Sie lächelte ihm ausdruckslos zu, kletterte ungeschickt, wie es Kinder tun, ins Bett und bemühte sich, unter die Laken zu kriechen. Er half ihr dabei und löschte die Lampen aus.

»Willst du mit Totie sprechen, Kezia?« Er wußte, daß er die Nummer in ihrem Adreßbuch finden würde, wenn es notwendig war. Er hatte sich gefragt, ob er den Namen ihres Arztes heraussuchen sollte, aber alles schien unter Kontrolle zu sein, zumindest für den Augenblick.

»Nein, danke. Ich werde auf Luke warten.«

»Okay. Ruf mich, wenn du mich brauchst. Ich bleibe hier.«

»Danke, Edward.« Es war ein Schock für ihn, daß sie nicht einmal wußte, mit wem sie es zu tun hatte.

Er richtete sich auf der Couch für eine lange Nachtwache ein und wartete auf den Schrei, der einmal kommen mußte. Doch er blieb aus. Statt dessen war sie um sechs auf den Beinen und saß barfuß im Nachthemd im Wohnzimmer. Es schien sie nicht zu interessieren, wie sie nach Hause gekommen war oder wer sie zu

Bett gebracht hatte. Und er war verblüfft, als er merkte, daß sie bei klarem Verstand war. Vollkommen klar.

»Alejandro, ich liebe dich. Aber ich möchte, daß du jetzt nach Hause gehst.«

»Warum?« Er wagte nicht, sie allein zu lassen.

»Weil ich jetzt vollkommen in Ordnung bin. Ich bin heute morgen um vier aufgewacht und habe in den letzten zwei Stunden alles überdacht. Ich verstehe, was geschehen ist, und muß jetzt lernen, damit zu leben. Und jetzt ist genau der Moment dafür. Du kannst nicht hier herumsitzen und mich wie eine Kranke behandeln, mein Lieber, das geht nicht. Du hast in deinem Leben eine größere Aufgabe.« Ihr Blick sagte ihm, daß sie es ernst meinte.

»Nicht, wenn du mich brauchst.«

»Das ist nicht der Fall ... nicht so ... bitte, hör zu. Geh jetzt. Ich muß allein sein.«

»Willst du damit sagen, daß du mich hinauswirfst?« Er versuchte leichthin zu sprechen, aber es gelang ihm nicht. Sie waren beide viel zu müde, um einander etwas vorzumachen. Sie sah schlechter aus als er, und er hatte nicht geschlafen.

»Nein, ich will dich nicht hinauswerfen, das weißt du. Ich stelle nur fest, daß du zu der Aufgabe zurückkehren sollst, die du übernommen hast. Und überlaß es mir, was ich tue.«

»Was wirst du tun?« Er war besorgt.

»Nichts Dramatisches. Mach dir darüber keine Gedanken.« Sie sank in einen der Samtfauteuils und nahm eine von seinen Zigaretten. »Ich habe nicht genügend Mut, um Selbstmord zu begehen. Ich will nur für eine Weile allein sein.«

Er erhob sich müde von der Couch, alle Knochen, Muskeln, Fasern und Nerven schmerzten.

»Also gut. Aber ich werde dich anrufen.«

»Nein, Alejandro. Tu es nicht.«

»Ich muß. Ich will verdammt sein, wenn ich drüben sitze und mich frage, ob du schon tot oder noch lebendig bist. Wenn du nicht mit mir reden willst, dann erzähl deinem Beantwortungsdienst, wie es dir geht, und ich werde dort anrufen.« Er wandte sich mit dem Mantel in der Hand ihr zu.

687

»Warum spielt das eine so große Rolle? Weil Luke es dir aufgetragen hat?« Ihr Blick ließ ihn nicht los.

»Nein. Weil ich es will. Du hast es vielleicht noch nicht bemerkt, aber zufällig kümmert es mich, was mit dir geschieht. Du könntest sogar sagen, daß ich dich liebe.«

»Ich liebe dich auch ... aber ich will, daß du mich jetzt in Ruhe läßt.«

»Wenn ich es tue, wirst du mich dann anrufen?«

»Ja, in einiger Zeit. Wenn ich mich ein wenig gefaßt habe. Eigentlich wußte ich an dem Tag, als er aus der Bibliothek zur Verhandlung ging, daß es vorbei war. Damals hätte es zu Ende sein müssen. Aber keiner von uns war tapfer genug, aufzugeben. Ich jedenfalls nicht. Und das Schwierige ist, daß ich ihn noch immer liebe.«

»Er liebt dich auch, sonst hätte er das gestern nicht für dich getan. Ich glaube, es geschah aus einem einzigen Grund, weil er dich liebt.«

Sie wandte sich von ihm ab, so daß er ihr Gesicht nicht sehen konnte. »Ja, und ich muß jetzt lernen, damit zu leben.«

»Wenn du jemanden brauchst, mit dem du dich aussprechen willst ... ruf mich an. Ich komme sofort.«

»Das tust du immer.« Sie wandte sich ihm zu.

Er ging mit gebeugten Schultern zur Tür, seinen Reisekoffer in der Hand, seine Jacke und den Mantel über den Rücken gehängt. An der Tür drehte er sich noch einmal um, und eine Sekunde lang wußte er, was Luke empfunden hatte, als er sie wegschickte.

»Nimm es nicht zu schwer.«

»Ja. Du auch nicht.«

Er nickte, und die Tür fiel leise hinter ihm ins Schloß.

Sie war fünf Wochen lang Tag und Nacht betrunken. Sogar die Reinemachefrau kam nicht mehr ins Haus; und sie schickte ihre Sekretärin in der ersten Woche weg. Sie blieb allein mit leeren Flaschen und den Tellern, auf denen alte Speisereste klebten, und trug immer das gleiche schmutzige Kleid. Nur der Bote vom Schnapsladen kam regelmäßig. Er läutete zweimal und stellte die Tüte vor der Tür ab.

Alejandro rief sie erst an, als die Meldung in allen Zeitungen stand. Da mußte er anrufen. Er mußte erfahren, wie es ihr ging. Sie war betrunken, als er anrief, und er sagte ihr, er werde sofort zu ihr kommen. Er nahm ein Taxi, von der Angst erfüllt, daß sie noch vor seiner Ankunft die Zeitungen lesen würde. Doch vor der Tür lagen die Zeitungen der letzten fünf Wochen ungelesen in der Halle. Er war bestürzt über die Unordnung in ihrer Wohnung. Sie sah jetzt aus wie ein Bauernhof ... leere Flaschen ... Schmutz ... Teller ... überquellende Aschenbecher ... Chaos und Durcheinander. Und Kezia. Sie war nicht mehr sie selbst. Auf ihrem Gesicht waren Tränenspuren, sie torkelte und war betrunken. Aber sie wußte das Schreckliche noch nicht.

Er nüchterte sie so lange aus, bis sie es begreifen konnte, so gut es möglich war. Aber nach der vierten Tasse Kaffee und nachdem er die Fenster geöffnet hatte, um frische Luft hereinzulassen, besorgten es die Schlagzeilen, als sie die Meldungen überflog. Sie blickte ihm ins Gesicht, und er wußte, daß sie begriffen hatte. Für sie konnte es jetzt nicht mehr schlimmer werden. Es war schon so arg genug.

Luke war tot. Auf dem Hof erstochen, hieß es. »Rassenunruhen ... der bekannte Gefangenen-Aufwiegler Lucas Johns ...« Seine Schwester hatte die Freigabe der Leiche verlangt; das Begräbnis fand an dem Tag in Bakersfield statt, an dem Kezia die Nachricht las. Es spielte keine Rolle. Es änderte nichts an seinem Tod. Begräbnisse entsprachen nicht Lukes Stil. Genausowenig hatte er für seine Schwester übrig. Er hatte sie Kezia gegenüber nicht einmal erwähnt. Das einzig Unabänderliche war sein Tod.

»Weißt du, wann er gestorben ist, Alejandro?« Die Worte klangen wegen ihrer Trunkenheit noch immer undeutlich, aber er wußte, daß sie klar denken konnte.

»Spielt es noch eine Rolle?«

»Ja.«

»Nein, ich kenne den Zeitpunkt nicht genau. Ich denke aber, ich könnte es herausfinden.«

»Ich weiß es schon. Er starb im Gerichtssaal bei der Verhandlung. Dort haben sie ihn umgebracht. Doch an jenem Tag, an dem er wirklich starb, starb er strahlend, stolz und stark. Er betrat den Verhandlungssaal wie ein Mann. Was sie ihm dann antaten, bleibt an ihren Händen kleben.«

»Du hast recht.« Tränen strömten über sein Gesicht. Er weinte um Luke und um Kezia. Sie war schon genauso tot wie Luke, auf andere Art. Betrunken, schmutzig, krank, müde, von Erinnerungen und nun von seinem Tod gequält. Er erinnerte sich an den Tag in der Gerichtsbibliothek, bevor Lucas den Verhandlungssaal betreten hatte. Sie hatte recht, er war aufrecht und stolz hineingegangen, und sie hatte sich neben ihm so sicher und stark gefühlt. Sie hatten ein Glück erlebt, wie er es nie zuvor gesehen hatte. Und nun war der eine Teil tot, der andere welkte dahin ... Es drehte ihm den Magen um. Es war ein Alptraum; sein bester Freund war tot, und er liebte Lukes Frau. Doch es war ihm unmöglich, es ihr jetzt zu gestehen. Jetzt nicht, da Lucas tot war.

»Weine nicht, Alejandro.« Sie strich ihm mit der Hand über die Wangen, um seine Tränen abzuwischen, und dann über sein Haar. »Bitte weine nicht.« Aber er weinte ebenso um sich wie um sie und Luke, und das konnte sie nicht ahnen. Sie zog sein Gesicht zu ihrem heran und hielt ihn so zart umfangen, daß er kaum ihre Hände spürte, die auf seinen Schultern lagen. Sie sah ihm in die Augen, dann beugte sie sich langsam, ruhig vor und küßte ihn vorsichtig auf den Mund. »Das Komische ist, daß ich dich auch liebe. Es ist wirklich eine Verwirrung der Gefühle. Eigentlich liebe ich dich seit langer Zeit. Ist das nicht seltsam?«

Sie war noch immer ziemlich betrunken, und er wußte nicht, was er antworten sollte. Vielleicht war sie durch die dauernden Schocks und den Kummer verwirrt. Vielleicht war sie jetzt wahnsinnig geworden. Oder vielleicht war er verrückt. Vielleicht hatte sie ihn gar nicht geküßt ... vielleicht hatte er es nur geträumt.

»Alejandro, ich liebe dich.«

»Kezia?« Ihr Name kam ihm ein wenig fremd über die Lippen. Sie gehörte doch Luke. Und Luke war jetzt tot. Aber wieso konnte Luke tot sein? Und wieso konnte sie beide Männer lieben? Alles war so vollkommen irrsinnig. »Kezia?«

»Du hast mich richtig verstanden. Ich liebe dich. Anders ausgedrückt, ich bin in dich verliebt.«

Er hatte den Eindruck, als starrte er sie eine Ewigkeit an, die Tränen auf seinen Wangen waren noch feucht.

»Ich liebe dich auch. Ich habe dich vom ersten Tag an geliebt, als er uns zusammenbrachte. Aber ich dachte nie ... ich wollte nur ...«

»Ich dachte auch keinen Augenblick daran. Es ist genau so, wie man es in einem Kitschroman lesen kann. Es ist eine sehr, sehr verwirrende Situation.« Sie führte ihn zur Couch und setzte sich neben ihn, lehnte den Kopf zurück und schloß die Augen.

»Für mich ist es ebenso verwirrend.«

»Warum lassen wir einander nicht eine Weile in Ruhe?«

»Damit du dich ein bißchen schneller zu Tode trinken kannst?«

Seine Stimme klang plötzlich in dem stillen Raum laut und bitter. Sie hatte ihm alles gestanden, was er hören wollte, aber statt sich ihm zu schenken, wollte sie sich zerstören. Was für ein schrecklicher Scherz.

»Nein. Damit ich nachdenken kann.«

»Ohne zu trinken?«

»Kümmere dich doch um deinen eigenen Kram.«

»Dann geh zum Teufel, Lady! Geh zum Teufel!« Er war aufgesprungen und schrie. »Ich will mich nicht in dich verlieben, verdammt noch mal, um dann mit anzusehen, wie du stirbst! Um zuzuschauen, wie du Selbstmord begehst wie eine armselige Trinkerin aus dem Kneipenviertel. Wenn du mit deinem Leben nichts Besseres anfangen kannst, dann laß mich in Frieden! O Gott, Kezia ... Gott verdamme dich!« Er zog sie in die Höhe und schüttelte sie, bis sie das Gefühl hatte, daß die Welt unter ihren Füßen bebte, und sie dagegen protestieren mußte.

»Hör auf! Laß mich in Ruhe!«

»Ich liebe dich! Verstehst du das denn nicht?«

»Nein. Das verstehe ich nicht. Ich verstehe überhaupt nichts mehr. Ich liebe dich auch. Na und? Verdammt noch mal? Wir mögen einander, lieben einander und brauchen einander, und dann stürzt der Himmel wieder ein? Wer braucht es, du verdammter Kerl ... Wer, zum Teufel, braucht es?«

»Ich brauche es. Ich brauche dich.«

»Okay, Alejandro, okay ... und willst du mir jetzt einen Gefallen tun und mich endlich in Ruhe lassen? Bitte?« Ihre Stimme zitterte, wieder standen Tränen in ihren Augen.

»Okay, Baby. Jetzt hängt alles von dir ab.«

Er schloß die Tür leise hinter sich, und fünf Minuten später erklang das Geräusch von splitterndem Glas. Sie hatte die Zeitung mit dem bösen Artikel auf der Titelseite mit solcher Kraft gegen das Fenster geschleudert, daß sie das Glas durchschlagen hatte.

»Zum Teufel mit dir, verdammte Welt! Fahr zur Hölle!«

33

Ende der Woche bekam Alejandro das gleiche Foto zu Gesicht wie Edward. Edward sah es voller Schmerz, Alejandro war geschockt. Edward hatte es gewußt. Auch *Women's Wear* brachte das gleiche Bild. Kezia Saint Martin bestieg ein Flugzeug, das nach Genf flog. »Um sich von den Anstrengungen der gesellschaftlichen Saison zu erholen.« Die Zeitungen schienen ihre Liaison mit Lucas schon vergessen zu haben. Wie rasch die Menschen vergessen.

In den Zeitungen stand, daß sie skilaufen wolle, aber nicht wo, und sie hatte den Hut so weit ins Gesicht gezogen, daß Alejandro sie nie erkannt hätte, wenn er nicht den Namen darunter gelesen hätte. Während er das Foto betrachtete, wunderte er sich wieder darüber, daß bei ihrem letzten Flug nach San Francisco und zurück keine Reporter aufgekreuzt waren. In dem Zustand, in dem sie sich damals befunden hatte, hätte sie sicherlich für Schlagzeilen gesorgt.

Er saß lange in dem kleinen Büro mit der abblätternden Farbe an den Wänden und betrachtete das Foto, den Hut, der tief in ihr Gesicht gezogen war; das Wort Genf. Was sollte er tun? Wann würde er wieder von ihr hören? Er erinnerte sich an den Kuß am letzten Morgen, vor wenigen Tagen. Und nun war sie fort. Sein Körper war so schwer, als wäre er an dem Stuhl festgenagelt, am Boden festgeleimt, ein Teil des Gebäudes kurz vor dem Zusammenbruch. Alles in seinem Leben ging kaputt. Sein Job war ihm zuwider, er haßte diese Stadt, sein bester Freund war tot, und er liebte ein Mädchen, das er nie bekommen konnte. Auch nicht, wenn Luke es so gewollt hatte; Alejandro vermutete, daß es der Fall gewesen war. Lukes dringliche Aufforderung, mit Kezia nach San Francisco zu kommen, gab ihm zu denken. Luke wußte, daß Kezia Hilfe brauchen würde. Aber es sollte nie so kommen. Er wußte es, und Kezia mußte es auch wissen. Es war alles in allem eine sehr verrückte Situation, und er mußte sein Leben schließlich selbst gestalten. Er starrte weiterhin auf das Wort und haßte es: Genf.

»Es ist jemand hier, der Sie sprechen will.« Einer seiner Jungs steckte den Kopf zur Tür herein.

»Ja? Wer?«

»Perinis Bewährungshelfer.«

»Sag ihm, er kann mich mal.«

»Soll ich wirklich?« Der Junge strahlte.

»Nein, nicht wirklich, du Kindskopf. Laß mir noch fünf Minuten Zeit, dann schick ihn herein.«

»Was soll ich während der fünf Minuten mit ihm anfangen?«

»Weiß ich nicht, verdammt noch mal. Tu, was immer du willst. Schlag ihn zusammen, nimm ihn aus, schmeiß ihn die Treppe hinunter. Gib ihm Kaffee ... mir ist es scheißegal, was du mit ihm machst.« Alejandro warf die Zeitung von seinem Tisch in den Papierkorb.

»Okay, Mann. Okay. Werde doch nicht gleich so wütend.« Er hatte Alejandro noch nie so gesehen. Er war beinahe zum Fürchten.

Das Hotel in Villars-sur-Ollon eignete sich ideal für ihre Zwecke, hoch oben in den Bergen und in einer Stadt, in der es von Schulen wimmelte. Dorthin kamen praktisch keine Touristen, außer ein paar Eltern, die ihre Sprößlinge besuchten. Sie wohnte in einem riesigen Hotel, das größtenteils leer stand, und nahm bei Geigen- und Cellomusik mit sieben alten Damen den Tee. Sie unternahm lange Spaziergänge, trank viel heiße Schokolade, ging früh zu Bett und las. Nur Simpson und Edward wußten, wo sie sich aufhielt, und sie hatte beiden aufgetragen, sie ja in Frieden zu lassen. Sie hatte bis auf weiteres nicht die Absicht, für die Zeitung zu schreiben, und sogar Edward hatte ihren Wunsch respektiert. Er schickte ihr jede Woche einen Brief, um sie über ihre finanziellen Angelegenheiten auf dem laufenden zu halten, und erwartete keine Antwort von ihr; es war auch besser so, denn er erhielt keine. Es wurde Mitte April, bis sie so weit war, daß sie wieder abreiste.

Sie nahm den Zug nach Mailand, verbrachte dort eine Nacht und fuhr dann weiter nach Florenz. Sie mischte sich unter die ersten Frühjahrstouristen, besuchte die Museen, schaute in Geschäfte hinein, spazierte den Arno entlang und versuchte, nicht nachzudenken. Auch in Rom hielt sie es so, und dort fühlte sie sich dann schon leichter. Es war Mai. Die Sonne schien warm, die Menschen waren lebhafter, die Straßenmusikanten lustig, und sie traf dort auch ein paar Bekannte. Sie ging mit ihnen zum Abendessen aus und stellte fest, daß der Zwang, aufzuspringen und laut zu schreien, sich endlich gegeben hatte. Ganz allmählich gesundete sie.

In den ersten Juniwochen mietete sie einen Fiat, fuhr nach Umbrien, und zwar nach Spoleto, wo später im Sommer ein Musikfestival stattfand. Dann reiste sie durch die Alpen und schließlich nach Frankreich.

Sie tanzte im Juli in Saint Tropez, spielte im Kasino von Monte Carlo und ging in St. Jean-Cap Ferrat für ein Wochenende an Bord einer Jacht, die Freunden von ihr gehörte; dann kaufte sie sich in Cannes neue Gucci-Koffer. Sie begann wieder zu schreiben, während sie durch die Provence fuhr, und verbrachte drei Wochen in einem kleinen Hotel, in dem die *terrine* ausgezeichnet war, besser als jede *pâté*, die sie je gekostet hatte.

Dort erreichte sie Lukes Buch, das Simpson ihr nach einigem Zögern mit den Kritiken geschickt hatte. Sie öffnete das Paket ahnungslos eines Morgens im Sonnenschein, als sie barfuß im Nachthemd auf dem kleinen Balkon vor ihrem Zimmer stand. Vor ihr lagen Hügel und dahinter Felder; sie saß fast eine Stunde lang mit übereinandergeschlagenen Beinen auf dem Boden des Balkons, hielt das Buch auf dem Schoß, strich mit den Fingern über den Einband und konnte sich nicht entschließen, es aufzuschlagen. Der Umschlagentwurf war gelungen, und auf der

Rückseite befand sich ein wunderbares Foto von ihm. Es war aufgenommen worden, bevor sie ihn kennengelernt hatte, sie hatte dasselbe Foto auf ihrem Schreibtisch in New York stehen. Er ging durch eine Straße in Chicago, trug einen weißen Sweater mit Rollkragen, sein dunkles Haar wehte im Wind, und er hatte einen Regenmantel über die Schulter gehängt. Er zog eine Braue hoch und blickte mit einem Anflug von Lächeln sarkastisch in die Kamera. Sie hatte ihm das Foto abgebettelt, als sie es das erste Mal bei ihm gesehen hatte.

»Wozu brauchst du es denn, zum Teufel?«

»Du siehst darauf so sexy aus, Luke.«

»Mein Gott, bist du närrisch. Hoffentlich denken meine Leser nicht genauso.«

»Warum nicht?« Sie sah ihn ein wenig überrascht an, und dann hatte er sie geküßt.

»Weil ich nicht sexy aussehen soll, sondern intelligent, Dummerchen.«

»Zufällig kann man beides von dir behaupten. Kann ich es behalten?« Er hatte verlegen abgewinkt und war hinausgegangen, weil das Telefon klingelte. Sie hatte das Foto an sich genommen und einen Silberrahmen dazu machen lassen. Es zeigte Luke, wie er wirklich war, und sie war zufrieden, als sie es auf dem Buchumschlag wiederfand. Die Leute sollten ihn so sehen, wie er war ... die Leute sollten ...

Als sie aufblickte, hatte sie das Gefühl, daß Stunden vergangen waren, das Buch lag noch immer ungeöffnet auf ihrem Schoß, Tränen liefen ihr über die Wangen, ohne daß sie sie spürte, und trübten ihr den Blick. Aber sie hatte in die Vergangenheit geblickt, nicht auf die fernen Felder.

»Gut, Baby, da wären wir«, sagte sie laut und lächelte unter Tränen, dann wischte sie sie mit dem Saum ihres Nachthemdes ab. Fast konnte sie Lucas vor sich sehen, wie er ihr zulächelte. Es spielte keine Rolle mehr, wohin sie ging, sie trug ihn warm und zärtlich immer mit sich. Nicht mit einem peinigenden Gefühl wie früher; jetzt konnte sie seinem Bild zulächeln. Jetzt war er für immer bei ihr. In New York, in der Schweiz, in Frankreich. Er war jetzt ein Teil ihrer selbst. Ein angenehmer Teil.

Sie zuckte leicht die Schultern, blickte weit über die Felder hinaus und lehnte sich, noch immer mit dem Buch in den Händen, an die Stuhlbeine. Eine Stimme schien ihr zuzuflüstern, sie solle es aufschlagen, aber sie konnte sich nicht dazu entschließen, und als sie dann sein Gesicht auf dem Foto wieder betrachtete, beinahe erwartete, daß er die längst vergessene Straße in Chicago entlangging, war es ihr, als würde sein Gesicht streng, und er schüttelte scherzhaft mißbilligend den Kopf.

»Komm schon, Kleine, schlag es endlich auf, verdammt noch mal!«

Sie öffnete es behutsam, vorsichtig, wollte weder atmen noch schauen, noch lesen. Sie hatte ihre Reaktion erwartet, kaum daß sie das Buch berührte, aber hineinzusehen würde schwerer sein. Sie fragte sich, ob sie es ertragen konnte, aber sie kam nicht drum herum. Nun wollte sie es lesen und wußte, daß er es auch gewollt hatte. Er hatte es ihr nie gesagt, doch nun war es so, als hätte sie es immer gewußt. Das Buch war ihr zugeeignet.

Von neuem liefen Tränen über ihre Wangen, als sie die Widmung las, aber es waren keine Tränen des Schmerzes. Tränen der Zärtlichkeit, der Dankbarkeit, des Lachens, der Liebe. Das waren die unvergänglichen Schätze, die er ihr geschenkt hatte, nicht Kummer. Luke hatte nie Kummer geduldet. Er war zu lebendig gewesen, um auch nur den Hauch des Todes zu spüren. Und Kummer ist so gut wie Tod.

Für Kezia, die an meiner Seite steht, wo immer ich hingehe. Meinesgleichen, mein Trost, meine Freundin. Tapfere Lady, du bist das strahlende Licht an einem Ort, zu dem ich längst unterwegs war, und nun haben wir beide endlich heimgefunden. Mögest du stolz sein auf dieses Buch, denn es ist jetzt das Beste, was ich dir mit meinem Dank und meiner Liebe zu geben vermag.

L. J.

»... und nun haben wir beide endlich heimgefunden.« Es war wahr, inzwischen war es schon Ende August geworden, und sie hatte noch einen letzten Test zu bestehen. Marbella. Hilary.

»Mein Gott, Liebling, du siehst himmlisch aus! So braungebrannt und gesund! Wo in aller Welt bist du gewesen?«

»Da und dort.« Sie lachte und schob sich eine Locke aus den Augen. Sie trug ihr Haar jetzt länger, und die knochige Strenge ihres Gesichtes war wieder vergangen. Sie hatte feine Fältchen zu beiden Seiten der Augen, von der Sonne oder auch ein wenig aus anderen Ursachen, aber sie sah gut aus. Sehr gut sogar.

»Wie lange kannst du bleiben? Dein Telegramm war ja nicht sehr aufschlußreich, du schlimmes Kind.«

Ja, sie war in die alte, vertraute Welt zurückgekehrt. Liebe, geliebte Hilary. Aber es machte ihr Spaß, ein schlimmes Kind genannt zu werden. Zum Teufel, warum nicht? Ihr Geburtstag im Juni war sang- und klanglos gekommen und wieder vorbeigegangen. Sie war jetzt dreißig.

»Ich bleibe einige Tage hier, Tante Hil, wenn du mich unterbringen kannst.«

»Ist das alles? Aber Liebling, wie schrecklich kurz, und natürlich habe ich für dich Platz, wäre ja absurd.« Sie hatte zur Zeit für mindestens vierzehn andere Personen Platz, vom Personal ganz zu schweigen. »Warum willst du nicht länger bleiben?«

»Ich muß wieder zurück.« Sie nahm einen geeisten Tee vom Butler entgegen. Sie standen in der Nähe der Tennisplätze, auf denen die übrigen Gäste spielten.

»Wohin zurück? Meine Güte, Jonathan hat sein Service verbessert, nicht wahr?«

»Zweifellos.«

»Natürlich, wie dumm von mir. Du kennst ihn ja noch gar nicht. Ein unvergleichlich schöner Mann.« Er sah wie eine Kopie von Whitney aus. Kezia mußte lächeln.

»Wohin fährst du also zurück?« Hilary wandte bei einem gut gekühlten Martini ihre Aufmerksamkeit wieder Kezia zu.

»New York.«

»Um diese Jahreszeit? Du bist verrückt, Liebling.«

»Vielleicht, aber ich bin beinahe fünf Monate fort gewesen.«

»Dann kann doch ein Monat mehr unmöglich schaden.«

»Ich fahre zurück, um zu arbeiten.«

»Arbeiten? Welche Art von Arbeit? Wohltätigkeit? Aber um Himmels willen, im Sommer ist doch kein Mensch in der Stadt. Außerdem arbeitest du doch nicht wirklich, oder?« Hilary sah einen Augenblick leicht verstört aus. Kezia nickte.

»Doch. Ich schreibe.«

»Du schreibst? Wozu denn?« Sie war vollkommen durcheinander, und Kezia bemühte sich sehr, nicht zu lachen. Arme Tante Hil.

»Ich schreibe, weil es mir Spaß macht. Sogar sehr viel Spaß.«

»Ist das ein neuer Spleen von dir?«

»Nein, eigentlich nicht.«

»Kannst du überhaupt schreiben? Ich meine, annehmbar?« Diesmal konnte Kezia nicht anders; sie lachte laut heraus.

»Ich weiß nicht, ich gebe mir jedenfalls viel Mühe. Ich habe früher die Martin-Hallam-Kolumne geschrieben. Aber das war nicht meine beste Arbeit.« Kezia grinste mutwillig. Hilary sperrte den Mund auf.

»Was hast du? Du bist ja verrückt! Du ... Gütiger Himmel, Kezia, wie konntest du nur!«

»Es hat mir Spaß gemacht. Und als ich genug hatte, gab ich es auf. Mach doch kein so bestürztes Gesicht, ich habe nie etwas Schlimmes über dich geschrieben.«

»Nein, aber du ... ich ... Kezia, du setzt mich wirklich in Erstaunen.« Sie nahm dem Butler einen weiteren Martini ab und starrte ihre Nichte an. Das Mädchen war wirklich reichlich exzentrisch. War es immer gewesen, und jetzt das noch. »Auf jeden Fall finde ich, daß es unvernünftig ist, im August zurückzufliegen.« Hilary hatte sich noch immer nicht erholt. »Und diese Kolumne erscheint nicht mehr.« Kezia kicherte, Hilary wollte offensichtlich versuchen, sie zu dem Geständnis zu bringen, daß sie die Klatschgeschichten nicht geschrieben hatte. Aber da war der Wunsch der Vater des Gedankens.

»Ich weiß, aber ich gehe zurück, um über die Bedingungen für ein Buch zu verhandeln.«

»Ein Buch aufgrund von Skandalgeschichten?« Hilary erblaßte.

»Natürlich nicht. Es ist eine Art politisches Thema. Es führt wirklich zu weit, wenn wir im Detail darüber sprechen.«

»Ich verstehe. Ich würde mich jedenfalls freuen, wenn du bleiben könntest ... solange du versprichst, keine Intimitäten über meine Gäste auszuplaudern.« Sie kicherte geziert, als ihr einfiel, daß sie selbst so manchen amüsanten Klatsch beitragen konnte. »Wußtest du, daß meine Nichte unter dem Pseudonym Martin Hallam schrieb, meine Liebe?«

»Keine Sorge, Tante Hil, ich schreibe nicht mehr über unsere Gesellschaft.«

»Wie schade.« Ihr dritter Martini hatte den Schock gemildert. Kezia beobachtete sie, während sie ihr zweites Glas Eistee entgegennahm. »Hast du schon mit Edward gesprochen?«

»Nein. Ist er hier?«

»Du wußtest es nicht?«

»Nein.«

»Du hast die ausgetretenen Pfade vermieden, nicht wahr? Wo hast du denn die ganze Zeit gesteckt?«

»Äthiopien. Tansania. Im Himmel. In der Hölle. Die üblichen Aufenthalte.«

»Wie nett, Liebling ... wirklich sehr nett. Hast du jemanden getroffen, den wir kennen?« Aber sie war zu sehr von Jonathans Spiel gefesselt, um aufmerksam zuzuhören oder sich um Kezia zu kümmern. »Komm, Liebling. Ich werde dich mit Jonathan bekannt machen.« Doch bevor Hilary sie mit Beschlag belegen konnte, erschien Edward auf der Bildfläche. Er begrüßte Kezia freundlich, aber auch vorsichtig.

»Ich wäre nie auf die Idee gekommen, daß ich dich hier treffen würde!« Es war eine merkwürdige Begrüßung, nachdem sich so viel ereignet hatte und nach so langer Zeit.

»Ich habe es auch nicht angenommen.« Sie umarmte ihn lachend wie in alten Zeiten.

»Wie geht es dir wirklich?«

»Wie sehe ich aus?«

»Genauso, wie ich dich sehen möchte. Braungebrannt, gesund und erholt.« Und auch nüchtern. Das war eine Erleichterung.

»Und so fühle ich mich auch. Es war eine lange Zeit.«

»Ja, ich weiß.« Er wußte, daß er die volle Wahrheit nie erfahren würde, war aber sicher, daß Kezia nahe daran gewesen war, an dieser Geschichte zugrunde zu gehen. Viel zu nah. »Bleibst du eine Zeitlang hier?«

»Nur ein paar Tage. Dann muß ich zurück. Simpson ist dabei, für mich einen Vertrag für ein Buch abzuschließen.«

»Wie ausgesprochen erfreulich!«

»Das finde ich auch.« Sie hängte sich bei ihm ein, um mit ihm spazierenzugehen.

»Komm. Erzähl mir davon. Setzen wir uns dort drüben hin.«

Er nahm zwei Tassen Eistee von einem Silbertablett und ging auf einen Aussichtspunkt zu, der weit weg von den Tennisplätzen lag. Sie hatten eine Menge nachzuholen, und zum ersten Mal seit Jahren schien sie mitteilsamer zu sein. Sie hatte ihm sehr gefehlt, aber die Trennung hatte auch ihm gutgetan. Es war ihm endlich klargeworden, welchen Stellenwert sie in seinem Leben einnahm und was sie niemals für ihn sein konnte. Er war auch mit sich selbst und mit den Leuten, von denen er träumte, ins reine gekommen, soweit es ihm möglich war. Vor allem aber hatte er sich mit seiner Rolle in ihrem Leben abgefunden. Toleranz. Verständnis. Die Züge des Lebens fuhren an ihm vorbei. Der einsame Gentleman stand allein auf der Plattform.

Zum ersten Mal in Kezias Leben tat es ihr beinahe leid, Marbella zu verlassen. Sie hatte in den Monaten, die sie allein zugebracht hatte, mit tausend Gespenstern Frieden geschlossen, nicht nur mit Lukes Gespenst, sondern auch mit anderen. Sie hatte sich sogar vom Gespenst ihrer Mutter befreit. Endlich. Und nun mußte sie nach Hause zurückkehren.

Es war komisch, im Flugzeug, das sie aus Spanien nach Hause brachte, erinnerte sie sich an etwas, das Alejandro vor langer Zeit gesagt hatte. »Dieses ganze Leben ist ein Teil von dir, Kezia. Du kannst es nicht leugnen.« Obwohl sie ihr Leben ändern wollte, mußte sie auch nicht mit Gewalt dagegen ankämpfen. Sie war frei.

Es war ein angenehmer Flug, und als sie ankam, fand sie New York heiß, muffig, schön und voller Betriebsamkeit. Hilary hatte unrecht. New York war sogar im August aufregend. Vielleicht war niemand Bedeutender anwesend, aber andere waren da. Die Stadt war lebendig.

Es gab keine Fotografen, die sie empfingen, nichts, niemanden, nur New York. Und das genügte ihr. Sie hatte so viel zu erledigen. Es war spätnachts an einem Freitag. Sie mußte nach Hause fahren und auspacken, sich die Haare waschen, und am nächsten Morgen würde sie als erstes die U-Bahn nach Harlem nehmen. Als allererstes. Sie war wegen ihres Buches von Spanien nach New York geflogen, aber auch um Alejandro wiederzusehen. Es war jetzt Zeit. Jedenfalls für sie. Sie hatte es schon lange geplant. Und sie war bereit. Für ihn. Für sich selbst. Er war ein Teil ihrer Vergangenheit, aber nicht der Teil, von dem sie sich für immer getrennt hatte. Er war der Teil, den sie sich für die Gegenwart aufbewahrt hatte.

Die Gegenwart sah glänzend aus, und sie empfand es auch so. Sie war jetzt selbständig und ungebunden, glücklich und frei. Sie war geladen mit der Erregung, die die Erwartung auslöst ... Menschen, Orte, Vorhaben, die sie durchführen, Bücher, die sie schreiben wollte, die alte eroberte Welt zu ihren Füßen und nun neue, zu erobernde Welten vor ihr. Vor allem hatte sie sich selbst zurückgewonnen. Jetzt hatte sie alles. Was hatte sie noch zu fürchten? Nichts, und das war das Schönste an dem Leben, zu dem sie gefunden hatte. Sie gehörte niemandem mehr, war keinem Lebensstil, keinem Mann, niemandem verpflichtet. Kezia gehörte endgültig nur Kezia.

Die Tage mit Luke bewahrte sie in ihrem Andenken auf, sie waren spärlich gewesen, aber ein neuer Morgen zog herauf ... ein silberblauer, von Licht erfüllter Morgen. Alejandro hatte seinen festen Platz in ihrem neuen Tag, wenn er auf sie wartete, und wenn nicht, würde sie lachend und stolz dem Mittag gegenübertreten.

Inhalt